조선민족혁명당과 통일전선

강만길 저작집

간행위원: 조광 윤경로 지수걸 신용옥

해제: 고정휴 구선희 김기승 김명구 김윤희 김행선 박은숙 박한용
변은진 송규진 이주철 정태헌 최덕수 최상천 하원호 허은

교열: 김만일 김승은 이주실 조철행 조형열

강만길
저작집

07

조선민족혁명당과 통일전선

창비

저작집 간행에 부쳐

그럴 만한 조건이 되는가 하는 생각을 버리지 못하면서도 제자들의 준비와 출판사의 호의로 저작집이란 것을 간행하게 되었다. 잘했건 못했건 평생을 바친 학문생활의 결과를 한데 모아두는 것도 나름대로 의미가 있을 것 같기도 하고…… 한 인간의 평생 삶의 방향이 언제 정해지는가는 물론 사람에 따라 다르겠지만, 지금에 와서 뒤돌아보면 나의 경우는 아마도 세는 나이로 다섯 살 때 천자문을 제법 의욕적으로 배우기 시작하면서부터 어쩌면 학문의 길이 정해져버린 게 아닌가 생각해보기도 한다. 그리고 요즈음 이름으로 초등학교 6학년 때 겪은 민족해방과 6년제 중학교 5학년 때 겪은 6·25전쟁이 역사 공부, 그것도 우리 근현대사 공부의 길로 들어서게 한 것 같다고 말하기도 한다.

대학 3학년 때 과제물로 제출한 글이 활자화됨으로써 학문생활에 대한 의욕이 더 강해진 것 같은데, 이후 학사·석사·박사 논문은 모두 조선왕조시대의 상공업사 연구였으며, 특히 박사논문은 조선왕조 후기 자본주의 맹아론 연구였다. 문호개방 이전 조선사회가 여전히 고대사회와 같은 상태에 머물러 있었다고 주장한 일본인 연구자들의 연구에 대항한 것이었다고 하겠다. 역사학계 일부로부터 박정희정권하의 자본주의 성장을 뒷받침하는 연구라는 모함을 받기도 했지만……

자본주의 맹아론 연구 이후에는 학문적 관심이 분단문제로 옮겨지게 되었다. 대학 강의 과목이 주로 중세후기사와 근현대사였기 때문에 학문적 관심이 근현대사에 집중되었고 식민지시대와 분단시대를 연구하고 강의하게 된 것이다.『분단시대의 역사인식』을 통해 '분단시대'라는 용어가 정착되어가기도 했지만, '분단시대'의 극복을 위해 통일문제에 관심을 두게 되면서 연구논문보다 논설문을 많이 쓰게 되었다. 그래서 저작집도 논문집보다 시대사류와 논설문집이 더 많게 되어버렸다.

그런 상황에서도 일제시대의 민족해방운동사가 남녘은 우익 중심 운동사로, 북녘은 좌익 중심 운동사로 된 것을 극복하고 늦게나마 좌우합작 민족해방운동사였음을 밝힌 연구서를 생산할 수 있었다는 것을 자윗거리로 삼을 수 있지 않을까 한다. 사실 민족해방운동에는 좌익전선도 있고 우익전선도 있었지만, 해방과 함께 분단시대가 되리라고는 꿈에도 생각하지 않았기 때문에 민족해방운동의 좌우익전선은 해방이 전망되면 될수록 합작하게 된 것이다.

『고쳐 쓴 한국현대사』는 '한국'의 현대사니까 비록 부족하지만 남녘의 현대사만을 다루었다 해도 『20세기 우리 역사』에서도 남녘 역사만을 쓰게 되었는데, 해제 필자가 그 점을 날카롭게 지적했음을 봤다. 아무 거리낌 없이 공정하게 남북의 역사를 모두 포함한 '20세기 우리 역사'를 쓸 수 있는 때가 빨리 오길 바란다.

2018년 11월 강만길

일러두기

1. 이 저작집은 '내일을 여는 역사재단'의 기획으로, 강만길의 저서 19권과 미출간 원고를 모아 전18권으로 구성하였다.

2. 제15권 『우리 통일, 어떻게 할까요/역사는 변하고 만다』는 같은 해에 발간된 두 권의 단행본을 한 권으로 묶었다.

3. 제17권 『내 인생의 역사 공부/되돌아보는 역사인식』은 단행본 『강만길의 내 인생의 역사공부』와 미출간 원고들을 '되돌아보는 역사인식'으로 모아 한 권으로 묶었다.

4. 저작집 18권은 초판 발간연도 순서로 배열하되, 자서전임을 감안해 『역사가의 시간』을 마지막 권으로 하였다.

5. 각 저작의 사학사적 의미를 짚는 해제를 새로이 집필하여 각권 말미에 수록하였다.

6. 문장은 가급적 원본대로 유지하는 것을 원칙으로 하였고, 명백한 오탈자와 그밖의 오류는 인용사료, 통계자료, 참고문헌 등을 재확인하여 바로잡았으며, 주석의 서지사항 등을 보완하였다.

7. 역사용어는 출간 당시 저자의 문제의식을 살리기 위해 그대로 따랐다.

8. 원저 간의 일부 중복 수록된 글도 출간 당시의 의도를 감안하여 원래 구성을 유지하였다.

9. 본서의 원저는 증보판 『조선민족혁명당과 통일전선』(역사비평사 2003, 초판 화평사 1991)이다.

증보판을 내면서

민족의 평화통일·남북 대등통일·협상통일을 전망하면서 일제강점시대의 우리 민족해방운동사도 분단시대적 역사인식에 의해 우익운동 중심사나 좌익운동 중심사로만 인식되거나 서술되어서는 안 되며, 파묻혀버린 좌우익 통일전선 민족해방운동을 연구하고 또 그것을 근거로 민족해방운동사를 다시 엮어야 한다는 생각을 갖고 있었다. 그 사례의 하나로 조선민족혁명당의 활동에 관한 논문을 쓰기 시작했다가 『조선민족혁명당과 통일전선』이란 책을 세상에 내놓은 것이 1991년이었다.

김원봉 등 중심의 조선민족혁명당 활동상을 연구하겠다고 했을 때 "아직은……" 하면서 걱정하던 동학(同學)이 있었던 일을 상기하면서 1990년대 이후 우리 사회가 또 남북관계가 참으로 많이 변했다는 생각을 하지 않을 수 없다. 『조선민족혁명당과 통일전선』을 내놓은 후 좌우익 통일전선운동 중심의 우리 민족해방운동사 전체를 쓰려고 노력했고, 그것으로 1999년에 맞게 될 정년이란 것을 자축하려 했다. 그런데 제자들이 통일전선운동 중심의 민족해방운동사를 합작으로 쓰는 것이 더 기념이 되겠다고 해서 그에 따르기로 했고, 그 결과 간행된 것이

2000년 역사비평사에서 나온『통일지향 우리 민족해방운동사』였다.

12년 전『조선민족혁명당과 통일전선』초판을 낼 때 피치 못할 사정이 있어서 역사서나 인문사회과학 서적을 전문으로 하는 출판사에서 내지 못했고, 그 때문에 초판으로 끝나고 말았다. 가끔 책을 구할 수 없겠느냐고 물어오는 경우가 있어도 어떻게 할 수 없었으며, 그렇다고 개정판을 낼 수 있을 만큼 후속 연구가 더 이루어진 것도 아니었다. 다만 통일전선운동 중심의 민족해방운동사에 관해서는 1995년『한국사연구』제90호에 쓴「1930년대 중국 관내 민족해방운동의 통일전선론」이라는 논문이 있고, 또 2000년 도서출판 한울에서 간행된『우사 김규식 ─ 생애와 사상』의 첫째 권에 일제강점시대 김규식의 민족해방운동 활동에 대해 쓴 것이 있다. 앞의 논문에는 조선민족혁명당 성립의 이론적 근거가 들어 있다고 할 수 있으며, 뒤의 책에서 다룬 김규식의 민족해방운동도 그 후반부는 거의 조선민족혁명당의 활동과 연계되어 있으므로「우사 김규식의 민족해방운동」이란 이름으로 싣기로 했다.

따라서『조선민족혁명당과 통일전선』의 내용과「우사 김규식의 민족해방운동」에는 겹치는 부분이 없을 수 없다.「1930년대 중국 관내 민족해방운동의 통일전선론」은 그대로 실었지만,「우사 김규식의 민족해방운동」은 그후에 알게 된 자료가 있어 약간 가필하였다. 이 두 편의 글을 넣어『증보 조선민족혁명당과 통일전선』이란 이름으로 다시 출판하기로 했다.

학계의 요구가 어느정도 있다 해도 개정판이 아닌 증보판을 내는 마음은 그다지 흔쾌하지 못함을 숨길 수 없다. 증보판의 출판을 맡아준 역사비평사의 호의에 감사한다. 초판을 낼 때 조선민족혁명당 당원명부를 복원하겠다고 했는데 결국 이 시간까지 이루지 못했다. 다음 연구자에게 기대할 수밖에 없을 것 같다.

『조선민족혁명당과 통일전선』을 쓸 때 당시 연변 조선족사회의 존경받는 작가였고 1930년대 조선민족혁명당원이었던, 지금은 돌아가신 김학철 선생께 몇 가지 증언을 구했었다. 책이 출판되어 한 권 드렸더니 기뻐하면서 "조선민족혁명당 당원 자격으로 감사해 마지않는다"고 하시던 것이 어제 일 같다. 증보판을 내면서 다시금 선생의 명복을 빌어 마지않는다.

2003년 6월 3일
강만길

책을 내면서

김원봉(金元鳳)·김규식(金奎植) 등 중심의 민족해방운동 정당으로서 민족혁명당에 대해 처음 관심을 가진 것은 1978년 「독립운동의 역사적 성격」이란 논문을 쓸 때부터였고, 이 정당의 활동과 노선을 중심으로 그 전모를 밝혀보겠다고 생각한 것은 1982년 앞 논문의 개작이라 할 수 있을 「독립운동과정의 민족국가건설론」을 썼을 때였다.

그후 무려 10년이나 걸려 이제 겨우 책을 내놓게 되었지만, 사실 나로서는 그동안 다른 책들을 쓸 때와 달리 가능한 한 시간을 아껴 '민족혁명당'이란 하나의 주제에 매달리려고 나름대로 노력해온 셈이다. 다시 말하면 1980년대를 살면서 민족혁명당이란 독립운동 정당에 대해 그만큼 매력과 의미를 느끼고 있었다는 말이 되겠다.

지금 그 이유를 다시 한번 생각해보면, 민족혁명당이 성립된 1930년대 후반기 이후에는 우리 민족운동전선이 일제의 패망과 민족의 해방을 좀더 가깝게 전망하면서, 그리고 세계적으로 성립된 반파쇼 전선과 직접·간접으로 연결되면서 우리 전선의 통일을 위한 방법론을 모색하고, 또 그것을 실천해가던 시기였다고 할 수 있다.

1930년대 후반기 이후는 민족운동전선 전체가 통일전선을 성립시키기 위해 노력했고, 그런 점에서 이 시기 우리 민족운동의 흐름 전체를 통일전선의 지향이란 방향에서 정리할 수 있다고 생각했다. 그리고 이 흐름의 일단을 설명하기 위해 민족혁명당의 활동과 노선을 하나의 대표적인 경우로 부각시킬 수 있다는 생각을 갖고 있었다.

우리 근현대사를 공부하면서, 특히 1970년대와 1980년대를 살면서 우리 역사학의 어느 한 부분에서라도 '분단극복사론(分斷克服史論)'을 수립하고 그것을 뒷받침하는 실증작업이 추진되어야 한다는 생각을 계속 가져왔다. 앞에서 든 두 논문이 그런 작업을 단편적으로 시도한 것이라면, 이 책은 그 작업의 식민지시대 부분을 체계화하겠다는 욕심에서 쓴 것이라고 할 수 있다.

손때가 묻도록 만지작거리던 원고가 내 손에서 떠나는 지금에 와서 생각해보면, 이런 학문적 '욕심'을 얼마나 담아냈는지 불안한 마음이 없지 않지만, 어떻든 개인적으로도 특별한 의미가 있었던 1980년대를 통해 한정된 조건 속에서나마 하나의 목적을 위해 최선을 다했다고 말할 수밖에 없다.

1930년대 후반기 이후 우리 민족운동전선이 민족의 해방을 한층 더 가까이 전망하면서 통일전선론의 수립과 통일전선운동의 실천에 최선을 다했다면, 1980년대 후반기 이후 우리 역사는 민족의 평화적 주체적 통일을 한층 더 가까이 전망하면서 그 올바른 방법론을 수립하고 실천하기 위해 몸부림치고 있다고 봐야 하지 않을까 한다.

보잘것없는 내용으로 분에 넘는 바람이겠지만, 이 한 권의 책자가 특히 통일전선론 및 통일전선운동 부분이 그것을 위해 만의 일이라도 이바지하는 바가 있다면, 전체 학문생활을 통해 더이상 바랄 것이 없다.

책을 쓰면서 많은 분들에게 도움을 받았다. 식민지시대를 민족혁명당원으로서 역사 앞에 떳떳하게 산 김학철(金學鐵)·김승곤(金勝坤) 두 분의 귀중한 증언을 직접 듣는 행운이 있었고, 방선주(方善柱) 학형의 귀중한 자료제공이 있었으며, 제자 고정휴(高珽烋) 교수의 성실한 도움이 있었다. 깊은 감사를 표해 마지않는다. 아울러 출판을 맡아준 화평사에도 감사한다.

민족혁명당원들의 영광스러운 명단을 복원하여 부록으로 만들 생각이었으나 부득이 다음으로 미루고 중요하다고 생각되는 논문 몇 편을 첨부했다. 사실을 잘못 밝히거나 해석한 부분이 있을까 걱정하면서도 이 책을 감히 전체 민족혁명당원들에게 바친다.

1991년 1월 8일
강만길

차례

조선민족혁명당과
통일전선

민족해방운동사 이해의 새로운 방향과 조선민족혁명당

1

식민지배에서 해방된 민족사회의 역사학이 당면한 가장 중요한 문제 중 하나는 식민지시대 민족해방운동의 전개과정과 그것이 가진 의미를 어떻게 정리하고 또 가르침으로써 식민지 피지배기간에 침략자들의 역사학에 의해 철저히 훼손된 민족적 자존심과 주체성을 회복하고 그것을 바탕으로 민족사의 옳은 방향을 모색해나갈 것인가 하는 문제라 할 수 있다. 그리고 이와 같은 역사학적 과제가 순조롭게 달성되기 위해서는 민족해방운동세력이 해방된 민족사회의 정권담당층이 되어야 하며, 또 식민지시대부터 반식민주의적 역사학이 건재해 있었거나 설령 식민지시대에는 그것이 미약했다 해도 해방된 민족사회에서 신속히 제자리를 확보할 수 있을 때 가능하다고 할 수 있다.

식민지시대를 겪은 민족사회에서 성립된 정권이 민족해방운동세력에 의해 주도되지 못하고, 그 역사학계가 식민지시대의 연장선에 있었다면 민족해방운동의 역사가 매몰되거나 왜곡되는 것은 오히려 자연스러운 결과라 할 수 있다. 더구나 이미 식민지시대부터 민족사회 내부에 이데올로기적 분립이 있었고 식민지시대를 벗어나면서 그 분립이 원인의 하나가 되어 민족분단이 뒤따르게 되었다면, 식민지시대 민족해방운동사에 대한 연구와 정리와 이해에는 많은 한계와 제약과 착오와 차질과 왜곡이 따를 수밖에 없을 것이다.

우리 민족의 경우, 식민지시대에 국내외 민족운동전선에서 일부 형성되었던 민족주의역사학이 뿌리내리기 어려웠고, 국내에서 일부 발달했던 유물사관역사학이 그대로 존속될 조건이 못 되었던 8·15 후 남한의 역사학은 상당한 기간 반식민주의역사학의 공백지대가 되었고, 이런 조건 아래서 민족해방운동사가 연구, 정리되거나 제대로 교육될 수 없었다. 특히 6·25전쟁의 시대라 할 수 있을 1950년대에는 반공주의역사학이 강조되면서 임시정부세력의 활동을 비롯한 우익 운동사의 상당한 부분마저 제 위치를 찾을 수 없는 상황이었다. 이승만정권이 성립되면서 그것에 반대한 임정계, 한독당계의 역사성이 사실상 부인되었으며, 심한 경우 북쪽과의 동조세력으로 취급되기도 했다.

1960년대로 들어서면서 폭발한 4·19혁명은 역사학계에도 많은 자극을 주었다. 관변 역사학이야 달라질 리 없었지만 민간 역사학의 경우 무엇보다도 반공주의역사학의 철벽에 일부 금이 가기 시작했고 민족해방운동사 중의 우익전선운동에 대한 연구가 어느정도 활기를 띠기 시작했다. 특히 아직 이데올로기적 대립이 본격적으로 나타나기 전 민족해방운동의 하나의 정점으로서 3·1운동 연구가 활발히 진행된 시기였다.

그러나 남한 역사학계에서 독립운동으로 부른 민족해방운동은 여전히 우익운동에 한정되어 3·1운동 후 그 줄기는 초기 임시정부활동과 1920년대 초기 '만주'지방에서의 무장운동, 1920·1930년대 국내운동으로서 문화운동, 언론운동, 우익운동 혹은 학생운동으로서만 설명된 6·

10만세운동, 광주학생운동 그리고 식민지시대 말기의 광복군 활동 등으로 이어질 뿐이었다. 이 시기에 들어와 민족해방운동사의 줄기가 어느정도 세워지기는 했으나 국내외 전선을 막론하고 우익전선운동에 한정되었고, 이 때문에 40여 년간 줄기차게 추진된 민족해방운동사임에도 불구하고 대단히 협소하고 빈약한 내용이 될 수밖에 없었다.

한편 대체로 1960년대로 오면서 학계의 일부에서 일제식민지시대의 사회주의운동사나 조선공산주의운동사가 정리되어야 한다는 생각을 갖기 시작했으나, 국내학자들의 경우 개인 차원의 연구는 자료수집이나 연구환경 면에서 거의 불가능한 상황이었고, 이 때문에 주로 국내의 특정 연구소나 국외 학자들에 의해 연구, 정리되기 시작했을 뿐이었다. 그러나 식민지시대의 공산주의운동 내지 사회주의운동은 전체 민족해방운동의 일환으로서가 아니라 그 위상이 공산주의운동 내지 사회주의운동으로만 한정되어 동떨어진 채 인식되고, 또 정리되는 것에 지나지 않았다.

따라서 식민지시대의 공산주의운동이 연구되고 정리되어도 그것이 민족해방운동 내부의 좌익전선운동으로 편입되지 못했고, 이 때문에 민족해방운동은 여전히 우익운동에 한정된 빈약한 내용이 될 수밖에 없었다. 그리고 민족해방운동사의 일환이 아닌, 공산주의운동사로서의 연구와 정리는 그 관점 자체의 한계와 체제적 연구환경의 제약성 때문에 비록 식민지시대의 그것을 다룬다 하더라도 반공주의적 역사인식의 범주를 벗어날 수 없었던 것이 사실이다.

민족해방운동사 연구와 서술이 가지는 이와 같은 한계도 대체로 1980년대로 들어오면서 조금씩 극복되기 시작했다. 1980년대 전반까지도 정치적 경직성은 여전했지만 그것을 극복하기 위한 민간부문의 민주주의운동, 민족통일운동의 연장선상에서 민족해방운동사 연구의 폭이 차츰 넓어지기 시작한 것이다. 이 시기에는 역사학에서 반공주의를 극복하고 민족해방운동 위에서 좌익전선운동의 객관적 위치를 찾아내려는 연구작업이 조금씩 진행되기 시작했다. 그리고 1980년대 후반기, 특히 1987년 민주화운동 이후에는 진보적 신진 역사학자들에 의해 식민지시대 좌익전선운동을 민족해방운동의 일환으로 자리매김하려는 입장에서 연구하는 경향이 하나의 획기를 이루었다고 해도 좋을 만큼 급진전했다.

한편 또 이 시기에는 오랫동안 불온인쇄물로 취급되어 민간학자들이 전혀 접근할 수 없었던 북쪽 역사학계의 업적들이 역사의식이 투철한 일부 출판인들의 희생적 노력에 의해 상당량 소개됨으로써 민족해방운동사 인식의 폭을 넓히는 데 크게 기여했다. 분단시대 40여 년간 남북 양쪽에서 각각 이루어진 민족해방운동사 연구의 성과를 함께 볼 수 있게 되었다는 사실은, 그것들이 가진 각각의 장점과 단점을 비교 검토함으로써 현시점에서 한층 더 보완되고 객관성 있는 민족해방운동사 인식을 수립할 수 있는 길이 열린 것이기도 했다.

2

1980년대를 넘기고 1990년대로 들어선 시점에서 우리 민족해방운동사 인식의 현재적 처지는 대체로 다음과 같은 몇 가지로 나누어볼 수 있을 것 같다. 첫째, 남한 보수역사학계 일반의 경우와 같이 아직도 식민지시대의 공산주의운동을 중심으로 하는 좌익전선운동 전체를 민족해방운동의 일환으로 다루기를 거부하거나 주저하면서 우익전선운동만으로 '독립운동사', '광복운동사'를 고집하는 경우를 들 수 있다. 국민

일반의 역사인식 변화에 따라 이런 경향이 점점 약해져가고 있기는 하지만, 이 경우 민족해방운동의 다른 한쪽을 완전히 버림으로써 그것을 절반 이하로 왜소화시키는 결과를 가져온 것이 사실이다.

둘째, 이제 겨우 걸음마를 시작한 남한의 진보적 역사학계 일반의 경우와 같이 식민지시대의 좌익전선운동을 민족해방운동의 영역 속에 적극적으로 포함시키려 하되, 실제로는 좌익전선운동만의 흐름을 따로 엮어놓고 있어서 좌익전선운동과 우익전선운동이 하나의 민족해방운동으로 용해되지 못하고 이중구조를 이루고 있는 경향과, 대체로 1930년대를 분수령으로 하여 그 이전 1920년대는 좌익전선과 우익전선이 병행된 시기로 혹은 우익중심운동에서 좌익운동 중심으로 이행해가는 과도기로 보고, 그 이후를 좌익전선이 민족해방운동을 독자적으로 주도한 시기로 보려는 또 하나의 경향이 있다.

첫번째 경향은 종래 우익전선운동 중심의 '독립운동사'와 식민지시대의 공산주의운동사를 평면적으로 병치해놓은 데 불과한 것이라 볼 수 있으며, 두번째 경향은 1930년대 이후의 우익전선운동, 특히 그 해외전선의 역사성을 인정하지 않음으로써 민족해방운동사를 다시 왜소화하는 결과가 된다.

셋째, 북쪽 역사학계의 민족해방운동사 인식은 대체로 3·1운동 이후 우익전선운동의 역사성을 제한하는 입장이 뚜렷하며, 1930년대 이후의 좌익전선운동에 대해서도 조국광복회와 '조선인민혁명군'의 활동을 제외하고는 대체로 1920년대의 그것과 같은 시각에서 보고 있다. 식민지시대 말기의 임시정부활동은 그만두고라도 조선독립동맹(朝鮮獨立同盟)과 조선의용군 활동 그리고 국내의 공산당재건운동 등 같은 시기의 다른 좌익전선투쟁까지 민족해방운동사에서 제외하거나 종파주의운동으로 다룸으로써 민족해방운동사를 왜소화시킨 점은 같다.

남쪽 보수역사학계가 식민지시대 공산주의운동 전체를 민족해방운동으로 인정하지 않으려 하는 경향과 북쪽 역사학계가 같은 시기의 개량주의나 타협주의 노선이 아닌 우익전선의 역사성을 인정하지 않으려 하는 경향은 40여 년간 지속되어온 분단시대 역사학의 한계를 아직 벗어나지 못한 데 그 이유가 있는 것 같다. 그리고 남측 진보적 역사학의 민족해방운동사 인식방향에서 약간 '혼선'을 빚고 있는 것은 좌익전선운동을 민족해방운동사의 일환으로 다루는 방법론 자체의 연조(年條)가 짧은 데서 온 결과라 할 수도 있을 것이다.

　이제 40여 년간 고착되었던 분단체제적 역사인식이 여러가지 측면에서 급격히 무너져가고 있다. 식민지시대 민족해방운동에 대한 분단체제적 역사인식을 극복하고 한층 더 객관적인 위치에서 그것을 파악하려는 시각을 가지는 경우, 그 전체 과정을 통해 좌익전선과 우익전선이 따로따로 분립되어 있기만 했던 것이 아니며, 또 서로 대립만 하고 있었던 것도 아니었음을 알 수 있게 된다. 특히 3·1운동 이후 민족해방운동 내부에서는 좌우의 두 전선을 통일하여 일본제국주의에 대한 투쟁력을 강화하려는 노력이 꾸준히 지속되고 있었음을 발견할 수 있다.

　다시 말하면 식민지시대 우리 민족해방운동은 우익전선 중심으로만 추진된 것도 아니고 좌익전선만으로 추진된 것도 아니다. 우익전선 중심으로만 민족해방운동사를 정리할 수 없음은 말할 것도 없으며, 그렇다고 해서 좌익전선 중심으로만 엮을 수 있는 것도 아니다. 오히려 많은 문제점이 있음을 인정하면서도 좌우익 통일전선운동을 중심으로 민족해방운동사를 체계화하는 것이 진실에 더 접근하는 길이라 할 수 있으며, 여기에서 20세기 후반기 분단시대의 마지막 10년대를 맞이한 민족사의 시대적 요구에 충실한 우리 민족해방운동사 정리의 방향 하나를 찾을 수 있을 것이기도 하다.

3

3·1운동은 아직 좌우익의 이데올로기적 분립이 본격화하기 전에 그야말로 '거족적' 민족해방운동으로 발전한 운동이었지만, 3·1운동의 결과로 임시정부가 성립된 것 자체가—성립 초기의 임시정부는 민족해방운동의 총본부로서 전민족적 여망을 가지고 있었다—좌익전선과 우익전선의 통일전선이라고 보는 견해도 있으며, 또 수긍할 만한 점이 있기도 하다. 그러나 임시정부운동은 곧 분열상을 드러냈고 국민대표자대회와 같이 분열을 방지하려는 노력도 있었으나 결국 먼저 좌익전선이 이탈하고 다음에는 우익의 적극투쟁론자들이 이탈함으로써 그 이후 임시정부는 적어도 1937년 중일전쟁이 발발하기까지 하나의 단위 독립운동단체의 처지가 되고 말았다.

1920년대 전반기의 민족해방운동사는 일종의 좌우익 통일전선으로서 임시정부의 성립과 '만주'지방에서 우익 중심 무장항쟁의 발달 그리고 좌익전선으로서 고려공산당의 활동 등으로 열거될 수 있지만, 이것은 모두 따로따로 이루어진 것이 아니라 하나의 연계고리로 연결되어 있으며, 특히 임시정부운동의 소장관계(消長關係)를 중심으로 하여 같은 맥락 속에서 다루어지고 또 이해될 수 있다.

1920년대 후반기의 민족해방운동은 1925년 조선공산당 성립을 통한 공산주의운동의 국내 정착에서 시작된다. 그러나 임시정부운동 실패과정에서 나타난 민족해방운동전선의 침체와 일부 우익진영의 타협주의화 그리고 일본제국주의의 공산주의운동에 대한 발악적 탄압 등이 겹쳐서 비타협주의적 우익전선과 좌익전선 사이에 통일전선의 필요성을 높이게 되며, 조선공산주의운동의 노선도 여기에 맞추어 일정하게 변하게 된다. 이와 같은 조건 아래서 해외전선이 먼저 통일전선운동으로서 민족유일당운동을 일으키고, 그 연장으로서 국내전선에서 신간회운동이 일어난다.

해외전선에서는 끝내 그 결실을 보지 못했지만, 1920년대 후반기 민족운동전선은 신간회운동 중심의 통일전선운동으로 정리될 수 있다. 뒷날 1930년대 후반기 이후 통일전선운동 노선의 논객들은 '거족적' 운동으로서 3·1운동과 임정의 분열을 막기 위해 개최되었던 국민대표자대회, 그리고 민족유일당운동과 그 일환으로서 신간회운동을 통일전선운동의 큰 줄기로 내세우고 있음을 볼 수 있다. 그리고 6·10만세운동과 광주학생운동 역시 우익운동이나 좌익운동의 어느 한쪽으로만 볼 수 없는 통일전선운동의 일환으로 간주하고 있음을 볼 수 있다.

1928년 12월테제에 따른 조선공산당의 해체, 좌익전선 주장에 의한 1931년의 신간회 해소와 그에 뒤이은 일본제국주의의 '만주'침략 등은 민족해방운동을 1920년대적 통일전선운동에서 1930년대적 통일전선운동으로 전환시키는 계기가 되었다. 다시 말하면 1920년대 후반기의 협동전선적 통일전선운동을 1930년대 세계사에서의 반파쇼 인민전선운동과 같은 맥락의 통일전선운동으로 연결시키게 되는 것이다.

코민테른이 반파쇼 통일전선론을 본격적으로 펴게 되는 1935년 제7차대회 이전에도 일본제국주의의 침략을 받은 '만주'지방의 공산주의운동은 이미 1933년경에 통일전선운동 단계로 들어가게 되지만, 중국 관내지역의 우리 민족운동전선이 역시 일본의 '만주'침략에 대응하면서 통일전선운동을 본격적으로 펴게 되는 것은 1932년 한국대일전선통일동맹(韓國對日戰線統一同盟)의 성립에서부터였다.

한국대일전선통일동맹의 성립은 강력한 통일전선 정당을 탄생시키기 위한 준비과정이라고 할 수 있으며, 이 과정을 거쳐 통일전선 정당으로서 조선민족혁명당(朝鮮民族革命黨)이 성립된 것은 1935년이었다. 이 정당을 구성한 대표적인 정당·단체는 한국독립당(韓國獨立黨)과 의열단(義烈團)이었다. 한국독립당은 당시 우익 독립운동세력의 대표적 정당이었고, 의열단은 1920년대 후반기 이후 사회주의지향 단체로 그 성격이 변화했기 때문에 한국독립당과 의열단을 중심으로 한 민족혁명당의 성립은 사실상 중국 관내 우리 민족해방운동전선의 좌우합작 통일전선이라고 말할 수 있다.

1935년경 우리 민족해방운동전선의 주관적·객관적 요구에 의해 통일전선 정당으로 성립된 민족혁명당은 이후 상당한 곡절을 겪게 되지만, 보는 각도에 따라서는 이후 전체 민족해방운동전선이 시시각각으로 다가오는 민족의 해방에 대비하면서 전체 전선의 통일을 달성하려는 데 가장 주요한 목적을 두고 있었다고 할 수 있으며, 그 핵심적 역할을 담당한 정당이 곧 민족혁명당이라 할 수 있다.

일본제국주의의 '만주'침략과 중국본토 침략을 내다본 우리 민족해방운동전선이 이에 대응하고 세계 반파쇼 인민전선의 발전에 발맞추면서 성립시킨 통일전선 정당으로서 민족혁명당은 이후 조소앙(趙素昻)계와 지청천계의 이탈, 당원 중 상당수가 화북 중국공산군 지역으로 이동한 것 등 반통일전선적 곡절을 겪게 되지만, 당의 기본노선으로서 통일전선운동을 꾸준히 추진해갔다. 1937년 조선민족전선연맹(朝鮮民族戰線聯盟)의 성립과 통일전선 군사력으로서 조선의용대(朝鮮義勇隊)의 조직, 비록 결렬되기는 했지만 1939년의 기강 7당통일회의(綦江七黨統一會議)의 개최 등을 거쳐 한때나마 중국 관내 민족운동전선을 대표하던 한국국민당의 영수 김구(金九)와 민족혁명당의 영수 김원봉(金元鳳)이 두 전선을 통일하여 전국연합진선협회(全國聯合陣線協會)를 구성했고, 마침내 1942년에는 민족혁명당을 중심으로 하는 조선민족전선연맹계가 임시의정원에 참가함으로써 통일전선 의정원을 구성하고, 그것이 발전하여 임시정부 자체를 통일전선정부로 만드는 데 성공하게 된다.

4

1930년대 후반기 이후 민족해방운동이 통일전선을 지향한 것은 세계사에서 전개된 반파쇼 인민전선운동의 영향을 받은 결과이기도 하지만, 다른 한편으로 일본제국주의의 중국침략으로 일본과 미국, 영국의 대결 그리고 일본과 소련의 대결이 첨예화하여 결국 소일전쟁 및 미일전쟁이 발발할 것이며 그 결과 민족해방이 성취될 것이라는 판단에 따른 것이었다. 그에 대비하기 위해 민족해방운동전선에서의 정치력 통일과 함께 군사력 통일을 이루고, 그 정치적 통일전선체가 일본을 패망시킬 연합국의 승인을 획득해야 하며, 그 군사력의 통일전선체가 일본제국주의의 군사력과 교전함으로써 일본의 항복조인에 스스로 참가해야만 일제패망 후 민족국가건설 과정이 주체적으로 이루어질 것이라 전망한 때문이었다.

1935년 통일전선 정당으로 민족혁명당을 성립시킨 핵심세력은 민족혁명당이 정치적 통일전선체가 되어야 한다는 생각에서 임시정부의 해체를 주장했으나 김구를 중심으로 하는 이른바 임정고수파에 의해 임정이 유지되는 반면, 민족혁명당 쪽은 조소앙계·지청천계의 이탈로 타격을 받는다. 그러나 제한된 조건 속에서나마 통일전선운동은 꾸준히 계속되어 조선민족전선연맹을 성립시키는 데 성공했고, 이후 당원 중 상당수가 화북지방으로 이동하여 당세가 약화되자 1940년대 이후에는 민족의 해방에 대비하기 위한 정치적·군사적 통일전선의 모체를 임시정부로 정하고 그것을 중심으로 통일전선을 추진하는 방향으로 나아가게 되었다.

민족혁명당의 통일전선운동은 1940년대로 오면서 스스로 운동의 모체가 되지 못하고 임시정부를 모체로 정하여 추진되지만, 이 시기의 통일전선론은 민족혁명당 창당 당시의 '개인 본위' 방법을 극복하고 '단체 본위' 방법으로 나타나고 있었다. 또 이 시기 민족해방운동전선의 '좌익적' 세력, 예를 들면 조선민족전선연맹을 형성하고 있는 민족혁명당, 조선민족해방운동자동맹 등과 연안에서 성립된 조선독립동맹의 정강 정책이나 우익적 세력, 예를 들면 김구 세력 중심의 한국국민당, 조소앙 세력 중심의 한국독립당, 지청천 세력 중심의 조선혁명당 등의 정강 정책이 대체로 정치적으로는 민주공화국의 건설, 경제적으로는 토지와 중요산업의 국유화로 거의 일치했다.

따라서 적어도 중국 관내지역에서 활동한 민족해방운동전선에 한정하는 경우 어느 쪽을 통일전선의 모체로 하건 일단 정강 정책 면에서는 큰 차이가 없었다고 할 수 있다. 민족혁명당이 1940년대 이후 임시정부를 통일전선의 모체로 삼은 것은 당원의 상당수가 화북지방으로 옮겨가 당세가 약화된 데 그 이유가 있었지만, 이와 같은 정강 정책에서의 좌우 접근도 중요한 하나의 원인이었다고 할 수 있다. 일본의 패망이 시시각각으로 다가오고 있는 시점에서 해외전선의 통일전선을 확대할 필요성이 그만큼 절박해지고 있었던 데도 원인이 있었다.

우리는 1930년대 후반기 이후 민족해방운동전선의 큰 흐름이 실제 활동 면에서나 정강 정책 면에서 전선의 통일을 이루려는 데로 나아가고 있었음을 민족혁명당의 활동과 그 통일전선론을 통해 이해할 수 있으며, 이같은 경향은 중국 관내의 운동에 한정된 것이 아니라 같은 시기 국내외 전선 전체의 흐름이었음을 이해할 수 있는 근거의 하나로 민족혁명당 미주지역 총지부의 활동을 들 수 있다. 민족혁명당 미주지역 총지부의 성립과 활동은 종래 보수적 우익단체만으로 형성되어 있던 이 지역의 민족운동에 진보세력에 의한 단체가 성립되어 새로운 기풍을 일으켰다는 점에도 의미가 있었지만, 그보다는 국민회와 동지회로 분립하여 대립하고 있던 이 지역 민족운동을 통일전선의 방향으로 이끌려는 움직임으로 나타났다는 점에 더 큰 의의가 있다.

한편 1930년대 후반기 이후 우리 민족해방운동전선의 통일전선운동이 '만주'지방에서는 재만한인조국광복회(在滿韓人祖國光復會)의 성립으로 나타났다. 조국광복회의 조직과 여타 지역, 특히 중국 관내 우리 민족해방운동전선과의 횡적 연계가 이루어진 흔적을 아직까지는 찾기 어렵지만, 이 지역에서 중국공산당 주도에 의한 동북항일연군의 성립 자체가 조선인과 중국인을 중심으로 하는 반파쇼 통일전선 노선 위에 있는 것이었고, 조국광복회의 성립은 이 지역 조선민족 내부의 각 정치세력 및 계급간의 통일전선을 목적한 조직이었음을 알 수 있다.

또한 1940년대로 들어오면서 중국 관내 우리 민족해방운동전선의 통일전선운동이 중국국민당 정부 지역에 한정되지 않고 중국공산군 지역의 연안(延安)에 성립된 조선독립동맹으로 확산되어가고 있었음은 구체적인 사실을 통해 확인할 수 있다. 예를 들면 "1941년 10월 국제적인 반파쇼 통일전선 결성을 위해 연안에서 개최된 동방 각 민족 반파쇼 대회에서 임시정부 주석 김구가 대회의 명예주석단에 끼여 있었고," 임정 대표로 8·15 직전에 연안에 파견된 장건상(張建相)이 김두봉(金枓奉)을 만나 좌우통일전선을 중경에서 결성하는 데 합의했으나 바로 일제가 패망하고 말았다.

다른 한편으로 1930년대 이후 국내전선에서 비교적 활발히 전개된 혁명적 노동조합운동 및 농민조합운동에서도 1935년 코민테른 제7차 대회 이후에는 인민전선방침이 전달되어 프롤레타리아 헤게모니 관철을 전제로 한 조건 아래에서이지만, 종래의 '계급 대 계급' 전술, 노농독재 확립, 노농쏘비에뜨 건설 노선을 폐기하고 각 계급을 망라한 전민족적 역량을 반제국주의전선에 집중시킴으로써 민족해방운동전선을 강화하려는 방향으로 나아가고 있었다.

그뿐만 아니라 식민지시대 말기 국내에서 민족해방에 대비하여 비밀리에 조직된 여운형 중심의 건국동맹(建國同盟)도 그 자체가 국내전선에서 좌우세력이 함께 참가한 조직이면서 국외전선과도 전선연합을 추진한 것은 익히 아는 사실이다. 그 결과 연안독립동맹과의 연결에 성공하여 연안에서 국내외 전선이 함께 민족대회를 열 준비가 진행되었고, 중경임시정부와도 연결이 추진되다가 일제의 패망을 맞아 중단된 사실 또한 이 시기 민족해방운동의 전체적 흐름이 어디로 가고 있었는지를 잘 말해주는 부분이다.

이렇게 보면 일제의 패망과 민족해방에 대한 전망이 밝아지면 밝아질수록 민족해방운동전선 전체의 방향은 통일전선을 구축하고, 그것을 전체 전선으로 확대하는 쪽으로 나아가고 있음을 알 수 있다. 이것이야말로 이 시기 우리 민족해방운동의 특성을 잘 나타내는 점이라 할 수 있다. 민족해방운동전선에서의 이와 같은 통일전선 지향은 여러가지 측면에서 논증될 수 있겠으나, 이 책에서는 통일전선 정당을 표방하며 결성된 조선민족혁명당의 활동을 통해 1930년대 후반기 이후 통일전선운동의 이론적 맥락과 방향설정 문제 그리고 그 구체적 활동을 밝히는 데 목적을 두었다.

5

앞에서도 말한 것과 같이 식민지시대 우리 민족해방운동사를 어떤
방법론으로 정리하고 체계화할 것인가 하는 물음에 대한 해답으로는
여러가지가 있을 수 있다. 우익전선 중심으로 정리할 수도 있고 좌익전
선 중심으로 정리할 수도 있다. 그러나 분명한 것은 식민지시대 전체를
통해 우익전선이 운동의 전체 전선을 주도하지 못한 것은 말할 것도 없
으며, 그렇다고 해서 해외전선에서까지 우익전선이 완전히 소멸되고
통일된 좌익전선만이 그 운동 전체를 주도한 것도 아니었다.

식민지시대 민족해방운동전선의 이론가들이 — 이 책에서 다룬 대
상은 주로 중국 관내에서 활동한 이론가들의 통일전선론에 한정되지
만 — 이미 지적한 것과 같이 완전 식민지로서 전혀 해방구를 갖지 못했
던 우리 민족해방운동의 일차적 목적은 무엇보다 민족해방 그 자체에
있었으며, 따라서 민족해방운동전선 통일운동의 핵심은 계급전선이 아
니라 민족전선 중심일 수밖에 없었음을 인정하고 있었다. 이 점에서 같
은 무렵 유럽지역의 통일전선론인 인민전선론과는 달랐다.

그리고 통일전선운동에서 계급전선적 성격보다 민족전선적 성격이
더 강하게 추구되었다는 사실 때문에 그 통일전선론은 — 물론 프롤레
타리아 헤게모니가 고수되는 부분도 없지 않았지만 — 이 책의 연구대
상인 중국 관내지역 민족해방운동전선의 통일전선운동에서 좌익전선
이라 해도 이데올로기적·계급적 고집성이 강하지 않았음을 볼 수 있으
며, 그와 같은 특징을 가장 잘 나타내고 있는 것이 민족혁명당과 그것이
중심이 된 조선민족전선연맹의 이론가들이 수립한 통일전선론이었다
고 할 수 있다. 그리고 이와 같은 특징이 또 우익전선의 동조를 얻어 좌

우익 통일전선운동을 구체적으로 추진할 수 있게 된 원인의 하나가 되었다고 생각할 수 있다.

조선민족혁명당과 조선민족전선연맹을 중심으로 추진된 식민지시대 말기의 통일전선운동은 민족의 해방에 대비하면서 전선통일의 방법론을 마련하고 그것을 운동현실에 적용함으로써 그 역사성을 높이게 되었다. 그러나 중요한 것은 그것이 식민지시대 민족해방운동전선에만 한정되는 것이 아니라 일제 패망 후 민족국가건설 과정에도 적용되어야 한다는 생각 아래 구성되고 실천되었다는 사실이다.

8·15가 미·소 양군의 분할점령 형태로 오고 그 때문에 좌우대립이 다시 심화되자, 민족혁명당에 참가했던 여러 세력들도 8·15 공간의 현실적 조건에 영향받으면서 또다른 형태의 통일전선운동으로서 좌우합작 노선으로 혹은 민주주의민족전선 노선으로 한때 분열되었다. 그러나 분단국가 성립을 저지하기 위한 마지막 운동으로서 1948년 남북협상 과정에서는 민족혁명당을 비롯하여 식민지시대에 통일전선 노선에 섰던 모든 정치세력이 반분단 노선에서 일치되었다는 사실은 높이 평가될 만하다. 식민지시대 민족해방운동의 전선통일운동이 8·15 후 통일민족국가수립운동 과정에서 통일전선운동으로 연결되었다는 사실 또한 주목되어야 할 점이다.

민족분단 반세기가 가까워지는 이 시점에서, 특히 세계사와 민족사의 주변이 급변해가는 이 시점에서 식민지시대 민족해방운동사에 대한 인식도 분단체제적 분단국가주의적 인식에서 탈피하여 그 객관화를 위한 노력을 기울여야 할 때가 되었다. 그리고 그것을 바탕으로 민족문제의 평화적 해결을 앞당기기 위한 통일민족주의 역사인식을 수립해야 할 필요성이 절실하다. 이 책은 이와 같은 문제의식 아래 식민지시대 민족해방운동사를 재인식하고 재구성하기 위한 기초작업의 하나로서 조

선민족혁명당 중심의 통일전선론과 통일전선운동의 전개과정을 가능
한 한 실증주의 방법으로 정리하고자 노력한 것이다.

제1장
민족혁명당의 성립 배경

1. 한국독립당의 성립

3·1운동을 기폭제로 활성화된 우리 민족해방운동전선에서 특히
1920년대 전반기가 중국지역 전선에서 임시정부를 성립시키고 그것을
민족운동의 총본부로 만들기 위해 노력하던 시기라면, 1920년대 민족
해방운동전선은 임시정부운동의 분열과 침체 그리고 일부 타협주의 노
선의 대두에 대응하기 위해 비타협 노선의 우익세력과 좌익세력이 중
심이 되어 전선을 통일시키기 위한 민족유일당운동을 벌이던 시기라고
할 수 있다.

이 운동은 국외전선에서는 끝내 결실을 보지 못한 채 중단되었지만
국내전선에서는 신간회운동으로 나타나서 일정기간 동안 효과적인 활
동을 할 수 있었다. 그러나 1930년대로 접어들면서 일본제국주의가 '만
주사변'을 도발하여 대륙침략을 본격화하게 되자 민족유일당운동의 중
단으로 분열과 침체 속에 빠져 있던 중국지역의 민족운동전선도 다시
활기를 띠기 시작했다.

'만주사변' 이후 중국지역 민족운동전선의 활성화는 크게 두 가지 측면에서 나타났다. 하나는 윤봉길의 의거를 기폭제로 하여 임시정부 중심의 독립운동세력이 종래의 외교독립론적, 실력양성론적 노선을 청산하고 적극투쟁 방법으로 전환했다는 사실이며, 다른 하나는 민족유일당운동이 중단된 후 분산상태에 있던 민족해방운동세력들이 전선을 통일하려는 움직임을 보이기 시작했다는 사실이다.

1930년대 중국지역 민족해방운동의 전선통일 움직임은 단순한 통일이 아니라 1920년대 후반기에 일어났던 민족유일당운동의 연장선으로 볼 수 있으며, 따라서 그 범위는 좌우익세력 사이의 통일까지를 포함하는 것이었다. 그리고 이와 같은 통일전선운동이 최초로 결실된 것은 1932년 한국대일전선통일동맹의 성립이었다.

이 동맹은 당시 천진(天津) 북양(北洋)대학 교수로 있던 김규식(金奎植)이 상해(上海)로 가서 이유필(李裕弼)·최동오(崔東旿)·한일래(韓一來) 등과 의논함으로써 태동하기 시작했다. 그 발기인은 김규식과 당시 한국독립당을 대표한 이유필·송병조(宋秉祚)·김두봉, 조선혁명당을 대표한 최동오, 한국혁명당을 대표한 윤기섭(尹琦燮)·신익희(申翼熙), 조선의열단을 대표한 한일래·박건웅(朴建雄) 등 9명이었다.[1]

1930년대 중국지역 민족해방운동에서 통일전선운동의 출발점이라 할 수 있을 한국대일전선통일동맹은 김규식이 대표로 있던 한국광복동지회(韓國光復同志會)[2]와 한국독립당, 한국혁명당, 조선혁명당, 그리고

1) 金正明 編『朝鮮獨立運動』2, 原書房 1967, 513면.
2) 이 단체의 이름은 여러가지로 나타난다. 동양문화사(京都)가 1976년에 발간한 『社會問題資料叢書』제1집으로 나온 『思想情勢視察報告集』2, 29면에는 광복동지회로, 朝鮮總督府 警務局 保安課 발행 『高等警察報』제2호, 1933, 33면에는 한족동맹회(韓族同盟會)로, 김정명, 같은 책 513면에는 한국광복동지회로, 495면에는 한국동지회로 각각 나타난다.

의열단 등 5개 단체를 중심으로 성립된 것이다.

그러나 김규식이 회장으로 있던 한국광복동지회는 각종 자료에 그다지 뚜렷하게 나타나지 않는 것으로 보아 당시 민족운동전선에서 뚜렷한 위치를 갖지 못한 것 같고, 한국혁명당은 1932년 이사장 윤기섭, 총무 정태희(鄭泰熙), 외무부장 신익희 등을 중심으로 조직된 단체로서 당원이 약 40명이었으나, 그중 약 20명만 상해에 있고 나머지 대부분은 남경(南京)에 있었다.[3]

대일전선통일동맹 성립에 참여한 또다른 단체인 조선혁명당은 1930년경 '만주'에서 민족유일당운동의 일환으로 성립된 국민부(國民府) 후속 단체로 성립되어[4] 현익철(玄益哲)·양서봉(梁瑞鳳)·고이허(高而虛) 등의 주도로 무장투쟁을 하다가 그 중요 지휘부가 전사 혹은 체포되고, '만주사변' 후 일본 측의 공세가 심화되자 최동오·유동열(柳東說) 등에 의해 중국 관내지역으로 옮겨진 단체로서 아직 그곳에서 기반이 넓지 못한 상태였다.

이렇게 보면 중국 관내지역에서 확고한 기반을 가지고 있으면서 대일전선통일동맹 성립에 참가한 정당 단체로서, 우파 쪽으로는 한국독립당이 대표적이었고, 다른 하나는 이 시기에 좌익단체적 성격을 띠어가던 의열단이었다고 할 수 있다.

한국독립당은 1930년[5] 상해에서 이동녕(李東寧)·안창호(安昌浩) 등

3) 김정명 편, 같은 책 495면.
4) 金俊燁·金昌順 『韓國共産主義運動史』 4, 고려대 아세아문제연구소 1974, 202면 참조. 이 책에서는 조선혁명당의 성립시기를 1920년대 말, 그 지역을 '남만주 일대'라고 하나, 高等法院檢事局 思想部 『朝鮮重大思想事件經過表』, 1936, 20면에서는 "昭和 5년(1930) 8월 滿洲 新賓縣에서 조직"되었다고 한다.
5) 한국독립당이 결성된 시기는 자료에 따라 다르다. 1928년, 1929년, 1930년, 1931년 등으로 나타나지만, 이 문제에 관한 가장 최근 업적인 盧景彩 「한국독립당의 결성과 그 변

에 의해 "종래의 지방적 파벌투쟁을 청산하여 민족주의운동전선을 통일하고 임시정부의 기초적 정당을 조직"[6]하기 위해 성립되었다. 창당에 참가한 사람은 모두 28명이었는데, 여기에는 뒷날 대일전선통일동맹과 그것이 발전한 조선민족혁명당에 참가하는 김두봉·윤기섭·조소앙(趙素昂) 등도 있었다. 이동녕·안창호·이유필·김두봉·안공근(安恭根)·조완구(趙琬九)·조소앙 등 7명이 당의(黨義)와 당강(黨綱)을 기초했다.

당의에서는 "국토와 주권을 완전히 광복하여 정치·경제·교육의 균등을 기초로 하는 신민주국(新民主國)을 건설하여 안으로는 국민 각개의 균등생활을 확보하고 밖으로는 족(族)과 족, 국과 국의 평등을 실현하며, 나아가서 세계 일가의 진로를 향한다"[7]고 하여 삼균주의(三均主義)를 당의 기본이념으로 채택했다. 그 당강에서는 "국민의 혁명의식을 불러일으켜 민족적 총역량을 집중할 것", "엄밀한 조직 아래 민중적 반항과 무력적 파괴를 적극 진행할 것", "보통선거제도를 실시하여 국민의 참정권을 평등히 하고 국민의 기본권리를 보장할 것", "공비(公費)로 의무교육을 실시하여 국민의 구학권(求學權)을 평등히 할 것"[8] 등을 표방했다.

한국독립당의 창당동기는 지방적 파벌주의를 청산하고 '민족주의운동전선', 즉 우익 민족운동전선을 통일하려는 데 있었지만, 그 당의와 당강은 몇 가지 중요한 의의를 갖고 있다. 하나는 임시정부를 옹호하되 민족운동의 방법을 적극적인 민중적 반항과 무력적 파괴방법, 즉 무장

<hr>

천(1930~1945)」(『역사와현실』 창간호, 1989, 218면, 각주 13)에서는 『思想彙報』 제7호 22~23면의 자료에 의해 1930년 1월 25일로 잡고 있는데, 이것이 신빙성이 높다고 생각된다.

6) 『조선중대사상사건경과표』 22면.

7) 같은 책 23면.

8) 國史編纂委員會 編 『韓國獨立運動史』 資料 3 臨政篇 3, 1973, 396면.

항쟁 방법으로 전환하겠다는 것이며, 다른 하나는 그 경제정책의 지향이 사회주의적 노선으로 나아가고 있다는 점이다. 이 점은 앞으로 좌경적 민족해방운동전선과 통일전선을 형성할 수 있는 방향을 제시하고 있는 것이라 할 수 있다.

한국독립당은 대일전선통일동맹에 참가한 우익 민족해방운동전선을 대표할 만한 정당이었다. 이 정당은 대일전선통일동맹에 참가한 1932년 현재 약 70명의 당원과 윤봉길이 당원이었던 비밀조직으로 한인애국단(韓人愛國團)을 가지고 있었으며, 그밖에 몇 개의 외곽 단체도 있었다.

그 외곽 단체의 하나인 상해한인청년당(上海韓人靑年黨)은 1931년에 성립된 상해한인독립운동자청년동맹(上海韓人獨立運動者靑年同盟) 후신으로 한국독립당의 전위당원 양성기관이었고, 1932년에 있었던 일본군 관동군사령관 및 '리튼' 국제조사단원 일행 폭살미수 사건의 유상근(柳相根)·최홍식(崔興植)과 우가끼(宇垣一成) 조선총독 살해미수 사건의 이덕주(李德柱)·유진만(兪鎭萬) 등이 당원이었다.[9]

이밖에도 한국독립당은 다른 외곽 단체로 상해한인애국부인회(上海韓人愛國婦人會)·상해한인여자청년동맹(上海韓人女子靑年同盟)·상해한인소년동맹(上海韓人少年同盟) 등을 두고 있어 상해지역 교포사회에 폭넓은 지지기반을 갖고 있었고, 당 기관지로 『상해신문(上海新聞)』을 발행하고, 광동(廣東)에 있었다고 알려진 그 지부에서도 『한성(韓聲)』이란 잡지를 발행하고 있었다.[10]

3·1운동으로 폭발한 식민지시대 민족해방운동은 그것을 계기로 정

---

9) 조선총독부 경무국 보안과 『高等警察報』 제5호, 1933, 78~79면.
10) 같은 곳.

부수립운동으로 나타났고, 그 결과 상해임시정부가 통일전선적 성격을 띠고 성립되었다. 그러나 임시정부는 그 안에서 좌우세력이 함께 활동할 수 있는 민족해방운동의 총본부가 되지 못하여 먼저 좌익세력이 결별하고, 다음에는 이른바 창조파와 개조파의 대립으로 다시 창조파가 결별함으로써 이후 임시정부는 그 자체가 하나의 단위 독립운동단체로 전락했다.

임시정부운동의 침체와 일본 측 민족분열정책의 결과 일부에서 개량주의적 타협주의 노선이 대두하자 1920년대 민족운동전선은 이에 대응하기 위해 이번에는 비타협적인 우익과 좌익세력의 민족유일당을 조직하려는 운동으로 나타났다. 민족해방운동전선의 통일전선운동이 1920년대 전반기의 좌우세력 결집에 의한 임시정부수립운동으로, 그리고 1920년대 후반기에는 좌우익 연합의 유일당결성운동으로 전환되었다고 할 수 있다.

민족유일당운동은 1930년대로 들어오면서 중단되었지만 이후부터 특히 해외 민족운동전선에서는 정당적 성격을 띤 여러 단체들이 분립하는 방향으로 나아갔고, 한국독립당은 그 과정에서 성립되었다. 그러나 한국독립당도 전선의 연합 내지 통일을 전망하면서 성립된 우익전선의 대표적 정당일 뿐이었다.

2. 의열단의 성격 변화

1) 사회주의'적' 단체로의 변화과정

1930년대 후반기 이후 통일전선 성립의 한 과정으로서 대일전선통일동맹에 참가하는 중요한 독립운동단체의 하나인 의열단은 이미 알려진 것과 같이 1919년 11월 '만주' 길림성 파호문(巴虎門) 밖에서 김원봉·윤세주(尹世胄) 등 13명이 모여 조직한 단체이다.[11] 의열단은 성립 당시 「공약 10조」를 결정했는데,[12] 이 공약은 죽음을 두려워하지 않는 폭력방법의 민족해방운동단체로서의 성격을 강하게 나타내고 있다. 한편 "조선의 독립과 세계의 평등을 위하여 신명을 희생하기로 함"이라고 한 부분에서는 단순한 테러운동 단체 이상의 성격을 드러내고 있음을 볼 수 있기도 하다.

이 단체는 "조직 당초에는 아직 성문화된 단의 강령은 없었다. 그렇지만 구축왜노(驅逐倭奴), 광복조국(光復祖國), 타파계급(打破階級), 평균지권(平均地權)을 항시 그들의 최고 이상으로 하는 자다"[13]라고 한 기록도 있다. 여기서 말하는 계급타파와 평균지권이 사회주의의 영향에 의한 것인지 또 구체적으로 어느 시기부터 이와 같은 문제를 '최고의 이상'으로 삼게 되었는지는 분명하지 않지만, 어떻든 의열단은 창단 초기부터 단순한 폭력방법에 의한 독립운동단체만은 아니었던 것 같다.

의열단 단장, 즉 의백(義伯)이었던 김원봉은 1914년경 경북 영주(榮州)에서 만난 강택진(姜宅鎭)이 사회주의자였다고 말했지만,[14] 이 무렵

---

11) 朴泰遠『若山과 義烈團』, 서울: 白楊堂 1947, 26면.
12) 같은 책 27면에 실린 「공약 10조」는 다음과 같다. ①천하(天下)의 정의(正義)의 사(事)를 맹렬히 시행하기로 함, ②조선의 독립과 세계의 평등을 위하여 신명을 희생하기로 함, ③충의의 기백과 희생의 정신이 확고한 자라야 당원이 됨, ④단의(團義)에 선(先)히 하고 단원(團員)의 의(義)에 급히 함, ⑤의백(義伯) 1인을 선출하여 단체를 대표함, ⑥하시(何時) 하지(何地)에서나 매일 1차씩 사정을 보고함, ⑦하시 하지에서나 초회(招會)에 필응함, ⑧피사(被死)치 아니하여 단의(團義)에 진(盡)함, ⑨1이 9를 위하여 9가 1을 위하여 헌신함, ⑩단의(團義)에 반배(叛背)한 자를 처살함.
13) 같은 책 29면.
14) 같은 책 10면.

국내에 사회주의자라 할 만한 사람이 있어서 김원봉이 사상적 영향을 이미 받았는지는 의문이다. 그러나 김원봉이 1918년 중국으로 갈 때 행동을 같이한 김약수(金若水)·이여성(李如星) 등은 뒷날 모두 사회주의자 내지 사회주의적 성향의 활동을 했다.

계급타파·평균지권 등을 지향했다는 시기는 확실치 않지만, 대체로 개인테러 방법에 의한 독립운동을 지향하면서 조직되었다고 생각되는 의열단의 투쟁노선에 일차적 변화가 오는 것은 이미 1921년경이라 볼 수 있는 자료가 있다.

> 1920년 이후 수차 검거된 폭탄사건은 대개가 직·간접으로 의열단의 계획에 의한 것이며 계속되는 각종 음모계획 중 자금난으로 궁색하던 차에 당시 소련공산당이 한국인을 이용하여 적화선전계획(赤化宣傳計劃) 중이므로 김원봉도 동단(同團) 목적 달성차 소련공산당과 악수하고 1921년 말경 동 공산당과 결탁하여 한국적화(韓國赤化)와 독립을 계획하고 우선 국내 관공리 암살, 건물파괴를 단행키 위하여 파괴·방화·암살용의 각종 폭탄을 입수하여 동 실행을 착수하였다.[15]

글의 문투로 보아 일본 쪽 검찰기소문 혹은 법원판결문을 거의 그대로 이용한 것 같은 이 자료의 내용이 얼마나 신빙성 있는가 하는 것도 문제이고, 김원봉과 의열단이 사상적으로 어느정도 사회주의 내지 공산주의적 경향으로 기울었는가 하는 것도 의문이지만, 이 무렵부터 이미 소련 쪽과 연결이 있었다고는 할 수 있겠다.

---

15) 李起夏『韓國共産主義運動史 1』(상), 국토통일원 1976, 238면. 이 글에서 한국인, 한국 등의 용어가 나오는데, 아마 원문의 조선인, 조선을 그렇게 번역한 것이 아닌가 한다. 이 책에서는 그대로 인용한다.

1919년 결성 당초의「공약 10조」이후 의열단이 재차 그 투쟁노선을 천명한 것은 신채호(申采浩)가 1923년에 쓴 유명한「조선혁명선언(朝鮮革命宣言)」에서였다.「선언」은 독립운동방법론에서 이른바 외교독립론, 독립준비론 그리고 이 시기 특히 국내에서 대두되고 있던 이른바 내정독립론(內政獨立論), 자치론, 참정권론 등 타협주의 노선을 일절 배격하고 의열단의 투쟁방법을 종래 개인 중심의 폭력주의에서 민중혁명주의로 발전시킨 것이었다.

그러나 여기서 민중은 유럽식 개념의 부르주아지나 프롤레타리아와 같은 일정한 계급으로 좁혀진 것이 아니라 일본 식민통치 아래서 "기·(飢)·한(寒)·곤(困)·고(苦), 처호(妻呼)·아제(兒啼)·납세의 독촉, 사채(私債)의 재촉, 행동의 부자유, 모든 압박에 졸리어 살라니 살 수 없고 죽으려 하여도 죽을 바를 모르는" 사람들이며, "독립을 못하면 살지 않으리라", "일본을 구축하지 못하면 물러서지 않으리라"는 구호를 가지고 계속 전진하는 사람들이었다. 그리고 이 시기 의열단의 활동목적은 "강도 일본의 통치를 타도하고 우리 생활의 불합리한 일체 제도를 개조하며 인류로서 인류를 압박하지 못하며 사회로서 사회를 박삭(剝削)하지 못하는 이상적 조선을 건설"하는 것이었다.[16] 이 선언에서는 창립 당초의「공약 10조」보다 민족해방운동의 주체가 더 민중 중심으로 확대되었으나 그 단원들이 "최고 이상"으로 삼았다는 계급타파·평균지권에는 나아가고 있지 못한 것 같다.

「선언」이 나온 후에도 의열단의 개인적 폭력방법에 의한 독립운동은 1923년 김상옥(金相玉)의 종로경찰서 폭탄투척, 1924년 김지섭(金祉燮)의 일본궁성 폭탄투척으로 계속되었다. 그러나 의열단의 개인폭력

---

16)「朝鮮革命宣言」, 박태원, 앞의 책 108~20면.

중심 노선은 1925년에 와서 변화의 계기를 갖게 된다. 김원봉을 비롯한 지도적 단원들이 중국 황포군관학교(黃浦軍官學校)에 입학하는 것이 그 것인데, 그 동기는 다음과 같이 설명되고 있다.[17]

지난 7년간(1919~1925년 – 인용자)의 부절(不絶)한 폭동도 구경(究竟) 민 중을 각오시키지는 못하였다. 민중을 각오시키는 것은 오직 탁월한 지도이론 이다. 교육과 선전이다. 그밖의 다른 길은 없었다. 혁명은 곧 제도의 변혁이다. 몇몇 요인의 암살과 몇 개 기관의 파괴로는 결코 제도를 변혁할 수 없다. …

제도를 수호하는 것은 곧 군대와 경찰이다. 이들의 무장역량을 해제할 수 있어야 비로소 혁명은 달성되는 것이다. 그러함에는 전민중이 각오하여야 하 고 단결하여야 하고 조직되어야 한다. 전민중의 일대 무장투쟁이 아니고는 강도 일본을 구축할 도리가 없다. 혁명을 달성할 길이 없다.

이제 이들은 '독립'을 '혁명'으로 이해하고 그것이 제도변혁과 함께 이루어져야 할 것임을 알게 되었고, 그러기 위해서는 '각오된 민중'에 의한 무장투쟁의 길밖에 없으며, 민중을 '각오'시키기 위해 그들 스스로 가 먼저 탁월한 지도이론을 터득할 필요가 있다는 생각에서 '일개 생도' 로서 군관학교에 입학했다. 황포군관학교의 교육은 의열단 지도부의 사상적 진전에 큰 도움을 주었다.[18] 의열단 지도부가 구체적으로 사회

---

17) 같은 책 203면.

18) 유자명(柳子明)은 1984년 료녕인민출판사에서 간행한 『나의 回憶』, 93면에서 다음과 같이 기억했다. "1925년 겨울에 나는 상해로부터 광주로 가서 의열단을 개조하는 회의 에 참가했다. … 의열단원들은 황포군관학교와 중산대학에서 공부를 하여 사상수준과 정치수준이 제고되었다. 당시 중국에서는 국공합작이 실현되어 국민당과 공산당이 연 합으로 황포군관학교를 성립하고 주은래 동지와 많은 공산당원들이 학생 속에서 공산 주의사상을 선전하였다."

주의의 영향을 받게 된 것이다.

황포군관학교를 졸업한 김원봉 등은 바로 중국 북벌전쟁에 참가했는데, 이 무렵 일본 측 정보문서에는 의열단이 "혁명수단으로써 조선을 일본제국의 기반에서 이탈시키고 동시에 일체의 특권계급을 타파하여 농공민중(農工民衆)의 정권을 수립하고 다시 세계혁명민중과 연하여 세계혁명의 완성"을 지향했다는 자료를 남겨놓고 있다.[19]

이 자료의 정확한 연대를 밝힐 수 없어서 구체적으로 논급하기는 어렵지만, 김원봉이 1926년 군관학교를 졸업하고 하룽(賀龍)의 공산군에 가입하여 북벌전쟁에 참가한 사실[20]과, 정확한 자료라고 할 수는 없지만 그가 1926년에 이미 공산당원이었을 가능성을 말하고 있는 자료가 있는 점[21] 등으로 미루어보아, 의열단의 중요 단원들이 1926년경 "농공민중정권의 수립"을 지향할 정도의 사상적 전환이 있었다고 볼 수 있지 않을까 한다.

김원봉을 비롯한 중요 의열단원들이 황포군관학교를 거쳐 북벌전쟁에 참가한 후 의열단의 동태가 어떻게 변화해갔는가를 추적하기 위해서는 그 내용에 오류가 있기는 하지만, 다음과 같은 일본 측 정보자료가 참고된다.

---

19) 『조선중대사상사건경과표』 30면.

20) 같은 책.

21) 예를 들면 님 웨일즈의 『아리랑의 노래』(일역판), 1965, 102면에는 "1926년 늦봄에 조선인의 모든 집단과 당파를 대표하는 통일동맹인 조선청년동맹의 창립대회를 열게 되었다. 이것은 대성공이어서 곧 300명의 동맹원을 확보했다. 선출된 중앙위원은 대부분 공산당원이어서 창립자 김약산(金若山)과 김충창(金忠昌)도 중앙위원으로 추대되었다"고 하여 김약산, 즉 김원봉이 이미 공산당원이었을 가능성을 말하고 있다. 그러나 그가 가입했다면 그 공산당이 조선공산당은 아닐 것 같고 중국당인지도 분명치 않다.

김원봉이 하롱의 공산군에 가입함에 따라 다수의 동지가 흩어지고 약간의 잔당에 의해 여명이 보전되다가 1929년 12월 2일에 이르러 "조선의 전피압박 대중이 요구하는 조직은 어떤 한 계급의 전위적 조직이 아니고 대중적 협동 전선의 형태이다. 본단은 근본적으로 그 취지에 부응할 것이다" 하는 해체성 명을 내고 스스로 해체했다.[22]

여기서 1929년은 1927년의 잘못인 것 같고,[23] 또 의열단이 '대중적 협동전선의 형태'를 지향하면서 해체되었다고 했으나, 사실은 해체된 것이 아니라 이 시기 전체 민족운동전선에 나타난 민족협동전선운동에 부응하면서 이 운동이 성공하면 단을 해체할 것이라 약속하고 1927년 에 협동전선 참가를 위한 「독립촉성운동(獨立促成運動)에 대한 선언」을 발표한 것이다. 1925년 이후 혹은 그 이전부터 사회주의적 영향을 어느 정도 받게 된 의열단의 활동이 1927년을 고비로 민족협동전선운동에 동참하게 되는 것이다.

의열단 활동이 민족협동전선운동으로 나아가는 계기가 되는 「독립 촉성운동에 대한 선언」[24]의 대체적 내용은 다음과 같다.

1) 본단은 조선독립운동을 정궤적(正軌的)으로 하려면 통일적 총지휘기관

---

22) 『조선중대사상사건경과표』 30면.

23) 하롱이 1926년 북벌전쟁에 참가하여 국민혁명군의 제9군 1사장 제20군장 등을 역임 하고 남창폭동(南昌暴動)에 참가한 후 공산당에 입당한 것은 1927년이었고(『아시아역 사사전』 권2, 平凡社 1959, 239면 참조), 의열단이 협동전선론이라 할 수 있을 「독립촉 성운동에 대한 선언」을 발표한 것이 1927년인 것으로 보아 의열단의 협동전선론으로 의 노선전환은 1927년이라 보는 것이 옳을 것 같다.

24) 독립운동사편찬위원회 『독립운동사자료집』 제7권, 1973, 1394면; 김정명 편, 앞의 책 327~28면.

이 확립되어야 함을 확신한다.

2) 본단은 통일적 총지휘기관을 확립하려면 촉성회의 형성으로써 이를 성공시킬 수 있는 것이라 주장함.

3) 본단은 전단원으로 하여금 개인 자격으로 그곳 촉성회에 가입하며 그 운동에 진력할 것을 선언함.

4) 본단은 통일적 총지휘기관이 확립하는 날 본단의 해체를 선언할 것을 약속함.

5) 본단은 대독립당(大獨立黨)이 출현할 때까지는 본단의 조직과 역할을 계속할 것이며, 그 기간 중에는 특히 각 단원에 대해 대독립당의 주의와 강령 및 기타 당적 훈련에 노력할 것을 선포함.

이와 같은 내용 외에 구호로 "파벌주의자와 파적(派的) 결합을 배격한다", "타협적 비혁명자 및 그 운동을 배격한다" 등을 내세우고 있는 것을 볼 수 있다. 이렇게 보면 1919년 개인폭력 중심의 독립운동단체로 성립된 의열단이 1923년의 「조선혁명선언」을 통해 일단 '민중혁명' 노선으로 나아갔다가, 1925년에 중요 단원이 황포군관학교에 입교한 것을 계기로 사회주의적 영향을 받았으나, 1927년경에는 단의 해체까지 전제하면서 전체 민족운동전선에 나타난 민족협동전선운동, 즉 민족유일당운동에 참가하게 된 것이라 볼 수 있다.

그러나 국내전선의 민족유일당운동은 신간회운동으로 일단 결실을 보았지만, 국외전선에서는 결실을 보지 못했다. 따라서 의열단은 해체되지 않았고 계속 민족협동전선을 추구하면서 점점 사회주의적 성격이 짙은 일종의 정당 형태로 발전해갔음을 볼 수 있다.

2) 사회주의'적' 단체로의 변화

1927년을 고비로 민족협동전선운동에 참여하게 된 의열단은 이 무렵 두 가지 면에서 특징을 드러내게 된다. 첫째는 정당적 면모를 갖추면서 사회주의적 노선으로 급선회하고 있는 점이며, 둘째는 협동전선운동을 적극적으로 펴고 있는 점이다. 의열단이 구체적으로 정당적 면모를 갖추게 된 것은 1928년 10월 4일 「조선의열단 제3차 전국대표대회 선언」을 발표하면서 총 20개조에 이르는 정강 정책을 발표한 데서 그 계기를 찾을 수 있다.[25]

이 20개조의 선언 중에는 ①봉건제도 및 일체 반혁명세력을 삭제하고 진정한 민주국을 건설함, ②소수인이 다수인을 착취하는 경제제도를 소멸시키고 조선인 각개의 생활상 평등한 경제조직을 건립함, ③대지주의 재산을 몰수함, ④농민운동의 자유를 보장하고 가난하여 고생하는 농민에게 토지·가옥·기구 등을 공급함, ⑤대규모의 생산기관 및 독점성의 기업(철도·광산·기선·전력·수리·은행 등)은 국가에서 경영함 등의 조항이 있어 사회주의적 정책 지향이 강하며, 의열단 성립 당시의 「공약 10조」와 큰 차이가 있음을 알 수 있다.

물론 1919년부터 1928년까지 10년 사이 의열단의 변화는 이 기간 민족운동전선 전체 변화의 일부분이지만, 어느 민족운동단체에 비해서도 앞서 있었다고 할 수 있다. 1930년대 이후 중국지역 민족운동전선에서

---

25) 이 정강 정책은 독립운동사편찬위원회, 앞의 책 1414~16면;『사상정세시찰보고집』2, 188~89면; 김정명 편, 앞의 책 340~41면 등에 실려 있고, 박태원『약산과 의열단』29~31면에도 실려 있으나 조항수와 내용이 조금씩 다르다. 여기서는 독립운동사편찬위원회의『독립운동사자료집』에 따른다.

는 한국독립당, 한국국민당, 민족혁명당 등 정강 정책을 갖춘 정당들이 성립되었지만, 의열단은 1920년대 말에 이미 정강 정책을 갖춘 정당적 성격으로 발전하고 있음을 볼 수 있으며, 이 정강 정책은 이후에 성립되는 각 정당에 큰 영향을 주었다.

「제3차 전국대표대회 선언」에 나타난 정강 정책을 살펴보면, 먼저 정치적으로 국민의 기본적 자유가 보장되고 남녀평등 지방자치가 갖추어진 의회주의 '민주국'의 건설을 지향하였으며, 사회경제적으로는 "소수인이 다수인을 착취하는 경제제도의 소멸"을 원칙으로 하는 대지주 토지의 몰수와 농민에 대한 분급, 대규모 생산기관 및 독점적 기업의 국가경영, 소득세 누진율 적용, 노농운동의 자유보장, 국비에 의한 의무교육, 사회보장제도의 실시 등 사회주의적 성격이 높은 정책을 제시하고 있었음을 볼 수 있다.

이 점은 앞에서도 논급한 것과 같이 1921년 말경에 이미 소련공산당과 연결되었다는 사실은 그만두고라도, 김원봉을 비롯한 의열단의 중요 인사들이 황포군관학교 입교 후 사회주의적 영향을 받은 데 이유가 있지만, 1930년대 이후로 가면 한국국민당, 한국독립당 등 순수 우익 정당들도 대부분 이와 같은 사회·경제정책을 채택하고 있었음을 볼 수 있으며, 이 점을 의열단이 선도하고 있는 것이라 할 수 있다. 그러나 다음에 다시 논급되겠지만 의열단의 사회주의적 단체로의 변모는 같은 시기 어느 비사회주의 단체보다 심화하고 있었음을 알 수 있다.

1920년대 후반기 의열단 활동의 두번째 특징으로 지적한 민족협동전선운동의 적극화 문제는 1928년 11월 의열단 중앙집행위원회가 발표한 「창립 9주년 기념문」에 잘 나타나 있다.[26] 이 기념문은 '조선혁명'을 위

---

26) 이 기념문의 대강은 慶尙北道警察部『高等警察要史』1934, 102~104면에 실려 있다.

한 중요 정세의 변화로 다음 몇 가지를 들고 있다. ①민족적 공동전선의 개시, ②공산주의자의 지도 아래 급격히 전개되는 노동대중의 운동, ③혁명전선에서 우익의 대두, ④제국주의세계 안정의 급격한 붕괴와 그에 따르는 발광적 반동, ⑤세계 무산계급과 세계 약소민족의 반제국주의전선, 세계혁명적 전선에서의 동맹 확립, 세계혁명 파도의 상승 등을 들고, 마지막으로 "소비에트연방의 세계 모든 혁명의 우군으로서 존재, 그것에 대한 제국주의 열국의 연합적 반격, 강도 일본으로부터 조선의 절대독립을 탈환하기 위해 저들의 현재의 폭압에 항거하기 위해서는 다만 협동통일의 길이 있을 뿐이다"라고 했다.

이 기념문을 통해 1920년대 말기 의열단의 성격이 어떻게 변해가고 있었는지를 대개 짐작할 수 있다. 공산주의자의 지도 아래 노동운동이 급진전하는 사실에 주목하는 한편 민족운동전선에서 우익세력의 대두에 유의하면서 일본제국주의의 폭거에 대항하는 길은 '협동통일의 길' 밖에 없다고 본 점에 그 요체가 있는 것 같다.

의열단의 성격 및 노선의 변화과정을 단계적으로 파악할 수 있는 자료로 창립 당시의 「공약 10조」와 「조선혁명선언」 그리고 「제3차 전국대표대회 선언」과 「창립 9주년 기념문」 등을 들 수 있지만, 특히 「창립 9주년 기념문」은 「제3차 전국대표대회 선언」과 함께 의열단이 앞으로 대일전선통일동맹, 민족혁명당 결성으로 나아가게 되는 과정을, 그리고 그 이론적 방법론적 기반을 이해하게 하는 중요한 자료가 된다.

이 기념문은 이상과 같은 정세분석을 기초로 '민족적 협동전선'을 추진해나가는 구체적인 방법으로, 첫째 "현재 급속히 진전하는 조선노동계급의 운동을 더욱 발전시켜 그것을 독립운동과 연결"시키는 데서 구하고 있다. 기념문이 발표되던 1928년은 국내에서 공산주의운동이 일제의 극심한 탄압과 운동 내부의 끊임없는 파쟁으로 어려움을 겪고 있는 상태여서 코민테른이 공산당 해체와 재건을 지령한 「12월테제」가 나오기 직전이었다. 그러면서도 한편으로 공산주의자의 지도로 노농운동이 급격히 발전하여 기념문이 발표된 2개월 후인 1929년 1월에는 '원산총파업'이 일어날 시점에 있었다.

이런 시점에 의열단의 노선이 어느정도 사회주의화했다 해도 코민테른의 승인을 받았거나 그 지령을 직접 받을 처지에 있었는지는 의문이다. 다만 국내 노농운동의 발전에 주목하면서 이 운동과 국외전선의 민족해방운동을 연결시키는 '민족적 공동전선'을 지향하고 있었던 것이 아닌가 한다. 의열단의 이 '민족적 공동전선'이 이 시기 민족운동전선 전반에서 일어나고 있던 협동전선 범주 안에서의 지향이었는지 코민테른이 지향하던 통일전선으로까지 지향했는지는 분명치 않으나, 노농운동과 국외 민족해방운동세력의 통일전선이 적어도 의열단으로서는 국외 민족해방운동세력 주도에 의해 추진되는 것으로 이해했다고 봐도 무방할 것 같다.

기념문에 나타난 의열단이 지향한 '민족적 공동전선'의 두번째 특징은, "현재 대두하고 있는 모든 우경 내지 타락의 경향"과의 투쟁을 강조하고, '전투회피자' '폭력부인자' '점진주의자' 등을 적으로 간주하며 그들과의 투쟁을 표방하면서도 '혁명전선에서 우익세력의 대두'를 의식하고 '전투적 협동전선' '통일적 독립당의 완성'을 지향하고 있는 점에 있다. '우경 내지 타락의 경향'과 비전투적 점진주의자를 제외한 전투적 우익세력과의 공동전선을 성립시키려는 의열단의 노선이 곧 이동녕 등의 한국독립당과 제휴하여 '민족적 공동전선' '전투적 협동전선'으로서 대일전선통일동맹의 결성으로 나아가게 한 것이다.

셋째, 이 기념문은 마지막 부분에서 "전투적 협동전선으로 통일적 독립당을 완성하자" "자치주의를 타도하자" "혁명의 기초를 노동대중에"

"세계혁명과 연결하자" "소비에트연방과 동맹하자" 등의 구호를 붙였다. 국제당과의 직접적인 연계관계는 확인할 수 없으나, 공산당의 명칭을 사용하지 않았으면서도 상당히 진보적인 단체로 변모한 의열단이 이 무렵에도 '전투적 협동전선'을 지향하면서 '통일적 독립당'의 결성을 지향하고 있었음은 주목할 만하다. 그리고 그 '통일적 독립당'의 결성으로 가는 과정에서 성립된 것이 대일전선통일동맹이며, 여기에 당시 중국지역 우리 민족해방운동전선의 중요 단체와 인물들이 대거 참여했다는 점이 더욱 주목할 만하다.

의열단이 1928년 기념문을 발표하여 민족협동전선 내지 통일전선의 형성을 강조하고, 1932년 그 하나의 실현으로서 대일전선통일동맹을 결성하기까지의 활동에는 두 가지 변수가 작용했다. 하나는 의백인 김원봉이 국내에서 공산주의운동을 하다가 중국으로 망명한 안광천(安光泉)을 만나 새로운 활동을 개시한 일이며, 또 하나는 일본제국주의가 중국침략의 출발로서 '만주사변'을 도발한 일이다. 이 두 변수는 의열단 활동에 큰 영향을 주었다. 이 두 가지 문제와 관련한 김원봉의 활동상에 대해 일본 측 정보문서는 두 가지 문제를 전하고 있다.[27]

1) 이 무렵 북경에 있는 김원봉은 조선공산당 ML파의 간부 일명 광천(光泉)인 안효구(安孝駒)와 제휴하여 그곳에 조선공산당 재건동맹을 조직하고 그 전위투사 양성기관으로서 '레닌주의정치학교'를 설치하여 기관지 『레닌』을 발행하고 제1차로 1930년 4월부터 9월까지, 제2차로 같은 해 10월부터 다음 해 1931년 2월까지 2회에 걸쳐 합계 21명의 조선인 청년을 수용 교육하여 곧

---

27) 『조선중대사상사건경과표』 30~31면. 그리고 고등법원검사국 사상부 『사상휘보』 제4호, 1935년 9월호 20~32면에는 '레닌주의정치학교'를 졸업하고 국내에 들어와 활동하다가 체포된 정동원(鄭東源)·이진일(李鎭壹)·권인갑(權麟甲) 등의 활동이 기록되어 있다.

조선 안의 적화공작(赤化工作)을 위해 밀파하고 다시 제3차 학생을 모집중.

2) 마침 발발한 만주사변으로 중국 관민(官民)의 항일감정이 치열해지고 중국정부에서도 동북 실지(失地)회복에 분망하게 되었음에 착목하고, 이를 이용하여 그 목적을 달성하고자 이에 의열단을 부활하고 「중한합작 항일운동에 관한 건의서」, 「한국혁명의 과거 정세와 의열단의 책략」 등을 작성하여 중국 항일운동단체에 배포하고 이에 아부하여 정치자금을 지급받으려는 책동을 개시한 것이다.

안광천은 한때 국내 제3차 공산당의 책임비서로 있었고 이 기간 (1926년 12월부터 1927년 9월까지 – 필자)에 "책임비서 안광천을 표면에 내세워 민족진영과의 협동에 의한 국민정당, 곧 단일적 민족통일당을 실현한다고 하여 신간회 결성에 협조했다."[28] 이후 좌익전선이 협동전선 부정론으로 선회함에 따라 당의 중앙위원회에서 제명된 후 1928년 중국 상해로 망명했고 또 변절자로 불리기도 했지만, 어떻든 그는 일관된 협동전선론의 주창자였다.[29]

이런 안광천과 함께 만든 레닌주의정치학교가 김원봉에게도 반드시 공산당재건운동의 일환이었느냐 하는 문제가 있으나, 1920년대 말기와 1930년대 초기 김원봉을 중심으로 하는 의열단 노선이 좌경하고 있었던 것은 사실이며, 이런 과정에서 '만주사변'이 발발하게 되자 의열단은 '한중합작'에 의한 항일운동 추진의 길로 나아가는 한편, 민족협동전선을 한층 더 구체화하려는 방향으로 나아가게 되었고, 그것이 대일전선통일동맹의 결성으로 발전하게 된 것이라 할 수 있다.

---

28) 김준엽·김창순, 앞의 책 제3권, 1973, 22면.
29) 梶村秀樹『朝鮮史の構造と思想』, 研文出版 1982, 221~22면.

레닌주의정치학교를 만들어 '적화'공작원을 양성하던 의열단은 '만주사변' 발발을 계기로 '한중합작', 더 나아가 민족통일전선으로서 대일전선통일동맹의 결성을 주도하게 되지만, 국제공산주의운동 일반은 1920년대 말기에 다른 계급과의 협동전선 내지 통일전선을 거부하는 길로 나아가고 있었다. 1928년 7월 코민테른 제6차 대회는 이렇게 말했다.

사회민주당은 지난 시기 전체를 통해 부르주아적 '노동자'당으로서 부르주아지의 최후 예비력의 역할을 하고 있다. 부르주아지는 사회민주당의 손을 빌려 자본주의 안정화의 길을 닦았다.… 부르주아지는 사회민주당을 끌어들이는 한편으로 위기적 시기에는 어떤 조건 아래서는 파시즘체제를 앞으로 내놓는 것이다.[30]

이 무렵 국제공산주의는 사회민주주의 정당을 부르주아지의 연합세력으로 보았을 뿐만 아니라 "사회민주주의의 조직을 파시즘의 중요한 지주의 하나라고 규정하고, 심지어 사회민주주의를 사회파시즘이라고까지 단정했다. 특히 그중에서도 좌익사회민주주의가 파시즘의 최대 지주이며, 따라서 최악의 적이라고까지 규정했기 때문에 코민테른은 통일전선전술의 정당한 적용을 자기 손으로 끊어낸 꼴이 되고 말았다"[31]고 할 만큼 사회민주주의 정당을 비롯한 어떤 세력과도 통일전선을 이룰 태세에 있지는 못했다.

제6차 대회 이후 코민테른의 이와 같은 노선경화 현상은 당연히 조선의 좌익운동에도 영향을 끼쳤다. 민족유일당운동으로서 신간회가 성립

---

30) 村田陽一 編譯 『코민테른 자료집』, 東京: 大月書店 1982, 221~22면.
31) 민정구 편 『통일전선론』, 백산서당 1987, 151~52면.

될 무렵에는 "6·10운동을 부인하는 자, 유일전선 불가론자, … 계급표지의 철거 운운하여 노동자와 농민의 계급적 사명을 무시하는 자, 적색이다 반공이다 하여 유일전선을 방해하는 자가 아직 잔존해 있다. 이와 같은 모든 경향은 확실히 민족해방운동 투쟁의 절대적 무기인 민족적 유일전선을 파괴하는 자로써 객관적으로 보면 일본제국주의를 기쁘게 하는 자이다"[32]라 한 것과 같이 '민족적 유일전선' 민족통일전선의 성립에 적극적이었다.

그러나 신간회가 해체되기 전해인 1930년에 나온 「조선공산당 조직 문제에 대한 국제당집행부 결정」에서는 "신간회란 대체 무엇인가.… 유일전선이란 간판을 걸고 아무것도 모르는 공산주의자들이 공산주의 제3인터내셔널의 존재와 독립적 행동을 매장하여 민족단일당 조직을 부르짖거나 또 제 역량을 민족단일이란 표어에 던져버리는 것은 두말할 것 없이 공산주의의 초보적 진리에 대한 반역행동이라 하지 않을 수 없다"[33]라고 하여 신간회운동을 통한 '민족적 유일전선' 무용론을 주장하고 있는 것을 볼 수 있다.

조선공산주의운동에서 이와 같은 '민족적 유일전선 거부론'은 '만주사변'을 계기로 파쇼체제화해가는 일제의 식민지배정책 아래서 신간회운동과 같은 협동전선적 합법운동이 더 지속될 수 없는 조건 때문이기도 했지만, 1935년 코민테른 제7차 대회가 파쇼체제의 대응책으로 오히려 통일전선론을 주장하게 되는 일과 비교해보면 1930년에서 1935년에 이르는 사이 객관적 조건의 변화와 공산주의운동 노선 변화의 또다른 모습을 볼 수 있다.

---

32) '만주'지역 조선공산주의운동 기관지 『불꽃』(1928)에 실린 글; 梶村秀樹·姜德相 共編 『現代史資料』29 朝鮮5, 東京: みすず書房 1977, 538면.
33) 같은 책 184면.

의열단처럼 상당히 좌경하고 있고 코민테른과도 어느정도 연결되어 있었다고 추측되는 부분도 있으나, 공산당이 아니었던 경우 이와 같은 국제공산주의운동 전반의 노선경화 현상과는 관계없이[34] 계속 협동전선, 통일전선운동으로 나아갔고, 그 때문에 국내전선에서는 1931년 신간회가 주로 좌익 측의 주장에 의해 해소되었지만, 국외전선에서는 1932년 의열단 등의 주동으로 통일전선운동의 한 결실로서 대일전선통일동맹이 성립되었다.

그러나 대일전선통일동맹을 결성할 무렵 의열단은 코민테른의 승인을 받지 않았으면서도 이미 프롤레타리아정권 수립을 지향하는 민족해방운동단체가 되어 있었다. 예를 들면 1933년 3월부터 1935년 7월 사이에 작성된 것으로 생각되는 의열단 단원교육용 교재에서[35] 다음과 같은 내용을 볼 수 있다.

금후 우리의 운동은 조직적 무장준비를 한 혁명세력을 조선 전 민중 위에두어 전 민중을 일본제국주의 반대운동에 동원함과 동시에 우리들 프롤레타리아혁명운동으로 진전공작(進展工作)하지 않으면 안된다. 프롤레타리아정권 없이 진정한 조선혁명은 이루어질 수 없다.

---

34) 코민테른 제6차 대회에서 제7차 대회 사이인 1932년에 소련이 중국국민당과 관계를 회복하고 중국공산주의자들도 1930년대 전반기에 와서는 "만주의 중국공산당이 채택해야 할 전반적인 전략은 현재의 특수한 상황을 감안한 다음 '반일감정을 가지고 있는 광범한 대중들'과 거국적인 항일통일전선을 수행해야 한다"고 주장했다(이정식 지음, 허원 옮김 『만주혁명운동과 통일전선』, 사계절 1989, 200~201면 참조).

35) 韓洪九·李在華 編 『韓國民族解放運動史資料叢書』3, 京沅文化社 1988, 483~504면에서 「義烈團長(校長講議要旨)」와 「朝鮮政勢와 本團의 在務」. 이 글에 "일본은 國際聯盟을 탈퇴하고"라고 한 부분이 있는 것으로 보아 일본이 탈퇴한 1933년 3월 이후부터 민족혁명당 성립으로 의열단이 해체된 1935년 7월 사이에 작성된 교재로 볼 수 있다.

프롤레타리아정권 수립을 지향하던 의열단이 한국독립당 같은 우익 민족주의단체와 연합하여 대일전선통일동맹을 결성하게 되는 과정에서 그 전략 전술적 부분을 이해할 필요가 있다. 그 점에 대해서는 같은 교재의 「각 계급의 해부」에서 다음과 같이 민족주의자를 '해부'하는 부분이 있어 우익 민족주의단체와 대일전선통일동맹 결성에 임하는 시기 의열단의 처지를 이해할 만하다.

조선의 민족혁명에 있어서 이들(민족주의자 - 인용자)은 완전한 혁명세력이 됨과 동시에 많은 투쟁을 일본제국주의에 대해 행하고 있다. 그러나 진정한 조선혁명의 최후 단계는 곧 프롤레타리아 계급혁명에 있음으로써 그 단계에 도달하면 완전히 반동세력이 되는 것이다. … 그러나 타도 일본제국주의와 조선민족해방이라는 단계까지는 완전히 악수할 수 있는 전투적 혁명층임과 동시에 버릴 수 없는 분자이다.[36]

3. 한국대일전선통일동맹의 성립

1932년 10월 12일 한국독립당 대표 이유필·송병조·김두봉, 조선혁명단 대표 윤기섭·신익희, 조선의열단 대표 한일래·박건웅, 한국광복동지회 대표 김규식 등 9명은 상해성내 민국로 소동문 동방려사(東方旅舍)에서 회합하여 '각단체연합주비위원회(各團體聯合籌備委員會)'를 성립시키고 김규식·김두봉·박건웅·신익희·최동오 등 5명에게 전선연합의 성격문제, 각 대표의 인원수 및 자격문제 등에 관한 것을 일임했다.

---

36) 같은 책 494~95면.

이들 5명은 같은 달 23일 다시 동방려사에서 주비위원회를 열고, 첫째 각 단체연합체의 명칭을 한국대일전선통일동맹으로 할 것, 둘째 그 성격은 협의기관으로 할 것, 셋째 대표수는 9명으로 하고 그 자격은 당해 단체의 전권(全權) 신임장 또는 위임장을 교환할 것 등을 결정했다. 그리고 같은 달 25일에는 각 단체대표 9명이 역시 동방려사에 모여 단체들이 이 동맹에 찬성함을 보고하고 명칭을 확정하는 한편, 규약기초위원 3명, 대회선언기초위원 2명을 선정한 후 27일 규약과 선언문을 원안대로 통과시키고 11월 10일 이를 발표함으로써 한국대일전선통일동맹이 정식으로 발족했다.[37]

이 동맹은 총 15개조의 규약을 정했는데, 그 제2조에 나타난 강령을 보면,

① 우리는 혁명의 방법으로써 한국의 독립을 완성코자 한다.
② 우리는 혁명역량의 집중과 지도의 통일로써 대일전선의 확대 강화를 기한다.
③ 우리는 필요한 우군과 연결을 기한다.

라고 하여 민족해방운동전선의 통일이 그 목적임을 밝히고, 가맹단체에 대한 "지도 통일"을 위한 조항으로서,

제4조 본 동맹은 매년 1회 전체 대표대회를 열고 동맹의 중요 제안건을 처리한다.
제8조 본 동맹의 최고권력기관은 전체 대표대회이다.

---

37) 한국대일전선통일동맹 성립과정에 대해서는 김정명 편, 앞의 책 513~14면 참조.

제10조 가맹단체는 본 동맹의 일체의 결의와 지시를 절실히 실행하기로 한다.

제11조 본 동맹은 가맹단체의 독자적 활동 또는 그 존재가 본 동맹의 활동과 충돌할 때는 유효한 방법에 의하여 이를 처리할 수 있다.[38]

등을 규정하고, 중앙집행위원회 조직으로 비서부·조직부·선전부·군사위원회·외교위원회 등을 두었다.

대일전선통일동맹은 이 시기 중국지역에 성립되어 있던 각 민족운동단체가 일본의 본격적인 중국침략과 중국 측 항일운동 고조에 힘입어 민족운동전선을 통일하기 위해 발족시킨 일종의 연합전선적 성격이었다. 따라서 아직 결속력이 그다지 강하지 못해서 "가맹단체의 독자적 활동 또는 그 존재가 본 동맹의 활동과 충돌할 때는 유효한 방법에 의해 이를 처리하는" 정도의 구속력밖에 없었다.

그러나 그 결성 선언문에서[39] "우리가 나아갈 유일한 길은 일본제국주의의 통치를 전복하여 우리의 독립자유를 획득하기 위한 투쟁을 적극적으로 전개함에 있으며, 당면의 제일 긴급한 중요사는 전선통일의 문제다"라고 한 데서 보듯이 이 시기 민족해방운동전선 전체가 전선통일의 필요성을 절감하기 시작한 것에 따라 결성된 동맹이며, "본 동맹은 중국지역 모든 혁명집단의 총집합체로써 그 결합의 중심은 종교적·지방적 또는 개인적 중심에 의한 것이 아니며 한국독립의 공동목표를 파지(把持)하는 것이다"라고 한 것과 같이, 각 노선의 차이나 또 주도권 문제에 구애받지 않는 중국지역 전체 민족운동전선의 연합체로 성립된 것이었다.

---

38) 국사편찬위원회 편, 앞의 책 474~75면.

39) 이 동맹 결성 선언문의 일부가 조선총독부 경무국 보안과에서 발행한 『고등경찰보』 제5호 78면에 일어로 번역되어 실려 있다.

또한 이 선언문이 "그 성격은 당면의 이해관계에 의한 일시적 타협이 아니며 혁명의 전체 이익을 위해 있으며 그 범위는 중국지역에 국한되는 것이 아니라 국내 및 미주, 하와이, 노령까지 총괄하는 것이다"라고 한 것과 같이 모든 파벌을 넘어 중국지역은 물론 국내외 전체 민족운동전선으로 확대되는 통일전선을 목표로 결성한 것이었다.

이와 같은 목적을 가진 대일전선통일동맹의 통일전선운동은 이후 점점 확대되어갔다. 1932년 11월 5일에 소집된 제1회 집행위원회에서는 최동오·왕해공(王海公: 申翼熙)·김백연(金白淵: 金枓奉)·김중문(金仲文: 金奎植)·이진선(李振先) 등을 상무위원으로 뽑아 각 부무를 분담하게 했고, 다음해에는 재미대한독립당, 대한인민총회(大韓人民總會), 재뉴욕대한인교민단(大韓人僑民團), 재하와이대한인국민회(大韓人國民會), 하와이대한인동지회(大韓人同志會), 재미대한인민국민회총회(在美大韓人民國民會總會) 등이 가맹했다.[40] 미국에 있는 단체들의 가맹은 1933년 김규식이 동맹의 자금을 모집하기 위해 미국으로 가서 활약했기 때문인데, 이때 그는 활동자금으로 500원(元)을 모금했고,[41] 미국지역의 단체 대부분을 가맹시켰다. 그러나 이 시기 '만주'지역에 성립되어 있던 좌익계 단체들이 가맹하지 않았다는 점에서 연합전선 혹은 통일전선으로서 이 동맹의 성격과 한계점이 드러난다.

한편 대일전선통일동맹은 우리 민족해방운동 내부의 전선통일뿐만 아니라 일제의 '만주'침략에 대응하여 중국 측 항일운동과도 연결되었다. 즉 중국인 항일단체인 동북의용군후원회(東北義勇軍後援會)와 제휴하여 중한민중대동맹(中韓民衆大同盟)을 조직하여 그 군무부장에 유춘

---

40) 김정명 편, 앞의 책 514면.
41) 『고등경찰보』 제2호 33면 및 『사상시찰정세보고집』 2, 30면.

교(柳春郊), 조직선전부장에 박건웅 등이 활약했다.[42] 또한 이 동맹은 기관지로『전선(戰線)』을 발행하여 선전에 임하기도 했다.

한국대일전선통일동맹은 각 민족운동단체의 연합체적 성격으로 성립되어 민족운동의 통일전선을 형성했으며, 어느 특정 세력이 주도권을 가진 것이 아니었다. 따라서 이 연맹의 주도로 어떤 민족운동이 구체적으로 추진될 수는 없었지만, 전선연합에는 일정한 효과가 있었던 것 같다. 1934년 3월 1일 남경에서 사흘 동안 개최되었던 제2차 대표대회는 "강력한 대동단결체의 조직실현"을 주요 강령으로 채택하고, 다음세 가지 내용을 선언했다.[43]

① 통일동맹은 과거 한국의 침통한 교훈에 의해 또 만주사변 경험에 의해 산출된 것으로써 극히 위험한 환경 중에서 최후의 무장혁명 준비를 위해 당면의 중요 문제인 한국독립혁명의 이론방법, 조직, 기술문제의 해결을 주요 사업으로 하여 1년 유여의 존속을 보았다.

② 그사이에 종래의 개인적 분산운동의 활동은 점점 배제되고 각 단체의 고립적 운동의 오류도 또한 청산 규정(糾正)되어 통일동맹을 중심으로 하여 통일적 전략계획 아래 각각 소재하는 지역과 소유하는 능력에 의해 공작을 진행해왔고 현재는 다시 그 운동을 발전시키고 대동단결의 실현에 노력하지 않으면 안 될 정세에 당면해 있다.

③ 통일동맹은 대동단결 결성의 가교이다. 이 가교가 충실해지고 견고해져야 우리의 소기의 목적을 달성할 수 있다. 우리는 견고한 대동단결의 결성을 위해 통일동맹에 충분한 역량을 집중하지 않으면 안된다.

---

42) 김정명 편, 앞의 책 33면. 중한민중대동맹은 중한민중대일동맹(中韓民衆對日同盟)으로도 나온다.

43) 이 선언문은『고등경찰보』제5호 79면에 일부 일역되어 있다.

대일전선통일동맹 성립 1년 후 중국지역 민족해방운동전선이 '개인적 분산운동'과 '각 단체의 고립적 운동의 오류'가 청산된 효과가 있었음을 확인하면서도, 이 동맹이 어디까지나 '대동단결 결성의 가교'임을 명백히 지적하고 있음을 볼 수 있다. 이 동맹의 결성 선언이 "일체의 반일혁명세력을 집중하고 그 활동의 통일에 관한 모든 임무를 실현하기 위해 충실히 분투할"것을 서약했고 그것이 어느정도 실천되었지만, 개별 단체들 가맹에 의한 연합체적 성격만으로는 전선통일 본래의 목적을 이룰 수 없었고, 그것을 가교로 삼아 전선을 완전히 통일시킬 필요성이 이 대회에서 강조된 것이다.

이 제2차 대회는 한국독립당 대표 김철(金徹)·김두봉·송병조 이하 각 단체의 대표 12명이 출석하여 「대동단결조성방침안(大同團結組成方針案)」을 중심의제로 논의한 결과, "본 동맹의 목적인 조선혁명역량을 총집중하여 진실로 대일전선(對日前線)의 통일 확대 강화를 도모하기 위해서는 현재와 같은 각 혁명단체의 연휴(聯携)만으로는 도저히 소기의 목적을 달성하기 불가능하다"는 결론을 내렸다. 그리고 전선통일 강화책으로 다음 세 가지 방안을 결정했다.[44]

첫째, 종래와 같은 중앙간부만의 기관으로 하지 않고 가맹단체로부터 다수의 투사를 집결하여 대동단결 아래 열심히 적극적 공작을 하든가 또는

둘째, 가맹단체는 물론 기타의 각 단체를 전부 해소하고 혁명동지, 즉 그 단원을 통일동맹에 합류시켜 하나로 뭉쳐 단일 대동맹을 조직할 것.

셋째, 이를 위해서는 혁명단(革命團) 밖에 있는 한국임시정부도 폐지할 것.

---

44) 김정명 편, 앞의 책 514면.

대일전선통일동맹을 통한 전선통일운동 강화책으로 제시된 이 세 가지 안 중에서, 첫째 안은 동맹 자체와 가입단체들을 그대로 둔 채 활동을 더 강화하자는 것이었지만, 둘째 안과 셋째 안은 동맹 가입단체는 물론 임시정부까지 해체하여 하나의 새로운 큰 단체를 결성하자는 것이었다. 이렇게 성립되는 단체는 연합체적 성격을 극복하는 민족혁명당 같은 통일전선 정당이 될 수밖에 없을 것이었다.

이때의 대일전선통일동맹 중앙집행위원은 상무위원이 송병조·김두봉·김규식·최동오·윤기섭·윤세주 등이었고, 기타 간부가 김원봉·이청천(李靑天)·이광제(李光濟)·김학규(金學奎) 등이어서[45] 당시 중국지역에서 활약하고 있던 대표적 인물들이 모인 셈인데, 이들은 제2차 대표자대회를 곧 이 동맹의 발전적 해체와 민족혁명당의 결성으로 연결시키는 계기로 삼았다.

한편 이 시기 중국지역 우리 민족해방운동전선의 전선통일 단계가 대일전선통일동맹에서 민족혁명당의 결성으로 넘어가는 이유에 대해 일본 쪽 정보는 크게 두 가지 측면에서 파악하고 있었다.

첫째, "이 동맹은 원래 각 단체의 연락기관적 성격에 지나지 않아 통제력 결여의 한계가 있고, 그 위력이 약해 대일전선의 통제 강화를 기도한 당초의 목적에 부합되기 어렵고, 이 때문에 기대한 대로 중국 쪽으로부터 원조를 받기 어려운 점", 그리고 "대일전선통일동맹이 결성된 후의 국제 정세, 특히 일·중관계의 추이가 한국민중의 무장혁명 조국광복의 기회가 온 것으로 생각하고 혁명역량 총집중의 필요성을 느낀 점"이라고 했다.

둘째, 중국국민정부의 두터운 신임을 받으면서 이 동맹에 참가하기

---

45) 같은 책 515면.

를 탐탁해하지 않는 김구 주도의 한인애국단이 중국 쪽의 신임을 이용하여 이 동맹과 중국 쪽을 이간시키려는 공작을 펴고 있는 데 대항하여, 이 동맹을 확대 강화한 후 그것을 해체하고 대동단결에 의한 단일 신당을 조직하여 통제되고 위력있는 활동을 전개하려 한 점, 이 동맹의 중심세력인 김원봉 중심의 의열단이 몰래 가지고 있는 공산주의 이데올로기로써 혁명운동의 지도정신으로 삼아 스스로 혁명전선의 절대적 지도자가 되려는 저의를 가지고 단일 신당을 조직하여 김구 세력을 약화시키고 신당의 지도권을 장악하려 한 일석이조의 의도에서 나온 것이라는 등으로 파악하고 있다.[46]

일본 측 정보분석이 파악한 이와 같은 우리 민족해방운동전선 내부의 주도권 다툼은 이후 민족혁명당 성립과정에서 나타나는 문제점 등으로 미루어보아 어느정도 사실에 가까운 것이라 짐작된다. 그러나 다음해인 1935년 중국지역 민족해방운동전선이 민족혁명당을 조직하면서 발표한 다음과 같은 요지의「한국대일전선통일동맹 해체선언」은 이 동맹을 발전적으로 해체하고 민족혁명당을 새로 조직한 본래의 뜻이 일본 쪽 정보가 파악한 둘째 이유보다 첫째 이유에 더 무겁게 있었음을 말해주고 있다.

대일전선의 통일을 목적으로 하는 본 동맹을 조성하여 수년간 그 목적을 향해 서로 노력해왔으나 바야흐로 국제적 정세가 각 일각으로 긴박해지고 있다. 그러나 우리 전선에 잠재하는 모순은 의연히 가로놓여 있어 이를 단연 일소하여 혁명운동에 활기를 부여하고 그 진로를 새롭게 전개하지 않으면 우리 노력이 도노무익(徒勞無益)할 뿐만 아니라 전체 운동전선의 총붕괴를 면하기

---

46)『사상정세시찰보고집』2, 30~31면.

어려움을 통감했다. … 이에 금년 6월 20일 9개 단체의 대표가 한 자리에 모여 허심탄회 각자의 소견과 소신을 피력하고 성심성의로써 연구탁마하여 전책임을 지고 선미(善美)한 방안을 의결 작성한 것에 근거하여 우리 독립운동자의 대단결체인 '민족혁명당(民族革命黨)'을 창립하여 이에 참가하는 각 원유단체(原有團體)는 즉시 해체하기로 했다.[47)

1932년 중국지역 우리 민족해방운동전선에서 이미 사회주의적 노선으로 경도하고 있던 의열단과 한국독립당 등의 우익성향 단체들이 전선을 통일하기 위해 한국대일전선통일동맹을 결성하는 데 성공했다는 사실은 우리 민족운동사상에 몇 가지 중요한 의의를 남겼다. 첫째, 1920년대 민족해방운동전선의 통일전선운동으로서 민족유일당운동, 신간회운동의 뒤를 이어 다시 일어난 통일전선운동이 일단 성공했다는 점이다. 둘째, 이 동맹을 구성한 중요 단체의 하나인 의열단이 코민테른과 어느정도 연결된 것 같은 좌경화한 단체였지만, 일제의 '만주' 침략에 자극된 중국지역 우익 민족운동전선의 대부분이 이에 구애되지 않고 이 동맹에 참가하여 통일전선을 이루어간 점이다. 셋째, 그것도 코민테른 노선이 인민전선체제를 지향하는 1935년 제7차 대회 이전에 우리 민족운동전선 자체의 필요와 노력에 의해 이루어졌다는 점 등이라 할 수 있다.

더구나 민족해방운동전선의 단체연합적 성격으로 이루어진 한국대일전선통일동맹이 곧 더 견고한 통일전선을 이루기 위해 스스로 해체하고 정당 체제로서 조선민족혁명당으로 발전해가는 과정은 이 시기 우리 민족해방운동사상의 획기적인 한 부분이기도 하다.

47) 같은 자료 70~71면.

제2장

민족혁명당의 성립과 그 역사성

1. 민족혁명당의 성립과정

일본의 '만주'침략을 계기로 분산된 전선의 통일에 나서게 된 중국지역의 우리 민족해방운동전선은 1932년 대일전선통일동맹을 결성함으로써 전선의 일차적 통일에 성공했으나, 그 동맹이 일종의 연락기관적 역할밖에 못하는 데 한계를 느끼고, 1934년 3월 1일 동맹 제2차 대표자대회를 계기로 동맹을 해체하고 통일전선 정당으로서 강력한 결속력과 통제력을 가지는 신당을 조직하기로 결정했다. 그리고 같은 해 4월 12일 대일전선통일동맹 중앙집행위원회 상무위원 송병조·김두봉·최동오·윤기섭·윤세주 등 6명의 이름으로 '대동단결체' 조직에 관한 방안과 그 성격을 나타낼 강령과 정책의 초안 제출을 요구하는 통고문을 각 독립운동단체에 발송했다.[1] 이 통고문의 내용으로 보아 새로이 발족할 전선

---

1) 『高等警察報』 제5호 79~80면에 실려 있는 통고문의 내용은 다음과 같다. "1934년 3월 1일 본동맹 제2차 대표대회에서 목하 우리 운동의 비상정세에 감하여 내외 각지에 분립한 우리들 각 혁명단체 대표들이 회합하여 우리의 가장 완전한 대동단결체 조성에

연합 내지 전선통일을 위한 단체는 기존의 어느 단체도 모체로 하지 않는, 전혀 새로운 단체를 조직하려는 의도가 담긴 것이라 할 수 있다.

전체 중국지역 민족운동단체가 새로운 전선통일방안으로서 '새로운 대동단결체'의 조성방안, 정강 정책 등을 대일전선통일동맹 중앙집행위원회에 제출할 1차 기한은 1934년 3월 1일이었으나, 각 단체의 초안 제출이 늦어져서 1935년 2월 26일에 가서 다시 한국독립당 대표 김두봉·이광제, 의열단 대표 김원봉·윤세주·이춘암(李春岩), 조선혁명당 대표 최동오·김학규, 신한독립당(新韓獨立黨)[2] 대표 윤기섭·이청천·신익희, 재미국민총회 위임대표 김규식 이하 11명이 모여 대일전선통일동맹 제3차 대회를 열고,[3] 마침내 6월 20일 남경 금릉(金陵)대학 내 대례당(大禮堂)에서 회의를 시작하여 7월 3일까지 그곳 교회당, 여관, 다루(茶樓), 공원 등을 옮겨다니면서 예비회의 및 정식 회의를 마쳤다.[4]

관한 방법안을 토의할 필요가 있음을 인정하여 각 혁명단체에 제의할 일을 결정하고 다음과 같이 결의하였다. ①기일은 내년 3월 1일 이전으로 한다. ②장소는 동맹집행위원회에 일임하여 결정한다. ③대표 수는 각 단체마다 3명 이내로 한다. ④대표의 권한은 '가장 완전한 대동단결체'를 조직하는 방안을 토의 결정하는 것으로 한다. ⑤이 제의에 동의하는 단체가 반드시 제의하여야 할 의견은 가장 완전한 대동단결체를 조성하는 데 관한 방안, 이 대표회가 결정하는 방안에 의해 성립시킬 단체의 주의·강령·정책 등에 관한 초안. ⑥경비는 대표의 왕복여비 및 숙박비는 각자 단체의 부담으로 한다. 회의비는 본 동맹에서 주변한다. ⑦제의를 보낼 수 있는 단체는 본 동맹에서 사정한다. 이상에 대한 귀 단체의 결정적 답신을 속히 송부하라."

2) 이 신한독립당은 '만주'지방에서 홍진(洪震)·이청천(李靑天) 등에 의해 조직된 한국독립당, 통칭 '만주'의 한국독립당 세력 일부가 '만주사변' 후 중국 본토로 옮겨 그곳의 한국혁명당 세력과 합세하여 1934년에 결성한 단체로서, 당수는 홍진, 당무위원은 김상덕(金尙德)·신익희·윤기섭 등이었다(『朝鮮重大思想經過表』 27면 참조).

3) 金正明 編 『朝鮮獨立運動』 2, 原書房 1967, 537면.

4) 『고등경찰보』 제5호 82면. 민족혁명당 결성을 위한 이 회의에는 의열단에서 정대표로 김원봉(金元鳳)·진의로(陳義路)·윤세주(尹世胄) 등과 그외 부대표 3명, 한국독립당에서 정대표 최석순(崔錫淳)·양기탁(梁起鐸)·조소앙(趙素昂)과 부대표 김두봉(金枓奉)·박창세(朴昌世)·이광제(李光濟), 조선혁명당에서 정대표 최동오(崔東旿)·김학규(金學

6월 20일 혁명단체대표대회 예비회의에 참석한 민족운동단체는 조선혁명당, 조선의열단, 한국독립당, 신한독립당, 재미대한독립당, 뉴욕 대한인교민단, 미주국민회, 하와이국민회, 하와이혁명동지회 등 9개 단체였다. 각 대표의 자격심사를 한 결과 자기 당을 해체하고 신당에 합류할 것에 동의한 조선혁명당 대표 3명, 조선의열단 대표 3명, 한국독립당 대표 3명, 신한독립당 대표 3명, 대한독립당 대표 2명 등 합계 14명을 전권대표로 하고, 비준을 요구한 단체의 대표와 명의를 보전한 채 개인 입당을 요구한 단체의 대표, 그리고 초안을 제안하지 않은 나머지 단체의 대표를 결의권 없이 협의에 참가하는 상권(商權) 대표로 하여 혁명단체대표회의를 열어 당명, 당의, 당강, 정책 등을 의결한 후 7월 5일 결당식을 거행했다.[5]

대일전선통일동맹으로 일단 결속된 중국지역 우리 민족해방운동전선이 한층 더 강력한 통일전선을 형성하기 위해 만든 것이 민족혁명당이었지만, 그 과정에는 여러가지 차질이 있었다. 따라서 민족혁명당은 창당 당시에도 완전한 통일전선을 이룬 것은 아니었다. 일본 측 정보자료 중심이라는 약점이 있지만, 그 창당과정에서 각 단체, 각 세력의 처지와 완전한 통일전선 정당이 되지 못한 사정을 좀더 살펴볼 수 있다.

일본 쪽 정보에도 대일전선통일연맹의 신당조직에 대한 방안 토의를 위한 각 혁명단체대표대회 소집 제의에 대해 한국독립당에서는 찬반 양론이 대립했으나 조선의열단, 신한독립당, 조선혁명당 등 남경에 있는 각 혁명단체에서는 찬동자가 많았고 아무런 파란을 보지 않고 참가를 결의한 것 같았다고 했다.[6] 또 당시 중국지역 민족해방운동전선의

奎) 외 1명, 신한독립당에서 정대표 이청천(李靑天)·신익희(申翼熙) 등이 참가하여 정대표 15명, 부대표 9명, 합계 24명이 참석했다.

5) 『思想情勢視察報告集』 2, 83면 및 『고등경찰보』 제5호 82면.

핵심세력이었던 의열단계와 김구 중심세력 사이의 문제에 대해 다음과 같이 분석하고 있음을 볼 수 있다.[7]

　의열단이 신당 결성에 노력해온 진의는 김구 세력에 대항하기 위해서뿐만 아니라 다수의 청년투사(군관학교 졸업생)를 가지고 있어서 이들을 조선과 만주 각지에 파견하여 혁명공작을 진행하기 위해서는 구혁명세력, 즉 이미 성립되어 있는 각종 민족단체와 완전한 연계를 이루지 않고는 종래와 같이 헛되어 희생자를 낼 뿐 효과가 나지 않으므로 각 혁명단체와의 합체에 노력하여 신당 결성 당초 중국국민당 쪽으로부터 받는 원조금을 더 받아 신당의 재정력 실권을 자파가 줌으로써 각 혁명세력의 주도권을 장악하려는 것으로써 신당 결성 당초부터 각 혁명당원에 대해 '군관학교 경영 등의 사업을 신당에 인계함은 물론 중국 측의 원조금도 완전히 인계하는 것이다'라 하여 동지를 규합해왔다고 한다.

　이 정보분석에 의하면, 이 시기 중국지역 우리 민족해방운동전선이 전선통일문제에 상당한 공감대를 형성하고 있었으며, 의열단이 그 주도권을 쥐려 노력하고 있는 사실도 엿볼 수 있다. 이 정보는 또 계속해서 "그러나 원래 의열단이 공산주의 단체임은 그 강령 규약 및 군관학교의 교재 등에 나타나는 바와 같이 명백한 것이어서 이 점 다른 각 혁명단체가 장차 우려하는 바이다"라 하여 한국독립당의 일부 세력 및 김구 중심세력 쪽에서 의열단이 주동적으로 참가하는 통일전선 정당인 민족혁명당에 참가하기를 꺼리는 이유를 밝히고 있다.

---

6) 『고등경찰보』 제5호 80면.
7) 『사상정세시찰보고집』2, 8면.

한편 이와 같은 조건임에도 불구하고 신한독립당이 민족혁명당 창당에 적극적으로 참여한 이유에 대해 일본 쪽 정보는 다음과 같이 파악하고 있음을 볼 수 있다.[8]

신한독립당은 한국대일전선통일동맹의 유력한 지지단체로서 남경에 본거를 둔 관계상, 김구 세력의 전횡행위에 대항하고자 의열단과 가장 깊은 연락을 갖고 단일신당 결성계획에는 의열단과 함께 처음부터 진력해왔으나 당 내부에도 의열단과의 합체를 호쾌해하지 않는 사람들이 있다. 즉 민병길(閔丙吉)·연원명(延圓明) 등은 표면에는 적극적으로 반대하지 않지만 금년 봄 낙양분교(洛陽分校)로부터 돌아온 부하학생 30여 명의 생활비 및 공작운동비 등도 의열단에 기대지 않고 스스로 해결하려 노력한 결과 드디어 성공하여 남경중앙참모본부(南京中央參謀本部) 진참모(陳參謀)로부터 매월 500불의 원조를 받게 되었다.

신한독립당의 민족혁명당 참가를 전선통일이란 측면보다 김구 세력에 대한 견제와 운동자금 확보문제 등에 초점을 맞추어 파악하고 있는 점에 일본 쪽 정보분석의 특징이 있다. 그러나 제4장에서 논급되겠지만 민족혁명당에 참가했던 신한독립당계의 일부가 곧 이탈해가는 것도 사실이다.

한편 통일전선체인 대일전선통일동맹과 민족혁명당 성립과정을 통해 의열단과 함께 가장 핵심적 단체였던 한국독립당의 경우 민족혁명당 창당 무렵의 사정이 훨씬 복잡했다. 민족혁명당이 창당 초기부터 그 목적과 달리 중국지역 민족해방운동전선의 통일전선 정당이 되지 못했

8) 같은 자료 10면.

던 이유도 바로 여기에 있었다. 일본 쪽 정보자료는 민족혁명당 창당과 정의 한국독립당 쪽 사정을 다음과 같이 전하고 있다.[9)]

상해에 근거를 둔 한국독립당에서는 대일전선통일동맹이 주장하는 가장 완전하고 강력한 단일당이 결성될 때, 종래 독립당 일파가 점유해온 임시정부의 실권 및 광대하고 유리한 상해지방의 지반을 신당세력에게 양도하지 않으면 안된다. 또 현재의 간부들이 자연도태될 운명에 있음으로써 송병조·조완구 등은 극력 이를 겁내어 독립당 제7차 정기대회가 동년 1월 15일에 개최될 예정이었던바 이를 연기하여 각 혁명단체대표대회 소집기일 직전인 2월 15일 현재 항주(抗州)에서 이를 소집하여 신당참가 문제에 대해 수일간 토의하면서 임시정부 해체파와 지지파로 나뉘어 논쟁했다. 동월 20일에 와서 겨우 "임시정부를 적극 지지한다", "본당은 해체하지 않는다", "신당 참가를 채택하지 않는다"고 결의하고 대일전선통일동맹에 대해서는 "대표를 파견하지 않는다. 시기상조다"라는 회답을 보냈다.

한국독립당이 통일전선 정당인 민족혁명당에 참가하는 데서 임시정부의 해체문제는 역시 가장 어려운 결정이었던 것 같다. 일본 쪽 정보도 이 점을 비교적 정확하게 파악하고 있었다. 1935년 2월 15일부터 17일까지 개최된 한국독립당 제7차 대회의 회의록 중 「통일동맹 경과보고」 부분을 보면, 이 당의 대표로서 한국대일전선통일동맹에 파견되었던 김두봉은 그 동맹에서 논의된 신당조직 문제와 임시정부 문제에 대해 다음과 같이 말하고 있다.[10)]

---

9) 『고등경찰보』 제5호 81면.
10) 『사상정세시찰보고집』 2, 54면.

나는 본당의 지시에 의해 통일동맹에서 정부문제에 관해서는 전연 어떤 의견을 말하지 않았다. 그러나 동 집행위원회 대부분의 의사는 정부의 해소와 대동단결 조직이었으나 지장이 될 임시정부 문제는 혁명단체대표회의에서는 일체 토론하지 않고 신조직 성립 후 제1기 집행위원회에서 임시정부를 해소하지도 않고 지지하지도 않고 다만 사무를 정지하는 것으로 결정하는 것이 가장 양책이라는 데 일치하고 있다.

임시정부 운영의 주동세력이었던 한국독립당이 민족해방운동전선의 통일을 위해 당은 물론 임시정부까지 해체할 것인가 하는 문제는 역시 어려운 문제가 아닐 수 없었던 것 같다. 이 때문에 통일동맹의 신당 창당 준비회의도 임정문제를 "해소하지도 않고 지지하지도 않고 다만 사무를 정지"하는 방법으로 해결하려 했고, 신당 참가파였던 한국독립당의 김두봉도 임정해체 문제에 대한 발언에는 신중했음을 볼 수 있다.

임시정부 해체가 큰 걸림돌이 되었지만, 당시 중국지역 민족운동전선에서 한국독립당의 위치는 의열단과 함께 대단히 큰 비중이었으므로 통일전선운동 쪽, 즉 신당운동 쪽에서도 한국독립당을 제외한 통일전선은 의미가 적다고 생각했고, 따라서 한국독립당의 통일운동 참가를 실현시키기 위한 노력을 다하고 있었음을 알 수 있다. 이 점에 대해 역시 일본의 정보문서는 다음과 같이 분석하고 있다.[11]

이때 통일동맹에서는 해외 혁명단체 중 유력한 한국독립당을 제외한 대동단결체는 가장 완전하고 강력한 단일당이라 할 수 없으므로 다시 각 혁명단체대표회 소집기일을 6월 20일로 연기하고 통일동맹 중앙집행위원인 김두

---

11) 『고등경찰보』 제5호 81면.

봉 등으로 하여금 극력 독립당원의 분열에 노력하게 하여 다시 5월 25일 항주에서 두번째 동당 임시대표회의에서 송병조·차이석(車利錫) 등 임시정부 사수파 탈퇴에 의해 겨우 혁명단체 대표대회 참가를 결의하기에 이르렀고, 대표로서 최석순(崔錫淳) 이하 3명, 보조대표로서 김두봉·박창세(朴昌世)·이광제를 선거하여 겨우 동당은 신당조직운동에 합류하게 되었다.

임시정부의 주동세력이었던 한국독립당이 임정해체를 전제로 한 통일전선 정당인 민족혁명당 창당에 합류하는 문제를 두고 어떤 진통을 겪었는가를 이 정보는 비교적 상세히 전해주고 있다. 신당 창당파의 노력에도 불구하고 한국독립당에서는 이른바 임정고수파를 제외한 세력만이 민족혁명당 창당에 참가했다. 한국독립당 내 임정고수파의 핵심인물인 김구가 민족혁명당에 참가하지 않은 이유와 이 시기 그의 활동에 대해 일본 쪽 정보는 이렇게 말하고 있다.[12]

김구가 거느리는 애국단은 아예 의열단 기타 각 단체와는 전혀 연락이 없이 독자적 행동을 취해왔다. 또 동경의 앵전문(櫻田門)사건, 당지[중국 – 인용자]의 신공원(新公園)사건(虹口公園義擧 – 인용자) 수행 후는 중국 측의 신용비호가 제일 두텁고 따라서 전횡을 부리는 일도 많아 의열단 기타 각 단체의 김구 일파에 대한 질시 반목은 더욱 격화하여 신당 수립운동도 그 근원은 김구파의 압박에서 나왔음을 명백히 간파할 수 있다.

일본 쪽 정보분석은 가능한 한 민족해방운동전선의 분열을 강조하는 방향에서 이루어지고 있지만, 전선통일을 표방한 민족혁명당 창당에

---

12) 『사상정세시찰보고집』 2, 3~4면.

참가하지 않은 이유를 김구 자신은 뒷날 다음과 같이 말했다. 그가 이 운동에 참가하지 않은 가장 중요한 이유는 역시 사상적 문제와 임시정부 해체에 있었음을 말해주고 있다.[13]

이때 대일전선통일동맹이란 것이 발동하여 또 통일론이 일어났다. 김원봉이 내게 특별히 만나기를 청하기로 어느날 진회(秦淮)에서 만났더니 그는 자기도 통일운동에 참가하겠은즉 나더러도 참가하라는 것이었다. 그가 이 운동에 참가하는 동기는 통일이 목적인 것보다도 중국인에게 김원봉은 공산당이라는 혐의를 면하기 위함이라 하기로 나는 통일은 좋으나 그런 한 이불 속에서 딴 꿈을 꾸려는 통일운동에는 참가할 수 없다고 거절하였다. 얼마 후에 소위 5당통일회의라는 것이 개최되어 의열단, 신한독립당, 조선혁명당, 한국독립당, 미주대한인독립당이 통합하여 조선민족혁명당이 되어 나왔다.

이 통일에 주동자가 된 김원봉·김두봉 등 의열단은 임시정부를 눈에 든 가시와 같이 싫어하는 패라 임시정부의 해소를 극렬히 주장하고 당시 임시정부의 국무위원이던 김규식·조소앙·최동오·송병조·차이석·양기탁(梁起鐸)·유동열 등 다섯 사람이 통일이란 말에 취하여 임시정부에 무관심한 태도를 보이니 김두봉은 좋다구나 하고 임시정부 소재지인 항주로 가서 차이석·송병조 양씨에게 5당이 통일된 이날에 이름만 남은 임시정부는 취소해버리자고 강경하게 주장하였으나, 송병조·차이석 양씨는 굳이 반대하고 임시정부의 문패를 지키고 있었다. 그러나 각원 일곱 사람에서 다섯 사람이 빠졌으니 국무회의를 열 수도 없어서 사실상 무정부사태였다.

---

13) 金九 『白凡逸志』, 서울: 高麗先鋒社 1947, 324~25면.

1920년대 후반기 중국지역 우리 민족해방운동전선에서 일어났던 민족유일당운동이 결실을 보지 못하게 된 후, 1930년대로 들어오면서 다시 통일전선운동이 대두되어 그 결실로서 1932년 각 단체의 연합체로서 대일전선통일동맹이 성립되었고, 그 연합체적 성격을 넘어 '가장 완전한 대동단결체'를 성립시켜 통일전선을 한층 더 강화하기 위해 민족혁명당을 결성하게 되었다.

그러나 이 시기 중국지역 민족운동전선에서 의열단과 함께 그 세력과 영향력이 가장 큰 단체의 하나였던 한국독립당 안의 일부 세력이 임시정부 해체와 의열단의 좌경적 성격에 반대하여 민족혁명당 참가를 반대함으로써 당초 기도했던 완전한 통일전선의 구축에는 실패했다.

그럼에도 불구하고 민족혁명당의 성립은 식민지시대 민족해방운동사에서 몇 가지 큰 의미를 가진다. 그것은 첫째, 이른바 임시정부 고수파의 불참이 있고 또 제4장에서 보는 것과 같이 창당 직후 일부 세력의 이탈이 있기는 했으나, 민족혁명당 성립이 '만주사변'을 계기로 한 일제의 파쇼체제화에 대응한 민족해방운동전선 통일의 큰 계기의 하나가 된 점이다. 이 무렵 독일·이딸리아·일본 등 제국주의국가들의 파쇼체제화에 대응하면서 1935년 7~8월에 걸친 코민테른 제7차 대회가 '반파쇼 통일전선'의 형성을 주장하게 되지만, 같은 해 7월 통일전선운동으로서 민족혁명당의 성립은 이 코민테른 제7차 대회 노선과 직접적인 관계없이 이루어졌다는 점에 또다른 의의를 갖는다고 할 수 있다.

둘째, 1919년 임시정부의 성립이나 1920년대 후반기 민족유일당운동과 그 일환인 신간회운동 등도 민족운동의 통일전선적 의미를 갖지만, 민족혁명당의 성립은 좌우 두 세력이 명실공히 합작한 통일전선이었다. 이후 여러가지 차질이 있기는 했지만, 일본제국주의의 패망을 전망하면서 민족해방운동전선을 통일하려는 노력은 일본제국주의가 패망

할 때까지 계속되었는데, 민족혁명당의 성립이 그 출발점이 되었다고
할 수 있다.

2. 조선민족혁명당 성립의 역사성

1935년 7월 5일 중국 남경에서 창당된 민족혁명당의 정식 당명은 당
초 의열단과 조선혁명당 쪽에서는 조선민족혁명당을 주장했고 한국독
립당과 대한독립당, 신한독립당 쪽에서는 한국민족혁명당을 주장해서
의견이 일치하지 않았다. 절충을 거듭한 끝에 중국 쪽에 대해서는 한국
민족혁명당으로, 국내 민중에 대해서는 조선민족혁명당으로, 해외 여
러 나라에 대해서는 Korean Revolution Association으로, 그리고 당내에
서는 민족혁명당으로 부르기로 합의했다.[14]

이른바 임시정부 고수파를 제외한 이 시기 중국지역 민족해방운동세
력의 좌우파를 망라하다시피 한 민족혁명당의 성립은 1930년대 후반기
시대상황의 변화에 민족해방운동전선 스스로가 적응해가는 한 방법이
었다. 여기에 참가한 민족해방운동세력은 스스로도 그것이 민족해방운
동사에서 획기를 긋는 일이라 보았지만, 이와 같은 관점은 객관적 정세
판단을 근거로 한 것이기도 했다. 「민족혁명당 창립대회 선언」[15]은 먼
저 창당의 국제 정세적 배경을 이렇게 말하고 있다.

세계대전(제1차 세계대전 – 인용자) 후 일시적 안정기에 보지(保持)된 열

---

14) 『고등경찰보』 제5호 83면. 이후 당명은 1937년 전당대회에서 조선혁명당으로 확정했
다(김정명 편, 앞의 책 601면 참조).
15) 『사상정세시찰보고집』 2, 76~81면.

강의 표면적 균세(均勢)는 일본의 만주침략과 독일의 재군비 및 이탈리아의 에티오피아에 대한 군사행동 등에 의해 동요 교란되었고, 이 표면적 균세의 기초 위에 신축되었던 국제연맹 군축회의 및 기타 각종 조약 등 소위 현상유지의 평화기구가 결정적으로 파괴됨에 따라 제2차 세계대전은 불가피한 시간문제가 되었다.

파쇼체제 등장으로 인한 제2차 세계대전의 불가피성을 정확하게 파악하고, 다시 말하면 제2차 세계대전이 일본 등 파쇼체제의 붕괴를 가져오는 계기가 될 것이라 내다보고, 민족혁명당 성립이 이와 같은 세계정세의 변화에 대응하기 위한 민족해방운동전선의 전선통일 필요성에 의해 이루어졌음을 말하고 있는 것이다. 창립대회 선언은 이와 같은 세계정세의 변화를 배경으로 하고 다시 지난날의 민족운동을 이렇게 회고했다.

우리는 3·1운동 실패 후 지도의 통일 및 혁명역량의 집중을 위해 민족적 통일대당(統一大黨) 결성에 노력해왔다. 1923년 60여 단체 대표로서 20만 원(元)의 활동비를 소비하여 국민대표대회를 산출했으나 우리 혁명에 대한 견해와 입장의 불일치가 주요 원인이 되어 대표회의는 유산되고 그후 계속해서 1928년에 민족통일당조직촉진회(民族統一黨組織促進會)를 조직하여 대동단결을 향해 적극 노력했으나 역시 내외 환경의 불리와 제반 정세의 미숙성에 의해 와해되었다.

통일전선운동의 결실로서 민족혁명당의 창당선언이 회고한 우리 민족해방운동의 전통은 계급적 사상적 분립 이전에 전체 민족구성원이 일제히 참가했던 3·1운동과 임시정부 내부의 분열을 극복하고 전선을 통일시키기 위한 노력으로서 임정의 국민대표자대회, 그리고 임정 쇠퇴 후 민족해방운동전선에 일어난 역시 통일전선운동으로서 민족유일당운동 등이었다. 즉 민족혁명당 창당은 바로 이같은 통일전선운동의 연장선으로 간주되었으며, 이 때문에 그 창당의 의미를 다음과 같이 말할 수 있었다.

지금 민족의 통일이 결성된 것은 우리 민족의 고도강열(高度强熱)한 혁명의 수요와 자각의 성과이며 혁명운동자 등의 통일운동에 대한 비상한 열망 노력의 결정이다. 또한 우리 독립운동사상 획기적 발전의 신기원이다.

민족혁명당 창당에 부여한 이와 같은 의의는 창당 직후에 있은 한국독립당계의 이탈을 겪고도 변하지 않았을 뿐만 아니라, 종래 파벌주의에 대한 비판이 더 신랄해지면서 통일전선의 필요성 및 역사적 당위성을 더 강조하고 있음을 볼 수 있다. 즉 1936년 7월에 간행된 민족혁명당 기관지 『민족혁명(民族革命)』의 창당 1주년 기념호는 「본당의 기본강령과 현단계의 중심 임무」[16]란 글에서, 그 창당의 의미를 과거 민족해방운동선상 통일전선운동의 연장이며 발전이라는 점에 두고 있다.

일찍부터 조선혁명운동에는 민족적 단결과 일치를 요구하는 그 이념이 여러 차례의 획기적 노력을 통하여 발휘되었다(국민대표대회의 개최, 單一獨立黨의 促成 등). 그러나 그 이념이 아직 능히 그 현실적 모순을 승리로써 초월할 만큼 훈련 조장되지 않았기 때문에 그 실현이 불가능했던 것이다. 그러나 조선민족 생존의 이념이 그 자신의 투쟁적 성과로써 일정한 훈련수준에 도달했

---

16) 『民族革命』 제3호(1936년 7월 1일), 『사상정세시찰보고집』 3, 330면.

을 때 비로소 그 모순을 극복 초월할 수 있게 되는 것이다. 그러므로 현유(現有)의 혁명적 지도자집단의 단일적 결합에 의한 본당의 창립이 가능했던 것이며, 따라서 조선혁명운동에 대한 그 위대한 역사적 의의를 수행할 수 있게 된 것이다.

상해임정의 국민대표대회와 그후 민족유일당운동이 성공하지 못한 이유가 "민족적 단결과 일치를 요구하는 이념"이 "현실적 모순을 승리로써 초월할 만큼 훈련 조장되지 않은" 데 있었으며, 즉 민족운동전선을 지배한 파벌주의를 극복할 만큼 성장하지 못한 데 있었으며 민족혁명당 창당은 그 "모순을 극복 초월"할 수 있었기 때문에 가능했다고 보고 있다.

민족혁명당의 이론가들은 이 당의 성립으로 민족해방운동전선의 통일이 이루어진 것이라 주장하고, 그 역사성을 두 가지 점에서 구하고 있다. 첫째는 좌우익 민족해방운동전선 내부에 있던 종래의 파벌과 파벌주의를 극복했다는 점이며, 둘째는 민족유일당운동과 같은, 이미 있었던 전선통일운동의 미숙성을 극복했다는 점을 들었다. 같은 1주년 기념호에 실린 필자가 이립평(李立平)으로 되어 있는 「본당 창립의 역사적 의의」[17]에서는 지금까지의 좌우익 민족해방운동을 세 가지 점에서 비판하고 있다.

우익운동 비판: 민족적 적개심의 고도의 강렬과 자주독립의 동경의 표현에 의해 국내, 중국, 시베리아, 미국, 일본 등 각지에서 우리 민족의 분포상태에 따라 민족주의의 혁명단체는 우후죽순과 같이 속속 발생했다. 그리하여 물

---

17) 같은 자료 344~52면.

론 지역의 격리, 물력의 결핍, 인재의 부족, 환경의 구속 등 각종의 원인이 있었지만 또 민족성의 병태적 유전인 각자 주장의 고집, 공작의 불통일 등과 군웅할거식 분산상황에서 단체 사이의 분쟁, 심지어는 야비한 지방열 분쟁까지 있었음을 숨길 수 없다.

좌익운동 비판: 1920년경부터 사회주의가 대두하기 시작한 이래 이시파(伊市派), 상해파, 화요계, ML계, 서울파 등이 발생했으나 이 또한 자체 동지의 알력 쟁탈 또는 다른 편에 대한 대립투쟁을 반복해왔다. 주로 조선혁명에 대한 특수적 독자성의 방략을 해득하지 못한 점, 무조건 직수입의 청산주의적 좌경소아병에 걸렸던 점, 헤게모니 전취광(戰取狂)의 장래성 없는 습성 등에 기인한 것이다.

전선통일운동 비판: 임시정부 문제를 중심으로 하여 소위 개조·창조 양파로 분열해버렸고, 1928년에는 해내외를 통하여 민족통일대당 결성에 노력 분투했으나 시기상조라는 주장과 입장의 불일치에 의해 또한 와해되었다.

민족혁명당이 결성되기 이전까지 좌우익 민족해방운동전선이, 그리고 종전의 전선통일운동이 가졌던 결점이나 한계 등을 비교적 정확하게 지적하고 있음을 볼 수 있다. 통일전선운동으로서 민족혁명당의 성립이 갖는 민족해방운동사에서의 맥락을 '민족적 감각' 내지 '민족의식'에 의해 발발한 거족적 운동인 3·1운동에서 구하고 있음을 다음 글에서 볼 수 있다.

3·1혁명도 이 민족적 감각에서 출발한 것이며 광주사건도 이 민족의식에 기인한 것이었기 때문에 그 운동이 거대한 것이 되었다. 과연 이것이 전민족의 일치한 의사라고 하면 누가 감히 이에 위반하고 이에 역행하겠는가. 이에 순응하는 곳에 만인공명의 향응(響應)이 생길 것이며 이 만인공부(萬人共赴)

의 향응이 곧 힘인 것이다. 민족혁명당 산출의 의의도 이와 같은 역사적 배경에 기인하는 만인공명의 진정에 순응하는 것으로써 이미 승리의 제일보를 내디딘 것이다.

결국 민족혁명당 성립의 역사적 의의는 3·1운동 이후 민족해방운동 전선에 나타난 좌우익 운동의 대립과 전선통일운동의 미숙성을 극복하고 3·1운동이 가졌던 민족의식에 대한 '만인공명'·'만인공부'의 전선통일운동으로 다시 나아가는 데 있다고 말하고 있다.

한편 이 글은 앞선 통일전선운동의 실패를 극복하고 민족혁명당에 의해 앞으로 통일전선운동을 성공시키기 위한 지침을 제시함으로써 통일전선운동의 새로운 단계로서 민족혁명당 성립의 역사성을 한층 더 강조하고 있다. 그것은 첫째 과학적 이론으로 무장한 강력한 중심적 지도당을 건설하는 일, 둘째 세계 대세의 발전추이와 조선민족의 특수지위를 명확히 분석하여 민족적 생존노선을 부단히 제시하는 일, 셋째 군중을 혁명에서 멀어지게 하는 공허한 애국주의, 강개주의(慷慨主義) 등 간판운동(看板運動)과 기계적 공식주의의 의결지상운동(議決至上運動)을 청산하는 일, 넷째 철과 같은 규율에 대한 복종의사와 자강불식의 창조적 책임감을 가진 새로운 혁명조류를 전민족 안에 제출할 일 등이다.

「본당 창립의 역사적 의의」는 전선통일운동의 성과로서 민족혁명당의 성립이 앞으로 민족해방운동의 방법 자체를 크게 바꾸어가야 하며, 거기에 민족혁명당 성립의 또다른 의의가 있다고 주장하고 있다. 그러면서도 이 글은 그 마지막 부분에서

우리 주장의 정당성은 전민족적 갈구에 입각하고 인류발전 법칙에 순응하고 국제환경에 부합한 불이법문(不二法門)의 노선이다. 이는 과연 조선혁명

영도의 지남침이며 민족생활의 신조이며 진정한 민주공화국 건설의 이상적
설계서이다

라고 하여 이와 같은 민족운동방법론의 혁신 강화에도 불구하고, 그 목
적이 '진정한 민주공화국의 건설'에 있다고 명시하고 있다. 앞에서 본
것과 같이 민족혁명당을 구성한 중요 세력의 하나인 의열단은 1920년
대 후반기 이후 점차 좌경해가고 있었고, 1930년대 전반기경에는 "프롤
레타리아정권 없이 진정한 조선혁명은 이룰 수 없다"[18]고 할 정도로 좌
경했으나 민족혁명당 성립 후에는 '프롤레타리아혁명' 지향이 아닌 '민
주공화국 건설'이 운동의 목적이 되었음을 볼 수 있다.

요컨대 민족혁명당의 이론가들은 이 당이 성립된 1930년대 중엽의
민족해방운동전선은 종래 좌우익 운동이 갖고 있던 파벌성과 '비과학
성'을, 그리고 상해임시정부나 민족유일당운동의 실패원인이었던 전선
통일 역량의 미숙성을 극복하고 전체 해방운동전선의 한 단계 높은 통
일기관의 출현을 요청하게 되었다. 이와 같은 시대적 요청에 부응하는
것이 바로 민족혁명당의 성립이라 주장하며, 당 성립의 역사성을 여기
서 구하고 있다. 이 글의 다음과 같은 내용이 그것을 잘 말해준다.

장구한 시간을 통한 운동의 성과는 마침내 그 서광을 가져왔다. 조선민족
일반의 정치적 각성의 고도화와 혁명적 지도자의 어느정도 자각적 훈련화가
그것이다. 조선혁명운동에서도 가장 투쟁의 역사가 길고 또 방법이 열렬했던
5개 단체의 합동에 의해 창립된 본당은 조선혁명운동에 자태를 나타낸 이 역

---

18) 韓洪九·李在華 編 『韓國民族解放運動史資料叢書』3, 경원문화사 1988, 503~504면. 의
   열단장 강의요지 중 '朝鮮情勢와 本團의 任務'.

사적 서광을 지적하고 있는 것이다. 본당 창당에 의해 조선민족의 혁명적 중심조직은 확실히 그 최초의 기초만은 형성되었다고 볼 것이다.

민족혁명당 이론가들의 주장과 같이 이 당의 성립은 당시 우리 민족 해방운동 중심지의 하나였던 중국 관내지역에서 전선통일을 위해 노력한 결과였다. 그러나 그것은 민족해방운동단체들의 단순한 통합만이 아니었고 1930년대 중엽의 세계정세 변화에 우리 민족해방운동전선이 대응해가는 방법의 하나였다. 즉 이 당의 성립은 파쇼체제 등장의 결과로서 일본의 중국침략, 독일의 재무장과 국제연맹 탈퇴, 이딸리아의 에티오피아 침략 등으로 제2차 세계대전이 임박한 데 대한, 그리고 민족해방운동전선에서 종전의 방법론에 대한 반성을 토대로 한 대응책의 소산물이었던 것이다.

3. 당의 조직상황

통일전선 정당으로서 민족혁명당 창당 당시의 실질적인 당 중앙인 중앙집행위원은 김원봉·김두봉·김규식·윤기섭·이청천·최동오·윤세주·진의로(陳義路)·김학규·김활석(金活石)·이관일(李寬一)·조소앙·이광제·최석순(崔錫淳)·신익희 등이었다. 앞에서도 말한 것과 같이 김구를 중심으로 하는 이른바 임시정부 고수파를 제외한 당시 중국본토 지역 민족해방운동전선의 중요 인물을 망라한 진용이었다.

이 중앙집행위원회는 당분간 위원장을 두지 않고 집행위원 합의제로 했다. 그것은 이 당을 강력하고도 명실상부한 단일 정당으로 만들기 위해 이 당에 참가하지 않고 있던 애국단 단장 김구를 영입하고자 하는 것이라는 설도 있었다.[19] 실질적인 통일전선 정당이 되기 위해 끝까지 노력한 일면을 볼 수 있을 것 같다.

한편 민족혁명당에 참가한 각 단체들은 기존의 당원과 재산을 모두 신당인 민족혁명당에 인계하도록 되어 있었다. 이제 각 단체가 민족혁명당 창당과 함께 그것에 인계한 당원수와 재산을 보면 다음과 같다.[20] 이는 민족운동단체의 실세를 알 수 있는 좋은 자료가 된다.

먼저 의열단의 경우, 이때까지 양성된 군관청년 100여 명과 현재 당원 200여 명 그리고 재산으로는 중국국민당 중앙당부로부터 매월 지급받는 월수 정액 3000원(元)이었고, 한국독립당은 당원 70여 명과 비품으로 인쇄기, 기타 그리고 월수 정액 600원이 있었는데, 그것은 이 단체의 광동지부가 진제당(陳濟棠)에게 매월 받는 300원과 이 당의 진강(鎭江)지부가 진과부(陳果夫) 형제에게서 받는 150원과 항주지부가 중국국민당의 절강성당부에서 받는 150원이었다.

신한독립당의 경우 양성한 군관청년 50명과 북만 국경에 있다는 당원 600여 명과 중국국민당 중앙당부에서 받는 매월 300원, 본래 동북의용군 사령관이었던 이두(李杜)에게 받는 100원, 기타 개인기부금 100원 등 합계 월 500원이었다. 조선혁명당은 남만국경에 있는 당원 1000여 명, 현재 무기로 장총·단총·기관총 등 합계 400여 정과 이를 사용하는 사람 약 500명이 있다 했고, 월수 정액은 없었다. 또한 미국에 있는 대한독립당은 당원은 약 200명이라 했고 수입과 비품은 알지 못한다고 했다.

5개 단체로부터 당원과 재산을 인계받음으로써 실질적인 통일전선 정당으로 발전하게 된 민족혁명당의 조직을 보면,[21] 당의 최고기관은

---

19) 『고등경찰보』 제5호 84면.

20) 같은 자료 84~85면.

21) 민족혁명당의 조직내용은 『고등경찰보』 제5호 87~92면에 실린 「민족혁명당 黨義 黨

전당대표대회(全黨代表大會)였다. 각 지부대표대회는 중앙집행위원회와 중앙검사위원회의 보고를 접수 심사하고 당의·당강·당장(黨章)을 수정하고 일체의 정책 및 조직문제를 토의 결정하며 중앙집행위원과 중앙검사위원을 선거했다.

다음 중앙집행위원회는 전당대표대회 폐회기간 동안 당의 최고기관으로서 당을 대표하여 대외관계 사무를 처리하고, 각종 기관을 설치하여 일체의 공작을 지도했다. 실질적인 당 중앙인 중앙집행위원회 아래에는 실무기관으로서 서기부, 조직부, 선전부, 조사부, 훈련부, 군사부, 국민부가 있고, 서기장 1명과 각 부장 1명을 중앙집행위원회가 중앙집행위원 중에서 선임했다.

창당 당시에는 서기장을 겸했으리라 짐작되는 서기부 부장에 김원봉, 부원에 윤세주 외 2명, 조직부 부장에 김두봉, 부원에 김학규 외 2명, 선전부 부장에 최동오, 부원에 신익희 외 2명, 군사부 부장에 이청천, 부원에 김추당(金秋堂) 외 2명, 국민부 부장에 김규식, 부원에 신익희 외 2명, 훈련부 부장에 윤기섭, 조사부 부장에 진의로였다. 이 구성에서도 당의 창당이 어느 한 단체의 주도가 아니라 통일전선 정당으로서 면모를 갖추기 위해 노력한 흔적이 드러난다.

한편 당의 기본조직은 구부(區部)였는데, 구부는 상급기관의 허가에 따라 당원이 3명 이상 있는 지방에 설치되었다. 구부에는 서기 1명을 선출하여 구부회의 결의사항과 상부기관의 지시를 집행하게 했고, 구부의 당원수가 많을 때는 소조(小組)로 나누고 조장 1명을 두며 당원 3명 미만의 지방에는 통신원을 두었다.

구부의 임무는 당의·당강·정책을 일반민중에게 선전하여 그들을 당

綱 政策 黨章」에 의한다.

에 끌어들이는 일, 민중의 일상투쟁에 적극적으로 참가하여 그들을 조직 훈련시킴으로써 혁명운동에 참가시키는 일, 당원을 확보하고 그들을 훈련하여 혁명의식을 향상시키는 일 등이었다. 구부의 당원이 많을 때는 그중에서 집행위원 약간 명을 선출하고, 구부집행위원회를 조직하여 일상의 당무를 처리하게 했다.

구부를 기저로 하여 각 지역에 지부를 설치했다. 지부의 최고기관은 역시 지부대표대회였고, 이 대회는 지부집행위원회 및 지부검사위원회의 보고를 청취하여 해당 지부의 당무공작을 토의 결정하고 지부집행위원과 지부검사위원 및 전당대표대회에 출석할 대표를 선출했다.

지부대표대회에서 선출된 집행위원으로 조직되는 지부집행위원회는 지부대표대회 및 중앙집행위원회의 결의를 집행하고, 지부의 경비를 지배하여 중앙기관에 보고하고, 공작상황도 보고했다. 지부집행위원회도 당무 처리를 위해 각 부를 두었고, 그 주임을 지부집행위원 중에서 임명했다.

민족혁명당은 국내에서 일반국민을 직접 당원으로 가진 정당이 아니라 주로 중국지역에서 활동한 독립운동자들을 당원으로 하는 그야말로 독립운동 정당이다. 그 때문에 일본의 방해공작을 막기 위한 비밀 정당적 성격을 가졌지만, 한편으로 조직 자체의 내부구조는 대단히 민주적인 성격을 가졌음을 볼 수 있다. 다음에서 다시 설명하겠지만, 민족혁명당의 조직원칙은 민주주의 중앙집권제였고, 이 당의 모든 조직은 이 원칙 위에 수립되어 있었다.

이와 같은 조직원칙 아래 실제로 구부와 지부가 얼마나 또 어떻게 설치되어 있었는가 하는 문제를 살펴보자. 1935년 8월 26일 남경, 상해, 항주 등 각 지방을 통할하는 화중(華中)지부를 남경에 창설하여 김홍서(金弘敍)·이광제·한일래·김학규 외 1명을 지부 중앙집행위원으로 선

출하고, 그 직속으로 상해, 남경, 항주에 각각 구부를 설치한 기록이 있다.[22]

또 같은 해 9월 초순에는 당원 강병학(康秉學) 등 15명을 광동에 파견하고, 다시 같은 달 말경에는 중앙대표로서 강창제(姜昌濟)를 이 지방에 파견하여 공작을 편 결과 화남(華南)지부 및 광동구를 창설했고 지부중앙집행위원으로 이경산(李景山)·송면수(宋晃秀)를 선임하여 이 지방의 교포들을 대부분 당원으로 입당시켰다. 교포들은 대부분 청년 학생들로서 이곳 군관학교에 재학 중인 20여 명과 중산(中山)대학에 재학 중인 40여 명이 민족혁명당에 입당했다.[23]

같은 해 9월과 10월 중에는 화서지부 및 남창(南昌)지부, 낙양(洛陽)구부가 설립되었고, 다시 화동지부 및 천진, 북평(北平) 등의 구부가 설치되었다. 또한 같은 해의 일본 쪽 정보자료에 의하면 상해지부장에 김홍서, 남경지부장에 김두봉, 항주지부장에 윤기섭, 광동지부장에 문일민(文逸民), 사천지부장에 최석순, 만주지부장에 김학규 등이 임명된 기록이 있어[24] 지부와 구부 조직에 일부 차이를 보이고 있다.

1936년 1월 남경의 일본총영사관 경찰에 자수한 민족혁명당원 안효걸(安孝傑)의 진술[25]에 의하면, 당의 조선지부가 서울 모처에 설치되었다 하고, 같은 해 12월 상해의 일본영사관 경찰에 체포된 민족혁명당원 안재환(安載煥)의 진술[26]에 의하면, 이해 봄까지 남경에 있는 화동지부에는 군관학교 안에 제1특구, 강서성 남창에 제2특구, 항주에 제4특구,

---

22) 『조선중대사상사건경과표』 102~103면.

23) 같은 자료 103면.

24) 김정명 편, 앞의 책 540면.

25) 『조선중대사상사건경과표』 103~104면.

26) 『사상정세시찰보고집』 9, 9~23면.

표 1_ 민족혁명당 조직일람표

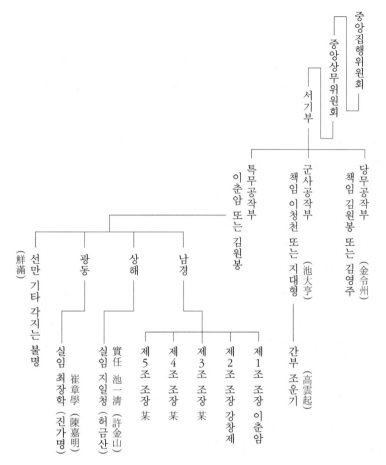

* 지부 밑에 구부가 있고 구부 밑에 조(組)가 있다. 조는 위험지대에서는 조원을 3명 이하로 하고, 비교적 안전지대는 조원을 5명으로 하고, 가장 안전한 지대는 7명으로 조직함.

조직 형태

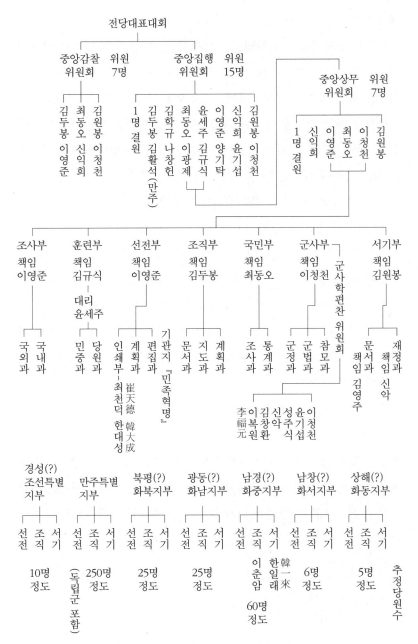

＊『고등경찰보』제5호 87~92면에 의거하여 작성하였음.

상해에 제5특구, 위치가 확실치 않은 제6·제7·제8특구, 사천(泗川)에 제99특구 등이 있었다.

또다른 정보자료에 의하면,[27] 1936년에는 남경 진강 방면을 활동지역으로 하고 남경에 설치된 화중지부, 상해·항주·절강 방면을 활동지역으로 하고 상해에 설치된 화동지부, 광동·중경·사천성 방면을 활동지역으로 하고 광동에 설치된 화남지부, 남창 방면을 활동지역으로 하고 남창에 설치된 화서지부, 북경·천진·제남·낙양 방면을 활동지역으로 하고 북경에 설치된 화북지부, 조선 전체를 활동지역으로 하고 서울에 설치된 특별 제1지부, 만주일대를 활동지역으로 하고 신경(新京: 長春)에 설치된 특별 제2지부 등이 있었다.

한편 민족해방운동 정당인 민족혁명당의 당원되는 조건 역시 대단히 엄격했다. 그 당장·당원 부분에 의하면,[28] 당의·당강·당장을 승인하고 당의 일체 결의안을 실천할 것을 약속하는 18세 이상의 조선 남녀가 당원이 될 수 있으며, 당원 2명 이상의 소개로 구당부회(區黨部會)를 통과하고 상급 당부의 인가를 받아 3개월간 후보당원으로 있은 사람은 정식 당원이 될 수 있었다.

당원 되는 조건도 까다로웠지만, 당원에 대한 규율도 대단히 엄격했다. 역시 당장의 기율(紀律) 부분에는[29] "당원 및 각급 당부는 기율을 엄수할 것을 그 최고의 책임으로 한다" "하급 당부가 상급 당부의 결의에 복종하지 않을 때 혹은 중대한 착오 과실이 있을 때 중앙기관은 하급 당부를 취소하고 그 당원을 다시 등기(登記)시킨다" "당원으로써 기율을 범했을 때 각급 당부는 그 경중에 따라 지도·경고·감시·정권·제명

27) 김정명 편, 앞의 책 571~72면.
28) 『고등경찰보』 제5호 88면.
29) 같은 자료 91면.

표 2_ 민족혁명당 당원등기표(登記表)

姓名		別名		性別		出生		四二　年 　月　日	入黨	四二　年 　月　日
		別號								

原籍	道　府　郡 面　里　洞		現在			通信處			

職業		財産	元	每月 收入	元	家庭負 擔有無	特徵		趣味	

家庭	職業		父姓名	存沒	夫姓名		子　人	兄　人	姉　人
	財産　　　元		母姓名	存沒	妻姓名		女　人	弟　人	妹　人

履歷書	入黨志願書
	本人은 貴黨의 黨義 綱領 黨章을 承認하고 一切의 決議를 實行하기 爲해 玆에 保證人 二人의 連署로써 入黨을 志願함 　　民族革命黨　　　黨部 前 　　　　四二　年　月　日 志願人 保證人

入黨紹介書	誓約書
玆에 ○○을 本黨 黨員으로 紹介함에 있어서 만일 其의 言論行動이 黨規 綱領 政策 黨章 及 一切의 決議에 違反될 경우에는 本黨의 嚴重한 處分을 願受함 　民族革命黨　　　黨　部　前 紹介人	本人은 黨의 規律에 服從하고 黨의 秘密을 嚴守하고 黨義 綱領 政策 黨章 及 一切의 決議를 實現하기 위해 犧牲的으로 奮鬪할 것을 誓約함 　民族革命黨　　黨　部　前 　　　　四二　年　月　日 誓約人

주의: 字體는 正字, 歷은 建國紀元을 쓸 것(4268년은 西歷 1935년임).

한다" "당 전체에 대해 중대한 영향을 주는 문제에 대해서는 중앙집행위원회 혹은 상무위원회에서 그 의견을 발표하기 전에 하급기관 혹은 당원이 단독으로 의견을 발표할 수 없다" "당원이 이주코자 할 때는 반드시 소속 당부의 허가를 얻고 도착했을 때는 그곳 당부에 즉시 보고한다" 등의 조항이 있어 민족해방운동 정당의 특징을 나타내고 있다.

한편 제명 규정도 대단히 엄했다. 그 말과 행동이 당의·당강 및 전당대표회의와 중앙집행위원회의 결의에 위반된 사람, 회의에 이유 없이 4회 연속 결석한 사람, 이유 없이 당비를 4회 연속 납부하지 않은 사람, 감시를 받는 사람으로서 만기에 이르기까지 개과하지 않는 사람, 당의 비밀을 누설한 사람, 당의 허가 없이 다른 정치결사에 가입한 사람과 말과 행동이 당 전체의 위신을 오손한 사람 등은 제명하게 되어 있었다.

당원 되는 조건이 까다롭고 제명요건이 엄격했던 반면 당원의 당에 대한 의무는 또 대단히 철저했던 면을 볼 수 있다. 이 점도 민족해방운동 정당으로서 특징을 드러낸 점이라 할 수 있을 것이다. 민족혁명당의 「당비 및 수입연(收入捐) 징수규칙」[30]에 의하면, "총등기(總登記)에 합격한(정식 당원자격을 얻은) 당원은 등기일로부터 2개월마다 2각(角)의 당비와 소정의 수입연을 소속 각부에 납부한다", "당비와 수입을 이유 없이 두 번 계속 납부하지 않는 당원은 경고한다"는 조항이 있고, 정기적인 수입이 있는 당원은 수입액에 따라 일정액을 당에 납부하게 되어 있었다.

즉 월수입이 30원 이상 50원 미만일 때는 100분의 1을, 50원 이상 100원 미만일 때는 100의 2를, 100원 이상 200원 미만일 때는 100분의 3을, 200원 이상 300원 미만일 때는 100분의 4를, 300원 이상 400원 미만일

---

30) 『사상정세시찰보고집』 2, 107~108면.

때는 100분의 5를, 400원 이상 500원 미만일 때는 100분의 6을 납부하고, 500원 이상일 때는 당 중앙의 결의에 의해 특별 징수하게 되어 있었다.

이와 같은 민족혁명당의 조직 일반은 의열단의 그것과 비슷한 데가 많다.[31] 민족혁명당의 성립을 흔히 5당합작이라 하지만 당의 조직이나 강령, 이념문제에서 어느 단체보다 의열단의 그것이 많이 채택되었고, 이런 면에서 민족혁명당의 중심노선은 역시 의열단 노선이었다고 할 수 있다. 이 점은 다음 절에서 다시 논급될 것이다.

이상에서 본 것과 같이 민족혁명당의 조직적 특징은, 민족해방운동 정당으로서 비밀유지와 당원에 대한 통제가 대단히 엄하면서도 최하위 단위의 구부에서까지도 그 집행위원회가 당원 선거에 의해 이루어지는 민주적 조직이었다는 점에 있다. 역시 민주집권제적 특징에 의한 것이지만, 이 점에 대해서는 다음절에서 다시 설명될 것이다.

한편 그 지부와 구부 설치 부분에서는 자료들 사이에 차이가 있다. 그 설치 자체가 비밀이 유지되어야 했던 점, 그리고 지금 시점에서 우리가 이용할 수 있는 자료가 민족혁명당에서 남겨놓은 자료 중심이 아니라 일본 정보기관이 수집해 남겨놓은 자료 중심이란 제약 때문에 그 조직의 전모를 밝히기에는 미흡한 점이 많다. 다음의 당 활동상황을 밝히는 부분에서 어느정도 보충될 수 있을 것이다.

4. 당의·정강·정책과 그 이론적 기반

1935년 민족혁명당의 성립은 중국지역 민족해방운동전선에서 임시

---

31) 같은 자료 188~206면에는 「義烈團綱領 章程」이 실려 있다.

정부 고수파를 제외한 통일전선의 실현이라 말했지만, 한편으로 그것은 민족해방운동전선에서 통일전선을 위한 정강 정책을 처음으로 제시하는 계기가 되었다고 할 수 있으며, 그런 점에서 큰 의미를 갖게 된다.

1920년대 후반기 민족해방운동전선의 통일전선운동이었던 민족유일당운동이 아직 전선통일을 위한 구체적 정강 정책을 제시하는 단계에까지 나아가지 못했음을 생각해보면, 1930년대 중엽 통일전선 지향 정당으로서 민족혁명당이 성립하고 그것이 제시한 정강 정책은 이런 점에서 하나의 진전이었다고 할 수 있다. 따라서 민족혁명당의 정강 정책 분석은 식민지시대 민족해방운동 전체의 발전단계를 가늠하는 데도 일정한 도움을 주고 있다.

우선 통일전선 정당으로서 민족혁명당을 성립시킨 주역들이 이 정당의 성립과 함께 앞으로 우리 민족해방운동이 어떤 방향으로 나아가야 한다고 생각했는가 하는 문제를 살펴볼 필요가 있다. 이 문제에 대해 창당 주역 중의 주역이었던 김원봉은 다음과 같이 말했다.

> 한국혁명의 완성은 민족운동을 기본으로 하고 해외보다 국내에서의 운동에 주력하지 않으면 안된다. 국내에서의 조직계획을 진행시키기 위해서는 먼저 국내의 청년층을 획득하여 그 조직의 핵심세력이 되게 하고 다수 청년당원을 국내에 잠입시켜 농촌, 공장, 학교, 어장 등 각처에 1군 1명 정도의 배치를 목표로 포치(布置)하지 않으면 안된다.[32]

그는 민족해방투쟁을 혁명으로 이해하면서도 그 기본이 계급운동이 아닌 민족운동이라 하고, 그러면서도 국외전선과 국내전선, 특히 학생·

---

32) 『고등경찰보』 제5호 86면.

노농계급과의 연계를 운동의 전개방향으로 지적하고 있음을 볼 수 있다. 또 한 사람의 창당주역인 김두봉도 민족혁명당 창당과 함께 우리 민족해방운동이 나아가야 할 방향을 다음과 같이 말하고 있다.

한국혁명에 대해서는 산업 또는 사회제도 등의 혁명을 말하는 사람이 있지만, 먼저 민족혁명을 제1로 한다. 한민족을 모름지기 일본제국주의의 철제(鐵蹄)로부터 완전히 이탈하여 영구하고 또 완전한 독립을 회복하는 것을 긴급한 선결문제로 해야 한다. 이를 위해 한국청년들을 혁명군인이 되게 할 것이 요구된다. 항상 혁명정신을 견지하고 군사훈련을 게을리하지 않음은 물론 정치·경제 등의 학술 기능을 연마하고 민중과 함께 자급자족하는 직업자일 것이 요구된다. 그러므로 평소에는 일반민중과 같이 있다가 한번 전시를 만나면 무(無)를 화(化)하여 철(鐵)로 하는 것과 같이 당당한 군대를 조직할 것이니 이것이 혁명자 및 혁명군인의 본령이다.[33]

그도 역시 당시의 '한국혁명'이 '산업 또는 사회제도 등의 혁명'이 아니라 일제지배로부터의 해방을 제일로 하는 '민족혁명'이어야 하며 민중과 같이하는 무력혁명이어야 한다는 생각을 갖고 있었다.

지금 시점에서는 민족혁명당 창당 주역으로서 김원봉과 김두봉의 당노선에 대한 소견을 이 정도밖에 구할 수 없지만, 1936년 1월 20일자로 간행된 당 기관지 『민족혁명』 창간호에 실린 윤세주의 글 「우리 운동의 새 출발과 그 이론적 기초」 및 1936년 7월 1일자로 간행된 『민족혁명』 제3호에 실린 「본당 창립의 역사적 의의」 등에는 민족혁명당 성립의 역사성과 그 정강 정책이 갖는 의미 등이 비교적 상세히 설명되어 있다.

---

33) 같은 곳.

우선 민족혁명당의 당의·정강·정책을 제시한 후 그것이 나온 역사적 배경과 의미 그리고 민족해방운동전선 위에서의 위치 등을 분석해보자.[34] 먼저 당의에서는 "본당은 혁명적 수단으로서 구적(仇敵) 일본의 침략세력을 박멸하여 5천년 이래 독립 자주해온 국토와 주권을 회복하고 정치·경제·교육의 평등을 기초로 한 진정한 민주공화국을 건설하여 국민 전체 생활의 평등을 확보하고, 나아가서 세계인류의 평등과 행복을 촉진한다"라고 하여, 이 시기 중국 관내지역 우리 민족해방운동전선 일반이 지향하던 삼균주의적 정치·경제·사회 균등을 기반으로 한 민주공화국 건설이 통일전선 정당인 민족혁명당의 기본노선임을 명백히 밝히고 있다.

앞에서도 논급한 것과 같이 1930년대 초엽 의열단 자체는 프롤레타리아정권에 의해서만 진정한 조선혁명이 달성될 수 있다 하고 프롤레타리아정권 수립을 지향했으나 의열단이 한국독립당, 신한민주당 등 다른 4개 단체와 연합하여 성립시킨 통일전선 정당인 민족혁명당은 프롤레타리아정권이 아닌 민주공화국 수립을 지향하고 있음을 볼 수 있다.

모두 17조로 되어 있는 민족혁명당 당강의 내용은 혁명으로 생각했던 민족해방이 성공한 후에 수립할 민족국가의 기본방향과 정책으로 되어 있으며, 대체로 정치·경제·사회 등 3개 분야로 나누어볼 수 있다. 우선 정치부분에서는 이 당의 목적이 민족의 자주독립에 있음을 밝히고, 그 제2조에서 "봉건세력 및 일체의 반혁명세력을 숙청함으로써 민주집권제(民主集權制)의 정권을 수립한다" 하여 이 당이 장차 수립할 민주공화국이 민주주의 집권제적 방법에 의해 수립될 것이라 제시하고

---

34) 민족혁명당의 당의(黨義)·당강(黨綱)·정책(政策)·당장(黨章)은 『고등경찰보』 제5호 87~92면과 김정명 편, 앞의 책 540~44면 등에 보이며, 그 내용은 대체로 같다.

있다.

민족혁명당의 당의가 "정치·경제·교육의 평등을 기초로 한 진정한 민주공화국"을 건설한다 했을 때의 민주공화국은 당시로도 쏘비에뜨 정권이나 인민공화국과는 구분되는, 다분히 부르주아민주주의 정권적 색채가 짙은 국가로 간주되게 마련이지만, 이와 같은 국가의 정권을 민주집권제에 의해 수립하겠다고 한 점에 민주혁명당의 강령이 갖는 특징이 있다고 할 수 있을 것이다.

민주집권제(=민주집중제), 즉 민주주의적 중앙집권제는 근대적 정당 조직 원칙의 하나로서 당내 민주주의와 중앙집권제를 통일한 것이다. 공산당의 민주집권제는 "당의 단일한 강령, 단일한 규약, 단일한 권위 있는 지도체, 즉 당대회나 중앙위원회를 가져야 한다", "단일한 당규율이 유지되고 모든 당원들에게 평등하게 적용되어야 한다. 소수는 다수에 복종하고 개별조직은 중앙에, 하부조직은 상부조직에 복종해야 한다", "하부조직은 상부조직이 내린 결정을 지켜야 한다", "당의 지도체는 어떠한 수준의 지도체일지라도 선출되어야 하며 문책하고 교체할 수 있다" 등의 원칙에 기초하고 있으며, 그것은 권력집중제와 당내 민주주의의 유기적 변증법적 통일의 표현이다.[35]

제3절에서 본 것과 같이 민족혁명당의 전체 조직은 민주집중제 원칙에 의해 조직되었고, 그것은 이 시기 상당히 좌경되어 있던 의열단의 조직원칙을 그대로 이용한 것이지만 민족혁명당에 참가한 우익세력도 이 조직원칙을 그대로 받아들이고 있었으며 강령으로 채택하고 있었다. 민족해방운동 정당으로서는 좌우익을 막론하고 민주집중제를 가장 효

---

35) 표트르 로디오노프 지음, 편집부 옮김 『민주집중제란 무엇인가』, 백산서당 1989, 14~15면.

과적인 조직원칙으로 인정하고 받아들인 것이라 할 수 있을 것이다.

다음으로 강령의 정치체제 부분으로 "국민은 일체의 선거권 및 피선거권을 가진다"고 한 조항이 있다. 이 조항은 의회주의를 표방한 것이라 볼 수 있으나, 그것이 이른바 부르주아민주주의적 의회주의의 지향인지 아니면 사회주의운동에서 개량적 의회주의 혹은 혁명적 의회주의 지향인지는 분명치 않다. 특히 당의 조직원칙이 민주집중제이면서 민주공화국 건설을 지향한 민족혁명당 의회주의의 성격을 더 알아볼 만한 자료는 발견할 수 없다. 강령의 또다른 정치체제 부분으로 "1군을 단위로 하는 지방자치제를 실시한다"고 하는 조항을 들 수 있는데, 조선총독부가 실시하고 있는 이른바 지방자치의 기만성을 극복하고 올바른 의미의 민주주의적 지방자치제의 필요성을 말하고 있는 것이라 하겠다.

민족혁명당 강령은 특히 사회·경제체제 부분에 많은 조항을 할애하고 있다. 우선 경제부문에서 "토지는 국유로 하여 농민에게 분급한다" "대규모 생산기관 및 독점적 기업은 국영으로 한다" "국민의 일체의 경제적 활동은 국가의 계획 아래 통제한다" "누진율의 세칙(稅則)을 실시한다" "국적(國賊)의 일체의 재산 및 국내에 있는 적(敵) 일본의 공공재산은 몰수한다" 등의 조항을 두었다. 경제정책 부분에서 토지의 국유화, 대기업의 국유화, 국가계획경제의 실시, 조선총독부가 조선에 진출한 일본자본을 보호하기 위해 외면하고 있는 누진율 세제의 채택 등 사회주의적 경제정책을 제시하고 있는 점이 주목된다. 이 점에 대해서는 다시 분석될 것이다.

다음 사회정책 부문에서는 "국민은 언론·집회·출판·결사·신앙의 자유를 가진다" "여자는 남자와 일체의 권리를 동등히 가진다" "노동운동의 자유를 보장한다" "의무교육 및 직업교육은 국가의 경비로써 실시한다" "양로(養老)·육영(育英)·구제(救濟) 등 공공기관을 설립한다" 등의 항목이 있어서 역시 사회복지정책의 확대를 제시하고 있음을 볼 수 있다. 특히 신앙의 자유를 보장한 점에서 민족혁명당 사회정책의 성격 일단을 드러내고 있다.

이와 같은 민족혁명당의 정강 정책을 우리 역사상 최초의 근대 국가 적 헌법으로서 1919년에 제정된 「대한민국 임시헌법」과 비교해보면, 정치적인 면에서 「임시헌법」의 국민기본권을 바탕으로 한 민주공화국 수립 지향에서 지방자치제가 추가된 위에 당 조직의 연장으로서 민주 집권제를 도입한 점이 크게 다르다.

다음 경제정책 면에서는 역시 「임시헌법」에 비해 사회주의적 정책을 도입한 점이 크게 다르다. 이와 같은 변화는 1919년에서 1935년에 이르 는 시기까지 민족운동전선 자체의 정치 및 사회경제사적 변화 발전의 결과라고 할 수 있다. 그것은 또 식민지배 아래서 국내의 사회·경제적 조건의 변화를 밑받침으로 한 정책이라는 점에 의의가 있다.

앞에서 본 것과 같이 아직 정당은 아니었으나 의열단 강령이 1920년 대 후반기에 와서 구체적으로 사회주의적 성격을 갖게 되었고, 1933년 에 설립된 신한독립당이 그 강령에서 "토지와 대생산기관은 이를 국유 로 하고 국가경영의 대작업을 실시할 것"을 표방했으나[36] 그것을 이론 적으로 뒷받침한 글을 찾을 수 없는 데 비해, 민족혁명당의 경우 그 사 회경제 면의 정강 정책이 사회주의적 방법을 채택하게 된 이론적 근거 를 찾을 수 있다.

민족혁명당 이후에 중국지역 민족해방운동전선에서 성립되는 좌익 단체는 물론 우익 정당 및 단체들도 대부분 사회경제정책에서 사회주 의체제를 채택하고 있다. 이미 많이 알려진 일이지만, 예를 들면 1935년

---

36) 독립운동사편찬위원회 『독립운동사』 제4권 임시정부사, 1972, 726면.

민족혁명당에 참가하지 않는 김구 중심의 이른바 임정고수파가 민족혁명당 성립에 대항하여 만들었다고 할 수 있는 한국국민당(韓國國民黨)도 그 당의에서 "정치·경제 및 교육의 균등을 기초로 한 신민주공화국을 건설"하고 "토지와 대생산기관을 국유로 하여 국민의 생활권을 평등하게 한다"고 했다.[37) 이와 같은 경제정책은 곧 민족혁명당에서 이탈한 조소앙 등이 재건한 한국독립당이나 1940년에 한국독립당과 한국국민당, 이청천 중심의 한국혁명당 등 3당이 합당하여 만든 한국독립당, 그리고 1941년에 발표된 임시정부의 건국강령 등에도 그대로 채택되어 있다.

또한 1941년 중국공산군 근거지 연안(延安)에서 성립된 화북조선독립동맹(華北朝鮮獨立同盟)이 그 강령에서 정치적으로 "전국 국민의 보선(普選)에 의한 민주정권의 건립"을, 경제적으로 "일본제국주의자의 조선에서의 일체의 자산 및 토지의 몰수와 일본제국주의와 밀접한 관계에 있는 대기업의 국유화 및 토지분배의 실행"을 내세운 것도[38) 유사한 정강 정책들이다.

중국지역 민족운동의 통일전선 정당인 민족혁명당이 성립된 1935년 무렵에 와서 좌우세력을 막론하고 정치적으로는 "진정한 민주공화국" "신민주공화국" "보선에 의한 민주정권"의 수립을 정강으로 채택하고, 경제적으로는 대체로 토지와 대기업을 국유화하는 정책방향으로 나아간 배경이 어디에 있는가 하는 문제들을 파악하는 것은 이 시기 민족해방운동의 성격과 방향을 이해하는 데 도움이 된다. 그러나 그것을 이론적으로 설명해준 민족해방운동전선의 기록을 찾기는 어려웠다. 이 점

---

37) 김정명 편, 앞의 책 644~55면, '한국국민당 당의' 참조.
38) 「華北朝鮮獨立同盟 綱領」, 김정명 편 『조선독립운동』 5, 992면.

에서 민족혁명당 기관지에 실린 글들은 특히 그 경제정책의 방향을 이해하는 데 도움을 주고 있다.

『민족혁명』 제3호, 즉 창립 1주년 기념호에 실린 윤세주의 글로 여겨지는 「본당의 기본강령과 현단계의 중심 임무」[39]에서는 먼저 이 시기 국내의 경제적 현실을 이렇게 파악하고 있다.

> 현재 조선민족의 경제생활은 총인구의 8할 이상을 포함하는 봉건적 구형태의 농업 이외에는 극히 영세한 봉건적 생산방법의 가내공업이 잔존하고 있을 뿐이며, 근대적 기업으로는 총자금 2,100만 원을 넘지 않는 미미한 형태로 극히 중요하지 않는 부분에 한해 분산적으로 경영되고 있다. 이 반면에 8억만 원이 넘는 거대한 일본제국주의의 공사(公私)의 독점자본에 의한 각종 중요 부분의 산업조직이 전경제의 중심적 지배권을 점령하고 있다. 그리하여 후자는 그 절대의 경제적 내지 정치적 세력에 의해 전자의 그 자연적 발달을 질식시켜 급속한 파멸로 유치하고 있는 것이다.

해외 민족해방운동전선에 직접 참가하고 있었던 이 글의 필자가 식민지배 아래에 있는 국내의 경제적 조건과 그 현단계를 정확하게 파악한 것이라 생각되지만, 이 글은 계속해서 민족경제의 나아가야 할 방향을 이렇게 말하고 있다.

> 현재 조선경제의 당면 개조의 근본임무는 어떻게 해서 전민족의 경제생활의 기초를 구성하고 있는 낙오한 농촌 및 수공업적 경제를 식민지 봉건적 방향으로부터 전환시켜, 될 수 있는 한 그 생산력을 민주주의적 자유발전의 길

---

39) 『사상정세시찰보고집』 3, 332~44면.

에 촉성(促成)하여 대중의 생활수준을 향상시키느냐에 있다. 동시에 어떻게 하여 외래자본의 독점적 지배세력을 제국주의적 착취로부터 분리시켜 전자의 발전과 재건을 위한 지도적 역할에 이용할 수 있는가에 있다.

식민지배 아래에서 파탄으로 치닫고 있는 민족경제를 회복시키는 길은 첫째 낙오된 농촌경제 및 수공업부문을 민주주의적 경제체제로 전환시키고, 둘째 외래 독점자본을 민족경제의 발전을 위한 지도적 역할을 담당할 수 있는 방향으로 이용하는 길이라고 했다. 이것은 결국 식민지배를 청산함으로써만 가능한 것이었고, 또 그것은 이 시기 민족해방운동전선 정당들의 경제정책을 다음과 같이 비자본주의적 방향에서 찾을 수밖에 없게 하는 이유이기도 했다.

조선경제의 이와 같은 당면임무 중에서 장래에 있어서 조선경제의 발전이 조선혁명의 근본목적에 대한 임무를 완전히 수행할 수 있기 위해 비자본주의적 궤도에 도입하는 유효확절(有效確切)한 최초의 제전제적(諸前提的) 입안이 준비되지 않으면 안된다는 사실을 잊어서는 안된다.

식민지배 아래의 민족경제 현실을 이와 같이 파악했을 때 그 경제정책은 토지의 국유화 및 대규모 생산기관의 국유화로 나아가지 않을 수 없으며, 노동운동의 자유를 보장하지 않을 수 없음을 다음과 같이 분명히 하고 있다.

대규모 생산수단이 국유화되지 않으면 안될 근본이유는 두 가지 면에서 그 의의가 부여되어 있다. 그 한 가지 의의는 절대 광범한 대중적 소생산기초를 이들 독점자본주의의 억압 아래서 해방시켜 자유로운 민주주의적 발전을 촉성하는 것이며, 다른 하나의 의의는 이 대기업의 지배적 지위를 이용하여 전자(낙오되어 있는 농촌 및 수공업적 경제 – 인용자)의 현재에 있어서의 적극적 발전과 장래의 비자본주의적 발전을 위한 지도조직이 되게 하는 데 있다. 현재 조선인의 대기업은 그것이 전부 일본제국주의 자본에 속하는 것이므로 우리 민족에 대한 수십 년의 노예적 착취에 의해 축적된 것이다. 이 때문에 우리 민족 자신의 공동행복을 위해 우리 국가에 환원되지 않으면 안되는 것이다.

결국 민족해방이 이루어져서 독립된 민족국가를 수립하는 과정에서는 식민지배 아래에서 거대한 규모로 발달한 일본 쪽 및 일부 조선인의 독점자본주의적 대기업을 국영화하여 그것으로 하여금 낙후된 민족경제 부분의 적극적인 발전을 위해 이바지할 수 있게 해야 한다는 점에서 대기업 국유화의 이론적 근거를 찾고 있는 것이다.

다음 민족혁명당의 정강 정책이 해방된 조국의 민족국가 수립과정에서 그 토지를 국유화해야 한다고 한 이론적 근거를 들어보자. 우선 「본당의 기본강령과 현단계의 중심 임무」는 식민지배 아래 국내 농업의 실태를 다음과 같이 파악하고 있음을 볼 수 있다.

현재 조선의 토지는 그 7할 이상이 일본제국주의의 농업금융자본 또는 개인적 지주에 집중되어 있고 그밖의 3할이 조선인의 대·중·소지주에 세분되어 있어 절대 다수의 근로농민은 촌토도 소유하지 못하고 노예적 착취에 극도의 빈궁상태로 파멸하고 있다.

7할 이상의 농토가 일본 쪽과 극소수 조선인 대지주의 소유가 되어 있고, 나머지 3할 정도가 조선인 중소 토착지주의 소유가 되어 있으며, 절대 다수의 농민이 토지를 소유하지 못한 소작농 혹은 농업노동자가 되어 있는 식민지 조선의 농업구조를 극복하기 위해 민족국가수립 과정에서 토지국유화가 불가피함을 이 글은 다음과 같이 설명하고 있다.

농촌 파멸의 근본적 개조방법은 일체의 토지를 국유로 하여 경작지를 자유롭게 공급함으로써 농민대중을 지주의 봉건적 착취로부터 해방시켜 그 재생산능력을 풍부히 하고 생활수준을 향상시켜 소비력을 윤택하게 함으로써 농촌의 자체 발전을 급속하게 진행되게 하는 것이다. 여기서 전국적 생산력의 발전이 비로소 가능할 뿐만 아니라 토지 국유는 농촌 장래의 합리적 발전의 전제로서 절대 중요한 의의를 가지고 있는 것이다. 왜냐하면 토지의 개인적 소유에 의한 근로농민의 생산수단으로부터의 분리는 농업의 기술적 발전을 저해하고 대규모의 집체화를 불가능하게 하고 있기 때문이다.

식민지배 아래 반봉건적 농업구조를 변혁시키고 새로 수립될 민족국가의 농업경제를 활성화시키기 위해서는 농민을 생산수단과 직결시키고, 또 그 생산을 대규모로 집체화해야 한다는 생각을 바탕으로 하여 세워진 농업강령이라 할 수 있을 것이다.

민족혁명당 강령에 나타나고 있는 사회경제정책의 큰 방향이 대기업과 토지의 국유화로 가는 한편, 노동운동의 자유화가 강조되고 있는 것은 이 정당이 지향한 정치체제 문제와 일정한 연관성이 있다고 볼 수 있다. 민족혁명당이 어느정도 좌경한 의열단 단독으로 성립된 정당이 아니라 당시 중국지역 민족운동전선의 중요한 우익세력 대부분이 참가한 정당이라는 사실을 염두에 두고 이 점을 음미할 필요가 있다.

노동운동의 자유를 보장하는 일은 국가의 기초를 절대다수 노동민중의 이익 위에 확립하고 국가의 제정책에 대한 그들의 수시 비판과 감독의 역할을 보장하는 것이다. 현재 조선의 정세는 제국주의적 억압과 봉건요소 배제에 의한 소상품경제의 민주주의적 자유 발전이 그 장래의 풍부하고 평등한 발전의 전제로서 필요하기 때문에 그 정치의 성질에 있어서도 민주주의에 기초한 중앙집권제가 성립되지 않으면 안된다. 그러나 이와 같은 민주주의적 권력이 형식적 민주권력으로 타락하지 않고 민족 전체의 진정한 권력으로서 의의를 발휘하기 위해서는 그 경제정책의 입안에서도 민족경제의 근본적 지도 지위를 점하고 있는 대기업 및 토지가 국유로 되어 공동의 행복을 위해 조직되어 있지 않으면 안될 뿐만 아니라 광범한 직접생산자의 정치적 제운동이 절대 보장되어 있지 않으면 안된다.

통일전선 정당인 민족혁명당의 정강 정책이 노동운동의 절대 자유를 보장한 이유는 민족해방 후에 수립될 민족국가의 기초가 "노동민중의 이익"에 있고, 국가의 모든 정책에 대한 노동민중들의 "수시 비판과 감독의 역할을 보장"하는 데 있으며, "광범한 직접생산자의 정치적 제운동이 절대 보장"되게 하는 데 있고, "민주주의적 중앙집권제" 권력구조를 실현시키기 위한 데 있다고 설명하고 있다.

민족혁명당은 공산주의 정당은 아니었고 중국지역 민족해방운동전선에서 좌우익 전선을 통일하는 데 목적을 둔 정당이었다. 특히 창당 초기에는 많은 우익세력이 참가했을 뿐만 아니라 그들도 정강 정책의 제정에 직접 참가했다. 이렇게 보면 민족혁명당의 정강 정책은 1930년대 후반기 중국지역 우리 민족해방운동전선 일반이 국내외의 정세 변화에 대응하면서 민족해방운동의 발전적 전개를 위해 도출해낸 하나의 합의였다고 할 수 있다. 따라서 이와 같은 정강 정책이 어떠한 역사인식을 바탕으로 하여 도출되었는가를 다시 한번 검토해볼 필요가 있다.

여기에는 창당 주역의 한 사람이며 당내 최고 이론가였다고 생각되는 윤세주가『민족혁명』창간호에 쓴「우리 운동의 새 출발과 민족혁명당의 창립」[40]이라는 글이 크게 도움이 된다. 이 글은 첫째, 일반론으로서 역사인식의 특수성과 보편성 문제, 둘째, 종전 좌우익 운동에 대한 이해와 비판, 셋째, 민족사회의 현실적 조건에 기초한 앞으로의 바람직한 운동방향 등을 제시하고 있다. 우선 역사인식의 특수성과 보편성 문제는 이렇게 설명되고 있다.

우리는 우리 민족의 현실적 차별성을 정확히 인식함과 동시에 또 이를 세계적 법칙의 척도로써 검칙하여 그 내포하는 본질을 파악하지 않으면 안된다. 이와 같은 인식의 기초 위에 있을 때 비로소 영구한 평화와 합리적 생존을 위한 정치적인 면의 의식적 지도가 가능하게 된다.

민족사회에 대한 '현실적 차별성'을 정확히 인식한 위에 그것을 '세계적 법칙의 척도로써 검칙'하는 것이 과학적이고 올바른 역사인식을 가능하게 하는 방법이며, 정치적 지도, 민족운동의 추진 등이 갖는 궁극적 목적이 "영구한 평화와 합리적 생존"을 위하는 데 있다고 설파한 그의 역사인식론이 돋보인다. 그리고 이와 같은 일반론적 역사인식이 바로 민족해방운동의 추진방법과 직결되어 있었다는 점에 그의 역사인식론이 갖는 실천성이 있다. 그의 이와 같은 역사인식에 의하면 종래의 좌우익 민족운동론이 가지는 방법론적 결함과 한계성이 드러나지 않을 수 없으며, 그것이 운동현실에 그대로 표출되지 않을 수 없었다.

차별적 현상에 신비적으로 교착하여 세계적 법칙에 대한 격리주의로써 독

---

40) 같은 자료 53~62면.

자적 맹진(盲進)을 하려 할 때는 우리 민족은 세계적 진화에 영원히 낙오자가 될 뿐만 아니라 현재의 선진 제민족이 가지고 있는 그 자연적 진화과정에 있는 죄악의 모순을 반복하지 않을 수 없다. 그러므로 이러한 '우익 일류(右翼 一流)'의 신비적 차별주의 사상은 그 실천적 의지가 구원(久遠)한 진리의 법칙에 과학적으로 관철되어 있지 않다는 점에서 그 이론은 혁명의 본의에 부합될 수 없게 되었다.

이것은 민족해방운동전선에서 우익운동론이 가지는 오류를 지적한 부분이다. 결론적으로 종래의 우익운동론이 '혁명의 본의'에 부합될 수 없는, 다시 말하면 앞으로의 민족해방운동방법론으로 적용될 수 없는 운동론이라 인식하고, 여기에 새로운 방법론 모색의 한 근거를 찾게 되지만, 그렇다고 하여 종래의 좌익운동론을 그대로 수용하고 있는 것도 아니다.

우익의 이러한 신비적 차별사조에의 반발에 의해 발생한 '좌익일류'의 사조는 공식적 법칙의 기계적 모습(模襲)에 의해 구체적 차별성에 도말(塗抹)을 하여 민족적 발전에 대한 현실적 의무를 몰각하려고 했다. 그러나 보편법칙의 과학성은 개별적 구상성(具象性)의 총괄적 내용에서 추상되고 있는 점에 있다. … 그러므로 우리는 조선민족의 차별적 특수성이 세계적 보편법칙에 제약되어 있음을 인식하지 않으면 안됨과 동시에 그 세계적 보편법칙은 조선민족의 차별적 특수성의 긍정적 내포에서 추상되지 않으면 안됨을 인식해야 한다.

민족혁명당 성립 자체가 민족해방운동의 좌우전선을 통일하여 전체 전선의 연합을 형성하려는 데 목적을 두고 있었으므로 그 정강 정책에서도 대체로 정치적으로는―혹시 이런 표현이 가능하다면―"적극적인 계급독재체제를 일단 배제하면서도 노농계급을 기본으로 하는 민주주의 중앙집권제"를 채택했다고 볼 수 있으며, 경제적으로는 사회주의적 체제를 채택했다. 따라서 민족해방운동방법론, 즉 이론적인 면에서도 종래의 좌익적 논리와 우익적 논리를 상승적으로 종합 통일해야 할 필요가 있었다. 윤세주의 다른 글 「우리 운동의 새 출발과 민족혁명당의 창립」은 이 점을 잘 설명해주고 있다.

다음에는 이렇게 종래의 좌우익 방법론을 비판한 윤세주가 파악한 민족사회의 현실은 어떤 것이었으며, 그 현실적 조건을 기초로 하여 그가 제시한 민족해방운동방법론은 어떤 것이었는지 살펴보기로 하자. 우선 그는 식민지배 민족사회의 현실을 다음과 같이 설명하고 있다.

조선의 민족경제는 그것이 아직 근대 자본주의의 단계를 밟기도 전에 일본자본주의의 침략에 의한 이식자본지(移植資本地)가 되어버렸다. 그리하여 외래자본의 질곡으로 정상적 발전을 하지 못하고 다만 원유형태(原有形態)의 파멸에만 빠지게 되었다. 그러나 민족경제의 이러한 전체적 파멸은 원유형태의 빈부적 모순의 부분적 발전을 거부한 것은 아니었다. 그리하여 이것은 민족경제 내부의 지주 대 농민 또는 자본가 대 노동자의 경제적 모순의 발전현상을 성공시키지 못했다. 이러한 민족경제 내부모순의 발전은 이것이 일본제국주의의 독점적 질곡의 계박(繫縛) 아래서 발전하고 있는 한 전체적 민족경제의 파멸적 발전방향에 의한 소극적 발전과정을 거치지 않으면 안되는 것이지만, 그 질곡이 제거될 때는 민족경제의 정상적 발전과 함께 적극적 발전방향에 나아갈 수 있다.

식민지배 아래에서는 민족경제 양상이 외래자본주의의 질곡에 의해 이른바 원유형태의 파멸로 갔지만 민족해방투쟁의 결과 그 질곡이 제거되고 나면 민족경제의 정상적 발전과 적극적 발전이 가능하다고 판단하고 있다. 토지와 대기업의 국유화를 지향한 민족혁명당의 정강 정책은 이러한 판단을 근거로 하여 세워진 것이라 할 수 있다.

기업을 국유화하고 노농운동의 절대 자유화와 노동민중의 각종 정책에 대한 수시 비판과 감독을 보장하는 국가체제를 어떤 국가라고 생각했는가 하는 문제가 궁금하지 않을 수 없다. 그리고 이 의문을 밝히는 일은 또한 민족혁명당 자체의 성격을 이해하는 데도 도움이 된다. 이 점에 대해 윤세주의 글은 다음과 같이 말하고 있다.

조선민족이 민족경제의 평등을 원칙으로 하는 진정한 민족주의 국가를 건설하기 위해서는 조선민족의 혁명역량이 경제평등의 구체적 설계를 위한 정치적 강령으로 훈련 통일되고 또 실천되지 않으면 안된다.

윤세주의 이 글이 민족혁명당의 기관지 『민족혁명』에 실렸고, 그가 이 당의 대표적 이론가의 한 사람이었다는 사실로써 그의 논문이 민족혁명당의 민족해방운동론과 일치한다고 볼 수 있다면, 통일전선운동 정당으로서 민족혁명당이 추구한 민족국가는 한마디로 말해 '경제평등에 기초한 민족주의 국가'라 할 수 있을 것이다. 또 이 당의 정강 정책은 그것을 지향하며 세워진 것이라 할 수 있을 것이다.

제3장
민족혁명당원의 일반활동

1. 군사공작활동

　민족혁명당원의 항일운동은 무엇보다 이 당의 주동으로 성립된 조선민족전선연맹의 군사조직인 조선의용대의 활동을 들어야 하겠지만, 그 부분은 장을 달리해서 다루기로 하고, 여기서는 정당원들의 활동에 한정해서 살펴보기로 한다. 임정고수파의 불참으로 중국지역 민족해방운동전선의 완전한 통일전선 형성에는 미흡했지만, 의열단과 같이 전부터 폭력적이고 무력항쟁적 항일활동을 펴던 단체들을 모체로 발족한 민족혁명당은 창당 초부터 항일활동을 적극적으로 펼 수 있었다. 민족해방운동 정당으로서 민족혁명당의 활동은 대체로 군사공작활동·당원 훈련활동·정보수집활동과 그것을 뒷받침하기 위한 자금조달활동 등으로 나누어볼 수 있다.

　1935년 7월 5일 창당 당일 중앙집행위원회 자리에서 바로 상무위원과 각부 부장을 선거하고 당 건설에 관한 주요 원칙과 대외정책 등을 정했다. 7월 17일에는 중앙상무위원회가 성립되어 각 지방 당부조직의 구역을 획정하고 7월 24일 제2차 회의에서는 중앙집행위원회 제1차 의정안을 실행하기 위한 통고문을 작성 배포하는 한편, 각종 선언서를 인쇄 배부하고 창당에 참여한 각 단체의 사무인계를 완결할 수 있었다.[1]

여러 민족해방운동단체의 통일로 이루어진 민족혁명당이 창당과 동시에 신속하고 조직적인 활동을 펼 수 있었던 것은 이 시기 민족해방운동전선 전체가 통일전선 성립에 대한 일정한 여망을 가지고 있었다는 점, 새로 창당된 민족혁명당의 민족해방운동 방향 및 그 정강 정책 등이 민족해방운동전선 전체의 지향과 일치하고 있었다는 점, 의열단을 비롯한 참가단체들이 훈련된 상당한 당원을 이미 확보하고 있었다는 점 등이 뒷받침되었을 것이다.

8월 1일에 열린 중앙상무위원회 제3차 회의는 국한문과 순한문으로 당 기관지를 간행할 연간예산 800원(元)을 책정하고 편집인원(국한문 11명, 한문 7명)을 확보하는 한편, 다음과 같은 군사정책을 수립했다.[2]

① 제국자본주의(帝國資本主義) 자체의 모순 및 각 제국자본주의 국가 사이의 이해충돌에 의해 멀지않아 발생할 제2차 세계대전에 조선민족적 무장대오(武裝隊伍)를 진출시켜 반일제국주의전선에 연합한다.

② 군사상의 시설 및 공작에 관하여 ○○○○[중국 남경인 듯 - 인용자]은 책원지(策源地)로 ○○[만주? - 인용자]는 활동지로, 국내는 최후 결전지로 하여 적절히 진행한다.

③ 만주에 현존하는 무장대오를 민족혁명군으로 개편하여 이를 지지 강화 확대시킨다.

---

1)『民族革命黨黨報』제1호(1935년 10월 1일),『思想情勢視察報告集』2, 143~44면.
2) 같은 자료 144면.

④ 집단군제(集團軍制)를 채용하여 정치·경제·기술 등의 후원을 한다.

민족해방운동 정당으로서의 비밀유지를 위해 원문 자체에서 밝히지 않은 부분이 더러 있지만, 창당 즉시 당의 군사정책을 한층 더 구체적으로 실시할 계획이 세워졌음을 볼 수 있다. 즉 당의 제1차 공작은 다음에 장을 달리하여 밝힐 군관학교를 통한 간부양성에 치중되었고, 1936년에 세워진 제2차 공작의 내용은 다음과 같았다.[3]

① 이청천이 부장인 군사부는 주로 화북 만주를 활동지로 하여 반만(反滿) 반일군(反日軍)과 연계 혹은 합동하여 반만·항일의 무장적 군사활동을 하는 일면 각지에서 조선청년의 군사훈련에 임할 것.

② 이범석(李範奭: 李春岩의 잘못. 민족혁명당원이었던 김승곤·김학철 등의 증언에 의함 – 인용자)이 부장인 특무부는 화북·상해·광동·남창·만주· 조선의 각 주요지에 당원을 배치하여 주로 첩보근무에 임하게 함으로써 각종 정보를 중앙에 집중케 하는 일면, 반동분자 및 일만요인(日滿要人) 의 암살, 기타의 파괴공작에 임할 것.

③ 김원봉이 부장인 당무부는 특무부원 배치 요지에 당원을 밀파하여 동 지의 획득 및 민중에 대한 선전·선동에 노력하여 오로지 당세 확장에 임할 것.

이와 같은 공작부서 및 업무분담 문제에 대해 일본 쪽 정보에서는[4] 다음과 같이 분석하고 있었다.

---

3) 金正明 編『朝鮮獨立運動』2, 571면.
4) 『사상정세시찰보고집』3, 4면.

이 당이 혁명달성의 '단제(段梯)'로써 유일의 행동목표로 하는 반만 항일공작의 편의상 이청천을 군사공작부 책임자로 하고 김원봉은 당무 및 특무공작부의 각 책임자가 되었으나, 이 당의 지휘권을 장악한 의열단 간부도 당내의 융화상 일관되게 공산주의로 나갈 수 없음으로써 표면상 "조선의 독립은 공산주의운동으로서는 도저히 성공 불가능하므로 민족주의로 전향했다"하고 민족주의를 표방하는 공산주의로 전화(轉化)하여 자파의 순공산주의 급진파 이창하(李昌河) 일파를 배척하고 만주로 보냄으로써 순민족주의의 이청천 일파를 교묘히 조종해왔다.

이것은 물론 우리 민족해방운동전선의 통일전선 성립에 대한 일제 쪽의 부정적 분석이지만, 이 정보분석 속에서 이 시기 이데올로기 문제를 넘어선 민족해방운동전선의 전선통일을 위한 노력의 일단을 읽을 수 있다.

어떻든 민족혁명당은 이 공작 계획에 따라 1936년 3월 하순경 대기중이던 당무부원 7~8명과 군사부원 7명을 선발하여 몇 개의 조로 나누고 북부중국을 경유하여 '만주'지방으로 보냈다. 이들 중 최병권(崔炳權)·고수봉(高秀峯)·한원무(韓元武)·권재혁(權在赫)의 4명은 간도·천진·북평·조선 등지에서 검거되고, 그후에 파견한 7~8명 중 홍종민(洪鐘民)·박태양(朴泰陽)·윤여복(尹汝福)·박난교(朴煖敎) 등 4명은 보정공안국(保定公安局)에 잡혔지만, 나머지는 목적지에 들어가 활동한 것으로 파악되었다.[5]

역시 같은 해에 실행된 제3차 공작도 소일전쟁(蘇日戰爭) 발발을 전망하면서 이미 조선, '만주', 북부중국에 파견되어 활동 중인 당원들로

---

5) 김정명 편, 앞의 책 571면.

하여금 일만요인(日滿要人)의 암살, 철도·관공서 폭파 등 테러를 감행
하게 했는데, 당시 남경에 대기 중인 '첨예투사' 40~50명을 다시 이들
공작지역에 밀파했다.[6]

　같은 무렵의 또다른 일본 측 정보에 의하면,[7] 이 시기 민족혁명당은
중국지역 우리 민족해방운동단체 중 가장 조직형태가 정비되고 다수의
당원을 가진, 일본 쪽에서 보면 위험성이 많은 단체였다. 당원수는 간부
가 약 30명이고, 당원 중 의열단 간부훈련반 1·2·3기 출신과 낙양군관
학교생 등 일찍이 혁명적 군사훈련을 받은 사람 약 150~160명이 있었
다. 그중 일본 쪽에 자수하거나 체포된 사람은 50여 명이고 현재 100명
내외가 남아 있으며, 이들의 각 지방공작 배치수는 상해 약 5명, 광동 약
6명, 화북 및 '만주' 40여 명, 기타 지역 약 5명 등이며, 남경에 잔류해 있
는 인원은 40여 명으로 추정된다고 했다.

　이 정보는 이 무렵 민족혁명당의 군사공작부원 및 당무공작부원의
밀파상황을 구체적으로 파악하고 있었으며, 이들 중 피체포자가 나면
곧 보충 파견한 정보까지 입수하고 있었음을 볼 수 있다.[8] 이 시기 민족
혁명당의 공작부원이 집결하고 있던 곳은 남경 성내 동관두(東關頭) 29

---

6) 같은 곳.

7) 『사상정세시찰보고집』 3, 6~7면.

8) 같은 자료 5면에 의하면, 천진(天津)·상해(上海) 등지에는 김일룡(金一龍)·윤여복·박
태양·마자초(馬子超, 朴虎岩)·이무(李武)·장은충(張恩忠, 張樂洙)·이종환(李鍾煥, 秋元
圭)·황상여(黃相如)·염응택(閻應澤, 廉應澤) 등을 1936년 3월 상순에 파견했고, 화북지
방을 경유하여 '만주'에는 김기대(金基大, 洪宗三)·왕덕산(王德山)·이담산(李淡山)·최병
권·이경옥(李慶玉)·조운산(趙雲山)·이영식(李榮植)·신해문(申海文)·이만영(李萬英)·
김화(金華)·이운남(李雲南)·백일정(白日正, 金泳烈)·한광무(韓光武)·복재혁((僕,朴)在赫,
金雲壽)·고수봉 등을 같은 달 하순에 파견했는데, 이 가운데 최병권·한광무·복재혁·고
수봉·윤여복·박태양·마자초·이무 등이 체포됨으로써 다시 이춘산(李春山)·정만리(程
萬里)·신해룡(愼海龍)·진명도(陳明道) 등 7~8명을 '만주'와 조선에 밀파했다.

116

호 및 화로강(花露剛) 묘오율원(妙悟律院)이었고, 당 본부 사무소의 소재지는 정확하게 파악하지 못했으나 남경 성내 호가화원(胡家花園) 부근으로 보고 있었다.[9]

일본이 중일전쟁을 도발한 1937년에는 민족혁명당원들의 활동이 더욱 활발해졌다. 전쟁 발발 전 1월에 열린 전당대표대회는 현재 남경에 있는 훈련받은 당원 47명과 훈련받지 않은 20명을 3개월간 속성 훈련시켜 중국과 일본 사이의 분쟁을 이용한 항일공작에 투입하며, 중부중국의 모지(某地)에 당의 제17구를 설치하여 중앙부에서 책임자를 파견하고 그 경비로 월 200달러 내지 500달러를 지출할 것을 결정했다.[10]

1937년 7월 중일전쟁의 발발은 민족혁명당과 중국국민당 정부의 관계를 밀접하게 했고, 따라서 당 활동에 활기를 불어넣게 되었다. 이 점에 대해 일본 쪽 정보에서는 몇 가지 활동상을 포착하고 있었다.[11]

1) 중국 쪽으로부터 상당히 많은 활동자금을 지급받은 것 같아서 김원봉은 7월 12일에 이미 은고(恩顧)가 있던 중국 남의사계의 지도 아래 북부중국 완찰(綏察) 방면에 파견해 있던 30여 명의 당원에게 최선을 다할 것을 지령하고 조선인 비행사 20여 명을 낙양에 집결 대기시켰으며, 당원 수십 명을 거느리

---

9) 같은 자료 6면에 의하면 이때 남경 성내 동관두 29호 및 화로강 묘오율원에서 밀파명령을 기다리고 있는 당원은 군사공작부원 고운기(高雲起)·김태산(金泰山)·심명철(沈明哲)·심광식(沈光植)·장중진(張重鎭)·한광(韓光, 張平山)·김광산(金光山) 등, 당무공작부원 정염(鄭嬚,鄭熙奭)·김용섭(金容燮)·마덕산(馬德山)·김파(金波)·김인철(金仁哲)·조용구(趙龍九)·김천복(金天福)·한득지(韓得志, 李昌萬)·유기민(劉基敏,柳基文)·한대성(韓大成)·재천덕(戴天德)·마세달(馬世達) 등, 특무공작원 석문룡(石文龍)·문명철(文明哲)·최성장(崔成章)·하동진(河東振)·문종삼(文鐘三)·오균(吳均)·시천벽(施天擘) 등으로 파악되었다.
10) 김정명 편, 앞의 책 601면.
11) 같은 책 603~606면.

고 낙양에 와서 중국 군정당국의 지휘하에 반만항일의 실행운동에 참가시킬 것을 계획하는 한편, 남경군관학교 졸업생으로 구성된 특무대원 30명을 29군 27사(師: 중국국부군 – 인용자)에 분산 배치하여 보정(保定)을 근거지로 삼아 북경·천진 방면에서 반만항일 테러공작을 감행하여 일본군의 후방교란을 획책했다.

2) 8월 상순 조선민족혁명당 대표회에서 의용군 조직을 기도하고 그 승인을 장개석(蔣介石)에게 교섭 중인바 국민정부에서도 이를 허용하여 중국특별의용군으로 명명하고 장비 및 군비를 지출할 것을 결정하고 군관학교 재학생 95명 및 지원자를 합한 약 360명을 남경 교외의 어느 사원에서 약 일주일간 훈련시킨 후 북부중국으로 출발시키려 하고 있다.

3) 당의 중심인물 석정(石正), 즉 윤세주는 전쟁 이래 첨예당원 수십 명을 인솔하고 상해로 가서 상해특구 책임자 최석순 등과 함께 중국 편의대의용군(便衣隊義勇軍) 본부, 중국 각 항일신문사 등과 연락하여 중·한 합작 책동에 분망하다.

4) 남경과 기타 지역에 대기하고 있던 군관학교 졸업생 약 40명은 10월 20일 강서군사훈련소(江西軍事訓練所)를 향해 출발했는데 훈련 후 곧 항일전에 참가할 예정이다.

5) 9월 중순경 조선민족혁명당 간부 석정, 즉 윤세주와 최석순 등은 상해 불조계(佛租界) 하비방(霞飛坊) 15호 2층의 1실을 아지트로 하여 당면 긴급임무로써 "일본측의 군사정보를 수집할 것", "일본군부에 고용되어있는 통역·운전수·간호부·길안내인, 기타 조선인의 성명, 인적 상황을 조사할 것", "일반 조선교포로부터 중국 군인 부상자의 위문금을 모집 송부할 것" 등을 정하여 활동하고 있다.

이상의 몇 가지 예는 중일전쟁 발발과 함께 활기를 띤 민족혁명당원들의 활동 중에서 일본 쪽 정보망에 잡힌 군사활동 부분만을 주로 든 것이다. 완전 식민지로서 국내에 해방구를 전혀 갖지 못한 조건에서 망명지 중국에서 이런 정도의 활동성을 가질 수 있었던 것은 중일전쟁 후 중국 쪽의 적극적인 원조가 있었기 때문이다. 하지만 원조만으로는 설명되지 않을 만큼, 중일전쟁 발발 당시 당원들의 일상적인 정보수집활동은 치밀했으며 그것을 알려주는 자료가 많다. 그 자료들을 중심으로 민족혁명당원의 정보수집활동을 살펴보자.

2. 정보수집활동

중일전쟁으로 남경이 일본군에 함락된 후 민족혁명당의 본거지로 추정된 화로강 묘오율원과 오양가(嗚羊街) 호가화원 등에서 일본군에게 발견된 문서 「민족혁명당 특무대대원 공작보고서(特務隊隊員工作報告書)」[12]에는 중일전쟁이 발발한 1937년 7월 한 달간의 보고 127건이 담겨 있다. 그 내용을 크게 나누어보면, 일본 측에 대한 정보, 중국 측과의 협력관계로 얻은 정보, 다른 독립운동세력에 대한 정보, 자당 당원의 동정에 관한 정보 등이다. 이 보고서를 통해 민족혁명당원의 일상적 정보수집활동이 어떤 것이었는지를 알 수 있다. 그러나 전쟁이 발발하기 전에도 이렇게 일상적인 정보수집활동이 있었는지, 아니면 전쟁 발발로 정부수집활동이 이렇듯 치밀하게 되었는지는 의문이다.

먼저 일본인의 동향을 포착한 공작보고를 몇 가지 들어보자. 7월 9일 당원 장원복(蔣元福)이 여성삼(余省三)이란 사람의 보고를 받아 당에 올

---

12) 『사상정세시찰보고집』 9, 31~80면.

린 내용에는 이런 것이 있다.

금일 6시 47분 호경(扈京) 특급열차로 일본인 1명이 하차하여 성내로 향했
는데, 그는 상해 금신부로(金神父路) 55호에서 영양의원(營養醫院)을 경영하
는 의립경화(衣笠景和)라 한다. 남경에 온 목적은 그의 친척이 일본영사관에
있어서 만나러 왔는데 4~5일 후 일본으로 가리라 한다. 의복은 백색 양복·백
색 파나마모·검은 구두·짐은 트렁크 하나, 연령 40세 정도, 신장 5척 5촌 반,
얼굴 황색 타원형, 상해로부터 남경 도착.

이것은 남경역에 고정적으로 배치되어 있던 공작원이 보고한 일례이
지만, 다음 예에서 보게 될 7월 15일자 장원복의 보고에서 그 내용의 중
요성이 매우 높았음을 알 수 있다.

금일[15일] 중국인 측 보도에 의하면 전날 약산(若山: 金元鳳 – 인용자) 동
지가 말한 일본, 중국, 러시아인이 남경의 우리 혁명단체를 해치기 위해 온다
는 정보에 대해 상해의 중국 측 소식에 의하면 8일 오후 일본인 전전미일(前
田彌一)의 인솔 아래 일본인 6명, 조선인 3명, 중국인 2명, 러시아인 3명이 출
발했지만 형적은 없다고 한다.

남경 출입 인물들에 대한 특무공작원의 감시 보고는 일본인에게만
한정된 것이 아니었다. 민족해방운동전선에 대한 일본 측의 밀정 투입
이 빈번했던 당시 조건에서는 조선인들의 출입도 감시대상이 되지 않
을 수 없었다. 다음과 같은 보고가 그것을 잘 말해준다.

금일[7월 18일] 오후 9시 30분 도착 호경 특별열차에 조선인 봉천 서탑리

거주 김성호(金成浩)가 하차하여 하관 천흥여관(下關 天興旅館) 제15호실에 들었다. 본인 말에 의하면 1개월 전부터 상해의 프랑스조계 환룡로(還龍路) 172호 고상오(高相悟)의 집을 거쳐 남경에 와 있는 동생 진석산(陳石山, 23세)을 방문한 것이라 한다. 동생의 주소는 건강로(健康路) 기망가(奇望街) 121호이며 오늘 아침 편지로 알렸다.…

이달 19일 (중국) 수도경찰청 특무과 과원 장의(章毅) 동지로부터의 통지에 의하면 상해 방면에서 전대(田代)란 왜놈이 조선인, 대만인, 중국인 등으로서 비밀정탐대를 조직하여 남경, 상해, 천진 등지에서 활동 중인데 그들은 암호로 조선은행이라 박은 백동화 5전을 가지고 있다 한다. 수도경찰청의 명령은 하관(下關) 및 화평문(和平門) 각 정거장에서 하물검사 때 이상과 같은 백동화를 발견하면 즉시 체포해도 좋다고 한다.

이 보고문들을 통해 내·외국인을 막론하고 이들의 조사와 보고가 얼마나 철저하고 세밀했는지를 알 수 있다. 이밖에도 다른 독립운동단체원에 대한 정보수집, 특히 이때는 대립적 처지에 있던 임정고수파의 동정에 대한 것도 있었다. 그 예를 하나 들어보자.

금일 오전 8시 호경 특급열차에 송목사[宋秉祚 - 인용자]가 승차했으나 그에게 발각될 것을 고려하여 직접 묻지 못하고 출찰계에게 물어 항주까지 간다는 것을 알았다. 옷은 중국복, 연령은 55세 정도, 신장은 5척 6촌 반 정도, 얼굴은 긴 편이고 두발은 반백에 벗어진 머리.

이 특무보고서가 한 달 분 정도 남아 있다. 이런 보고가 당의 근거지인 남경에서만 작성 보고되었는지 혹은 각 지방 당부와 구부에서도 작성 보고되었는지는 확인할 길이 없지만, 같은 당원에 대한 동정보고를 몇 가지 들어봄으로써 정보수집활동의 또 다른 면을 알 수 있을 것이다. 7월 14일자 공작원 김화(金化)의 보고에는,

이명선(李明善) 동료는 7월 12일 오후 1시경 구부에서 "여름이 지나는데 피복비를 지불한다는 말이 없다", "재삼 교섭을 위해 구제원(救濟院)에 오랫동안 있었지만 아무도 오지 않는다", "이렇게 고생하는데도 하등의 위로도 해주지 않는다" 등의 불평을 했는데 과연 그렇다. 참작할 것

이라고 한 것과 같이 당원들의 사소한 불평까지도 보고하여 그 대책을 촉구한 경우가 있는가 하면, 임상수(林相秀) 대원의 7월 30일자 보고는,

화평문에서 수영 중 오후 2시 반경 민혁당원 3명을 발견했다. 성명 호유백(胡維伯)·김인철(金仁哲)·강진세(姜振世). 이들 3명은 오주공원(五州公園)에 산보하러 왔다고 했지만, 보고자의 의견으로는 혹은 어떤 밀의(密議)가 있는 것이 아닌가 생각된다. 김인철과 강진세는 한 시간 반 넘게 어떤 비밀 이야기를 한 것 같다. 대(隊) 본부에서는 이들 3명을 감시할 것을 희망한다

라고 하여 당원에 대한 공작원들의 동정 파악이 얼마나 세밀하고 철저했던가를 알 수 있게 한다.[13]

중일전쟁 초기에는 조선의용대 조직의 필요성만 논의되고 아직 그것이 조직되지는 않았지만, 그 군사활동도 어느정도 활기를 띠어가고 있었고 정보수집활동도 조직적으로 이루어지고 있었음을 볼 수 있다. 이

---

13) 이 시기 이들과 같은 민족혁명당원이었던 김학철(金學鐵)이 뒷날에 쓴 『항전별곡』에 의하면 호유백·강진세 등은 당을 이탈하지 않았을 뿐만 아니라 뒷날 태항산전투에 참가했다.

와 같은 활동들의 밑받침이 된 것은 망명지에서나마 당의 조직이 비교적 치밀하게 되어 있었던 점, 그리고 그 당원 훈련이 철저했던 점 등을 들 수 있다.

3. 당원훈련활동

앞에서 본 것과 같이 민족해방운동 정당으로서 민족혁명당의 당원 자격은 까다로웠지만, 일단 모집한 당원을 훈련하는 과정과 방법도 조직적이고 치밀했음을 볼 수 있다. 일본 정보기관이 입수한 민족혁명당의 「당의 훈련」이란 문서에 의하면,[14] 당원훈련의 기본원칙을 ①민족 독립해방이 혁명의 기본원칙이다, ②민족의 해방은 전체 민족적 혁명당의 강력하고 유력한 전투가 아니면 안된다, ③민족의 해방은 제국주의 일본을 섬멸하는 데 있다 등의 3원칙을 세우고, 당원훈련의 기본방향을 '언론의 기율화' '연구의 계통화' '생활의 집중화' '당을 절대 신앙할 것' '혁명적 인생관을 양성할 것' 등에 두었다.

당원훈련의 기본지침을 설정한 것이라 생각되는 「당의 훈련」 내용이 실제 당원훈련에 얼마나 적용되었는지는 확인하지 못하지만, 그 내용이 대단히 치밀함을 알 수 있다. 예를 들면 훈련과정에서 "각 조원의 대외 일체 통신을 검사할 것"이 규정되어 있고, 선전구호를 작성하는 요령, 비라 뿌리는 시기까지도 구체적으로 가르쳤다.

구호작성 방법을 교육하는 부분에서는 "상대의 구호와 끊임없이 대립시킬 것, 구호는 역사발전단계, 투쟁의 진전, 지방적 정세에 적용해야

---

14) 『사상정세시찰보고집』2, 343~56면.

함과 동시에 비약적으로 전환할 수도 있다"는 내용이 있는가 하면, 비라 뿌리는 시기는 소작료·세금·빚 등의 독촉으로 많은 농민들이 신음하고 있는 추수기가 적당하다고 했고, 비라의 내용도 어떤 것일 때 효과가 있는가 하는 사실 등을 구체적으로 가르쳤다. 민족해방운동이 곧 혁명운동이었던 민족혁명당의 당원훈련이 어떤 방향에서 이루어졌는가를 짐작할 수 있다.

다음 민족해방운동 정당으로서 민족혁명당의 활동은 특무공작이 핵심적인 부분이었고, 따라서 「특무공작요항(特務工作要項)」을 만들었다.[15] 여기에서는 이 당 특무공작의 의의를 이렇게 말하고 있다.

특무공작은 정치를 배경으로 한 것이다. 우리가 말하는 특무공작은 보통의 기관에 있는 특무소, 특무단, 영(營), 연(連) 등과 달라서 절대로 정치적 조직 하에서 정치상 특정의 사명을 지고 있는 것이다. 그러므로 우리는 반드시 정확한 정치적 두뇌와 정치적 신앙이 없으면 안된다.

특무공작이 반드시 정치상의 목적에 의해 정치적 신앙으로 수행되어야 함을 강조하고 있는 것을 볼 수 있는데, 여기서 정치란 곧 혁명으로서의 민족운동을 말하고 있으며, 따라서 특무공작활동이 민족해방운동 외에 다른 어떤 목적으로도 이용될 수 없음을 강조한 것임을 알 수 있다.

이 「요항」은 또 특무공작의 사명을 "민족혁명당의 당강 정책에 의한 민족혁명전선의 당 최고기관인 중앙의 지위를 받아 가장 비밀히, 또 비상수단으로 당기(黨基)를 공고히 하고 본당의 기성 조직을 유지하는 책임을 지고 노력하는 것이다"라 하고, 그 진행 강령으로

---

15) 『사상정세시찰보고집』 3, 294~308면.

1) 정찰·암살·체포 등의 비상수단으로 반동집단을 소멸시켜 당을 순리케
   한다.
2) 당의 부화(腐化)·투기(投機) 및 과당분자(跨黨分子)를 제거, 청당(淸黨)
   하여 자장발영(滋長發榮)시킨다.
3) 비상수단으로서 탐관오리 및 봉건적 경향을 부식하지 못하게 하고 민권
   을 발양시켜 조선인 2,300만의 최선봉에서 선 급진대(急進隊)이고 별동
   대여야 한다.

등을 내세워 특무공작 대상이 일본제국주의세력뿐만 아니라 민족 내부
의 보수세력, 부패분자, 변절자까지 포함됨을 말해주고 있다.

이「요항」도 대체로 의열단의 공작방법론을 도입한 것이라 생각되지
만, 민족혁명당에 참가한 다른 민족해방운동세력도 그 방법론에 동의
하고 있다는 점에 의의가 있으며, 그것은 이 시기 해외 민족운동전선 전
체의 투쟁방향이 외교독립론이나 실력양성론적 방법을 청산하고 무장
항쟁방법, 적극투쟁방법으로 전환하고 있었던 결과이기도 했다.

민족혁명당 이전의 의열단이나 한인애국단 등의 활동도 적측(敵側)
의 요인암살을 위시한 적극투쟁 활동이었지만, 민족혁명당의 적극투쟁
방법은 요인암살 중심을 넘어서는 범위 넓은 투쟁을 계획하고 있었던
것 같다.「요항」의 다음과 같은 파괴활동 지침이 그것을 말해준다.

① 기관을 파괴하여 적의 공작을 중지시킬 것.
② 교통을 파괴하여 적의 연락을 단절시킬 것.
③ 적의 화약고·병공창(兵工廠)·군기고·비행장 및 대규모의 공장 등을 파
   괴하여 전투력을 감소시킬 것.
④ 조요(造謠)하여 적의 내부역량을 분산시킬 것.

⑤ 평시에 반탐정(反探偵)을 적경(敵境)에 파견하여 금융을 파괴 혹은 문란 시켜 재정상의 공황이 오게 할 것.

⑥ 전시에 반탐정을 적경에 파견하여 허보(虛報)로써 민심을 동요시키고 질서를 문란하게 할 것.

조선의용대를 조직하여 직접 전투에 참가하기 전에 민족혁명당의 특무공작이 어떤 활동을 목적했는가 하는 것은 이상의 파괴활동지침을 통해 어느정도 짐작할 수 있다. 이같은 특무공작을 효과적으로 수행하기 위해서는 무엇보다 이 공작에 투입할 공작원 선발이 중요한 일이었으므로 「요항」은 공작원 선발문제에 대해서도 장황한 것 같으면서도 치밀함이 엿보이는 선발기준을 세워놓고 있었다.

① 정확한 정치적 인식을 가지고 당우(黨友) 및 당의 주장을 절대 신앙하는 사람일 것.

② 충실하되 개인감정을 토대로 한 충실은 위대한 공헌을 할 수 없으며 혁명전선에 낙오하게 된다.

③ 민첩해야 한다. 특무공작은 번잡한 것이므로 민첩에 대한 천재가 아니면 안된다.

④ 다취다예(多趣多藝)할 것. 특무공작에 당하는 사람은 다방면에 각종 특무기량을 갖지 않으면 도중 실패를 면할 수 없다.

⑤ 노련하고 또 충분히 사회화할 것. 그러므로 각기 다른 사회에서 고생한 우수한 분자를 선택하지 않으면 안된다.

⑥ 고통을 이겨낼 수 있어야 한다. 특무공작은 실제 행동임과 동시에 최악의 조건에서 오랜 분투를 요함으로써 고통을 견딜 수 있는 사람이어야 한다.

⑦ 창조적 정신에 강할 것. 수십 번의 실패를 거듭해도 목적을 향해 매진하지 않으면 안된다.

⑧ 용감 침착하고 희생적일 것. 특수공작은 전부가 모험사업이므로 대담하고 주밀해서 외수외미(畏首畏尾) 혹은 반신반의를 품지 않는 사람이어야 한다.

⑨ 열성적이며 책임감이 강할 것. 자기 단체만을 중심으로 하여 행동할 것.

⑩ 심신이 모두 건전할 것. 그러고서야 비로소 위대한 사업에 공헌할 수 있다.

앞에서 민족혁명당의 당원되는 절차가 상당히 까다로웠음을 보았지만, 이렇게 확보된 당원 중에서도 특무공작원으로 선발되는 데는 이만큼 까다로운 선발조건이 적용되었음을 알 수 있다. 이「요항」은 또 공작원으로 선발할 수 없는 기준도 들고 있는데, 그중에는 "금전관념이 특별히 농후한 자", "관료적 기분과 부패한 습관에서 양성된 자", "개인적 감정과 주관적 실제 정형을 말살할 수 없는 자" 등을 들고 있어, 민족혁명당이 특무공작요원으로 어떤 조건의 사람을 요구하고 있었는지를 짐작하게 한다.

외국망명지에서 성립되고 활동한 민족해방운동 정당으로서 언제나 일본 측의 파괴공작에 직면해 있으면서 이런 정도의 당원훈련 계획 및 활동계획을 세워놓고 있었다는 사실은, 일본 쪽에서도 지적한 것과 같이 민족혁명당의 조직적·이론적 기반이 그만큼 단단했음을 알 수 있게 한다. 특히 특무공작 부문에서는 지금까지 소개한「요항」외에「특무부지대공작수지(支隊工作須知)」까지 따로 마련되어 있어 당 활동의 치밀함을 보여주고 있지만, 여기서는 생략한다.

4. 자금조달활동

앞에서 잠깐 본 것과 같이 공작원들의 피복비가 제때 지급되지 않는다는 불평이 있었지만, 당원이나 공작원의 생활비를 지급하기 위한 자금조달은 당 활동의 중요한 부분이었다. 1936년경 일본 쪽 정보에 의하면, 당원 중 학생들(군관학교)의 생활비는 월 7원(元. 다른 지방에서 공작 중인 학생은 월 30~40원)씩 지급되었고, 당 간부 독신자의 생활비는 월 30~40원(가족이 있는 사람은 50~60원)이었다.[16] 또 앞에서 소개한 「특무공작요항」에는 공작원 대우에 대해 "특무공작 인원은 사명이 위대할 뿐 아니라 그 생명과 자유를 모두 조직에 교부하는 것이다. 즉 그는 조직을 위해 살고 조직을 위해 죽는다. 그러므로 특별후대로써 안심하고 조직만을 위해 공작하게 한다"고 하며, 다음과 같이 대우의 구체적인 내용을 들고 있다.

물질적 대우: 지방의 생활정도와 실제 수요 등의 표준에 의해 생활비 보조비 (婚·喪·生育·災禍 등의 경우), 가족비(가정생활을 위한), 자제교육비, 의약비 (병의 경중과 공작 성공 여하에 의한) 등이 있다.

안전보장: 특무인원은 모두 폭탄과 같이 소중하다. 그러므로 공작 및 활동의 성적 양부(良否)에 따라 생활을 증여(贈與)하고 장금(獎金)을 주지는 않는다. 그것은 여하한 공작인원을 막론하고 결코 생활욕 또는 허영심을 위해 활동하는 것이 아니기 때문이다.

---

16) 같은 자료 7면.

특무공작원의 경우 일정한 생활비 외에 관혼상제비나 교육비 지급 등은 있어도 공작 성공에 따른 상금이나 장려금은 지급하지 않는 것으로 되어 있다. 민족해방운동 정당의 특무공작대로서는 당연한 일이지만, 앞에서 본 것과 같이 간부당원과 일반당원들에게 지급하는 생활비와 공작자금을 확보하는 일은 망명지에서 활동한 정당으로서는 결코 쉬운 일이 아니었다.

민족혁명당 성립 당초부터 거기에 참가한 각 단체들은 이미 중국국민당이나 혹은 개인에게서 달마다 일정액의 원조를 받고 있었다. 이러한 원조들이 민족혁명당 성립 후에도 당에 혹은 당내 각 계파에 그대로 지속되었는지는 확인하기 어렵다. 그리고 앞서 말한 것과 같이 당원들은 매월 일정액의 당비와 의연(義捐)을 납부하게 되어 있었지만, 당비 수납부 같은 것을 찾아내지 못하는 한 액수가 얼마나 되었고, 그것이 전체 활동비에서 어느 정도를 차지했는지는 확인할 수 없다.

그러나 거의 대부분 중국지역 교포들로 이루어졌으리라 생각되는 당원들의 당비납부가 그렇게 많지는 않았을 것 같고, 당원의 생활비나 공작비의 대부분은 역시 중국국민당 정부 계통에서 나온 것으로 생각된다. 1936년 일본 측 자료는 민족혁명당의 재정상황을 이렇게 파악하고 있다.[17]

1) 종래 중국국민당 선전부 모(某)를 통해 매월 2,500원의 재정적 원조를 받고 있는 것 같다.

2) 그 지출은 대체로 당 간부 및 군관학교 학생에 대한 생활비, 기타 잡비로

---

17) 김정명 편, 앞의 책 576면;『사상정세시찰보고집』3, 7면에 의하면 이 2500원은 주로 남의사(藍衣社)에서 나오고, 이외에도 각지의 유지로부터 월 평균 1000원을 받았다고 한다.

약 2,200원을 지출하고 나머지는 혁명동지구원회기금(革命同志救援會基金)으로 넣었다. 금년 중반기경부터 당 활동이 제3차 공작으로 이행하면서 활동기금 5,000원 모금을 계획하여 주요 간부는 각 방면에 걸쳐 중국인 유지로부터 모금을 개시했다.

3) 그러나 8월 중순 김원봉이 서남파(西南派) 요인에 매수되어 은연중 일면 항일 일면 반장(反蔣)의 계획을 한 사실이 폭로됨으로써 중국 측에서는 징계적 의미를 겸하고 국제관계를 고려하여 여러가지 구실을 붙여 월 원조액 2,500원 지출의 지연책을 강구하게 되어 9월분을 10월 14~15일에 와서 500원을, 나머지 2,000원은 21일경에 교부한 사실이 있다.

4) 당 간부들이 극력 양해를 구하고 적극적인 원조를 청함과 동시에 다른 방면에서 원조를 얻기 위해 9월 25~26일경 이청천·천병림(千炳林) 등을 서안(西安)에 파견하여 장학량(張學良)에게 당을 팔아넘겼고, 기타의 간부들은 각기 연고를 찾아 중국 항일단체 쪽에 대해 원조금을 받아내기에 광분하고 있다.

5) 장학량에게 당을 파는 일은 주효한 것 같아서 이청천은 그후 10월 상순 그곳에 온 신익희·윤기섭 두 사람에게 매월 기밀비 정도의 원조를 얻게 되었다 하고, 이미 얻은 1,000불을 교부한 사실이 있다.

일본 쪽 정보분석은 당연히 민족혁명당에 불리하게 되어 있겠지만, 그런 문제를 감안하더라도 민족혁명당의 자금확보활동은 어려움이 많았음을 짐작할 수 있다. 특히 이 정보는 민족혁명당의 이청천을 통한 장학량과의 접촉을 당을 판 것으로까지 표현하고 있지만 장학량의 원조는 일시적인 것이었고, 활동자금 조달의 주된 원천은 역시 중국국민당 정부였다. 다음의 정보자료는[18] 민족혁명당과 중국국민당 정부 및 장

18) 『사상정세시찰보고집』 5, 6면

학량의 관계를 좀더 다른 각도에서 파악하고 있음을 볼 수 있다.

　1) 종래부터 중국국민정부로부터 활동자금 원조를 받고 있었으나 폭탄폭
발사건[19]의 야기로 인한 일본의 항의 결과 민족혁명당에 대한 중국의 자금
원조가 끊어지게 되자,

　2) 당 간부들이 협의하여 한층 더 항일의식이 치열한 장학량에게 당을 팔
음으로써 자금을 융통하기로 하고, 그와 친교가 있는 이청천·현인철(玄仁鐵)
을 1936년 9월 초순 섬서성 서안의 장학량에게 파견하고, 한편 일부 간부들은
중국구국회(中國救國會)에 자금염출을 교섭했다.

　3) 이청천의 장학량에 대한 교섭 결과 일시적으로 1,000원(弗？ - 인용자)
을 교부받았으나 계속적 원조는 불가능한 것 같고,

　4) 한편으로 김원봉의 중국에 대한 전면적 간청운동이 주효하여 다시 종래
와 같이 활동자금을 받게 되었다. 이 점에서 봐도 김원봉에 대한 중국 측의 신
용은 상당히 크다고 할 수 있다.

　이 두 가지 일본 측 정보자료 중 뒤의 것이 더 진실에 가까움은 두 자
료를 비교해보면 짐작할 수 있다. 어떻든 이후에도 민족혁명당의 유지
비 및 당원의 생활비는 계속 중국국민당 정부에서 지급되었으며, 그 실
제액수는 일본 측 정보기관이 파악한 월 약 2000원보다 훨씬 많았던 것
같다. 한 가지 예를 들면 중국국민당 정부 측 문서 「민족혁명당 매월 유

---

19) 1936년 8월 14일 오후 6시경 상해 법조계(法租界) 환룡로(環龍路) 태흥방(泰興坊) 13
　호에서 폭탄이 폭발하여 민족혁명당원 김병화(金炳華, 23세)가 즉사하고 김순곤(金順
　坤, 25세)이 중상한 사건, 광동(廣東) 방면의 반장항일구국단체(反蔣抗日救國團體)의 원
　조로 김원봉이 항일테러를 위한 폭탄을 제조케 했다가 발생한 사건이다(『사상정세시
　찰보고집』5, 8면).

정부소령관액(由政府所領款額)」(1937년도 2월분)[20]에 의하면 중국국민당 정부가 민족혁명당에 지급한 금액과 그 내역은 다음과 같다.

생활비: 37,500원 … 민혁당원으로 (중국국민당) 정부로부터 생활비를 받는 사람은 성인 85명, 유동(幼童) 5명, 합계 90명 … 성인 1명당 매월 450원, 유해(幼孩) 1명당 매월 360원.[21]

특별보조비: 27,000원 … 한교(韓僑)로 생활이 곤란한 사람, 노인과 아이를 막론하고 300원씩 지급.

정부직원 신금(薪金: 급료): 24,700원 … 이 당의 당원으로 (중국) 정부 현직자는 부장 2명, 차장 4명, 과장 6명, 위원 3명, 과원 3명 합계 18명이다.[22]

학비: 20,503원 … 당원의 자제로 대학·중학·소학에 재학 중인 학생의 학비를 정부에서 지급한다.

운비(運費): 1,100원 … 당의 식량미 운반비를 정부에서 지급한다.

의약비: 2,000원 … 당원의 의료비.

의원 거마비: 14,300원 … 민혁당적 의원[23] 거마비. 당적 의원은 13명인데, 1936년도 7월분부터 1937년도 1~2월분의 거마비.

민족혁명당 경비: 15,000원 … 정부에서 매월 지급한다.

총계: 142,103원

---

20)「國民黨黨史委員會文書 總統府黨案」3~143면.
21) 통계금액이 맞지 않는다. 성인 85명과 아이 5명의 생활비는 40,050원이다.
22)「民族革命黨黨員 在政府供職人名單」이 있는데, 예를 들면 김규식(金奎植)은 선전부 부장, 윤기섭(尹琦燮)은 군무부 부장, 문일민(文逸民)은 총무과 과장, 김규식의 부인 김순애(金淳愛)는 생활위원 등으로 되어 있다.
23) 여기서 의원이란 무엇을 말하는지, 민족혁명당원으로 국민당정부의 의회의원이 있었는지 확실치 않다.

불행하게도 지금 우리가 구할 수 있는 자료가 1937년도(중화민국 36년-필자) 2월분에 한정되어 있고, 이 자료도 생활비 합계 등에 약간 부정확한 점이 있지만, 그 내용이 조목별로 되어 있는 점 등으로 미루어보아 비교적 정확한 자료라 볼 수 있다. 이것으로 보아 1937년경 중국국민당 정부의 민족혁명당에 대한 1개월 원조액은 생활비와 당 운영비를 합쳐 대체로 14만여 원이었다고 생각되며, 이밖에 군사적 활동이나 정부수집활동비는 따로 마련되었으리라 생각된다.

5. 선전활동 및 외곽단체활동

민족혁명당은 창당 직후인 1935년 10월 1일부터 당 기관지로서 『당보(黨報)』를 5호까지 발행했고, 1936년 1월 20일부터 그것을 『민족혁명』으로 개제(改題) 발행하여, 당원은 물론 '만주' 조선 및 중국 각지의 당원 이외 사람들에게도 널리 우송했다. 또 이를 한역(漢譯)하여 『반도(半島)』라는 이름으로 중국 각 방면에 배포했다. 이 기관지 1936년 1월호에 의열단기(義烈團旗)를 그대로 민족혁명당기로 채택할 것을 발표함으로써 김원봉을 중심으로 하는 세력과 이청천을 중심으로 하는 세력 사이에 분쟁이 일어나는 단서의 하나가 되었다고 일본 쪽 정보는 말하고 있다.[24]

민족혁명당 기관지로는 이밖에 『우리들의 생활』이란 잡지를 발행하여 당 중앙부, 지부, 구부 간부들에게 배포하고, 비밀유지를 위해 읽고 난 후에는 중앙으로 돌려줄 것을 부기(附記)하고 중요한 부분은 복자

---

24) 『사상정세시찰보고집』3의 8면 및 같은 자료5의 33면.

(伏字)로 하여 엄밀히 취급했다고 한다.[25] 또 자료에 따라서는『민족혁명』이 1936년 7월 31일부터 8월 29일까지『우리들의 길』로 개제되어 발행되다가, 같은 해 12월 1일의 전당대회 결의에 의해 1937년 2월 22일부터『앞길』로 개제되어 발행되었다 한다.

이밖에도 유인물, 방송 등을 통한 선전활동도 특히 중일전쟁 후에는 활발했다. 한 가지 예를 들면 윤세주·배천택(裵天澤) 등은 중국 방송국 측의 요청으로 자주 일본 본국을 상대로 하는 일본어 방송을 하고 또 조선어 방송도 했다. 1937년 9월 29일 밤 조선어방송 "조선민중에게 고한다"에서는 식민지화 이후 영락해진 조선인의 생활상을 상세히 들고, 해외에서 각 당파를 통일한 유일한 민족해방운동단체인 민족혁명당이 중일전쟁을 맞아 중국과 협력하여 조국광복, 민족해방을 위해 분투하고 있음을 강조하는 내용을 보도했다.[26]

한편 민족혁명당은 그 활동폭을 넓히기 위한 외곽단체를 몇 개 갖고 있었다. 남경한족회(南京韓族會)가 그 하나이다. 1931년 봄 남경에 거주하는 최대혁(崔大赫)·이광제 등의 주창에 의해 상해의 대한교민회(大韓僑民會)를 모방한 남경교민회가 "남경 거주 한교(韓僑)의 단결을 도모하고 한국 독립운동의 사명을 이행하며 교민의 자치 실현을 기한다"는 강령으로 조직되었다. 곧 일본에 의해 이른바 상해사변(上海事變)이 도발되자 많은 민족운동자가 남경으로 모여들고 그들을 중심으로 각종 혁명단체들이 성립됨으로써 교민회가 해소되고 김두봉·이광제 등을 중심으로 남경한족회가 성립되었다. 그리고 이 단체는 같은 남경에 근거를 둔 민족혁명당의 방계단체가 되었다. 1936년 8월 제5차 대회에서

---

25) 같은 곳.
26) 김정명 편, 앞의 책 605면.

개선된 간부는 상임위원에 이범석(李春岩, 즉 潘海亮의 잘못 - 필자)·김철민(金哲民) 등이었다.[27]

  민족혁명당의 또 다른 외곽단체로 남경조선부녀회(南京朝鮮婦女會)가 있었다. 민족혁명당의 지도 후원에 의해 김원봉의 처 박차정(朴次貞)과 이청천의 처 이성실(李聖實) 등의 주도로 1936년 7월 민족혁명당 부인부로 결성되어 당의 지도 아래 선전 등에서 활동할 여성투사의 양성을 위해 노력했다.[28] 이밖에 다른 외곽단체로 볼 수 있는 것으로 본래 당 화북지부 밑에 제11·12·13의 3구를 조직하고 있던 중국 완원성(綏遠省) 포두(包頭)의 조선항일동지회(朝鮮抗日同志會)가 있었다. 그것이 중국 측 항일단체와의 연휴기관(聯携機關)으로서 한족항일동지회(韓族抗日同志會)로 결성되어 있었으나, 그 중심인물들이 이청천계 사람들이어서 뒤에 이청천계가 민족혁명당에서 이탈할 때 함께 이탈했다.[29]

  이상에서 조선의용대가 성립되기 이전 민족혁명원의 활동 일반을 살펴보았다. 이 활동의 핵심요원은 제7장에서 상세히 논급될 의열단의 '레닌주의정치학교' 출신과 '조선혁명간부학교(朝鮮革命幹部學校)' 제1·2·3기 출신들이었고, 거기에 이청천이 '만주'지방에서 활동하다 중국 관내로 옮기면서 데리고 온 청년들이 합세했다. 이 책의 제1장 의열단의 성격변화 과정에서 논급한 것과 같이 민족혁명당이 성립되기 이전에 의열단은 그 성격이 상당히 좌경해 있었고, 혁명간부학교의 교육내용도 그러했다. 그러나 혁명간부학교 운영비용의 대부분이 중국국민당 정부 계통에서 나왔던 것과 같이 민족혁명당 요원들의 활동비용도 대체로 그러했다. 따라서 민족혁명당원의 군사공작활동, 정보수집활동,

---

27) 『사상정세시찰보고집』 5, 7면.

28) 같은 자료 8면.

29) 같은 자료 23면.

당원훈련활동 등이 특별히 중국국민당 정부의 기반을 벗어날 수 있었는지 의문이며, 이 시기 민족혁명당원의 활동은 전체적으로 보아 항일활동과 우리 민족해방운동전선의 통일을 위한 활동에 한정되었다고 볼 수 있을 것이다.

제4장

민족혁명당의 내분과 분열

1. 김구 중심세력 불참 이유

　일본제국주의의 '만주' 침략과 파쇼체제화가 중일전쟁 및 소일전쟁을 일으키게 될 것이라 전망한 국외전선, 특히 중국지역의 좌우를 막론한 민족해방운동전선은 그 대응책으로서 전선통일을 통한 적극항쟁 무장항쟁의 필요성을 절감하게 되었고, 그것을 실천하기 위해 일차로 일종의 전선연합체로서 한국대일전선통일동맹을 결성했다가 한층 더 강화된 통일전선을 형성하기 위한 방법으로서 단일 정당 지향의 민족혁명당을 성립시켰다.

　그러나 민족혁명당 발족에 한국독립당의 일부, 당시의 중국지역 민족운동전선에서 뚜렷한 위치를 점하고 있던 김구 중심의 이른바 임정 고수파가 참여하지 않음으로써 이 당이 본래 지향했던 중국지역 민족운동전선의 완전한 통일전선 형성에는 일단 실패했다. 그런데도 불구하고 창당 초기의 민족혁명당은 일본 측 정보문서들이 공산주의세력이라 단정할[1] 정도의 김원봉을 중심한 세력과 김규식·양기탁·이청천·조소앙·신익희 등 어떤 측면에서도 공산주의 및 좌익적 성향으로 볼 수 없는 민족운동세력이 대거 참가하여 제한된 의미에서 통일전선을 형성한 것은 사실이었다.

그런데도 불구하고 김구 중심의 임정고수파가 민족혁명당 창당에 참가하지 않은 이유가 어디에 있었는가 하는 문제를 살펴보는 것은 이 시기 중국지역 민족운동전선의, 나아가 전체 민족해방운동전선의 실정을 이해하는 데 도움이 될 것 같다.

먼저 민족혁명당 창당과정에서 김구를 중심으로 하는 세력이 불참을 표명하게 된 이론적 근거를 들어볼 필요가 있다. 민족혁명당 창당에 자극되어 같은 해 11월 김구 중심세력이 조직한 한국국민당은 "국가권력의 완전한 광복에 의한 전민적(全民的) 정치·경제·교육 균등의 3대 원칙 확립에 의한 민주공화국의 건설을 선언한다"[2]고 했고, 그 산하 청년조직의 기관지『한청(韓靑)』에 실린 '남실(南實)'의 글「우리 운동은 왜 진전이 없는가」[3]에서 다음과 같은 내용을 볼 수 있다.

아무리 세계주의(世界主義)를 부르짖는다 하여도 혁명의 제1대상은 자기가 부속(附屬)한 민족이 아닐 수 없으니 그것은 자기자신이 자기민족이 다른 어느 민족보다도 더 가깝기 때문이다. 레닌혁명의 제1대상은 러시아였고 마치니의 대상은 이탈리아였던 것이다. …

---

1) 예를 들면 일본 측은 민족혁명당 창당으로 김원봉 등 공산주의파 세력이 다른 세력을 압도하여 이 당의 조직 및 활동이 장차 공산주의적 색채가 농후해지지 않을까 생각된다고 했고(『사상정세시찰보고집』2, 3면. 김구파의 안공근(安恭根)이 중국 측에 대해 "의열단은 제3인터내셔널로부터 원조를 받아 조선혁명운동의 통일을 획책하고 있다"고 말했다는 정보도 있었다(같은 자료 9면).
2) 金正明 編『朝鮮獨立運動』2, 原書房 1967, 566면.
3)『韓靑』第1卷 第3期, 1936년 10월 27일, 21~23면.

제정(帝政)을 타도한 공산당이 건설시대에 들어가 과연 마르크스나 레닌이 계획한 그대로 실행되었는가. 신경제정책에서 스탈린의 제1·2차 5개년 계획에 이르기까지 모두가 그 당시 러시아의 특수성을 인정하면서 일보 나아가기 위하여 2보나 3보를 퇴(退)하였다는 것을 우리는 알아야 한다.

이 글은 공산주의가 세계주의를 외치지만, 결국 민족주의적 한계를 넘어설 수 없다는 점을 지적하고 있다. 민족혁명당의 창당 목적이 좌우 세력을 넘어선 민족해방운동전선의 통일에 있다고 표방했지만 한국국민당 쪽에서는 이데올로기를 넘어선 통일전선 자체에 회의를 가지고 찬성하고 있지 않았음을 알 수 있다. 그리고『한청』에 실린 방원몽(方圓夢)의 글「여시아관(如是我觀)」4)의 내용은 한국국민당의 통일전선문제에 대한 처지와 진의를 어느정도 설명해주고 있다.

진선(陣線)의 통일은 반드시 전투력의 강화라고는 볼 수 없다. … 통일은 양의 문제이요 강화는 질의 문제이다. 우리는 질을 고려치 않고 양만 탐한 까닭에 과거에 실패하였다. … 무리하게 양만 탐하여 고유의 질을 삭감시키는 이보다는 먼저 자체의 질의 강화를 위하여 노력함이 일책(一策)이라 하겠다. …
또 당과의 사이에는 현단계에서 우리의 모든 정세가 용납할 수 있는 데까지 널리 횡적 관계를 체결하고 연락의 태도를 취하여 때때로 나타나는 전민족의 이해에 관한 문제에 처하여 또는 적에 대한 전략에 있어서 협조의 자세를 가지게 된다면 전전선(全戰線)의 능률이 따라서 증가될 것이니 이것으로써 양을 확대시키고 또한 전체의 전투력을 더한층 힘있게 만들 수 있을 것이다.

---

4)『한청』제1권 제4기, 1936년 11월 25일, 2~5면.

전선통일 문제에 대한 한국국민당 쪽의 이같은 태도에 대해 일본 쪽
정보분석에서는 "장래 대두하리라 간주되는 고유단체의 해소에 대비
하는 등 인민전선(民族戰線) 결성에 관해 현저하게 열의가 없다. 그러나
민족혁명 역량의 집중을 창도(唱道)하고 있는 입장에서 정면으로 이에
반대할 수 없기 때문에 결과적으로 인민전선 결성의 필요성을 인정하
는 모순에 빠지고 있다. 이 당의 혁명이론을 갖지 못한 테러단체인 본질
을 폭로하고 있는 것이다"[5]고 했다. 전선통일의 필요성을 인정하면서
도 역시 이데올로기적인 문제와 또 하나의 문제, 즉 임시정부 해체 문제
등에 구애되고 있음을 볼 수 있다.

김구 중심세력이 민족혁명당에 참여하지 않은 이유 중 하나가 임정
해체 문제에 있었음은 앞에서 이미 설명했지만, 1936년 5월에 간행된
한국국민당의 기관지 『한민(韓民)』 제3호에 실린 이마서(李摩西)의 글
「무장(武裝)을 준비하자」[6]에서 "우리들은 임시정부를 절대로 옹호하고
한국국민당 영도하에 굳게 단결하여 무장하고 일어나 우리의 독립을
위하여 싸울 것이다"고 한 부분에서도 다시 한번 확인할 수 있다.

결국 김구를 중심으로 하는 민족운동세력의 일부가 통일전선 정당을
표방한 민족혁명당에 참가하지 않은 이유는, 첫째 김원봉을 중심으로
하는 일부 민족운동세력을 공산주의자로 간주하여 그들과의 통일전선
에 반대했다는 점, 둘째 김구 중심세력은 이때까지도 종래의 각 개별 단
체를 완전히 해소하고 전선을 통일하는 일 자체에 회의를 갖고 있었다
는 점, 셋째 그들은 통일전선을 위한 임시정부 해체에 반대했다는 점 등
을 들 수 있다.

---

5) 김정명 편, 앞의 책 567면.
6) 앞의 책에서는 필자가 이모세(李模世)로 되어 있으나, 『사상정세시찰보고집』3, 185면
   에서는 미국에서 중국으로 온 이마서(李摩西)라고 했다.

그리고 이런 이유들은 김구 중심세력의 불참으로 일단 성립된 제한된 통일전선 정당인 민족혁명당이 곧 분열작용을 일으켜 그 일부가 이탈하게 되는 원인과도 연결된다.

2. 조소앙 중심세력의 이탈

민족혁명당이 성립된 후 3개월이 되기 전인 9월 25일 조소앙 중심의 구한국독립당 세력의 일부가 한국독립당 재건선언(韓國獨立黨再建宣言)을 발표했다. 한국독립당 재건선언에서는 민족혁명당을 이탈하여 한국독립당을 재건하는 이유로, 첫째, 우리 민주주의적 주장의 대의(大義)를 지키고, 둘째, 3·1운동의 정맥(正脈)을 유지하며, 셋째, 우리 민족혁명을 추진하기 위한 진로를 명백히함으로써 우리 대중의 갈구에 부응하고, 넷째, 독립당의 본령(本領)을 고수하여 독립운동 진영을 강화하려는 것이라고 했다.[7]

이 선언문에서는 직접적인 표현을 피했지만 민족혁명당에서 이탈하는 주된 이유가 사상 및 혁명방법론의 차이에 있음을 암시하고 있다. 이점에 대해서는 다음에서 상론하기로 하고, 우선 일본 쪽 정보가 파악한 조소앙계의 결별이유 및 그 과정을 들어보자.[8]

신당(민족혁명당)에 참가한 구한국독립당원 중 조소앙·박창세 등 몇 명은 이전부터 임시정부 지지론을 품고 있었고 공산주의를 철저히 배격하면서

---

7) 三均學會 編『素昂先生文集』上, 횃불사 1979, 246면.
8) 『思想情勢視察報告集』2, 45~46면.

도 다만 당내의 대세에 지배되어 신당에 참가했음은 이미 말한 바와 같지만, 신당결성 직후부터 김원봉파의 태도에 격분했으나 동지 강창제·김두봉 등의 만류와 대외적 체면 때문에 참아왔다.…

그러나 김원봉의 태도가 더욱 노골화했고 9월 중순경 김구 일파와 송병조 일파가 연휴하여 의정원회의 소집을 준비함을 알게 되자 그렇게 되면 오랫동안 앙숙이던 김구 일파에게 임시정부를 빼앗길 것이라 생각하여 급히 민족혁명당과의 결별을 결심하고 먼저 임시정부 사수파에 접근하여 송병조로부터 한국독립당 재건비 100원의 원조를 얻고… 조소앙·박창세·문일민(文逸民)·김사집(金思集)·이창기(李昌基)·박경순(朴敬淳) 등 6명의 협의에 의해 9월 25일부터 한국독립당 동인 명의(同人 名義)로 재건선언을 공표하여 신당으로부터 탈퇴하고 한국독립당을 부활하여 임시정부 지지를 성명했다.

우리 민족해방운동전선 자체를 파괴하려는 일본 쪽의 악의적 분석임이 역력하지만, 일단 이 분석을 근거로 해본다면, 조소앙 중심세력이 민족혁명당과 결별한 이유는 대체로 임시정부 지지, 공산주의적 경향 반대, 임시정부 주도권 문제 등으로 요약될 수 있을 것 같다.

이 시기의 이같은 실정을 어느정도 뒷받침해주는 우리 쪽 자료로 김구의『백범일지(白凡逸志)』를 들 수 있다. 조소앙 중심세력에 이어 이청천 중심세력까지 민족혁명당에서 이탈한 후의 일이지만, 김구는 당시의 실정을 다음과 같이 말하고 있다.[9]

5당통일로 되었던 민족혁명당이 쪽쪽이 분열되어 조선혁명당이 새로 생기고 미주대한인독립당은 탈퇴하고 근본 의열단 분자만이 민족혁명당의 이름

9)『白凡逸志』327~28면.

을 차지하고 있었다. 이렇게 분열된 원인은 의열단분자가 민족운동의 가면을
쓰고 속으로는 공산주의를 실행하기 때문이었다.…

이렇게 민족혁명당이 분열되는 반면에 민족주의자의 결합이 생기니 곧 한
국국민당, 조선혁명당, 한국독립당 및 미주와 하와이에 있는 모든 애국단체
들이 연결하여 임시정부를 지지하게 되었다. 이리하여 임시정부는 점점 힘을
얻게 되었다.

조소앙 중심세력이 민족혁명당과 결별한 것은 여러가지 원인이 복합
적으로 작용한 결과였지만, 이 세력이 내세운 가장 중요한 이유는 역시
사상적 차이의 문제였고 이 때문에 민족혁명당 쪽과 한국독립당 재건파
사이에는 당시로선 어느정도 수준을 가진, 그리고 지금에서 보면 식민
지시대 민족해방운동전선의 사상적 흐름을 이해하는 데 일정하게 도움
을 주는 일종의 사상 논쟁, 노선 논쟁이 있었다. 먼저 조소앙 중심의 한
국독립당 재건파가 민족혁명당과 결별하면서 1935년 10월 5일에 발표
한 「고당원동지(告黨員同志)」[10]라는 글을 통해 결별의 변을 들어보자.

민족주의의 독립운동은 원칙상 사회주의자의 국가관과는 판연히 다른 감
정과 이론을 가지는 것이다. 민족의 경제문제만을 중심으로 하여 국가의 말
살과 주권의 포기와 자기민족의 과정을 무시하는 공산주의자와는 더욱 빙탄
상용(氷炭相容)할 수 없는 혈분적(血分的) 상반성을 가지는 것이다.…

만일 원칙상 서로 위배되는 것을 일시 적대전선(敵對戰線)을 확대 과장하
려는 공동정책에서 혹은 자기중심의 진로를 획득하기 위해 동상이몽적 상호
이용의 천박한 소견만으로는 백발백불중(百發百不中)의 결과에 이사아우(爾

---

10) 『朝鮮重大事件經過表』 79~90면.

詐我虜)의 환극(幻劇)을 산출할 뿐이니 국내의 신간회와 국외의 촉성회(促成會)가 곧 이와 같은 환극이었다.

결국 민족혁명당에서 이탈한 이유로 공산주의적 노선에 대한 반대를 들고 있는 점은 같지만, 한 가지 더 유의할 것은 그들이 공산주의적 세력이라 간주한 쪽과의 통일전선마저 거부하고 있는 점이다. 그렇게 보면 그들이 한국대일전선통일동맹이나 민족혁명당 성립에 참가한 것이 사상이나 노선 차이를 넘어선 통일전선운동이었던가 하는 점에 의문이 있으며, 특히 1920년대의 통일전선운동이었던 국외전선의 민족유일당 촉성운동이나 국내전선의 신간회운동을 모두 '환극(幻劇)'이었다고 본 점에서 민족통일전선운동에 대한 인식이 상당한 한계를 가진 것이었다고 할 수 있다.

한편「고당원동지」에서 유물론적 이론체계와 세계관을 다음과 같이 비판하는 점도 이 논쟁과 민족혁명당의 내분을 이해하는 데 도움이 된다.

유물론을 근본신조로 하여 지구단위의 공동생활, 즉 국계(國界) 종별(種別)을 일시에 돌파하려고 하는 용감한 혈기로써 경제제도의 돌변을 전세계에 실시하려고 하는 순정이론(純正理論)을 골간으로 하고 보복심리를 이용하여 반대계급의 뿌리를 뽑으려고 하는 격론(激論)으로써 무산계급의 독재적 정치를 유일의 수단으로 하는 이론이다.

조소앙 중심세력은 민족혁명당을 공산주의 지향 정당으로 보고 그 세계주의와 계급독재론에 반대한다 하고, 자신들이 재건하는 한국독립당의 노선을 말하면서 "계급적 대립상태로써 동족간의 분화작용을 도발하기보다 민족적 대립관계를 적대(敵對) 방향으로 첨예화하여 폭력의 합병을 폭력으로써 분리하는 일… 5천년간 독립한 금성철벽의 민족적 국가를 우리의 손으로 재건하는 일" 등을 지향하는 것이라 했다.

한편 조소앙 중심의 한국독립당 재건파는 「고당원동지」에서 이른바 구민주주의와 신민주주의를 구분함으로써 공산주의 및 제국주의와 구분되는 자신들의 민족운동 노선을 부각시키고 그것을 통해 민족혁명당과의 결별이유를 설명하려 하고 있음을 볼 수 있다.

> 구민주주의의 결점은 독재를 타도하여 독재를 창조하는 데 있다. 소위 폭역폭(暴易暴)이란 것이 그것이다. 불(佛)·미(米)·로(露)를 보라. 불·미 양국은 군주의 독재적 압박으로부터 벗어나려는 동기에서 민주주의를 창립했지만 100여 년간 시험한 결과 지식파(智識派) 유산파(有産派)의 독재하에 머물렀고 의회제도가 전체 민중을 대리한다는 모토 아래 전체 민중을 수화(水火) 속에 빠지게 했다. 러시아는 군주독재와 지부계급(智富階級)의 발호에 자극되어 소비에트제도를 창립했지만 10여 년간 시험한 결과는 무산독재로 귀착되고 말았다.…
>
> 우리 당의 신민주주의는 3균제도의 건국으로써 구미파의 구민주주의의 결함을 보구(補救)하고 독재를 부인하는 것으로써 독재제도의 맹아를 뽑아버리고 러시아 민주주의의 결점을 보구하려 하는 것이므로 우리 민족 대다수의 행복을 가져오기 위해 우리 민족 대다수의 소원대로 집체적 총기관을 설립하려 하는 것이다.

결국 조소앙을 중심으로 하는 한국독립당 재건파의 민족운동 노선은 자본주의적 지부계급(智富階級), 즉 지식인과 자산계급으로 구성된 부르주아지의 독재에도 반대하지만, 공산주의의 프롤레타리아 독재에도 반대하는 삼균주의적 이른바 민주주의 노선이며, 이렇게 되면 민족혁명당과 결별하게 된 것은 그것이 지향하는 프롤레타리아계급 독재에 반대하기 때문이란 말이 된다.

조소앙 중심의 민족혁명당 이탈세력이 지향하는 "우리 민족 대다수의 집체적 총기관"이 구체적으로 어떤 사회계층이 정권을 담당하는 어떤 형태의 국가를 말하는지 다소 막연한 것이 사실이지만, 「고당원동지」의 "유물론과 국학파(國學派)의 비교" 부분에는 이른바 그 신민주주의 논리의 출처라 할 수 있는 대목이 있다. 여기서는 "우리 국사(國師) 이퇴계(李退溪)가 이기일여원융(理氣一如圓融)한 설명으로 우리를 지도했다"라고 하고, 한국독립당 재건과 또 그것이 지향하는 방향의 철학적 기초를 다음과 같이 개진하고 있다.

우리는 절대적 유물론이 성립할 수 없음을 간파함과 동시에 절대적으로 유심론(唯心論)만으로도 실사회(實社會)에 응용하기 어렵다는 사실에서 보아 물심(物心) 문제의 상대성을 파악하여 서로 인과가 되는 묘체(妙諦)만을 체험하여 물심문제의 상대성을 인식하고 일체 활동의 대자재(大自在) 대자유(大自由)의 활기를 드러낸 것이다.…

이것이 본당의 정리된 철학, 즉 심즉물(心卽物)의 진체(眞諦)이며 즉리즉기(卽理卽氣)의 묘술이다. 이러한 진체로서만 비로소 비교할 수 없는 병력의 우열을 초탈하여 자국 광복의 절수(絶粹)한 용력(勇力)이 발동하는 것이다.

아마 조소앙이 썼으리라 추측되는 이 글은 민족운동전선에서 대립되어 있는 좌우익 노선의 상승적 결합을 위한 이론적 근거를 제시한다는 처지에서, 다시 말하면 이론적으로 유물론과 유심론의 결합을 시도함으로써 현실문제로서 민족해방운동전선의 좌우노선을 통일하기 위한 논리를 제시한다는 목적에서 쓰인 것이며, 구한국독립당계는 이것을 민족혁명당에서 이탈하는 이론적 근거로 삼았다.

　민족혁명당 성립 자체가 민족해방운동전선 좌우노선의 통일을 목적으로 한 것이었고, 이 때문에 구한국독립당계의 일부도 참가했지만, 의열단계와의 이데올로기적 차이를 넘어설 수 없었다. 그 결과 민족혁명당과 결별하게 되면서 유물론과 유심론의 결합을 말했으나, 그 근거를 성리학의 이기일원론(理氣一元論)에서 구하고 스스로를 국학론(國學論)으로 자처하면서 "국사 이퇴계"의 철학을 원용한 점 등은 다음에서 보는 것과 같이 민족혁명당 쪽에서 비판하는 근거가 되었다.

　한편 한 가지 더 주목할 것은, 한국독립당 재건과 민족운동론의 근거가 성리학적 이기일원론으로 돌아간 결과는 유물론과 유심론의 결합을 표방했는데도 불구하고 그 현실적 노선이 민족해방운동전선의 통일과는 다른 방향으로 전개되어 민족혁명당과의 결별은 물론 통일전선무용론으로 나아가게 되었다는 점이다. 「고당원동지」의 "과거의 실패와 장래의 보구(補救)" 부분의 다음과 같은 논설이 그것을 말해준다.

　　신간회와 촉성회의 실패는 주의상반불합류(主義相反不合流)의 공리(公理)를 표시하는 것이다. 민족적 총단결 혹은 복수단체(複數團體)의 일시적 합작은 가능한 여지가 있지만 정개적(整個的) 정당이라는 단일당은 가능하지 않다. 장래는 단일적 발전에 노력할 뿐이며 도리접목적(桃李接木的) 희망에 심취할 여지가 없다.

　민족해방운동전선의 통일논리를 성리학의 이기일원론이나 심즉물(心卽物) 즉기즉리(卽氣卽理) 등을 근거로 설명하려 했지만, 전선통일을 단일당으로의 합당이 아닌 당과 당의 일종의 연합전선적 방법에서 구하려 함으로써 민족혁명당 이탈의 합리성을 표방하려 한 점을 볼 수 있다. 그 점은 한국독립당 재건파가 「고당원동지」의 "민족혁명당에 대한 태도"에서 다음과 같이 말한 점에서 엿볼 수 있다.

본당으로서의 민혁(民革)에 대한 태도는 첫째로 민혁이 그 당의를 신앙하는 정도를 보아 우의(友誼)단체의 하나로 할 예정이다. 그 이유는 동당의 정강은 본당의 당의와 본당의 정강 대부분을 채용했기 때문이다. 둘째로 민혁이 본당의 발전에 대해 공정한 태도를 취하는 한도에 따라 본당도 민혁의 발전에 대해 동일한 우의를 표시할 것이며 대립적 투쟁의 필요는 없는 것이다.

민족혁명당이 한국독립당의 당의와 정강의 대부분을 채용했다고 한 것은 민족혁명당 창당 때 조소앙이 김규식·김원봉과 함께 규칙제정위원으로 선출되어,[11] 그 당의에 "정치·경제·교육의 균등에 기초를 둔 진정한 민주공화국의 건설"을 표방한 사실과 그 당강에서 토지국유화와 농민에의 분급, 대기업 및 독점기업의 국영화 등 사회주의적 경제정책을 채택한 사실을 두고 한 말이다. 이후 민족혁명당은 당의와 당강을 크게 바꾼 일이 없을 뿐만 아니라 조소앙 중심의 재건 한국독립당은 물론 뒷날 3당합당 한국독립당도 같은 정책을 채택했다.

따라서 민족혁명당의 당의와 당강, 그리고 정책부분에서 조소앙 중심의 한국독립당 재건파가 결별해야 할 뚜렷한 이유는 없었고, 김원봉을 비롯한 민족혁명당의 핵심부가 공산주의적 사상을 가졌다고 생각한 것이 이탈의 가장 중요한 이유이다. 이 때문에 민족혁명당이 그 당의와 당강을 얼마나 지키는가를 보아 우의관계를 가질 것이라 한 것으로 볼 수 있다.

---

11) 김정명 편, 앞의 책 539면.

한편 민족혁명당 쪽은 조소앙 등 한국독립당 재건파의 이탈에 대해 크게 반발했다. 10월 9일에 열린 제4차 중앙집행위원회는 조소앙·박창세·문일민·김사집·이창기·박경순 등의 한국독립당 재건선언을 "내재적 음모"로 규정하여 엄중히 조사하게 하고, 혁명정신이나 정치·경제 문제를 중심으로 하는 결사를 당내에 두지 못하게 하는 원칙을 의결하는 한편, 조소앙 등 6명의 당직을 파면하고 당적에서 제명했다.[12]

그리고 중앙집행위원회는 「조용은(趙鏞殷, 일명 趙素昻) 등 6명 반당사건을 부벽(剖劈) 선포한다」[13]를 발표하여 「고당원동지」에 대해 다음과 같이 반박했다.

용은(鏞殷) 등의 반당사건은 열성분파(劣性分派)인 점에서 그 근본적 본의가 결정되어 있다. … 우리 민족의 숙구(宿仇)인 열성분파의 제일 특징은 정치적 이상에 의해 분열하는 분파가 아니라 열악한 사리(私利)에 의해 이합하는 점에서 발휘되고 있다. 그리하여 이것이 정치를 위장하고 있는 점에서 한층 특색을 나타내고 있는 것이다. …

그들의 「고당원동지」에서 본당의 강령은 그들이 재건하려 하는 분파와 공통되고 있다고 명백히 말하고 있다. 정치적 이유로 분파할 자격이 없음을 스스로 고백하고 있음은 그들의 행동이 사리(私利)를 위한 행동임을 고백하고 있는 것이다. …

삼균주의는 정치·경제·교육의 평등화를 제창한 것으로써 이것은 이전에는 없던 신표본(新標本), 신전형(新典型), 신범주(新範疇)라 한다. 정치·경제·교육의 평등화는 본당 당의에 명백히 있다. 또 이것은 현재 전세계의 가장 광

---

12) 『사상정세시찰보고집』2, 159~60면.
13) 같은 자료 278~89면.

범한 정치이상으로써 삼척동자도 부르고 있는 정치구호이다. …

　이기(理氣)의 논설은 주유(朱儒)인 정(程)·주학(朱學)의 찌꺼기인데, 용은 등은 이것을 국학(國學)이라 하여 고유한 국학을 팔려고 하고 있다. 또 이를 전승한 그들이 우리 국학자가 아님은 우리 민족 주지의 사실인데 용은 등은 홀로 이를 국사(國師)로 하여 그 철학적 정파(正派)를 발휘할 것임을 자임하여 아(我)를 멸(滅)하고 타(他)를 배(拜)하는 노예적 역사의 반복을 도모하고 있다.

「고당원동지」 내용에 대해 대단히 치밀하고 신랄한 비판을 가하고 있는 것을 볼 수 있지만, 이 글의 필자가 누구인지는 알 수 없다. 그러나 필자 이름을 밝힌 또 하나의 한국독립당 재건파 비판문이 있다. 양기탁의 이름으로 발표된 「조소앙 등 6인의 반당사건에 관하여 일반동지에게 고하는 글」[14]이 그것이다. 6개 부분으로 구성된 이 글은 민족혁명당이 공산주의자 정당이 아니라고 반복하며 강조한 데 그 역점이 있는데, 그 부분을 들어보면 다음과 같다.

　「고당원동지」의 요지는 신통일당[민족혁명당 – 인용자]을 홍색분자(紅色分子)라고 은연중 모함하면서 당에 대한 도전을 피하고 이목만을 현혹시켜 외력(外力)을 빌어 박멸하려고 하는 음모에 지나지 않는다. 그리고 증거를 표명하지 않음도 모순이다. …

　민족혁명당에 통합된 전 의열단의 국내활동과 조선혁명당과 신한독립당의 만주에서의 혈전악투를 홍색공작(紅色工作)이라 할 수 있는가. 한국독립당 자신과 미국대한독립당을 홍색이라 할 수 있겠는가. …

　특히 한국독립당 시대에 절실히 악수환영하여 통일동맹을 공동적으로 창

<hr>

14) 같은 자료 179~83면.

립한 것이 사실이며 금반 통일당 창립에도 소앙 등 자신이 한국독립당 대표로서 한독당안(案)에 의해 성립시켜놓고 지금에 와서 홍색당(紅色黨)이라 모함하려면 최초부터 반대하고 참가하지 않아야 할 것을 왜 통일에 찬성, 참가하고 성의로 노력하여 간부가 되었는가. 이것을 보아도 사체를 확실히 알 수 있는 것 아닌가.

양기탁은 널리 알려진 것과 같이 대한제국시기 『대한매일신보』 주필을 지냈고 국채보상운동에 참가했으며 안창호와 함께 신민회(新民會)를 조직해서 활동하다가 이른바 105인 사건에 연루되어 옥고를 치렀다. 그후 중국으로 망명하여 정의부(正義府) 조직에 참가했고 고려혁명당을 창당하여 위원장이 되었다가 다시 통일전선 정당으로서 민족혁명당에 참가했다. 이때는 이미 노경에 이르렀지만 스스로 민족혁명당이 사회주의 정당이 아님을 해명하기 위해 「고당원동지」에 대한 반박문을 자기 이름으로 발표한 것이다.

조소앙 중심의 한국독립당 재건파 6명이 이탈한 후에도 민족혁명당에는 결코 좌익적 인물이라 할 수 없는, 예를 들면 김규식·이청천·최동오·윤기섭·신익희 등 많은 사람들이 있었지만 원로인 양기탁의 이름으로 이 글이 발표된 것이 아닌가 한다. 그러나 이후 민족혁명당의 분열은 조소앙 등의 이탈만으로 끝나지 않고 곧 이청천을 중심한 세력의 이탈이 있었다.

3. 이청천 중심세력의 이탈

일본육군사관학교 출신으로 민족해방운동전선에 투신한 이청천(본명 池大亨)은 당초 '만주'지방에서 무장운동에 참가했다가 '만주사변' 후 중국 관내로 옮겨왔다. 그는 일부 훈련된 청년들을 확보하고 있었는데, 그가 민족혁명당에 참가하고 조소앙 등 한국독립당 재건파가 이탈한 후에 이 청년들은 의열단 쪽 청년들과 합치게 되었으며, 이 과정에는 큰 장애가 없었던 것 같다. 이에 대해 일본 측 정보는 이렇게 전하고 있다.[15]

민족혁명당 결성 후 김원봉 쪽 청년 40여 명은 남경 교외에서, 또 이청천 쪽 청년 32명은 남경 중화문(中華門) 밖에서 따로 훈련을 받고 있었는 바, 그 후 김원봉 쪽에서 이청천 쪽에 8명을 옮겨 이청천 쪽은 40명이 되었다. 민족혁명당 간부들은 여러 번 협의한 결과 청년들을 양파가 따로 훈련하는 일은 신당결성의 취지에 어긋날 뿐만 아니라 한국독립당 재건파 및 기타 반대파에게 내부적 불통일을 폭로하는 것으로 역선전될 우려가 있으므로 양파 청년의 합동훈련방침을 정하고 1935년 9월 하순경 양파 청년을 모두 남경 시내로 옮기고 계속 훈련 중, 김원봉 및 이청천은 이 청년들을 국민정부 군사위원회 소속 남경중앙군사학교에 입교시키고자 동교 교장 장치중(張治中)을 여러 번 방문하여 교섭한 일이 있다.

조소앙 중심의 한국독립당 재건파가 민족혁명당에서 이탈할 무렵 그 청년들을 구의열단계 청년들과 합치기에 노력하던 이청천 중심세력이 민족혁명당에서 이탈하는 과정에서 「호당선언(護黨宣言)」「난당사실 (亂黨事實)」등의 문서를 작성 발표한 것 같지만,[16] 지금 그 문서는 구할

---

15) 같은 자료 269~70면.
16) 김정명 편, 앞의 책 603면.

수 없다. 따라서 우리 민족해방운동전선의 분열을 획책한 분석임을 감안하면서 일본 쪽 정보자료를 통해서나마 그 원인과 경위를 들어보기로 하자.[17]

　　박창세·조소앙·문일민 등 일파의 구한국독립당계 대부분은 김원봉 일파의 공산주의적 이데올로기가 못마땅하여 신당을 탈퇴하고 한국독립당 재건파를 조직한 한편, 신당 잔류분자 중에도 김원봉 일파와 이청천 일파와는 전자가 공산주의계, 후자가 민족주의계이므로 서로 용납될 수 없다. 대동단결을 표방하고 결성한 지 일천하기 때문에 은인자중하여 분쟁방지에 노력하고 표면으로 일치 단결해 있는 것처럼 가장하고 있지만 진실로 융합되기는 상당히 곤란한 문제라 생각된다. …

　　현재는 국민정부로부터의 경제적 원조가 주로 김원봉을 통해 이루어지고 있는 점과 이청천 일파가 본래 만주에서 남하해와서 중부중국에서의 기반이 김원봉파에 비교되지 않는 점 등으로 김원봉 일파가 신당의 지도권을 장악하고 있는 상황이지만 장래 불령행위(不逞行爲: 독립운동을 가리킴 – 인용자)의 감행 및 기타 사정에 의해 이청천 일파가 세력을 얻을 수 있을지도 예측할 수 없다. …

　　요컨대 금후 이청천 일파가 우세하여 신당이 명실공히 민족단체가 될 것인지 또는 김원봉 일파가 처음에 계획한 대로 통일합방에 의한 신당의 공산주의화에 성공할 것인지 금후 신당의 동향은 상당한 주목을 요한다.

일본 쪽이 우리 민족운동전선의 진의와 역사성을 이해하고 분석한 것이 아님은 물론 설령 이해했다 해도 그것을 깨뜨려야 할 처지이지만,

---

17) 『사상정세시찰보고집』 2, 269면.

조소앙 중심의 한국독립당 재건파가 이탈한 후 민족혁명당의 내부사정을 나름대로 상당히 깊이 파악하고 있음을 알 수 있다. 결국 한국독립당 재건파 이탈 후에도 민족혁명당은 김원봉 세력과 이청천 세력 사이에 어느정도 이데올로기적 갈등과 당권 장악을 위한 대립이 있는 것이 사실이며, 이 대립은 창당목표로 내세워졌던 통일전선의 형성이라는 대전제 앞에서도 용해되지 못하고 있었던 것이 사실인 것 같다. 일본 쪽이 입수한 다음과 같은 정보도[18] 이러한 사정을 이해하는 데 일정한 도움을 준다.

한국민족혁명당은 다수의 신진(新進) 청년당원을 포용하여 창립 이래 각지에 지부를 설치하고 당세 확장에 노력하면서 지하공작을 진행하여 그 실세력이 크게 한국국민당을 압도했던바, 작년[1936 - 인용자] 여름 이래 광동지부 및 만주지부의 중앙당 반대책동을 만났고, 당 중앙에도 이데올로기를 달리하는 김원봉 대 이청천의 세력다툼이 점차 격화되는 기색이 농후하여 비밀히 정화암(鄭華岩) 일파와의 연계를 획책하는 등 만회를 위해 힘쓰고 있지만, 창립 당시의 세력이 거의 실추한 정세를 감안한 당세 일신책으로 금년 [1937 - 인용자] 1월 5일부터 10일까지 남경에서 전당대표대회를 개최하여 당의 결속을 도모함과 함께 활동방침을 협의했으나 … 김원봉 대 이청천의 격집(格執)에 의해 회의는 상당한 분규가 있은 모양이며 금후의 추이가 주목을 요하는 것으로 인식된다.

이 자료는 계속해서 전당대회의 상황을 전하고 있어 이 대회가 상당히 난항이었음을 알 수 있게 한다. 이런 상황이 결국 이청천계의 이탈로

---

18) 『사상정세시찰보고집』 3, 458면.

결말나게 된 결정적 계기는 1936년 7월 1일자로 발행된 당 기관지 『민족혁명』 제3호에 실린 당기(黨旗) 문제였다. 김원봉 등 일부 간부들의 조처로 종래 의열단 간부훈련반에서 사용해온 단기를 그대로 민족혁명당 당기로 발표하게 되자 김원봉 세력 전횡에 대한 이청천계의 울분이 폭발하여 7월 28일 중앙집행위원회에서 이청천을 비롯한 김추당·양기탁 등이 김원봉에 대해 다음과 같이 힐난했다고 한다.[19]

지금 우리 당은 각 혁명단체의 합일체(合一體)로서 자타가 공히 인정하는 바이다. 그런데 다른 반동단체는 공산주의적 의열단의 화신이라 악선전하고 있다. 이때 우리들은 더욱 일치단결 자중해야 함에도 불구하고 이번의 당 기관지에 아직 정식 제정을 보지 않은 당기를 발표한 것은 무슨 일인가. 그 기는 원래 의열단 단기인데 이미 각 단이 합체한 지금에 그대로 당기로서 발표하는 것은 무슨 일인가. …

또한 우리 당은 남의사로부터 국제정보기관으로서 원조를 받고 있는데 그것은 매우 옳지 않은 일이다. 우리는 혁명운동자이다. 국제스파이가 되어서까지 비용염출에 고민할 정도로 영락하지 않았다. 우리 당의 특무공작대는 당 공작의 필요에 의해 조직된 것이며 남의사의 특무대, 즉 정보수집기관이 아니다. 우리 특무대를 남의사의 정보기관으로 만드는 것은 혁명정신에 어긋날 뿐만 아니라 우리 당을 비하시키는 것이다. 만약 공작 중에 얻은 정보를 남의사에 통보할 필요가 있을 경우 종래와 같이 비밀주의로 할 것이 아니라 중앙간부와 함께 보고하는 것이 당연하다. …

남의사로부터 받는 보조금(매월 2,500元)의 비도(費途)에 대해서도 간부에게 보고해야 할 것이다. 금후는 모름지기 정정당당하게 우리 혁명운동의 자

---

19) 같은 자료 249~50면.

금으로서 원조받아야 할 것이다. 귀하[김원봉 – 인용자]는 지금까지 기만해 왔다. 특히 이와 같은 행동은 내분의 원인이 되지 않겠는가.

이 자료는 당시 민족혁명당의 내부사정을 이해하는 데 상당한 도움을 주고 있는 한편, 제 국토가 완전 식민지가 되고 해방구를 갖지 못해 물적 기반을 확보하지 못한 조건 아래 남의 영토 안에서 그 정보기관의 원조로 민족해방운동을 추진하는 고충과 그것으로 인한 부작용이 민족해방운동전선 자체에 어떤 결과를 가져오는가를 이해하게 한다. 당기가 발단이 되었지만, 더 근원적인 문제는 남의사로부터 받는 활동자금의 명분 및 용도공개 문제로 압축될 수 있을 것 같다. 이에 대해 김원봉은 다음과 같이 해명했다고 일본 쪽 정보는 전하고 있다.

계속 당기를 정하지 않는 것은 외부에 대해 체면이 서지 않는 일이므로 종래 간부훈련반에서 사용해오던 것을 당 선전의 목적으로 신익희의 양해 아래 발표했다. …

경비염출 문제는 중국의 정정상(政情上) 어쩔 수 없는 일이지 본의가 아니다. 1주년 기념 때 중앙간부에서 결정한 경비 월액(月額) 5,000원의 원조도 지금과 같은 비상정세 아래서는 지출이 불가능하며 후에 충분히 고려하겠다는 내용으로 중국 쪽이 완곡히 거절해온 상태여서 정보제공 등 어떤 좋은 미끼를 주지 않으면 원조를 얻기가 대단히 어렵다. …

또 국제정보를 간부에게 공개하지 않고 원조금의 비도(費途)를 비밀히 한 것은 단순히 그럴 필요가 없다고 생각한 것뿐이며 다른 뜻이 있는 것은 아니다. 앞으로는 충분히 선처할 것이며 양해를 바란다.

김원봉이 이와 같이 사과하는 태도를 취했고 신익희도 김원봉의 입장을 변호하고 윤기섭이 양편을 중재한 결과 김원봉은 특무공작부장 자리를 이청천계의 성주식(成周寔)에게 양보하고 그 지도역이 됨으로써 사태는 일단 수습되었다.

그러나 이청천계가 이탈할 요인은 계속 남아 있었고, 그것은 결국 현실화했다. 앞에서 말한 1937년 1월의 전당대표대회에서 김원봉의 전횡을 방지하기 위해 중앙위원을 당규상 최대 인원인 17명으로 늘리고 당조직을 종래의 7부제에서 3부 1국제로 개편하고 별도로 자금운동위원회, 외무위원회, 구제위원회를 두어 군사부장에 이청천, 선전부장에 진의로, 조직부장에 최석순, 서기국 총서기에 김원봉, 자금운동위원회 주임에 윤세주, 외무위원회 주임에 신악(申岳), 특무대장에 성주식을 각각 선출했다.[20)]

그러나 김원봉계가 총서기와 자금운동위원회 주임을 맡음으로써 당권을 여전히 장악하게 되었다. 역시 일본 쪽 정보에 의하면, 이 때문에 이청천계의 불만은 여전했지만 재력이 따르지 못해 분립하지 못하는 한편, 이청천이 군무부장을 사임한 후 최동오·강창제·이광제 등 유력당원과 합의하여 비상대회 소집을 요구하고 광동지부 당원의 응원을 구하고, 항주에 있는 조소앙·박남파(朴南坡) 등과의 제휴를 기도했다고 한다.[21)]

이에 대해 김원봉계는 남의사에서 받는 자금 이외에 기타 반만항일계(反滿抗日系) 중국인과 주녕(駐寧) 외국인으로부터 개인적으로 상당한 자금을 얻은 것 같아 재정적으로 어느정도 넉넉했던 것으로 보이며, 자기파 당원에게는 정기적 지급액 외에 다소의 기밀비도 나누어주어

---

20) 김정명 편, 앞의 책 601~602면.
21) 같은 책 602면.

신망을 유지하고 반대파 견제에도 노력했다고 한다.

자기의 생명선으로 믿는 특무대(特務隊)에 대해서는 다른 간부의 참견을 허하지 않고 당원 중의 절대 복종자만을 입대시키며 열심히 활동하는 사람에 대해서는 특상 혹은 다른 명목으로 우대하고 이들을 각 지방에 파견하여 반대파 책동을 탐지하게 했다 한다. 이들을 통해 이청천계가 독자적으로 광동지부원의 응원을 구한 일을 탐지하여 이를 탄압할 것을 결정하고, 3월 하순 중앙집행위원회를 개최하여 이운환(李雲煥)·강창제를 제명 처분하고 이청천·최동오·이광제·안일청(安一淸) 외 5명을 무기정권 처분하여 당규에 의해 생활비 지급을 중단했다고 한다.[22]

이에 대해 이청천계는 3월 29일「한국민족혁명당비상대회 선언」을 발표하고 구의열단 김원봉계의 전횡사실을 열거하여 그들을 배제하고 당을 정비할 것을 선언하는 한편, 김원봉의 정치적 지위를 실추시키고자 앞에서 말한「호당선언」「난당사실」등을 발표했다고 한다. 이에 대응하여 김원봉 세력은 4월 상순 간부회의를 소집하여 이청천 이하 11명을 제명함으로써 민족혁명당의 당권을 명실공히 장악하고『중앙통신(中央通信)』5호로「호당선언」「난당사실」등을 반박하는 한편, 기관지『앞길』을 통해 이청천계의 책동은 일본 쪽의 분열정책에 놀아난 것이라 선전했다고 한다.[23]

한편 민족혁명당에서 제명된 이청천계는 4월 하순 남경 성내 부자묘(夫子廟) 근처에서 이청천·최동오·유동열·이광제·박창세·양기탁·현익앙(玄益昂)·김학규·이운환·강창제 등을 중앙위원으로 하는 조선혁

---

22) 같은 책 602~603면.
23) 같은 책 603면.

명당(朝鮮革命黨)을 결성함으로써 민족혁명당과 완전히 결별했다. 이 때 특히 중국 쪽에 대해 "본당은 한국독립당, 신한독립당, 의열단, 재만 (在滿)조선혁명당 등 순민족주의 생수(生粹)의 혁명자로서 조직된 것이 다"라고 선전함으로써 순수민족주의자의 통일전선적 정당임을 강조하 고, 민족혁명당을 공산주의단체라 비방했다고 한다.[24]

이상과 같은 두 번의 분열로 통일전선적 성격으로 결성된 민족혁명 당은 이른바 순수민족주의자로 자처하는 민족운동세력 중 상당부분이 이탈함에 따라 본래의 성격을 크게 잃었다. 조소앙계와 이청천계가 민 족혁명당에서 이탈한 이유에 대해, 이탈세력 쪽에서는 대체로 이데올 로기적 차이를 크게 내세우고, 민족혁명당 쪽에서는 당권투쟁에서 이 른바 열성분파론(劣性分派論)을 내세우고 있다. 민족혁명당 핵심세력인 구의열단계가 1920년대 말기부터 사회주의적 경향을 갖게 된 점에 대 해서는 앞에서 논급한 바 있지만, 민족혁명당이 성립되던 1935년경 의 열단의 민족운동방법론과 이데올로기적 문제에 대해 일본 정보문서는 다음과 같이 분석하고 있다.[25]

1) 의열단 본래의 목적은 폭력혁명을 수행하여 이상사회를 건설하려는 데 있지만 현재의 세계적 정세 및 조선 정세에 의해서는 민족주의에 의한 혁명 수행이 불가능함을 알고 1938년 ML과 안광천과의 제휴 이래 그 수단방법이 현저하게 공산주의로 되어,

2) 민족주의혁명에 분주하는 한편 공산주의운동에 몰두하고 있어서 이미 이들 혁명운동의 전위투사가 될 제1기생을 파견하면서도 파견되는 각자의

---

24) 같은 곳.

25) 韓洪九·李在華 編『韓國民族解放運動史資料叢書』3, 경원문화사 1988, 228~29면.

환경에 따라 미조직자의 규합 또는 기설 단체 확대 강화 등의 슬로건 아래 민족 공산의 두 방면으로 활동하게 했으나,

　3) 근래 군관학교 생도의 양성이 중국정부 요인의 원조에 의해 장차 더욱 대대적으로 양성 파견할 수 있을 전망이 보이게 되자 제2기생의 파견에 있어서는 종래와 같이 막연한 의열단지부의 조직 또는 공산당 조직 등의 사명을 부여하는 일보다 한 걸음 더 나아가서 확고한 목표를 정해 조선과 만주에서 강대한 중심적 조직을 결성하여 기술적 무장준비공작을 진행하기 위해 민족주의자 및 사상운동자(공산)합동의 민족단일당인 전진대(前進隊)를 조직하라는 지령을 주고,

　4) 전진대 조직 후 대원 중 우수분자는 공산당원으로 획득하고 다시 일반 전진대원에게는 극비리에 별개의 조직체인 공산당 결성에 노력케 하다가 1935~36년의 국제정국의 위기를 타서 일본제국의 세력을 복멸할 조선의 무력혁명을 획책하는 것이라 인정된다.

　5) 그리하여 혁명이 성공하면 다시 민족주의자를 청소하고 프롤레타리아 혁명을 단행하여 의열단이 정권을 장악하려 하는 것 같으며 이 때문에 전진대의 조직과 공산주의혁명당의 조직과는 표면상의 취지, 목적, 조직성분, 조직체 및 조직요령 등은 외형상 별개로 보이지만 조선독립혁명의 완성이란 근본정신에서는 같은 것이다.

일본 쪽 정보가 말한 것과 같이 민족통일전선 정당으로 민족혁명당이 조직될 무렵 구의열단계가 공산주의 조직을 별도로 가지려 한 것인지는 의문이지만, 일본 정보기관은 의열단을 본질적으로 공산주의단체이면서 그 운동방법에서는 "민족주의자 및 사상운동자(공산) 합동의 민족단일당"을 지향하는 단체로 파악하고 있음을 볼 수 있다. 이 점은 앞에서 인용한 1930년대 전반기 의열단 교재에서도 어느정도 나타나고

있었다.

민족혁명당 속의 구의열단계 당원 중에는 순수 우익적 당원도 있었고 또 사회주의 지향의 좌익적 당원도 있었지만, 일본 쪽 정보는 의열단계를 프롤레타리아혁명 지향의 세력으로 보았고 민족혁명당에 참가했다가 이탈한 조소앙계와 이청천계도 대체로 같은 인식을 갖고 있었다. 이것이 이탈 원인 중 하나이기도 했다. 따라서 우리는 이 시기 민족혁명당이 민족해방운동의 새로운 방법으로 지향한 민족통일전선이 어떤 논리 위에서 성립된 것인가를 좀더 깊이 살펴볼 필요가 있다.

제5장

민족혁명당과 통일전선론

1. 통일전선론을 뒷받침한 세계정세 인식

1) 제국주의 전쟁에 대한 인식

1935년에 성립된 민족혁명당은 그후 많은 변화와 곡절을 겪게 되지만, 그런 속에서도 성립 본래의 목적인 민족해방운동전선의 통일전선 수립을 위한 노력만은 지속되었고, 그것을 위한 이론적 뒷받침도 일관되게 계속되었다고 생각한다. 그리고 이와 같은 민족혁명당의 통일전선론은 당시 조건으로서는 비교적 정확한 세계정세 및 국내정세에 대한 분석을 토대로 하여 도출되고 있음도 확인할 수 있다.

이 장에서는 『당보(黨報)』『민족혁명』『우리들의 길』『우리들의 생활』 등 기관지와 『한민』『한청』『남화통신』 등 관련 있는 다른 정당 및 단체의 기관지 등을 통해 민족혁명당의 세계정세 및 국내정세 인식과 '만주'지방의 우리 민족해방운동에 대한 정보 수집 그리고 그것을 기초로 한 통일전선론을 분석함으로써 이 시기 민족해방운동전선의 이론적 지향을 이해하고자 한다.

민족혁명당이 성립된 1935년은 독일 나치정권이 국제연맹을 탈퇴하고 재군비선언을 한 한편, 이딸리아의 파쇼정권이 에티오피아를 침략한 해였다. 민족혁명당 간행물들의 세계정세 분석은 이와 같은 국제분쟁이 후발제국주의의 파쇼화와 제국주의국가 사이의 식민지쟁탈전 가열화로 인한 제2차 세계대전의 전초전임을 정확하게 파악하고 있었음을 알 수 있다.

민족혁명당 안에서 최고 이론가였다고 생각되는 윤세주가 1936년 『민족혁명』 창간호에 쓴 「1936년의 세계전망」[1]은 자본주의 경제체제가 가진 본질적 모순 때문에 제2차 세계대전이 일어날 수밖에 없음을 확신하고, 그 이유를 명료하게 설명하고 있다. 그는 "세상사람들은 1935~36년을 세계의 정치적 위기라 말하고 있다. 정치적 위기의 극정(極頂)은 전쟁을 의미한다. 즉 제2차 세계대전의 폭발을 의미하는 것이다. 그렇다면 이 정치적 위기와 전쟁은 무엇을 근거로 발생하는가"하고, 세계경제는 1929년의 공황을 시작으로 1932년 상반기에 가장 악화했다고 보고 그후부터 불경기로 이행했는데 이를 극복하기 위한 방법으로 강박적(强迫的) 통제경제를 실시하고 군수공업 생산을 증진시켜 일시적 효력은 있었으나 군수 인플레의 과도한 팽창으로 악성 인플레의 위기를 가져오게 했고, 그로 인해 적자공채(赤子公債)의 남발을 가져왔으며, 그 결과 극도의 전쟁위기에 당면했음에도 불구하고 열국(列國)의 군수공업 경쟁이 격렬해져서 전쟁 발화점까지 돌진을 계속하고 있다고 보았다.

이와 같은 자본주의 세계경제체제에 대한 정확한 인식으로 파쇼체제

---

1) 『思想情勢視察報告集』 3, 62~73면.

의 등장과 그것의 침략전쟁 도발, 세계대전으로의 연결이 불가피함을 투시할 수 있었다. 민족혁명당의 이론가들이 이딸리아 파쇼정권의 에티오피아 침략 배경을 예리하게 분석하고 있는 구체적인 예로는 민족혁명당『당보』제1호에 실린「이(伊)·이(에티오피아를 가리킴 – 필자) 문제에 대한 비판」[2])이란 글을 들 수 있다.

제1차 세계대전 이후 이탈리아제국주의의 자기팽창은 국내생산의 불균형적 과잉과 소비량 감퇴에 의한 경제공항이 세계제국주의와 함께 극도에 달했고, 인구과잉은 이탈리아제국주의로 하여금 식민지 요구를 한층 재촉하고 있다. 이런 와중에서 최근 파쇼정권에 대한 국민의 회의와 반파쇼 세력이 대두하고 있음을 파쇼독재자 무솔리니는 알게 된 것이다. 그 때문에 독일의 폭탄적[재무장 – 인용자] 선언에 의한 구주정국의 불안 반발을 기회로 약소국 에티오피아를 침점하는 것으로써 이탈리아제국주의 자신이 갈구하는 식민지 문제를 해결함과 동시에 국내의 반파쇼 세력과 민중을 위압하려 한 것이다.

이 정세 분석에서는 이딸리아의 에티오피아 침략을 '세계 제2차 대전의 도화선'이라 전제하고, 그것은 두 나라만의 일시적 전쟁으로 끝나지 않고 나아가 세계대전으로 그리고 파쇼체제의 와해로 연결될 것임을 이렇게 지적하고 있다.

이탈리아제국주의의 요망이 현재보다 한층 더 도달될 때 전쟁을 회피하려 해도 이미 수십만의 군대수송과 거액의 소모로(작년의 동원비만도 4억 8천만 리라다) 지금에 와서 아무리 전쟁을 중지하려 해도 시기가 이미 늦은 것이

---

2)『사상정세시찰보고집』2, 135~17면.

다. 지금 무솔리니가 영국에 대해 영(英)·이(伊) 양국 담판을 요구해도 무솔리니의 약점을 아는 영국은 이에 응하지 않을 것이다. 따라서 이탈리아제국주의의 퇴폐와 무솔리니 파쇼정권의 멸망은 시작될 것이다.…

지금 불붙고 있는 이(伊)·이전쟁은 멀지않아 그 승패가 결정될 것이다. 만일 이탈리아군의 진격이 실패하게 되면 파시스트정권은 결정적으로 동요하고 구주는 새로운 세(勢)의 정국으로 전환할 것이며, 이탈리아군이 승리한다 해도 영(英)·이(伊)의 충돌은 한층 격화 발전하여 무력행동에까지 갈 위험성이 많아짐과 동시에 구주의 전면적 충돌로 전화할 것이다.

한편 식민지 피지배민족의 민족해방운동 정당으로서 민족혁명당의 이론가들이 이딸리아제국주의의 에티오피아 침략에 대한 국제연맹의 제재(制裁) 문제를 보는 시각 역시 우익 민족운동의 일각이 국제연맹에 의존하는 민족해방을 기도했던 점과 관련하여 주목할 만한 일이다. 민족혁명당 지도부는 국제연맹의 성격 자체를 비교적 정확하게 파악하고 있었으며, 따라서 그 제재가 약소민족 내지 피압박민족을 위해 도움이 되지 않을 것임을 알고 있었다. 그 기관지의 하나인 『우리들의 길』에 실린 「약소민족과 국제연맹」[3]이란 글은 다음과 같이 말하고 있다.

세계평화와 인류행복을 표방한 국제연맹은 종래 1~2개 제국주의자의 수중에서 좌우되는 영(英)·불(佛) 두 제국주의의 국제연맹이라 할 수 있을 만큼 소수 강대국의 독단적 지배를 받아왔다. 이에 참가한 다수의 약소국은 회원국이란 허명 아래 제반의 의무를 다할 뿐이며 실제의 이익은 조금도 없었다. 이런 사실로 보아 국제연맹은 약소민족과 이해가 상반되는 모순된 조직이라

---

3) 『사상정세시찰보고집』 3, 260~62면. 『우리들의 길』 1호는 1936년 7월 30일자로 발간되었다.

할 수 있다.

성립 당초 상해임시정부가 지향한 중요한 외교정책의 하나가 임정의 국제연맹 가입이었던 점과 비교해보면, 이 시기 민족해방운동전선, 특히 민족혁명당이 국제연맹을 보는 시각은 크게 달라졌음을 알 수 있다. 이 점은 민족혁명당 노선문제와도 관계가 있겠지만, 국제연맹의 실체가 정확하게 파악된 결과이기도 했다. 「약소민족과 국제연맹」에서 다음과 같은 대목이 그것을 잘 말해준다.

연맹조약 제10조에 "연맹회원국은 각 연맹회원국의 영토 완전(領土完全)과 현존 정치(現存政治)의 독립을 존중 보호할 것을 담임하여 외국의 침범을 방어한다" 등의 명문규정이 있음에도 불구하고 약한 나라는 이 규약의 보호를 받은 일이 없다. 예를 들면 세상이 다 아는 이른바 만주사변으로 일본제국주의가 만주를 강점한 후 중국정부는 회원국 자격으로서 국제연맹에 호소했다. 그러나 연맹이사회는 연맹규약에 의한 처치를 택했으면서도 일본의 강도 행위를 제재하지 않고 연맹이사회 중 각 제국주의자들은 각자의 이해타산으로써 대일(對日) 강경 처치를 기피하게 되었다.

민족혁명당 이론가들의 이딸리아의 에티오피아 침략에 대한 정세분석은 분석 자체로만 끝나는 것이 아니라 제국주의 침략에 대한 약소민족들의 대응방법을 제시함으로써 우리 민족해방운동의 방향을 설정하는 데 도움을 얻고 그 전선의 통일을 달성하려는 데 목적이 있었다. 다음 대목에서는[4] 에티오피아의 저항전쟁을 곧 우리 해방운동전선의 연

---

4) 「伊·이 전쟁」, 『民族革命黨 黨報』 제2호; 『사상정세시찰보고집』 2, 155면.

장으로 이해한 것 같은 느낌을 받게 된다.

이탈리아군은 각양 각종의 현대적 무기로써 참폭무비(慘暴無比)한 대도살(大屠殺)을 주요 전술로 하고 있다. 그러나 에티오피아군의 침착한 응전과 불요불굴한 민족의식의 발휘는 소수 열등 추장(酋長)을 제외한 거국일치로 각처에서 적군을 영두통격(迎頭痛擊)하고 있다. 우리는 원칙적으로 에티오피아의 승리를 희망하는 견지에서 투항한 몇 개 추장의 매국적 행위를 타매하지 않을 수 없음과 동시에 남녀노소 전국 일치하여 강적을 분쇄하고 있는 에티오피아 민족의 영기(英氣)를 본받지 않으면 안된다.

2) 일본의 파쇼화와 중국침략 문제

한편 민족혁명당의 이론가들은 적국 일본의 내정(內政)과 일본제국주의의 중국침략과 그것으로 인한 국제세력, 즉 미국·영국·소련 등의 이해관계의 변화를 심도있게 분석함으로써 민족운동의 방향설정을 정확하게 하려는 노력을 계속하고 있었음을 볼 수 있다. 먼저 적국 일본의 국내정치가 1935년의 이른바 천황기관설(天皇機關說) 문제 등을 통해 급격히 파쇼체제로 전환되어가고 있으며, 그것이 곧 제2차 세계대전으로 치닫고 있는 것임을 빈틈없이 내다보고 있었음을 알 수 있다.

일본 정국에 여러가지 문제가 복잡하게 기복하는 것은 반동적 신정권 수립의 전초적 표현이다. 군부 내의 암투, 천황기관설 문제의 확대, 거두살륙(巨頭殺戮), 정당정치 반대 등이 그것이다. 파쇼정권이 대두하려는 번민상태이다. 명년도 육해군 예산이 총예산의 태반을 점한 일, 런던 해군협정에 대한 강경표시, 전에 없던 대규모 군사훈련은 세계 제2차대전의 전초전이 발발한 지금 장차 국제적 쟁패전에 참가할 것과 국내 피압박계급 및 조선, 중국, 대만 등 민족의 도살을 표시하는 것이다.[5]

이러한 민족혁명당 쪽의 정세판단은 1936년 적의 수도 토오꾜오를 지키는 일본군 근위사단과 제1사단 군인 1400명이 수상관저 등에 습격하여 대신들을 죽인 이른바 2·26사건이 터짐으로써 그 예상의 정확성을 더하게 되지만, 이 사건에 대한 민족혁명당 이론가들의 다음과 같은 분석도[6] 정곡을 찌르고 있음을 볼 수 있다.

5·15사변 및 2·26정변의 발생은 그 근본원인이 사회기구의 모순에 의한 국민생활의 불안에 있음은 이미 말한 것과 같이 목전의 일본국책 수립에 가장 중요한 문제의 하나이다. 본래 국민생활의 불안 파탄은 자본주의 발달과 정중의 필연적 결과이다. …

그러므로 자본주의 경제구조의 부정(否定)에 의해서만 이 문제의 완전한 해결이 가능한지는 알 수 없지만, 현재 경제구조의 존속을 긍정하면서 노자타협(勞資妥協), 소작조건의 개혁, 자본의 누진율 징수 등으로써 부(富)의 편재를 광정(匡正)할 수 있다고 하는 것은, 지금 독일과 이탈리아 파시스트가 실천하고 있는 경제정책에 잘 나타나고 있는 것을 어리석게 덮어 감추려 하는 일이다. …

그러므로 이것은 목하 일본 사회기구의 심각한 열흔(裂痕)을 사회정책에 의해 점차 미봉(彌縫)하려는 것이며, 잠시적 미봉책이라기보다 통치계급이 국가통제력을 강화하여 대외침략전쟁 준비를 목적하는 것이다.

---

5) 「敵國의 政情과 對中新陰謀」, 『민족혁명당 당보』 제1호; 『사상정세시찰보고집』 2, 139면.
6) 「日本의 2·26政變과 今後의 動向」, 『민족혁명』 제2호; 『사상정세시찰보고집』 3, 97~98면.

이 글에서 유럽의 독일과 이딸리아에 이어 일본제국주의도 파쇼체제화하고 있음을 정확하게 파악하고 있음을 확인할 수 있으며, 한편 민족혁명당 쪽은 적국 일본의 국내정세뿐 아니라 그 본격적인 중국침략을 미리 내다보고 이에 대한 미국·영국·소련 등의 대응문제에 대해서도 비상한 관심을 가지고 예리한 분석을 가하고 있었다. 사실 이 문제는 우리 민족해방운동의 추이와도 깊은 관계를 갖는 것이었고, 따라서 민족혁명당 쪽의 다음과 같은[7] 깊은 관심과 분석은 당연한 것이었다.

　실리주의자인 영국은 9·18사변[만주사변 – 인용자] 당시 국련(國聯)의 대일(對日) 제재를 저애회피(沮碍回避)하여 일본제국주의의 행동을 묵과했다가 지금에는 일본에 대한 방위의 적극정책을 시행하려 하고 있지만 이미 시기가 늦었다. 그러나 과거 정책의 착오도 그 실리주의에 근거한 것이고 현재의 대일 적극 진출(積極進出)도 또한 실리주의에 의한 것이다. …
　현재 미국이 해양(海洋)자유주의를 버리고 국련의 대이(對伊) 제재에 찬의를 표하여 엄정중립 태도를 취하게 되고 대서양에 있는 영(英)·미(美) 대립이 완화함에 따라 극동의 대일문제에 대해 합작의 가능성이 농후해졌다. 또 영(英)·소(蘇) 간 종래의 충돌도 근동제국(近東諸國)의 합작과 영·소 간 상무관계(商務關係)의 원만한 회복 등 외교관계의 호전으로 인해 일본의 북부중국 침략은 일소전쟁(日蘇戰爭)을 한층 더 촉진시키고, 끊임없이 일어나는 소만(蘇滿) 국경충돌사건의 발전 확대는 소련으로 하여금 영·소간의 대립완화와 일본과의 합작을 어느정도까지 가능하게 한 것이다.

이 글에서는 중국에서의 이권을 둘러싼 영국·미국·일본 등 제국주의

---

7) 「國外情勢報告材料及批判」, 『민족혁명당 당보』 제4호; 『사상정세시찰보고집』 2, 315~16면.

열강의 이해관계 추이와 전망, 그리고 소련 쪽의 작용까지를 예민하게 분석하면서 소·일 간의 관계악화 속에서도 '합작' 가능성까지 내다보고 그것이 우리 민족해방운동에 끼칠 영향을 정확하게 파악하려 노력한 흔적을 볼 수 있다. 일본제국주의의 중국침략이 미국과 영국의 이해관계를 일치시킴으로써 일본에 대한 이 두 나라의 압박이 가중해갈 문제도 빈틈없이 파악하고 있었음을 다음과 같은 대목이 잘 말해준다.

최근 영·미 양국이 북부중국 문제에 대해 지극한 관심을 기울임에 따라 일본의 진일보한 적극행동이 영·미의 완전합작을 촉진하게 되고 이에 따라 오는 12월 초에 열릴 런던해군회의에서 일본이 불리한 처지에 빠질 것을 고려하여 북부중국 문제를 잠시 완화하고 있는 것 같다.

영국과 미국 등 국제세력의 견제에 의해 일정한 진퇴가 있기는 하지만 결국 일본의 중국침략은 중단되지 않을 것이며, 그 경우 '만주사변' 때와는 다른 상황이 전개될 것이라 내다보고 있음을 알 수 있을 것 같다. 이는 두말할 것 없이 일본의 중국침략과 국제세력의 이에 대한 대응 여하가 우리 민족해방운동전선의 앞날과 직결되기 때문이었다. 민족혁명당의 이론가들은 일본의 북부중국 침략계획을 분석하면서,

종래 일본군부의 계획과 심산은 금년 내에 무력적 수단을 써서라도 반드시 북부중국 몇 개의 성(省)을 망라하여 중국 중앙정부로부터 완전히 이탈한 괴뢰자치정권을 수립하려 하고 있다. 그러나 일본군부의 계획은 실현되지 않고 금년을 넘기게 되었다. 그 이유는 첫째 실천을 통해 체험한 북부중국 문제에 대한 계획이 다소 착오였고, 둘째 육해군과 외교부가 타협하여 북부중국에 대한 급격한 행동을 다소 연기한 데 있다.[8]

170

고 보았으나, 그렇다고 해서 일본제국주의가 북부중국 침략을 포기한 것은 아니며, 일본의 그곳에 대한 적극적 행동도 멀지 않았으므로 곧 그곳에 험악한 파란과 풍운이 일어날 것이라 내다보았다. 그런 경우

> 극동문제 해결은 중국 자체의 힘보다 극동에 이해를 가진 영국·미국·소련의 힘에 의해 결정된다. 그런데 지금의 정세는 과거 9·18사변 당시와는 다르다. 과거 9·18사변 당시 영국의 실리적 외교는 일본의 만주침략을 묵과하고, 미 국무경 스팀슨이 제시한 영·미합작의 조회를 거절했으나 현재 일본의 대두가 영국의 상상 이상에 이르러 영국의 이권을 침해하는 것을 보고 오히려 지금에 와서는 미국과의 합작을 청하고 있다.[9]

고 한 것과 같이, 1931년 '만주사변' 발발 당시의 극동정세와 중일전쟁 발발을 앞두고 있는 1930년대 후반기의 그것이 다름을 정확하게 인식하고 있음을 볼 수 있다. 러일전쟁과 일본의 한반도 식민지화 과정 그리고 제1차 세계대전 과정을 통해 일본과 제국주의적 이해를 같이하던 영국과 미국이 '만주사변'을 계기로 일본과 이해가 엇갈리게 되었다. 그러나 이때는 특히 영국이 일본에 대한 견제를 적극적으로 펴지 않았고, 이 때문에 일본의 '만주' 침략을 기정 사실화했다. 그러나 일본의 중국침략이 더 진전되어 그 본토로 확대될 조짐을 보이게 되자 영국도 더이상 대일본 정책에서 소극적일 수 없게 되었고, 일본제국주의와 미·영제국주의 사이의 갈등과 대립이 심화되지 않을 수 없게 되었다. 그리고 이와 같은 정세의 변화는 미일전쟁의 가능성을 짙게 했고, 그것은 우리 민족

---

8) 「最近의 北支問題」, 『민족혁명당 당보』 제5호; 『사상정세시찰보고집』 2, 333면.
9) 같은 자료 335면.

해방운동전선에도 깊은 관심사가 되지 않을 수 없었다.

　미일전쟁과 함께 소일전쟁의 발발도 우리 민족해방운동의 전개에 큰 변수로 작용할 것임을 알고 있었던 민족해방운동전선은 일본제국주의와 미·영 제국주의 사이의 대립 심화과정에서 소련 측의 이해문제와 동향에 대해서도 깊은 관심을 갖지 않을 수 없었다. 민족혁명당의 정세분석가들은 극동지역에서 일본과 미·영의 대립이 심화되는 정세 추이에 대한 소련의 작용을 다음과 같이 파악하였다.

　　소련은 간접적 우회방법의 교묘한 외교정책으로써 집체화평제도(集體和平制度)의 보장에 노력하고 있다. 그리하여 구주에서는 국련(國聯)의 약소국과 제휴하여 영국을 압박하면서 종래 제국주의자 사이의 비밀외교를 청산하게 하고 공개적 외교로써 집체화평 유지정책에 추종하게 하고 극동문제에 관해서는 영·미 합작의 대일제재를 책동하고 있다.[10]

　민족혁명당 쪽의 이같은 정세파악은 파시즘 국가와 여타 제국주의 국가들 사이의 긴장관계 고조에 대한 소련의 대응전략을 그대로 지지한 것이 아니라 객관적으로 인식하려는 처지에 있었다고 볼 수 있다. 그것은 민족혁명당이 어느정도 사회주의적 노선을 택하고 있으면서도 코민테른과 직접 연결된 정당이 아니었음을 말해주는 부분이다.

　요컨대 민족혁명당의 정세분석가들이 파악한 1930년대 후반기의 세계정세는 유럽의 독일·이딸리아, 극동의 일본 등 당시의 후발 제국주의 국가들이 그 체제적·역사적 모순을 자체적으로 극복하지 못하고 침략전쟁을 통한 더 많은 식민지 확보를 통해 타결하는 길을 택하게 되었으

---

10) 같은 곳.

며, 이 경우 미·영 등 선발 제국주의 국가는 물론 사회주의 국가 소련과
의 충돌도 면할 수 없게 되어 결국 제2차 세계대전으로 나아가지 않을
수 없는 단계에 육박하고 있다는 것이었다.

이와 같은 세계정세 및 극동정세의 변화는 당연히 우리 민족해방운
동전선 전체의 깊은 관심대상이 되었고, 특히 이 시기 민족해방운동전
선의 대표적 정당의 하나이던 민족혁명당은 제국주의 모순의 심화로
인한 파쇼체제의 등장과 그 결과로서 세계대전 발발의 불가피성을 충
분히 인식하고 그에 대한 전선 전체의 대응책으로서 창당노선이던 민
족통일전선론을 재삼 제시하게 되었다.

이 시기 세계사적 추세는 파쇼체제 등장에 대응하여 인민전선을 구
축하는 방향으로 나아가고, 식민지·반식민지 민족사회에서는 그것이
대체로 민족통일전선의 형성으로 나타났다. 우리 민족해방운동전선의
민족전선론은 이러한 세계정세뿐만 아니라 식민지배하의 국내정세에
도 뒷받침된 것이었다. 민족혁명당의 민족전선론을 구명하기에 앞서
당시 이 당의 이론가들이 국내정세를 어떻게 파악하고 있었는가를 그
기관지들을 통해 살펴볼 필요가 있다.

2. 통일전선론을 뒷받침한 국내정세 인식

1) 사회·경제적 실정에 대한 인식

망명지에서 활동한 민족혁명당『당보』는 매호마다 국제정세 분석과
함께 국내정세에 대한 자료를 수집하고 그것을 근거로 일정한 분석과
비판을 가하고 있었다. 국내정세 분석에 이용한 자료가 대체로『동아일

보』와 같은 국내에서 발행되는 신문, 이여성의『숫자조선(數字朝鮮)』등이었던 점으로 보아 그들이 특별한 국내 정보수집선을 따로 갖고 있었던 것은 아닌 것 같다. 그러나 우리는 그 분석을 통해 통일전선 지향의 독립운동 정당이었던 이 당의 이론가들이 국내에서 일어나고 있는 제반 상황 중 어떤 문제에 특히 관심을 가졌는지를 이해할 수 있으며, 그것이 통일전선론과 어떻게 연결되었는가를 이해하는 데 도움을 얻을 수 있다.

민족혁명당 정세분석가들의 국내정세에 대한 관심을 크게 분류하면 첫째, 국내의 사회·경제적 실정에 대한 파악과 그것을 통한 식민지 지배정책 및 식민지자본주의의 성격 이해, 둘째 국내 노동자·농민의 생활실태와 그것을 바탕으로 하는 노농운동의 발전상 및 신간회운동 이후 국내 좌우익 민족해방운동의 흐름에 대한 이해와 국외전선의 대응 문제, 그리고 국내운동의 연장선에 있다고 볼 수 있는 '만주'지역에서의 무장항쟁 상황 등으로 나누어볼 수 있을 것 같다. 이것을 국내의 사회·경제적 실정에 대한 인식과 민족운동에 대한 인식으로 나누어 살펴보기로 하자.

민족혁명당『당보』는 이 시기 국내정세에서 인구의 도시집중과 빈민화문제 그리고 식민지 우민화(愚民化) 교육정책 등에 큰 관심을 가지고 그 원인을 추구하는 한편, 그것을 통한 민족운동의 방향을 가늠하고 있었음을 볼 수 있다. 1935년 11월에 간행된『민족혁명당 당보』제3호는 국내의『동아일보』를 통해 평양부(平壤府)의 인구가 최근 3개월 동안에 5만 1131명 증가한 사실, 광주부(光州府)의 1935년 10월 1일 현재 인구가 5만 3500명으로서 전년 말의 4만 8000명에 비해 9개월 만에 1만 5000명이나 증가한 사실, 부산부(釜山府)의 인구는 18만 명으로 전년에 비해 1만 8000명이 증가한 사실 등을 들면서, 이 사실들이 갖는 역사적

의미가 무엇인가를 다음과 같이 말하고 있다.[11]

　인구의 도시집중은 경제의 자본주의적 발달을 의미하는 것이 아니라 전체 민족경제의 파멸을 의미하는 것이다. 왜냐하면 발달의 정상적 도정(道程)을 걷는 국가에서는 상품생산의 발달로 농촌이 분해되고 농촌의 분해로 종래의 생산기구로부터 해방된 농민은 다시 발달한 상품생산기구의 부름에 의해 도시로 집중하는 것이다. …
　그러므로 인구의 도시집중은 수공업적 생산의 공장업적 생산으로의 전환, 영세한 자급적 개인생산에서 대규모 사회생산으로의 발달을 의미하게 되어 전체적 국민경제에는 진보현상이지만, 이들 국가들과는 근본적 조건을 달리하는 우리나라는 경제의 자기발전에 의해 농촌이 분해하는 것이 아니라 외국상품 유입과 이족(異族)통치의 착취에 의해 농촌이 파멸하고 있는 것이다. …
　그러므로 농민이 토지에서 구축되는 날은 생산기능을 영원히 상실하는 순간이 될 뿐이며 새 생산부분에 참가할 문로(門路)가 없어지는 것이다. 그리하여 생산에서 유리된 우리 농민은 그 고향에서 이사하거나 또 처자를 데리고 유리표박(流離漂迫)하는 외에 방법이 없게 된다.

　식민통치 아래 있는 조선인 인구의 도시집중이 자본주의 발달의 자연스러운 과정에 의한 것이 아니라 식민지지배 아래 경제파멸의 산물로서 농촌인구의 도시빈민화 및 농촌빈민화에 지나지 않음을 정확하게 파악하고 있다. 이 글은 계속해서 이와 같은 도시 인구집중 현상이 갖는 경제적 의미를 설명하면서, 식민지배 아래에서의 빈민증가 현상을 곧 우리 민족운동의 방향을 설정하는 특수성의 하나로 지적하고 있다.

---

11) 「國內情勢材料及批判」,『민족혁명당 당보』제3호; 『사상정세시찰보고집』2, 297~98면.

현재 국내의 도시 인구집중은 국민경제의 정상적 발전도정에서 볼 수 있는 민족자본주의적 발달을 의미하는 것이 아니라 적(敵) 일본인의 자본주의적 발전을 의미하는 것이다. 그러므로 국민경제의 파멸, 민족적 빈곤의 집군화(集群化) 표시의 의의를 갖는 것이다. 그리하여 이것은 우리들의 혁명원리와 조직방책에 대한 특수성을 결정하고 있는 것이다.

이 글에서는 이론을 더 전개시키지 않고 있지만, "혁명원리와 조직방책에 대한 특수성을 결정"한 결과가 정강 정책에서 사회주의적 방향으로, '조직방책'에서 통일전선의 방향으로 나타났다고 할 수 있을 것이다.
또 민족혁명당의 정세분석가들은 1930년대 후반기 일본제국주의의 파쇼체제가 식민지 조선에서 지배정책을 어떻게 바꾸어가는가 하는 문제에 대해서도 비교적 정확한 정보와 분석력을 갖고 있었다. 『민족혁명당 당보』에서 다음과 같은 글은[12] 이 시기에 와서 조선총독부의 통제경제체제가 조선인의 마지막 남은 생산활동까지 철저히 박탈한 사실을 해외전선에서도 소상하게 알고 있는 증거가 된다.

적의 총독부는 최근 국내경제의 통제정리(統制整理)란 명목으로 농촌·어촌에 있는 영세한 소생산판매의 길마저 동포의 손에서 삭탈하여 적의 개인적 재벌 또는 조합적(組合的) 자본에 양도하고 있다. 이달 중의 자료에 의하면 적의 총독부는 인천항과 원산항의 수산물 판매를 취급하는 동포 몇천 호로부터 재래의 영업권을 금지하고 일본인 자본체계의 조합에 독점시켰다고 한다. 또 함경도 연안의 명태어 포획권을 적의 자본에 양여하고 그 자본은 거대한 최신식 설비로써 명태어의 포획을 독점하기 때문에 종래 그 생산과 판매에 종

---

12) 「國內情勢材料及批判」, 『민족혁명당 당보』 제5호; 같은 자료 337면.

사하고 있던 우리 어민 수만 호는 생계의 길을 박탈당해버렸다.

민족혁명당은 같은 시기 중국지역의 우리 민족운동전선에서도 보기 드물게 국내정세를 소상하게 파악하고 그것을 통해 식민지 지배정책의 변화과정을 추적하고 있음을 볼 수 있다. 다음에서 논급될 무장활동조직인 조선의용대 활동과 함께 국내정세 파악을 통한 민족해방운동방법론의 정립이 동시에 이루어지고 있었다는 점에 민족혁명당의 강점이 있었다고 생각된다. 이 당의 정세분석가들이 일본제국주의의 조선에 대한 식민정책의 변화과정과 그 기만성을 비판한 부분을 좀더 들어보자.

『민족혁명당 당보』는 식민지 조선에서 조선인과 일본인 사이의 빈부격차를 확인하기 위해 과세부담의 차이에 관심을 가지면서 다음과 같은 자료를 제시하고 있음을 볼 수 있다.[13]

이달 중[1935년 12월 – 인용자] 경성부 과세분포(課稅分布) 상태에 관한 자료에 의하면, 연수입 500원을 최저한도 표준으로 하는 호별 세과호수(稅課戶數)는 경성부의 전체 호수 80,961호 중 37,212호에 지나지 않으며 그것을 다시 한인(韓人) 대 일본인의 민족별로 보면 한인 호수 54,645호 중 과세부담능력자는 겨우 15,015호여서 전체 호수의 27%에 지나지 않는다. 그밖의 73%는 부담무능력자로서, 즉 연수입 500원의 능력도 없는 데 반해 일본인은 전체 호수 25,357호 중 과세호수가 21,701호로서 전체 호수의 85%에 이르고 있다.

『민족혁명당 당보』의 이런 기사를 통해 국내와 내왕이 어려웠던 해외 민족해방운동 정당이면서도 국내 민중의 생활실상을 정확하게 파악

---

13) 같은 자료 338면.

하기 위한 노력을 기울이고 있는 흔적을 볼 수 있다. 그리고 이와 같은 과세부담능력으로 본 민족별 부(富)의 분포상태가 서울에만 한하는 것이 아니라 전국적 통계도 분석하고 이 민족별 빈부격차가 갖는 경제사적 의미를 다음과 같이 설명하고 있다.

조선민족은 지금부터는 일본자본주의의 상품소비시장적 의의와 원시축적의 수탈대상으로서 가치는 점차 소멸하고, 따라서 일본제국주의는 지금은 조선민족을 그 필수의 노예적 임노(賃勞) 또는 강제적 부불노동(不拂勞動)에 구사함으로써 공산물의 생산과 원료자원의 채취에 한층 더 중요한 의의와 가치를 발견할 수 있는 것이다.[14]

민족혁명당의 이론가들은 1935년대 이후 국내경제의 단계가 식민지 초기 일본자본주의의 발전을 위한 원시축적과정을 넘어 일본자본주의에 의한 철저한 노동착취 단계로 들어서고 있다고 보았다. 식민지 초기 원시축적과정에서 조선농민을 농토에서 축출한 일본자본주의가 1930년대 후반기 이후 대륙침략정책을 본격화하면서 그 축출된 인구를 중심으로 하는 조선민족을 '노예적 임노' '강제적 부불노동'으로 착취하는 현실을 정확하게 보고 있었던 것이다.

여기서 '노예적 임노'는 식민지배의 결과 빈민으로 전락한 조선민족에 대한 저임금 착취의 심화를 말하고, '강제적 부불노동'은 "최근 수년 이래 일본 산업자본의 조선으로의 강제적 진출과 도로공사 및 기타 자원채취공사에 조선농민이 강제적으로 부역(賦役) 확장"된 것을 가리키지만, 농촌에서 쫓겨난 이들 인구는 1937년 중일전쟁의 도발과 태평양

---

14) 같은 자료 338~39면.

178

전쟁으로 연결되는 과정에서 이른바 징용(徵用), 보국대(保國隊) 등 전쟁노동력으로 강제동원되었다.

민족혁명당은 물론 이 시기의 해외전선이 정강 정책을 수립하는 과정에서 교육정책에 깊은 관심을 가지면서 그 정책을 대체로 모든 교육의 국비 의무교육제를 채택하는 방향에서 잡았다. 이것 역시 국내에서 일본제국주의의 우민정책이 가져온 교육현실에 대한 정확한 이해를 바탕으로 한 것이었다. 민족혁명당 기관지『우리들의 길』은 국내의 교육현실을 '교육지옥'으로 표현하면서 1936년도의 조선총독부 세출경비회계(歲出經費會計) 3억 원 중 교육비는 겨우 그 30분의 1인 109만 원에 지나지 않는 사실, 군산(群山) 인구 4만 명에 보통학교가 1개교뿐이어서 학령아동 취학률이 2할에 지나지 않으며, 평양부 내 학령아동 1만 5000명 중 1600명만이 수용되었고, 안성(安城)에서는 1면 1교제가 완성된 후에도 학령아동 취학률이 겨우 7부에 지나지 않으며, 농촌지역의 경우 황해도 봉산(鳳山)은 1할 1부, 철원(鐵原)은 8부밖에 되지 않는 사실 등이 특히 지적되고 있다.[15]

이 자료는 또 1931년부터 1936년까지 5년간 성대예과(城大豫科) 입학생 비율은 조선인 23 대 일본인 67, 같은 해 졸업생 비율은 조선인 1 대 일본인 9이며, 1935년도 성대(城大) 법(法)·의(醫) 양전과 고농(高農)·고상(高商)과 대구, 평양의 두 의전(醫專) 등 8개 고등교육기관의 입학비는 조선인 35 대 일본인 65, 고공(高工)은 1 대 27인 사실, 1936년도 대구사범의 지원자 대 정원비율이 1 대 11이며, 수원농교가 1 대 13인 사실, 1935년 4월부터 10월까지 7개월 간 함남 초중등교 400여 개의 중도퇴학자가 2900명인데, 그 최대 원인이 월사금 납입불능이라는 사

---

15) 「國內情勢簡報」,『우리들의 길』제1기; 『사상정세시찰보고집』3, 273면.

실 등을 소상하게 소개하고 있다.

한편 3·1운동 후 식민지 지배정책이 '문화정치'라는 이름으로 민족분열정책을 펴면서 일부 실시한 이른바 지방자치에 대해서도 민족혁명당의 정세분석가들이 그 진의를 다음과 같이 분석하고 있어[16] 해외전선에서 국내 실정을 얼마나 정확하게 파악하고 있었는가를 알게 한다.

적의 총독부는 현재 납세능력을 표준으로 하는 민선(民選) 내지 관선(官選) 평의원에 의한 지방정치 자의제도(諮議制度)의 실시로써 조선자치정치(朝鮮自治政治)의 시험이라 말하고, 장차 자의기관(諮議機關)을 의결기관으로 승격시킬 것과 그 중추기관의 확대로써 조선 자치정치를 완성시킬 것이라 선전하고 있다. 그리하여 이것은 조선정치의 민주주의적 실현임에 틀림없다고 일반 군중에게 설유하고 있다. …

그러나 과세액의 다과에 의해 선거가 결정되고 있는 소위 지방자치기관이라 하는 것에 어떤 자들이 모여 어떤 일을 하고 있는가. 또 장차 이것의 승격으로 완성된다고 하는 소위 조선의 자치라는 것의 본질이 무엇인가를 앞에서 제시한 현재 국내의 민족별 부(富)의 상태와 그 과세능력의 비율자료에 의해서만으로도 판단하고 남는다.

그뿐만이 아니다. 일본제국주의가 식민지 조선에 투자한 사회간접자본과 조선에 시설한 이른바 근대적 문명시설이 무엇을 위한 것이며, 그것이 조선민중과 어떤 관계가 있는 것인가 하는 문제에 대해서도 그 본질을 정통하게 이해하고 있었음을 볼 수 있다. 이것은 해외전선이 식민지 지배정책의 본질이 무엇인가를 파악하는 데 얼마나 접근하고 있었

---

16) 「國內情勢報告材料及批判」, 『민족혁명당 당보』 제5호; 『사상정세시찰보고집』 2, 339면.

는가를 말해주는 좋은 근거가 될 것 같다.

　적의 총독부는 국내에 있는 도로, 항만, 수도, 전등 기타 근대적 물질의 시
설로써 소위 문명정치(文明政治)의 공적을 자과(自誇)하며 내외에 선전하고
있다. 그러나 적의 자본주의적 상품과 원료수송을 위한, 우리 농민의 강제적
노동에 의해 시설된 도로와 항만이 우리의 민족생존에 대해 어떤 파멸작용을
하고 있는가는 우리가 이미 알고 있는 일이다. …
　원산항(元山港)은 국내 유수의 도회지로써 총독정치가 문화시설지로 자만
하는 곳이지만, 이달 4일자 『동아일보』에 의하면 시내 적전교(赤田橋)를 경계
로 하여 남의 일본인 거류지는 각종 시가지 시설이 균정(均整)되어 있으나 4
만의 한인(韓人)이 거주하는 북부에는 하수도 설비마저 없어 비가 오면 진흙
길이 된다 했고, 10일자 동보에 의하면 인천에서 상수도를 이용하는 우리 주
민은 전체 주민의 2할 9부에 지나지 않는다 했다.[17]

　식민지시기 35년간을 통해 국내의 민중생활과 격리되어 있는 해외
민족운동전선의 운동방향이, 그리고 그 단체들이 제시한 정강 정책 등
이 얼마나 현실성 있는 것이겠는가 하는 의문은 있을 수 있다. 그러나
이상에서 살펴본 것과 같이 해외전선은 국제정세의 변화와 함께 국내
민중생활의 실정을 파악하기 위한 노력을 그때마다 계속하고 있었음을
확인할 수 있다. 그들의 국내정세 인식과 운동방향 및 정강 정책의 수립
방향 등이 서로 연결되어 있었음을 알 수 있다. 이 점은 해외전선의 민
족운동 전개과정을 이해하는 데서 빠뜨릴 수 없는 부분이며, 국내외를
통한 민족해방운동사 전체를 체계화하는 데도 반드시 고려되어야 할

17) 같은 자료 339~40면.

점일 것이다.

2) 국내 민족운동의 전개에 대한 인식

민족혁명당 정세분석가들의 국내 민족운동 전개에 대한 인식은 크게 나누어 노동자·농민운동과 신간회운동 같은 이른바 '표면단체(表面團體)' 운동 그리고 공산주의운동과, 엄격히 말하면 국외운동이지만 우리가 국내운동의 연장선상으로 보고, 여기서 다루려고 하는 중국 동북지방에서의 무장항쟁 등으로 나눌 수 있다.

먼저 농민운동의 경우 소작쟁의가 1935년 상반기에 일본 쪽 법정에서 정식으로 취급된 건수만도 1만 9999건이어서 앞의 1년간 쟁의 총수 7544건의 2배 반 이상 증가하고 있으며, 그전해의 1975건에 비해 10배 반 증가했다고 파악하고, 그 현상이 갖는 의미를 다음과 같이 분석하고 있다.[18]

우리 농민의 생존의식을 바탕으로 한 경제적 반항이 이와 같이 급속도로 격앙되어가고 있는 현상은, 우리 민족 일체 생존의 적인 강도 일본제국주의에 대한 전체 민족적 총반항의식이 급속히 불타오르고 있는 것이 아니고 무엇인가. 따라서 이같이 급격하고도 광범하게 팽배하는 대중의 생존적 자연반항을 명확한 혁명적 정강에 조직 융합시켜 최후 승리할 때까지 지도해야 할 의무가 우리들에게 급속히 요구되고 있는 것이다.

이 글은 민족혁명당의 정강 정책이 국내 농민운동의 고양에 영향받

---

18) 「國內情勢報告材料及批判」, 『민족혁명당 당보』 제4호; 같은 자료 319면.

고 있었음을 시사하고 있다. 해외 민족해방운동전선, 특히 중국지역의 전선이 국내 민중운동을 직접 지도할 수 없었음은 물론 간접으로 연결되기도 어려운 실정이었으나, 민족혁명당의 경우 부단한 국내정세 분석을 통해 운동의 방향을 설정해가고 있었으며, 이 점에서 해외전선은 국내전선과 일정하게 연결되어 있었다고 할 수 있을 것이다.

한편 민족혁명당 이론가들의 국내 농민문제에 대한 관심이 농업경영형태 및 소작료 문제에 미친 것은 자연스럽다. 곡물수확량이 매년 감소하는 추세인데도 1935년의 소작료율이 1922년에 비해 논은 2할 5부, 밭은 2할 3부 증가한 사실이나, 1935년 현재 전국의 경작지가 4만 8000정보이며 그중 자작지가 1만 8000정보에 지나지 않는다는 사실, 역시 1935년 말 현재 고리임무(高利債務)의 중압 아래 신음하는 농가가 232만 호나 되며, 그 부채액은 2억 3000만 원으로 매호당 평균 100원이 된다는 사실 등에[19] 그들의 관심이 집중되고 있었다. 그것이 그 당의 정강 정책에서 토지국유화와 농민분배를 통한 봉건적 소작제의 폐지로 나타났음을 쉽게 이해할 수 있다.

국내 노동자의 생활상 및 노동운동 현황이 그들의 중요 관심사였고, 그것이 또 당의 정강 정책 수립 및 운동의 방향설정에 영향을 끼쳤음은 오히려 당연하다. 예를 들면 『우리들의 길』에서는 1935년 말 현재 인천시내의 크고 작은 공장 19개소에 고용되어 있는 직공 4000여 명 중 소년공이 800명이며 최저임금이 일당 15전이란 사실이나, 같은 해 평안남도의 10명 이상 고용공장수 204개소의 직공 1만 166명 중 14세 소년공이 1340명이고 노동시간이 보통 12시간 내지 15시간이란 사실, 평안남도의 광산 95개소에 고용된 광부 1만 6248명 중 1935년 1년간 설비불완

---

19) 「國內情勢簡報」, 『우리들의 길』 제1기; 『사상정세시찰보고집』 3, 72면.

전으로 희생된 사람이 16명에 1명 비율로 1000여 명에 이르렀다는 사실, 1935년 중 노동쟁의 건수는 170건이고 참가인원은 1만 2000명이며 노동자가 승리한 경우가 약 6할이 된다는 사실 등이 파악되고 있다.[20] 이 당이 정강 정책에서 대규모 생산기관 및 독점적 기업을 국영으로 하고 노동운동의 자유를 보장한 것도 이같은 국내정세 파악의 결과라 할 수 있을 것이다.

다음, 민족혁명당의 정세분석가들은 국내에서 사회의 표면에 드러난 민족운동단체, 즉 합법적 운동단체에 대해서도 정확하게 파악하고 있었음을 알 수 있다. 『민족혁명당 당보』 제5호에 실린 「표면운동단체 (表面運動團體)의 상황」[21]에서는 조선총독부 쪽의 통계를 입수한 것이라 추측되지만, 당시 국내 '표면운동단체'의 조직군중(組織群衆)은 총계 10만 3655명이며 이를 다시 각 부문별로 나누어 통계하면, 청년단체가 680개에 조직군중 3000명, 노동단체가 250개에 조직군중 3만 5000명, 농민단체 164개에 조직군중 3655명에 이른다 하고, 그 성격 및 역할에 관해 이렇게 논평했다.

1930년[1931년의 착오 — 인용자] 신간회 해소와 함께 국내운동이 방향을 전환함에 따라 운동의 중심이 합법적 표면에서부터 비합법적 지하로 옮겨갔지만, 그렇다고 하여 국내의 표면운동이 운동의 전면에서 전연 제양(除讓)된 것은 아니며 또 그 의의를 망각한 것도 아니다. …

일정 한도의 자연성장적 단계에 도달한 운동의 지도의식이 그다음 단계의 역사적 사명을 수행하기 위해서는 적(敵)의 법제와는 절대적 차단을 면할 수

---

20) 같은 자료 272~73면.
21) 『사상정세시찰보고집』2, 336~37면.

없다. 따라서 이에의 필연적 추진경로는 비합법적 지하로의 잠투(潛透)를 가져오지 않을 수 없다. 그러나 이것은 전체 운동이 표면에서 철퇴한 것을 의미하는 것은 아니다. …

오히려 이때부터 표면운동은 핵심에 대한 필수의 포육(包肉)으로써 혼수(魂髓)에 대한 불가결한 고굉(股肱)으로서 그 발전의 의의가 더욱 평가되지 않으면 안된다. 그러므로 지금의 국내 표면운동은 의연히 우리 운동의 전면적 의의를 가지는 것이며 따라서 이것의 항상적 질량(質量)이 우리 운동 전체의 질량을 표현하고 있는 것이라 하지 않으면 안된다.

이 글은 민족혁명당의 처지를 이해하는 데 중요한 시사를 주고 있는 것 같다. 신간회운동 해소 후 국내 합법운동의 존재의의를 인정하고 있다는 점이다. 민족혁명당이 통일전선을 지향하는 정당으로서 그 이론가들이 앞선 통일전선운동인 신간회운동을 높이 평가한 예는 여러 논설에서 볼 수 있었지만, 신간회운동 해소 후 국내운동의 중심이 비합법 지하운동으로 잠적한 사실의 필연성이나 정당성을 인정하면서도, 한편 합법운동의 정당성을 인정할 뿐만 아니라 지하로 들어간 '혼수(魂髓)'에 대한 불가결한 '포육(包肉)'으로서 존재의의를 높이 평가하고 있는 점이다. 통일전선 정당으로서 민족혁명당의 성격이 잘 드러난 논설이라 할 수 있을 것이다. 민족혁명당이 국내 합법운동의 존재의의를 왜 이같이 평가했는가를 이 논문은 다음과 같이 부연해서 설명하고 있다.

앞서의 숫자로 표현되어 있는 현재 국내 표면운동의 현세(現勢)에 의해 국내운동의 전반적 현황을 타진해보면 아직 국내운동이 절박한 객관적 정세에 부합하여 주관적으로 상승해 있지 않음은 확실하지만, 이것은 정세의 엄중함과 함께 적의 야만적 강압과 지도자의 계속적 구검이 그 중요한 원인이 되어 있다. …

　다시 앞 자료의 부분적 조직비율에 비추어보면 농민 및 노동자층이 단연코 우세하여 청년운동과 소년운동이 그다음으로 되어 있음을 알 수 있다. 이에 우리는 현하 우리 혁명의 가장 광범위한 대중적 지주(支柱)가 어떤 사회계층에서 발견될 수 있는가를 재인식할 수 있는 것이다.

　민족혁명당의 정세분석가들은 국내 '표면단체운동'의 현황에 기초하여 앞으로 민족운동의 주체는 역시 노동자·농민층과 청년·학생층임을 정확하게 인식하고 있으며, 그 때문에 국내 '표면단체운동'의 역사성을 강조하고 있는 것이다. 1930년대 후반기에 오게 되면 일반적으로 국내의 노동운동이 지하로 들어가면서 비밀조직화하고 '표면단체운동'의 활동에는 덜 주목하지만, 해외 민족운동전선에서 민족혁명당의 정세분석가들이 이 시기에도 국내 '표면단체운동'의 활동을 근거로 하여 민족운동의 주체를 노농계급과 청년·학생층에 두고 있는 것은 주목할 만하다. 민족혁명당의 통일전선운동이 현실적으로 중국지역 민족운동전선에 한정되기는 했지만, 이 글의 내용은 장차 통일전선의 범위를 국내에까지 확대할 것을 의도하고 있는 결과라 할 수도 있을 것이다.

　한편 민족혁명당 정세분석가들의 국내 민족운동에 대한 관심은 '표면단체운동'에 한정되지 않고 그 공산주의운동과 '만주'지방의 무장항쟁에도 미치고 있었다고 말했지만, 이 당의 활동이 그것들과 직접 연결되었던 것 같지는 않다. 그러나 이 부분의 활동에 대한 정보도 당의 노선 설정 및 그 활동에 어느정도 영향을 미쳤으리라 짐작할 수 있다. 다만 국내 공산주의운동에 대한 정보는 역시 그다지 많지 않았던 것 같아서 1935년의 다음과 같은 정보가 있을 뿐이다.

공산주의운동은 연래 국내운동이 여지없이 박해를 받고 있는 중에서도 끊임없이 계속되고 있다. 최근 발표된 3차 공청재건사건의 94명, 전북 적색교원사건의 6명, 함흥 고보사건의 14명, 문천(文川) 적색농조사건의 9명, 만주 반석(盤石)현 공당사건(共黨事件)의 8명, 함북 노농사건의 20명, 경성사건의 100명 등의 공판유치 검거 등이 행해지고 있다.[22]

지금 현재로서는 민족혁명당 기관지류에서 이 자료 이후 국내 공산주의운동에 관한 기사가 보이지 않는다. 앞으로 자료가 더 발견될지 모르지만, 민족혁명당이 국내에 직접적인 정보선을 갖기 어려운 실정이기도 했으며, 중일전쟁이 발발한 후에는 특히 국내 정보를 입수하기 어려워진 조건 때문이라고 할 수 있겠다. 그러나 '만주'지방 항일운동에 대한 정보는 비교적 많이 입수할 수 있었던 것 같다.

1931년 9월 18일, 일본제국주의의 돌연한 만주침점에서 시작된 동북(東北)민중의 항일 반만주국운동의 정세는 성상(星霜)과 함께 그 운동의 맹렬함이 증대되고 있다. 이 운동에는 수백 수천의 우리 조선혁명세력도 가담하고 있다. 매일 평균 3회 이상(조선총독부 발표에 의함) 발생하는 반일만전적(反日滿戰績)을 일일이 기재하기 곤란하므로 여기에 9월 상·중순경의 대략만을 들어 표를 만들어서 그 위대한 투쟁의 전 모습을 고찰하는 데 제공한다.[23]

1935년의 이 정보는 민족혁명당이 직접 입수한 것은 아니고 일본경찰 쪽 발표를 근거로 한 것이다. 앞에서도 논급한 것과 같이 민족혁명당

---

22) 「國內情勢報告材料及批判」, 『민족혁명당 당보』 제2호; 같은 자료 158면.

23) 「東北抗日反滿運動情勢」, 『민족혁명당 당보』 제1호; 같은 자료 139~40면.

특무부는 '만주'에서도 활동하게 되지만, 이때는 아직 창당 초기라 당원들에 의한 직접적인 정보는 없었던 것 같다. 그러나 민족혁명당의 '만주'지역 항일운동에 대한 정보는 점점 풍부하고 또 상세해지는 것을 볼 수 있으며, 당원의 직접 활동에 의한 자료도 입수되어간 것 같다. 1935년 11월 25일자 발행『당보』에 의하면, 출처를 밝히지 않은 다음과 같은 정보가 입수되어 있다.[24)]

이날 5일 길림성(吉林省) 액목(額穆) 동북방 20키로 노두구(老頭口) 부근에서 인민혁명군 약 200명은 적의 중촌(中村) 기병부대(騎兵部隊) 및 만주군대(滿洲軍隊)와 접촉, 격전한 결과 적을 격파했다. …

이달 11일 양사령(楊司令), 염생당(閻生堂) 등이 통솔한 반일의용군 약 4,000명은 동변도(東邊道) 산악지방에서 영하 10도의 추위에도 불구하고 적의 소위 토벌군과 장시간 격전한 결과 적측에 다대한 손해를 입혔다. …

같은 날 이도구(二道構)에서 장령(長嶺)으로 향하는 묘령(廟嶺) 부근에서 사문동(舍文東)이 영솔하는 의용군 100명은 만주군과 접전하여 만주 측의 경무국장 및 경찰대 이하 17명을 사살했다. …

같은 날 북만(北滿) 동녕(東寧) 남부 2천(백?)리 지점에서 항일군 약 50명은 일본군 강도토벌대(岡島討伐隊) 8명을 전멸시켰다. …

이달 12일 동변도 몽강현(蒙江縣) 방면에서 활동 중인 약 60명의 군대는 소위 토벌부대 매원부대(梅原部隊)와 장시간 격전하여 적을 괴롭혔다.

우리가 민족혁명당『당보』전체를 볼 수 없음은 물론, 일부 볼 수 있는『당보』도 일본 쪽이 입수하여 부분 번역한 것에 한정되어 '만주'지역

---

24)「在滿抗日義勇軍의 鬪爭狀況」,『민족혁명당 당보』제4호: 같은 자료 318~19면.

항일운동에 대한 민족혁명당 쪽 정보를 더이상 확인할 수는 없지만, 이 자료를 통해 1935년 11월 한 달 동안의 정보가 상당히 상세함을 알 수 있다.

민족혁명당의 '만주' 활동이 중국 관내의 항일투쟁과 연결되어 있는 자료는 극히 드물지만, 다음에서 그 일부를 볼 수 있다.[25]

> 이달 중 재만한중항일군사적(在滿韓中抗日軍事的) 투쟁은 11일 청신환인현 (淸晨桓仁縣) 화원(花園) 지방에서 본당 동지 김활석(金活石)이 통솔하는 본당 당군(本黨黨軍)과 중국의용군의 연합부대와 적의 암수(岩水)·궁미(宮尾)·온 품(溫品) 등의 연합부대의 16시간에 걸친 대격전을 필두로 2일의 유수하(柳水 河)에서의 인민혁명군과 동만 일본경찰대원과의 접전, 같은 날 압록강 대안 (對岸) 임인현(臨仁縣)에서의 항일군 1대와 적의 삼림경찰대 40명과의 교전, 같은 날 압암현(押巖縣) 제4구 도두하 부근에서 항일군 대 위만주국(僞滿洲 國) 경찰대와의 교전 등의 정세가 발표되어 있다.

이 자료만으로는 민족혁명당과 '만주'지역 항일운동, 특히 그 무장항 쟁과 어느정도 연결되어 있었는가를 밝히기 어렵지만, 그곳 교포사회 의 실정 및 항일운동에 대한 민족혁명당 쪽의 관심은 국내정세에 대한 것과 다름없이 컸다. 1936년에 간행된 『우리들의 길』은 동북지역에서 종래의 인민혁명군과 동북의용군이 연합하여 동북항일연군(東北抗日 聯軍)을 조직한 사실과 그 행동강령 및 조직상황도 파악하고 있었다.[26] 동북항일연군의 행동강령에 있는 "일체의 항일대오(隊伍)는 연합해야

---

25) 「滿洲抗日軍活動」, 『민족혁명당 당보』 제5호; 같은 자료 340면.
26) 「東北抗日軍의 動靜」, 『우리들의 길』 제2기; 『사상정세시찰보고집』 3, 280~81면.

한다"는 등의 조항은 민족혁명당의 통일전선운동 추진을 크게 고무했을 것이다.『우리들의 길』다른 호에 실린 필명 주인(洲人)의 다음과 같은 글이[27] 그것을 말해준다.

최근 만주에서 온 동지의 말에 의하면 그동안 활동한 조선독립군과 중국의 항일군은 약 60만으로 추정되고 있다. … 지금 조선독립군이 부대를 형성하여 다수 활약하고 있는 지역은 동만의 밀산(密山)·호림(虎林)·화순(樺旬)·반석(盤石)·액목(額穆)·돈화(敦化)·안도(安圖)·무송(撫松)·몽강(蒙江)·금천(金川)·휘남(輝南)·해룡(海龍)·유하(柳河)·청원(淸源)등의 지방과 민족혁명당 제1집단군(전조선혁명군)의 역사적 근거지인 요녕성(療寧省) 동변도 각 현이지만 이들 각지의 독립군은 모두 병영(兵營)을 가지고 서로 연락과 원조를 긴밀히 하고 있다. …

과거에는 다소 이론과 정책을 달리하고 있었던 그들도 최근에 와서 같은 원수에 대한 실전(實戰)을 하는 사이에 완전히 동일한 노정(路程)을 가게 되었다. … 내외전선(內外戰線)의 협동이 강고함을 나타내어 아직도 남아 있는 열성분파(劣性分派)의 간판혁명자(看板革命者)의 심장을 찌르고 적의 간계를 갈파하여 한·중 양족의 경계해야 할 일을 지적하고 …

우리들은 그동안 만주반일군의 활동소식을 들을 때마다 지금도 그런 상태인가 하는 기분이었다. 그러나 실제로 항일전선에 참가하고 있는 그의 말과 국내 신문의 보도하는 바를 종합하여 생각해보면 그들의 항일전투가 얼마나 위대하게 정진(挺進)하고 있는가를 적확(的確)하게 믿지 않을 수 없다.

이상에서 본 것과 같이 민족혁명당은 비록 해외전선에서 활동한 민

---

27)「日本帝國主義心臟의 爆彈」,『우리들의 길』3·4기 合刊; 같은 자료 286~88면.

족해방운동 정당이었지만 국내 민족운동의 현황과 '만주'지방 운동의 추진에 깊은 관심을 가지고 그 정보수집에 노력하는 한편, 파쇼체제화한 일본제국주의의 식민지 지배정책의 추이와 그것으로 인한 국내 민중생활의 변화를 정확하게 파악하기 위한 노력을 계속했음을 확인할 수 있었다.

민족혁명당의 성립 자체가 이 시기 민족운동전선의 지배적 노선이던 통일전선을 위한 하나의 실천이었다고 할 수 있지만, 파쇼체제가 본격적으로 등장한 1930년대 후반기 이후 세계정세의 흐름과 국내정세의 변화에 대한 이 당 정세분석가들의 깊은 관심은 당 자체의 활동방향과 깊이 연결되었고, 그것은 곧 창당과정에서 일부 불완전했고, 창당 후 다시 금이 가기 시작한 통일전선운동을 계속 추진하는 방향으로 나타나게 되었다. 그리고 이 무렵 민족혁명당의 통일전선운동은 전선통일을 위한 구체적 활동과 함께 그것을 위한 이론정립 노력도 함께 추진되고 있었음을 볼 수 있으며, 이 점 또한 민족혁명당의 강점의 하나이기도 했다.

3. 민족운동전선의 통일전선론과 민족혁명당

1) 민족운동전선 통일전선론의 배경

민족혁명당이 1930년대 후반기 중국지역 우리 민족해방운동전선의 통일전선을 지향하면서 성립된 정당이었다고 말했지만, 통일전선이란 일반적 의미로 말해서 하나 이상의 계급이나 계층 또는 정치적 당파가 계급적 이해관계나 정치적 견해의 차이 및 세계관의 차이를 가지면서도 공동의 목표를 위해 혹은 공동의 적과 싸우기 위해 만드는 공동전선

을 말한다.[28]

통일전선론은 특히 사회주의혁명 과정에서 혁명세력을 확대 강화하기 위한 방법과 이론으로 제의된 경우가 많았음은 우리가 다 아는 일이다. 민족혁명당이 사회주의 내지 공산주의 지향의 정당인가, 코민테른 쪽과의 연결은 어느 정도였는가 하는 문제 등이다. 이런 문제들에 접근하기 위해 같은 시기 국제공산주의운동이 지향한 통일전선론 및 그 방법과 민족혁명당의 그것 사이에 어떤 공통점과 차이점이 있는가 하는 문제들을 구명할 필요가 있으며, 그것에 앞서 같은 시기 사회주의혁명론에서 통일전선론의 전개과정을 어느정도 살펴볼 필요가 있다.

제3인터내셔널로서 코민테른은 1921년 12월의 제3차 대회에서 이미 「통일전선 테제」를 제시하여 노동계급을 대상으로 하는 '밑으로부터의 통일전선'을 강조하면서 그에 그치지 않고 국제적 규모로 제2, 제2반(半) 및 암스테르담 인터내셔널 등 개량주의세력과의 이른바 '위로부터의 통일전선'을 위한 협정체결을 예정하고 있었으며, 그것이 개량주의적 지도자들에 의해 거부되는 경우라도 코민테른은 끈질기게 노력할 것임을 확인했다.[29]

또한 1924년의 제5차 대회 역시 "밑으로부터의 통일전선 전술의 실시가 기초되지 않으면 안된다"는 전제를 두면서도 사회민주당(社會民主黨)이 아직도 큰 세력인 나라들에서는 "밑으로부터의 통일과 병행하여 상부와의 교섭"이 빈번히 적용되는 것이 필요하다고 결정했다.[30] 그러나 이렇게 사회민주주의 세력과의 통일전선을 추구하면서도 그 역사적 반동성을 다음과 같이 지적하기도 했다.[31]

---

28) 『社會科學辭典』, 東京: 新日本出版社 1978, 242~43면.
29) 村田陽一 譯 『코민테른자료집』 제2권, 東京: 大月書店 1979, 95~103면 참조.
30) 『코민테른자료집』 제3권 53~55면.

사회민주주의는 이미 오래 전부터 노동운동의 우익에서 부르주아지의 좌익으로, 경우에 따라서는 파시즘의 일익(一翼)으로 전환하는 과정에 있다. 그러므로 '사회민주주의에 대한 파시즘의 승리'에 대해 말하는 것은 역사적 오류이다. 파시즘과 사회민주주의는 (양자의 지도층을 문제로 삼는 한) 최초의 제국주의 대전(大戰)과 자본주의에 대한 근로자의 최초의 제전투(諸戰鬪)에 의해 약화된 현대자본주의의 우수(右手)와 좌수(左手)이다.

코민테른 제5차 대회의 이같은 '좌편향'은 1928년 제9회 집행위원회 총회에서 나타난 '계급 대 계급' 전술을 통해 더 강하게 나타났다. 여기서는 "사회민주주의는 노동자계급의 세력결집을 방해하는 중요한 적(敵)이며 그중에서도 좌익 사회민주주의가 가장 위험적"이라 했고, "위로부터의 통일전선을 배격하고 오로지 밑으로부터의 통일전선전술의 적용을 의무지움으로써 공산 제당(共産諸黨)의 대중활동에 엄격한 섹트주의적 틀을 채운 것이었다. '계급 대 계급'이란 명칭으로도 알 수 있듯이 새 전술은 또 중간층까지도 소외시키는 의미를 갖고 있었다."[32]

이와 같은 코민테른 섹트주의와 '좌편향' 노선은 이미 널리 알려진 것과 같이 1935년 제7차 대회에서 크게 수정된다. 이 수정을 가져오게 된 배경은 1929년 세계공황 이후 이딸리아 파시즘, 독일 제3제국의 나치즘, 일본군국주의의 침략주의 등의 출현이며, 그 수정 방향은, 첫째 반파시즘 통일전선의 형성이고, 둘째 그것을 통한 인민전선정부의 수립이었다.

먼저 제7차 대회에서 주도적 역할을 한 G. M. 디미트로프는 통일전

---

31) 같은 책 48면.
32) 『코민테른자료집』 제4권, 解說, 621~22면.

선 형성에서 제6차 대회까지도 적으로 혹은 역사적 반동세력으로 간주한 사회민주당과의 관계에 대해 다음과 같이 말했다.[33]

"사회민주당은 민주주의에 찬성하지만 공산주의자는 독재에 찬성한다. 때문에 우리는 공산주의자와의 통일전선을 결성할 수 없다." 사회민주당의 많은 지도자들은 이렇게 말한다. 그러나 우리가 지금 그들에게 통일전선을 제의하고 있는 것이 프롤레타리아 독재를 선언하기 위해서일까? 우리는 지금 그러한 것을 제의하고 있지 않다. …

"공산주의자는 민주주의를 승인하고 그것을 옹호하기 위해 나설 의무가 있다." 이에 대해 우리는 이렇게 답한다. 우리는 소비에트 민주주의, 근로자의 민주주의, 세계에서 가장 철저한 민주주의세력이다. 그러나 우리는 자본주의 국가들에서 파시즘과 부르주아 반동파에 의해 침해되고 있는 부르주아민주주의적 자유의 아무리 작은 부분이라도 옹호하고 있으며, 앞으로도 옹호할 것이다. 왜냐하면 프롤레타리아 계급투쟁의 이익이 그러한 것을 명령하고 있기 때문이라고.

1928년 제6차 대회까지도 사회민주당은 '사회파시즘'이라 단정하고, 그중에서도 좌익 사회민주주의를 파시즘의 최대 지주(支柱)이며 최악의 적이라 단정했던 코민테른이 7년 후 제7차 대회에서는 '프롤레타리아 계급투쟁의 이익'을 위해 그것을 통일전선의 대상으로 삼을 뿐만 아니라 "부르주아민주주의적 자유의 아무리 작은 부분이라도 옹호"하는 변화를 나타내고 있는 것이다.

이와 같은 코민테른의 전략적 변화에 의한 통일전선의 대상은 사회

33) G. M. 디미트로프 지음, 김대건 편역 『통일전선연구』, 거름출판사 1987, 104~105면.

민주주의 정당뿐만 아니라 광범위한 반파시즘 세력 전체에까지 확대시키고 있어서 이 시기 통일전선론의 성격을 한층 더 선명히 하고 있음을 볼 수 있다. 역시 디미트로프는 통일전선의 의미와 그 구체적 대상범위를 들면서 다음과 같이 말하고 있다.[34]

2개의 인터내셔널에 속하는 여러 당의 파시즘에 반대하는 공동행동은 이들 여러 당의 현재의 지지자, 공산주의자와 사회주의자에게 영향을 주고 있는 정도에 머물지 않고 가톨릭계, 무정부주의계, 미조직 노동자, 나아가서는 일시적으로 파시스트 데마고기의 희생물이 되고 있는 사람들에 대해서도 강력한 영향력을 미치게 될 것이다. …

뿐만 아니라 프롤레타리아트의 강력한 통일전선은 근로인민의 다른 모든 층, 농민·도시부르주아지, 인텔리겐차에게도 커다란 영향을 미칠 것이다. 통일전선은 동요적인 계층에게 노동자계급의 힘에 대한 신뢰를 불러일으킬 것이다.

다시 말하면 사회민주주의와의 협조를 통해 이루어지는 반파시즘 통일전선은 프롤레타리아트를 중심으로 하는 각계각층의 반파시즘 세력 전체를 포함하여 형성되어야 한다고 주장하고 있으며, "근로대중을 파시즘과의 투쟁에 동원하는 데서 특히 중요한 임무는 프롤레타리아 통일전선을 기초로 광범한 반파시즘 인민전선을 만들어내는 것"이었다.[35]

널리 알려진 것과 같이 인민전선정부가 성립된 전형적인 경우는 프랑스였다. 1934년 2월 이후 반파시스트 지식인감시위원회가 결성되어

---

34) 같은 책 102면.
35) 같은 책 110면.

사회당과 공산당의 접근이 시도되고 곧 두 당의 통일행동협정이 체결되어 인민전선이란 표현이 처음으로 사용되었다. 1935년 6월에는 인민연합위원회가 결성되고, 1936년 1월에 인민전선 강령이 발표되고 곧 선거를 통해 인민전선 내각이 성립되어 1938년까지 유지되었다. 스페인에서도 프랑스와 거의 같은 경위로 인민전선이 성립되었으나 프랑꼬의 반란으로 무너졌다.

1935년 7월 중국 남경에서 성립된 민족혁명당이, 그것도 그 핵심세력의 일부가 어느정도 사상적으로 좌경은 되어 있었으나 공산주의단체로 보기에 아직 문제점이 있었다고 생각되는 의열단과 결코 좌익 단체라 볼 수 없는 한국독립당, 대한독립당, 조선혁명당, 신한독립당 등 5개 단체를 중심으로 성립된 이 당 자체가 현재까지의 자료로 봐서는 코민테른의 승인을 받았거나, 또 그것과 어떤 형태의 구체적 관계를 가졌다고도 보기 어렵다.[36]

그러나 코민테른이 통일전선노선으로 선회한 것과 같은 때에 창당된 민족혁명당이 중국지역 우리 민족해방운동전선의 통일전선을 목적으로 성립되었다는 사실은 우리 민족운동사상에서 중요한 의미를 가진다. 창당 당시의 자료들이 말하는 통일전선운동 전개의 가장 중요한 동기는 일본제국주의의 '만주' 침략과 파쇼체제화 그리고 중국 본토에 대한 본격적 침략 준비로 인한 중국민족의 반일사상 고양과 그것이 우리 민족해방운동전선에 미치는 유리한 상황 등을 들 수 있다.

한편 코민테른 제7차 대회 이전에도 "모스크바의 코민테른 지도자들

---

36) 제4장의 주 1에서 본 것과 같이 김원봉 쪽과 대립관계에 있던 김구파의 안공근(安恭根)이 중국 측에 대해 민족혁명당 전신의 하나인 의열단(義烈團)이 제3인터내셔널에서 원조받는다고 했는데 이 점은 자료상으로도 어느정도 뒷받침되지만, 민족혁명당이 그 원조를 받았는지 현재로서는 확인하기 어렵다.

이 1932년 말과 1933년에 만주문제를 활발히 논의한 뒤 '밑으로부터의 통일전선'이라는 편협한 정책을 폐기하고, 일본제국주의에 저항하는 공동투쟁에 참여하고자 하는 어떤 집단과도 중국공산당이 손을 잡아야 한다"는 결정을 했다.[37]

중국공산당 중앙도 1933년 「1월 서한」을 보내 쏘비에뜨 노선을 철회하고 통일전선에 기초한 인민혁명정부 수립노선을 채택했으며, "1935년 이후 일본의 중국침략 정책이 노골화되면서 중국공산당의 통일전선 전략은 노동자, 농민, 도시소시민의 3계급연합을 강조하는 '밑으로부터의 통일전선전략'으로부터 민족자본가를 포함하는 4계급연합의 항일민족통일전선 전략으로 전환되었다.

그리고 국민당과의 합작문제에 대해서도 반장항일(反蔣抗日)에서 핍장항일(逼蔣抗日)로, 1937년 2월 이후에는 연장항일(聯蔣抗日)로 변화했다."[38] 이와 같은 중국 통일전선전략의 전환이 민족혁명당 창당 및 그후의 통일전선론에 직접적인 영향을 주었는가 하는 문제를 구명할 만한 자료는 아직 찾을 수 없다.

그러나 코민테른 제7차 대회에 영향을 받은 중국 공산주의운동의 방향전환이 중국지역 우리 민족해방운동전선, 특히 민족혁명당의 통일전선론 및 운동에 영향을 주었다고는 생각할 수 있다. 코민테른 제7차 대회의 방향전환이 중국 민족운동에 미칠 영향에 대해, 특히 그것이 「8·1선언」으로 나타난 사실에 대해 일본 쪽 정보기관은 다음과 같이 분석했다.[39]

---

37) 이정식 지음, 허원 옮김 『만주혁명운동과 통일전선』, 사계절 1989, 197면.

38) 서진영 「중국혁명과 통일전선」, 박현채·김흥명 편 『통일전선과 민주혁명』 1, 사계절 1988.

39) 朝鮮總督府 警務局保安課 『高等警察報』 제6호, 1933, 193면, '중국에서의 인민전선운동에 관한 주요 문건'.

코민테른 제7차 대회가 개최됨을 당하여 이때부터 운동은 아연 수세에서 공세로 전환했다. 현재 구국항일(救國抗日)을 슬로건으로 하여 소위 인민전선운동을 전개하고, 중국뿐만 아니라 일(日)·만(滿)·소(蘇)·중(中) 사이의 국제적 제관계에서도 동양에서의 평화와 안녕질서의 일대 암을 형성하고 있음은 주지의 일이지만, 이 운동의 시발점은 곧 제7차 코민테른대회의 신전술에 기초하여 이 대회와 때를 같이하여 1935년 8월 1일부로 발표된 소위 8·1선언이다.

「8·1선언」이 중국에서 프랑스나 스페인에서와 같은 인민전선의 형성을 가져올 것이라 내다본 일본 정보기관은 그것이 조선 민족운동에도 영향을 끼칠 것이란 사실을 다음과 같이 예상하고 있었다.[40]

중국도 역시 프랑스나 스페인의 상태로 전락하지 않는다고 보장할 수 없다. 또 시각을 바꾸어서 이것을 조선 쪽에서 봐도 이미 재지불령선인(在支不逞鮮人) 제단체(諸團體)들이 이 운동에 합류하거나 혹은 이를 모방하여 선내(鮮內)에 이식하려는 경향이 없다고 할 수 없다.

중국지역 우리 민족운동단체들, 특히 민족혁명당이 코민테른과 직접 연결되었다고 확인할 수 없다면, 창당 후의 통일전선론은 중국 측의 「8·1선언」을 비롯한 인민전선운동론의 영향을 받았다고 볼 수도 있으며, 따라서 중국 쪽 인민전선운동론의 내용을 알아볼 필요가 있다. 우선 「8·1선언」 통일전선론의 요점을 들어보자.[41]

---

40) 같은 자료 194면.
41) 『고등경찰보』 199~200면, '8·1선언'.

중국국민의 민족적 흥망의 기로인 이 가장 중대한 모멘트에서 소비에트정부 및 공산당은 이제 전체 중국국민에 대해 충심으로 호소한다. 제정당 및 제 단체는 정치적 견해 및 이해를 달리할지라도 각종의 계급 및 각종 층(層)의 견해·사상·경향 및 이해가 다르더라도 또 과거와 현재에 있어서 각종 군벌이 반목 적대하고 있더라도 이들 모든 것이 일체가 되어 "내홍(內訌)을 정지하고 공동으로 외적과 싸우자"는 우리의 가장 보편적 구호의 진리를 자각하고, 먼저 무력적 내전 특히 장개석(蔣介石)이 자국민에 대해 행하고 있는 전쟁을 중지하고 신성한 임무인 항일구국(抗日救國)을 위해 우리 민족적 세력을 모두 집결할 수 있게 하지 않으면 안된다.

파쇼 일본의 침략에 대항하기 위해 국공내전(國共內戰)을 정지하고 정치적 이해와 계급과 사상을 초월한 전체 민족적 역량을 총집결한 통일전선을 형성할 것을 제의하고 있으며, 특히 국민당군과의 내전 종식을 다음과 같이 다시 한번 강조하고 있음을 볼 수 있다.[42]

소비에트정부 및 공산당은 전적인 책임으로써 다시 한번 다음과 같이 성명한다. "만약 국민당군이 우리 소비에트구 공격을 중지하고 일본제국주의 반대투쟁을 인도한다면, 홍군과 국민당군 사이에 장기에 걸친 군사행동이 있었고 중국의 내정문제에 관해 양자 간의 정견이 대립해왔음에도 불구하고, 홍군은 이들 경위를 일소하고 국민당군에 대한 군사행동을 즉시 중지하여 그들과 악수하고 합동하여 구국무력투쟁에 나설 수 있다는 것을…"

중국통일전선 선언으로서 「8·1선언」은 코민테른 집행위원 왕명(王

---

42) 같은 자료 200면, '중국에서의 인민전선론'.

明)이 쓴 「중국에서의 인민전선론」에서 "1935년 8월 1일 중국공산당 중앙위원회 및 중국소비에트공화국 중앙집행위원회가 그 선언으로써 전중국국방인민합동정부(全中國國防人民合同政府) 및 전중국항일연합군(全中國抗日聯合軍)의 창설을 주장한 것이다"[43]라고 한 것과 같이, 결국 통일전선 형성의 구체적 방법으로서 프랑스·스페인에서 성공한 인민전선 정부의 수립과 일본과의 전쟁에서 항일연합군의 창설을 제의한 것이다. 이것은 왕명의 「중국에서의 인민전선론」이 계속해서 다음과 같이 말한 대목에서도 드러나고 있다.[44]

국제무대에서 발전을 볼 수 있는 중대 제사건은 중국에 다대한 영향을 주고 있다. 이들 사건에 속하는 것을 들면 첫째 스페인과 프랑스에서 단일전선의 성공이다. 목하 중국에는 다음과 같은 의견이 있다. 즉 프랑스인 및 스페인이 공산주의자, 사회민주주의자 및 일부 급진파 부르주아지를 반파시즘 공동투쟁을 위해 합동 단결시킨 이상 불구대천의 외적 일본제국주의에 대한 투쟁을 위해 중국국민이 단결 안 될 이유가 없다.

이상에서 1935년 이후 코민테른 제7차 대회에서의 통일전선론, 그리고 중국에서의 통일전선론을 대충 살펴보았으나, 그것을 전제로 하여 민족혁명당을 중심으로 하는 이 시기 우리 민족해방운동전선의 통일전선론이 어떤 내용으로 제기되었고, 그 결과가 어떻게 되었는가 하는 문제를 살펴볼 차례다.

---

43) 같은 자료 226면.
44) 같은 곳.

2) 민족혁명당의 통일전선론

민족혁명당 창당의 최대 목적이 민족해방운동전선의 통일에 있었기 때문에 창당 후 곧 분열이 있기는 했지만, 어떤 의미에서는 그 창당 논리 자체가 통일전선론이라고 할 수 있다. 따라서 민족혁명당 이론가들은 창당 후 전선의 분열을 극복하고 시대적 역사적 요구로서 통일전선을 실현하기 위한 이론적 방법론적 추구를 계속했고, 또 그것을 전선통일운동의 현실에 적용시키려는 노력을 부단히 계속해나갔다.

민족혁명당 이론가들이 통일전선론을 개진한 중요한 논설로는 우선 1936년에 간행된 기관지 『민족혁명』 제3호, 즉 그 창당 1주년 기념호에 실린 필자가 노(櫓), 즉 진의로(陳義櫓)로 되어 있는[45] 글 「우리 운동의 통일문제에 관하여」를 들 수 있다. 지금 그 원문을 구할 수 없고 일본 쪽이 입수하여 일본어로 번역한 것을 다시 우리말로 옮겨야 할 상황이긴 하지만, 가능한 한 글 자체를 통해 그 통일전선론을 분석해보자. 진의로의 통일전선론은 먼저 전선통일의 필요성을 강조하기 위해 종래 민족운동의 전선통일 실패를 지적하고 반성하는 데서 출발하고 있다.

우리 민족이 독립운동을 개시한 후로도 20여 년의 전적(戰績)을 가지는 우리 운동이 강유(强有)한 통일 아래 혁명역량이 집중되지 않아 아직 승리를 전취하지 못했을 뿐 아니라 전취의 역량이 지금까지 준비되지 않은 원인은 우리 운동의 내부적 분파 대립이 민족해방의 전면적 운동으로 통일 극복되지 않고, 전면 운동의 통일극복을 위한 역사의 진행법칙을 명확히 인식하여 세

---

45) 陳義櫓는 陳義路로도 나오며, 본명은 이영준(李英俊)이다.

계 일반적 보통[보편? - 인용자] 운동의 척도로써 우리들의 특수운동을 정확히 계측(計測)하고, 반일독립운동에 대한 전면적 단결을 조직 확대 강화하려는 성의와 열무(熱務)에 비해 지력(智力)과 능력이 일반 혁명운동자 사이에 보편적으로 결여되어 있기 때문이다.[46]

지금까지 통일전선이 이루어지지 않았던 원인이 역사진행 법칙에 대한 명확한 인식을 기저로 한 세계사적 보편적 운동척도로서 우리 민족운동의 특수성을 정확하게 계측하는 능력이 부족한 데 있다고 보았지만, 그는 이와 같은 방법적 오류를 좌익전선과 우익전선이 모두 범한 것으로 인식했다. 그는 먼저 통일전선을 이루지 못한 좌익전선의 오류를 이렇게 지적하고 있다.

자본주의 자체가 내포하고 있는 대립물인 반자본주의 사상은 자본주의의 성장 발전에 따라 이 또한 성장 발육하여 자본주의가 제국주의 단계로 전화한 후에도 그 반발작용은 점점 강화되었다. 제국주의 제1차 세계대전이 종료됨에 따라 '코미니즘,' '아나키즘' 등의 사회주의사상은 풍기운용(風起雲湧)의 세로 세계를 풍미하게 되어 식민지민족이란 낙인이 찍힌 조선민족의 일부 혁명운동자 등의 심장에도 또한 이 격동이 파급하여 혈압을 높였다. …
그리하여 이 격동은 기미운동(己未運動) 실패 후의 일부 조선혁명운동자로 하여금 자본주의발전 최고 단계의 제국주의 국가 내의 활동양식을, 일본제국주의의 식민지로 제약되어 있는 특수적 정치·경제상황과 활동양식을 가지는 조선혁명운동에 그대로 직역수입(直譯輸入)하여 경제투쟁의 직접적 표현형태인 계급혁명을 고조시킴으로써, 민족해방운동을 부차적으로 계급운동에

---

46) 『사상정세시찰보고집』 3, 356~57면.

예속 내지 해소시키려 하는 본말전도한 좌익병자의 기계적 사상 및 활동이 우리 독립운동의 민족적 통일전선 결성을 파괴 분열시켰다.[47]

비교적 논리정연한 이 글은 종래 좌익운동이 식민지배 아래에서 계급혁명 노선을 추진해온 '오류'를 지적하고, 민족해방운동의 통일전선이 이루어지지 못한 이유를 거기서 찾고 있는 것이다. 또 이 글은 우익전선의 운동방법론이 통일전선 형성에 실패하게 한 원인을 다음과 같이 지적하고 있다.

사회주의 배격에 대한 극단의 반발작용은 일부 혁명운동자들로 하여금 그들의 사상을 완전히 주관적 관념영역에 수금(囚禁)하여 세계의 일반적 역사법칙에 대해 무지할 뿐만 아니라 실제적 현실문제에 대해서도 맹목(盲目)이 되게 했다. 세계의 일반보편문제의 조선을 세계적 일반문제와 관련하여 이해할 수 없었던 것이다. …

조선이 일본의 식민지인 이상 일본제국주의의 정치·경제기구의 일부분임은 부정할 수 없으며, 일본제국주의가 세계제국주의 중의 강한 일환인 이상 조선의 정치·경제도 역시 전세계 제국주의의 정치·경제기구에 연결되어 있는 연쇄(連鎖)의 하나임을 부인할 수 없다. …

그러므로 아무리 조선의 특수성을 고조시킨다 해도 이는 세계의 보편성과의 연계에서 분리할 수 없는 것임에도 불구하고, 특수문제를 완전히 세계의 보편적 문제와 분리하여 이를 유독선적(唯獨善的) 고립적인 것으로 관찰하는 우익적 오류를 범하게 되었고, 이것이 또한 우리 운동의 진정한 통일전선 결성을 거부하는 것이다.[48]

---

47) 같은 자료 357면.

이 글은 식민지시기 민족운동전선의 역사인식·현실인식과 여기에 기초를 둔 민족해방운동의 방법론에서, 보편성론을 기초로 한 좌익의 계급혁명론과 특수성론을 기초로 한 우익의 독선적·고립적 방법론이 대립되어 통일전선의 형성에 실패한 것이라 보고 있다. 이 문제는 비단 식민지시기의 민족해방운동전선만이 아닌 우리 근·현대사 전체를 통한 역사이해 및 민족해방운동사 이해에서, 시대에 따라 약간의 차이는 있을지라도 언제나 중요한 논쟁점이 되어왔다고 할 수 있다. 그러나 이 글은 민족해방운동전선에서 좌우익세력의 방법론적 차이와 '오류'를 대단히 선명하게 설명해주고 있다.

진의로의 이 글은 좌우노선에 대한 비판에 이어 민족혁명당 나름의 통일전선 방법론을 제시한다. 우선 그는 전선통일을 위한 일반론을 이렇게 개진하고 있다.

> 목하의 당면문제는 종래의 오류사상을 완전히 극복 청산하고 내부의 모순과 대립을 종합 통일하고 신단계로 약진하여 우리 혁명전선을 강화하는 일이다. 그러나 통일운동은 무원칙으로 다만 '통일하자' 하고 입으로만 통일을 외쳐서 실현되는 것은 아니다. 무원칙한 통일은 존재할 수 없는 것이다. …
>
> 진정한 통일은 반드시 공통된 정치의식 아래 견해와 주장의 동일에 의해 실현되는 것이다. 그러나 그 통일의 운동발전 방향이 역사적 지향에 역행할 때는 통일운동의 실제적 성과를 올릴 수 없을 뿐만 아니라 그 운동은 즉시 정체함과 동시에 분산 와해되는 것이다.[49]

---

48) 같은 자료 357~58면.
49) 같은 자료 358면.

통일전선운동의 발전방향이 좌편향도 우편향도 아닌 '역사적 지향'에 부합하는 방향이어야 한다는 논리를 전개하고 있는 점에서 이론가로서 그의 위치를 높이고 있다. 또 비록 식민지 피지배민족 사회라 해도 그 민족사회의 내적 계급모순이 항일주의(抗日主義)만으로 메워질 수 없음도 비교적 명쾌하게 이해하고 있음을 볼 수 있다. 인용문이 다소 길지만, 해외전선에서 그들이 이 시기의 국내문제, 민족문제에 얼마나 정통하고 있었던가를 이해하는 좋은 자료가 된다.

자본주의 경제조직에 내포하고 있는 세 가지 요소인 토지·자본·노동의 대립적 모순은 세계의 어떠한 사회를 막론하고 공통된 것이다. 그러므로 현대의 인간사회에 있어서 예외가 될 수 없는 조선사회에도 이상의 모순에 의한 대립관계가 가령 식민지적 특수성에 의해 차이는 있다 해도 엄연히 존재함을 부인할 수 없다. …

물론 파공(罷工: 노동쟁의 – 인용자) 및 항조(抗租: 소작쟁의 – 인용자)의 투쟁대상은 주로 일본제국주의의 자본가 및 지주이다. 그러나 동시에 일본제국주의자에 의해 부식(扶植)된 조선인 자본가 및 지주가 홀시(忽視)할 수 없는 세력으로서 존재하고 있기 때문에 노동자·농민 투쟁목표의 3분의 1이 조선인 토착자본가 및 지주에 향하고 있는 것이다. …

조선인 토착자본가 및 지주 중 비교적 많은 자본과 토지를 소유한 자는 일본제국주의의 양성 및 보호하에 있는 매국적(賣國賊) 및 친일분자이며 기타의 대부분은 과거 이조(李朝)의 전제악정하(專制惡政下)에서의 귀족대관(貴族大官) 등이 폭위(暴威)로써 농민의 토지를 무대상(無代償)으로 약탈한 것들이다. 또 조선인의 자본도 대부분 이들 지주들의 화신이므로 지주가 자본가인 동시에 자본가가 지주이다. …

이들의 다수는 모두 일본제국주의자의 비식적(鼻息的) 보호하에 농민 및 노동자에 대한 학대와 착취를 일본제국주의자 이상으로 맹렬히 감행하고 있는 것이다. 그러므로 우리 운동이 반일본제국주의적 민족해방운동이라 해도 민족적 계선(界線)을 기계적으로 획정하여 조선인은 모두 일시동인으로 보아 사회 내부의 모순을 부정하려 하는 것은 실로 극단적 관념적 몽상이다. …

현단계에서 우리들의 진정한 통일운동의 실현은 결코 우리 내부모순의 부정이나 혹은 그 반대로 운동의 본말을 전도한 방식에 의해 성취되는 것이 아니며, 이는 조선의 현실적 특수 정세가 규정하는 명확한 지시에 의해 우리 대중의 일상투쟁의 정신을 우리 민족독립정신에 향상 훈련시키고, 이것이 강력한 투쟁의 세포체가 되어 반일민족운동의 전면적 운동에 유기적 구성부분으로써 통일됨으로써야 성취되는 것이다. 이와 같은 진정한 전면적 통일운동의 강화에 의해 비로소 민족독립의 최후의 승리를 획득할 수 있는 것이다.[50]

이 글은 민족혁명당의 통일전선운동이 분립되어 있는 단체들의 단순한 결합적 통일이 아니라 민족사회의 현실적 조건을, 그리고 종래 민족운동전선의 방법론적 오류를 극복하는 방향에서, 또 역사의 진행 노정에 부합하는 방향에서 이루어져야 함을 강조하기 위해 쓰인 것이라 할 수 있을 것 같다.

민족혁명당의 통일전선론이 한층 더 구체화되어 나타난 것은 1937년 6월에 간행된 『민족혁명』 제5호에 실린, 유감스럽게도 필자가 밝혀지지 않은 글 「민족통일전선 조직형(組織型)에 관한 고찰」이다. 이 글은 서두에서,

우리 민족통일전선 결성에 관한 요구는 이미 전투적 혁명동지 및 동포 등

50) 같은 자료 360~63면.

의 열의를 얻어 진지한 혁명의지로 굳게 정해지고 있다. 반대론자는 그 반대의 목적을 달성하기 위해 우리의 주장에 직면적 대립으로써 혁명적 격류에 대치하고 우리의 실제적 방안을 파괴하려 한다. 따라서 우리 통일전선에 관한 이론적 역할도 신단계에 들어갔다.[51]

고 하여 통일전선론 자체의 단계높임이 요청되고 있음을 시인했다. 그리고 그에 부응하기 위해 민족통일전선의 「주의 정강 문제」 「조직 제도 문제」 「법률 내지 도덕적 규범 문제」 「영도권 문제」 「해외에 있는 민족통일전선의 특수성 문제」 등에 대해 구체적으로 썼으나, 안타깝게도 이 글을 입수한 일본 정보기관이 이 중에서 「주의 정강 문제」와 「조직 제도 문제」의 일부만을 요역(要譯)해놓았다.

이 글은 먼저 「민족통일전선의 주의 정강 문제」에 대해 "정확한 민족통일전선의 인식은 그 공통성과 부동성(不同性)을 동시에 파악하는 것이 아니면 안된다. 이 귀결은 이 문제에 대해 세 가지의 결론을 얻을 수 있다"고 하고, 그 세 가지 내용을 다음과 같이 들고 있다.

첫째, 민족통일전선은 어떤 특정 계급의 주의 또는 정강으로서 통제할 수 없다는 것이다. 오늘과 같이 각 계층의 대립적인 잡다한 주의·정강의 총림(叢林) 중에서 특정한 주의 또는 정강으로서 이를 모두 통제하려 하면 민족적 통일의 명칭으로서 어느 특수계층이 전민족을 독재하는 것이거나, 그렇지 않으면 어느 특수계층 이외의 전민족을 민족통일전선으로부터 해산시키든가 두 가지 방법이 있을 뿐이다.

둘째, 민족통일전선은 어느 특수계층의 주의 정강으로 통제할 수 없을 뿐만 아니라, 이것은 전민족 각 계층의 주의 정강을 내포하지 않을

---

51) 『사상정세시찰보고집』 5, 60~61면.

수 없음은 자명한 원리이다. 정당한 생활의식에 근거하는 주의 정강이면 그것이 민족통일전선 내부에 복잡하게 내포된다 해도 통일전선은 이로 인해 부상(負傷)하는 일이 없이 오히려 강대하게 발전할 것이다. 세계의 여러 국가 중에 몇 개의 주의 정강을 달리하는 정당을 내포하고 있는데도 불구하고 그 국가는 이로 인해 망하지 않으며 한층 더 공고히 유지되고 있음을 우리는 알고 있다. 이것은 정당이 서로 대립되는 주의와 정강을 갖고 있어도 각자가 합리적 궤도에서 준수해야 할 원칙을 힘껏 이행하고 있기 때문이다.

셋째, 민족통일전선이 가질 수 있는 주의와 정강이 있다고 하면 그것은 민족통일전선이 내포하는 모든 주의 정강을 총합하여 그중에서 가장 공통적이며 직접적인 것만의 추상(抽象)이 아니면 안된다. 민족통일전선이 그 기초에 정확히 부합하기 위해서, 또 그 주어진 사명에 부합하기 위해서 그 표식(標識)의 주의 정강은 전체적 공통성과 현실적 당면 문제를 그 본령(本領)으로 하지 않으면 안된다.[52]

앞에서 인용한 G. M. 디미트로프의 코민테른 제7차 대회 보고에서 통일전선의 제의가 프롤레타리아 독재를 선언하기 위해서가 아니라 하면서 "자본주의 국가들에서 파시즘과 부르주아 반동파들에 의해 침해되고 있는 부르주아민주주의적 자유의 아무리 작은 부분이라도 옹호"하는 이유가 "프롤레타리아 계급투쟁의 이익이 그러한 것을 명하고 있기 때문이다"라고 말했지만,[53] 민족혁명당의 「민족통일전선의 주의 정강 문제」에서 지향한 통일전선은 디미트로프의 경우보다 특정계급의 이익문제가 훨씬 배제된 것이라 볼 수 있겠다.

---

52) 같은 자료 62~63면.
53) 주 33과 같음.

민족혁명당 자체가 계급 정당이 아니고 민족운동전선의 좌파적 세력과 우파적 세력이 연합하여 결성한 정당이기 때문에 그것이 지향하는 통일전선의 주의 정강도 참가하는 모든 세력의 주의 정강을 총합하여 "그중에서 가장 공통적이며 직접적인 것만을 추상(抽象)"하는 것이어야 한다고 생각했고, 이 통일전선이 수립할 국가도 주의와 정강을 달리하는 여러 정치세력이 공존할 수 있는 형태의 국가라야 한다고 생각했던 것 같다.

이 글은 통일전선을 이루어가는 과정에서의 조직문제에 대해 비교적 상세한 방법을 제시하고 있는데, 이 문제는 1920년대 후반기의 민족협동전선론, 민족유일당운동론에서도 이미 많이 논의되었으나, 결국 합의점을 찾지 못하여 실패해버린 역사적 경험이 있었다. 이 글의 필자도 그 점을 충분히 알고 있었다.

통일전선의 구성 본위(構成 本位)에 관해서는 종래부터 단체 본위와 개인 본위의 두 의견이 있었고 그중 어느 것을 채용할 것인가에 대해서는 정확한 원리와 복잡한 현실을 고찰하여 결정하지 않으면 안된다. 그리하여 우리들은 정확 냉정한 고찰에 의해 민족통일전선은 조선민족 각 개인의 개인 본위에 의해 구성될 것이라는 결론에 도달한다. …

그렇다면 기성의 각 단체는 어떻게 할 것인가. 해소할 것인가 또는 존속할 것인가 등의 의문이 생길 것이다. … 민족전선 이외의 제단체는 생활의식의 필연적 부동성에 정확히 기초를 두고 있는 한 존속하지 않을 수 없을 것이다. …

민족통일전선 이외 제단체의 부동한 조건은 그 전면적 의미를 갖는 것이지만 민족해방 요구에 한해서는 전민족적으로 공통된 것이다. 그러므로 민족해방운동에 있어서는 민족통일전선에 통일되지 않으면 안된다. …

그리하여 민족통일전선 이외의 제단체 상호간의 관계는 그 공동적 조건에 기초하여 함께 민족통일전선에 통일되고, 그 부동적 조건에 기초해서는 미래의 승리를 위해 합법적 경쟁이 있을 것이다. 이 합법적 경쟁이란 그 주장의 승리를 위해 다수 민중의 신임 획득에 대한 경쟁을 의미하는 것이다. …

다음 민족통일전선의 조직체계는 결론부터 먼저 말하면 민족통일전선은 광대한 민족주의와 강대한 중앙집권주의를 동시에 채용하지 않으면 안된다. 그리하여 확고한 기초와 민족 전체의 의지로 구축되어 그 지도부가 민족 전체의 정확한 신임으로써 구성되기 위해서는 광대한 민족주의를 채용하지 않으면 안된다.[54]

우리는 이 글에 나타난 민족혁명당 통일전선론의 특징을 다음과 같이 몇 가지로 요약할 수 있지 않을까 한다. 첫째, 통일전선의 구성 본위는 민족운동전선에 참가하고 있는 사람들 개인으로 하며, 이 경우 주의와 정강을 달리하는 기존 단체의 존재를 인정한다. 둘째, 민족통일전선은 '전민족적으로 공통된' 민족해방운동 과정에서 통일되고, 각 단체 사이의 '부동적(不同的) 조건'에 대해서는 민족해방을 달성한 후 정권수립 과정에서 "민중의 신임 획득을 위한 합법적 경쟁"에 맡긴다. 셋째, 통일전선의 조직체제는 민족주의적 중앙집권제를 채택한다.

식민지 피압박민족 해외 민족운동전선의 통일전선은 각 세력 사이의 주의와 정강을 넘어선 민족주의에 입각한 항일 민족통일전선이어야 하며, 각 세력 사이의 주의 사상의 차이는 민족해방 달성 후 민족국가 수립과정에서 국내 민중을 대상으로 하는 합법적 경쟁에 맡겨야 한다는 것이 이 시기 민족혁명당 통일전선론의 요체였다고 확인할 수 있다.

---

54) 『사상정세시찰보고집』 5, 63~64면.

3) 남화연맹의 통일전선론

민족혁명당의 이와 같은 통일전선 제의에 중국지역의 다른 민족해방
운동단체로서 비교적 일찍 긍정적 반응을 보인 것은 무정부주의자단체
인 남화연맹(南華聯盟)[55]이었다. 지금의 우리가 참고할 수 있는 남화연
맹의 통일전선론은 기관지『남화통신(南華通迅)』1936년 11월호와 12
월호에 실려 있으며, 이 기관지들 역시 일본 정보기관이 입수하여 전역
(全譯) 혹은 요역한 것이다.

먼저 11월호에 요역된 필자가 '주(舟)'로 되어 있는 글 「민족전선의
가능성」은 앞부분에서 "우리들 조선혁명운동의 현단계에 있어서 민족
전선의 필요와 확대를 통감한다. 그것은 민족전선만이 민족해방운동의
진로를 타개하는 지침이기 때문이다" 하고, "민족전선은 무엇인가" "그
것은 가능한가"를 물은 후 세 가지 일차적 답을 제시하고 있다.

1) 민족전선은 최대의 역량집중으로써 대외적으로 민족적 공동의 적 일본
제국주의에 대항하고 대내적으로는 파쇼의 발생을 방지하여 일체의 반동세
력과 항쟁한다.

2) 민족전선은 각당, 각파, 각 계급을 단결시켜 광범한 대중적 기초 위에 건

---

[55] 남화연맹은 남화한인청년연맹(南華韓人靑年聯盟)을 말하며 1930년 상해에서 무정부
주의자 유자명(柳子明)·장도선(張道善)·정해리(鄭海理) 등이 조직한 단체이다. 1936년
부터 기관지로『南華通迅』을 발간했고, 1937년에는 중국인 무정부주의자와 함께 '중한
청년연합회(中韓靑年聯合會)'를 조직하여『抗戰時報』를 발행했다. 1937년 민족혁명당
과 함께 조선민족전선연맹(朝鮮民族戰線聯盟)을 결성했다(金正明 編『朝鮮獨立運動』2,
607면). 유자명의 「나의 回億」(133면)에는 그 명칭이 조선무정부주의연맹(朝鮮無政府
主義聯盟)으로 되어 있다.

립한다.

　　3) 민족전선은 민족해방 역량의 현단계에 적합한 강령을 지지한다.[56]

　　남화연맹은 통일전선을 주로 민족전선으로 표시하면서 그것은 모든
정당·파벌·계급을 단결시켜 형성해야 한다는 점, 민족운동의 현단계
에 맞는 강령을 제시해야 한다는 점 등에서 민족혁명당의 그것과 유사
한 점을 보이고 있다. 이 글은 계속해서 "민족전선의 형성은 전투적인
한편으로 크고 작은 민족적 사회적 투쟁을 통해 광범한 대중을 흡수하
고 상의(商議)·타협·양보를 거쳐 단체와 개인을 참가시키며, 다른 한편
으로 반대자·회의자(懷疑者) 및 전선 내부의 동요와 투쟁하고 또 타협,
투항의 경향과 투쟁하여 민족전선의 공고화와 확대 및 민중전선(民衆戰
線)에 대한 신앙 강화를 그 임무로 한다" 하여 민중전선 중심의 민족전
선 형성방법론을 제시한 다음, 당시 시점에서 민족전선의 가능성을 다
음 세 가지(원래는 네 가지였던 것 같으나, 세 가지만 뽑아 번역하고 있다 - 필자)를
들어 설명하고 있다.

　　첫째, 구주(歐洲)에서의 인민전선 승리는 국제적 반향을 일으켜 식민
지 혹은 반식민지에서 민족적 총단결이 민족해방운동의 최선의 책략임
을 계시함과 동시에 각당 각파의 반성과 각오를 촉성하고 있다.

　　둘째, 일본제국주의의 정치적·경제적·사회적 강압은 근로대중, 아니
전민족의 생활에 대분요(大紛擾)를 일으켜 그 번민·초조·분노·항쟁은
하나의 새 역사적 단계를 형성하여 민족전선의 기본역량으로 되고 있
다. 근로대중 이외의 광범위한 소자본계급과 지식분자도 혁명진영으로
진입하고, 또 일부의 자본계급과 가장 낙오한 계층까지도 중립 혹은 참

---

56) 『사상정세시찰보고집』 3, 482면.

가의 가능성을 가지고 있다. 3·1운동을 비롯하여 6·10사건, 광주학생사건을 통해서 봐도 사건마다 폭발동기를 불문하고 공동의 목표 아래 각층 각 계급 전민족적 궐기가 있는 과거 사실의 가르침이 있다.

셋째, 조선혁명에서 그 투쟁대상이 동일한 어떤 당파를 불문하고 민족전선을 거부할 어떤 이유도 없으며, 오히려 각기 자파의 근본주장과 태도를 말살하지 않는 한 민족전선을 지지하게 하는 것은 당연한 일이다. 무정부주의자는 어떠한 혁명에서도 민중해방을 위해 항상 선두에 서서 피를 흘리고 있다. 그러나 혁명의 발전을 위해서만 투쟁하는 것이며 혁명을 실패의 심연에 빠지게 하는 영도권 쟁탈전에는 참가하지 않는다. 이상과 같이 객관적 정세와 내부조건과 과거 사실의 가르침과 각 당 각파의 이해관계 등 모든 사실은 민족적 연합전선의 가능성을 충분히 증명하고 있다.[57]

이 글이 통일전선, 민족전선, 인민전선, 민족연합전선을 모두 같은 개념으로 사용하고 있는 점을 볼 수 있지만, 무정부주의운동전선도 유럽 인민전선 성립에 영향받으면서 민족해방운동전선 전체가 주의와 주장의 차이를 넘어 통일전선을 형성할 만한 국내외적 조건이 형성되었음을 조리정연하게 설파하고 있음을 볼 수 있다. 특히 이 글은 국내의 근로대중 이외에 소자본계급 지식분자는 물론 자본가의 일부도, 그리고 '가장 낙오한 계층'(혁명전선에서? - 필자)까지도 민족통일전선의 대상으로 넣고 있어 그 범위가 대단히 확대되었음을 볼 수 있다.

이 글에는 또 「민족전선을 어떻게 결성할 것인가」를 논술한 대목이 있다. 여기서는 과거(1920년대 후반기 - 필자) 민족단일당 실패의 전철을 밟지 않을까 걱정하거나 민족운동단체 서로가 가면을 쓰지 않을까 주저

---

57) 같은 자료 482~83면.

하지 말며, 과거 운동의 실패 원인이었던 통일전선운동을 정치적 수단으로 이용하는 일이 없어야 한다 하고, 다음과 같이 통일전선 결성을 적극적으로 호소하고 있다.

우리가 이 문제를 제출한 본의는 객관적 사회정세와 내부적 요구가 이와 같기 때문에 우리가 한 자리에 모여 이 긴급한 문제의 해결책을 대중 본위로 강구하지 않으면 안되며, 그렇기 때문에 서로 혁명적 양심으로써 용감히 악수하고 당면문제는 조건민중의 이익을 대상으로 하여 최선의 방법을 연구하지 않으면 안된다. …

우리는 언제나 이 제안에 대해 찬의로써 연합하려고 하는 자에게는 열정적으로 악수하며 연합할 준비를 하고 있다. 그 때문에 민족전선이 결성되고 안되고는 우리들 이외 각 단체의 성의 여하에 있다고 믿는다. 다시 말하면 진실한 생각과 혁명적 성의가 있으면 언제든지 결성될 수 있다는 뜻이다.[58]

무정부주의단체인 남화연맹이 제출한 이 통일전선 결성론은 민족혁명당의 그것이 지적했던 개인 본위냐 단체 본위냐 하는 문제에 대해서는 구체적 논급이 없지만, "주의·정강을 달리하는 각 단체를 단일적으로 통일하려고 하는 것이 아니라 각 단체와 각 개인이 자기 사상을 근거로 하여 각자의 환경과 능력에 의해 다각적으로—학생은 학교에서, 농민은 농촌에서, 직공은 공장에서, 혁명가는 각 운동전선에서 각자의 환경과 처지에 따라—공동의 슬로건 아래 서로 긴밀한 연락을 취하여 적을 각 방면에서 총공격하지 않으면 안된다"[59]고 한 것으로 보아, 개인

---

58) 같은 자료 484면.
59) 같은 자료 485면.

본위의 통일전선 형성을 지향한 것이 아닌가 한다.

이 글에서는 주로 주·객관적 조건이 통일전선의 형성을 필요하게 되었다는 사실을 강조한 데 그친 감이 있지만, 『남화통신』 같은 해 12월호에서는 그 내용이 훨씬 구체화하고 있음을 볼 수 있다. 필자가 '유(有)'로 되어 있는 「민족전선 결성을 촉(促)한다」[60]라는 글에서는, 먼저 세계사적 흐름 속에서 통일전선이 어떤 형태로 나타나고 있는가를 다음과 같이 논급하고 있다.

프랑스혁명에서도 러시아혁명에서도 민중의 최대 적인 봉건세력과 제정(帝政)을 타도하기 위해 각파의 사회운동자와 민중이 연합했고 또 현재 구라파에서는 파쇼독재를 타도하기 위해 인민전선의 신기운이 폭발하고 있다. 이 인민전선 형태가 식민지 또는 반식민지에서는 민족전선 형식으로 표현되어 그 민족의 총역량을 연합단결하여 투쟁하고 있다. …

최근 프랑스와 스페인의 인민전선은 승리를 얻었다. 중국에서는 인민전선과 항일 민족전선운동이 민중 안에 뿌리를 내려 맹렬히 일어나고 신흥 중국의 세력은 일진월장하고 있다. 이런 실례를 봐도 인민전선 혹은 민족전선은 가장 현실에 적합한 투쟁방법이라 할 수 있다.

파쇼체제와 투쟁하는 구라파의 인민전선이 반식민지 중국과 완전 식민지 조선에서는 인민전선과 항일 민족운동이 합쳐지는 민족전선이라는 통일전선으로 나타나고 있다고 보았다. 『남화통신』 같은 호의 필자가 '주(舟)'[61]로 되어 있는 「민족전선에 관하여」[62]에서는 또 당시 중국

---

60) 같은 자료 491면.
61) 이 잡지의 목차부분에서는 필자가 '魯'로 되어 있다. 현재로선 누구인지 확인할 수 없다.
62) 같은 자료 492~93면.

지역 우리 민족운동전선에서 통일전선운동이 구체적으로 무엇으로 시작되어야 하는가를 이렇게 말하고 있다.

가령 민족전선이 성립한다고 하면 한국국민당과 한국민족혁명당이 구성체의 중요한 요소가 될 것이다. 그만큼 두 당의 참가 여부가 결성 전야에서 논제(論題)의 중심이 될 것은 사실이다.

따라서 만일 두 당 중 일당이 참가하지 않으면 민족전선의 성립 자체가 문제가 될 뿐만 아니라, 가령 성립된다 해도 그것은 원만무결한 연합전선의 형태로써 평가되기 어렵다.

당시 중국지역 우리 민족해방운동전선의 형세로 보아 통일전선 형성의 가장 중요한 과제는 김구 중심의 한국국민당과 김원봉 중심의 민족혁명당이 중심이 되어 남화연맹 등 여타 세력을 통일하는 일이었다. 이 점을 여타 세력의 하나인 남화연맹 기관지는 정확하게 지적하고 있었다. 그리고 이 글의 필자는 "전체적 합리적 총단결의 실현을 촉성하는 의미에서 두 당에 대한 기대의 한두 가지를 들어 토론하려 한다"면서, 두 당이 통일전선을 이루기 위한 토론으로 '당파적 미몽(迷夢)의 타파' '각 정당의 배경문제' '감정문제' 등 세 가지를 들어 의견을 말했으나, 일본 정보기관은 그 가운데 '각 정당의 배경문제'는 생략하고 나머지 두 문제만 전역(全譯)했다. 그 중요한 부분을 보면 다음과 같다.

당파적 미몽의 타파: 민족전선의 시비론(是非論)이 내외적으로 고조되고 있는 이때를 당하여 해외 운동전선의 대표적 단체로 볼 수 있는 그 당에 있어서는 아직 가부에 대한 구체적 표시가 없는 진의는 어디에 있는가. 만일 당파적 격리(隔離)가 그 이유라면 각당은 명확한 인식하에 각기 자파의 미몽을 타파하

216

지 않으면 안된다. 구라파 인민전선운동의 실상 혹은 이웃나라 중국의 항일 구국이라는 공동목표 아래 성립된 각파의 연합보다 더 이상으로 우리에게 민족적 단결이 필요함을 인식하지 않으면 안된다.

감정문제: 종래의 당파적 감정과 개인적 감정의 실재를 부인할 수는 없다. 그러나 우리들의 그것이 중국국민당의 불연소불용공(不聯蘇不容共) (전연 감정문제만은 아니지만)과 같은 정도, 아니 더 중대한 문제로 될 이유가 대체 어디에 있는가—민족전선의 제출은 내전(內戰) 정지의 선언이다. 그리하여 내전의 근원이 되는 감정문제의 근본적 해결이 곧 민족전선 성립의 기초적한 요소가 된다. 최근 전해들은 바에 의하면, 일부 혁명자 측에서는 민족전선 제창의 동인에 대해 회의와 기타 모종 의미의 의심을 갖고 있다고 한다.—일체의 감정문제는 민족전선의 실질적 파악에 의해 원만히 해결되고 민족전선은 감정문제의 근본적 해결에 의해 성장이 가능하다.[63]

한국국민당과 민족혁명당을 중심으로 하는 중국지역 민족해방운동전선의 통일전선이 두 당 구성원 사이의 감정문제 때문에 부진하다면 그것이 항일민족전선을 형성해가고 있는 중국국민당 정부와 중국공산당 사이의 감정문제보다 더 심하다 말인가라고 반문하면서, 감정적 대립을 해소하는 길이야말로 민족통일전선운동을 발전시키는 길임을 강조하고, 파쇼체제 등장 이후 세계 세의 흐름이 '당파적 미몽'에 빠져 있을 때가 아님을 강조하고 있다.

이 글은 민족혁명당과 한국국민당 두 세력이 크게 대립되어 있는 상황에서 어느정도 객관적 위치에 있었다고 할 수 있는 무정부주의자들이 중국지역 전체 민족운동전선의 통일을 적극적으로 촉구한 것인데,

---

63) 같은 자료 493~94면.

그들은 실제로 「민족전선의 행동강령 초안」을 제시하고 있다.[64] 필자 '평공(平公)'이 "개인 의견을 발표하여 일반의 비정(批正)과 토의를 요망한다"고 전제한 이 초안을 일본인들이 전역(全譯)했는데, 그 중요한 내용은 다음과 같다.

① 민족전선은 이를 구성하는 각 단체의 해체를 요구하지 않지만, 혁명공작에서 보조의 일치와 국호(國號)의 통일을 요구한다.

② 민족전선은 대다수의 근로민중으로써 기본 대오로 한다.

③ 민족전선은 현재 반일투쟁시기의 전략적 결합에만 그치지 않고, 장래의 건설시기에도 협동 노력할 것을 약속한다.

④ 독재정치를 거부하고 철저한 전민족적 민주주의를 지지한다.

⑤ 경제기구의 독점권을 폐(廢)하고 만인평등의 경제제도를 건설한다.

⑥ 일본제국주의의 통치를 타파함과 동시에 공유·사유를 불문하고 일본제국주의에 침점된 일체의 토지를 몰수하여 농민의 공동경영제도를 설립한다.

⑦ 매국적(賣國賊)의 일체 재산을 몰수하여 건설사업에 충용한다.

⑧ 조선 내에 있는 일본인 소유의 일체 금융기관과 상공업기관을 몰수한다.

⑨ 생산 본위의 교육제도를 건립한다.

⑩ 의무노동제도를 건립한다.

앞으로 형성될 통일전선의 정강 정책을 제시했다고 볼 수 있는 이 행동강령은 내용 면에서 앞서 본 민족혁명당의 정강 정책이나, 다음에서 볼 다른 통일전선론의 정강 정책과 큰 테두리에서는 서로 비슷하다. 그

---

64) 같은 자료 494~95면.

러나 민족혁명당의 통일전선론이 개인 본위에 가까운 것이었던 데 비해, 남화연맹의 그것은 각 단체의 독자성을 상당히 인정하면서 국호만 통일하자는 식의 매우 느슨한 것이었음을 볼 수 있다. 통일전선을 민족해방 후의 건국과정에까지 유지되어야 한다고 본 점에서 해방 후의 권력구조는 국내 민중의 선택에 맡겨야 한다고 보았던 민족혁명당의 그것과는 차이가 있다. 한마디로 더 이상주의적인 통일전선론이라 할 수 있었다.

통일전선론과 직접 관계되는 것은 아니지만, 여기서 잠깐 남화연맹의 무정부주의자들이 지향한 이데올로기적 방향을 알아볼 필요가 있다. 『남화통신』 12월호에 실린 필자가 '월(月)'로 되어 있는 「이상과 혁명」[65]에는 다음과 같은 내용이 있다. 이 시기 무정부주의운동의 성격을 어느정도 이해할 수 있는 글이기도 하다.

조선혁명 후의 건설을 어떻게 할 것인가? 이민족 통치의 기반에서 벗어나서 제민족 통치의 공화국을 건설할 것인가? 아니면 '마르크스' '레닌'류의 공산주의를 실시할 것인가? 또 그렇지 않으면 자유·평등·우애를 원칙으로 하는 무정부사회를 건설할 것인가? 공화국 건설은 통치자 대체(代替)의 일장 활극에 지나지 않는다. 마르크스주의의 무산자독재는 소수 간부 폭정하에 민중의 자유가 억압되고 민중의 일체 재산이 국유재산으로 강탈되는 변형적 자본주의 사회의 연장이다. 우리는 만인의 자유가 인정되는 공동생산과 자유소비를 원칙으로 하는 인류생활의 최고이상의 실현인 무정부 공산사회 건설을 조선혁명의, 아니 전세계 인류해방운동의 이상으로 한다.

---

65) 같은 자료 496~97면. 이 글에 'K군에게 보내는 短信'이란 부제가 붙어 있다.

이 글에 의하면, 우리 민족해방운동전선의 무정부주의는 사유재산제를 인정하며 공동생산·자유분배 원칙의 '무정부 공산사회,' 즉 혁명과 계급독재를 부인하는 이상주의적 사회주의를 지향한 민족운동이라 할 수 있겠다. 어떻든 이와 같은 무정부주의 민족운동도 그 내용이 민족혁명당의 그것보다 상당히 느슨한 것이기는 하지만, 통일전선 형성 자체에는 적극성을 보이고 있었고, 그 점에서 민족혁명당과 접근되고 있었다.

4) 조선민족전선연맹의 통일전선론

민족혁명당이 주동이 되어 구성된 이 시기 좌파세력 통일전선으로서 민족전선연맹의 통일전선론도 민족혁명당의 그것과 대체로 같은 방향이었다. 그러나 민족혁명당원이 아닌 조선민족해방운동자동맹의 핵심인물로 민족전선연맹 성립의 주역이며 탁월한 이론가였던 김규광(金奎光: 金星淑)은 민족전선연맹의 기관지『조선민족전선(朝鮮民族戰線)』을 통해 통일전선을 '민족전선'이라 부르면서, 민족혁명당의 그것보다 어떤 면에서는 훨씬 논리정연하고 성격이 뚜렷한 통일전선론을 제시했다.

특히 그의 민족전선론을 우리 민족해방운동전선의 통일전선이 유럽이나 중국의 인민전선과 어떻게 다른가를 밝히려 한 부분을 볼 수 있어 이 시기 우리 민족해방운동전선의 통일전선론을 이해하는 데 크게 도움이 된다. 김규광은『조선민족전선』제2호에 쓴「어떻게 전체 민족적 반일통일전선을 결성할 것인가」[66]라는 글에서 "인식(認識)의 통일"을 논하면서 다음과 같이 설파하고 있다.

---

66) 秋憲樹 編『자료한국독립운동』2, 연세대학교출판부 1971, 271~77면.

우리의 민족전선이 유럽의 인민전선과 구별됨을 명백히 알아야 한다. 인민전선은 고도로 발달된 자본주의국가 안의 인민대중이 파시스트를 반대 혹은 방지하고 민주주의와 평화를 쟁취하기 위해 일정한 정치강령 아래 결합된 일종의 정치투쟁기구이나 우리의 민족전선은 그렇지 않다. 이것은 전체 민족이 어떤 사회계급이나 정치당파에 속하거나를 막론하고 모두 유일 공동의 적인 일본제국주의를 타도하고 전민족적 자유해방을 쟁취하기 위해 일정한 정치강령 아래 단결하는 다른 일종의 정치기구이다.

반파쇼 정치기구로서 유럽의 인민전선이 자본주의가 고도로 발달한, 다시 말하면 프롤레타리아 계급의 형성이 어느 수준에 이른 지역의 통일전선이라면, 자본주의 발달이 뒤늦은 채 식민지로 전락한 우리 민족해방운동전선의 통일전선은 일본제국주의 타도에 일차적 목적을 둔 계급과 당파를 초월한 계급연합적 민족전선이 되어야 한다는 논리라 볼 수 있다. 유럽의 인민전선이 프롤레타리아의 계급적 기반 위에 성립된 통일전선이라면 우리의 민족전선은 노농계급의 역사성을 인정하되 어느 한 계급의 주도권이 강조될 수 없는, 다시 말하면 정치적 주도권은 민족해방 후 국내 민중의 선택에 맡기고 민족해방운동의 과정에서는 모든 세력을 하나로 통일하는 민족전선이어야 한다는 생각이 바닥에 깔려 있는 것이 아닌가 한다.

이 글은 또 좌우 두 진영의 통일을 위한 이론적 탐색에서 중국은 이미 '통일인식'에 도달했으나, 조선의 경우 아직 그 결론에 도달하지 못했고 이제 그 출발점에 있다고 보며, 중국과 조선 통일전선의 다른 점을 이렇게 말하고 있다.

우리의 민족전선이 중국 민족전선과 같지 않음을 명백히 알아야 한다. 두 전선은 내용상 본질상 서로 같지만, 표현형식상 서로 다른 점이 있다. 조선은 일본의 독점식민지가 되어 국가기구가 없어졌기 때문에 민족전선의 형태가 각종 혁명집단의 결합형식으로 표현될 수밖에 없지만, 중국은 반독립국가이고 광대한 인민과 토지가 있으며 통일된 정권 아래 민족전선의 인적 물적 기초가 성립되어 있고 또 정권 자체가 민족전선의 중심기구가 되어 있는 것이다.

조선과 중국의 통일전선운동이 식민지 혹은 반식민지 민족의 반파쇼운동인 점에서는 그 내용과 본질이 같다. 그러나 중국의 통일전선운동은 국토의 한 부분에 해방구를 갖고 정권도 가진 운동이기 때문에 중국공산당을 기반으로 하는 통일전선운동이 될 수 있는 데 반해 조선의 통일전선운동은 해방구를 갖지 못한, 다시 말하면 인적·물적·정권적 기초가 없는 운동이기 때문에 어느 한 세력의 주도권 아래 성립될 수 없는 운동이란 점에서 차이가 있음을 명백히 알아야 한다는 논리라고 볼 수 있다.

이런 논리에서 보면 당시 순수 좌익 쪽 반제동맹이나 순수 우익 쪽에서 성립시킨 광복운동단체연합회나 둘 다 옳은 의미의 민족전선은 아님을 다음과 같이 풀이하고 있음을 볼 수 있다.

우리의 민족전선은 종래의 좌익적 반제국주의동맹 및 우익적 민족주의단체의 연합체와 완전히 다름을 알아야 한다. 좌익적 입장에 있는 사람은 조선에서 반제동맹과 민족전선이 본질상 같은 것이며 다만 명칭상 다를 뿐이라하고, 또 우익적 입장에 있는 사람은 광복운동단체연합회가 곧 민족전선이라하지만, 이들 양편의 주장은 모두 옳지 않다. 종래의 반제동맹은 본래 각국에서 공산당의 외곽 군중단체이며 그 형식과 내용을 막론하고 현재의 민족전선과 공통점이 전혀 없으며, 순수 민족주의단체의 연합으로 성립된 광복운동단체연합회도 본질상 민족전선은 아니다. 조선에서 민족전선의 주요 조직대상은 민족주의운동과 사회주의운동의 통일이다. 그것은 중국의 국·공 양당이 중국 민족전선 성립의 기본적 조직대상이 된 것과 같다.

식민지 피지배민족 해방운동의 통일전선이 특정 계급의 주도권을 확보한 상태에서 성립되어야 한다는 입장에 서지 않는 한 이 통일전선론은 비교적 정연한 논리를 제시하고 있다. 이 글은 계속해서 통일전선의 조직방법 문제를 거론하는데, 개인 본위 조직을 반대하고 단체 본위 조직을 주장하고 있음을 볼 수 있다. 1927년 국내에서 성립된 민족협동전선단체 신간회와 해외 민족유일당운동이 지향한 대독립당(大獨立黨)은 개인 본위로 조직되어 각당 각파의 영도권 쟁취 장소가 되지 못하고 제3종의 정치단체가 되어 허다한 결점을 갖게 되었다고 하면서, 앞으로 성립될 통일전선은

　　일종의 정당 형식의 단체가 아니라 각종 정치단체가 일정한 공동강령 아래
　　공동행동을 약속하는 정치적 투쟁기구로 되어야 하며 민족전선이 단체 본위
　　를 그 조직원칙으로 해야 하는 이유가 여기에 있다

하고, 각당 각파가 공동의 목표 아래 연합적 조직을 이룰 때는 가장 광범위한 민주제도가 채택되어야 하며, 따라서 조선의 민족전선은 단체 본위와 민주제도를 기본적 조직원칙으로 해야 한다고 거듭 주장하고 있다. 통일전선이 하나의 단체나 정당 형식으로 성립되었다가 완전한 통일전선을 이루는 데 실패한 예는 신간회 외에 민족혁명당에서도 볼 수 있었다. 그때보다 각 민족운동세력의 주의와 사상적 차이가 한층 뚜렷해진 당시의 조건으로는 단체 본위의 통일전선을 이룰 수밖에 없다

는 생각이 더 강해진 것 같다.

그리고 이와 같은 통일전선이 민족해방투쟁에 성공하여 민족국가를 수립할 때는 남화연맹 통일전선론에서 본 것과 같이, 거기에 참가한 각 당 각파 중 어느 하나 혹은 사상과 주의를 같이하는 몇 개의 연합세력이 국내 민중의 심판에 의해 정권을 획득할 수 있다는 방법이 고안된 결과라 할 수 있다. 김규광의 이 글도 민족해방 후에 수립될 민족국가의 성격에 대해서 어느정도 논급하고 있음을 볼 수 있다.

혹 말하기를 우리 민족전선의 주요 목적은 일본제국주의를 타도하는 데 있지 타도한 후 어떤 건설을 할 것인가 하는 것은 민족전선이 담당할 임무가 아니라고 한다. 그렇겠는가. 때가 왔을 때 사회주의국가를 건설할 것인가 파쇼국가를 건설할 것인가 하는 설이 정해지지 않고 있지만, 이들 견해는 명백한 착오이다. 우리 민족전선의 정치목적은 진정한 민주공화국을 건설하는 데 있고 일본제국주의 타도는 이 목적에 도달하기 위한 하나의 정치목적적 정책 혹은 수단이다.

이와 같은 김규광 개인의 글이 비록 조선민족전선연맹 기관지인 『조선민족전선』에 실렸다고 해도 얼마나 민족전선연맹의 통일전선노선을 대표하느냐 하는 문제가 있으며, 또 조선민족전선연맹이 민족혁명당, 조선민족해방운동자동맹, 조선혁명자동맹, 조선청년전위동맹(朝鮮靑年前衛同盟) 등 정당 단체의 연합에 의해 결정되었다고 하여 『조선민족전선』에 실린 김규광의 통일전선론이 각 정당 단체의 그것을 종합한 것이라 볼 수 있느냐 하는 문제는 있다.

그러나 제6장에서 보는 것과 같이, 이 연맹을 결성할 때 광복운동단체연합회 쪽과의 통일을 내다보고 있었다는 사실 역시 다음 장에서 논급되겠지만, 이후 여러가지 기복이 있었음에도 불구하고 결국 민족전선연맹 쪽과 광복운동단체연합회 쪽의 제한적 통일전선이 일단 이루어져갔다는 사실 등으로 미루어보아 민족전선연맹이 지향한 이와 같은 통일전선론, 즉 민족전선론이 우선 좌우익을 막론한 중국 관내 우리 민족해방운동전선 전체의 통일을 목적으로 한 당시로서는 가장 현실적인 방법론의 하나였을 뿐만 아니라, 민족해방 후 민족국가 건설과정까지를 내다본 통일전선 방법론이었다는 의미를 갖는다고 할 수 있겠다.

5) 한국국민당과 임정 측의 통일전선론

앞에서 인용한 「민족전선(民族戰線)에 관하여」에서 "민족전선이 성립한다고 하면 한국국민당과 한국민족혁명당이 구성체의 주요한 요소가 될 것이다"라고 한 것과 같이, 김구 중심세력의 한국국민당이 이 시기 통일전선운동의 중요한 대상이었음은 더 말할 것 없다. 그러나 민족혁명당이나 남화연맹이 통일전선론을 본격적으로 펴기 시작한 1936~37년경 한국국민당은 이 문제에 적극적이지 않았을 뿐 아니라 오히려 부정적이거나 회의적이었음을 알 수 있다. 한국국민당 기관지의 하나였던 『한청』은 1936년 10월호에 실린 필자가 '불꽃'으로 된 글 「인민전선이란 무엇인가」[67]에서 당시 유럽에서 일어나고 있던 인민전선운동에 대해 나름의 관점을 나타내고 있다.

현하 전세계의 이목을 끄는 서반아 내란과 함께 인민전선이란 문자가 어느 신문 어느 잡지상에서나 대서특자(大書特字)하고 있는 것을 볼 수 있다. 그러

---

67) 『韓靑』 제1권 제3기, 대한민국 18년(1936) 10월 27일, 30~31면.

면 대체 인민전선이란 무엇인가? 이것은 내셔널리즘(국민주의) 또는 파시즘을 타도하기 위한 무산자와 자본주의 좌익자 세력의 새로운 공동전선을 이름이다. …

그러면 이 운동은 누가 먼저 제창하였나 하면 그것은 공산당이라는 것, 더 정확히 말하자면 커민턴(共産黨 第3國際)이었다. 더욱이 인민전선의 발원지인 프랑스나 스페인에서는 완전히 공산당이 이를 제창하고 지배하며 커민턴의 지령과 원조하에 전개되고 있다는 것은 또한 부인 못할 사실이다. …

그런데 커민턴은 왜 이 운동을 일으키게 되었느냐 하면 그곳에는 종종(種種)의 이유가 있겠지만 종래에는 사회민주당을 판에 박은 듯이 무산자의 반역이요 제국주의 자산계급의 주구(走拘)라고 하여오기 때문에 이러한 공식적 태도가 독일에서 나치스의 성공을 용이하게 하였고 프랑스에서는 화십자단(火十字團)을 중심으로 한 파시스트의 대두를 또한 촉성시키게 된 쓰라린 실패를 통감하는 데서 그들이 원래 고집하던 대사민정책(對社民政策)을 완화하며 그들에게 추파를 던지며 파시스트를 대항하기 위하여 공동전선을 결성할 필요를 느끼게 된 것이 아마 인민전선을 부르짖게 된 엄[?-인용자]이라고 할 수 있을 것이다.

이 글을 통해 코민테른 주도에 의한 반파시즘 운동인 유럽의 인민전선운동을 보는 한국국민당 쪽 입장이 상당히 부정적임을 알 수 있다. 이 같은 한국국민당의 입장은 우리 민족해방운동전선의 통일전선 문제에도 그대로 적용되고 있었다. 역시 『한청』에 실린 방원몽의 글 「여시아관(如是我觀)」[68]이 그것을 말해준다.

---

68) 『한청』 제1권 제4기, 대한민국 18년(1936) 11월 25일, 3~4면.

공산당 일파는 모방(某方)의 양양묘계(襄襄妙計)를 받아가지고 독립운동을 도란(搗亂)하려 했으며 단일전선의 교명(巧名)을 이용하여 진정한 독립운동 단체를 해소시키기에 노력하였고, 또 우리의 진선(陣線)을 켐문탄의 괴뢰화시키려 했다. 그들은 우리의 진선(陣線)을 완전히 공산당의 괴뢰로 만들기 위하여 단일전선을 제창하였다. 그들은 입으로만 단일전선을 떠들고 한 옆으로는 공산당식의 교활하고 악독한 음모를 베풀어 단체적으로나 개인적으로나 독립운동자에 대해 모욕, 이간, 중상, 공격, 살해 등의 행동을 하기에 급급하였다. …

우리는 만강(滿腔)의 성의로써 이 이론만은 환영한다. 전선의 통일 이것이 우리의 중요한 강령의 하나라 하겠다. 그러나 진선의 통일은 반드시 전투력의 강화라고만 볼 수는 없다. … 통일은 양(量)의 문제이요 강화는 질(質)의 문제이다. 우리는 질을 고려하지 않고 양만 탐한 까닭에 과거에 실패하였다. …

설사 인민전선이 성립된다 하더라도 내부에서 양성(釀成)되기 쉬운 빈종(份縱), 파괴(破壞) 등의 음모로 인하여 나타나는 규갈(糾葛)을 근절시킬 만한 자신이 있는가. 소련을 배경으로 한 서반아의 인민전선이 무엇 때문에 대번에 붕괴되었는가를 심신(深愼)히 음미할 필요가 있다.

한국국민당 쪽이 민족혁명당 혹은 남화연맹을 포함한 쪽의 통일전선 운동을 코민테른의 지령을 받은 공산주의자들의 우익세력 파괴공작으로 보았음을 알 수 있다. 민족혁명당을 공산당으로 본 것 같은 한국국민당의 통일전선 반대입장은 쉽게 변하지 않았을 뿐만 아니라 유럽 특히 프랑스 인민전선을 신랄하게 비판하면서 계급의식이 민족의식을 초월할 수 없다고 강조하고 있음을 볼 수 있다. 역시 『한청』에 실린 '홍염(虹炎)' 집필의 「프랑스 인민전선과 피압박민족」[69]이란 글의 다음과 같은 대목이 그것을 말해준다.

2월선거의 결과로 인민전선이 확립되고 또 5월 총선거에 대승한 후 인민전선 내각이 완성되어 프랑스의 정권은 공산당이 조종하게 되었다. 그러나 식민지 문제에 대해서는 그래도 양심에 부끄러웠던지 위원회를 열어 가지고 프랑스 해외 영지(領地)의 경제 및 도덕적 상황을 조사하겠다고 헛방귀를 뀌었을 뿐이다. …

인민전선이란 그것이 공산주의자가 파쇼전선을 반대하기 위하여 레닌주의에다가 똥칠을 해가며 일체 개량주의, 부르주아제국주의 앞에 투항한 것으로써 스탈린의 모순적 현상유지를 위한 평화주의의 부속품이 되어가지고 모스크바 제3국제와 고동을 틀고 있는 이상 제국주의의 장품(藏品)에다가 털끝만치라도 손을 댈 리 없다. …

민족의식이란 것은 공산주의자가 보는 바와 같이 그렇게 단순한 것이 아니다. 계급의식이 민족의식을 초월한다는 것은 공산당의 선동작용에서 하는 새빨간 거짓말이요 사실에 있어서는 민족의식이 모든 것을 초월하는 것이다.

프랑스의 인민전선 정부가 식민지문제 해결에 적극적이지 않았던 사실을 들어 인민전선 자체의 역사성을 비판하고 있음을 볼 수 있지만, 그러나 한국국민당 쪽에서도 민족통일전선에 대해 무조건 거부하기보다 1920년대 민족유일당운동의 실패한 경험을 들면서, 혹은 유럽 인민전선의 문제점을 지적하면서 신중론을 펴는 대신 우선 각 민족해방운동 단체들이 그 자체의 조직을 공고히 하는 일이 앞서야 한다는 의견도 나왔다. 그 점에 대해 『한청』 1936년 12월호에 실린 고일해(高一海)의 글 「인민전선에 대한 관견(管見)」[70]은 다음과 같이 말하고 있다.

---

69) 『한청』 제1권 제5기, 대한민국 18년(1936) 12월 15일, 12~16면.
70) 같은 자료 6~8면.

프랑스, 서반아 등 여러 나라에서 최근에 창궐하는 파시스트를 대항하기 위해서 좌익 각파 연합으로 인민진선(人民陣線)이란 것이 조직되었다. 그러나 이것이 우리 전선에서는 벌써 몇 해 전에 민족단일전선이란 형태로 해본 것이다. … 당시에 공당(共黨)은 교언영색(巧言伶色)으로써 단일전선의 휘장으로 들어와 독립운동을 혼란케 하며 우리 역량을 분산시키는 공작을 했을 뿐이다. …

우리의 인민전선은 아직 그 시기가 이르지 못하였음을 알 수 있을 것이다. … 우리가 유명무실한 인민진선을 강작(强作)하는 이보다는 차라리 먼저 자(自)의 조직을 경일층(更一層) 힘있게 만들고 과학화시킴으로 말미암아 내부의 단결이 더욱 공고해지는 동시에 자체의 혁명역량이 더욱 세어지며 전체 전선에 대한 공헌도 확대될 것이라고 생각한다.

이 시기의 민족혁명당이나 남화연맹에 비해 우익의 한국국민당은 민족통일전선 문제에 대해 부정적이거나 소극적인 자세를 보였다. 그러나 한국국민당 구성원 전체가 그런 것은 아니었다. 그것은 『한청』 1936년 11월에 실린 필명 '천(泉)'의 「민족운동의 재인식」[71] 중 다음과 같은 부분에서 확인할 수 있다.

---

[71] 『한청』 제1권 제4기, 대한민국 18년(1936) 11월 25일, 11~12면. 필자 '천(泉)'은 이 글에서 "애국주의(Patriotism)라는 것은 語源學상으로 볼 때 라틴어의 Pater(父)에서 나왔던 것이다. 다시 말하면 부모를 주로 하고 형제 자매 친척 붕우들이 살고 있는 지대, 언어, 풍속, 습관, 문화 등에 대한 애착심의 발로에 지나지 않는 것이다. 그러기 때문에 애국주의 本身에는 아무런 배타적 의의도 없는 것이다. 亡命해 다니는 국제주의자인 사회주의자나 아나키스트들에게서 부모를 그리워하고 고향을 보고 싶어하는 향토심을 발견한다. 이것은 사회적 동물인 인간으로서 가지는 한 자연적 현상에 불과하니 애국주의의 출발점도 여기에 있는 것이다"라고 하여 사회주의자나 아나키스트들도 "식민지 민족의 일개 해방운동의 현상에 불과하다"고 하며 그들을 민족주의의 소유자로 보았다.

민족주의라는 것은 한 조각의 백지와 같아서 민족운동자(思想不問)들이 그 위에다가 붓질을 하여 놓기에 달린 것이다. 이러한 의미에서 민족운동에 있어서 사상적으로 명확한 선을 그어놓을 필요가 없는 것이다. …

만일 사회주의자나 아나키스트로서 민족해방운동을 주(主)로 하고 세계혁명을 부(副)로 하여야겠다는(제2단계라는 뜻) 인식을 가졌다면 엄정한 의미에서 그들도 민족주의자인 동시에 사회주의자나 아나키스트인 것이다. 다시 말하면 민족주의 본신(本身)이 복잡한 의미를 떠나 누구나 다 가지고 있는 애국주의에 근거를 두니만큼 민족해방운동을 제1의(1단계)로 하는 혁명가라면 누구든지 민족주의자인 동시에 그렇게 될 수 있는 것이다. 이러한 것을 깊이 인식한다면 사상의 차이로 인하여 대립된다는 아무 이유를 발견할 수 없을 뿐더러 민족진선(民族陣線) 결성이 충분한 가능성을 포유(包有)하고 있다는 것을 말할 수 있는 것이다.

그러나 '천(泉)'의 이와 같은 민족주의자 인식 및 민족해방운동관은 역시 『한청』의 다른 필자에게서 즉각적인 반발을 샀다. 필명을 '몽암(夢巖)'이라 쓴 한 논객은 1937년 1월호로 추측되는[72] 『한청』 제2권 제1기에 실은 「천씨(泉氏)의 민족운동의 재인식 검토」[73]라는 글에서 다음과 같이 비판하고 있다.

물론 민족해방운동은 꼭 민족주의자만의 특수한 임무는 아니다. 정의와 인

---

72) 『한청』 제2권 제1기는 발행연대가 명시되어 있지 않다. 제1권 제5기가 대한민국 18년 12월호이고, 제2권 제2기가 대한민국 19년 2월호인 점, 그리고 제2권 제1기의 뒷부분에 "恭賀新年 대한민국 19년 元旦"이란 글이 있는 사실 등으로 보아 이것이 대한민국 19년 (1937년) 1월호임이 틀림없다.
73) 『한청』 제2권 제1기, 41~42면.

도를 주장하는 사람은 사상의 경향을 가리지 않고 절대로 옹호할 필요가 있는 것이다. 이 까닭에 민족연합전선의 이론도 생기는 것이다. …

그러나 프롤레타리아 독재를 부르짖는 공산당이 파쇼의 진공(進攻)에 대항하려는 전략상으로 부르주아민족주의자와 결합하여 인민전선을 조직하고 민주주의를 옹호하자고 떠들었을지라도 (프랑스나 스페인 등 제국에서) 이것은 오직 공산당이 자기 정권을 보호하려는 본의에서 나온 것이요 이것을 민주주의라고 볼 수는 없다. …

그들은 이 운동으로써 소비에트 발전의 계단이 되게 하려는 것이다. 공산당은 진정한 마르크스주의자라는 이보다도 정치적 선동가다. 그들의 유일한 목적은 진정한 민중의 이익을 위한 것이라느니보다도 정권독점의 야심에서 나온 것이라고 보는 편이 적당할 듯하다.

이 필자는 민족혁명당과 남화연맹의 아나키스트를 모두 공산주의자로 간주하고 철저히 불신함으로써 민족해방운동전선에서 그들과의 통일전선을 거부하는 강경 우익이었다고 할 수 있다. 당시 한국국민당 진영에는 이와 같은 생각을 가진 운동자와 논객이 상당히 많았다고 생각된다. 그러나 당시 중국지역 민족해방운동전선에서 가장 우익 쪽에 있었다고 할 수 있을 한국국민당의 민족통일전선에 대한 태도와 방향도 조금씩 변해가고 있었다. 『한청』 제2권 제1기와 제2권 제2기에는 필자가 '정경(晶鏡)'으로 표시된 「민족연합전선의 조직과 영도문제」란 비교적 장편의 글이 실려 있다.[74] 이 글은 우선 민족통일전선의 가능성에 대

---

74) 필자 '정경(晶鏡)'은 이 글의 끝부분에서 "이러한 나의 주장이 韓靑의 綱領에 背되는 오직 한 投稿資格의 개인으로써 私見을 여러분 앞에 제출하여 공정한 이론의 비판을 받고자 할 뿐이다"라고 하여, 글의 취지가 한국국민당의 방향과 반드시 일치하는 것은 아니라는 뜻을 밝히고 있다. 이 필자가 한국국민당 당원인지는 확인할 수 없으나, 이런 글

해 이렇게 말하고 있다.

우리의 통일전선을 민족해방의 범주에서 서로 성심성의로써 난상숙의(爛
商熟議)하여 오직 조국의 자유 완성이란 위대한 목표하에서는 힘 자라는 대로
최고한도까지 우선 최저한도의 유기적 결합을 각오해야 할 것이다. 나의 소
견대로는 이만한 목표하에서는 같은 주의나 사상을 가진 사람 사이에 오해나
혐의는 무조건 화해될 수 있을 것이다. 그리고 피아간에 서로 양보만 한다면
그렇게 곤란한 문제는 아닐 것이다.[75]

무엇보다 그는 민족통일전선의 필요성과 가능성을 전제로 한 후 그
것을 영도할 중심인물 문제에 대해서도 『한청』 기고자로서는 비교적
객관적인 입장을 제시하고 있다.

민주주의를 믿거나 공산주의를 믿거나 어떤 사람을 물론하고 3천만 민중
앞에 이 문제를 능히 정확하고 공평하게 해결할 수 있을 만한 구체안을 제시
한 이가 있다면 그는 곧 민중의 신앙과 추대를 받아 영수인물(領袖人物)이 될
수 있으며 민중운동의 영도지위에 설 수 있을 것이다. 한국민중의 공동이익
을 떠나서 한국혁명을 말할 수 없다. 이것이 곧 민족연합전선의 건립적 기초
이다.[76]

그는 우익 논객 및 운동자 일반의 생각과 같이 과거의 통일전선, 즉
민족유일당운동 같은 것을 파괴한 측이 공산주의자라고 생각하고 있었

이 『한청』에 게재되었다는 사실을 주목할 필요가 있다.
75) 『한청』제2권 제1기, 11면.
76) 같은 자료 12면.

지만, 그러면서도 공산주의자와의 통일전선 형성이 가능하다는 생각을 일관되게 갖고 있었다.

　공산당이 그의 고기(故技)인 선동과 기편(欺騙)의 수단을 암시(暗施)하여 맹렬한 활동을 할 것을 부정하기 어렵다. 과거에 통일전선을 파괴시킨 것도 그들의 이러한 조급한 야심이 화근이었으며 통일전선을 파괴시킨 책임은 전혀 공산당에게 있었다. 그러나 우리는 이러한 폐해와 위험을 의구하여 민족연합전선을 조직하지 못한다면 너무도 과도한 염려이니 '구더기'가 무서워서 '장'을 못 담그는 셈이 될 것이다. 이것으로써 연합전선에 대한 희망을 포기할 것은 없다.[77]

　한편 이 글은 우리 민족통일전선운동, 나아가서 민족해방운동이 어떤 성격의 것이 되어야 하는가 하는 점에도 일정한 의견을 제시하고 있다. 그 첫째는 투쟁의 기본대오가 농민임을 인정하면서도 그것만으로 민족해방운동이 추진될 수 없으며 여기에 진보적 인텔리겐차의 희생적 영도가 필요함을 강조하고 있다.

　일본제국주의 세력을 구축하자면 어떤 한 계급만의 단독역량으로만은 절대 불가능한 것이다. 투쟁의 기본대오가 아무리 농민대중이라 하더라도 오늘날 한국의 정세로 보아 농민 독자의 힘으로써 이것을 완성시킬 만한 역량은 없다. 사실대로 말한다면 낙후민족(落後民族) 가운데서도 농민은 더한층 뒤떨어졌다고 어떤 의미에서 말할 수가 있다. 그러므로 이러한 농민의 위대한 임무를 완성시키려면 '소부르주아', '인텔리겐차'의 혁명분자와 결합하지 않

---

77) 『한청』 제2권 제2기, 20면.

고서는 절대로 불가능하다. 누구보다도 농민층의 이익을 지지하려는 진보된 '인텔리겐차'의 영도와 희생적 공헌이 없이는 이 위대한 임무를 완성하기 어렵다.[78]

이 글이 주장하고 있는 우리 통일전선 및 민족해방운동의 또 하나의 방향 및 성격은 다음 부분에서 보는 것과 같이 '계급투쟁'이 아닌 좌우익의 독재체제를 배제한 '민족적' 투쟁이다.

민족전선은 우리의 전민족 역량으로써 일본제국주의 세력을 구축하자는 것만이 유일한 역사적 임무이요 결단코 모모 단체가 협력해가지고 어떤 단체를 타도하려거나 또는 좌익 독재자의 우익 독재자를 타도하려는 공구(工具)가 되어서는 아니된다. 우리의 말하는 연합전선은 오직 대외투쟁을 목적한 것이므로 대내투쟁을 절대로 거부한다. 계급적이 아니고 민족적이다.[79]

한편 이 글은 이와 같은 민족통일전선 및 민족해방운동이 어떤 노선 및 이데올로기에 의해 추진되어야 하는가 하는 점에 대해서도 소박하게나마 일정한 견해를 갖고 있었다. 즉 그것은 볼셰비끼적 계급독재체제도 아나키즘적 자유연맹주의도 자본주의적 독소가 청산되지 못한 민족주의도 아닌 '진보적 민족주의' 혹은 '좌익 민족주의'로 표현되는 것으로서, 이 글의 다음 부분에서 볼 수 있다.

현단계에서의 연합전선은 그 임무의 특수성으로 봐서도 진보된 민족주의

---

78) 같은 자료 15면.
79) 같은 자료 22면.

단체가 그의 중심역량이 될 것은 사실이다. … 볼셰비키의 강권독재와 국가를 부인하는 극단의 자유연맹주의(自由聯盟主義)를 모두 반대한다. 또 자본주의의 독소가 숙청되지 못한 민족주의도 거절하려 한다. 한국의 정세로 보아 현단계에서는 오직 가장 진보된 아무 위험이 없는(혹은 비교적) 좌익 민족주의로써 민족운동의 중심사상으로 삼고 85%나 되는 농민을 위한 토지문제의 공정한 해결을 약속하는 정당을 나는 무조건 옹호하려 한다.[80]

이와 같이 통일전선 문제에 대한 한국국민당 쪽의 논쟁이 계속되면서 통일전선론 자체가 좀더 구체적으로 정리되어갔다. 예를 들면 역시 『한청』1937년 3월호에 실린 필자가 '원돌오(元突吾)'인 「민족연합전선과 조직방법에 대한 관견」[81]에서 그것을 볼 수 있다. 이 글에서는 통일전선을 성공시키기 위한 길이 무엇이며, 그 통일전선이 어떤 것이 되어야 하는가 하는 문제를 설명하는 22개 조항을 들고 있는데, 그중에서 중요한 몇 가지를 들어보면 다음과 같다.

연합전선에는 오직 일본을 반항하려는 요소만 있다면 무슨 주의이나 사상을 구애하지 말고 각 계급, 각 단체, 각 개인에 이르기까지 전부 흡수시킬 것 …
연합전선은 각 단체 혹 각 개인을 화학적으로 화합시키려는 것이 아니고 다만 물리적 이상으로 응결시키려는 것이므로 민족자결주의에 배반되지 않는 이상 각 단체의 이론상의 모순과 전술방법의 대립은 절대로 과문(過問)하지 못할 것 …
각 단체의 선전조직 및 내부문제에 대하여는 완전한 독립성을 서로 존중하

---

80) 같은 자료 24~25면.
81) 『한청』 제2권 제3기, 대한민국 19년 ○월 20일, 17~25면.

며 절대로 촉급(觸及)하지 말 것 …

한국연합전선은 그 자신의 독특한 전략과 전술을 절대로 자립시킬 것이며 어떤 성질의 것을 물론하고 힘의 견제나 또는 국제영도권의 인입(引入)을 절대로 방지하며 감시할 것 …

재화교포(在華僑胞)는 솔선하야 민족연합전선을 조직하고 실천하는 동시에 국내와 해외 각지의 사상계와 문화계 각 방면에 향하여 우리와 동일한 보조를 취하야 나가도록 비격(飛檄)하야 적극 선전할 것 …

연합전선 각 단체는 우리의 독특한 목적과 지위를 신중히 고려하야 중국 내부에서의 어떤 투쟁에도 권입(捲入)되지 말도록 주의하며 오직 중국민족의 대외전쟁 ― 더욱이 항일 ― 에만 적극적으로 참가하고 그들 내부에서의 주의상의 알력이나 당파간의 투쟁에는 절대로 중립할 것.

이 조항들을 통해 당시 한국국민당 쪽 이론가들이 추구하던 민족통일전선의 성격과 방향이 어떤 것이었는지 어느정도 짐작할 수 있다. 그러나 이 무렵 한국국민당세력의 한쪽에는 아직도 역시 통일전선을 부정적으로 보는 관점이 강하게 남아 있었음을 볼 수 있다. 1937년 6월에 간행된 이 당의 또다른 기관지 『한민(韓民)』 제14호에 실린 「민족진선 (民族陣線)의 제1단계」[82] 란 글의 다음 부분이 그것을 잘 말해준다.

전에는 남화통신에서 민족전선 문제를 주장했고 최근에 민족혁명지에서 이 문제를 논한 것으로 보아 이 양지(兩紙) 사이에 혹 기맥이 통해 이루어진 행위가 아닌가 생각된다. 광복운동자 일부는 시기상조론을 말하고 있는데도 불구하고 다만 민족혁명당과 남화통신에서 그렇지 않은 것으로 주장하고 있

---

82) 『사상정세시찰보고집』5, 50면.

는 것은 흥미있는 일이다. …

원래 우리 민족은 단일민족이기 때문에 민족전선을 결성하는 일은 비교적 쉽다. 그러나 상반되는 주의와 사상문제 때문에 통일 완성의 직전에서 파열되고 말았다. 이것은 과거뿐만 아니라 현재도 같은 상태이다. 이런 사실이 있는데도 불구하고 어떤 야심으로 민족전선을 주장한다고 하면 그것은 망동이다. …

만일 진실로 민족진선을 촉성하려는 결심이 있다면 공산당도 무정부당도 우리들 광복단체 등도 먼저 자기의 체(體)를 강화하고 정리하는 데 노력하지 않으면 안된다. 자기 체를 통제할 힘이 없으면서 자기 체를 파악하는 혁명이론을 통일하지 못하는 대립된 단체와 연합하는 일은 불가능한 것이다.

한국국민당 쪽이 통일전선 혹은 민족전선을 '단일전선' '민족진선' '민족연합전선' 등으로 부르고 있는 것도 주목되지만, 민족혁명당이나 남화연맹의 통일전선론이나 민족전선론이 파쇼체제 등장의 대응책으로서 인민전선의 성립이란 세계사적 조류의 일환으로서 우리 민족해방운동전선의 통일화를 주장하고 있는 데 비해, 한국국민당의 '민족진선론(民族陣線論)'은 이와 같은 세계사적 조류보다 "국제영도권의 인입을 절대로 방지"하고 다만 민족운동전선 내부의 사상적 차이와 대립을 인정하면서 그 '화학적 화합'보다 '물리적 응결(凝結)'을 지향한 이론도 있으며, 한편에는 사상적 차이가 있는 세력들의 연합이나 통일보다 각 세력들의 자체 조직 강화를 통한 전체 민족운동의 강화문제에 더 논의의 초점을 두고 있음을 알 수 있다.

지금으로서는 「민족진선의 제1단계」란 글 전체를 구할 수 없고 일본 정보기관이 '적역(摘譯)'한 것만을 볼 수 있어서 안타깝지만, 이보다 앞서 한국국민당 쪽에서 통일전선운동이 민족혁명당과 남화연맹 사이에서만 진행되고 있다고 보고 냉담한 태도를 보인 데 대해 남화연맹 쪽에서 해명과 반론을 편 글이 나왔다. 『남화통신』 1936년 11월호에 필자가 '근(瑾)'으로 되어 있는 「민족전선 문제에 대한 냉심군(冷心君)의 의문에 답한다」(要譯)[83]가 그것이다.

냉심군은 "우리들에게는 한편에서 이미 인민전선이 성립되어 있지 않은가, 성립했다 해도 그 분자는 민족혁명당과 무정부당이 아닌가, 이것이 억측인지 모르지만 하나의 의문이다"고 말하고, 그 이유로서 "민족혁명당은 조직당시부터 비교적 그 범위가 광범했고 특히 무정부주의자들이 노골적으로 원조했기 때문이다"고 말했다. 그러나 이것만을 가지고 인민전선이 결정되었다고 의심하는 것은 너무 신경과민한 의문이다. 왜냐하면 민족혁명당을 무정부주의자가 원조했다기보다 두 당이 연합했다 해도 그것만으로는 인민전선의 요소가 되지 않기 때문이다. …

냉심군은 또 "한국국민당에 대해 아무 근거도 없이 독재 파쇼라 부른다"고 했지만 우리가 한국국민당에 대해 독재 또는 파쇼라 부른 실증이 어디에 있는가, 『남화통신』 10월호 「조선민족전선의 중심문제」란 제하의 "한국당은 아직 분립된 형태를 지지하고 있지만 민주주의 정강을 포기했다고 보이지 않는다"고 쓴 것으로 보아도 우리가 국민당을 독재 또는 파쇼라 생각하고 있지 않다는 것은 알지 않겠는가. …

인민전선운동이 제3국제의 책동에 의해 진전되고 있는 것같이 단정하는 일은 흡사 3·1운동이 윌슨의 자결주의 주장에 의해 일어났다고 하는 것과 같은 피상론이다. 프랑스 및 스페인의 민중 내부에 그것을 결성할 만한 조건이 없었다면 제3국제는 현재의 백배 이상의 역량을 가해도 그것을 결성할 가능

---

83) 『사상정세시찰보고집』 3, 485~86면.

성이 없다. 좌익소아병이 일종의 병폐라 인정한다면 복고적 수고적(守古的) 우익병도 일종의 장애임을 인정하지 않으면 안된다.

논리정연한 반론을 펴고 있는 것을 볼 수 있다. 한편 한국국민당계가 중심이었던 임시정부도 차차 통일전선문제에 관심을 갖게 된 것 같다. 1937년 4월 임정계 한국청년전위단(韓國靑年前衛團)의 기관지『전선(前線)』을 통해 '민족진선 문제 좌담회'를 가진 자료를 볼 수 있기 때문이다.[84] 역시 일본 정보기관이 입수한 자료에 의하면, 이 좌담회는 이해 4월 2일 화남 어느 곳에서 개최되었고, 출석자는 주석을 비롯한 U씨 등 7명이었다. 그 중요 내용은「통일운동의 검토」「통일운동의 전망」「연합전선의 선결조건」「연합전선의 결성방법」등이었다. 그러나 일본 정보기관이 입수 번역한 부분은 앞의 3개 부분뿐이고 중요한「연합전선의 결성방법」은 어떤 이유에서인지 생략되었다.

내용이 좀 길지만, 그리고 일본 정보기관이 얼마나 원문대로 번역했는가 하는 문제가 있지만, 이런 점을 감안하고도 이 시기 중국지역 우리 민족해방운동전선의 내부사정과 우익세력 중심 임시정부의 통일전선에 대한 인식을 이해하는 데 상당한 도움이 될 것 같아 전문을 옮겨본다.

「통일운동의 검토」

주석: 2년간이나 노력해온 민족혁명당의 통일공작에 대해 어떻게 생각하고 있는가.

C씨: 현재도 국민당, 한국독립당과 기타 몇 당으로 나누어져 있어 이 통일

---

84) 『사상정세시찰보고집』 5, 47~51면. 좌담회 제목에 '민족진선(民族陣線)'이란 용어를 쓰고 있고, 그 주제자가 '주석(主席)'으로 되어 있어 임시정부가 주최한 좌담회가 아닌가 한다.

공작은 완성되지 않았다.

M씨: 민족혁명당의 통일공작은 미완성이라기보다 망패(亡敗)라고 생각한다.

주석: 그 원인은 일본제국주의의 노골적 발악이라고 하는 객관적 조건과 그 통일체의 구성분자인 각 원조직(原組織)의 영도자 등이 부패해서 실제 그 내부적인 원만한 통일을 이룰 수 없었기 때문이다.

P씨: 통일을 완성할 수 없었던 것은 파벌적 심리를 완전히 포기할 수 없었고 이 때문에 그 체내(體內)의 암투를 생기게 한 것이라 생각한다.

여기까지의 좌담 내용으로 보면 임시정부 쪽은 통일전선 문제에 대해 어느정도 객관적 위치에 서려고 노력한 것처럼 느껴지고, 통일전선 지향의 민족혁명당이 성립된 지 2년이 지나도록 전선통일이 이루어지지 않은 원인을 첫째, 일본 쪽의 방해공작과 둘째, 각 민족해방운동단체 내부의 지도력 미확립을 들고 있음을 볼 수 있다.

「통일운동의 전망」

주석: 그렇다면 그 실패를 만회하는 방법을 생각해보자.

M씨: 현재 어느정도의 기초를 가지고 있는 혁명단체가 자체 역량의 발전에 노력하고 그 역량의 절대적 우위를 이용하여 군소단체를 흡수하든가, 혹은 새 단체를 조직하여 각 단체의 구성분자 중에서 이에 호응하는 사람들을 총망라하여 발전시키고 기존 각 단체의 뜻있는 사람들이 각자의 단체를 대혁신하여 새로운 기분으로 통일체 결성을 도모해야 할 것이다.

Y씨: 어느 단체의 발전에 의해 군소단체를 흡수하는 방법은 파쟁이 우리 혁명공작의 대부분을 점하고 있는 현상태에서는 불가능하다.

B씨: 새로 단체를 조직하는 일도 동지를 결성하는 일이 곤란할 것이다.

K씨: 기성 단체의 자체 혁신마저 곤란한 상태이며, 특히 중국에 의존하는 객관적 조건이 이 해결을 곤란케 한다.

C씨: 대체로 조선인에게는 통일운동은 곤란한 일이라 생각한다. 통일체 주력(主力)이 되어야 할 입장에 있으면서도 그 대우에 불평을 가지고, 통일운동은 일종의 자체 세력 확장 혹은 우리 운동의 영도권 횡령을 위한 기만정책이었던 일이 많았다고 생각한다.

B씨: 조선인의 전통적 당파성이 완전한 통일을 불가능하게 한다.

U씨: 아직 우리에게는 통일을 절대적으로 지지할 만한 객관적 조건이 그렇게 심각하지 않다. 요컨대 심각한 자극이 있었기(없었기의 오역? – 인용자) 때문이다. 상해에서 성장한 조선청년들이 본국에서 일본의 동화교육을 받은 청년들만큼 혁명열(革命熱)이 강하지 않는 것도 그 때문이다.

이 대목에서는 통일운동이 부진한 원인과 그 추진방법이 논의되었지만, 결론은 대체로 부정적인 것으로 나타나고 있다. 혹 한국국민당을 두고 말한 것이 아닌가 하는 "어느정도 기초를 가진 혁명단체"의 "절대적 우세를 이용한 군소 단체의 흡수" 방법에 의한 통일전선도 이른바 '전통적 당파성' 때문에 불가능하다고 보았고, 심지어 해외교포 특히 청년층의 '혁명열(革命熱)'의 저조도 거론되고 있다. 다만 민족운동단체의 유지가 "중국에 의존하고 있는 객관적 조건"이 통일전선 부진의 원인으로 지적되고 있는 점에서 비교적 정곡을 찌르고 있다. 계속해서 좌담을 들어보자.

주석: 그렇다면 우리 운동의 역량을 어떤 방법으로써 집중시킬 수 있을까.

B씨: 각 단체는 고립하지 않고 서로 연합하면 역량집중도 되고 각 단체의 대립과 투쟁을 없앨 수 있을 것이다.

K씨: 연합체 내 각 단체의 상호 마찰이 일어나지 않을까.

U씨: 그 문제는 극복되리라 생각한다. 즉 영도권 쟁탈을 하지 않고 또 기타의 쟁의를 피하면 가능하다고 생각한다.

이 좌담회 참석자들은 여러가지 난문제가 있음을 인정하면서도 통일전선의 필요성 자체에 동의하고 있으며, 상당한 열의를 갖고 있었던 것으로 보인다. 그리고 기존의 민족운동세력들이 해체되어 하나의 단체를 이루기보다 그것을 유지하면서 연합전선을 이루는 방법에 더 큰 가능성을 두고 있었다. 그러나 역시 사상적 노선적 갈등을 장애요인으로 생각하고 있었음도 볼 수 있다.

C씨: 연합운동 촉성에서 곤란한 문제는 자칭 진보적 분자들 가운데 민족진선을 운운하며 연합을 제창하지만, 어느 단체는 봉건적이라 배척하는 일 등은 오히려 연합운동에 해가 되는 것이다.

주석: 요즈음 일부 청년층에서도 혁명단체에 대해 진보적이니 반동적이니 하고 자기만이 가장 진보적이라 자칭하면서 사실은 아무 노력도 하지 않고 오히려 우리 역량집중에 방해가 되는 일이 있다.

U씨: 수년래의 통일운동 실패의 경험이 장래의 연합운동을 다소 주저하게 하지 않을까.

C씨: 『앞길』에서 서로 비방 중상행동을 중지할 것을 제안하고 있는 것은 좋은 현상이다.

민족혁명당을 중심으로 하는 진보적 세력과 한국국민당을 중심으로 하는 보수적 세력이 통일전선을 이루려고 하는 데서 오는 장애요인들이 있는 것은 새삼스러운 일이 아니지만,[85] 지금은 구할 수 없는 민족혁명당 기관지 『앞길』이 통일전선의 성공을 위해 두 세력 사이의 비방·중상 중지를 호소했던 사실을 간접적으로나마 확인할 수 있다. 그러나 통일전선을 성공시키기 위해선 아직도 많은 장애가 있었다.

Y씨: 『남화통신』에서 민족전선의 필요만을 역설하고 그 결성에 대한 구체적 방안을 제시하지 않는 것은 유감이다.

P씨: 그들은 민족진선의 총연합을 제창하면서 왜 국민당을 파쇼적이라 하고 반대하고 있는가.

B씨: 민족진선 결성에서 그 구성단체의 조직체계가 파쇼적이냐 민주적이냐 하는 것은 문제가 되지 않는다. 어떤 혁명운동에서도 그 단체가 일률적으로 동일한 조직체계를 가지는 것은 불가능하다. 그렇다고 해서 연합을 할 수 없으면 민족진선은 실현될 수 없다.

Y씨: 『남화통신』은 공식적으로 그 조류에 따라 민족진선을 제창하고 있으나 우리의 실제성을 모르고 또 실행력도 적다고 생각된다. 예를 들면 그들은 영수(領袖)를 중요시하는 혁명조직에 불찬성이지만 사실상 이런 조직도 혁명진선에 적지 않는 사업을 하고 있는 이상 이런 단체를 배격하면 그 단체와는 연합할 수 없게 될 것이다.

C씨: 우리 운동에서 영수라는 것은 일개 단체의 영도자를 의미하는 것이

---

85) 보수세력, 진보세력이란 말이 나온 김에 참고로 한국국민당이 중심이 된 한국독립당과 민족혁명당 두 당의 상무위원, 중앙집행위원, 중앙감찰위원 등 영도계층(領導階層)의 연령 및 학력을 비교한 연구결과를 보면, 1941년 현재 60세에서 70세가 한국독립당은 50%, 민족혁명당은 9.1%, 50세에서 60세가 한국독립당 25%, 민족혁명당 27.3%, 40세에서 50세가 한국독립당 25%, 민족혁명당 40.9%, 30세에서 40세가 한국독립당 0%, 민족혁명당 22.8%로 민족혁명당 쪽이 훨씬 젊다. 또 두 당 '영수군(領袖群)'의 학력을 보면 한국독립당은 대학졸업이 12.5%이고 민족혁명당은 54.5%이다(胡春惠 著, 辛勝夏 譯 『中國 안의 韓國獨立運動』, 檀大出版部 1978, 231면 및 233면의 표 참조).

며, 제국주의국가의 폭군 또는 정당의 독재자를 의미하는 것은 아니다.

U씨: 무정부주의자들은 자유연합식 연합을 논하고 있으나 실제에서는 이에 반대하고, 그들을 배격하면 구성분자인 단체의 상호 모순을 일으킬 것이다.

한국국민당처럼 김구 같은 특정 개인의 영도력이 강하게 작용하고 있는 정당과 민족혁명당처럼 민주집중제를 원칙으로 하되 실제로는 역시 김원봉 개인의 영도력이 강하게 작용하고 있는 정당, 그리고 그 조직 자체도 무정부주의적 자유연합 형식으로 되어 있었다고 생각되는 남화연맹 등이 하나의 조직체로서 통일전선을 성립시키기에는 많은 문제점이 있었음을 알 수 있을 것 같다.

「연합진선의 선결조건」

주석: 민족적 혁명역량을 집중하는 방법은 무엇인가.

B씨: 각 단체가 연합하는 데는 먼저 각 단체 자신이 원만하고 견고한 조직을 갖출 일이다.

M씨: 먼저 각 단체 내 작은 분파들의 연합진선을 조직해야 할 것이다.

C씨: 각자가 연합진선에서 그것을 이용하여 자기세력을 부식하려는 행동을 포기해야 할 것이다.

P씨: 위험성이 있는 단체는 가입시키지 말아야 할 것이다.

C씨: 연합진선을 결성하는 데는 공통의 강령을 가져야 하지만, 그 강령은 영구히 고정할 것은 아니다. 그 구성단체의 의견에 의해 수시로 변경할 수 있는 것이어야 한다. 그리하여 우리 혁명가로서의 공작대상, 즉 일본제국주의 타도에 전 정력을 집중하도록 노력할 것이다.

한국국민당 쪽의 통일전선 문제에 대한 대응이 상당히 부정적이었던 데 비하면, 이 좌담회의 논의는 아직 소극적이기는 하지만 부정적인 것은 아니었다고 할 수 있다. 프랑스 인민전선의 경우 실제로 내각이 성립되어 주 40시간 노동제, 유급휴가제, 단체협약, 관리 대우개선 등을 실시함으로써 자본주의체제 내부의 개선에 일단의 진전이 있었고, 중국의 인민전선론이 쏘비에뜨정부를 중심으로 각계 각층의 광범위한 통합을 기도하는 한편 이른바 토장항일(討蔣抗日) 노선에서 옹장항일(擁蔣抗日) 노선의 통일전선 형성을 목적했던 데 비해, 중국지역 우리 민족해방운동전선의 통일전선론은 구체적으로 말해서 민족혁명당 중심으로 제의되고 무정부주의자 단체인 남화연맹이 호응하고 한국국민당과 그것이 여당이었던 임시정부가 그 일부의 반대를 극복하면서 제한적으로 동의함으로써 통일전선운동이 어느정도 가능성을 보이기 시작했다.

그리고 완전 식민지가 된 민족의 해외 민족해방운동전선에서 논의된 통일전선론이기 때문에 그 목표가 하나의 정부를 수립한다거나 하나의 정치세력 및 이데올로기 단체가 중심이 되어 다른 세력을 통합하는 방법으로 추진되기보다 대체로 분립되어 있는 민족전선을 최대공약수로 도출되는 강령 아래 일정한 연합전선을 형성하려는 방법론으로 나타난 것이라고 볼 수 있다.

민족혁명당이나 남화연맹이 제시한 통일전선론은 조금 달랐지만, 좌담회에 참석한 M씨가 통일전선 형성의 선결문제를 말하면서 "먼저 각자 단체 내 작은 분파 등의 연합전선을 구성해야 한다"고 한 것이 현실적인 방법이 되어 한국국민당을 중심으로 이해에 한국광복운동단체연합회(韓國光復運動團體聯合會)가 성립되고, 다음해에 민족혁명당을 중심으로 조선민족전선연맹이 성립되었다가 민족전선연맹 세력의 일부가 화북지방으로 옮겨간 후 이 두 단체가 다시 전국연합진선협회를 만들어가는 과정이 나타나게 된다. 전국연합진선협회가 실패한 후에는

민족혁명당계와 남화연맹계가 임시정부에 참가하고 민족혁명당 중심
조선민족전선연맹의 군사력 조선의용대가 임시정부 군사력으로서 한
국광복군(韓國光復軍)에 참가함으로써 제한적인 통일전선이 형성되어
간 것이다.

제6장

민족혁명당과 통일전선운동

1. 조선민족전선연맹의 성립

1) 연맹의 성립과정

앞 장에서 본 것과 같이 임시정부의 통일전선문제 좌담회에서 '연합진선(聯合陣線)의 선결조건'으로 "먼저 각자 단체 내의 작은 분파 등의 연합전선을 구성해야 한다"는 의견이 있었다. 이 문제는 김구 세력을 중심으로 하는 한국국민당, 조소앙 세력 중심의 한국독립당 등 우파 쪽에서 먼저 실현되어 1937년 우파세력의 연합체인 한국광복운동단체연합회가 조직되었고,[1] 민족혁명당 중심의 좌파적 세력이 조선민족전선연맹을 성립시켜 일단 전선통일을 이룬 것도 같은 해 12월이었다.[2]

---

1) 이 문제에 관해서는 姜萬吉『分斷時代의 歷史認識』, 창작과비평사 1978, 191면 참조.
2) 민족혁명당 중심의 중국지역 우리 민족운동전선 좌파세력 통일전선으로서 조선민족전선연맹이 성립된 것은 1937년 12월이었다. 강만길, 같은 책 190면과『한국민족운동사론』, 한길사 1985, 147면에서 1938년으로 쓴 것은 잘못이다.

일찍이 의열단에서 활동했고 무정부주의자가 되어 남화한인청년동 맹(南華韓人靑年同盟)에 가담한 유자명(柳子明, 본명은 柳興湜)이 이 연맹 의 기관지『조선민족전선』창간호에 쓴『조선민족전선연맹 결성경과』[3] 에는 이 연맹의 성립 배경과 경위, 종래 운동과의 차이점, 그 역사적 위 치 등의 문제가 설명되어 있어 이 시기 중국지역 우리 민족해방운동전 선의 좌파적 세력 통일전선으로서 이 연맹의 역사성을 이해하는 데 도 움을 주고 있다.

유자명은 먼저 그 성립배경을 설명하면서 "현 세계의 정치노선은 민 주주의 노선, 파시스트 노선, 인민전선 노선과 피압박민족의 민족전선 노선 등으로 나눌 수 있다" 하고, 파시스트가 출현하기 전에는 사회주 의 대 민주주의의 대립이 격렬했고, 그 영향이 인도·중국·조선 등 피압 박민족의 해방운동선상에도 미쳐서 대립투쟁을 야기했으나 "파시스트 가 정치무대에 출현하자 급격히 전세계로 전염되어 사회주의와 민주주 의는 공동의 적 파시즘에 대항하기 위해 서로의 대립투쟁을 정지했을 뿐 아니라 오히려 연합전선을 결성하게 되었다. 스페인·프랑스의 인민 전선이 그 한 예이다. 또 조선과 같은 이민족의 통치를 받는 민족은 그 사회적 조건보다 민족의 총단결이 필요하게 되어 전민족의 통일전선을 결성한 것이다"라고 했다.

파시즘의 출현으로 '사회적 조건', 즉 자본주의 사회 내부나 피압박 민족 사회 내부의 계급적 문제보다 '민족의 총단결'이 더 강조된 역사 적 조건의 변화가 통일전선의 일환으로서 조선민족전선연맹을 성립하 게 한 배경임을 한번 더 명백히 하고 있다. 그는 또 조선민족전선연맹을 형성한 단체들, 즉 민족혁명당과 조선민족해방운동자동맹과 조선혁명

3) 秋憲樹 編『資料韓國獨立運動』2, 257~59면;『사상정세시찰보고집』9, 134~37면.

자연맹이 시대적 요구에 의해 통일전선 결성을 주장하기 시작한 것은 1936년 여름부터라 하고, 그 경위에 대해 다음과 같이 말하고 있다.

노구교사변(蘆溝橋事變) 발생 후 객관적 정세는 통일전선 결성을 다시 유리하게 하여 이들 단체의 대표는 남경에서 민족전선을 어떻게 결성할 것인가에 관해 의견을 교환했다. 당시 손건(孫建: 孫斗煥)·김철남(金鐵男: 金煥斗)·이연호(李然浩: 李相定)의 3군이 어느 단체에도 속하지 않은 개인 자격으로서[4] 각 단체의 통일에 노력하고 그 결과 3인의 이름으로 선언을 발표함과 동시에 3단체의 동의를 얻어 통일문제에 대한 간담회를 소집했다. …

각 방면의 대표 15명이 모여 토론한 결과 우선 '조선민족전선통일촉성회(朝鮮民族戰線統一促成會)'를 만들어 통일운동에 노력하는 선언을 발표했다. 며칠 후 남경한족회도 전체 대회를 소집하여 '재중국조선민족항일동맹(在中國朝鮮民族抗日同盟)'의 조직을 발기했다. 이 동맹은 조직이나 취지에서 앞의 통일촉성회와 완전히 같았기 때문에 협의 결과 두 단체를 합동하여 '조선독립운동자동맹(朝鮮獨立運動者同盟)'을 조직했다.

이 시기 민족해방운동전선이 통일전선을 형성하기 위해 쉽게 협동해 간 모습을 볼 수 있다. 이 글은 연맹의 성립이 과거의 통일전선운동과 다른 점을 다음과 같이 말하고 있다.

---

4) 유자명은 이 3명에 대해 "황해도 殷栗郡 長連面 출신 孫斗煥, 황해도 신천군 신천면 출신 金炳斗, 경북 大邱府 東町 출신 李相定 3명은 南京韓族會員으로써 종래 민족혁명당에 호의를 가지고 있었지만 김구파에도 황해도파로서 깊은 친교가 있었다"(『사상정세시찰보고집』9, 134~37면)라 하여 이들 3명은 노선과 출신지역 등이 고려된 사람들이며 이 연맹은 처음부터 좌파적 세력의 통일에 한정되지 않고 우파인 김구계와의 통일도 고려하면서 준비된 것이 아닌가 한다.

조선혁명사 위에는 일찍부터 통일운동이 있었으나 이 운동은 대체로 성질이 같은 정치단체의 합동운동이 아니라 성질이 다른 단체가 민족단일당을 조직하려는 운동이었다. 그러나 본 연맹은 주의와 사상이 같지 않은 단체들이 자기 입장과 조직을 가진 채 일정한 공동의 정강 아래 연합하는 형식으로 결성되는 점이 본 연맹의 특색이며 연합전선의 전형(典型)이라 할 수 있다.

민족혁명당이 결성된 때의 통일운동전선이 주의와 사상을 달리하는 제세력들이 모여 하나의 정강 정책을 갖춘 정당을 만드는 방법이었고, 그것이 다시 분열작용을 이룸으로써 비록 실패했지만, 민족전선연맹은 주의와 사상을 달리하는 각 단체의 독자성을 인정하고 그 위에서 공동의 정강을 가진 통일전선을 형성하려 한 점에서 종래 통일전선운동과의 차이를 구하고 있다. 이 경우 굳이 따지자면, 개인 본위보다 단체 본위의 통일전선이 된 셈이다.

민족혁명당을 조직하기 위한 전 단계 작업으로 성립된 단체 본위의 한국대일전선통일동맹은 아직 공동의 정강을 만들 단계에 가지 않았고 가맹한 각 단체의 독립성을 유지하면서 전선통일을 위한 15개조의 규약만 만들었다. 이에 비하면 조선민족전선연맹이 가맹단체의 독립성을 유지하는 단체 본위의 통일전선이면서도 공동의 정강을 가질 수 있었던 것은 통일전선운동이 그만큼 진전하였다고 볼 수 있을 것이다.

이때 만들어진 정강은 다음에서 분석하기로 하고, 유자명의 글이 말한 이 연맹성립의 역사성을 들어보자.

지금 우리가 한 가지 깊이 믿는 것은 이런 통일전선은 일본제국주의를 타도하는 투쟁과정에서만 필요한 것이 아니라 장차 독립, 자유, 행복의 국가를 건설할 때도 각당 각파의 공동노력을 필요로 하는 것이며, 이로써 조선민족의 진정한 자유와 행복한 생활을 가져올 수 있다는 것이다.

1938년경에 유자명이 해방 후 두 개의 분단국가가 생길 수 있다고 우려하면서 통일전선운동을 추진한 것은 아니지만, 이 부분은 당시 민족해방운동전선의 좌우대립을 통일전선운동을 통해 해소시키는 일이 해방 후 옳은 의미의 민족국가 건설과 연결되는 길이라고 생각했음을 말해준다.

그가 민족전선연맹의 성립을 두고 "우리는 본 연맹이 조선혁명대중 앞에 군림하는 지도단체가 된다고 생각하지 않으며, 본 연맹이 가장 완비된 전 민족통일전선 결성의 하나의 출발점이 되고, 이를 통해 더욱 전선통일운동에 노력함으로써 완성된 통일전선의 실현을 기하려 하는 것이다"라고 한 것은 조선민족전선연맹보다 앞서 결성된 한국광복운동단체연합회와의 통일이 아직 이루어지지 않았고, 그런 상태에서는 통일전선이 미완성임을 알고 있었기 때문이다. 그는 민족전선 결성과정에서 광복운동단체연합회와의 교섭경위를 이렇게 말하고 있다.

우리는 이 연합회에 대해 재삼 통일의 의견을 말하고 이를 요구했으나 몇 가지 문제로 아직 통일의 기회에 도달하지 못하고 있음을 유감으로 생각한다. 그러나 우리는 시종 통일을 위해 노력할 것은 물론 반드시 성공할 날이 있을 것을 확신하고 있는 것이다.

이와 같은 민족전선연맹 쪽의 광복운동단체연합회에 대한 통일전선 노력은 이후에도 계속되었다. 역시 유자명의 글에 계속된 『조선민족전선연맹 공작정형』[5]에서는 그 구체적 사실을 다음과 같이 말하고 있다.

중국 관내 조선혁명단체의 통일을 촉진하기 위해 1월 중순(1938년 – 필자)
본 연맹 이사 왕군실(王君實)·손건 두 동지를 장사(長沙)에 파견하여 조선광
복운동단체연합회 영수 이동녕·김구·이청천·조소앙·현익철 등 여러 선생을
역방(歷訪)하고 민족통일전선 건립에 관한 의견을 교환했다. 그 결과는 구체
적 효과를 얻는 데는 이르지 못했지만 그들도 통일의 필요를 통감하고 노력
중이므로 통일의 완성은 다만 시간문제로서 조만간 될 것으로 확신한다.

이상에서 민족전선연맹 성립에 주동적 역할을 했던 유자명의 글을
통해 그 성립경위 등을 알아보았다. 유자명은 8·15 후에는 귀국하지 않
고 그대로 중국에 살다가 1983년에 『나의 회억』[6]이란 회고록을 썼는
데, 여기서는 민족전선연맹의 성립과정을 이렇게 회고하고 있다.

이 시기 남경에서는 조선민족혁명당과 해방동맹, 전위동맹(前衛同盟) 등의
조선혁명단체들이 활동하고 있었다. 이 3개 단체 대표들은 통일을 실현하기
위하여 매주에 한번씩 모여 통일방안을 토의 연구하였다. 그리하여 나도 매
주 한번씩 남경 시내로 가서 통일회의에 참가하였다. …
각 단체의 대표들은 여러 차례의 토의협상을 거쳐 남경을 철퇴하기 전인
1937년에 조선민족전선연맹을 결성하였다. 이 연맹에는 조선민족혁명당, 해
방동맹, 전위동맹, 조선무정부주의연맹 4개 단체가 참가하였다. 조선민족혁
명당의 대표는 김약산(金元鳳 – 인용자)이었고 해방동맹의 대표는 김규광(金
奎光: 金星淑 – 인용자)이었고 전위동맹의 대표는 최창익(崔昌益)이었으며 조
선무정부주의연맹의 대표는 나였다.

5) 추헌수 편, 앞의 책 59~60면; 『사상정세시찰보고집』9, 137~39면.
6) 유자명 『나의 回憶』, 중국: 료녕인민출판사 1984, 133~34면.

민족전선연맹 참가단체 문제에는 같은 사람의 기록이면서도 민족혁명당 외에 그 명칭에 약간 차이가 있지만, 역시 뒷날의 기록인『조선족백년사화』[7]는 이 과정에 대해 다음과 같이 서술하고 있다.

1938년 10월 10일 김약산이 지도하였던 조선민족혁명당, 이건우(李健宇: 崔昌益 - 인용자)가 지도하였던 조선청년전위동맹, 김규광이 지도하였던 조선민족해방동맹, 유자명이 지도하였던 조선혁명자동맹 등 정치적 단체들은 연합하여 조선민족전선연맹을 설립하였다. …

조선전위동맹은 마르크스주의 학설로써 동맹의 지도자상으로 삼았으며 조선민족해방동맹은 민주주의적 색채를 띠었으며 조선민족혁명당은 민족주의자들로 조직된 당파였으며 조선혁명자동맹은 일본의 무정부주의 사조의 영향을 받아 조직된 무정부주의자 집단이었다.

『나의 회억』과『조선족 백년사화』에서 말한 "해방동맹"은 조선민족해방운동자동맹을 가리킨다. 이 동맹에 대해서는 그 성립경위와 주동인물에 대한 중국 쪽에서 나온 자료와 일본의 정보자료 사이에 상당한 차이가 있다. 두 자료의 중요한 부분을 모두 들어보자. 먼저 중국 쪽에서 나온 자료에 의하면[8] 다음과 같다.

이 동맹은 1936년 상해에서 광동 중산(中山)대학 출신 김규광, 황포군관학교 출신 박건웅[9] 등이 조직한 단체로써 공산주의자 단체라 자칭하지만 제3

---

7)『조선족 백년사화』2, 중국: 료녕인민출판사 1984, 133~43면. 여기서의 1938년 10월 10일은 조선민족전선이 결성된 날이 아니고 조선의용대 결성일이다.
8) 추헌수 편, 앞의 책 63~80면에 있는『韓國各政黨現況』은 필자가 밝혀지지 않았다.
9) 같은 책 75면에는 임건웅(林健雄)으로 되어 있지만, 박건웅(朴健雄)의 오식이다.

국제당의 지도를 받는 것은 아니며 현단계의 조선혁명은 민족주의에 의한 민족해방운동이지 사회혁명이나 계급혁명이 아니라는 주장을 하고 있다. …

혁명의 기본관점상 두 가지 전략적 임무를 가지고 있다. 그 하나는 전민족 반일통일전선을 수립하는 것이며, 둘째는 조선공산당을 건립하는 것이다. 이 전략적 임무를 위해 중국 관내 조선혁명단체의 통일전선을 형성하고 조선혁명군의 기본대오(隊伍)를 조직하는 것이다.

다음 일본 쪽 정보자료에 의하면,[10] 이 동맹을 결성한 인물이나 과정에 차이가 있을 뿐만 아니라, 당연한 일이지만 일본이 우리 민족운동전선의 활동을 얼마나 대수롭지 않게 또 부정적으로 보고 있었는가를 알게 한다.

이 동맹은 남경한족회의 손두환·김철남 등이 각지에 분산된 소수의 동지를 규합하여 자금입수의 방편으로서 과대한 이름을 붙인 것으로서 그 세력은 미미했으나 김구·김원봉 두 파의 단일합동에 반대되는 일파를 규합하여 세력을 신장코자 작년(1939 - 인용자) 5월 1일 기관지『신조선(新朝鮮)』을 창간함과 동시에 '전맹(前盟)'(朝鮮靑年前衛同盟 - 인용자)에 제휴를 요청하여 양자 일체가 되어 "가능한 범위 내에서 해외에 있는 조선공산주의자의 통일적 조직과 활동을 완성한다" 하여 절충을 거듭하고 있는 것 같지만, 그들의 소위 통일조직이란 첫째 민족주의단체는 단일식으로 결합하고 사회주의단체도 단일식 혹은 연맹식으로 결합할 것, 둘째 결합된 두 단체가 다시 연맹식으로 민족적 총결합체를 조직하는 것을 최량(最良)으로 하고 "민족주의자와 사회주의자와는 각기의 이상실천이 장래의 영역을 가지는 것으로써 단일한 정당

---

10) 김정명 편『조선독립운동』2, 675면.

을 결성하는 것은 불가능하다"고 주장하면서 양맹(兩盟)의 합동을 획책하고
있다.

　『조선족 백년사화』에서는 민족해방자동맹이 "민주주의적 색채를 띠
었다"고 했고, 이 두 자료는 사회주의 내지 공산주의를 지향하는 단체
로 보고 있는 점이 다르지만,[11] 유자명의「조선민족전선연맹결성경과」
에서 보는 것과 같이 이 조선민족해방운동자동맹이 민족전선연맹의 성
립에 상당한 역할을 했을 뿐만 아니라 나아가 김구 중심 우파세력과의
통일도 전망하고 있었음을 알 수 있다. 통일전선의 방법도 민족혁명당
의 경우와 같이 주의와 정강이 다른 세력이 하나의 당을 이루는 방법이
아니라 우익적 단체와 좌익적 단체들이 일차로 각기 단일식 혹은 연맹
식으로 통일되고, 다시 두 계통이 연맹식으로 결합함으로써 민족적 대
단결을 이루는 방법을 택했다. 그것은 곧 민족전선연맹과 광복단체연
합회가 성립하는 과정과 같은 것이었다.
　다음 민족전선연맹을 형성한 단체 중에서 조선혁명자연맹이란『나
의 회억』과『조선족 백년사화』에서 말한 조선무정부주의연맹을 가리키
는 것으로, 중국 쪽에서 나온 자료에서는 이 연맹에 대해 다음과 같이
말하고 있다.[12]

---

11) 손두환(孫斗煥)과 김철남(金鐵男)의 그후 행적은 지금 정확하게 밝힐 수 없지만, 김
　규광(金奎光) 즉 김성숙(金星淑)은 8·15 후 서울로 귀환하여 혁신계 정치운동을 하다가
　사망했고, 박건웅(朴健雄)은 8·15 후 역시 서울로 귀환하여 여운형·김규식과 함께 좌우
　합작운동에 활약하다가 6·25 때 납북되었다. 김성숙은 뒷날 조선민족해방동맹의 성격
　에 대해 다음과 같이 회고했다. "나는 공산주의보다 조국의 해방이 더 중요하다고 보았
　기 때문입니다. 그러나 다른 사람들이 이 단체를 공산주의단체로 본 것은 사실입니다.
　임정에서도 우리를 그렇게 인정했습니다"(李庭植 면담, 金學俊 편집 해설『혁명가들의
　항일회상』, 民音社 1988, 100면).
12) 추헌수 편, 앞의 책 77~78면.

1937년에 성립되었는데, 이것은 무정부주의자가 결성한 남화청년연맹의 후신이다. 무정부주의는 조선에서 공산주의와 같이 10여 년의 역사를 가지고 있다. 조선무정부주의자는 중국의 북벌전쟁 전부터 상해에서 활동을 개시했고 김약산이 조직한 의열단에도 무정부주의자가 참가했으며 조선의 저명한 역사학자 겸 혁명자 신채호도 역시 무정부주의자로 표방했다. …

그들의 조선혁명에 대한 견해는 가장 광범위한 민주주의 제도를 수립하는 것이다. 이 제도는 종래의 자산계급 민주주의도 아니고 무산계급의 독재도 아니다. 이 견해는 공산주의자들의 민주공화국 구호와 서로 부합된다. 그들은 민족통일전선운동에 찬성하고 제3국제의 반파쇼 정책에 찬성하고 중국의 항전건국강령(抗戰建國綱領)에 찬성하며 어떤 형태의 독재에도 반대하고 다만 현재는 결코 정부와 국가의 존재에 반대하지 않는다.

조선무정부주의연맹에 대한 이같은 파악은 비교적 정확한 것이 아닌가 한다. 일본 정보기관이 파악한 이 연맹에 대한 정보는 그 성립경위에 대한 설명이 좀더 상세하다.

본 연맹은 무정부주의자로써 남화한인청년연맹원(南華韓人靑年聯盟員)인 유흥식(柳興湜)·박기성(朴基成)과 1938년 11월 북경에서 검거된 전리방(田理芳), 즉 이용준(李容俊) 3명이 그 주성분자로 인정되며, 이들이 당시의 객관적 정세를 이용한 선전을 위해 공명(空名)을 사용하여 조선민족전선연맹에 가맹한 것이라 생각된다.[13]

이밖에 민족전선연맹에 가맹한 단체로 유자명의 『조선민족전선연맹

---

13) 김정명 편, 앞의 책 676면.

결성경과』에는 언급되지 않았으면서 『나의 회억』과 『조선족 백년사화』
에 보이는 최창익이 대표인 '전위동맹'이 있다. 이것은 조선청년전위동
맹을 말하는데 일본 정보기관이 1940년까지 파악한 이 동맹의 내력과
활동상은 다음과 같다.[14]

> 본 동맹은 1938년 6월 김원봉이 영도하는 조선민족혁명당의 낙오적(落伍
> 的) 이론을 싫어하여 이 당을 탈퇴한 극좌분자 이건우(李健宇), 즉 최창석(崔
> 昌錫: 崔昌益 - 인용자) 등 49명이 한구(漢口)에서 결성한 조선전시복무단(朝
> 鮮戰時服務團)을 같은 해 9월경 개칭한 것으로서 오로지 좌익적 이론을 전개
> 하며 불령항일공작(不逞 抗日工作)에 광분 중인바 자금난과 중국 쪽의 전선통
> 일 기운에 자극되어 같은 해 10월 10일 김원봉이 중국 쪽의 작전에 직접 배치
> 하는 실제 공작대인 조선의용대를 조직함으로써 다시 조선민족전선연맹에
> 복귀하여 조선의용대에 참가 활동하고 있다.

다음에서 상세히 논급되겠지만 조선의용대는 조선민족전선연맹에
서 조직한 군사조직이다. 국내의 제3차 공산당사건으로 복역한 후 중국
으로 망명하여 민족혁명당에 가담했던 최창익·허정숙(許貞淑)·한빈(韓
斌)[15] 등을 중심으로 하는 세력이 한때 노선 차이로 민족혁명당에서 이
탈했다가 다시 성립된 통일전선인 조선민족전선연맹에 합류하게 된 것
이다.

이상과 같은 경위로 성립된 조선민족전선연맹은 일본군의 남경 공격
을 피해 한구로 가서 창립 선언을 하게 되는데, 그 창립 선언문의 다음

---

14) 같은 곳.

15) 林隱 『北朝鮮王朝成立祕史』, 東京: 自由社 1982, 130면에 "崔昌益·許貞淑·韓斌 등이 세운
    활동목표는 제3국제당(코민테른)과 連하여 조선공산당을 재건하는 일이었다"고 했다.

과 같은 부분이 주목할 만하다.[16)

조선민족의 유일한 활로는 단결된 전민족의 역량에 의해 일본제국주의를 타도하고 조선민족의 자주독립을 완성하는 데 있다. 그러므로 조선혁명은 민족혁명이며 우리의 전선은 민족전선이다. 계급전선도 아니고 인민전선도 아니고 또 프랑스·스페인 등의 국민전선과도 엄격히 구분된다. 이와 같이 우리 민족전선 내부에는 대립 분열이 결단코 부정될 뿐만 아니라 과거의 이런 현상에 대한 극복노력이 요구된다. 우리 민족전선도 이미 이론의 과정을 넘어 실행의 단계에 도달하고 있다.

우리 민족해방운동전선의 통일전선이 '계급전선' '인민전선' '국민전선' 등과 구분되는 '민족전선'임을 강조하면서 이 '민족전선'이 그것들과 어떻게 다른가 하는 문제에 대한 상세한 설명이 없는 점이 아쉽다. 이 문제에 대해서는 다음에서 다시 분석하기로 하고, 조선민족전선연맹의 규약과 강령 등을 살펴보자.

2) 강령의 통일전선적 의미

중국지역 우리 민족해방운동전선의 무정부주의전선을 포함한 좌익적 전선의 통일전선으로 연합식 방법, 단체 본위 방법에 의해 성립된 조선민족전선연맹은 가맹단체들의 합의에 의해 다음과 같은 기본강령[17) 을 작성했다.

---

16) 추헌수 편, 앞의 책 254~55면; 김정명 편, 앞의 책 617면.
17) 추헌수 편, 같은 책 256면.

① 일본제국주의를 타도하고 조선민족의 진정한 민주주의 독립국가를 건설한다.

② 국민의 언론·출판·집회·결사·신앙의 자유를 확실히 보장한다.

③ 일본제국주의자와 매국적의 일체 재산을 몰수한다.

④ 근로대중의 생활을 개선한다.

⑤ 국비에 의한 의무교육 및 직업교육을 실시한다.

⑥ 정치상·경제상·사회상 남녀 평등권을 확보한다.

⑦ 조선민족해방운동에 동정하고 원조하는 민족과 국가에 대해 동맹을 체결하거나 우호관계를 증진한다.

그 창립 선언문에서 이 통일전선이 계급전선이 아니라 민족전선임을 명백히 했지만, 기본강령에서 제시한 이 연맹의 기본방향은 정치적으로 '진정한 민주주의적 독립국가'의 수립에 두고 있었음을 볼 수 있다. 그것은 의회주의적 민주주의를 지향한 것으로 볼 수 있을 것 같으며, 경제 면에서는 민족혁명당이나 한국국민당의 지향과 다르지 않음을 알 수 있다.

중국지역 우리 민족운동전선 우파세력의 통일체인 한국광복운동단체연합회의 강령을 직접 구하지 못해 유감이지만,[18] 같은 지역 같은 시기의 좌파적 세력이 결성한 통일전선으로서 조선민족전선연맹의 기본강령이 이런 정도라면 적어도 강령상으로는 민족전선연맹과 광복운동단체연합회가 앞으로 통일되지 못할 이유가 없었던 것이 아닌가 한다.

---

18) 1939년 3월 한국광복운동단체연합회가 발표한 『한국독립선언20주년기념선언』에는 "故知 國民族 在經濟上完全解放 人人得有平等的生活權 … 在敎育上完全解放 人人得有平等的受學權 以此三均制度 同時實施於新國家"라 하여 이 '연합회'의 기본노선이 삼균제도에 있었음을 말해준다(국사편찬위원회 편 『한국독립운동사』 자료 3 임정편 3, 487~88면).

민족전선연맹은 기본강령 외에 20개조에 이르는『투쟁강령』을 마련하고, 그것을 또「일본제국주의의 통치세력 근본의 박멸」을 위한 강령 4개항,「전체 민족적 반일 통일전선의 결성」을 위한 강령 3개항,「전체 민족적 혁명실행 총동원」을 위한 강령 5개항,「군사행동의 적극적 전개」를 위한 강령 1개항,「중국항일전쟁에의 참가」를 위한 강령 1개항,「세계의 일체 반일세력과의 연합」을 위한 강령 2개항,「자치운동 타협주의 친일파 등의 숙청」을 위한 강령 4개항으로 분류하고 있다.[19]

이 가운데 중요한 부분을 보면 일본제국주의 박멸 강령에는 "전국적 총폭동을 조직하고 군사행동의 실행을 준비한다"는 조항이 있는데, 국내의 폭동을 조직하지는 못했으나 군사행동의 실행이 조선의용대의 조직으로 나타난 것이다. 통일전선 결성 강령에는 "조선민족은 소수 친일파 주구를 제외하고는 각 정치단체·군중단체 및 개인을 막론하고 일치단결하여 민족적 반일통일전선을 결성한다"는 조목이 있어서 민족전선연맹이 설정한 통일전선의 범위를 알게 한다. 그리고 "전체 민족적 반일통일전선은 모름지기 민주집권제를 채택한다"는 조항이 있어서 이 통일전선의 주체가 역시 민족혁명당임을 알게 한다.

다음「전체 민족적 혁명실행 총동원」부분과「자치운동 타협주의 친일파 등의 숙청」부분에서는

전국의 노동자를 동원하고, 특히 왜적의 군수품공장, 수력전기시설, 광산 및 각종 교통기관에 고용되어 있는 공인을 동원하여 태업·파업 및 왜적의 일체 공업시설에 대한 파괴운동을 전개한다.

학생, 지식층과 문화인을 동원하여 적극적으로 민족문화를 발양하고 왜적

19) 추헌수 편, 앞의 책 256~57면;『사상정세시찰보고집』9, 140~41면.

의 노예교육을 박멸한다.

전국 종교단체를 동원하여 민족해방투쟁에 참가시킨다.

전국의 부녀를 동원하여 민족해방투쟁에 참가시킨다.

자치운동과 참정권운동을 박멸한다.

친일파가 조직한 시중회(時中會)·아시아협회 등 일체의 반동단체를 박멸한다.

라고 했다. 이 통일전선운동이 국외의 운동에 한정되지 않고 국내에 파급될 경우 그 계급적 기반을 구체적으로 어디까지 확대하려 했는가를 짐작하게 한다. 다시 말하면 반민족적 친일세력을 제외한 모든 계급에까지 확대하고 있음을 알게 하며, 이 연맹의 기관지『조선민족전선』창간호에 김규광이 쓴「왜 전체 민족적 통일전선을 결성해야 하는가」[20] 중 '민족전선의 사회적 의의'를 쓴 부분에서는 그것을 다음과 같이 한층더 명확히 하고 있다.

현단계의 조선혁명은, 조선이 일본의 식민지화하여 전체 민족이 이민족의 극심한 압박을 받고 있는 역사적 사실과 조선사회의 반봉건적 성격에 유래한 것이므로 민주주의적 민족해방운동이어야 하며 사회혁명이 아니다. 따라서 현재의 조선혁명은 결코 어느 한 계급 혹은 어느 한 정당이 독단으로 부담할 임무가 아니다. …

당연히 위는 조선 공농노고대중(工農勞苦大衆)의 가장 믿을 만한 혁명역량을 확인하지만, 동시에 우리는 광범위한 중소자산계급, 민족상공업가 내지 지주 등도 상당한 반일적 혁명성을 가지고 있어서 전체 민족해방투쟁의 중요

20) 추헌수 편, 같은 책 264면.

한 세력임을 인정하지 않을 수 없다.

식민지 반봉건사회적 성격 때문에 혁명으로서 민족해방의 역사적 단계가 사회주의혁명 단계가 아니라 민주주의(부르주아? - 필자) 혁명단계라 주장하면서 통일전선의 계급적 범위를 노농계급을 위주로 하되 반일적 중소자산계급, 자본가, 지주에까지 확대하고 있음을 볼 수 있다. 중국지역·우리 민족해방운동전선의 좌파세력 통일전선단체인 조선민족전선연맹이 같은 지역의 우파세력에까지 전선을 확대해갈 수 있는 조건을 갖추고 있었음을 알 수 있다.

한편 일본 쪽의 한 정보자료는 조선민족전선연맹의 성립에 대해 다음과 같이 분석하고 있다.

이 연맹은 중국공산당과 접근한 인민전선파적 경향이 농후하여 일찍 김구파의 한국광복운동단체연합회에 합류를 획책했지만, 김구파에서는 그 주의적 파벌에 의해 이를 거부하기 때문에 이와 대립적으로 앞에서 말한 조선민족전선연맹을 결성하여 현유역량(現有力量)을 과장함으로써 중국 쪽에 아유(阿庾) 영합할 건더기로 삼았다.[21]

일본 쪽은 조선민족전선연맹이 중국공산당의 인민전선적 통일전선론에 영향받은 사실이 김구 세력의 반발을 사고 있는 것 같이 파악하고 있지만, 그러면서도 그 자금원은 중국국민당 쪽이라 파악하고 있음을 볼 수 있다.

---

21) 김정명 편, 앞의 책 615면.

본 연맹은 결성 이래 국민정부 외교부 왕생(王生) 및 CC단 수령 진과부(陳果夫)로부터 월액 3천 원의 자금을 받아 재한구(在漢口) 일본공산당원 춘산화부(春山和夫), 즉 흑전선차(黑田善次) 및 중국공산당과 연결을 가지며 … 사무소를 한구(漢口) 일본조계(日本租界) 813가(舊大和街) 15호에 두고 국민당 및 중국공산당이 지도하는 각종 단체(三民主義靑年團, 東北救亡總會 등 십수 개의 단체)와 연락하여 불령활동(不逞活動)을 전개하고 있다.[22]

이때는 중국국민당 정부와 공산당이 일본과의 전쟁을 위한 국공합작을 실현하고 있던 때였고, 그 때문에 민족전선연맹이 국민당의 자금을 받으면서 중국공산당 쪽과도 어느정도 관계를 가질 수 있는 상황이기는 했어도, 그 성립 초기부터 중국공산당과 연결되어 있었는지는 의문이다.

조선민족전선연맹은 그 조직이 선전부·중국어부·국제연락부·조직부 등으로 되어 있었고, 1938년 4월부터 김규광·유자명 등의 편집으로 천병림(千炳林: 韓一來)을 발행인으로 하여 기관지를 한문으로 『조선민족전선』을 매월 2회, 한글로 『민족전선』을 월간으로 발행했다. 일본 쪽 정보에 의하면, 『민족전선』은 등사판으로 약 150부 정도 제작하여 중국의 장사(長沙)·광동(廣東)·향항(香港)·중경(重慶) 등지에 배포했다.[23]

이상에서 살펴본 것과 같이, 파쇼체제의 등장으로 유럽에서 인민전선이 형성되고 일본의 침략에 대응하여 중국에서도 인민전선론이 대두, 실현되고 있는 데 영향받은 중국지역의 우리 민족운동전선에도 통일전선론이 일어나고 그것이 현실화하면서 일단 우파세력이 한국국민

---

22) 같은 곳.

23) 같은 책 621면. 『조선민족전선』은 1938년 4월 10일자 창간호부터 같은 해 6월 25일자의 5·6호 합간호가 전해진다.

당을 중심으로 한국광복단체연합회로, 좌익적 세력이 민족혁명당을 중심으로 민족전선연맹을 형성하게 되었다. 이 두 전선을 다시 통일하여 중국지역 전선에서 완전한 통일전선을 성립시키려는 노력은 이후에도 계속되어갔다.

2. 전국연합진선협회의 성패

1) 전국연합진선협회의 경위

통일전선을 지향하면서 우파의 한국광복운동단체연합회와 좌파의 조선민족전선연맹의 두 단체로 일단 통합된 1930년대 후반기 중국지역의 우리 민족운동전선은 이후에도 전선의 완전 통일을 위한 노력을 계속해갔다.

앞에서 본 것과 같이 이 시기 우리 민족운동전선도 전선통일의 필요성을 절감하고 있었지만, 이와 같은 필요성은 조선의 민족해방운동을 원조하고 있었던 중국 쪽에서도 같았다. 이와 같은 사정을 일본 쪽의 정세분석을 통해 들어보자.

국민정부에서는 이들 불령 조선인 단체로 하여금 종래의 할거적 내지 배타적 행동을 청산케 하고 이를 연합 또는 단일전선화시켜 소위 혁명역량의 총집중을 도모함으로써 항일전선에 이용하려 하여 대동단결의 방도를 종용해왔던바 이들 단체가 2대 파벌로 결집하게 되자 다시 이를 단일전선화하기 위해 장개석이 작년(1939년 – 인용자) 11월 말 김구를, 금년 1월 김원봉을 중경에 초치하여 양파에 대해 그 대동단결을 종용한 바 있다.[24]

지금까지 우리가 추적한 것과 같이 중국지역 우리 민족운동전선의
통일전선운동은 1932년 한국대일전선통일동맹의 성립과 조선민족혁
명당의 성립, 한국광복운동단체연합회의 성립, 조선민족전선연맹의 성
립을 거치면서 많은 우여곡절이 있었음에도 꾸준히 진행되어 이제 '연
합회'와 '민족전선'을 통합하여 통일전선을 완성해야 할 단계에 이르렀
고, 여기에 중국 쪽이 작용하기 시작한 것이라 할 수 있겠다. 일본 쪽 정
보는 이와 같은 중국 쪽의 종용에 대한 우리 민족해방운동전선의 반응
을 이렇게 전하고 있다.[25]

　한편 이들 불령단체 간부들 사이에서도 종전과 같이 소당분립(小黨分立)
현상으로는 거의 효과가 오르지 않을 뿐 아니라 중국 쪽에 대한 체면문제도
있어서 혁명 각 단체의 대동단결을 계획하고 통일하여 구적(仇敵) 일본에 대
항함으로써 장정권(蔣政權)의 환심을 얻고 원조와 비호를 한층 더 철저히 할
필요가 있다는 소리가 높아 중요 간부들이 이 실현을 위해 분주했으나, 두 단
체가 자파의 주장을 고집하여 양보하지 않고 이론투쟁으로만 끝나 오히려 대
립항쟁의 역효과를 가져왔다. 그러다가 장개석으로부터 통일전선 결성에 관
한 종용이 있어서 양파가 합동 기운에 박차를 가하게 되었다.

　일본 쪽 정보가 장개석의 역할을 강조하고 있는 데 비해 당사자의 한
사람이었던 김구의 회고는 이와 다르다. 『백범일지』는 이 부분에 대해
다음과 같이 서술하고 있다.[26]

---

24) 김정명 편, 앞의 책 657면.
25) 같은 책 657~58면.
26) 『白凡逸志』 342~43면.

나는 중경에서 강 건너 아궁보(鵝宮堡)에 있는 조선의용대와 민족혁명당 본부를 찾았다. 그 당수 김약산은 계림(桂林)에 있었으나 윤기섭·성주식·김홍서·석정(石正)·김두봉·최석순·김상덕(金尙德) 등 간부가 나를 위하여 환회를 열었다. 그 자리에서 나는 모든 단체를 통일하여 민족주의의 단일당을 만들 것을 제의하였더니 그 자리에 있던 이는 일치하여 찬성하였고, 한 걸음 더 나아가서 미주와 하와이에 있는 여러 단체에도 참가를 권유하기로 결의하였다. …

미주와 하와이에서는 곧 회답이 왔다. 통일에는 찬성이나 김약산은 공산주의자인즉 만일 내가 그와 일을 같이한다면 그들은 나와의 관계까지도 끊어버린다는 것이었다. 그래서 나는 김약산과 상의한 결과 그와 나와 연명으로, 민족운동이야말로 조국광복에 필요하다는 뜻으로 설명서를 발표하였다.

1937년 10월 17일자 일본 쪽 정보에서 "김구 일파의 한국독립운동 단체연합회의 계획에 협조하는 재미(在米) 각 단체가 자금으로 미화 3천 불(약 1만 원)을 기부하게 되었고, 또 이승만도 몇 번 통신해왔으며, 김구 일파의 안공근이 며칠 전 상해의 아메리카여행 안내소를 통해 미화 250불을 받았다"[27]고 확인한 것을 볼 수 있다. 이후에도 '연합회'는 재미단체들로부터 자금을 받고 있었고, 그들이 『백범일지』에서 말한 '민족전선'과의 통일을 반대하고 있은 것이 사실인 것 같다. 그러나 김구는 이를 무릅쓰고 김원봉과 공동으로 「동지 동포 제군에게 보내는 공개통신」을 1939년 5월에 발표했다.[28] 상당히 긴 문장으로 되어 있는 이 「공

---

27) 高等法院檢事局思想部 『思想彙報』 14호, 1938년 3월호 225면.

28) 이 발표문의 전문이 『사상휘보』 20호, 1939년 9월호 243~51면에 실려 있다. 이 「공개통신」이 발표된 날짜가 김정명 편, 앞의 책 685면에는 1939년 5월로, 『사상휘보』에는 같은 해 7월 1일로 나와 있다.

「개통신」은 그 서두에서

　　최근 우리들 두 사람은 각지의 동지 동포 제군으로부터 두 사람의 상호관
계 및 단결 여하와 아울러 현단계 조선혁명의 정치적 주장 및 목전의 해외운
동 통일문제에 관한 의견 등에 대해 질문적 신서(信書)를 많이 받았다. …
　　지금의 우리는 과거 수십 년간 우리 민족운동사 위의 파벌항쟁으로 인한
참담한 실패의 경험과 목전의 중국민족의 최후 필승을 위해 매진하고 있는
민족적 총단결의 교훈에서, 종래 범한 종종의 오류 착오를 통감하여 이에 두
사람은 신성한 조선민족해방의 대업을 완성하기 위해 장차 동심협력할 것을
동지 동포 제군 앞에 고백함과 동시에 목전의 내외 정세 및 현단계에서의 우
리의 정치적 주장을 아래에 진술하기로 했다.

하고, 중일전쟁 후 각 지역에서 적극화한 "위대한 혁명역량은 이 천재
일우의 위대한 혁명수행의 절호시기에서 반드시 최후의 결전을 전개할
것을 확신한다"고 한 후 이렇게 계속하고 있다.

　　어떠한 방식에 의해 민족적 통일기구를 구성한다 해도 그 기구는 현단계의
전민족적 이익과 공동적 요구에 의한 정강 아래 어떤 주의, 어떤 당파도 그 산
하에 포용하여 조직하지 않으면 안된다. 그리고 전국적 무장대오를 1개의 민
족적 총기관으로서 지휘 가능한 조직체로 할 것이 요구된다. …
　　무엇보다 먼저 관내에 현존하는 각 혁명단체는 일률적으로 해소하고 현단
계의 공동정강하에 단일조직으로 재편성하지 않으면 안된다고 믿는다. 그리
하여 현존 각 단체의 지방적 분열과 파생적 마찰을 정지하고 단결제일의 목
표하에 일체 역량 및 행동을 통일하여 우리의 항쟁을 적극적으로 전개할 수
있다. 각 단체에서 표방하는 주의가 같지 않으나 현단계의 조선혁명에 대한

정치적 강령과 항일전의 상태는 완전 일치한다.

중국 관내에 있는 모든 민족해방운동단체의 해소와 공동의 정강 아래 단일조직으로 재편하는 정치적 통일전선의 실현과 이들 민족해방운동단체가 가지고 있는 무장대오, 즉 군사력의 통일까지 실현되어야 한다고 강조한다. 이 경우에도 통일전선이 단체 본위냐 개인 본위냐 하는 문제가 있는데, 여기서는 "소단체(小團體)를 단위로 하여 연맹(聯盟) 방식에 의한 관내 운동의 통일을 주장하는 이론도 있으나, 이는 결코 재래의 무원칙적 파쟁과 상호 마찰을 근본적으로 해소할 수 있는 방법이 아니다"라고 한 것으로 보아 개인 본위의 통일전선을 지향한 것이라 볼 수 있다.

한편 이 공개통신은 그 끝부분에서 "우리의 현단계 정치강령의 대강은 적어도 다음과 같은 내용이 되지 않으면 안된다"라 하며 10개항의 정치강령을 제시하고 있다.

① 일본제국주의의 통치를 전복하여 조선민족의 자주독립국가를 건설한다.
② 봉건세력 및 일체의 반혁명세력을 숙청하고 민주공화제를 건설한다.
③ 국내에 있는 일본제국주의자의 공·사재산 및 매국적 친일파의 일체 재산을 몰수한다.
④ 공업, 운수, 은행과 기타 산업부분에서 국가적 위기가 있을 경우 각 기업을 국유로 한다.
⑤ 토지는 농민에 분배하고 토지의 일체 매매를 금지한다. "조선농민의 대부분은 소작인으로서 일본제국주의자의 토지 및 친일적 대지주의 토지를 경작하고 있다. 그 토지는 국가에서 몰수하여 그대로 농민에 분배하고 매매를 금지한다."

⑥ 노동시간을 감소하고 노동에 관계하는 각 종업원에게는 보험사업을 실
  시한다.

⑦ 부녀의 정치·경제·사회상의 권리 및 지위를 남녀 동등으로 한다.

⑧ 국민은 언론·출판·집회·결사·신앙의 자유를 향유한다.

⑨ 국민의 의무교육과 직업교육을 국가의 경비로써 실시한다.

⑩ 자유·평등·상호부조의 원칙에 기초하여 인류의 평화와 행복을 촉진한다.

우익 쪽의 광복운동단체연합회가 참가한 통일전선이지만, 그것이 지향한 강령은 정치적으로 '민주공화국'의 건설, 경제적으로 토지국유화와 농민에의 분배 그리고 매매금지, "국가적 위기가 있을 경우" 중요 기업의 국유화를 지향하여 이 시기 중국지역 좌우 민족해방운동전선을 통일할 수 있는 가장 높은 차원의 강령을 추출한 것이라 할 수 있겠다. 바로 앞에서 인용한 성명의 다음 대목은 이 강령이 전선통일을 위한 절실한 충정의 소산물임을 말해준다.

(중국) 관내 운동의 이와 같은 사명을 이행하기 위해서는 무엇보다 먼저 관내에 현존하는 각 혁명단체를 일률적으로 해소하고 현단계의 공동 정강 아래 재편성하지 않으면 안된다고 믿는다. 그리하여 현존 각 단체의 지방적 분열과 파생적 마찰을 정지하고 단결 제일의 목표 아래 일체 역량과 행동을 통일하여 우리의 항쟁을 적극적으로 전개할 수 있는 것이다. 각 단체가 표방하는 주의는 같지 않지만, 현단계 조선혁명에 대한 정치적 강령과 항일전의 상태는 완전 일치한다.

조선민족전선연맹 쪽 대표인 김원봉과 한국광복운동단체연합회 쪽 대표인 김구가 「공개통신」을 발표하고 통일전선의 정치강령에도 일정

한 합의를 보았지만, 그 통일전선체로서 '전국연합진선협회'의 결성이 실제로 이루어졌는가 하는 문제를 살펴볼 필요가 있다. 일본 쪽 정보자료에 의하면, 1939년 3월 1일 중경발 UP 전보를 인용하여 "이날 오후 조선인 400명은 시당부(市黨部) 대강당에 집합하여 『3·1혈안(血案)』20주년 기념식을 거행했다. 출석자는 '전국연합진선협회' 간부, 재화(在華) 각 전선 대일항전(對日抗戰) 병사의 가족, 조선아동 및 국민당원 등이었다"[29]고 하여, 이때 이미 '진선협회'가 성립되어 있었던 것처럼 말하고 있다.

한편에서는 또 "1937년 중 김구파도 같이 조선민족전선연맹을 결성하고 김원봉파도 같이 조선민족전선연맹을 결성했다. 다시 1939년 9월에는 양자가 합동하여 전국연합진선협회를 결성하여 일단 대동단결을 이루었다"[30] 했고, 또 하와이 『국민보(國民報)』의 보도를 인용하여 "이해(1939년-인용자) 8월 25일 7단체 대표회합은 부진했다. 그후 수차에 걸쳐 각 대표가 회합하여 협의한 결과 9월(중·하순?) 드디어 공산주의 2단체를 제외한 5단체로서 단일조직에 성공하여 공식 선언을 발표하게 되었다고 한다. 내용은 상세하지 않지만 일단 '전국연합진선협회'로서 단일조직을 이룬 것으로 인정된다"[31]라 하여 이해 9월 중순 혹은 하순경에 '진선협회'가 성립된 것으로 파악하고 있음을 볼 수 있다.

즉 일본 쪽 정보자료에는 조선민족전선연맹과 한국광복운동단체연합회 사이의 통일전선이 7단체회의에서는 실패했고 5단체회의에서 성공한 것으로 되어 있는데, 이 점에 대해서는 7당통일회의의 경위를 밝혀야만 그 진상을 이해할 수 있을 것 같다.

---

29) 김정명 편, 앞의 책 658면.
30) 같은 책 655면.
31) 같은 곳.

2) 7당통일회의의 경위

한국 7당통일회의, 즉 조선민족전선연맹에 가입되어 있던 조선민족혁명당, 조선혁명자동맹, 조선민족해방동맹, 조선청년전위동맹 등 4개 단체와 한국광복운동단체연합회에 가입되어 있던 한국국민당, 한국독립당, 조선혁명당 등 3개 단체를 합친 7개 단체가 통일전선을 이루기 위해 구체적으로 노력하기 시작한 것은 1938년 10월경부터였다.[32]

그러나 각당의 책임자들이 도처에 흩어져 있어 한자리에 모이지 못하다가 1939년 봄부터 중경에 모여 이후 약 5개월간 통일전선회의를 거듭했다. 먼저 김구가 영도하는 한국광복운동단체연합회 내부에는 통일전선체 형성의 방법론을 두고 과거의 각당 각파를 해산하고 절대 통일신당(統一新黨)을 새로 조직해야 한다는 개인 본위 단일식과 기존의 각 단체를 두고 그것을 기초로 한 연맹식으로 해야 한다는 두 의견이 대립했으나, 김구의 주장에 의해 단일식으로 결정되었다.

한편 진국빈(陳國斌) 즉 김원봉이 영도하는 조선민족전선연맹 안에서는 민족혁명당과 조선혁명자동맹은 단일식을 주장하고 조선민족해방동맹과 조선전위청년동맹은 연맹식을 주장하여 의견의 일치를 보지 못하다가 이해 8월 27일 기강(綦江)에서 '한국혁명운동통일적 7단체회의(韓國革命運動統一的七團體會議)'를 정식으로 개최했다.

이 회의에 참가한 각당 대표는 한국국민당 조완구(趙琬九)·엄대위(嚴大衛: 恒燮), 한국독립당 홍진(洪震)·조소앙, 조선혁명당 이청천·최동오

---

[32] 대만(臺灣)의 중앙연구원(中央研究院) 근대사연구소(近代史研究所)에서 1988년에 간행한 『國民政府與韓國獨立運動史料』 17~28면에 기강 한국 7당통일회의 경과보고서(綦江韓國七黨統一會議經過報告書)가 있어 이 회의의 경과를 상세히 알 수 있다.

등이었고, 민족혁명당은 성주식·석정 즉 윤세주, 조선혁명자동맹은 유자명·이하유(李何有), 조선민족해방동맹은 김규광·박건웅, 조선청년전위동맹은 왕해공(王海公),[33] 즉 신익희·김해악(金海岳) 등 합계 14명이었으며, 이 가운데 왕해공·조소앙·조완구 등 3명이 주석단이었다. 회의는 국내외 정세보고, 통일문제, 강령·정책·기구문제, 사업문제, 기타 제문제를 토의하는 순서로 진행되었다.

회의가 벽에 부딪치게 된 것은 역시 통일방식 문제였다. 중국 쪽 보고서가 공산주의 단체로 간주하고 있는 조선민족해방동맹과 조선청년전위동맹이 단일식 통일방안에 반대하면서 퇴장함으로써 7당회의는 5당회의가 되었다.

5당회의에서는 단일식으로 5당을 통합한 후 다른 조직들과 다시 통일운동을 계속한다는 결정을 내리고 새로 구성될 통일전선의 당무와 정무문제에 대한 토의를 진행시켰다. 먼저 한국광복운동단체연합회 쪽에서는 당무 부분에서 당의(黨義)는 삼균주의에 입각한 정치·경제·교육균등을, 조직은 상무위원제를, 당원 자격은 평소 어떤 정치적 신조를 가졌던 사람을 막론하고 새로 구성되는 통일전선 정당의 당의·당강·당규에 복종하는 사람은 모두 입당시킨다는 원칙을 제시했다.

한편 조선민족전선연맹 쪽에서는 당무 부분에서 당의는 경제·정치의 균등을, 조직에서는 위원장제를, 당원 자격에서는 광복운동단체연합회 쪽의 조건과 같아서 당무 부분에서는 상무위원제와 위원장제의 차이가 있을 뿐 별 문제가 없었다.

그러나 문제는 정무 부분에 있었다. 광복운동단체연합회 쪽에서는

---

33) 같은 책 29~30면에 왕해공, 즉 신익희가 조선청년전위동맹의 대표로 되어 있는 것은 좀 의문스러운 점이 있으나, 지금으로서는 그 진위를 밝힐 수 없다.

그 조직부분에서 임시정부를 최고권력기관으로 하여 군사·외교 등을 모두 임시정부를 통해 처리할 것, 통일전선에 참가하는 각당의 대표로 상의원(上議院)을, 중국 각 성에 있는 민족운동자 대표로 하의원(下議院)을 조직할 것, 정책 부분에서 혁명이 성공한 후 토지는 국유제로 할 것, 구호로 일본을 "구적(仇敵) 일본"으로 부를 것 등을 제시했다. 이에 대해 조선민족전선연맹 쪽은 "구적 일본"을 "일본제국주의"로 부를 것을 주장하고, 나머지는 모두 반대했다. 이 때문에 5당회의도 완전 결렬되었다.

중국 쪽의 『기강 한국 7당통일회의 경과보고서(綦江韓國七黨統一會議經過報告書)』는 이 회의가 실패로 돌아간 이유를 네 가지로 분석하고 있다. 첫째, 단결정신이 부족한 민족성을 들고 있다. 즉 조선민족은 각자 개성이 강하고 스스로를 너무 높이 보는 경향이 있으며, 젊은 층은 늙은 층을 혼용(昏庸)하고 무능하다고 보고 늙은 층은 젊은 층을 유치하고 무지하다고 보며 당파가 난마같이 얽혀 있는 것이 통일 실패의 최대 원인이라고 했다.

중국 쪽 보고서가 지적한 두번째 원인은 민족해방운동전선에 위대한 영수가 될 만한 인재가 없다는 점을 들고 있다. 당시 중국지역 우리 민족해방운동전선에서 군중을 불러모을 만한 성망을 가진 사람은 김구와 진국빈, 즉 김원봉 두 사람인데 김구는 도덕성과 성망과 곧은 정신이 혁명을 영도할 만하지만 재간(才幹)이 좀 결핍되어 있고 김원봉은 재간은 좀 낮지만 도덕성과 성망이 전체 당인을 영도할 만하지 못하다 했다. 이들 두 사람의 이런 결점이 전체 통일전선을 영도할 만하지 못하여 통일전선운동이 실패한 것이라 보고 있다.

통일전선 실패의 세번째 원인으로는 민족해방운동전선의 중심사상이 없는 점이 지적되고 있다. 조선민족의 독립운동이 20년 이상의 역사를 가졌고, 이 운동이 밖으로는 민족사상을 표방하고 있지만, 안으로는 구체적 중심사상이 세워지기 전에 밖에서 여러가지 사상이 들어옴으로써 서로 다른 파벌을 이루어 다투게 되었다. 이번 통일회의에서 해방동맹과 전위동맹의 두 공산주의 단체가 퇴장한 것도 바로 이 때문이라고 했다.

통일전선 실패의 네번째 원인으로 각 당파 사이의 심한 시기와 의심을 들고 있다. 각 당파들이 본래 불건전해서 이합집산이 변화무상하고 서로 믿는 마음이 없으며 남의 위치를 침탈하여 자기 이익을 누리려는 경우가 많은 것 등이 통일전선 성립을 저해하는 요인의 하나라 보고 있는 것이다.

중국 쪽 자료 중에는 또 통일회의 결렬 후 김원봉 쪽과 김구 쪽으로부터 회의 결렬 이유를 듣고 기록한 『한당통일의결제후각담화기록(韓黨統一議決製後各談話記錄)』[34]이 있어서 회의 결렬에 대한 각 당의 입장을 알게 해주는 부분이 있다. 먼저 김원봉 쪽 대표 왕규지(王規之)의 말을 요약해보자.

첫째, 임시정부의 존재. 9·18사변(만주사변 – 필자) 후 민족혁명당세력이 중심조직의 수립을 도모하고 장개석 위원장에게 조선간부훈련반(朝鮮幹部訓練班) 개설을 특별히 요구했고, 계속해서 청년들을 모아 조선민족혁명당을 성립시키고 다른 당을 흡수하여 통일전선의 기초를 마련했다. 그러나 유감스럽게도 임시정부 쪽 사람들이 참가하지 않음으로써 마침내 두 개의 중심조직이 이루어지고 의견이 나뉘게 된 최대 원인이 되었다.

둘째, 연맹방식 주장자의 파괴. 한국독립당과 조선혁명당은 장래 신

---

34) 같은 책 29~37면.

당의 조직은 당무위원제로 해야 한다는 안을 공동으로 제출했는데, 혁명공작을 수행함에 있어서 모든 공문서를 반드시 모든 상무위원의 공동서명을 거쳐 처리하는 제도는 불합리하다. 이런 주장은 통일전선운동을 고의로 파괴하는 것일 뿐이다. 한편 전위동맹의 이건우(李健愚: 李健宇로도 쓴 崔昌益을 말한다 – 필자)가 동북(東北: 중국의 華北地方을 말한다 – 필자)으로 가자는 주장을 하고 의용대 제2구대 청년 18명을 데리고 먼저 서안(西安)으로 떠나는 단독행동을 한 것은 분열의 뜻이 있는 것이다.

셋째, 김구에 대한 불만. 김구는 홍구공원(虹口公園)에서 백천(白川)을 죽인 사건이 있기 전에는 임시정부 안의 경무국장으로서 내무부 예하에서 정치적 지위가 낮았다. 지금은 영수로서 임시정부의 원로가 되었지만, 그 안에서도 반대세력이 많아 통일회의를 고의로 파괴하려 한다.

넷째, 광복운동단체연합회 쪽에서 절대조건을 미리 정해놓은 것은 통일의 성의가 없는 일이다. 광복운동단체연합회 쪽에서 토지국유, 신당의 상무위원제 채택, 신당의 임시정부 옹호와 군사·외교의 임정 경유 처리, 당원자격에서 "평소" 2자 고집, 삼균주의 실행 등의 5개 조건을 7당회의 전에 절대조건으로 미리 정해놓고 결코 양보하지 않았다.

김원봉 쪽 대표 왕규지는 통일회의 결렬에 대한 민족전선연맹 쪽의 입장을 이상과 같이 네 가지를 들어 말하고, 다음의 의견을 덧붙였다.

이 5개 조건은 실시되기 어려운 조건이다. 토지국유정책은 조선의 환경상 적절하지 못하며 상무위원제도 혁명 정당에게는 적당치 못하다. 혁명시기의 최고권력기관으로 임시정부를 옹호하자는 것도 이론상 부당하다. 군사권을 임시정부에서 처리하게 하는 일 역시 부당하다. 지금의 조선의용대는 중국정부의 영도 아래 있어서 임시정부의 통할로 돌리기가 불가능하다. 당원자격, 삼균주의 등도 문자상 타당치 않다. …

총괄컨대 우리 당은 원래 김구 선생을 영수로 모시고 진대장(陳隊長: 陳國斌)이 이를 도와 통일신당을 건립하려 했으나 유감스럽게도 한국독립당의 조소앙, 조선혁명당의 이청천·최동오 등이 고의로 파괴했고, 또 임시정부 원로들의 사상이 낙오되어 대체에 어두웠던 것이 통일회의 결렬의 원인이었다.

민족혁명당의 정강 정책이 토지국유화 정책이었는데도 여기서는 그 것을 부적당하다고 한 점이 납득되지 않고, 통일전선 정당인 신당 조직에서 김원봉 중심의 민족혁명당과 김구 중심의 한국국민당이 단일지도체제인 위원장제를 주장한 데 반해 다른 정당이 일종의 집단지도체제인 상임위원제를 주장한 것은 이해할 만하다. 그러나 역시 가장 중요한 장애요인은 임시정부 문제였고, 이는 4년 전 민족혁명당이 완전한 통일전선 정당이 되지 못했던 원인이기도 했다. 어떻든 김구 쪽 대표 복정일(僕(朴)精一)의 말을 들어보자.

그는 먼저 "조선민족혁명당은 원래 사회주의자 단체였다. 당원이 제일 많을 때는 약 170명이었는데 거의 적화분자(赤化分子)이고 중국 북벌전쟁 중의 영한분열(寧漢分裂) 때 김원봉은 무한(武漢) 방면에 속했으며, 단독으로 조선공산당을 성립시켰다. 이와 같이 과거의 민족혁명당은 한국국민당과 입장이 반대되는 정당이었다. 작년에 김구·김원봉 두 사람이 서로 민족지상의 시기임을 인정하고 담판했으나 결국 결렬되어 부끄러움을 느낀다"라고 하며 담판 결렬의 원인으로 다음 두 가지를 들었다.

첫째, 당원 자격 문제. 우리 한국국민당은 "평소 어떤 신조를 가진 사람을 막론하고 통일신당의 당의·당강·당규에 복종하면 모두 입당할 수 있다"고 주장했으나, 민족혁명당은 "어떤 주의나 신앙을 가진 사람을 막론하고 통일신당의 당의·당강·당규에 복종하는 사람은 입당할 수 있다"로 바꾸자고 하여 "평소" 두 자를 취소하고 어떤 당파를 막론하고 고루 신당활동에 참가할 수 있게 하자는데, 이는 대단히 중대한 문제이다.

둘째, 임시정부 문제. 임시정부는 3·1운동 때 상해에서의 전국대표자대회에 의해 구성되어 혁명역사상의 의의가 있다. 또 국내동포와 해외동포들이 이 조직을 잘 알고 적극 옹호하고 있다. 미국거주 교포들이 혁명경비를 모두 임정에 보내는 것이 그 예이다. 따라서 임정은 보호할 가치가 있으며 해소할 필요가 없다. 조선의용대를 임정의 통솔 아래 두는 일은 이론적·절차적 문제이다. 김원봉을 대장으로 임명하고 그 지휘권을 탈취하자는 것이 결코 아니다. 정부가 처리하거나 아니면 당에서 처리하는 문제가 확정되어야 분규가 없어진다. 민족혁명당이 강력히 반대하여 통일전선은 불가능하고 연맹식 방법의 통일조직은 어느정도 희망이 있다. 이 두 가지 문제로 인해 쌍방간에 논쟁이 가장 치열했고 통일전선회의가 실패한 원인도 여기에 있다. 그러나 김구 선생이 너무 충직해서 그들에게 이용당하고 있는 것이 실패 원인의 하나이다.

한편 김원봉과의 연명으로 "민족운동이야말로 조국광복에 필요하다는 뜻으로 성명서를 발표"하여 통일전선 성립을 위해 노력했던 당사자의 한 사람이었던 김구는 뒷날 이 전선통일운동의 실패 이유가 역시 이데올로기 및 노선 차이에 있었다며, 다음과 같이 요약해서 말하고 있다.[35]

그러나 여기 이외의 고장이 생겼으니 그것은 국민당(김구 중심의 한국국민당 – 인용자) 간부들이 연합으로 하는 통일은 좋으나 있던 당을 해산하고 공산주의자들을 향한 단일당을 조직하는 데는 반대한다는 것이었다. 주의가

35) 『백범일지』 343~44면.

서로 다른 자는 도저히 한 조직체를 유지할 수 없다는 것이 그 이유였다. …

나는 병을 무릅쓰고 기강으로 가서 국민당의 전체 회의를 열고 노력한 지 1개월 만에 비로소 단일당으로 모든 당들을 통일하자는 의견에 국민당의 합의를 얻었다. 그래서 민족운동진영인 한국국민당, 한국독립당, 조선혁명당과 공산주의전선인 조선민족혁명당, 조선민족해방동맹, 조선민족전위동맹, 조선혁명자연맹의 일곱으로 된 7당통일회의를 열게 되었다. …

회의가 진행함을 따라 민족운동 편으로 대세가 기울어지는 것을 보고 해방동맹과 전위동맹은 민족운동을 위하여 공산주의 조직을 해산할 수 없다고 말하고 퇴석하였다. 이렇게 되니 7당이 5당으로 줄어서 순전한 민족주의적인 새 당을 조직하고 8개조의 협정에 5당의 당수들이 서명하였다. …

이에 좌우5당의 통일이 성공하였으므로 며칠을 쉬고 있던 차에 이미 해산하였을 민족혁명당 대표 김약산이 돌연히 탈퇴를 선언하였으니, 그 이유는 당의 간부들과 협정을 수정하지 아니하면 그들이 다 달아나겠다는 것이었다. …

이리하여 5당통일도 실패되어서 나는 민족진영 3당의 동지들과 미주·하와이 여러 단체에 대하여 나의 분명한 허물을 사과하고 이어서 원동에 있는 3당만을 통일하여 새로 한국독립당이 생기게 되었다.

이상의 자료들을 중심으로 분석해보면, 조선민족전선연맹과 한국광복운동단체연합회의 통일문제에서 직접적인 장해요인 중 중요한 것은 결국 통일신당에 참가하는 당원자격 문제와 토지국유화 문제, 그리고 임시정부 문제로 요약될 수 있을 것 같다. 그 가운데 혁명 성공 후의 토지국유화 문제는 우익 정당연합체인 광복운동단체연합회 쪽에서 오히려 주장하고 있고 좌익적 단체연합체인 민족전선연맹 쪽에선 "조선의 환경에 부적당하다"는 이유로 반대하고 있음을 볼 수 있다. 앞에서 본 것과 같이 민족혁명당은 그 정강 정책에서 토지국유화를 제시했지만,

민족전선연맹 쪽의 조선민족해방동맹과 조선청년전위동맹이 회의에서 퇴장한 후 무정부주의자단체인 조선혁명자동맹의 주장에 의해 토지국유화가 부인된 것이 아닌가 한다.

두번째, 통일신당 당원자격 문제에서 광복운동단체연합회 쪽에서 "평소 어떤 신조를 가진 사람을 막론하고, 통일신당의 당의·당강·당규에 복종하는 사람은 모두 입당할 수 있다"고 하여 "평소"란 말을 꼭 넣으려 했고, 민족전선연맹 쪽에서는 "평소"란 말을 삭제하려 했다는데 여기에는 상당한 의미가 있는 것 같다. 즉 민족전선연맹 쪽에서는 평소 좌익적 사상을 가진 사람이라도 그 사상을 가진 채 통일신당의 당의·당강·당규에 복종하는 한 저절로 당연히 통일신당의 당원이 될 수 있다는 의미를 강조하려 했고, 광복운동단체연합회 쪽에서는 평소 좌익적 사상을 가진 사람 중 민족주의 정당으로서 통일신당의 당의·당강·당규에 복종하여 민족주의자로 전환한 사람에 한해서 입당할 수 있다는 의미를 강조하려 한 것이 아닌가 한다.

셋째, 역시 가장 중요한 것은 임시정부 문제였다. 광복운동단체연합회 쪽에서는 통일신당과 임시정부를 병존시킬 뿐만 아니라 신당을 그 산하에 둠으로써 민족전선연맹이 갖고 있는 군사력, 즉 조선의용대의 지휘권을 임시정부 산하에 두려 했고 민족전선연맹 쪽은 통일전선 정당으로서 신당 외에 임시정부의 존재 자체를 인정하려 하지 않은 것이다.

구체적으로는 이러한 몇 가지 문제가 차이점으로 드러나 있지만, 역시 바닥에 깔린 더 큰 문제는 김구의 회고에서 지적되고 있는 것과 같이 이 통일전선운동이 이데올로기의 차이를 극복하지 못하고 있었다는 점이다.

한편, 이와 같은 쌍방의 의견을 들은 중국 쪽에서는 통일전선운동이 진행될 때만 경제적 원조를 해주고, 그렇지 않을 경우 원조를 끊으면 작은 당은 큰 당에 복종하지 않을 수 없을 것이며 통일전선운동에 합류하지 않는 세력은 자연도태되어 조선의 각당 각파가 진정한 통일을 하게 될 것이란 의견을 제시하기도 했다.[36]

이상과 같은 사정으로 미루어볼 때 김구와 김원봉의 「공개통신」이 발표된 후 조선민족해방동맹과 조선청년전위동맹을 제외한 5개 단체만으로 1939년 9월경에 전국연합진선협회를 일단 발족시켰으나, 앞에서 본 것과 같이 임시정부 문제 등을 둘러싼 의견대립으로 결국 유야무야된 것 아닌가 한다. 어떻든 오랫동안 논의되고 추진되었던 중국지역 우리 민족해방운동전선의 통일전선운동은 이로써 일단 실패했다. 그러나 이후 민족혁명당을 중심으로 한 민족전선연맹 쪽의 임시정부 참가 형식으로 통일전선운동은 다시 계속되었다.

3. 임정 통일전선 내각의 성립

7당통일운동과 전국연합진선협회를 위한 중국지역 우리 민족해방운동전선의 '가능한' 범위 안에서의 통일전선 형성이 실패했으나, 이후 민족혁명당의 임시정부 참가를 통한 제한된 의미의 통일전선이 형성될 수 있는 내적·외적 조건이 나타났다. 임시정부 인정을 거부함으로써 광복운동단체연합회와의 통일전선을 성사시키지 못했던 민족전선연맹 쪽, 특히 민족혁명당 쪽에는 앞의 7당통일회의가 실패한 1939년부터 임정에 참가하게 되는 1942년 사이에 큰 변화가 있었다. 이 연맹의 젊은 당원들로 조직된 조선의용대원 중 상당수가 1940년 말에서 1941년 초에

---

36) 『國民政府與韓國獨立運動史料』 38~39면.

걸치는 시기에 중국공산군 지역인 화북지방으로 옮겨가게 된 것이다.

민족혁명당을 중심으로 하는 조선민족전선연맹의 군사력인 조선의
용대원은 중국 계림에 본부를 두고 있던 1940년 6월경 그 수가 314명
이었으나,[37] 이들 중 상당수는 1941년 봄 중국국민당 정부군 지역을 떠
나 공산군 항일전투지구인 태항산(太行山)으로 옮겨갔다.[38] 이들은 같
은 해 6월 조선의용대 화북지대를 편성했다가 연안에서 조선독립연맹
이 발족되자 조선의용군 화북지대로 개편되었다.[39]

조선의용대의 중국공산군 지역으로의 이전에는 주은래(周恩來)의 작
용이 있었고, 그 대원 약 80%가 화북으로 간 후 대장 김원봉도 같이 가
기를 원했다. 중국공산당 쪽에서는 화북으로 옮긴 후 의용대 지휘권이
여전히 그에게 돌아갈 것을 기피하여 그를 "소시민적이고 기회주의적
이며 개인적인 영웅주의자로 낙인"하여 중국공산군 지역으로의 이동
을 거부했다는 설이 있다.[40] 그러나 의용대 전투원의 한 사람으로 태항
산 전투지구에 가서 투쟁한 김학철은 김원봉이 그 대원들과 함께 태항
산 전투지구로 가지 못한 이유는 중국공산군 쪽의 반대보다 중경에 남
아 있는 의용대원들의 가족과 비전투원 민족혁명당원의 생활을 돌보기
위한 것이었다고 회고했다.[41]

---

37) 일본 內務省警保局保安課『特高月報』, 1940년 6월분 79면.

38) 당시 조선의용대원으로서 태항산으로 갔던 김학철(金學鐵)은 자신의 저서『항전별
곡』(중국: 흑룡강조선민족출판사 1983, 126면)에서 "1941년 봄 우리 조선의용대의 대
부분 성원들은 태항산 항일근거지로 들어갔다"고 했고,『특고월보』1942년 3월분 211
면에서는 중국 각지의 조선의용대원으로서 중국공산군(제18집단군) 쪽으로 간 사람이
대략 100명이라고 했다.

39) 韓洪九「華北朝鮮獨立同盟의 조직과 활동」, 서울대 석사학위논문 1988, 13~14면.

40) 李庭植『韓國民族主義의 運動史』, 미래사 1982, 278~79면. 이 내용의 근거는 김원봉
의 비서였다는 중국인 Ssu-Ma-Lu의 저서『鬪爭 十八年』(Hong Kong: Asia Press 1952),
173~74면이다.

어떻든 조선의용대 각 지대원들 대부분이 중국공산군 지역으로 간 후 중경에는 민족혁명당의 중앙집행위원, 중앙감찰위원, 특파공작원 등을 합해 41명이 남았고,[42] 이들에 대한 임시정부 쪽을 상대로 하는 제한적인 통일전선운동이 계속되었다. 그 결과가 민족혁명당원을 중심 으로 하는 조선민족전선연맹 쪽 인사들의 임시의정원 및 임시정부 참 가로 나타났다.

조선민족전선연맹 계열 인사들의 임시의정원 참가는 1941년 10월 제 33회 의회가 소집될 무렵에 일단 기도된 것 같으나, 의장 김붕준(金朋 濬)이 "좌익 계열의 김원봉·손두환 등과 비밀 체결하여 선거법규에 의 하지 않고 민족전선 계열 인사의 대거 입원을 기도한 일 같은 것은 밖으 로 임시정부의 국제적 승인을 얻어 안으로 항일역량을 증강함이 시급 하던 시국하에서 용인될 수 없는 일이었다"라는 이유로 탄핵되어 제명 처분되었다.[43]

또 1941년에 중국국민당 정부의 외교부장 곽태기(郭泰祺)가 김구·김 원봉 등과 만나 임정승인 문제를 거론하면서 한국국민당과 민족혁명당 의 '단결합작'을 희망했고, 이에 민족혁명당 쪽이 임시정부 헌법개정, 의정원의원 선출방법의 변경, 의원의 임기 규정, 공석 11명의 의원 보선 등을 요구했으나 한국독립당의 반대로 무산되었다.[44]

조선민족전선연맹계 인사들이 임시의정원이나 임시정부에 참가하 는 일이 이 시점에서 임정의 국제승인 획득과 항일역량 증강에 장애가

---

41) 『社會와 思想』 1989년 12월호, 한길사, 114~15면, 강만길과의 대담 참조.
42) 추헌수 편, 앞의 책 249~50면; 胡春惠 著, 辛勝夏 譯 『중국 안의 한국독립운동』 227면 에는 1942년 10월 전후의 조선민족혁명당의 당원은 약 500명이라 했다.
43) 독립운동사편찬위원회 편 『독립운동사』 제4권 926면 참조.
44) 추헌수 편, 앞의 책 231면.

되는 것이 아니라 오히려 그것을 촉진시키는 일이었지만, 아직도 전선 통일을 거부하고 있었던 임정 쪽의 자세가 여기에서도 보인다고 할 수 있을 것이다. 그러나 이와 같은 난점들이 극복되면서 중경에 있던 민족해방운동전선의 통일은 이루어져갔다.

1942년 10월 25일에 개최된 제34회 임시의정원회의에서 김원봉·왕통(王通)·유자명·김상덕·손두환·김철남 등 23명이 새 의원으로 당선되었다. 새로 의원이 된 23명 중 한국독립당원은 6명인 데 반해 조선민족혁명당원은 6명, 같은 계열로 볼 수 있는 조선혁명자연맹·조선민족해방동맹·통일동지회 등 소속이 5명이어서 종래 한국독립당 일색이었던 임시의정원이 재야 각 정당 및 무소속 인사들을 망라하여 명실공히 '전민족적' 의정원을 구성했다고 볼 수 있게 되었다.[45]

이와 같이 중경에 있는 민족운동단체가 모두 임시의정원에 참가하여 '전민족적인 의정원'을 구성한 사실에 대해 김원봉은 뒷날 다음과 같이 그 의미를 부여했다.[46]

우리들이 평소에 공동히 노력하는 관내 혁명운동의 통일은 금차 한국임시의정원 제34회 회의로 인하여 형성되었다. 전세계 민주전선의 승리가 점차 가까워오는 이때에 오랫동안 분열 고립하여오던 우리의 각 혁명단체 및 각 개인들이 모두 한 방에 모여앉아 일찍이 보지 못하던 대단결을 형성하는 동시에 화중공제하는 정신으로 우리 민족의 혁명단계를 토의 결정하게 된 것은 심히 중대한 것이다. 그러므로 금차 회의를 계기로 하여 우리 관내 혁명운동

---

45) 독립운동사편찬위원회 편, 앞의 책 963~64면 참조. 이때 새로 임시의정원 의원으로 당선된 23명의 명단과 연령, 선출구역, 소속단체 등은 양영식 「1940년대 조선민족혁명당의 활동」, 『한국독립운동사연구』 제3집, 1989년 11월, 559면에 정리되어 있다.
46) 이 글이 실린 신문 『독립』에 관해서는 제8장에서 설명될 것이다

은 한 역사적 발전을 기망할 수 있으며 또 따라서 우리의 민족적 지위와 임시 정부의 권위가 더욱 높아질 것이다. 이것은 우리가 역시 공동히 기뻐하고 치하할 바라고 믿는다.

김원봉의 이 글은 민족혁명당을 중심으로 하는 조선민족전선연맹원들이 임시의정원에 참가한 사실을 그들이 오랫동안 지향해오던 중국지역 우리 민족해방운동전선 통일전선운동의 진전으로 보고 있는 것이며, 이 통일전선운동은 민족혁명단원들의 의정원만이 아니라 임시정부와 한국광복군의 참가로 이어지게 된다. 임시의정원에 참가한 후의 광복군 참가 문제는 다음 장에서 다루기로 하고, 먼저 임시정부에 참가하는 과정을 살펴보자.

1943년 2월 민족혁명당은 제7차 대표대회 선언과 함께 강령과 정책을 새로 발표하면서 조선민족혁명당, 한국독립당통일동지회(韓國獨立黨統一同志會), 조선민족당해외전권위원회(朝鮮民族黨海外全權委員會), 조선민족해방투쟁동맹(朝鮮民族解放鬪爭同盟) 등 4당대표가 원만히 결속하여 이 제7차 대표대회를 조직한 것이라 하고, 그 정책 부분에서 이렇게 강조하고 있음을 볼 수 있다.[47]

임시정부로 하여금 국내외 혁명집단과 혁명군중의 기초 위에 확립하게 하여 전체 민족의 독립사업을 총영도하는 혁명정권기구로 다시 발전하게 해야 한다. 아울러 각국으로 하여금 최단기일 내에 우리 임시정부를 승인하게 하고 전쟁 후 우리나라의 완전독립을 위해 노력해야 한다,

---

47) 추헌수 편, 앞의 책 212~14면.

일본의 태평양전쟁 도발로 정세가 일변하게 되자 민족혁명당이 '기강 7당통일회의'에서 고집한 임시정부 불인정 방안을 양보하고 통일전선 형성을 위해 임정을 인정하며 이에 참가함으로써 임정으로 하여금 민족해방운동의 총본부가 되게 하고, 그 결과 임정이 각국의 승인을 획득하여 민족해방운동의 새로운 진로를 열게 하려는 정책의 전환이라 할 수 있을 것이다. 그러나 민족혁명당계의 임시정부 참가는 역시 쉽지 않았다.

1943년 10월 임시정부 국무위원의 임기가 만료되자 그 개선을 위한 임시의정원이 소집되었다. 이때 민족혁명당 쪽에서는 국무위원 11명 중 주석을 제외하고 민족혁명당과 한국독립당 각 4명, 기타 군소 정당 2명으로 정부를 구성할 것을 제의했으나, 한국독립당 쪽에서 거절했다. 이에 민족혁명당이 양보해서 한국독립당 5명, 민족혁명당 3명, 군소 정당 2명으로 제의했다. 그리고 인선에서 민족혁명당은 한국독립당의 박순일(樸(朴)純一)과 조완구의 국무위원 선출을 반대하고 한국독립당에서는 유동열의 선출을 반대했다. 뒤에 민족혁명당이 다시 양보해서 조완구와 박순일의 선임을 용납했으나 역시 한국독립당 쪽의 무성의로 연합정부 성립에 실패했다.[48]

난항을 거듭하던 임시정부를 통한 통일전선운동은 1944년 4월 제36회 임시의회에서 다시 기도되었다. 이 회의에서도 여러가지 우여곡절이 있었으나,[49] 결국 국무위원 수를 14명으로 늘려 한국독립당의 김구를 주석, 민족혁명당의 김규식을 부주석으로 하고 한국독립당의 이시

---

48) 같은 책 231~32면.
49) 이 과정에 관해서는 양영식, 앞의 논문 574면에 상세하며, 같은 내용이 1944년 6월 28일자 『독립』신문 중경특파원 신귀언의 기사 「민혁과 한독이 타협하기까지」에 상세히 보도되어 있다.

영·조성환·황학수·조완구·차이석·박찬익·안훈·조소앙 등 8명, 민족
혁명당의 장건상·김붕준·성주식·김원봉 등 4명, 조선혁명자연맹의 유
림, 조선민족해방동맹의 김성숙으로 구성되는 통일전선 내각을 수립할
수 있었다.[50]

이 내각이 통일전선 내각임을 자부하고 임정을 중심으로 유격대가
있는 '만주'지방과 조선독립동맹 및 조선의용군이 있는 화북지방을 포
함한 전체 민족해방운동전선의 통일과 그것을 통한 독립전쟁의 강화를
목적했다는 사실을 내각 성립 직후 임정이 발표한「국내외 동포에게 고
함」에서 확인할 수 있다.[51]

우리들은 각 혁명단체, 각 무장대오, 전체 전사 급 국내외 동포로 더불어 전
민족적 통일전선을 더욱 공고 확대하면서 일본제국주의자에 대한 전면적 무
장투쟁을 적극 전개하기 위하여 최대의 노력을 결심했다. 전체 전사 전체 동
포 제군! 일체의 준비와 행동은 다 이 반일투쟁의 조직 발동을 중심으로 하기
바란다. …

국내와 만주 급 화북, 화중, 화남 각지에 있는 동포들은 이 중심 임무 수행
상 필요한 방법 급 보조로써 우선 각 무장대오의 조직과 지휘를 즉시로 통일
하고 각종 방식으로 무장대오의 확대 강화와 적진에 피박 참전된 한인 사병
의 반란 반정의 조직과 징병반대 및 철로·공창 파괴 등 공작에 특별히 노력하
고 …

위선 중·영·소 등 각 중요 동맹국과 유력한 합작관계를 빨리 건립하고 대
일작전의 공동승리를 하루바삐 쟁취하기 위해서 진력하려고 결심한다.

---

50) 양영식, 앞의 논문 574~75면.
51) 『독립』신문 1944년 8월 9일.

임시정부의 통일전선 내각이 성립되었다는 사실은 비록 중국공산군 지역에 성립된 조선독립동맹을 포함한 것은 아니었지만, 당시의 민족 해방운동전선, 특히 중국지역 민족운동전선에서는 일정한 의미를 갖는 다. 고질적인 파쟁을 지양하고 양보와 타협에 의해 일부나마 전선의 통 일을 이루었다는 점, 민족혁명당 제7차 대회 선언에서 나타난 것과 같 이 그 통일을 기초로 하여 임시정부를 중심으로 우리 민족해방운동전 선이 연합국과 공동작전을 펴고 그들 나라의 승인을 획득할 가능성이 커졌다는 점 등에서 더욱 그러했다. 1944년 7월에 발표된 민족혁명당의 제9주년 기념문은 임정 통일전선정부 성립의 의의를 다음과 같이 강조 하고 있다.[52]

금번 36차 (임시)의회 때 임시정부의 통일과 개조를 완성함을 따라 우리 민족의 국제적 지위는 크게 향상되었고 동시에 관내 조선혁명운동의 중요성 은 더욱 외면으로 나타나게 되었다. 이러한 순간에 처하여 우리는 본당의 부 담한 임무가 더욱 어렵고 큰 것을 느끼게 된다.

첫째 우리는 반드시 전민족적 단결을 강화하며 반드시 임시정부의 일절 공 작을 적극 전개시키며 반드시 임시정부를 확대 강화하여 실제상 조선혁명의 최고영도기구가 되도록 하여서 국제상 유력한 물질적 원조를 쟁취하는 동시 에 공동작전에 참가한 동맹국 구성분자의 자격을 획득하도록 노력할 것이요,

둘째 우리는 자력갱생하는 원칙하에서 당의 세포조직을 국내 급 적의 후방 에 있는 군중의 기초 위에 더욱 발전시키며 또 국내의 혁명군중을 더욱 조직 훈련하여 광범한 반일·반전·반병역 운동을 전개시켜야 할 것이며,

끝으로 우리는 현재 우리가 가지고 있는 광복군을 개선하며 각지 조선혁명

---

52) 『독립』신문 1944년 9월 20일.

무장역량의 지휘와 조직을 통일 집중하고 동맹국의 승리에 배합하여 대규모의 무장 반일투쟁을 전개하여야 할 것이다.

이 기념문은 민족혁명당의 임정 참가가 임정 쪽의 흡수에 의한 것이 아니라 어디까지나 민족혁명당 통일전선운동의 연장선에서 이루어졌음을 강하게 나타내고 있다. 그 목적은 임시정부를 확대 강화하여 민족해방운동전선의 '최고 영도기구'가 되게 함으로써 연합국과의 '동맹국 구성분자 자격'으로 참전하여 민족해방 후 민족해방운동전선의 지위를 강화하려는 데 있으며, 그렇게 하기 위해 광복군을 개편하여 연합군의 일부로서 위치를 얻으려 하는 것이라고 했다.

민족혁명당의 임시의정원 참가로 임시약헌(臨時約憲)이 수개되고 광복군 9개 준승(遵繩)이 폐기되었건만,[53] 민족혁명당의 임시정부 참가에 대해 전선통일 주역의 한 사람인 김원봉은 임시정부를 통일전선 내각으로 만든 목적과 의의를 다음과 같이 밝히고 있다.[54]

이 36차 의회는 조선민족해방운동에 있어서 가장 기록적 회의라고 할 수 있다. 이 회의는 적어도 각당 각파 대표들의 출석과 피차 양보와 포옹에서 진정한 민족애와 아울러 완전한 성적을 나타내었다고 생각한다. 혁명운동자로서는 보통 생각에 할 수 없다고 생각하는 일이나 인물을 용서하고 전민족적 통일을 이루는 일을 하는 것이 혁명가의 할 일이라고 생각한다. …

금번에 실행된 연합정부는 우방 인사들에게 호감을 얻고 있는 중 앞으로 임시정부에서 적극적으로 실행하려고 하는 것은 군사운동이며 불원간 참모

---

53) 이 문제에 관해서는 양영식, 앞의 논문이 정리하고 있다.
54) 「중경소식, 조선민족혁명당 군무총장 김약산 방송」, 『독립』신문 1944년 8월 9일자.

본부도 실현될 것이다. 따라서 광복군에 장애되는 9개 조건도 취소될 가능성이 있으며 임시정부 승인문제에서도 정부와 정부 사이에 긴절한 조약을 성립하려면 반드시 승인이 없어 가지고는 어려울 것이므로 물론 승인문제에 대하여 노력하며, 임시정부는 우리 민족 성원과 우방의 환영을 많이 받는 중 점점 사업이 확대되며 …

일본제국주의의 패망이 가까워질수록 해외, 특히 중국지역 우리 민족해방운동전선은 전선을 통일해야 할 절박성에 쫓기고 있었다. 민족해방운동전선의 군사력이 대일전선에 참가하여 국내 진공작전을 수행할 수 있을 때 장애조건 없이 자력으로 새로운 민족국가를 수립할 수 있게 될 것이기 때문이며, 군사력을 통일하기 위해서는 먼저 민족해방운동세력 자체의 통일이 불가결했기 때문이다. 이 점에 대해서는 민족혁명당원으로 통일전선정부 임정에 참가했던 장건상의 임정참여의 변이 잘 말해준다.

내가 임정에 참여한 이유는 오직 하나였습니다. "일본이 미국을 상대로, 전 세계를 상대로 전쟁을 걸었기 때문에 머지 않아 망하고 만다. 일본이 망하는 날 우리는 독립하는 것이다. 여기에 우리가 대비해야 한다. 그 대비란 결국 해외의 우리 항일단체들이 모두 단합을 해서 통일된 조직을 갖추는 것인데, 그 통일된 조직은 그래도 임정이 기둥이 될 수밖에 없다"는 것이었습니다.[55]

임시정부를 통한 중국지역 민족해방운동전선의 통일전선 형성이 이 문제에 관심을 가졌던 당시 해외 교포사회에 얼마나 중요한 일로 비쳤

---

55) 李庭植 면담, 金學俊 편집 해설 『혁명가들의 항일회상』 209면.

는가는 임정 통일전선 정부가 성립되었다는 소식을 듣고 쓴 미국에서 발행된 『독립』의 다음과 같은 사설에서 볼 수 있다.[56]

중경이 우리 독립운동의 현계단에서 중요하며 임시정부가 우리 운동의 원동력이 됨은 사실이나 그곳과 그 기관이 우리의 유일의 진로요 유일의 희망인 것은 아니다. 더 늦기 전에 다른 기관을 구성하고 우리의 힘을 그리로 집중하면 성공 못할 바도 아니다. 이와 같이 우리의 노여움은 우리를 미친 자같이 날뛰게 하던 차이다. …

그때 급히 전보가 날아오고 라디오가 들려와 우리 임시정부의 연합내각 성립을 고하며 주석에 김구, 부주석에 김규식을 비롯하여 위원 14명의 귀한 이름을 읽으니 눈물이 푹 쏟아진다. 반가움의 눈물인지, 부끄러움의 눈물인지, 자책의 눈물인지 분간할 수 없다. 생각컨대 이 모든 것을 다 함께 겸한 눈물이며, 영 이별을 선언하며 싸우던 내외가 기묘하게 무엇이 발견되어 그 싸움이 순전히 피차의 곡해임을 깨달은 때 나는 그 눈물이다. 바라는 바는 원동에 계신 지도자들이 길이 길이 단결하여 우리 독립운동의 실력을 원만히 양성하기를 바란다.

민족혁명당이 임시의정원과 임시정부에 참가하여 통일전선 내각을 구성함으로써 제한된 조건에서나마 1935년의 그 창당 목적이던 중국지역 우리 민족해방운동전선의 통일을 1944년에 와서 일단 달성했다. 민족혁명당이 임시의정원과 임시정부에 참가한 후 임정의 임시헌법을 개정하고 이른바 광복군 9개 준승을 폐기하고 건국강령을 개수하는 등 정치적 목적을 일정하게 달성했지만, 그 본래의 목적이던 민족해방운동

56) 「련합내각 성립의 회보를 받고」, 『독립』신문 1944년 5월 3일자 사설.

전선 전체의 통일전선을 형성하기에는 일본제국주의의 항복이 너무 목전에 닥쳐 있어 그것을 더 진전시키기 전에 8·15를 맞게 되었다.

그러나 민족혁명당과 한국독립당을 중심으로 하는 통일전선정부가 형성된 1944년 4월부터 일제가 패망하는 1945년 8월까지 이 전선을 더 확대하려는 노력은 민족혁명당과 임정 쪽에서 계속되었다. 그 한 예로 1945년 1월 조선민족혁명당 총서기 김원봉은 연안의 김두봉에게 서신을 보내 화북조선독립동맹을 조선민족혁명당 화북지부로 바꿀 것을 제의했다. 당시 중국공산군 제18집단군 한적(韓籍) 단장이던 무정(武亭)은 김원봉에게 서신을 보내 이 제의를 거절하면서 연안으로 와 혁명을 지도할 것을 요구했으나, 김원봉은 지금은 임시정부 활동에 주력하기 위해 연안으로 갈 수 없다고 회신했다.[57]

또 하나의 예를 들면, 민족혁명당원으로 임정에 참가하여 통일전선 내각의 국무위원이 된 장건상은 주석 김구의 주선으로 통일전선을 조선독립동맹에까지 확대하기 위해 연안으로 갔다. 그는 연안에 가서 독립동맹 주석 김두봉을 만나 좌우익 통일전선을 중경에서 결성할 것을 제의하여 김두봉을 비롯한 독립동맹 간부들의 찬성을 얻었다. 통일전선 결성을 위해 김두봉이 중경으로 가기로 했으나 3일 후에 일본제국주의가 패망함으로써 더 진전되지 못했다. 이때의 상황을 장건상은 다음과 같이 회고했다.[58]

내가 연안에 사흘 묵었어요. 좌우합작이 이번엔 정말 성공하는구나 하는 꿈에 젖었는데, 그다음날 깨어보니 일제의 항복입니다. 마침내 그 악독한 일

57) 추헌수 편, 앞의 책 239면, '金若山과 延安과의 關係'.
58) 이정식 면담, 김학준 편집 해설, 앞의 책 212면.

제가 패망하고 민족이 독립을 얻었다고 생각하니 나도 모르게 눈물이 흐릅니다. 정말 감격을 했습니다. 그러나 나도 인간인지라 한 가지 아쉬움을 느꼈습니다. 그것은 임정과 조선독립동맹의 통일전선을 채 보지 못하고 해방을 맞이한 데서 오는 것이었습니다. 이 통일전선이 이룩되고 나서, 그 통일전선의 토대가 굳어졌을 때 해방이 왔더라면 얼마나 좋았을까 하는 안타까운 생각이 잠시 들었습니다.

민족혁명당과 한국독립당을 중심으로 하는 중국지역 민족해방운동전선은 임정을 중심으로 통일전선을 이루고, 그것을 연안독립동맹에까지 확대하는 과정에서 일제가 패망했다. 따라서 민족해방운동전선의 오랜 투쟁에도 불구하고 이 시점에 이르기까지 민족해방운동전선의 어느 군사력도 국내로 진격하여 일본군의 항복을 직접 받을 수 없었음은 물론 어느 정치세력도 일제를 패망시킨 연합국의 승인을 얻지 못했다. 결국 미·소 양군이 각각 조선총독부로부터 항복받게 됨으로써 일제 패망 후의 한반도 문제는 일단 모스끄바3상회의 결정에 따르게 되었다. 그러나 민족해방운동전선의 일부 정치세력은 일본제국주의가 패망하는 마지막 순간까지 통일전선을 성립시키기 위한 노력을 다하는 한편, 다음 장에서 보는 것과 같이 그 군사력의 일부도 실패를 거듭하면서도 통일전선운동을 꾸준히 계속해갔다.

제7장

민족혁명당과 조선의용대의 활동

1. 조선의열단의 혁명간부 양성

1) 조선혁명간부학교[1]의 설치

조선민족혁명당을 형성한 중요 세력의 하나인 의열단은 본래 테러활동 중심의 독립운동단체였으나, 그 단장 김원봉은 1928년 중국으로 망명해온 국내 제3차 조선공산당 책임비서였던 안광천(安光泉: 安孝驅)과 제휴하여 국내 조선공산당을 재건할 것을 협의했다. 그후 자금을 마련하여 1929년 말 북경에 가서 동지들과 함께 조선공산당재건동맹을 조직하고 그 부설 교양기관으로 레닌주의정치학교를 설립하여 1930년 4월부터 1931년 2월까지 6개월을 1기로 2회에 걸쳐 19명의 졸업생을 배출했다. 다시 1931년 9월부터 제3기생을 양성할 계획이었으나 '만주사

---

1) 조선혁명간부학교는 이 이름 외에 의열단간부학교, 조선혁명군사정치간부학교 등으로 불리었고, 일제 쪽 자료에는 의열단군관학교로 표시되기도 했다.

변'이 발발함으로써 중지하고 남경으로 가서 활약하게 되었다.[2]

일본제국주의에 의한 '만주사변' 도발이 중국국민들의 항일의식을 고양시킨 위에 이봉창(李奉昌)·윤봉길(尹奉吉) 등의 거사가 연달아 폭발함으로써 중국국민당 정부 쪽의 조선독립운동에 대한 관심이 높아졌고, 이에 힘입어 중국지역 우리 민족해방운동전선 전체가 활기를 띠기 시작했다. 민족해방운동의 정치활동 쪽에서 한국대일전선통일동맹이 성립된 것도 이같은 상황변화의 결과이지만, 군사활동 쪽에서도 민족해방운동전선에 직접 투입할 군사력을 양성할 수 있는 조건이 형성되어갔고, 그것을 가장 먼저 실천에 옮길 수 있었던 단체는 이미 레닌주의 정치학교를 운영한 경험이 있는 의열단이었다.

'만주사변'이 일어난 다음해 5월 중국국민당 정부 쪽에 「중한합작(中韓合作)에 관한 건의」를 제출하여 일제침략에 대한 중국 쪽과의 공동투쟁을 제의한 의열단의 김원봉을 비롯한 핵심당원이 졸업한 황포군관학교 동창회와 삼민주의력행사(三民主義力行社), 즉 남의사의 후원으로 매월 3000원의 자금을 받아 겉으로는 국민정부 군사위원회 간부훈련반 제6대로 이름붙인 조선혁명간부학교를 운영할 수 있게 되었다. 김원봉이 교장을 맡은 이 학교의 설립목적은 첫째, 조선의 완전독립, 둘째, 만주국의 탈환이었다.[3]

1932년 10월 20일부터 1933년 4월 20일까지 6개월간 남경 교외 탕산(湯山)의 선사묘(善祠廟)에서 교육받은 이 학교 제1기생은 윤세주·양민

2) 韓洪九·李在華 編『韓國民族解放運動史資料叢書』3, 경원문화사 1988, 141면.

3) 같은 책 143면. 이 학교의 운영과 그 졸업생의 활동에 대해서는 韓相禱「金元鳳의 朝鮮革命軍事政治幹部學校 운영(1932~35)과 그 입교생」(『韓國學報』 제57집, 1989년 겨울호)과 金榮範「1930년대 義烈團의 抗日青年鬪士 養成에 관한 研究—義烈團 幹部學校를 중심으로」(『한국독립운동사연구』 제3집, 1989년 11월)에 상세히 논급되어 있으며, 이에 관한 핵심자료는 한홍구·이재화 편, 앞의 책 중 「軍官學校事件의 眞相」이다.

산(楊民山)·이육사(李陸史: 李活, 李源三) 등 26명이었다. 1933년 9월 16일부터 1934년 4월 20일까지 7개월간 재학한 제2기생은 공문덕(孔文德: 馬德山)·강진세 등 55명이며, 이들은 역시 남경 교외의 강녕진(江寧鎭)에서 교육받았다. 제3기생은 1935년 4월 2일 입교하여 같은 해 10월 4일에 졸업했는데, 입학할 때는 44명이었으나 36명이 졸업했고 이들은 남경 성내 화로강(花露岡)에서 교육을 받았다.[4]

혁명간부학교에 입학하는 학생들은 이미 민족해방운동에 투신할 뜻을 품고 중국 관내나 '만주'지방에 가 있던 청년이나, 국내에서 신간회 등을 통해 민족운동에 종사한 후 망명한 청년이나, 국내에서 노동조합운동 등에 종사한 경험이 있는 청년들을 모집해 간 경우가 많았다. 제1기생의 경우, 예를 들면 의열단장 김원봉의 처남인 박문희(朴文熺)가 자금 300원을 가지고 국내에 들어와서 본적이 경상남도 거창(居昌)이며 본래 신간회 회원이던 신병원(愼秉垣)과 동래노동조합원인 김영배(金永培)·문길환(文吉煥) 등을 모집해 갔다. 시인으로 유명한 이육사는 1932년에 이미 장춘(長春)에 와 있다가 혁명간부학교 설립을 위해 학생 모집에 나선 윤세주의 권유로 입교했고, 졸업 후 80원의 자금을 가지고 제2기생 모집을 위해 국내로 들어와서 조선일보 기자가 되어 활동하다 체포되었다.[5]

제2기생의 경우를 보면 의열단과 그 연고자를 중심으로 '모집연락원'이 구성되어 있었다. 예를 들면 앞에서 말한 박문희 외에도 의열단 간부이며 이 학교 교관이던 이춘암(李春岩)의 동생 이주석(李冑奭)이 군관학교 연락원으로서 2기생 이상훈(李相勳)을 입교시켰고, 이춘암의 종형

---

4) 金正明 編『朝鮮獨立運動』2, 554~55면; 한홍구·이재화 편, 앞의 책 중 「군관학교사건의 진상」 및 한상도, 앞의 논문과 김영범, 앞의 논문 참조.
5) 한홍구·이재화 편, 앞의 책 249~56면.

이며 황해도 신천(信川)의 사립강습소 교사이던 이현석(李賢奭)이 같은 지방의 김구영(金龜泳)을 보냈다. 전갑성(全甲成)은 모집원 이정안(李貞安)의 권유로 장춘에서 입교에 응했고, 일본 타찌까와(立川)비행학교 졸업생 이철(李哲)은 상해에서 이관(李寬)이란 인물을 통해 이 학교 교관인 왕규지의 주선으로 입교했다. 제2기생 황민(黃民: 金勝坤)은 국내에 들어온 모집원 정의은(鄭義恩)의 인솔하에 1933년 5월에 다른 지원자 5명과 함께 상해로 가서 입교했다.[6]

이 학교의 교육내용은 정치교육과 군사교육 그리고 실습교육으로 나뉘어 있었다. 정치교육은 제1기생의 경우 한일래가 담당한 정치학, 왕규지가 담당한 경제학, 김정우(金正友: 朴健雄)가 담당한 사회학, 김원봉이 담당한 철학 등으로 나와 있으나, 제2기생 때는 제1회 졸업생 석정, 즉 윤세주가 담당한 유물사관을 비롯해서 중국혁명사·조선운동사·각국 혁명사·의열단사·당조직 문제 등의 과목과 김원봉이 담당한 조선정세와 중국인이 담당한 삼민주의 등이었다. 한편 군사교육은 이동화(李東華)가 맡은 폭탄제조법, 권준(權晙)이 맡은 축성법, 김세왈(金世曰)이 맡은 기관총학 등이 주요 과목이었다.[7]

비록 훈련기간은 6~7개월에 불과했지만, 정치교육이나 군사교육의 내용은 혁명간부를 양성하기에 일단 큰 손색이 없을 정도였다. 앞에서 말한 것과 같이 이 무렵 의열단의 성격이 사회주의적 경향으로 경도하고 있었음은 정치교육 과목에서도 어느정도 짐작할 수 있다. 그러나 혁명간부학교가 사회주의적 노선에 치우쳐서 다른 노선의 활동에 대해 배타적이었던 것은 아니었다. 그 예를 혁명간부 양성에 김구·이청천 등

---

6) 같은 책 247~76면, 「군관학교 졸업생 기타 관계자의 활동상황」 및 한상도, 앞의 논문 184면.

7) 『思想彙報』 제4호 132면, 136~37면.

우익진영과 협조관계가 이루어지고 있었던 사실에서 볼 수 있다.

의열단에 의해 혁명간부학교가 설치된 한편, '만주'에서 활동하고 있던 이청천이 그 예하 청년 50여 명을 데리고 남경으로 오게 되었다. 이에 김구가 1933년 장개석에게 청원하여 "반만(反滿) 항일운동의 전위투사 양성"을 목적으로 국민정부군관학교 낙양분교 훈련반 제16대에 교육기간 1년의 보통반을 설치하여 이청천이 '만주'에서 데리고 온 청년들과 김구 중심 한국애국단 쪽 청년들 그리고 의열단원 등 92명을 입학시켰고, 또 남경 중앙군관학교에도 같은 목적으로 교육기간 3년의 특별반을 설치하여 50명을 입학시켰다. 이 보통반 92명과 특별반 50명 중에는 의열단 혁명간부학교 학생(제2기생) 20명이 들어 있었다. 이들은 김구가 안경근(安敬根)과 함께 남경의 의열단 혁명간부학교를 시찰한 후 낙양분교와 중앙군관학교로 옮기게 한 학생들이었다.[8]

김구·이청천·김원봉 등 3세력의 협조에 의한 혁명간부 양성은 그렇게 오래 지속되지 못했지만,[9] 이 무렵 의열단이 상당히 사회주의 방향으로 경도하고 있었고 김구 중심세력이 우익노선을 고수하고 있었음에도 불구하고 중국지역 민족해방운동전선의 군사력을 통일하려는 움직임이 간헐적으로나마 계속되고 있었음을 볼 수 있다.

---

8) 한홍구·이재화 편, 앞의 책 378~80면; 김정명 편, 앞의 책 554~55면; 金正柱 編 『朝鮮統治史料』 제8권, 東京: 韓國史料硏究所 1971, 494~96면.

9) 일본 쪽 자료에 의하면, 보통반 92명 중 졸업 당시에는 62명밖에 남지 않았으며, 그들도 이청천파 34명, 의열단파 13명, 중립파였다가 졸업 후 김구파가 된 15명으로 분열되어 있었다고 한다(『조선통치사료』 제8권 497면).

2) 조선혁명간부학교 졸업생들의 활동

조선혁명간부학교 이전에 의열단에 의해 설립되었던 혁명간부양성 기관인 레닌주의정치학교 졸업생들, 예를 들면 권인갑(權麟甲)·정동원(鄭東源)·어윤봉(魚允鳳) 등은 1930년 8월부터 다음해에 걸쳐 국내로 들어왔다. 이들은 서울·강릉·평양·신의주·대구 등지에 흩어져서 공장·농촌을 기초로 세포조직에 착수했다. 권인갑·정동원 등 7명은 서울에서 공장, 가두, 학교, 농촌 등의 부서를 정하고 10여 명의 동지를 얻어 지하조직을 갖추어갔고, 이진일(李鎭一)·권오훈(權五勳) 등은 1931년 1월 강원도 강릉에 가서 신간회 해소운동 등에서 활동했다.[10]

어떤 의미에서는 레닌주의정치학교 후신이라 할 수 있는 혁명간부학교 졸업생들도 국내로 파견되어 '혁명전선'에 참가하는 것이 목적이었지만, '만주사변'으로 '만주'지방이 일본제국주의의 식민지가 되어 그들의 활동범위에 들게 되었다. 제1기생의 경우 의열단에서는 그들 대부분을 '만주'로 파견할 예정이었으나 졸업생들은 대부분 국내로 들어가 활동하기를 원했다고 한다. 파견되는 졸업생들에게 주어진 사명은 일반적 사명과 특별사명이 있었다. 일반적 사명은 첫째, 널리 동지를 획득하여 조선과 '만주' 각지에서 의열단 지부를 조직할 것, 둘째, 노동자·농민·학생층을 기본체로 하고 하층조직부터 상층으로 미결속자를 규합하되 이미 조직이 있는 경우 이를 확대 강화하여 사상의 통일과 실력의 양성에 노력하고, 또 구체적인 공작을 수행하기 위해 민중동원에 전력을 경주할 것, 셋째, 제2기생을 모집하여 입학의 편의를 줄 것 등이었다.

---

10) 이기하 『한국공산주의운동사』 1권 下 1224~25면.

그리고 특별사명은 "각 개인의 성질·경력·환경 등에 따라 농민운동, 사상운동, 학생운동 등에 관해 특히 상세한 지령을 줄 것"으로 되어 있었다.[11]

제2기생을 파견할 때의 사명도 공작방법은 제1기생의 경우와 같았지만, 일본 정보기관 측 논평에 의하면 제1기생은 "원칙으로서 의열단 지부 설치를 종용하고 미조직자의 결속을 도모하기 위해 각 개인의 특수성을 감안하여 각 방면에 자유 활동케 했으나, 제2기생에 대해서는 일부 졸업생에게는 의열단 지부 조직을 명했지만 중요 분자에 대해서는 민족·사상 합동단결체인 전진대 및 조선공산주의혁명당 조직의 목표를 정해 강령·수칙 등을 정하고, 혹은 동지들 사이의 연락암호를 정하는 등 현저하게 조직화했다."[12]

여기서 말하는 전진대는 곧 유격대를 말한다. 이 전진대와 조선공산주의혁명당 조직문제에 대해 일제 쪽 정보분석에 의하면, 앞의 제2장 민족혁명당의 분열과정을 살피는 부분에서 이미 논급한 것과 같이,[13] 김원봉이 1928년 안광천과 제휴한 이후 공산주의운동에 몰두했고, 의열단 혁명간부학교 졸업생들을 파견할 때도 민족운동과 공산주의운동 두 방면에서 활동하게 했다. 졸업생들에게 의열단 조직 확대 외에 공산당 조직의 사명을 함께 부여했으며, 조선과 '만주'에서 강대한 중심적 조직을 결성하여 기술적 무장준비공작을 진행시키기 위해 민족주의자 및 사상운동자(공산주의자) 합동의 민족단일당인 전진대를 조직하라는 지령을 주었고, 전진대 조직과정에서 대원 중 정수(精秀)분자는 공산당원으로 확보하고, 다시 일반 전진대원에게는 극비리에 별개 조직

11) 한홍구·이재화 편, 앞의 책 185~86면.
12) 같은 책 227면.
13) 이 책의 제4장 각주 25와 같음.

체인 공산당의 결성에 노력하게 했다고 한다.

앞에서도 논급한 것과 같이 이 무렵 의열단은 사회주의적 성격으로 전환하면서도 '만주사변'의 발발, 파쇼체제의 등장 등 세계정세 및 아시아정세의 변화에 따라 민족해방운동전선의 통일전선 형성을 지향하고 있었다. 이와 같은 의열단의 노선 설정은 혁명간부학교 졸업생의 활동방향과 연결되어 일제 쪽이 입수한 정보로는 공산주의적 노선을 견지한 채 민족단일당 조직을 지향한 것으로 분석되었던 것이라 할 수 있을 것이다.[14]

의열단 혁명간부학교 졸업생들의 활동상을 일일이 추적할 방법은 없으나, 1·2·3기생 중 일본 쪽에 체포되었거나 '자수'하여 조선총독부 경무국이 1934년 12월에 작성한 『군관학교사건의 진상』에 수록된[15] 인원은 35명이다. 그중에서 교관 및 연결자와 제1기 입학 용의자 중 신원이 확인되지 않은 1명을 제외하면 제1기생 전체 26명 중 12명, 제2기생 55명 중 14명, 제3기생 1명 등 모두 27명이다. 제1기생과 제2기생이 많이 체포 혹은 '자수'한 것을 알 수 있다. 이들이 체포되거나 '자수'한 지역을 보면 제1기생 12명은 중국 4명, '만주' 2명, 국내 6명이며, 제2기생 14명은 중국 3명, '만주' 5명, 국내 6명이다. 중국이나 '만주'에서 체포된 사람들도 국내로 들어가려다 체포된 사람들이 많은 것을 보면 이들의 주된 활동장소는 국내였음을 알 수 있다.

또 중국지역 민족해방운동전선에서 활약하다가 1936년 1년 동안 일

---

14) 민족운동전선에서 활약했던 김홍일(金弘壹)은 뒷날에 쓴 회고록 『大陸의 憤怒』(서울: 文潮社 1972, 296면)에서 의열단 혁명간부학교에 대해 "제1기생으로 100여 명의 건실한 청년들을 받아들여 훈련시켰으며 그 제1기생 중의 일부를 비밀리에 국내에 잠입시켜 독립투쟁을 위한 조직공작에 착수케 했다"고 하여 그 숫자에는 차이가 있으며, 국내에 잠입한 졸업생들이 공산당 재건을 위해 활동했다고는 보지 않고 있다.

15) 한홍구·이재화 편, 앞의 책 247~76면 참조.

본에 체포된 군관학교 관계자 40명 중 의열단 간부학교 출신은 15명이고, 그 가운데 신원과 입교기수가 확인되는 사람은 제1기생 1명, 제2기생 5명, 제3기생 6명 도합 12명인데, 중국 관내에서 체포된 사람은 5명, '만주'지방에서 체포된 사람은 2명, 국내에서 체포된 사람은 5명이다.[16]

국내에 들어온 이들이 무엇을 목적으로 어떤 활동을 했는가를 알기 위해 국내 활동 중 비교적 성과가 컸던 세 사람의 경우를 들어보자.

제1기생 노석성(盧錫聖)은 간부학교를 졸업한 후 남경의 의열단 본부에서 활동하다 1933년 10월 남경을 출발하여 상해에서 영국 배를 타고 대련·장춘을 거쳐 11월에 신의주를 통과 귀국했다. 곧 그 부친의 거주지인 평안남도 강남군(江南郡) 성태면(星台面) 가장리(可莊里)로 가서 그곳 농촌청년들을 규합하여 적색농촌 건설을 당면목표로 하여 각종 비밀결사 조직에 착수했다. …

그는 여기에서 농민 송병무(宋炳武, 20세), 양윤화(楊允和, 22세) 등을 포섭하고 평남 적색농민조합이란 비밀결사를 조직하여 이들 두 사람과 농민 김득현(金得鉉, 20세)을 가입시킨 후 1934년 6월에는 이 적색농민조합을 해소하고 적색농민전위동맹회란 비밀결사를 조직하고 "일본제국주의와 자본가를 타도하여 농촌을 건설할 것", "지주의 토지를 몰수하여 무산자 농민에게 공평히 분배할 것", "조선의 현 제도 특히 학교를 폐지하여 무산아동을 훈련할 것" 등을 주요 목적으로 하는 강령과 장정(章程)을 제정했다. …

전위동맹 결성 후에는 한층 노력을 경주한 결과 1934년 7월 한 달 동안 평안남도 강서군 대동군 일대의 농민 박영하(朴榮夏, 17세)·송경도(宋敬道, 28세)·강득순(康得淳, 18세)·곽정환(郭貞環, 19세)·박찬호(朴讚浩, 26세) 등을 동 전위동맹에 가입시키고, 같은 해 7월 15일에 송병무·양윤화·김득현·박영

---

16) 김정명 편, 앞의 책 587~93면, 「所謂鮮人軍官學校事件關係者檢查擧一覽表」.

하·송경도 등 5명을 적색농민동맹 세포조직을 위한 제1조로 정하고 양윤화를 조장으로 하여 겉으로는 농촌진흥청년회로 가장하되 이 세포는 2주 1회 회합하고 1개월 1회 필요한 팜플렛을 배부하게 했다. …

세포조직 제1조와 같은 제2조의 조직을 계획하고 평남 평원군(平原郡) 한천면(漢川面)에 사는 농민 김운기(金雲起, 23세)를 포섭하여 한천면에서 동지를 구하게 하는 한편, 의열단 본부와의 비밀연락 장소를 평양시 유정(柳町)에 사는 인척 노성근(盧成根)의 집으로 정하고 여러 차례 결사조직 등의 상황을 보고하고 또 평양과 신의주를 공작목표로 하여 신의주에 1회, 평양에 여러 번 내왕하며 공작상의 선결문제로 공장에 취직하려 노력하다가 체포되었다.[17]

앞에서 말한 것과 같이 의열단 혁명간부학교 제1기생의 주된 활동목표는 의열단 지부를 조직하는 데 있었고, 노석성은 제1기생이지만 국내에 들어와 공산당재건운동의 일환으로 볼 수 있는 적색농민전위동맹의 세포조직에 치중하고 있었다. 그가 평양의 공장에 취직하려 했던 것으로 보아 앞서의 혁명적 농민조합운동뿐만 아니라 레닌주의정치학교 졸업생과 같이 혁명적 노동조합운동도 조직화하려 했음을 알 수 있다. 제2기생의 경우 그 활동목적이 전진대(유격대)와 조선공산주의혁명당의 조직에 있었지만, 그것을 위해 실제로 어떤 지령을 받고 입국했는가 하는 문제를 2기생 오용성(吳龍成)의 경우에서 볼 수 있다.[18]

제2기생을 국내에 파견함에 있어서 상해에 있는 국제공산당 원동국 책임자와 회견하여 조선정계에 대해 협의한바 목하 국내에서는 중앙일보 여운형

---

17) 한홍구·이재화 편, 앞의 책 283~97면.
18) 같은 책 266~71면.

을 중심으로 하는 일파와 구화요계로써 경성에 있는 배성룡(裴成龍) 일파가 공작을 지도하고 있다. 화요계가 가장 세력이 있어서 주요 도시에는 이미 '야체에카'가 조직되어 있다. …

평양에는 송봉우(宋奉瑀)가 책임자인 공고한 '야체에카'를 가지고 있는 이외에 공장에도 '오르규'가 1명씩 침투해 있으므로 활동할 때는 별도의 통신을 기다려 신중히 할 것. …

공작비용을 충당하기 위해 대판(大阪)에서 조폐기술을 습득한 대구 출신 정모가 남경에서 만주국 지폐 위조를 계획 중이므로 뒤따라 발송할 것이다. …

그러나 국민정부는 공산당을 배제하고 있어서 만일 본건이 그들에게 판명되면 종래와 같은 원조를 끊을 것이므로 국민정부 쪽에는 물론 김구 쪽에 대해서도 절대로 비밀로 할 것. …

금년 가을쯤 일소전쟁(日蘇戰爭)의 징조가 있으므로 이 기회를 이용하여 조선독립을 촉진할 것.

이런 지령을 받고 국내에 들어온 오용성은 귀국하자마자 전에 국내에서 공산주의운동에 종사할 때 획득한 동지 평북 선천군(宣川郡) 남면(南面)에 사는 계추영(桂秋榮, 24세)을 만나 통신문제·아지트문제 등을 부탁했으나 같은 2기생으로 국내에 들어와 활동하던 김찬서(金燦瑞)가 체포되었다는 연락을 받고 피신하다가 정주(定州)에서 체포되었다.

국내로 들어오면서 의열단 본부로부터 받았다는 앞의 지령들은 그의 자백에 의해 일본 정보기관이 파악한 것이라 생각된다. 여운형·배성룡 등의 활동에 대해 다른 자료로 확인하지 못하지만, 국내에 파견되는 의열단 혁명간부학교 졸업생과 국내 활동자의 관계, 의열단과 코민테른의 관계 또 그 졸업생들의 국내 활동방법 등을 알 수 있는 경우로 혁명간부학교 제2기생 윤공흠(尹公欽)의 활동을 하나 더 들어볼 만하다.[19]

일본 입천(立川)비행학교를 졸업하고 2등 비행사 자격을 가진 윤공흠은 같은 2기생 오용성과 함께 국내에 파견되면서, 국내의 공산주의운동이 김단야(金丹冶) 등의 활동으로 집요하게 추진되어 서울·부산·흥남·인천·신의주 등에 '야체이카'가 있을 뿐 아니라 동대문 밖 공장에는 적색노동조합 결성공작이 순조롭게 진행되어 있으므로 서울을 근거로 동지를 규합하여 공장으로 보내고 전진대원 중에서 당원을 선발하여 가능한 한 공장으로 보낼 것. …

평양에서는 이택(李宅)이 활동 중이고 서울에서는 배성룡이 김단야의 지도 아래 활동하고 있으므로 서울에 도착하면 즉시 그와 연락할 것, 배성룡과의 연락은 부립 도서관에서 손수건으로 땀 닦는 시늉을 하고 두 손으로 쥐고 있으면 연락자도 같은 신호를 할 것이다. …

의열단은 국제공산당 원동국과 연락된 후 일천하지만, 기술 및 기타 환경에도 유리한 조건이므로 열성적으로 과감한 활동을 할 것

등의 지령을 받고 남경·청도·천진·산해관·장춘을 경유 입국하면서 일본군 관동군사령부 교통과 항공감독과장 시마다(島田) 중좌를 찾아가 장차 조선비행사로 활동할 것이라 하고 평양 비행 제6연대장 스가하라(管原) 대좌 및 서울체신국 항공관 사또오(佐藤) 대좌 앞의 명함 소개장을 받아 쉽게 입국했다. 시마다·사또오 등을 통해 비행기 불하를 교섭하고 분실한 2등 비행사 면허 및 기량 증명서를 교부받는 한편, 의열단의 지령대로 배성룡과 만나 활동하다가 역시 김찬서가 체포됨으로써 활동이 드러나 체포되었다.

이들의 활동상과 받은 지령 등으로 미루어보면 이 무렵 의열단 혁명간부학교 졸업생의 국내파견 목적 중 하나는 조선공산당재건운동의 일

---

19) 같은 책 273~78면.

환으로 조선공산주의혁명당의 건설에 있었다고 할 수 있으며, 또 이 공작은 코민테른 원동국과 일정한 관련을 가지고 있었다고 볼 수 있다.

의열단 혁명간부학교 졸업생 중 1·2기생이 대부분인 이들 피체포자를 제외한 병력의 일부는 의열단 본부를 중심으로 활동하다가 1933년 말경부터 1937년 10월에 걸쳐 중국국민당 정부의 중앙군관학교 낙양분교 및 성자(星子)분교에 입교[20]하는 한편, 1935년 의열단이 한국독립당 등과 함께 민족혁명당을 조직하게 되자 그 특무공작원이 되었고, 이 당에서 조소앙의 한국독립당계와 지청천의 한국혁명당계가 이탈하고 다시 민족혁명당과 조선민족해방운동자동맹 등이 1937년 조선민족전선연맹을 성립시키고 그 군사조직으로서 조선의용대를 만들자 그 요원이 되었다.

2. 조선의용대의 성립과 활동

1) 의용대의 초기활동

조선의용대는 이 시기 중국지역 우리 민족해방운동전선 좌파계의 통

---

20) 김정명 편, 앞의 책 578~79면. 이 정보에 의하면 3파(金九·金元鳳·池靑天派 – 필자)는 1933년 말경부터 남경중앙군관학교에 자파(自派) 전위분자(前衛分子)를 위탁하여 중국인 학생과 함께 군사훈련을 받게 하였다. 이 학교의 입학자격은 중국 공립 혹은 사립 고급중학 정도의 시험에 합격하는 사람들이며, 수업연한은 3년이었다. 이정식·한홍구 엮음 『항전별곡』, 거름 1986, 301면에 의하면, "조선민족혁명당에서는 정세의 요구에 의해 군사간부를 배양하고자 90명의 청년들을 선발하여 국민당에서 꾸린 강서성(江西省) 성자현(星子縣)의 '중앙군관학교 특별훈련반'에 보냈"다고 했다. 의열단 혁명간부학교 제2기생 김승곤(金勝坤, 黃民)의 증언에 의하면 의열단 때도 일부 단원을 성자분교(星子分校)에 보냈으나 대량으로 입교시킨 것은 1937년 10월이었다고 한다.

일전선으로 성립된 조선민족전선연맹의 군사력으로서 1938년 10월 10일 중국 한구(漢口)에서 창설되었다. 그 선언문에서 이렇게 말했다.

중국에 있는 우리 혁명동지들이 직접적으로 항일전쟁에 참가하며 또한 항전과정 중에 조국독립을 전취하기 위하여 조선민족전선연맹 기치하에 일치단결하여 항일 최고 영수인 장위원장 통솔하에 중국혁명 제27주년 기념일인 쌍십절을 기하여 조선의용대를 조직하니, 이는 중·한 양 민족해방운동사상에 획기적 광영의 기록일 것이다. … 공동의 원수 일본제국주의자들이 포악한 수단으로 조선민족혁명운동을 잔해하며 야만횡포적 정책으로 중국혁명을 저지하여 중·한 양 민족의 연합전선을 방해하고 있다. 중국혁명이 완성치 못하므로 조선민족을 압박 착취함이 더욱 심하며 조선민족이 해방되지 못하므로 중국침략이 더욱 포악함이 사실이다. … 조선민족과 동방 약소민족은 응당 중국을 도와 항전할 것이다.[21]

일제의 중일전쟁 도발 후 조선의 혁명(독립)은 곧 중국항일전의 승리와 직결되어 있다는 생각 아래 중국의 항일전선에 '동방 약소민족'의 반파쇼 투쟁으로써 참전하게 된 것이다.

조선의용대 창립 초기의 3대 구호가, 첫째 중국 경내에 있는 모든 조선혁명 역량을 총동원하여 중국 항일전쟁에 참가시킬 것, 둘째 일본의 광범한 군민을 쟁취하고 동방의 각 약소민족을 발동하여 공동으로 일본군벌을 타도할 것, 셋째 조선혁명운동을 추진시켜 조선민족의 자유

---

21) 조선의용대에 관한 기존의 연구로는 『한국독립운동사연구』 제2집(1988)에 실린 金榮範의 「朝鮮義勇隊硏究」가 있어서 그 성립과정과 부대편성, 활동과 구성인원 등을 상세히 밝히고 있다. 「조선의용대 성립선언문」은 한국독립운동사연구소 『한국독립운동사자료총서』 II, 359~66면에 있는 의용대후원회보 『의용보』 제3호에 실려 있다.

와 해방을 쟁취할 것 등으로 되어 있는 점에서도[22] 그 목적이 뚜렷이 나타나 있음을 알 수 있다.

조선의용대가 "항일 최고 영수인 장위원장의 통솔하에" 조직되고 참전하게 되었으며, 따라서 중국국민당 정부의 비용에 의해 유지되고,[23] 그 정부군 예하에 편입되어 활동할 수밖에 없었지만, 그것이 조선민족전선연맹의 군사력인 만큼 구성원의 소속도 여러 단체였다.

일본 정보기관이 입수한 1940년 2월 현재 「조선의용대 각 단위 인사 통계표」[24]에 의하면, 그 출신학교와 소속 정당이 밝혀진 간부 34명 중 민족혁명당원 16명, 조선청년전위동맹 소속 6명, 조선혁명자연맹 소속 2명, 조선해방동맹 소속 2명, 소속이 밝혀지지 않는 사람이 8명으로 나와 있다. 조선민족전선연맹과 의용대 조직에 참가한 조선청년전위동맹 소속 간부가 민족혁명당 다음으로 많음을 볼 수 있다.

조선의용대가 성립될 당초에 "조직분자는 대부분 조선청년이나 그중에는 20~30명의 일본청년과 20명의 중국청년이 있으며 현재 4구대가 있어서 그중 2개 구대는 이미 제1·제5·제6의 각 전구(戰區)에서 중국군대의 작전을 도와 항일선전에 노력 중이다"[25]라고 하여 일종의 국

---

22) 『한국독립운동사 자료총서』II, 274면, 「朝鮮義勇隊」; 兩周年紀念特刊, 樸(朴)孝三 「兩年來本隊工作的總結」.

23) 일본 內務省警報局保安課 『特高月報』, 1940년 4월분, 200면에 의하면 의용대에 대해 중경정부(重慶政府)로부터 식비 2260원, 공작비 1139원이 지급되었고, 대원은 상하를 불문하고 (월)식비 20원, 공작비 10원이 지급되는 것 같다고 했다.

24) 『특고월보』 1940년 6월분 79~83면. 이 「통계표」는 인명과 소속, 학력 등에 잘못된 부분이 많지만 일단 그대로 따른다. 참고로 그 학력을 보면, 중국 황포군관학교(黃浦軍官學校)와 그 후신인 중국 중앙군교(中央軍校) 출신이 16명으로 제일 많고, 중국 광동(廣東) 중산(中山)대학 출신이 4명이며, 중국 북평(北平)인민대학 출신이 2명이며 그밖에 중국 북평(北平)화북대학, 하문(廈門)대학, 일본 와세다대학, 동경의과대학, 조선 수원농고, 동래일신여중, 배재중학 등으로 다양하다.

제부대적 성격인 것처럼 말하고 있으나 외국인이 그렇게 많지는 않았던 것 같다.[26]

그리고 조선의용대가 성립 당초부터 4개 구대, 즉 4개 지대로 되었는지도 의문이다. 한 회고적 서술에 의하면, "조선의용대 성립 초기에는 2개 지대로 나누었다. 제1지대는 76명으로, 지대장에 박효삼(朴孝三), 정치지도원에 왕조(王造; 王通 - 인용자)였으며, 그들은 주요하게 제4전구와 제9전구에서 활동했다. 제2지대는 73명으로 지대장에 이익성(李益星), 정치지도원으로 임평(林平)이었으며 주요하게 제1전구, 제2전구, 제5전구에 들어가 활동하였다. 그후 퍽이나 뒤떨어져서 제3지대가 조직되었다. 그 대원은 61명으로 지대장에 김세왈, 정치지도원으로 양민산이었으며, 주요하게 제9전구, 제3전구에 들어가 활동하였다."[27]

성립 당초 조선의용대 대원은 대부분 중국 중앙군관학교 교육을 받은 24~25세의 '열혈청년'들이었고 일본어에 능해서 일본문으로 항일

---

25) 김정명 편, 앞의 책 678면, '국민공론(중국잡지)에 실린 조선의용대 선전기사'.

26) 『특고월보』 1941년 11월분 100~106면에 실린 「朝鮮義勇隊編成表」에 의하면, 일본인 남녀 대원 5명이 있었다. 이들의 활동은 김학철의 『항전별곡』에도 논급되어 있다. 한편 김정명 편, 앞의 책 679면에는 "在重慶 朝鮮義勇隊에서는 重慶居住 反日諸外國人과 연휴하여 국제부대인 抗日陣營을 조직했고, 日本反戰主義者同盟의 鹿地亘 일파도 역시 本隊와의 연휴를 획책하고 있는 것 같다"고 했다.

27) 『朝鮮族百年史話』, 료녕인민출판사 1984, 607면. 이 숫자는 『특고월보』 1940년 6월분 79~83면, 「朝鮮義勇隊 各單位人事統計表」(1940년 2월 현재)에 있는 각 지대의 대원수와 같다. 그러나 이 「통계표」에는 이 지대 대원 외에 대본부(隊本部)에 총대장 김원봉, 기요조원(機要組員) 9명, 정치조원(政治組員) 23명, 총무조원(總務組員) 5명, 편집위원회원(編輯委員會員) 9명, 부녀복무단원(婦女服務團員) 22명, 3·1소년단원(少年團員) 24명, 의무실원(醫務室員) 2명, 통신처원(通迅處員) 3명 등 비전투원 98명이 더 있고, 3개 지대 대원수도 3개 지대 대장(隊長)과 정치지도원(政治指導員) 등 6명이 빠진 숫자이다. 따라서 이들을 합친 총수는 314명이며, 이 수는 그 이전에 일본 정보기관이 파악하고 있던 151명보다 2배이며, 역시 의용군 출신 '김학철(金學鐵)'도 회고적 소설 『격정시대』 하권 64면에서 성립 당초의 조선의용대는 2개 지대라고 했다.

선전표어와 전단 등을 만들어 살포하고 중국군사령부에서 일본군 포로 취조를 통역하거나 몇 대의 방송기를 가지고 전쟁터에서 일본군에 대한 선전방송을 했다.[28] 그러나 그 공작방침에 의하면[29] 의용대 본래의 목적은 이런 선전활동 중심이 아니고 다음에서 보는 것과 같이 더 적극적인 활동이었음을 알 수 있다.

첫째, 당원을 다수 '만주'에 밀파하여 밀산(密山)현을 본거로 동지를 규합하여 일만군(日滿軍)의 후방교란에 전력을 기울이고, 이것이 경비와 교통의 곤란으로 불가능할 경우 중국군 제1선 부대의 직후에 진출하여 조선의용대의 선전을 위해 중국군의 원조공작에 임할 것,

둘째, 공작 효과가 없을 때는 많은 희생을 각오하고 상해·천진·북경 등의 요지는 물론 일본본토·조선·대만·만주 각지에 첨예분자를 밀파하여 적극적으로 대처할 것.

첫번째 공작방침은 일본 쪽 정보분석에 의하면, 민족혁명당은 "원래 공산주의계의 의열단을 중심으로 결성된 것으로서 공산당 내지 소련 쪽과 상당한 연계가 있었음은 쉽게 추찰할 수 있으며, 최근 소·만 국경분쟁을 감안하여 민족혁명당과 민족전선연맹이 소련 쪽과 연락을 강화하고 그 원조를 얻기 위해 상당한 활동을 하고 있는 것"으로 되어 있다.[30] 당시 소련과의 전쟁위험에 빠져 있던 일본 정보기관의 과민한 분석이라고 볼 수도 있지만, 그 진위 여부는 그만두고 조선의용대의 「공작배치(工作配置)」[31]안을 통해 당초의 활동계획을 알아보면 다음과 같다.

---

28) 김정명 편, 앞의 책 678면.
29) 같은 곳.
30) 같은 곳.

전구사령부 공작: ①정보자료의 수집 – 적 무선파음 수록, 적 문헌의 번역과 정리, 포로심문. ②대적(對敵)공작인원 훈련 – 단기 일어반 개설, 일어 및 대적 선전기술 교습. ③포로의 교양 – 장관을 방조하여 포로교양공작 담당.

전선 공작: ①조선부대를 대상으로 하여 전군관병(全軍官兵)에 대해 대적 선전훈련을 실시한다. ②대적 선전공작 – '육지선전대(陸地宣傳隊)'는 직접 참호에서 대적 선전을 한다. '유격선전대'는 직접 소부대가 적의 진지 또는 영방(營房)에 잠입하여 기병식으로 대적 선전공작을 한다.

일반 군민선전 공작: ①일반민중에 대한 선전 – 민중의 항전과 정서를 고무함과 아울러 중·한 양 민족의 연합을 촉진한다. ②노군(勞軍)공작 – 노군단을 조직하여 노군을 유동시킬 것.

점령구 공작: 일부 공작인원을 유격구에 파견하여 대적 선전공작을 실시함과 동시에 적후의 조선민중 쟁취에 노력할 것.

이와 같은 「공작배치」는 조선의용대의 활동에 실제로 적용되었음을 확인할 수 있다. 조선의용대 각 구대가 창설된 후 1년간의 활동에서 중요한 내용을 보면 다음과 같이 요약할 수 있다.[32]

전구 장관부(戰區 長官部) 공작: 제1구대와 제2구대는 그 일부를 장관부에 파견하여 적 무선파음의 수록, 문헌정리 및 번역 또는 포로교양 등의 공작을 담당했다. 포로교양은 이미 30여 명의 포로를 교양했고 그중 비교적 성적이 양호한 자는 6명이었다. 일부 장관부에서는 일상적으로 일어훈련반을 설치하여 대적 선전기술과 방법을 연구했다.

---

31) 『특고월보』 1940년 3월분 60면.
32) 같은 자료 60~61면. 이는 조선의용대 지도위원 김원길(金元吉, 별명 金學武)이 쓴 「一年來의 朝鮮義勇隊工作과 今後 工作方面」의 내용을 요약한 것이다.

전선 대적 공작: 제2구대는 5전구에서 불과 반년 동안 5천여 명의 관병(官兵)에 대해 대전 선전훈련을 했고, 악북(鄂北)대회전 때 시려산(時勵山) 일대에서 적의 포위 속에서도 50부의 팜플렛과 1천여 매의 비라를 살포했다. 1939년 3월 하순 제1구대는 9전구에서 중국군의 사련(師連)과 함께 적을 습격하여 탱크 2대와 자동차 8량을 파괴했다.

일반 군민선전 공작: 제1구대 동지들은 9전구 통성(通城) 부근의 맥시(麥市)와 하가(何家) 일대에서 군민합동을 추진, 운수대·담가대(擔架隊)·채적대(採敵隊) 등을 조직하여 부대의 작전에 협력케 하고, 한편 4~5개의 소학교를 창립하여 전지의 아동을 교육했다.

점령구 공작: 점령구 내의 조선동포를 쟁취하여 중국항전에 참가시키는 일이지만, 지리적 조건의 제한 및 여러가지 관계로 아직 만족할 만한 발전이 없다.

이와 같은 제1차 연도의 활동은 몇 가지 점에서 반성을 가져왔다. 첫째, 공작이 너무 분산적이어서 효능이 감소된 점이며, 둘째, 무장부대를 조직하지 못하여 공작이 저급상태에 머물렀다는 점이며, 셋째, 점령구의 공작이 부진하여 적후의 조선동포를 쟁취하여 대오를 확대하는 일에 실패했다는 점이었다. 이와 같은 결점을 보완하기 위해 제2차 연도의 활동방향은 첫째, 조선의용대의 '생명의 원천'인 적 점령지구에 대한 공작을 추진하여 의용대 대오를 확대하는 문제와 둘째, 무장대오를 조직하여 한 손엔 선전전단을, 한 손엔 무기를 들고 싸워야 한다는 점이었다.[33] 이와 같은 반성과 새로운 방향설정 아래 추진된 제2차 연도의 의용대 활동을 요약하면 다음과 같다.[34]

---

33) 제1지대장 樸(朴)孝三이 쓴 「兩年來本隊工作的總結」, 『한국독립운동사자료총서』 II, 275면.

34) 같은 책 276~81면.

대적 선전: ①1939년 9월 제1구대가 중국 호남성의 장사(長沙)·황화(黃華)·영안(永安) 지역 상북대전(湘北大戰)에 참가하여 대적 선전활동을 하고, ②조선의용대 한 분대가 계림에서 조직된 '남로(南路)공작대'에 참가하여 대적선전을 하는 한편, 같은 해 12월 8일 유주(柳州)에서 '보위서남확대복무운동(保衛西南擴大服務運動)'을 전개하고, ③금하안(錦河岸) 등지에서 대적 선전활동을 벌였다.

적후 공작: ①1939년 겨울 제2구대의 일부 병력이 예북(豫北) 적후공작에 참가하여 철로 50화리(華里)를 파괴하는 작전에 참가하고, 선전전단 3천여 장, 「고일본사병서(告日本士兵書)」 2백 책을 배포했다. 이 작전에서 조선청년 15명이 전단을 보고 의용대에 참가했다. ②제3구대 병력이 남창(南昌) 부근 서산(西山) 유격전에 참가했고, 중조산(中條山) 유격전에 참가하여 적의 포위를 격파했다.

일반 군민공작: ①제2구대의 특파분대가 악북의 중진(重鎭)인 조양(棗陽)의 집단군 총사령부에서 한간(漢奸) 왕정위(汪精衛)의 이적행위를 폭로하는 연극을 상연하여 중국민중과의 유대를 강화했다. ②제3구대 제1분대가 1940년 3월 1일 남창 부근에서 한 마을의 중국 난민을 구제하고, ③○○軍 공작에 참가한 조선의용대 독립분대가 3일에 1회씩 국내외 중요 소식을 알리고 적정(敵情)을 분석하며 조선의용대의 혁명운동을 소개한 「혁명의 봉화(烽火)」란 유인물을 처음에 5백 부, 뒤에도 5백 부씩 만들어 30여 회 배포했다. 중국군 10여 명씩을 선발하여 대적 선전대를 양성했는데, 그중 40여 명은 성적이 극히 좋았다. ④조선의용대가 각 전쟁터에서 대적공작을 한 결과 신동지 50여 명을 얻어 제1·2·3구대에 편입시켰다.

이와 같은 활동을 전개하는 중에도 가장 중요한 공작은 역시 무장부대를 건설하는 문제와 조선혁명 역량을 총집결하기 위한 공작통일, 정치통일의 문제였다. 의용대 활동의 제2차 연도는 각 당파의 공동적 요구에 의한 공작통일을 이루고, 나아가 정치상의 통일을 완성하는 일이었으며, 그것을 위해 의용대 제1구대가 북상하고 이 부대와의 합작을 위해 강남의 제3구대 역시 북방으로 향해 집결 중이라고 했다.[35]

의용대 제1구대장 박효삼이 쓴 「양년본대공작적총결(兩年本隊工作的總結)」은 1940년 이후 제1구대와 제3구대의 북상, 즉 호북성 노하구(老河口) 지역으로의 집결을 공작상, 정치상의 통일을 이루기 위한 것이라고 말하고 있지만, 전투부대로서 조선의용대도 민족해방운동전선의 통일전선문제에 깊은 관심을 갖고 있었던 것이 사실이다. 그 예로 일본 정보기관이 입수한 다음과 같은 내용의 조선의용대 선전물을 들 수 있다.[36]

1927년 2월 3·1운동이 실패하고 중국북벌이 개시된 당시 조선의 각 혁명정당과 애국지사들도 역시 단결의 중요성을 통감하고 '신간회'라는 통일전선조직을 건설했다. 이 회는 전국 2,150여의 분회를 두고 3만 명 이상의 회원을 가지고 있었다. 신간회의 지도 아래 저 장렬한 광주학생운동이 발발했다. …

사변(中日戰爭 – 인용자) 발발 이후 조선민족혁명당, 민족해방동맹, 혁명자동맹의 제단체가 1937년 11월 조선민족전선동맹(靑年前衛同盟도 늦게 참가함)을 설립했다. …

동시에 한국국민당, 한국독립당, 조선혁명당의 3단체도 김구씨의 지도 아래 한국광복운동단체연합회(금년 6월 위의 3당도 합병하여 한국독립당을 편성했다)를 설립했다. …

1939년 민족전선의 영수 김약산씨와 광복항일전선의 김구씨는 연명으로

35) 같은 책 280면.
36) 김정명 편, 앞의 책 682~83면.

공개서신을 발표하여 현단계에서의 조선혁명의 정치 주장 및 목전의 해외 조선혁명운동 단결통일 문제에 대한 공동의견을 석명했지만 이에 조선민족해방운동은 신단계에 들어갔다. …

3년래의 빛나는 성적은 곧 조선민중 통일단결의 성과이며 금후에도 조선민중은 단결을 옹호하고 단결을 강화하고 단결을 견지할 것이다.

조선민족전선연맹의 성립 자체가 중국지역 민족해방운동전선 좌파계의 통일전선이었고, 그 군사력인 조선의용대 역시 군사적 통일전선체였지만, 이 통일전선이 1920년대 통일전선운동으로서 신간회운동의 연장선상이라 이해하고 중국지역 전선에서의 김구·김원봉 공동통신 발표의 의의를 높이 평가하고 있는 일은 주목할 만하다. 특히 앞의 선전물이 조선의용대의 상당부분이 화북 중국공산군 지역으로 이동한 후 국부군 지역 잔존세력에 의해 발표된 것이 아니라 이동 이전에 전체 조선의용대의 이름으로 나온 것이라는 점에서 더 큰 의미가 있다.

한편 2년째의 공작내용에 대해서도 치밀한 반성과 앞으로의 방향설정이 논의되고 있음을 볼 수 있다. 민족혁명당원으로 중앙군관학교 교관이었고 조선의용대의 핵심인물의 한 사람이었던 한지성(韓志成)의 분석을 들어보자.[37] 그는 우선 2년째의 활동이 첫째, 의용대의 군사활동 자체가 완전히 배합되지 못했다는 점, 둘째, 그 활동이 민중과 밀접하게 배합되지 못했다는 점, 셋째, 비무장 대적선전이 무장 대적선전과 같지 못하다는 점, 넷째, 공작이 대단히 유동적이어서 의용대 병력이 2년간 6개 전구와 남북 13개 성(省)의 대적전선에 참가하게 되었다는 점

---

37) 『朝鮮義勇隊』, 兩周年紀念特刊(1940년 9월 13일)에 실린 韓志成 「兩年來的 敎訓與今後 工作」, 『한국독립운동사자료총서』 II, 282~85면.

등을 지적하고 3년째의 공작을 위한 대비문제를 이렇게 제시했다.

집중역량: 이 문제는 제2년째 공작의 하반기에 이루어져갔고 제3년째는 넓은 구역에서 공작하던 역량의 100분의 95 이상이 한 구역으로 집중되어 형식상으로 집중될 뿐만 아니라 정치상의 공동목표와 통일적 책략, 일치적 행동을 이루어 조선의용대의 내부적 단결이 전에 없이 이루어졌다. 3년째의 공작도 이것을 기본조건으로 삼아야 한다.

공작지점 선택: 과거 공작지점이 대단히 유동적이었다. 정치적 의의상 첫째 중국으로 쫓겨난 조선인이 많은 지역, 둘째 '조선지원병'이 많이 출정한 지역, 셋째 유격대 활동이 많은 지역 등을 공작지점으로 할 것.

이 역량의 집중과 공작지점 선택이 바로 조선의용대원 대다수가 중국공산군 지역인 화북지방으로 옮겨가는 예비공작이 된 셈이다. 이 문제는 역시 중국 내에서 조선인이 가장 많이 거주하는 화북지방이 민족해방운동 및 대일항전의 최적지라는 조선의용대 지휘부의 제3차년도 활동방향에 의해 이루어진 계획이었음을 알 수 있다. 이밖에 한지성의 글은 '금후 공작방향'으로 다음과 같은 내용을 제시하고 있다.

지난 2년간 의용대 내부의 정치적 통일과 공고한 단결을 근거로 하여 중국 동북지방 및 미주지역과 같은 해외 혁명역량을 취득하고 밀접히 연결하여 중국 관내의 우리 혁명역량과 해외역량을 통일한다. …

조선 국내 혁명운동을 취득하고 밀접히 연결하여 공작상 배합함으로써 중·한 양 민족의 항일전선을 공고히 하고 확대한다. …

무장대오를 건립하고 무장화·전투화하여 전투에 선전을 배합하고 선전에 전투를 배합함으로써 대적선전을 더욱 강화한다.

한편 이 무렵에는 임시정부 쪽도 역시 중국국민당 정부의 도움으로 광복군의 창설을 기도했다. 조선의용대가 있음에도 따로 광복군을 조직해야 할 이유로서 조선의용대가 순수한 의용대 성격에 한정되어 있으며, 그것이 중국 군사위원회 정치부에 속하고 한국정부, 즉 임시정부에 속하지 않아서 조선민족의 독립성을 대표하지 못한다는 점, 그리고 그것이 비무장 선전단체일 뿐이라는 점 등을 들었다.[38]

이에 대해 의용대 쪽 혹은 민족혁명당 쪽 논객으로 보이는 '여송(如松)'은 다음과 같이 반론하고 있다. 반론의 핵심적인 글 「조선의용대의 본질과 사명」[39]에서 당시 의용대 쪽과 민족혁명당 쪽에서 본 의용대의 성격을 어느정도 짐작할 수 있다.

조선의용대는 하나의 조선혁명단체로써 조선혁명의 굳건한 신념과 일정한 책략을 가지고 있다. 또 조선민족 독립해방의 총책략에 의해 중국에서 조선의용대를 조직하여 중국항전에 참가함으로써 조선혁명을 완성하려는 것이다.

조선의용대는 중국 관내 30여 년의 조선혁명자운동을 계승한 역사적 산물이다. 그 사명은 특수하며 다른 어떤 국제대오와도 다르다. …

조선의용대는 본질상 중·한 양 민족의 공동항일을 촉진하고 공고히 확대하여 신동방의 기본대오를 수립하고 중·한 양 민족의 연합전선의 모형이 될 것이다. …

조선의용대는 전투적 실천적 대오이다. 관내 소수 간부의 조직으로부터 적후의 조선군중에게 확대되어 관내의 조선동포를 발동하고, 나아가서 동북 및

---

38) 앞의 『조선의용대』에 실린 필자 如松의 「論朝鮮義勇隊 在革命運動中的地位」, 『한국독립운동사자료총서』 II, 288~89면.

39) 「朝鮮義勇隊的本質及使命」, 같은 책 291~92면.

조선 국내의 혁명운동을 추동하여 중국항전에 지지 참가하고, 비무장에서 무장으로 나아가서 중국군과 공동전투하는 중·한 민족의 연합적 실천적 부대이다. …

조선의용대는 각 당파를 망라한 항일복국(抗日復國) 혁명동지만이 참가하여 조직한 통일적 단체이며, 이 통일과 단결은 관내 조선혁명자의 기본대오가 될 것이다. …

조선의용대는 동방의 각 반일본제국주의적 역량을 발동시켜 중국항전에 참가시킬 임무를 가지고 있다.

이상에서 1938년 10월에 조직된 조선의용대의 처음 2년간, 즉 1939년과 1940년 사이의 활동을 살펴보았다. 처음 2년간과 이후의 활동 사이에는 조직과 실제 활동 면에서 큰 차이가 있다. 앞에서도 잠깐 논급한 것과 같이 1940년 말에서 이듬해 봄에 걸쳐 조선의용대의 거의 대부분 병력이 중국국부군 지역을 벗어나 화북지방, 중국공산군 지역의 태항산 근처로 옮겨가서 조선의용군으로 개편되고, 국부군 지역에 그대로 남은 조선의용대원은 1942년 4월 임시정부의 광복군으로 편입되는 큰 변화를 겪게 된다. 따라서 조선의용대의 활동은 1941년을 고비로 그 전후기로 나뉜다고 할 수 있다.

2) 조선의용대의 광복군화 과정

조선민족혁명당 중심의 조선민족전선연맹 군사력으로서 조선의용대의 약 8할이 1940년 말경부터 중국공산군 지역으로 옮겨가게 되는 원인은 이미 조선의용대가 성립될 당초부터 배태되어 있었던 것 같다. 『조선족 백년사화』의 조선의용군 부분에서는 그 원인을 이렇게 말하고

있다.[40]

1938년 6월 무한(武漢)에 집결한 조선민족혁명당 내에는 항일투쟁 전략방
침을 둘러싸고 두 가지 같지 않은 의견이 존재하였다. 하나는 조선청년전위
동맹 출신들을 중심으로 한 신진청년들은 한결같이 북상항일을 주장하였고,
다른 하나는 조선민족혁명당의 골간분자들로서 국민당의 지휘 밑에 항일투
쟁에 참가하자는 견해였다. …
    이 두 가지 첨예한 대립을 이룬 의견은 서로 한 걸음도 양보하지 않고 격렬
한 변론을 진행하였다. 대변론 가운데서 지하조직으로 있던 조선청년전위동
맹의 정체가 폭로되었다. 사태가 이 지경에 이르자 전위동맹 성원들은 북상
항일을 주장하던 진보적 청년들까지 합쳐 조선민족혁명당에서 나와 정식으
로 조선청년전위동맹의 조직을 공개적으로 선포하고 한구(漢口)에 자리잡고
활동하였다.

통일전선 정당인 조선민족혁명당의 성립에 참가했던 청년전위동맹
이 다시 이탈한 과정을 말해주고 있지만, 청년전위동맹은 그후 조선민
족전선연맹이 성립되었을 때 다시 이에 참가하여 그 군사력으로서 조
선의용대원이 되어 활동하다가 그들을 중심으로 하는 세력이 중국공산
군 지역으로 옮겨가게 되는데, 이 과정에 대해 같은 자료는 이렇게 서술
하고 있다.[41]

    국민당 통치구 내에서 계속 활동하여왔던 의용대는 자기희생적으로 항일

---

40) 『조선족 백년사화』 제2집 605면.
41) 같은 책 621~22면.

활동을 하였건만 당국의 지지를 받을 대신 왕왕 이런저런 저애를 받았다. 의용대 전사들은 항일에 소극적으로 대하는 국민당의 태도를 목격하여오던 중 이제 더는 그자들과 어깨 걸고 싸울 맥이 나지 않아 또다시 북상항일을 제기하였다. …

중국공산당에서는 화북일대에 20여 만이나 되는 조선족이 살고 있다는 실제 정황에 비추어 의용대가 태항산 항일근거지에 전이함을 동의하였다. … 제1전구에 도착한 조선의용대는 황하 이남에는 조선사람이 없으므로 황하 이북으로 옮기겠다고 (국부군 쪽에) 또다시 제기하였다.

조선의용대의 중국공산군 지역으로의 이동과 민족혁명당의 그곳으로의 이동을 같은 맥락으로 추진할 수 없는 면이 있었고, 앞서 인용한 것과 같이 김원봉이 화북조선독립동맹을 조선민족혁명당 화북지부로 할 것을 요청했을 때 김무정은 오히려 김원봉에게 연안으로 와 영도할 것을 제의하면서 가지 않았던 점 등을 보면, 조선의용대장인 동시에 조선민족혁명당의 실질적 책임자였던 김원봉의 중경 잔류는 중국공산군 쪽의 거부에 의한 것이었다고만 볼 수 없는 면이 있다. 어떻든 조선의용대원들의 화북지방으로의 이동은 앞서 본 것과 같이 공작지점 선택에서 조선사람이 많은 곳이 일차적 목적지였음을 생각할 때 자연스럽고도 당연한 면이 있다.

따라서 의용대원의 상당부분이 공산군 지역으로 이동하고 난 뒤인 1941년 10월에 간행된 『조선의용대(朝鮮義勇隊)』 제40기 3주년 기념 특간호에 김원봉은 「삼년래 조선의용대의 금후 공작방침(三年來朝鮮義勇隊與今後工作方針)」을 쓰면서 "올 봄부터 우리의 일부분이 화북진출(華北進出)을 개시했고 화남·화중에서도 계속 적후공작을 계속하고 있다"[42]고 했다. 1942년 3월 1일자로 중경에서 간행된 『조선의용대』 제41

기는 화북지역으로 간 대원 손일봉(孫一峰)·주동욱(朱東旭)·최철호(崔鐵鎬)·왕현순(王現淳) 등이 1941년 12월 26일 화북성 나태(邢台)전투에서 전사한 사실을 "본대 동지" 소식으로 싣고 있다.[43] 중경에 남은 조선의용대 본부에서는 화북지역으로 간 대원도 여전히 '본대 동지'였던 것이다.

조선의용대원의 상당한 병력이 화북지방으로 이동한 후에도 화중·화남의 국부군 지역에 남은 의용대원들의 활동은 계속되었다. 일본 쪽 정보문서에 의하면, 1941년 3월 15일 김원봉이 밀파한 의용대원 장문해(張文海: 李孝相)·이만영(李萬英) 등 4인조가 활동자금 600원을 가지고 상해에 잠입하여 활동하다가 같은 해 4월 16일에 검거되었다. 이들의 공작목적은 조선의용대의 모당이며 김원봉이 주재하는 조선민족혁명당 입당자 획득, 일본 군기관·영사관·경찰서·헌병대 등의 조직인원 성명 조사, 일본 쪽 각 기관의 첩보연락자 주소와 성명 조사, 일본군의 이동상황·부대명·병참창고, 기타 군사시설 상황 조사, 상해시내 및 항만의 경비상황 조사 등이라고 되어 있다.[44]

『조선의용대』 3주년 기념 특간호에는 한지성이 쓴 「조선의용대 삼년래 공작적 총결」[45]이 실려 있다. 이 글에서는 이때까지 조선의용대 활동을 크게 두 단계로 나누고, 제1단계를 의용대 창립에서부터 1940년 하반기까지로 잡고, 그 이후를 제2단계로 잡고 있다. 그 단계 구분의 근거를 창립 2주년 기념과 제1차 확대간부회의에 두고 있지만, 그 대원 상

42) 『한국독립운동사자료총서』 II, 304면.

43) 같은 책 334면.

44) 『특고월보』 1941년 5월분 99면.

45) 한지성 「朝鮮義勇隊三年來工作的總結」, 『한국독립운동사자료총서』 II, 311~14면. 이 글은 1941년 9월 9일에 쓴 것으로 되어 있다.

당수의 화북이동도 고려되었다고 할 수 있다.

이 글은 2년간의 제1단계 공작을 종합하면서 진지상 대적공작으로 적진의 200~300m 심지어 50~60m까지 접근해서 '염전(厭戰)·반전(反戰) 정서 공작을 벌이고 반전 가극을 공연한 사실, 직접 전투에 참가하여 습격전, 반소탕전, 통신 및 철도파괴 공작에 참가한 일, 조선문·중국문·일본문으로 책자 5만여 책, 전단 50여만 장, 표어 40여만 장과 적의 통행증 1만여 장을 위조 살포한 일, 적 포로 50여 명을 교육하여 의용대에 편입시키고 75명을 훈련시켰으며 122명을 심문한 일, 적의 문건 95만 자를 번역한 일, 6만여 명의 대적선전요원을 교육한 일 등을 들고 있다.

이 기간의 활동 중 '발동조선동포공작(發動朝鮮同胞工作)'으로서 재미동포사회에 조선의용대후원회가 조직된 일, 국내동포 일반에게 조선의용대 무장대오 3천 명이 활동하고 있다고 선전된 점, 중국의 적 점령지구에 있는 조선동포들에게 의용대의 기치 아래 조국해방이 가능하다는 희망을 갖게 한 점 등을 들고 있다. 이 가운데 미국지역에 의용대후원회가 구성된 것은 주목할 만한 일이었다. 종래 재미동포사회의 동지회·국민회 등이 주로 임시정부를 후원하고 의용대가 조선민족전선연맹의 군사조직으로서 임시정부와 무관하다는 이유로 후원하기를 거절해온 사실을 감안하면 의용대후원회의 성립은 의미있는 일이었다.

미국의 의용대후원회는 1939년 4월 뉴욕에서, 같은 해 9월 로스앤젤레스에서, 10월 시카고에서 각각 조직되었다가 1940년 5월 국민회원과 동지회원, 그리고 중립적 인사를 망라한 후원회연합회가 성립되었다.[46] 이 후원회는 물질적 후원을 하는 한편, 수시로 일본상품 배척운동과 미국정부와 사회단체를 대상으로 대일본 무기수출금지 운동을 벌이

---

46) 「在美的朝鮮人」, 같은 책 323~26면.

고 일본영사관 앞에서 시위운동을 벌였으며, 1940년 1월부터 로스앤젤레스 후원회에서는 기관지 『의용보』를 간행했다.

대원 중 상당부분이 화북 공산군 지역으로 건너간 후 국부군 지역에 남아 장개석 정부의 원조로 활동하고 있던 조선의용대 본부는 대원들의 화북지방 이동과 관련하여 정치적 노선 문제를 선명하게 천명해야 할 필요가 있었던 것 같다. 1941년 10월에 출판된 『조선의용대』 3주년 기념호에 중요 간부의 한 사람인 왕통의 이름으로 「조선의용대의 정치노선」[47]이란 글이 실린 사실이 그것을 말해준다.

이 글은 지금 조선민족에게 가장 중요한 유일한 공동목표는 조선민족의 철저한 해방과 독립의 쟁취라 하고, 화남·화중·화북을 가리지 않고 적후나 유격지구를 가리지 않고, 김원봉 대장의 '민족제일' '독립제일' 정치정신의 영도 아래 중국국민혁명군과의 긴밀한 공동투쟁을 전개해야 한다고 강조하는 한편, 조선의용대는 어느 계급적 대오가 아니라 민족적 대오라 하며 다음과 같이 말하고 있다.

어떤 사상을 환영하여 참가하지도 않으며 어떤 사상을 배척하지도 않는다. 다만 반일적 전체 민족이 의용대 기치 아래 단결하여 일본제국주의와 투쟁하여 조선민족의 독립을 쟁취할 뿐이다. 우리는 신국가를 건설하려는 것이지 구한국을 광복하려는 것이 아니다. 이것은 구미식 의회제도의 국가가 아니며 소련과 같은 사회주의국가도 아니다. 이것은 전체 민족 자유 행복의 새로운 조선민주공화국이다. 의용대는 어느 하나의 계급에 복종하는 것이 아니라 전체 민족에게 복종한다.

---

47) 「朝鮮義勇隊的政治路線」, 같은 책 315~18면.

이같은 조선의용군의 정치적 노선은 화북으로 가지 않고 국부군 지역에 남은 세력의 노선이며, 앞서 본 것과 같이 조선민족혁명당과 조선민족전선연맹의 노선이기도 했다. 그리고 '광복'이란 용어를 부인했을 뿐 이 시기 임시정부나 한국독립당의 정치노선과 큰 차이가 없었다. 국민군 지역에 남은 정치세력으로서 민족혁명당 중심 조선민족전선연맹 세력과 그 군사력인 조선의용대가 함께 임시정부 및 한국광복군과 통일전선을 형성할 수 있는 조건은 이미 마련되었다고 할 수 있다.

　민족혁명당을 중심으로 하는 조선민족전선연맹 쪽이 한국독립당 중심으로 되어 있는 임시정부에 들어가 임시정부를 일종의 통일전선적 정부로 만든 것은 1944년에 가서 이루어졌지만, 조선민족전선연맹 군사력인 조선의용대와 임시정부 군사력인 한국광복군 사이에 통일전선이 이루어진 것은 그보다 앞서 조선민족전선연맹 세력이 임시의정원에 참가한 것과 같은 시기인 1942년이었다. 중국 쪽 신문기사에 의하면, "한국의 독립운동을 촉진하고 그 혁명역량을 집중하기 위해 이달(5월 - 인용자) 15일 우리(중국 - 인용자) 군사위원회는 조선의용대 대원 전부를 한국광복군 제1지대로 개편하여 총사령 이청천의 통할하에 두었다. 전 의용대장 김약산을 광복군 부사령에 임명하였다."[48]

　조선의용대가 한국광복군으로 편입된 직접적인 동기는 그 운영자금을 조달하고 있던 장개석 정부의 주선과 요청에 있었다고 할 수 있다. 그러나 일제패망과 민족해방을 전망하면서 정치력과 군사력의 통일전선을 지향하고 있던 중국지역 민족해방운동전선의 노력의 결과이기도 하다. 이 점에 대해서는 조선의용대가 한국광복군으로 개편한 과정을 설명한 김원봉의 다음과 같은 글[49]에 잘 나타나 있다.

---

48) 『重慶 中央日報』 1942년 5월 21일; 秋憲樹 編 『資料韓國獨立運動』 3, 112면.

동지들이 화북으로 떠난 후로 비교적 안전지대인 후방 중경에 있는 동지들의 노력과 공작 성공은 화북동지들의 노력과 공작 성적에 비할 때 참으로 부끄러울만치 적다. 그러나 이곳 동지들도 역시 여전히 분투 노력하고 있는 것을 동지들이 다 잘 알고 있을 줄 믿는다. …

우리 민족의 혁명전투 깃발인 조선의용대는 금년 가을 한국광복군 제1지대로 개편하게 되었으며, 또 이는 군사통일을 위한 성의에서 우리의 최대의 양보인 것이다. …

그러나 우리의 무장역량을 집중 통일하기 위한 조선의용대와 한국광복군의 합병은 우리 운동의 진보와 발전을 의미한 것이라고 공동히 인식할 것이며 또 공동히 기뻐하고 치하할 바이라고 믿는다.

김원봉이 화북지방으로 간 대원들에 대한 생각과 조선의용대의 한국광복군 편입에 대한 입장을 비교적 솔직히 드러낸 글이라고 볼 수 있다. 남은 조선의용대원들이 한국광복군으로 편입한 이유를 제반 사정으로 미루어 추측해보면 첫째, 장개석 정부의 통합 종용과 둘째, 화북으로 가지 않은 대원만으로 독자적인 활동을 하기 어려웠던 점을 들 수 있겠다. 그러나 이보다 더 중요한 또 하나의 목적은 국부군 지역에 남았던 정치세력의 통합과 함께 군사력을 통합하여 그것만이라도 통일전선을 형성하는 데 있었음을 읽을 수 있다.

대원 중 상당부분이 화북으로 이동하고 난 후 국부군 지역에 조선의용대원이 얼마만큼 남았는지는 정확하게 밝히기 어렵다. 그러나 1942

---

49) 「순국 일주년을 기념하면서」, 『독립』신문 1943년 10월 27일자. 이 글 앞부분에는 편집인의 다음과 같은 설명이 있다. "작년(1942) 12월 12일은 위에 말한 네 동지의 순국 1주년 기념일이었다. 그날을 당하여 조선광복군 부사령관 김약산 장군은 아래와 같은 뜻깊은 글을 발표하였다." 네 동지란 화북지역으로 간 손일봉(孫一峰) 등 4명의 대원을 말한다.

년 11월 현재 광복군 제1지대원에 대한 '평가미(平價米)' 지급장부를 보면,[50] 지대부(支隊附)로 신악(申岳) 등 5명, 총무조에 조장 김집중(金集中) 등 8명, 분대장 성현원(成玄園)을 포함한 분대원 25명 등으로 되어 있으며, 이들은 모두 본래 의용대원이었다고 명시되어 있다. 모두 38명인 이들이 국부군 지역에 남은 조선의용대원 전원인지, 아니면 지하공작원으로 파견된 대원 외에 중경의 지대본부에 남아 있던 대원수인지는 확인할 수 없다.

요컨대 1938년 10월 중국지역 민족해방운동전선의 좌파 쪽 통일전선으로 성립된 조선민족전선연맹의 군사력으로 조직된 조선의용대는 약 2년간 중국국민당 정부군과 함께 주로 대적 선전활동에 종군하다가 그 대원의 상당수가 1941년 봄을 전후한 시기에 중국공산군 지역인 화북의 태항산 지역으로 옮겨가고 중국국민당 정부 지역에 남은 대원들은 1942년 5월 임시정부 군사력인 한국광복군의 제1지대로 개편되었다.

조선의용대원 상당수의 화북지방 이동은 조선인이 많은 곳으로 활동지역을 옮겨 그들을 포섭하여 전투력을 강화하려던 조선의용대 본래의 공작방침을 실천한 것으로 볼 수도 있지만, 그렇게 단순한 이유만은 아니었다. 1939년 말경 조선의용대 내부에는 중국공산당 지하조직이 생겼고, 이미 중국공산군 지역으로 가서 활동하고 있던 무정·최창익 등의 공작이 있었다.[51] 그러나 이때 화북지방으로 옮겨간 조선의용대원이 모두 중국공산당원이 된 것은 아니었고, 역시 화북지방에 조선인이 많아 전력을 강화할 가능성이 크고 중국공산군의 대일항쟁이 국부군의 그것보다 비교적 더 적극적이었다는 점이 조선의용대 화북이동의 중요

---

50) 추헌수 편, 앞의 책 184~85면.
51) 앞에서 든 김학철과 강만길의 대담, 113면 참조.

한 원인이기도 했다.[52]

　한편, 김원봉을 비롯하여 국부군 지역에 남은 조선의용대원들이 임시정부의 광복군으로 편입한 것은 앞서 논급한 것과 같이 장개석 정부의 권유와 남은 병력만으로 독자적 활동을 하기 어려웠다는 이유도 있었지만, 김원봉의 말과 같이 어느정도 반대의견이 있었는데도 불구하고 민족해방이 가까워짐에 대비하여 임시정부를 중심으로 정치력과 군사력의 통일전선을 이루려는 대국적 견지도 있었다고 봐야 할 것이다.

---

52) 위의 대담에서 김학철은 화북지방으로 옮겨간 조선의용대의 중요 간부 윤세주(尹世胄)·박효삼(朴孝三)·이춘암(李春岩, 潘海亮)·양민산(楊民山) 등이 당시는 중국공산당이 아니었고, 당시 국부군은 병력소모를 피해 일본군과 대치상태에 있었는데 비해 팔로군은 "죽어라 하고 싸우는 부대"여서 조선의용대 안의 팔로군지역으로 싸우러 가자는 여론이 높아져갔다고 회고했다(대담, 113~14면).

제8장

민족혁명당 미주총지부의 활동

1. 미주총지부의 성립과 조직

조선의용대원의 상당수가 화북지방으로 옮겨감으로써 당세가 실질적으로 약화된 1940년대 민족혁명당이 중국지역을 제외하고는 교포들이 가장 많다고 할 수 있던 미주지역으로 그 당세를 확대시켜나간 것은 주목할 만한 일이다. 특히 종래 미주지역 교포들 대부분이 민족혁명당이 참가하기 이전 임시정부나 한국독립당계 후원세력이었던 점을 생각해보면, 미주지역에 민족혁명당 지부가 성립되고 그 후원활동이 실제로 전개된 사실은 1940년대 이후 전체 민족해방운동전선에서 민족혁명당의 위상을 높이는 데 하나의 획기적인 사실이 될 수 있을 뿐만 아니라, 민족혁명당 노선의 상대적 진보성이 미주지역 한인사회에 뿌리내릴 수 있었다는 점에서도 특기할 만한 일이라 하지 않을 수 없다.

앞에서 조선의용대 후원회가 미주지역 교포사회에서 성립된 사실을 잠깐 논급했지만, 이 조선의용대후원회는 1937년 중일전쟁 발발 후 미주지역에서 조직된 중국후원회(中國後援會)가 개편된 것이며, 이 후원회는 1942년 민족혁명당 미주총지부로 개편되었다. 따라서 민족혁명당 미주총지부의 성립과정은 중국후원회 성립에서부터 설명되어야 한다.

중일전쟁이 전면전쟁의 성격으로 확대되자 재미한인사회 일각에서는 중국인민 대일항전을 조선민족해방투쟁과 같은 맥락에서 보고 뉴욕에 거주하는 변준호(卞俊鎬) 등의 발기로 중국후원회가 조직되고, 이후 그의 적극적인 활동으로 강영승(康永昇)을 중심으로 시카고에서, 김강(金剛)을 중심으로 로스앤젤레스에서도 조직되었다.[1] 이후 1938년 중국전선에서 조선민족전선연맹이 성립되고 그 군사조직으로 조선의용대가 조직되었다는 소식을 들은 재미한인사회는 곧 중국후원회를 확대 개편하여 의용대후원회 결성에 착수했다. 이들은 먼저 동지회나 국민회 같은 기존 한인단체와 연합을 시도했으나 실패한 후, 의용대후원회 취지에 찬성하는 국민회원, 중립인사들로 구성된 개인 본위의 조직에 들어갈 수밖에 없었다.[2] 이후 앞장에서 말한 것과 같이 1939년 4월 뉴욕에서, 9월 로스앤젤레스에서 그리고 10월 시카고에서 각각 의용대후원회가 조직되고, 1940년 5월에 이르러서는 대내외 공작의 통일을 위해 후원회연합회 조직을 완성했다.

조직이 정비되고 회원확보에 진전을 본 의용대후원회는 1940년 1월 1일 기관지 『의용보』 창간호를 낼 수 있었다. 그 편집방침은 첫째, 혁명운동에 정론과 각 주의 주장을 협조함, 둘째, 논조와 기사는 공평정책을

---

1) 『독립』신문 1946년 9월 18일자, 김혜란의 「중일전쟁 이후 재미동포해방운동의 회고 (1)」. 뉴욕 후원회는 변준호 외에 전경준·이득환·임창영·김만근·김병호·현기득 등의 발기로 조직되었고, 시카고 후원회는 강영승 외에 강영문·장세운·천세환 등을 중심으로, 로스앤젤레스 후원회는 김강 외에 이경선(李慶善)·신두식·안석중(安奭中)·최영순·최봉윤·선우학원, 곽림대(郭林大)·최능익·김혜란 등에 의해 조직되었다.
2) 1940년 현재 로스앤젤레스 의용대후원회 회원 70명 중 국민회원 21명, 동지회원 15명, 비회원 34명이었다고 한다(『의용보』 제3호, 1940, 3~6면).

위주함, 셋째, 의용대와 일반혁명운동에 중요한 소식을 전하려 함 등이었다.[3] 이 기관지 집필진은 이경선·최영순 등이었고 월간으로 간행되었으며 뉴욕, 하와이, 쿠바, 멕시코 등지에 지국을 설치하여 의용대후원회의 '신흥적' 기세를 과시했다.[4]

이 후원회는 이밖에도 배일선전과 군사후원금 모집을 위해 각종 대중집회와 강연회, 기념대회 등을 개최했다. 특히 1941년 3월 1일에는 일본영사관 앞에서 시위를 벌여 "조선은 독립을 원한다""중국인에게 비행기와 탱크를 주어 일본을 박멸케 하라""일본 물화를 배척하라"등의 구호를 외치고 일본국기를 불태움으로써 일반대중의 시선과 미국언론의 주목을 끌었다.[5]

의용대후원회의 조직과 활동이 강화됨에 따라 기성 한인단체, 특히 지역적 기반을 같이하는 국민회의 견제는 심각하였다. 국민회 집행위는 후원회원의 다수가 국민회원임에도 불구하고 집회에서 회관을 사용하거나 『신한민보(新韓民報)』를 통한 의사발표의 기회를 봉쇄하고, 나아가 후원회의 활동이 국민회를 반대하는 공산주의운동이며 재미한인사회의 통일적 역량을 분열시키는 행위라고 비난했다.[6] 의용대후원회 쪽에서는 이런 비난에 대해 자신들의 입장을 다음과 같이 정리하여 밝혔다.[7] 그 내용을 통해 우리는 후원회의 성격과 활동방향을 이해할 수 있다.

---

3) 『독립』신문 1946년 9월 25일자, 김혜란의 앞의 글(2).

4) 최능익 「의용대후원회와 과거의 활동」, 『독립』신문 1943년 10월 27일자.

5) 김혜란, 앞의 글(1).

6) 같은 곳.

7) 『의용보』 제3호(1940. 3), 6~8면, 「질의문답」, 『한국독립운동사자료총서』II.

후원회는 특별한 시기에 특수한 목적을 위하여 조직된, 즉 중국의 항일전쟁과 조선의용대의 무장독립운동을 지원하기 위한 '임시적 단결'이므로 국민회나 다른 정치단체와 대립할 이유가 없으며, 따라서 후원회는 기성 단체의 회원이나 비회원을 물론하고 다같이 합동하여 일할 수 있다. …

중국에서 활동하는 조선의용대는 민족전선연맹의 행동부대로서 중국국민정부 군사위원회의 승인과 협력에 의하여 조직된 것이다. 물론 민족전선연맹 내에는 사회주의자나 무정부주의자를 포함하는 단체가 끼어 있지만 그렇다고 전체를 공산당이라 할 수는 없으며, 어떠한 주의자라도 우리 독립운동에 중심이 되는 일본제국주의 타도와 민주공화국 건설이라는 두 가지 목표에 동의한다면 합작할 수 있는 것이다. …

후원회는 임시정부를 반대한 일이 없을 뿐만 아니라 명실상부한 중심기관으로서 임시정부의 역할이 제고되었으면 하는 희망마저 갖고 있다. 단 독립운동의 중심기관이 되기 위해서는 조선민족 각당 각파를 잘 통어할 만한 관대한 정책과 혁명공작이 실제로 준비되어 있어야만 할 것이다. …

후원회 회원 중에 공산주의를 찬성하는 사람이 있다 하더라도 그가 개인자격으로 선전하는 것은 금할 수 없는 일이며, 후원회 전체로는 공산주의를 선전한 적도 없었고 앞으로도 그런 일은 없을 것이다.

이와 같은 그들의 입장표명은 보수적인 단체와 인물들의 후원회에 대한 반발과 경계를 가능한 한 누그러뜨리려는 노력이었다. 이후 민족혁명당을 중심으로 하는 민족전선연맹세력이 임시의정원에 참가함으로써 임정이 제한된 범위 안에서나마 통일전선정부로 발전할 조짐을 보이고 중국국부군 지역에 남은 조선의용대가 한국광복군에 참가하여 군사력에서 일정한 통일전선이 이루어지자 의용대후원회는 민족혁명당 미주지부로 개편되었다.

이때 민족혁명당 지부로의 조직개편은 중경에 있는 의용대 본부의 요청에 따른 것 같지만, 태평양전쟁 발발 후 국외 민족해방운동전선에서 미주지역 교포사회에 대한 기대와 역할이 제고된 데 따른 객관적 정세를 반영한 것이기도 하다. 이 점에 대해 미주지역 민족혁명당 총지부 집행위원의 일원으로 활동했던 김혜란은 다음과 같이 회고했다.[8]

본래 우리의 목적이 조선독립을 목적한 무장군대를 후원하는 것이었으므로 조선의용대가 독립군(한국광복군 – 인용자)으로 재조직이 되었다 하더라도 본회(조선의용대후원회 – 인용자)의 명칭과 사업을 종전대로 계속할 수 있으나 의용대 본부의 지시와 또는 이때는 이미 일미전쟁이 개시된 고로 우리의 운동은 한 단계 더 올라가 군사운동을 후원하는 것에만 그치지 않고 정치적으로 주의와 정책을 실행할 시기인 고로 본래 원동에서 4단체로 조직된 민족전선연맹 중의 하나인 조선민족혁명당의 정강을 우리가 찬성하는 터이므로 지금부터는 의용대후원회를 5대 기본강령과 4대 투쟁강령으로써 조선민족혁명당 미주지부로 재조직하였었다.

중일전쟁 발발 후 중국지역에서 최초로 조직된 우리 민족해방운동전선의 군사력인 조선의용대를 후원하기 위해 미주지역에서 성립된 의용대후원회는 민족해방운동전선의 조건 변화에 따라 강령과 투쟁목표를 확립한 정치단체로의 변신을 기도하게 되었고, 그 결과 1942년 6월 30일 민족혁명당 미주지부를 결성하기에 이르렀다.[9]

8) 김혜란, 앞의 글(2).
9) 조선민족혁명당 미주총지부의 결성시기는 회고한 사람에 따라 1942년 6월, 같은 해 10월, 1943년 등으로 나타난다. 여기서는 가장 이른 시기로 잡은 것이다. 자료는 김혜란, 같은 글과 『독립』신문 1943년 10월 27일자에 실린 최능익의 「의용대후원회와 과거의 활

민족혁명당 미주지부의 결성은 종래 국민회와 동지회를 주축으로 하여 주로 중국 관내의 임시정부, 또는 김구 중심의 정당 단체와 관계를 맺어왔던 재미한인사회에 이념이나 활동 면에서 하나의 변화를 가져온 일이었다. 물론 종래 재미한인사회 내부에 사상 및 이념적 측면에 진보적 성향이 전혀 없었던 것은 아니다. 예를 들면 러시아혁명 후 사회주의 사조가 전세계적으로 확산되어가던 1919년 12월 북미지역 한인사회에 노동사회개진당(勞動社會改進黨)이 생겨 조소앙을 매개로 제2인터내셔널과 일정한 관계를 맺은 적이 있으나, 그 관계가 끊긴 이후 주로 이승만의 구미위원부 조직을 후원하면서 국민회와 대립적 관계를 가져오다가 결국 동지회에 흡수되었다.[10]

그리고 대공황이 미국 전역을 휩쓸던 1930년 12월 시카고에서 급진적인 한인유학생과 일반청년들이 사회과학연구회(社會科學硏究會)를 조직하여 본격적으로 사회주의사상을 수용하려는 움직임을 보였으나, 그 기반이 취약했기 때문에 국민회 집행부의 견제와 미국정부 당국의 단속을 받아 해체되고 말았다.[11]

그후 이 연구회의 핵심조직원이던 변준호의 끈질긴 노력에 의해 민족혁명당 미주지부가 조직되었고, 그 조직은 8·15 후에 재미조선인 미주전선으로 연결되었다. 이것은 그 단체들이 미주 내의 독자조직이 아니라 중국 관내나 국내에서 활동한 특수 진보세력의 후원회 또는 지부로서 활동했기 때문에 가능한 일이었다.

1943년 8월 민족혁명당 주석 김규식은 중국 국제방송국의 "재미동포에게 보내는 소식" 방송에서 미주에 있는 총지부를 관할하기 위한 당

동」, 그리고 같은 신문 1944년 3월 29일자에 실린 이경선의 「조선혁명운동약사」 등이다.

10) 김원용 『在美韓人五十年史』, 캘리포니아: 발행처 불명 1959, 195~98면.

11) 方善柱 『在美韓人의 獨立運動』, 한림대학교출판부 1989, 343~47면; 김혜란, 앞의 글.

중앙집행위원회의 특별결의안을 통고했다. 그 내용은 주로 조직체계 문제에 관한 것이었다.[12]

    총지부는 5~19명의 임원과 3명의 후보자로 조직된 집행위원회를 선거에 의하여 구성함.

    총지부 집행위원회는 위원장 1명과 서무·조직·재정·선전 등의 각부를 두고, 각부에 부장 1명과 사업상 필요에 따라 약간 명의 부원을 둘 수 있음.

    총지부의 임원은 사업을 수행해나감에 있어 집행위원회나 총지부 대표회에서 통과한 결의와 결정을 준수해야 되며, 지부의 모든 활동은 반드시 당의 중앙본부로부터 사후 승인절차를 밟아야 한다.

    이와 같은 당 중앙의 지침이 있은 후 변준호를 회장으로 하는 미주총지부[13]와 민찬호(閔燦鎬)를 위원장으로 하는 하와이지부[14]가 독자적인

---

12) 김규식 「조선은 반드시 독립국이 되어야 한다」, 『독립』신문 1943년 10월 6일자.

13) 민주총지부의 임원은 회장 또는 위원장의 변준호 외에 총무 기강, 서기 곽림대, 재무 황성택·이득환, 정치부 신두식, 선전부 정득근, 조직부 최능익, 감찰 현철·김혜란·황제넷, 사교부 유계상·곽애나·송종운·이마리아 등이었으며, 이들은 곧 집행위원이었다(『독립』신문 1944년 2월 3일자, '"대한민국" 26년도 조선민족혁명당 미주총지부 집행위원 제씨').

14) 하와이 총지부의 임원은 위원장 민찬호, 총서기 현순(玄楯), 기록서기 이정근, 조직부장 박상하, 부원 최정곤·전형균, 선전부장 홍치범(洪致範), 부원 정인수·정월라, 재무부장 김영선, 부원 신세라·오창익 등이었고 집행위원은 민찬호·현순·문또라·김이제(金利濟)·신세라·박상하·홍치범·홍한식·김영선 등이었으며 후보집행위원은 손창희·오창익·이병선 등이었다. 감찰위원은 천진화·양홍렵·이정근이었고, 후보감찰위원 문인화였다(『독립』신문 1944년 3월 15일자, '조선민족혁명당 하와이 총지부 위원 제씨'). 1944년 6월에는 새로 사교부를 신설하고 부장에 문또라, 부원에 홍숙자, 홍애경, 한현신 등을 선임했다. 그후 1945년 1월 임원을 개선하여 김이제를 위원장으로 하는 새 집행부를 구성했으나 자리바꿈에 지나지 않는다(『독립』신문 1944년 6월 21일자와 1945년 2월 21일자에 실린 「하와이소식」 참조).

조직을 갖추게 되었다. 이후 1944년 4월 중경에서 개최된 제8차 당대표대회에서 미주 본토 및 하와이에 성립된 총지부를 추인하는 동시에 미주에 당대표를 파견하여 재미교포의 인적·물적 자원을 혁명운동에 총동원하기 위해 노력하기를 결정하는 한편, 당장(黨章)을 개정하여 그 제19조에 "지리 정치상 정형의 특수한 지역에는 총지부를 설치함. 총지부는 중앙집행위원회의 결의범위 내에서 공작진행에 대한 독립적 권한이 있음. 단 중앙집행위원회의 추인을 요함"이라고 명시했다.[15]

이 대표대회에는 미주와 하와이 총지부에서 직접 대표를 파견하기 어려웠으므로 중경에 있는 김규식·김붕준이 하와이대표로, 『독립』신문 중경특파원인 신긔언과 왕릉이 로스앤젤레스 대표로 참석했다. 그리고 하와이와 미주지역에서 활동하는 당원들을 대표하여 민찬호와 김강을 명의상으로나마 명예주석단에 넣어 예우함으로써 그들의 재정적 지원과 선전활동에 대해 감사를 표시했다.[16]

2. 미주총지부 강령의 독자성

민족혁명당 미주지역 총본부는 지부적 성격을 가졌기 때문에 독자적인 강령을 가질 필요가 없었지만, 그렇다고 해서 중국에 있는 당 중앙의 강령을 그대로 받아들인 것도 아니었다. 중국과 미주가 거리상으로 멀고 또 정치적·사회적 환경도 크게 다르며 민족해방운동 추진상의 조건에도 서로 차이가 있어서 당 중앙이 채택한 강령을 그대로 적용하기 어

15) 「제8차 조선민족혁명당대표대회」, 『독립』신문 1944년 7월 26일자.
16) 같은 곳.

려운 점이 있었으리라 생각할 수 있겠다. 구체적으로 그 기본강령과 투쟁강령을 제시해보자.[17]

기본강령

① 일본 통치세력을 근본적으로 박멸하고 한국의 자유독립과 민주공화국을 건설함.
② 국민의 언론·출판·집회·결사·신앙·거주의 자유와 남녀평등권을 확보함.
③ 국민의 생활개선과 경제적 생산분배의 공평을 확보함.
④ 최대 한도의 의무교육과 직업교육을 국가경비로 실시함.
⑤ 최대 한도의 국방시설과 평등호혜 원칙하에 각국과 조약을 체결하여 인류의 행복을 기도함.

투쟁강령

① 국내·해외에 전민족적 반일통일전선을 건립하고 민중을 총동원하여 일본의 통치세력을 전복함.
② 군사행동을 적극적으로 전개하여 해외 각지의 민족무장부대를 총연합하고 새로이 조직함으로써 통일적 항일전선을 결성함.
③ 장래의 한국복리에 방해될 구봉건적 유물과 친일파와 타협주의자들을 숙청함.
④ 세계 일체의 반침략 반일세력 및 피압박민족과 연합을 도모함.

민족혁명당의 강령 중 미주지역 총지부가 성립된 1942년 6월 이전에 발표된 것으로는 다음 장에 전문이 제시될 1941년 제6차 대표대회에서

---

17) 김혜란, 앞의 글(2).

발표된 것이 제일 가깝다. 이 제6차 대표대회의 강령은 11개조만으로 되어 있어 기본강령과 투쟁강령의 구분이 없으며, "반파쇼적 조선인의 기업경영을 보호한다" "토지혁명을 여행(勵行)하고 경작지를 소작농민에게 분급한다" 등의 조항이 미주총지부의 강령에서는 빠지고, "경제적 생산분배의 공평을 확보함"이라는 대목이 들어갔다. 미주총지부의 강령은 1946년에 회고된 것이어서 다 기억하지 못했을 가능성이 있지만, 이 차이점이 미주총지부 강령의 독자성을 말하고 있을지도 모른다.

그러나 미주총지부에서 활동한 사람들의 역사인식과 민족해방운동인식은 중국지역에서 활동한 민족혁명당원의 그것에 접근하고 있었음을 확인할 수 있다. 예를 들면 『독립』신문에 발표된 이경선의 글 「조선혁명의 성질」에서는 "인류운동으로 보아서 필연적 계단이요 이상이라고 할 수 있는 사상은 사회주의사상이라고 아니할 수 없다"[18]고 하여 중국에 있는 당 중앙이 발표한 제6차 대표대회 선언 중 「조선혁명지의 성질과 원칙」[19]보다 오히려 사회주의 지향을 분명히 하고 있다. 또 이어서

우리의 조국을 광복하려 함이 이조시대를 광복하려 함도 아니요, 제국주의적 자본주의국가를 건설하려 함도 아니요, 사이비한 민주주의국가를 건설하려 함도 아니다. 우리는 세계대세에 순응 병진하여 민족적 완전독립과 계급적 완전해방을 포괄하는 진정한 민주주의국가를 건설하려 함이다

라고 하여 역시 '계급적 완전해방'을 강조하고 있음을 볼 수 있다.

이후에도 중경에 있는 당 중앙과 미주총본부 사이에는 비교적 긴밀

---

18) 『독립』신문 1943년 11월 10일.
19) 「朝鮮革命地之性質及原則」, 秋憲樹 編 『資料韓國獨立運動』 2, 209면.

한 연락관계가 이루어졌고, 따라서 당 중앙의 정강 정책 변경이 미주총지부에도 제대로 전해졌음을 확인할 수 있다. 즉 앞에서 든 당 중앙이 1943년 2월 제7차 대표대회 선언에서 다시 개정한 강령과 정책을 전해 받아 쓴 것으로 추측되는 미주총지부 위원장 변준호의 글 「조선민족혁명당과 우리의 해방운동」[20]은 「우리 당의 기본강령」과 「투쟁강령」을 들고 있는데, 여기에는 변준호의 설명이 덧붙여져 있어 미주총지부를 구성한 핵심인물들의 생각을 엿볼 수 있어 흥미롭다. 당 중앙의 제7차 대표대회 선언과 같이 전체 12개조로 되어 있는 「기본강령」 중 중요한 부분을 들어보면 다음과 같다.

우리 당의 기본강령: 일본제국주의 통치를 타도하고 조선민족의 자유와 독립을 회복하여 민주주의국가를 건설할 것.

이것은 당 중앙 제7차 대표대회 선언의 강령 제1조와 비슷하나, 변준호는 여기에다 "제국주의는 자본주의의 최후 단계인 동시에 사람을 압박 착취, 비참한 전쟁의 원인이 되므로 신조선 건설 후는 제국주의적 국가건설론은 매장할 것, 독립을 회복한 후 조선은 어떠한 착취계급의 조선이 안 되고 조선사람의 조선이 되게 할 것, 경제적 자유와 평등을 가지는 민주주의국가를 건설할 것"이라는 설명을 덧붙이고 있다. 중경의 당 중앙이 한국독립당 쪽과 통일전선을 추진하면서 그 정강 정책이 다소 타협적으로 선회한 감이 있는데 비해 미주총지부의 것은 오히려 선명성이 더한 것으로 볼 수 있다.

---

20) 『독립』신문 1944년 3월 1일자와 같은 신문 3월 8일자에 실린 변준호의 「조선민족혁명당 우리의 해방운동」.

독립을 회복한 후 1년 이내에 국민대회를 소집하고 일반인민의 요구에 의하여 헌법을 제정할 것.

이 조항 역시 당 중앙의 강령에서 "국민대표대회 소집에 의한 보선제(普選制) 실시"가 "일반인민의 요구에 의하여"로 고쳐졌으며, 여기에 변준호의 "헌법제정에 대하여 제1 정치적 기초구성은 농민과 노동자와 병사의 의사에 원만을 기초로 할 것, 제2 경제적 기초구성은 사람이 사람을 착취하는 제도를 폐지, 생산기구 사유권 폐지, 자본주의 경제제도 폐지, 즉 이익을 도모하는 생산제도 폐지, 생산기구 국가소유권"이란 설명이 더 붙어 있다. 이 점 역시 당 중앙의 것보다 훨씬 사회주의적임을 알 수 있다.

독립 후 1년 이내로 일인의 제국주의자, 매국적, 일인 관공리의 공유재산을 정부에서 압수할 것.

이 조항은 당 중앙의 강령과 비슷하나, 변준호는 여기에 "과거에 폴란드와 체코슬로바키아가 독립하였으나 토지를 압수치 아니하였고 그 외 다른 나라들은 회복하였으나 그전 봉건시대의 대지주에게 다시 돌려보낸 고로 농민과 노동자는 경제적 자유가 없었다. 만약 이번 전쟁 후에 프랑스와 일본에 점령되었던 중국영토와 생산기구를 그전 지주에게로 또는 공장주에게 돌린다면 수백만의 희생한 병사와 부모처자들은 다 어찌될까. 그런즉 점령되었던 토지는 피해받은 인민과 병사에게 분급할 것, 대규모의 공업은 국가에서 경영하고 농사는 경지를 농민에게 분급함"이라는 자신의 소견과 미주총지부 간부진의 의견을 덧붙였다.

징병제를 실시하고 민중의 안녕과 국가적 독립을 확보함.

이 조항 역시 당 중앙의 강령과 같으나 변준호는 여기에 "조선의 군
인은 의무적 군인이며 국방적 군인이며 계급만을 위한 침략적 군인이
아닐 것"이란 설명을 덧붙여 새로 수립될 민족국가의 군대가 자본가계
급에 의한 제국주의적 군대가 되지 않아야 함을 특히 강조하여 "국가의
독립과 인민의 안녕을 보장한다"에 그친 당 중앙의 강령보다 반침략 군
대로서의 성격을 더 강조하고 있음을 볼 수 있다.

노동시간을 단축하고 노동자의 사회적 또는 경제적 지위를 확보할 것.

이 조항도 당 중앙의 그것과 같지만, 여기에 "노동시간의 장단은 노
동자 자체가 결정할 것"이라는 의견을 덧붙여 노동자들 스스로가 노동
조건의 결정권을 가져야 한다는 적극적인 의견을 개진하고 있어 당 중
앙의 강령이 "노동의 각종 사회보장사업을 실시한다"에 그친 것과 비
교된다.

세계 반침략 국가와 민족으로 더불어 연합하여 자유평등의 세계를 건설하
도록 노력할 것.

이 조항에서도 "신조선의 건국정신과 실행은 침략정책을 절대로 반
대하며 압박도 없고 착취도 없는 자유사회를 건설할 것"이라고 하여 당
중앙의 강령을 더 보충 설명하고 있다.

한편 이때 미주총지부에서 채택한 『투쟁강령』은 중국의 당 중앙이
내 놓은 『정책』을 말하며, 그 조항 수는 양쪽이 모두 7개 조항으로 되어

있으나 이 부분에도 각 조항마다 변준호의 설명이 덧붙여져 있다. 그 중 요한 부분을 들어보면 다음과 같다.

혁명단체 혹 기관을 토대로 한 임시정부의 기구를 일층 공고히 하여 좀더 큰 세력과 영향으로 전민족적 독립운동을 지도하며 그로 좇아 최단기 내에 임시정부 승인을 여부없이 받게 하며 휴전 후 연합국으로 우리 정부를 여부 없이 승인토록 할 것.

이 조항은 제7차 대표대회 선언 제2조항에 해당하는 부분이다. 그러 나 제7차 대표대회 선언은 카이로선언 전에 발표된 것인데 변준호가 이 글을 쓸 때는 카이로선언 발표 이후여서 다음의 설명이 붙어 있다.

이 조항에서 독립을 여부없이 승인받도록 노력한다는 것은 카이로선언을 읽어보면 적당한 시기에 독립이란 말이 나오는데 참으로 애국하는 조선사람 은 허락할 수 없는 것이다.

이 대목에서 변준호가 카이로선언의 문제점을 정확하게 알고 있었음 을 알 수 있다.

연합국 공세에 일치협력하여 우리 민족의 독립전쟁을 대규모화하기 위하 여 국내 해외의 일절 무장세력을 통일할 것.

제7차 대표대회 선언 「정책」 제3조에 해당하는 이 부분에서는 "재중 국광복군을 확대 강화하여 본국에 침공하고 국내 민중을 무장하여 대 대적 항일전쟁을 실행할 것"이란 설명을 붙여, 조선의용대가 참가한 광복군 중심 독립군의 국내진공을 강조하고 있다.

정의를 위한 반파시스트 전쟁을 협조하고 적극적으로 중일전쟁에 참가할 것.

이 조항에서도 그는 나름대로 "파시스트 나치주의는 무엇인가"에 대해 설명하고 있다. "파시스트주의는 인민자유를 박탈하고 국가의 기관(정부)을 신성불가침으로 삼는고로 대내적으로 모든 것이 다 반동적이다. 그래서 민주주의적 국회를 해산하며 언론·출판·집회·노동자 결사자유를 여지없이 박멸한다. 대외정책으로 전쟁을 일으켜서 국가를 방어하자고 국내 민중의 불평과 혁명사상을 진압한다"는 설명을 붙여 교포사회 일반의 이해를 돕고 있다.

원동 피압박민족의 일절 반일운동과 일본민중 자체 혁명을 원조할 것.

이 조항은 제7차 대표대회 선언의 「정책」 제7조에 해당한다. 여기서도 "민족혁명당에서는 대만, 필리핀, 만주, 중국, 심지어 인도 이 모든 나라 인민들에게 배일사상과 운동을 고취하며 될 수 있으면 일본제국주의를 반대하는 일본농민과 노동계급, 병사 특히 일반 포로병에게 새 민주주의사상을 넣어줄 것이다. 다른 사람 압박하는 민족은 자기가 스스로 해방을 얻지 못한다"는 설명을 붙여 민족혁명당의 '혁명'노선과 방법에 대한 재미교포들의 이해를 촉진하려 노력하고 있음을 볼 수 있다.

당연한 일이지만, 민족혁명당 미주총지부의 강령들은 기본적으로 중국에 있는 당 중앙의 것과 노선을 같이하고 있다. 그러나 우리가 보아온 것과 같이 미주지역 교포사회를 대상으로 하므로 그에 필요한 만큼 차이도 있었음을 알 수 있다. 중국지역에 있는 당 중앙의 당원 대부분이

'혁명전선'에 투신한 의식있는 청년들을 중심으로 했던 데 비해 미주총지부는 일반교포사회에 뿌리를 내려야 했으며, 특히 민족혁명당이 가진 상대적 진보성이 미주지역 교포사회 일반의 이해를 얻어내는 데는 상당한 장애가 있었으므로 그 강령이 가진 본래 의도에 대한 설명이 필요했음을 짐작할 수 있다.

그럼에도 불구하고 미주총지부의 강령이 경우에 따라서는 한국광복운동단체연합회 쪽과 통일전선을 추구하던 중앙당의 것보다 더 진보적인 부분도 있었음을 확인할 수 있다. 이런 점에서 보면 미국사회에서 생성된 민족혁명당 미주총지부 구성원들의 존재는 전체 식민지시대를 통한 미주지역 민족해방운동전선의 또 하나의 특징과 중요성을 말해준다고 할 수 있다.

3. 미주총지부의 활동

1) 군자금 모집활동

민족혁명당 미주총지부의 활동은 그 전신인 중국후원회와 의용대후원회의 사업을 계승한 중국에서의 무력투쟁 활동에 대한 경제적 원조와 그 기관지적 역할을 한 『독립』신문의 발행 그리고 임시정부 참가와 연관되는 주미외교위원부 개조문제 등 세 가지로 요약할 수 있다. 그중에서도 당 중앙의 활동을 직접 도울 수 있는 부분은 역시 군사비용을 조달하는 일이었다. 『독립』신문 중경특파원이던 신긔언의 글 「미주동포에 대한 희망과 기대」[21]는 중국지역 민족해방운동전선을 위해 미주교포사회가 무엇을 해야 할 것인가를 잘 말해주고 있다.

경제적 동원을 총집중할 것. 우리 독립운동의 중심사업인 군사운동을 적극적으로 전개시키는 데는 무엇보다도 물질역량이 크게 수요된다. 그러나 우리는 아직도 상당한 국제적 원조를 얻지 못하게 되었다. 목하 우리의 경제 정형은 대규모의 군사활동에 필요한 금전이 없을 뿐 아니라 중경을 중심한 광복운동자들과 그 가족의 절대다수는 각자의 생활까지도 자력으로 해결하지 못하고 남의 구제를 받아서 참담한 살림살이를 유지하고 있는 형편이다. …

그 반면에 미주동포들은 원래 경제적으로 비교적 넉넉하였으며 전쟁이 발생한 후로는 과거보다도 여유있는 생활을 하게 된 것이 사실이다. 그러므로 대규모의 경제원조를 쟁취하기 전에는 주로 미주교포의 경제적 공헌이 우리 운동의 유일한 재정원이 되는 것이다. 목하 미주 각지에서 … 외교활동을 유지하기 위하여 원동군사운동에 대한 경제적 동원에 지장을 주고 있는 것은 유감으로 생각한다. 이러한 현상은 우리 외교는 워싱턴을 중심삼아야 한다는 착오된 견해에서 발생한 것이다.

이 글은 미주교포 사회의 원조를 촉구하는 데 목적이 있는 한편, 민족해방운동에 대한 원조의 주류가 주미외교위원부 활동과 같은 외교독립운동 원조에서 무장항쟁 원조로 바뀌어야 한다는 뜻을 내포하고 있다. 그것은 의용대후원회의 개편으로 성립된 민족혁명당 미주총지부 쪽으로서는 당연한 주장이었다.

참고로 민족혁명당을 중심으로 하는 조선민족전선연맹계가 임시의정원에 참가한 1942년도 임시정부 예산결산안의 대체적인 내용을 보자. 세입 총액이 105만 원(독립금 46만 원, 우방으로부터 특별수입금 48만 원, 기타 11만 원)에 세출 총액은 98만 원(정무비 72만 원, 군사비 21

---

21) 『독립』신문 1944년 8월 16일자.

만 원, 의원비 5만 원) 정도이다. 이 예산규모를 같은 해 북미국민회의 한 단체의 것과 비교하면 2배 정도 수준이다.[22]

그러나 임시정부 세입 중 독립금은 거의 미주지역에서 조달된 점을 고려할 때 이를 제외한 임정의 세입은 북미국민회 한 단체의 것과 별로 다르지 않았으며, 중국정부에 대한 재정의존도가 그만큼 높았다. 따라서 이 정도의 재정자립도로는 자주적인 군사활동을 펴기 불가능했다. 1944년 6월에 열린 민족혁명당 제8차 대표대회가 미주총지부를 추인하면서 "당원을 파견하여 재미교포의 인적·물적 자원을 총동원한다"고 결정한 것도 이와 같은 애로를 해결하자는 데 있었다.

민족혁명당 미주총지부에서 중국전선 군사활동의 후원이 적극성을 갖게 된 계기는 1943년 12월 카이로선언 발표였다. 카이로선언이 나오게 되자 민족혁명당 미주총지부는 연합국 열강에 대해 전쟁 후 조선의 즉각적이고 절대적인 독립보장과 한인 무장세력에 대한 실질적인 군사원조를 요구하는 성명서를 발표하는 한편, 대내적으로 당면한 '시국정책'으로 독립의 완성은 오로지 무력항쟁의 확대 강화에 있으며 그것은 조선의용대를 흡수통합한 광복군을 직접 후원하는 데 있다는 결의를 채택했다.[23]

이 결의는 우리 민족의 주체적 준비와 역량 미숙으로 전쟁 후 즉각독립이 유보되었다는 자책론에 바탕을 둔 것이었다. 따라서 이러한 국면을 타개하기 위해 대일전선에서 과감한 무력항쟁의 전개와 미주한인

---

22) 『독립』신문 1944년 8월 9일자, '임시정부 공보 제18호'와 『新韓民報』 1943년 1월 14일자, '재정결산서' 참조. 1942년 북미국민회의 재정수입은 2만 6000불 정도인데 이것을 1943년도 환율을 기준으로 중국돈으로 환산하면 대략 52만 원이 된다.

23) 『독립』신문 1943년 12월 8일자, 「카이로 공약에 대한 미주 조선민족혁명당 선언」; 『독립』신문 1943년 12월 23일자, 「조선민족혁명당 시국정책」 참조.

사회의 군사후원금 모집이 무엇보다 절실히 요구된다는 인식에서 비롯된 것이었다.[24] 그 결과 1944년 1월 초 재미한족연합회[25] 주최로 열린 각 단체공동회의에서 민족혁명당 미주총지부는 다음의 네 가지 안건을 제출하여 토론에 부친 후 군사운동을 중심으로 각 단체 연합의 필요성을 인정하는 결의안을 통과시켰다.[26]

① 현하의 급선무는 군사운동 확장인즉, 군사비를 최대한 수립할 것.

② 이 문제를 다루기 위하여 새로이 군사위원회를 조직할 것.

③ 이 군사비는 임시정부나 미주에서의 외교운동을 위하여 쓰지 말고 오직 군사운동에만 사용토록 할 것.

④ 이 군사비는 원동에 있는 군사활동 책임자에게 직접 보낼 것.

이어서 같은 해 4월에 열렸던 연합회 제3차 전체 대회에서는 민족혁명당 미주총지부의 강력한 요구에 따라 12월 말까지 10만 불의 군자금을 모집할 것을 의결하는 한편, 임시정부에 대해서는 조속한 시일 안에 연합내각을 조직하고 광복군 9개 준승의 폐지를 위해 노력할 것을 요구하는 전문을 보냈다. 그러나 전체 대회의 이 결의는 국민회가 제안한 워싱턴 외교사무소 설치에 반대하던 민족혁명당 미주총지부와 한인유학생회가 연합회를 탈퇴하는 바람에 무산되었다.[27]

---

24) 『독립』신문 1944년 1월 19일자, 사설 「자유의 대가가 오직 눈물과 땀과 피」; 『독립』신문 1944년 2월 16일자, 「독립 완성을 위한 우리의 주장」 참조.

25) 재미한족연합회는 1941년 4월 국민회와 동지회의 일시적 타협에 의해 결성되었는데 민족혁명당 미주총지부의 전신인 의용대후원회도 이에 참가했다(김원용, 앞의 책 339~410면).

26) 『독립』신문 1944년 1월 5일자, 「연합회 주최로 각 단체 공동회의」.

27) 『독립』신문 1944년 3월 13일자, 「한족연합회 제3차 전체 대회 전말」 참조.

이후 민족혁명당 미주지부는 한인사회 내부에서 계속 군사운동 원조에 대한 여론을 조성하고 있던 중 중경의 민족혁명당이 임시정부에 참가하여 통일전선 내각을 구성하고, 이어서 광복군의 독자적 활동을 제약해오던 9개 준승이 폐지되자 다음과 같은 내용으로 군사운동촉진위원회의 구성을 발기했다.[28]

군사역량은 우리의 자주력과 자주권을 대표하는 저울대다. 외교와 선전이 필요하지만 외교와 선전도 군사력과 군사행동이 없으면 효과있게 진행될 수 없는 것이다. …

전쟁 중에도 연합국을 도와서 군사적 어떤 공작으로라도 실제로 도움이 있어야 되겠고 또한 동아전쟁이 끝나기 전에 우리의 무장력이 준비되지 못하고 외국군대만이 조국영토에 들어가게 되면 아무리 전략상 일시 불가피의 사정이라 하더라도 일이 잘 되기를 희망할 수 없는 것이다. …

이렇게 생각할 때 시기가 절박한 이 계단에 가장 급선무요 중요한 공작은 군사운동 확대 강화인 것이다. 재미교포(하와이) 한인은 무장운동의 공작지를 멀리 떠나 있어서 우리가 직접으로 전쟁에 참가할 수 없으므로 우리 자신이 참가하는 대신에 군인을 모집하는 경비나 무장을 준비하는 군비를 거두어서 군사당국에 보내는 것이 가장 필요하고 또한 할 수 있는 일이다.

민족혁명당 미주총지부는 이런 취지에 찬동하는 사회유지 인사들과 함께 1944년 9월 군사운동촉진위원회를 구성했다. 그 규약에는 군자금을 수합하여 군사운동을 원조하기 위한 단체일 뿐 이 위원회에는 정치적 성격이 없음을 명시하여 문호를 개방하고, 수합된 군자금은 임시정

---

28) 『독립』신문 1944년 10월 4일자, 「군사운동비 모집에 대하여」.

부 군무부에 직접 보낸다는 것을 강조하여 군자금이 다른 용도로 전용되는 것을 사전에 봉쇄하려 했다.[29]

그해 10월 이 위원회는 로스앤젤레스에서 군사운동촉진대회를 열어 '기대 이상의 성과'를 올렸고, 12월까지 미화 3000달러(중국돈 약 12만 원)의 군사후원금을 거두어 군부총장 김원봉에게 직접 우송했다.[30] 한편 민족혁명당 하와이지부도 1944년 1월 집회에서 50만 달러에서 100만 불에 상당하는 군사후원금을 모집하자는 주장도 나왔으나 실제 모금액은 1만 달러 정도이고 그 가운데 6000달러가 임시정부 군무부로 전달된 것으로 보인다.[31]

이런 과정에서 민족혁명당 미주총지부의 기관지적 성격을 가졌던 『독립』신문은 '군사제일주의'를 내세워 자력에 의한 독립쟁취를 역설하고, 군사운동촉진위원회의 활동소식과 군사비를 낸 사람들 명단을 계속 보도함으로써 군사후원금 모집사업을 직접, 간접으로 지원했다. 미국정부 쪽에서 전쟁 후 한반도의 국제공동관리론이 나오기도 하고 카이로선언이 그 취지에 따라 조선독립은 일정한 절차와 기간을 거쳐야 한다는 뜻을 내포하게 되자 민족혁명당 미주총지부에서는 그것을 분쇄하고 즉시독립을 쟁취하는 길은 군사활동을 활발히 하여 임시정부가 참전국 정부가 되게 하는 길밖에 없다고 판단하게 되었고, 그 결과 군사후원금 모집운동을 적극적으로 펴게 된 것이라고 볼 수 있다.

---

29) 같은 곳.

30) 『독립』신문 1944년 10월 4일자, 「군사운동 촉진대회」; 『독립』신문 1945년 1월 17일자, 「군사운동비 모집」참조. 한편 『독립』신문은 1944년 9월 27일자 사설 「목하 우리의 급선무─군사운동을 촉진하라」와 1944년 10월 4일자 사설 「군사운동에 대한 우리의 책임」등을 연속적으로 실어 민족혁명당 미주총지부의 군사후원금 모집을 지원했다.

31) 『독립』신문 1944년 2월 3일자, 「군비금 5천원 수합」; "K. N. R. P. Hawaii Branch Observes First Anniversary," *KOREAN INDEPENDENCE*(『독립』신문 영문판) 1944년 8월 2일 참조.

2) 『독립』신문의 발행

민족혁명당 미주총지부는 결성 초기에 『민족전선』이란 소규모 기관지를 1개월에 두 차례 발행했으나, 경제사정과 인쇄시설 미비로 계속 간행하기 어려운 사정에 있었다. 그러나 태평양전쟁 발발 후에는 국제정세의 급속한 변화에 따라 당의 이념과 활동상황, 주장을 재미교포사회와 미국정부 또는 일반시민에게 체계적으로 그리고 지속적으로 전달해야 할 필요성이 높아가고 있었다.[32]

이런 상황에서 민족혁명당 미주총지부의 열성당원들은 여러가지 어려운 여건에도 불구하고 『신한민보』 영문란 주필이던 박상렵을 영입하여 『민족전선』의 확대 개편을 계획했다. 언론활동 부문에서 다채로운 경력을 갖고 있던 박상렵은 특정 정파나 단체의 기관지가 아닌 '자유로운 언론기관'의 창설을 조건으로 민족혁명당 미주총지부의 제의를 수락했다.[33] 이후 새로운 신문발간 작업은 급속히 진전되어 1943년 7월의 준비모임에서 백일규(白一圭)를 준비회장으로 선임하고, 이어 8월에는 발기회를 소집하여 임시규약을 정한 다음 10월 6일에는 『독립』신문

---

32) 『독립』신문 1946년 10월 23일자, 김혜란 「중일전쟁 이후 재미동포 해방운동의 회고」
   (3) 참조.
33) 박상렵은 『독립』신문 창간 이후 1947년까지 총편집인과 주필을 담당하여 이 신문 발간에 크게 기여했다. 『독립』신문 창간호에 실린 그의 약력을 보면 다음과 같다. 서울 경신학교와 청년회학교 영어전문부를 졸업한 후 10년간 경성 영자일보 『서울프레스』 부주필로 있다가 1937년 도미하여 오하이오 웨슬리안 대학에서 현대역사, 영문, 철학 등을 전공했다. 1941년 동 대학을 졸업한 후 보스턴대학 철학부에서 수학했다. 태평양전쟁 발발 후 일어판 『3국동맹과 일미전쟁』을 영역했고, 1942년 미국정부 사법부 이민국 통역관으로 있다가 1943년 『신한민보』 영문란 주필이 되었다. 그가 『신한민보』를 그만둔 것은 국민부 집행부의 편집권 침해와 신문 자체의 기관지적 성격 때문이었다고 한다.

창간호를 발간하게 되었다.[34]

『독립』신문은 처음 격주간으로 발행되었으나 차츰 주간신문으로 자리잡아갔으며, 지면은 평상시 영문란 1면과 국문란 3면으로 했다. 발행 부수는 1944년의 경우 매호 1500부 정도였다. 당시 미주지역의 한인 수가 총 1만 명을 넘지 않았다는 점을 생각하면 반응이 상당히 좋았던 것으로 볼 수 있다.[35] 신문사의 운영체제는 상무부·편집부·영업부·이사부·감사부 등으로 나뉘어 있었고, 김성권과 박상렵이 각각 초대 사장과 총편집인(주필)을 맡았다.[36]

신문발간 비용과 운영경비는 사우(社友)의 유지금과 유지인사의 기부금, 영업수익으로 충당했는데, 그 가운데 사우의 유지금이 가장 큰 몫을 차지했다.[37] 요컨대 『독립』신문은 민족혁명당 미주총지부계 인사들의 헌신적인 노력과 당시 국민회와 동지회가 발간하고 있던 신문들에 다소간 불만을 갖고 있던 '중립적' 인사들의 협조와 전쟁에 따른 특수경기로 경제적 사정이 다소 나아진 사우들의 재정적 지원 등에 의해 발간되고 또 속간될 수 있었던 것이다.

『독립』신문의 발간 취지와 목적, 사명은 창립발기문[38]에 잘 나타나 있다. 발기문은 서두에서 제2차 세계대전이 연합국에 유리하게 전개되

---

34) 『독립』신문 1943년 10월 27일자, 「독립신문사가 탄생하기까지」 참조. 『독립』신문은 창간 이후 1955년 12월까지 발간되다가 미국정부의 '주목'이 심해 폐간되었다고 한다(김원용, 앞의 책 273면 참조).

35) 『독립』신문 1945년 1월 24일자, 「독립신문사 사우총회 경과사항」 참조.

36) 『독립』신문 1943년 10월 6일자, 「독립신문사 임원」. 재정사정으로 주필과 식자인만 생활보조비 형식의 정기적 월급을 받았고 다른 임원은 회생적 봉사로 민족해야 할 형편이었다.

37) 『독립』신문 1943년 10월 27일자, 「독립신문사 임시규약」; 『독립』신문 1945년 1월 24일자 사설 「제3차 사우총회를 지나면서」 참조.

38) 「독립신문 발기문」, 『독립』신문 1943년 10월 6일자.

는 지금의 세계대세는 우리 독립운동의 '전무후무'한 기회이긴 하지만 우리의 독립은 세계대세에 따라 저절로 이루어지는 것이 아니라 먼저 내부적으로 굳게 단결하여 정확한 계획 아래 이 유리한 세계대세를 이용할 만한 역량과 지혜를 가져야 가능하며, 또한 민족 각 개인의 최대한의 희생을 다한 연후에야 비로소 완성될 수 있는 것이라 강조한 다음, 『독립』신문의 목적과 사명을 다음과 같이 역설하고 있다.

우리 독립운동의 현단계에 있어 중요하고 힘있는 무기의 하나는 언론이며 동시에 그 언론을 자유로이 발표하는 기관이다. 즉 다시 말하면 안으로 동포 사회에 대하여는 사실 앞에 두려워하지 아니하며 허위와 불의 앞에 굴하지 아니하고 사실을 사실 그대로 보도하여줌으로써 흑백을 분별하게 하며, 밖으로 외인에 대하여는 현대 민주주의의 원리에 근거하여 우리의 의사를 기탄없이 발표하여 소위 위임통치와 국제관리 등의 그릇된 생각을 고치게 하며 우리 민족의 자주독립의 정당한 권리를 옹호하여 세계 각 민족 가운데서 동등의 지위를 가지게 함으로써 동아의 영구한 평화와 인류진보에 공헌케 할 그러한 언론기관이 우리에게 무엇보다 필요하다. …
이에 우리는 깊이 느낀 바 있어 독립신문사 창립을 발기한다. 이 독립신문의 목적은 문자 그대로 우리 독립운동을 위하여 한 부분의 힘이 되고자 함은 물론인 동시에 오직 민족 본위 입장에서 진리와 정의를 위하여 끝까지 나아가고 싸우려 한다. 그러므로 독립신문의 사명은 절대로 언론자유를 존중함에 있으며 우리 장래 국가 건설기에 있어서 민권을 옹호하며 민생의 복리를 증진하는 데 최선을 다함에 있다.

『독립』신문은 제2차 세계대전에서 연합국의 승리와 조선독립에 대한 구체적 전망을 가지고 '민족 본위'의 입장에서 공평하고 자유로운 언론

보도를 통한 조선독립과 신국가 건설에 기여를 표방한 만큼 공식적으로는 민족혁명당 미주총본부의 기관지적 성격을 부인했다.[39)]

『독립』신문의 이러한 입장표명은 당시 미주한인사회에서 발간되고 있던 신문들, 즉 『신한민보』『국민보』『북미시보(北美時報)』등이 국민회나 동지회 등의 입장만 반영하는 철저한 당파적 태도를 견지하는 데 대한 반성과 비판에서 비롯된 것이다. 이 점에서 『독립』신문은 다른 신문보다 진일보한 측면을 보여주었을 뿐 아니라, 원론적 수준에서나마 사회주의사상과 미국 언론계 또는 정치계의 진보적 경향을 소개함으로써 보수적인 미주한인사회에 일종의 혁신적 경향을 일으키는 데 일정하게 기여했다.

그러나 다른 한편에서 『독립』신문은 창간과정에서부터 발간 이후 제반 운영에 이르기까지 민족혁명당 미주총지부 당원들이 깊숙이 관여했기 때문에 신문의 전반적 논조에는 민족혁명당의 이념과 노선이 반영되었고, 사실 보도에서도 민족혁명당 중경본부와 미주지부의 활동을 크게 다룸으로써 미주교포사회에서 민족혁명당의 주의 주장과 활동에 대해 호의적인 여론이 조성되도록 노력한 것은 사실이었다.

이 때문에 일반적으로 『독립』신문은 민족혁명당 미주지부 기관지로 알려졌으며, 그 전반적 논조에서 진보적이고 혁명적인 이념과 노선을 강조한 관계로 '좌경의 편견'을 고집한 신문으로 평가되기도 했다.[40)] 어떻든 미주지역의 민족혁명당원들은 『독립』신문이 발행됨으로써 자신들의 이념과 노선을 대내외에 선전하고 조직적 기반과 활동영역을 확대해나갈 수 있었던 것만은 사실이다.

---

39) 『독립』신문 1943년 11월 10일자, 「워싱턴 오전에 대하여」 참조.
40) 김원용, 앞의 책 222~23면과 273~74면 참조.

3) 주미외교위원부의 개조문제

제2차 세계대전의 진전과 중국 관내 우리 민족해방운동전선에서 일어난 통일전선운동에 영향을 받아 전개되기 시작한 재미한인사회의 연합운동은 1941년 4월 하와이에서 개최된 해외한족대회(海外韓族大會)의 결의에 의해 탄생한 재미한족연합위원회(在美韓族聯合委員會)의 성립으로 구체화되었다. 그러나 이 연합위원회는 미주한인사회에서 오랫동안 대립해왔던 국민회와 동지회 사이의 일시적 타협의 산물이었을 뿐 어떤 주의주장이나 원칙에 근거한 것은 아니었다.

즉 동지회는 국민회가 주도하는 연합위원회에 참가하는 조건으로 이승만을 외교위원장에 임명해주기를 요구했고, 국민회는 동지회 쪽을 포섭하여 재미한인사회의 통합주체가 되었다는 명분을 얻기 위해 이 요구를 받아들였다. 이에 따라 이승만을 위원장으로 하는 주미외교위원부가 설치되었고, 이 위원부는 임시정부의 사후 인준을 받아 외무부 산하의 정식 외교기관으로 대미외교를 담당하게 되었다. 외교위원부의 유지비용은 연합위원회가 부담했으므로 연합위원회는 나름대로 외교위원부에 대한 일정한 영향력 행사를 기대하고 있었다.[41]

1941년 12월 태평양전쟁이 발발하여 대미외교의 중요성이 높아지자 연합위원회 집행부는 외교활동의 한몫을 담당하기 위해 외교위원부의 확대개편을 이승만에게 요구했으나 단호히 거절당했고, 이를 계기로 외교위원부 개조론이 본격적으로 대두되었다. 1943년 1월에 열렸던 대한인국민회 제7차 대표대회에서는 외교실패, 권력남용, 인심소란 등을

---

41) 같은 책 432면.

이유로 연합위원회를 통해 이승만의 외교위원부 소환을 임시정부에 요구하기로 결의했고,[42] 이러한 움직임에 맞서 동지회 쪽은 그해 9월 연합위원회에서 탈퇴함으로써 재미한인사회에서 연합위원회와 외교위원부의 위상은 동시에 흔들리고 있었다.[43]

한편 미국정부는 임시정부나 외교위원부 그리고 개인들의 계속된 청원 외교활동에도 불구하고 임시정부에 대한 공식 승인이나 광복군 지원문제에 냉담한 반응을 보였고, 미국 언론계 일각에서는 전쟁 후 조선문제 처리에서 위임통치론을 공공연하게 거론하기도 했다.[44]

이런 상황에서 민족혁명당 미주지부는 군사활동이 병행되거나 전제되지 않는 외교활동에 대해 원칙적으로 비판하는 입장에 있었으며, 대미외교활동의 창구는 정부기관, 즉 주미외교위원부로 일원화해야 함을 강조하고 있었다. 그러나 그들도 현재의 외교위원부 체제나 활동이 만족스럽다는 것은 아니었고 개조의 필요성은 인정하고 있었다.

민족혁명당 미주지부는 1943년 9월 중경의 임시의정원 제35차 회의 개최를 앞두고 주미외교위원부의 상황을 상세히 보고한 후, 문제해결의 방안으로서 임시정부에서 가능한 한 이른 시일 안에 '과감한' 인물을 미주지역에 파견하여 외교위원부를 재조직할 것을 건의했다. 민족혁명당 미주지부는 외교위원부 개조문제가 발생한 것은 그것을 이끌어갈 '중심인물' 선정문제에서 비롯된 것이라는 점, 그런데 재미한인사회의 지도적 인물은 역량문제를 떠나 당파적 이해관계가 깊숙이 개재되어 있어 누구를 선정해도 행동통일을 이루기 어렵다는 점 등을 들며, 임시정부가 이 점을 파악하여 전체 민족적 이해관계를 대변할 수 있는, 나

---

42) 「대한인국민회 제7차 대표대회」, 『新韓民報』 1943년 1월 14일자.
43) 김원용, 앞의 책 432면.
44) 『독립』신문 1944년 10월 6일자, 「조선은 절대 완전독립을 원한다」 참조.

아가 미국 쪽의 신임까지 받을 수 있는 인물을 선정하여 외교위원부의 재조직을 단행해야 한다고 건의한 것이다.[45]

한편 국민회는 외교위원부의 확대개편 요구가 이승만과 임시정부에 의해 받아들여지지 않자 독자적인 외교기관, 즉 '워싱턴사무소'의 개설을 추진했다. 그러나 일반여론이 좋지 않아 머뭇거리던 국민회는 1944년 4월에 열린 재미한족연합회 제3차 전체 대회에서 민족혁명당 미주총지부와 북미한인유학생회의 반대를 무릅쓰고 '워싱턴사무소' 설치안을 상정하고 수적 우세를 바탕으로 이를 통과시켰다. 이 때문에 민족혁명당 미주총지부와 한인유학생회는 연합회를 탈퇴했다. 민족혁명당 미주총지부는 탈퇴이유를 이렇게 밝혔다.[46]

우리 민족해방의 유일한 정로는 완전하고 진정한 민족적 통일을 확립하는데 있는 것입니다. 고로 우리 재미한족사회는 중경임시정부를 봉대할 것을 내외에 표명하였고 본 혁명당도 이러한 견지 밑에서 재미한족연합회와 합작하여 성심성의로 노력하였습니다. …

그러나 오늘날 연합회(사실상 국민회)의 화부(華府: 워싱턴 - 인용자)사무소 설치는 임시정부를 절대 봉대하기로 표명한 연합회로서 임시정부의 정식 임명한 화부외교위원부와 대립기관을 설치하는 것이므로 우리 민족적 통일을 파괴하는 혐의를 면치 못하는 것입니다. …

대미외교의 정로는 루즈벨트 대통령과 헐 국무장관이 누차 설명한 바에 따라 우리 민족 자체로서 적으나 크나 우리 있는 힘을 다하여 싸운 연후에야 처

---

45) 『독립』신문 1944년 7월 12일자, 「시국과 우리 운동」; 『독립』신문 1944년 9월 20일자, 「구미위원부 재조직과 평화회의」; 『독립』신문 1944년 10월 4일자, 「워싱턴외교부 개조 문제」참조.
46) 「한족연합회 제3차 전체 대회 전말」, 『독립』신문 1944년 4월 13일자.

음으로 그 동정과 원조를 얻을 것입니다. 그러므로 오늘날 대미외교에 가장 유효한 방법은 우리 있는 힘을 다하여 군사운동을 적극적으로 실행함에 있는 것입니다. …

그럼에도 불구하고 개인으로나 혹은 공중에게 돈을 거두어 허명무실한 외교운동에 실력을 허비함은 우리 독립운동 전체로 보아서는 본말을 전도하는 것이며 미국인의 견지로는 한인의 외교에 몽매함을 표시하는 동시에 우리 한인이 자기 해방운동에 대하여 절실한 느낌이 없는가 하는 오해를 주기 쉬울 것입니다.

온건하면서도 설득력이 높은 이 글에 나타난 민족혁명당 미주총지부의 기본입장은 대미외교의 창구는 임시정부의 공식 외교기관인 주미외교위원부를 개조하여 일원화하고, 그 이외 민간단체의 모든 역량은 군사운동 원조로 총집중해야 한다는 것이다. 특히 국민회가 만들려고 하는 워싱턴 외교사무소를 유지하기 위해서는 연간 3만 불의 경비가 예상되는데, 재미한족연합회가 성립된 후 1년 반 동안 집행부의 수입이 2만 8000불에 지나지 않았음을 생각해보면 재미한인사회의 경제적 역량이 외교활동에 편중되는 현상을 우려하지 않을 수 없었다.[47]

이처럼 문제가 복잡하게 전개되자 1944년 8월 중경임시정부는 '미주문제 선후 방침안'을 논의한 후 주미외교위원부 조직에 대한 지침을 미주한인사회 각 단체에 시달하는 한편, 이승만에게는 별도의 전문을 보내 한족연합회 집행부와 협조하여 외교위원부의 재조직에 노력할 것과 그때까지 공식적인 직권행사를 정지한다는 방침을 시달했다.[48] 각 단

---

47) 「재미한족연합회 집행부 재정결산서」, 『신한민보』 1943년 2월 11일자.
48) 「워싱턴외교부 재조직에 대한 임시정부 공포」, 『독립』신문 1944년 8월 16일자.

체에 시달된 중요 내용을 보면 다음과 같다.

현 한족연합회의 주최로서 북미와 하와이, 쿠바, 멕시코 등지에 있는 각 단체를 망라하여 대표대회를 소집하고 그 대표대회에서 외교위원부 7명으로부터 15명까지 택선하여 즉시 임시정부로 보고할 것.

임시정부는 보고를 받은 후 국무회의를 소집하여 부장과 차장을 택하여 임명할 것.

이미 정부로써 임명을 받은 부장이 그외 각부 임원들을 정하여 임시정부의 승낙을 얻을 것.

외교부 1년도 예산안 편성을 임시정부로 보고할 것.

외교부는 정부의 외교과에 속한 기관인만치 일정 규정을 임시정부 외교과에서 지시하는 대로 할 것.

임시정부의 이러한 시달과 함께 민족혁명당 중앙에서는 재미한인에게 보내는 방송을 통해, 임시정부에서 외교위원부의 재조직을 시달한 것은 모든 민족해방운동전선에서의 통일을 촉진하는 의미에서 나온 것이므로 재미한인 각 단체는 대의를 위하여 무조건 통일을 추진하여 대독립전쟁을 준비하는 것이 임시정부의 기성 방침에 순응하는 것이라고 강조했다. 한편 외교위원부는 그동안 정부의 기관이라고 하지만 실제로 정부를 위해 한 일은 없었다고 비판하고, 이번에 정부에서 처음으로 외교위원부에 시달하는 명령이니 그대로 시행해줄 것을 촉구했다.[49]

재미한족연합회는 임시정부의 이같은 지시에 따라 전체 대표대회를 소집했으나, 동지회 쪽에서는 임시정부 전문에 '모호한 점'이 있으므로

---

49) 『독립』신문 1944년 8월 26일자, 9월 13일자, 9월 27일자, 「중경방송」 참조.

주석 김구의 친필이 오기까지 대표대회에 참석할 수 없다고 통고해왔다.[50] 결국 동지회 쪽이 불참한 가운데 1944년 10월 대표대회가 개최되었고, 이 대회에서 연합회의 주도권을 갖고 있는 국민회는 동지회 쪽의 참가를 종용하고 투표권의 합리적 배분을 요구하는 민족혁명당 미주총지부와 한인유학생회의 의사를 무시한 채 회의를 강행하여 외교위원 15명을 선출한 후 이를 임시정부에 보고했다.

그러나 임시정부는 동지회가 불참했다는 이유로 대표대회의 인선을 백지화하고, 그 국무회의에서 각 단체의 비중에 따라 위원장 이승만, 부위원장 김원용(金元容), 비서주임 정한경(鄭翰景), 위원 정기원(鄭基源)·한시대(韓始大)·김호(金乎)·이살음(李薩音)·변준호·안원규(安元奎)·송헌주(宋憲澍) 등으로 외교위원부를 재조직하여 통고했다. 국민회 쪽은 이에 불복하고 임시정부의 재정지원을 중단하는 한편 '워싱턴 외교사무소'를 강화하여 따로 외교활동을 폈다.[51]

『독립』신문은 1944년 11월 22일자에 「전체 대표대회 실패원인」이란 사설을 실어 중경임시정부와 미주국민회 그리고 동지회 쪽을 모두 신랄하게 비판했다. 그 내용에서는 그간 민족혁명당 미주총지부의 입장을 정리하면서 당시 재미한인사회의 실정과 임시정부가 추진하던 승인문제의 실상 등을 알려주는데, 요약하면 다음과 같다.

첫째, 임시정부에 직접적으로 관련된 외교기관의 처리문제를 스스로의 능력과 직권으로 해결하지 못하고 민간단체에 떠넘긴 점. 이 처사는 최근 재미한인사회의 복잡한 사정을 알지 못하거나 혹은 알고 있기 때문에 "어디 너 이놈들 한번 마음대로 하여보아라"는 태도로 의심하지

---

50) 『독립』신문 1944년 11월 8일자, 「구미위원부 재조직을 위한 연합대표대회의 전말」 중에서 동지회 공문 참조.

51) 『독립』신문 1944년 11월 29일자, 「구미위원부 재조직을 위한 연합대회의 전말」 참조.

않을 수 없으며, 결과적으로 임시정부의 위신을 훼손했다.

둘째, 국민회와 동지회 사이의 알력과 질시. 재미조선사회의 과거 40년 역사는 주도권을 장악하기 위한 이 두 단체의 반목·질시·암투에서 일어난 파란곡절의 향기롭지 못한 기록이었다고 할 수 있다. 이번 외교위원부 재조직 문제도 겉으로 나타난 명목만 달랐을 뿐 한치만 들어가 보면 결국은 이 두 단체의 고질적 세력다툼에 지나지 않는다. 이 고질의 뿌리가 빠지기 전에는 재미조선사회의 통일은 절망이라고 할 수밖에 없다.

셋째, 대표대회 소집에 관한 임시정부의 전문내용이 모호한 점. 임시정부의 전문 내용이 너무나 모호하기 때문에 그야말로 귀에 걸면 귀걸이 코에 걸면 코걸이가 될 수 있다는 것이다. 예컨대 전체 대회에 동지회의 참가를 절대적 조건으로 하는 정확한 문구가 없고, 다만 적어도 전체 단체 수의 10분의 7로써 대회를 개최하라고 한 것이다. 이 점이 분명치 않았기 때문에 대회 당국은 순서대로 의사를 진행시켰던 것이요, 만일 동지회 참가를 절대조건으로 했던들 대회 당국은 8~9일씩 헛수고를 하지 않았을 것이다.

넷째, 외교위원부 재조직의 동기와 목적과 원칙이 막연한 점. 외교위원부의 가장 중요한 사명과 목적이 외교를 통해 우리 광복운동에 공헌하고자 하는 것이라면 그 소위 외교의 목적은 무엇인가. 요새 귀가 아프도록 듣는 소위 임시정부 승인과 렌드리스(미국의 군사차관)를 얻는 것인가. 이 목표를 달성하는 것은 하늘의 별 따기보다 더 어려운, 아니 절망상태에 있는 것은 자타가 공인하는 사실이며, 더욱이 전체 대표회석에서 폭로된 연합회에서 김구에게 보낸 편지 가운데서도 증명되었다.[52]

---

52) 이 서신에서는 이승만의 외교활동을 네 가지 측면에서 비판했다. 첫째, 그는 미 국무

이러한 엄연한 사실 앞에서는 외교위원부는 재조직한다 하더라도 그 실제적 효과와 결론은 과연 무엇일 것인가. 엄습한 현실적 입장에서 우리 외교사업의 진가를 비판한다면 마치 장님이 캄캄한 방에 앉아서 형적 없는 검정고양이를 잡으려고 하는 눈물나는 희극에 지나지 않는 것이다.

요컨대 주로 『독립』신문을 통해 표현된 민족혁명당 미주총지부의 주장은 구체적 성과가 없는 외교활동으로 마치 독립을 달성할 수 있는 것처럼 선전하여 민중을 현혹시키지 말고 민중에게 우리가 실제로 처한 환경과 처지를 사실 그대로 알리고, 우리의 해방과 독립과 행복은 다만 우리의 '피와 땀과 눈물,' 즉 직접적인 무력투쟁에 의해서만 개척될 수 있다는 진리를 인식시켜야 한다는 것이었다.[53]

이와 같은 민족혁명당 미주총지부의 노선은 중앙당의 통일전선 노선과 무장항쟁주의 노선에 충실한 것이었다고 할 수 있다. 그러나 미주한인사회의 외교위원부 개조문제를 둘러싼 분쟁은 결국 민족혁명당 미주총지부 자체의 분열을 가져오고 말았다. 국민회 중심의 연합위원회 집행부가 추진한 워싱턴사무소 설치 문제로 민족혁명당 미주총지부와 한인유학생회가 연합위원회에서 탈퇴했으나, 이후 민족혁명당 미주총지부의 일부 세력은 연합위원회 재참여를 주장하게 되었고, 이에 내분이

성의 신임을 받지 못하고 있다. 둘째, 그의 외교적 기반인 한미협회나 한국기독친우회는 기대할 만큼 큰 세력을 갖고 있지 못하다. 셋째, 그는 한국을 떠난 지 오래되었기 때문에 국내사정에 밝지 않고, 따라서 원활한 외교활동을 전개하기 어렵다. 넷째, 그는 미국무성으로부터 임시정부 승인과 렌드리스를 얻기 위해 노력하고 있으나 실제적 성과를 얻는 것은 불가능하다. 오히려 이 문제는 중경임시정부가 직접 중국정부와 교섭하는 것이 순서이며, 그다음에 미국정부와 접촉을 시도하는 것이 효과가 클 것이다(『독립』신문 1944년 11월 22일자, 「구미위원부 재조직을 위한 연합대표대회의 전말」 참조).
53) 「자유의 대가가 오직 눈물과 땀과 피」, 『독립』신문 1944년 1월 19일자 사설.

일어나게 되었다.

당시 미주총지부 위원장이었던 변준호는 연합위원회 워싱턴사무소의 유지가 항일연합전선을 방해하는 일이라는 이유로 연합위원회 재참여에 반대하면서, 이에 찬성하는 당원이 있다면 중경의 당 중앙에 보고하여 그 참여 여부를 결정하자고 주장했다. 이에 연합위원회 참여 찬성론자들은 곽임대(郭林大)를 위원장으로 하여 독자적인 집행부를 결성했고,[54] 그에 맞서 변준호를 중심으로 하는 연합위원회 재참여 반대세력은 1945년 1월에 개최된 정기총회에서 임원을 개선하여 신두식을 위원장으로 하는 새 집행부를 출범시켰다.

이와 같은 미주총지부 분열에 대한 중경 당 중앙의 공식적인 처리는 그해 3월 중앙집행위원회의 특별회의에서 의결되었다. 그 내용은 연합위원회 참여 반대론을 당의 정책과 결정에 충실한 노선으로 인정하고 그 집행부를 지부로 인정하면서 연합위원회 참여론자들의 집행부에 대한 해소를 명령한 것이었다. 그러나 참여론자들은 중경 당 중앙과의 관계를 단절하고도 민족혁명당 미주총지부의 명칭을 그대로 유지한 채 연합위원회와 같이 행동했다.[55]

오랫동안 분열되어 있던 미주한인사회의 통일을 지향하면서 진보적 사상과 무장항쟁제일주의를 고취하면서 성립되었던 민족혁명당 미주총지부는 민족의 해방을 목전에 둔 시기에 미주한인사회의 뿌리깊은 분열작용에 말려들어 자체 분열되는 결과를 초래하고 말았다.

8·15 후 국내에서 신탁통치 문제를 둘러싸고 좌우진영의 대립이 심화된 속에서 좌익진영의 통일조직체인 민주주의민족전선이 성립되자

---

54) 「분열주장에 대한 설명」, 『독립』신문 1944년 12월 27일자.
55) 「민족혁명당 총지부 분열 후문」, 『독립』신문 1945년 4월 4일 및 4월 11일자.

이것이 미주교포 사회에도 영향을 미쳐 상대적으로 진보적인 교포들의 결집을 가져오게 되었다. 그 결과 1947년 2월 조선인민당 미주후원회, 조선노동조합전국평의회 미주후원회 등을 중심으로 재미조선인민주전선이 성립되었다. 이 재미민주전선에 참여한 사람들은 거의 8·15 이전에 민족혁명당 미주총지부에서 활동한 사람들이었다.[56]

---

56) 『독립』신문 1947년 2월 26일자, 「재미조선인 민주전선의 선언」 참조.

제9장

8·15 전후의 민족혁명당

1. 해방에 대비한 강령·정책 개정

1937년 중국 관내 우리 민족운동전선의 좌파세력을 통일하여 조선민족전선연맹을 성립시키는 데 성공한 민족혁명당은 계속 같은 지역 우파세력과 통일전선을 이루기 위해 1939년에는 한때 광복운동단체연합회와 함께 전국연합진선협회를 성립시켰으나, 그 통합이 지속되지 못하게 되자 다시 1939년 역시 통일전선을 성립시키기 위해 기강(綦江)의 '7당통일회의'에 참가했다. 그것이 실패한 후에는 1942년 10월 제34회 임시의정원 회의를 통해 그 핵심 당원의 일부가 임시의정원에 참가했다.

1939년 '7당통일회의'를 통한 우파세력과의 통일전선에 실패한 후 그 핵심 당원의 일부가 임시의정원에 참가하게 되는 1942년 사이에 그 당원을 중심으로 구성되었던 조선의용대원 대부분이 중국공산군 지역으로 옮겨가는 변화가 있었다. 이 변화로 인해 중국국부군 지역에 남은 민족혁명당의 한국독립당 등 우파세력과의 통일전선 방법이 임시의정원과 임정에 참가하는 것으로 나타나게 되었다고 볼 수도 있다. 그러나 다른 한편으로 1940년대에 국부군 지역에 남은 민족혁명당은 계속 그 정강 정책을 개정하면서 당세를 확장하고 민족해방에 대비한 일면을 볼 수 있다.

조선의용대원 대부분이 화북지방으로 이동한 후에 열린 1941년 12월 제6차 전당대표대회에서는 「조선혁명운동의 발전과정」을 말하면서, "오늘날 조선민족이 세우려는 정권은 민족자주정권이며 결코 구왕조의 전제정권이 아니다" "조선민족은 자본가·지주·농민·노동자를 막론하고 모두 이민족 일본제국주의의 파쇼민족주의 아래서 압박과 착취를 당하고 있다. 그러므로 오늘날 조선혁명의 성질은 대외적으로 이족통치를 전복하고 대내적으로 봉건유제를 숙청하여 민족독립·민권자유·민생행복의 신조선을 건립하는 것이며, 그 원칙은 반파쇼적 민족민주혁명이다"라고[1] 하여 혁명, 민족해방의 역사적 단계를 '반봉건 반파쇼 민족민주혁명' 단계로 확정하고 다음 11개항의 새로운 정강을 발표했다.[2]

① 이민족 일본제국주의의 통치를 전복하고 조선민족 자주독립의 민주공화국을 건립한다.
② 국민의회를 소집하여 국민헌법을 제정하고 보통선거제를 실시한다.
③ 구왕조의 봉건잔여세력 및 일본제국주의의 주구(走拘)를 숙청한다.
④ 조선 경내 일본제국주의자 및 매국적 친일주구의 일체 재산·이권·특권을 몰수한다.
⑤ 반파쇼적 조선인의 기업경영을 보호 증진한다.
⑥ 토지혁명을 여행(勵行)하고 장차 경작지를 소작농민에게 분급한다.

---

1) 秋憲樹 編『資料韓國獨立運動』2, 209면.
2) 같은 책 209~10면.

⑦ 노동시간을 단축하고 아울러 노동에 관한 각종 사회보험사업을 실시한다.

⑧ 부녀의 정치·경제·사회상의 권리 및 지위는 남자와 일률 평등하다.

⑨ 국민은 언론·출판·집회·결사·신앙의 자유를 누린다.

⑩ 국민의 의무교육, 직업교육 및 사회보험은 국가경비로써 실시한다.

⑪ 세계 평등 호조(互助)의 민족 및 국가와 연합하여 전체 인류의 화평과 행복을 촉진한다.

1941년 제6차 당대표대회에서 제정한 민족혁명당의 정강이 1935년 창당 당시의 것과 비교하여 특히 다른 점은 "민주공화국 건설"을 목표로 한 정강이면서도 창당 당시의 "민주집권제 정권을 수립한다"는 부분이 없어진 점과 "반파쇼적 조선인의 기업경영을 보호 증진한다"는 조항이 추가된 점이라 할 수 있다. 이 점에서 민족해방을 앞두고 한국독립당 및 임정계와 통일전선 수립을 지향하던 민족혁명당의 정강이 어떻게 변해가고 있었는가를 확인할 수 있을 것 같다.

민족혁명당은 제6차 당대표대회 선언을 발표한 약 1년 후인 1943년 2월 제7차 대표대회를 열고 한국독립당통일동지회, 조선민족당해외전권위원회, 조선민족해방투쟁동맹이라는 3개 단체를 흡수하여 당세를 확장했다. 그러나 이때 민족혁명당에 흡수된 이 3개 단체가 어떤 사람들에 의해 조직되었고, 그 구성원이 얼마나 되었는지를 밝힐 만한 자료는 지금 발견할 수 없다.

다만 4개 단체와 통일을 이룬 민족혁명당은 이 제7차 대표대회를 통해 "우리 정당은 조선민족 중 하나의 계급을 대표하는 정당이 아니라 조선민족 중 민족해방을 주장하는 몇 개 계급의 정치연맹을 대표한다"라 하고, "장차 공농(工農) 소자산계급을 기초로 한다. 이 정치연맹은 장차 조선민족해방운동의 주요 역량을 이룰 것을 깊이 믿는 바이다"라 하며 12개항의 강령과 7개항의 정책을 발표했다.[3] 상당부분이 중복되지만 그 전체를 다시 제시하면 다음과 같다.

① 이족(異族) 일본제국주의의 통치를 전복하고 조선민족 자주독립의 민주공화국을 건립한다.

② 조국독립 후 1년 이내에 국민대표대회를 소집 개최하여 헌법을 제정하고 보통선거제를 실시한다.

③ 조선 경내에 있는 일본제국주의자 매국적 및 부일반도(附日叛徒)의 일체 공사(公私) 재산과 대기업을 몰수하여 국영으로 하고 토지는 농민에게 분배한다.

④ 공업과 농업의 합작운동을 제창하고 반파쇼 인민의 기업경영을 보호한다.

⑤ 징병제를 실시하여 국방군을 건립하고 국가의 독립과 인민의 안녕을 보장한다.

⑥ 노동시간을 단축하고 노동에 관한 각종 사회보장사업을 실시한다.

⑦ 부녀의 정치·경제·사회상의 권리를 남자와 일률 평등히 한다.

⑧ 아동보호사업을 제창하고 동공제(童工制)를 금지한다.

⑨ 인민에게는 언론·출판·집합·결사·사상 및 신앙의 자유가 있다.

⑩ 인민의 의무교육, 직업교육 및 사회보험은 국가경비로 실시한다.

⑪ 조선민족문화의 연구·보급·발양을 위해 노력한다.

⑫ 세계의 반침략국가 민족과 연합하고 각 민족, 각 국가 사이의 자유 평등한 신세계를 건립한다.

이 정강이 제6차 대표대회의 정강과 두드러지게 다른 점은 첫째, '구

---

3) 같은 책 212~13면.

왕조 봉건잔여세력'에 대한 숙청조항이 없어진 점, 헌법제정 및 총선거 실시를 조국독립 1년 후로 더 구체화한 점, 징병제 실시에 의한 국방군 건립 등을 명시하여 민족해방에 구체적으로 대비한 점 등을 들 수 있으나, 더 중요한 것은 민족혁명당이 특정 계급 중심 정당이 아니라 소자산 계급까지 포함한 몇 개 계급의 정치연맹임을 특별히 선언한 점이 아닌가 한다.

1940년대 이후 민족혁명당의 정강이 이렇게 변해가게 된 이유는, 당원의 상당부분인 조선의용대원들이 화북지방으로 이동하여 약화된 당세를 만회하기 위해 다른 세력을 포섭하려는 정강상의 '후퇴'라고 볼 수 있겠으나, 역시 조선민족혁명당의 본래 노선인 통일전선 수립을 위한 정강의 변화로 보는 것이 더 타당하지 않을까 한다. 이 문제에 대해서는 앞에서도 이미 일부 인용한 바 있는 제7차 대표대회 선언의 정책부분에서[4] 일부 드러나는 것이 아닌가 한다.

① 해내외(海內外) 혁명당파와 군중단체의 합동 혹은 연합으로 전체 민족의 통일전선을 확대 강화한다.

② 임시정부를 국내외 혁명집단과 혁명군중의 기초 위에 확립시켜 다시 전체 민족독립사업을 영도하는 혁명정권기구로 발전하게 한다. 아울러 각국으로 하여금 최단시일 안에 우리 임시정부를 승인하게 하고 전쟁 후 우리나라의 완전독립을 위해 노력하게 한다.

③ 국내와 중국, 미국, 소련 등 각국 경내에 있는 우리의 무장역량을 통일하고 동맹국의 반공(反攻)에 배합하여 대규모의 독립전쟁을 전개한다.

④ 국내 인민의 혁명적 조직에 대한 훈련에 노력하여 전민(全民)폭동을 전

---

4) 같은 책 213~14면.

개한다.

⑤ 해외 각지 교포의 생활개선과 이익보호를 도모하고 그 혁명적 조직과
훈련을 위해 노력한다.

⑥ 세계의 반파쇼·정의 전쟁을 지지하고 중국 항일전쟁에 적극 참가한다.

⑦ 동방 피압박민족의 항일운동과 일본인민의 혁명운동을 지지 원조한다.

이 제7차 대표대회에서의 정책 표방은 민족해방을 내다보고 임시정
부를 중심으로 각 '혁명집단'과 '혁명군중'의 통일전선을 형성하여 임
정으로 하여금 장차 전승국이 될 각국의 승인을 받게 함으로써 일본제
국주의 패전 후에 바로 완전 독립국가를 수립할 수 있게 하려는 것이
었음을 알 수 있다. 또 이 통일전선은 민족혁명당의 일시적 당세 확장
을 위한 임정이나 한국독립당 등 중국 관내 전선의 통일에 한정되는 것
이 아니라 미국·소련지역과 국내에까지 확대하여 전체 민족의 통일전
선을 구축하려는 것이었음을 알 수 있다. 앞에서 말한 것과 같이 무정이
연안으로 와서 그곳 전선을 영도할 것을 요청했을 때 김원봉이 "임시정
부의 활동에 치력하겠다"고 대답한 이유가 여기에서도 드러난다고 볼
수 있겠다.

제7차 대표대회는 또 김규식을 당 주석으로 선출하고 김원봉·성립원
(成立(玄)園: 成周寔?-필자)·손두환·신영삼(申榮三)·김인철(金仁哲) 등을
중앙집행위원으로, 김원봉을 총서기로 선출했다.[5] 이 대회 후 김규식은
당대표가 되었고, 임시정부가 통일전선정부가 될 때는 민족혁명당을
대표하여 부주석이 되었다.

중경에서 일본제국주의의 패망을 맞은 민족혁명당은 1945년 10월 10

5) 같은 책 215면.

일 그곳에서 제9회 전당대표대회를 개최하여 귀국에 대비하는 강령 및 정책을 한 번 더 발표했다.[6] 귀국을 앞두고 발표된 이 정강 제1조에서 "민주자유, 정치자유, 경제자유, 사상자유의 4대 자유를 기초로 하여 신조선의 민주공화국을 건립한다"고 하여 '민주공화국'의 성격을 한층 더 분명히 한 점, 제12조에서 "중국, 미국, 소련, 영국, 프랑스 및 기타 민주 우방 및 원동(遠東) 각 민족과 연합하여 일본침략주의의 재기를 엄하게 방지하고 원동지방의 화평을 공고히 지속하기에 노력한다"고 하여 전쟁 후 한반도 문제와 깊은 관계가 있을 5대 전승국의 존재를 분명히 하고 일본제국주의의 재기를 방지한다는 점에서 한층 더 전쟁 후를 대비하고 있음을 간파할 수 있다.

또한 17조로 구성된 정책은 민족혁명당이 귀국하여 정치활동을 벌이고 민족국가 수립에 참여할 때의 정책방향을 구체적으로 제시했다는 점에서 주목할 만하다. 그 중요한 조목을 들어보면 다음과 같다.

국내외 각 민주 당파 및 민주 영수가 단합하여 전국 통일의 임시연합정부를 건립한다.

전국 통일의 임시연합정부를 수립한 후 최단기 내에 보선제(普選制)를 실시하고 국민대표대회를 소집하여 정식 헌법을 제정하고 정식 정부를 성립시킨다.

농공(農工) 소자산계급으로 우리 당조직의 기초를 만들고 아울러 다른 민주 당파와 광범위한 정치연맹을 결성하여 전국의 민주적 단결을 공고히 한다.

재난과 빈곤에 빠진 동포를 적극 구제한다.

자주원칙 아래 맹국(盟國)의 물자원조와 기술합작을 취득하여 전국 경제

---

6) 民主主義民族戰線 編『朝鮮解放年鑑』, 文友印書館 1946, 152~57면 참조.

의 신속한 발전과 번영을 도모한다.

공개재판으로 전쟁범죄자, 매국적 및 기타 일제 민족반역자를 철저히 징벌한다.

맹군(盟軍)에 포로된 조선적(朝鮮籍) 군인을 신속히 해방시키기 위해 노력한다.

해외의 동포와 일본, 중국 및 기타 각지의 강제노역에 동원되었거나 강제이주된 교포를 원하는 경우 최단시일 안에 귀국시킨다.

적에게 구검된 애국정치범을 우대한다.

혁명선열의 사적을 표창하고 그 가족을 우대한다.

조선 경내의 적 관공리 및 적국인을 최단시일 안에 일본으로 돌려보낸다.

해방조선의 맹군에게 적극 협력한다.

8·15 전 중경의 임시정부도 광복운동단체연합회계와 민족전선연맹계의 연합정부였지만, 민족해방 후 국내에 수립될 임시정부는 이제 중경임시정부의 울타리를 벗어나 한층 더 광범위하게 국내외 각 '민주 당파'와 '민주 영수'를 중심으로 조직되는 '전국통일적 임시연합정부'로 하고, 이 임시정부의 관할 아래 총선거를 실시하여 정식 독립정부를 수립한다는 순서를 밝히고 있다.

민족해방운동 정당인 민족혁명당의 이 마지막 정책 발표는 창당 이후 꾸준히 지속해온 통일전선 정당 노선을 그대로 반영하고 있는 것이지만, 일본제국주의의 패망이 미·소 양군의 분할점령으로 이어지고 전쟁 후 한반도 문제의 결정이 모스끄바3상회의로 넘어가면서 그 정책은 그대로 적용될 수 없었다. 그러나 민족혁명당의 중요 간부들은 이같은 정세변화에 대처하면서 또 다른 통일전선운동으로서 민주주의민족전선운동에 참가하게 된다.

2. 귀국 후의 민족혁명당

민족혁명당을 중심으로 하는 조선민족전선연맹 쪽이 참가하여 통일
전선정부가 된 중경임시정부 요원 제1진이 8·15 후에 귀국한 것은 1945
년 11월 23일이었다. 제1진에는 민족혁명당 주석 김규식이 포함되어 있
었고, 그밖에 민족혁명당 핵심 인물로 김원봉·장건상·성주식 등은 임정
제2진으로 그해 12월 2일에 입국했다.[7] 임시정부가 귀국한 후 이전의
통일전선정부로서의 성격을 유지한 최초의 움직임은 8·15 후 국내 정
계에서 통일전선을 결성하기 위해 특별정치위원회를 조직한 것이었다.

남북을 통한 민족통일전선의 결성을 암시하는 임시정부 요인들은 이에 그
구체적 결론을 얻은 모양이나 아직 아무런 공포가 없어 그 전모를 추찰키는
곤란하나 대개 그 윤곽을 살펴보면 '특별정치위원회'라는 민족통일의 최고기
관을 형성하여…
조소앙·김명준(金明濬: 明은 朋의 잘못인 듯 – 인용자)·김성숙(金星淑)·최동
오·장건상·유림·김원봉 등이 중앙위원 자리를 맡는 동시에 한편 고문제(顧問
制)를 두고 국내 좌우진영 각 정당의 명망있는 혁명투사들을 총망라하여 명
실공히 3천만의 통일전선을 결성한다는 것이다. …
그런데 이 '특별정치위원회'는 이승만의 '독립촉성중앙위원회'와는 전연
별개인 동시에 이 중협(中協)이 무원칙적이며 일방적인 통일론으로 실패한
데 비추어 뚜렷한 원칙과 전체적인 통일방향은 기대되는 바 절대한 것이 있
는데 이것은 불과 주여(週餘)를 남긴 연내에 구체화할 것으로 보인다.[8]

---

7)『서울신문』1945년 12월 3일; 국사편찬위원회『資料大韓民國史』1, 509면.

이 기사는 몇 가지 의미를 갖고 있다. 우선 '남북을 통한 통일전선 결성을 암시하는' 일 자체가 8·15 이전 통일전선임시정부의 성격을 계승하려는 맥락임을 확인할 수 있으며, 이 '특별정치위원회' 중앙위원회의 구성 물망에 김구·김규식 등 임정 주석단이 빠지고 통일전선임시정부 안에서도 민족혁명당계, 한국독립당계, 민족해방동맹계, 무정부주의자계의 비교적 진보적 성향의 인사들이 중심이 되어 있다는 점을 지적할 수 있다. 그리고 김구·김규식 등 주석단은 고문제로 해결한다고 가정해도 이 통일전선의 결성이 먼저 귀국해 활동하고 있는 이승만 중심의 '독립촉성중앙협의회'와 전혀 별개라는 점을 지적하고 있는 점 또한 주목하지 않을 수 없다.

이후 모스끄바3상회의 결정으로서 신탁통치안이 발표되고 임시정부가 신탁통치반대 노선을 선명히 하면서 비상정치회의주비회(非常政治會議籌備會) 소집을 결정한 후,[9] 다시 이 '주비회'와 독립촉성중앙협의회를 합류시켜 비상국민회의주비회(非常國民會議籌備會)로 발족하고 급격히 반탁노선으로 '우경화'하자 임시정부요원 중 김원봉·김성숙·성주식 등은 조선민족혁명당과 조선민족해방동맹의 이름으로 비상국민회의주비회에서 탈퇴하고 그 이유를 밝히는 다음과 같은 요지의 공동성명서를 발표했다.[10]

임시정부와 함께 입국한 이후 수개월간 국내에서 첨예하게 대립되어 있는 좌우 양 진영의 통일단결을 위하여 극히 간난한 환경 중에서 부단히 노력하여왔다. 우리는 임정이 입국 당시에 김구 주석 명의로 발표한 당면정책 14항

---

8) 『서울신문』 1945년 12월 25일; 『자료대한민국사』 1, 666면.
9) 임시정부의 비상정치회의 소집 결정은 1946년 1월 17일.
10) 『조선일보』 1946년 1월 24일; 『자료대한민국사』 1, 896~97면.

중 제6항에 규정한 통일전선정책을 특히 강조하였으며 제6항 정책을 실시하기 위하여 모든 성의와 열정을 다하여 투쟁하였다. …

그러나 좌우 양 진영의 과심한 편견과 고집으로 인하여 특히 모스크바3상회의 이후 소위 탁치와 반탁치 문제로 인하여 양 진영의 대립은 더욱 격화되고 우리들의 노력은 수포가 되고 말았다. 임정은 당면정책 제6항을 실현하기 위해서는 좌우 양 진영의 어느 일방에 편향 혹은 가담하지 않고 엄정 중립의 태도를 취하여 양 진영의 편향을 극복하면서 단결을 실현하는 것이 가장 정확한 노선임에도 불구하고 우익으로 편향하고 있는 국세에 처하게 되었다. …

금차 비상정치회의를 소집한 때에 좌익과는 하등 양해 혹은 타협이 없었다. 오직 우익 각 당파와의 양해만으로 의연 거연히 소집하게 된 것은 임정의 우익 편향화하는 가장 명현한 사실이다. 이로부터 임정은 전민족의 영도적 입장 특히 좌우 양익에 대한 지도적 지위를 포기하게 된 것은 유감이나마 부인할 수 없는 사실이다. …

금차 소집된 비상정치회의주비회는 좌익 각 당파의 불참가로 우익 일미(一味)의 진영을 형성하고 있다. 이러한 회합으로서는 결코 전민족통일전선의 결성을 목적으로 한 비상정치회의를 준비할 자격이 없을 뿐만 아니라 도리어 민족의 분열을 더욱 명현하게 표시하는 것이며 좌우 양 진영의 대립을 더욱 격화 심각화하는 것이므로 우리 두 단체는 단연히 이 회합에서 탈퇴하는 것이다. …

동시에 우리 두 단체는 최근 조선공산당과 인민당에서 소집한 민주주의민족전선결성준비회(民主主義民族戰線結成準備會)에 대해서 그것이 좌익의 회합이며 우익과는 하등 양해 또는 타협 없이 소집한 것이므로 이러한 좌익 일미의 진영화한 회합으로서는 결코 명실상부한 민주주의민족전선을 준비할 수 없다는 것을 지적한다. 이것 역시 비상정치회의와 같이 우리 민족의 분열형태를 더욱 명현 표시하는 데 불과한 것이므로 우리 두 단체는 단연히 반대태도를 표시한다.

8·15 전 중국에서 한국광복운동단체연합회 쪽과 조선민족전선연맹
쪽이 연합하여 구성한 임정은 통일전선정부의 성격을 갖고 있었다. 그
러나 8·15 후에 귀국한 임정이 이승만계의 독립촉성중앙협의회와 합류
하여 비상국민회의주비회를 구성하려 함으로써 우익 편향으로 선회하
자 통일전선정부 임정 속의 좌익 당파는 통일전선 노선의 지속을 주장
하면서 비상국민회의에서 이탈하게 된 것이다.

그러나 통일전선정부 임정에 참가했던 좌파계의 조선민족전선연맹
계 중 무정부주의단체인 조선혁명자연맹 쪽은 탈퇴에서 빠졌다는 점,
그리고 민족혁명당계와 조선민족해방동맹계가 이 성명에서 우익세력
연합체인 비상국민회의만 반대한 것이 아니라 좌익세력 연합체로 준비
되고 있던 민주주의민족전선에 대해서도 민족의 분열을 조장하고 민족
통일전선을 저해하는 것이라고 반대하고 있는 점도 주목할 만하다.

따라서 이 성명에서 내놓은 다음 4가지 대책과 주장을 통해 우리는
이 시기까지 민족혁명당이 8·15 이전 임시정부에 참가할 때의 민족통
일전선 노선을 견지하고 있었다고 봐도 무방할 것 같으며, 그런 노선을
견지하면서 이른바 '해방정국'에서 민족혁명당이 구체적으로 무엇을
지향했는가를 알 수 있다.[11]

① 명실상부한 민주주의민족통일전선을 급속히 결성하기 위하여 좌익 편
   향과 우익 편향을 동시에 극복하면서 비상정치회의소집주비회와 민주
   주의민족전선결성준비회를 즉시 통일하여 좌우 양익이 공동으로 주비

---

11) 같은 곳.

할 것이다.

② 좌우 양익의 편향으로부터 발생된 친소반미 또는 친미반소의 경향을 철저히 극복하고 친미친소 중앙의 평형정책을 수립 견지할 것

③ 민족 내부의 투쟁, 좌우 양익 대립의 격화로 인기(引起)된 상호 유혈습격, 특히 파쇼적 테러로 표현되는 암살, 구타, 파괴적 행동을 철저히 금절 배격할 것이다.

④ 매국적 민족반역자 및 친일분자는 통일전선 결성에 참가시키지 않을 것이다.

이 시기 민족혁명당이 대내적으로 '해방정국'에서의 좌편향과 우편향을 함께 비판하고, 대외적으로 '친미친소의 평형정책'을 유지하는 통일전선 형성을 주장하면서 비상국민회의 참가를 반대했으나, 1946년 2월 1일에 열린 비상국민회의에서 선출된 대의원 22명 중에는 민족혁명당 쪽의 김규식·김원봉·김상덕·장건상 등이 포함되어 있음을 볼 수 있다.[12]

그러나 이 가운데 특히 김원봉과 장건상의 경우 본인 동의에 의한 대의원 선출인지 다소 의심스러운 점이 있다. 왜냐하면 이들은 불과 14일 후 김원봉·장건상·성주식·김성숙 등 4명 명의로 민주주의민족전선 결성대회 참가를 선언하기 때문이다. 비상국민회의 탈퇴를 선언할 때 비상국민회의를 '우익 일미의 진영'으로, 민주주의민족전선을 '좌익 일미의 진영'으로 비판했던 민족혁명당과 민족해방동맹의 핵심인물인 이들은 민주주의민족전선 결성대회에 참가하는 이유를 다음과 같이 밝히고 있다.[13]

---

12) 『조선일보』 1946년 2월 1일; 『자료대한민국사』 2, 3면.
13) 『조선일보』 1946년 2월 16일; 『자료대한민국사』 2, 80면.

우리는 비상정치주비회에서 탈퇴할 때 좌우 양익의 편향을 지적하고 단결합작을 주장하였다. 우리는 좌우 양익의 합작으로서만 전국적·통일적·자주적 임시정권을 건립할 수 있다고 확신하였다. 그러므로 우리는 그후 여러 단체와 연합하여 좌우 양익에 대하여 통일단결에 관한 조건을 제출하였다. …

그러나 비상국민회의에서는 돌연히 비민주주의적 방식으로써 최고정무위원을 선출하고 그것을 남조선국민대표민주의원(南朝鮮國民代表民主議院)으로 변장하였다. 이것은 다수의 민주주의적 단체를 포함한 민주주의민족전선과의 통일을 완전히 거부한 것이다. …

그러므로 우리는 실질적으로 다수의 민주주의적 단체를 포괄한 민주주의적 민족전선에 단연 참가하여 민주단결의 노선을 밝히는 동시에 우리는 계속하여 각 민주주의단체와 협력하여 좌우 양익의 통일단결로써 독립 자주통일 단결정권 수립을 위하여 끝까지 노력하려 한다.

민족혁명당 핵심인물들이 비상국민회의를 탈퇴한 후 민주주의민족전선에 참가하게 된 것은 민주주의민족전선이 "실질적으로 다수의 민주주의적 단체를 포괄"하고 있다고 보았기 때문이며, 이 '민전'을 통해 '좌우 양익의 통일과 단결'에 의한 정권을 수립할 수 있다고 생각했기 때문이라는 것이다.

그러나 이들은 각기 개인 자격으로 '민전'에 참가했을 뿐 민족혁명당이나 민족해방동맹 자체가 '민전'에 참가한 것은 아니었던 것 같다. '민전'결성대회에 참가한 정당은 조선공산당, 조선인민당, 독립동맹 3정당뿐으로 민족혁명당이나 민족해방동맹은 참가 정당이 아니었고, 따라서 그 당원들도 대의원으로 출석하지 않았다.[14] 그리고 이들 4명은 결성대

14) 「민주주의민족전선 결성대회 의사록」, 金南植 編 『南勞黨硏究資料集』 2, 219면.

회가 시작되고 강령이 낭독될 때 입장했다.[15] 그러나 김원봉과 장건상 두 사람은 임시집행부 의장단에 포함되었다.[16]

김원봉·장건상 등의 '민전' 참가는 민족혁명당 자체의 참가를 의미하지 않는다 해도, 귀국 후 민족혁명당의 위상에는 변화를 가져다주었다. 1935년 창당 이래 중요 당직에 있었고 특히 1943년 제7차 대표대회 이후 당 주석으로 있었던 김규식이 주석을 사임하는 동시에 탈당한 것이다. 이때 민족혁명당원의 어느정도가 김원봉 쪽과 결별하여 김규식과 노선 및 활동을 같이하게 되었는지는 구체적으로 밝힐 수 없지만,[17] 그의 탈당성명서는 이렇게 말하고 있다.

본인은 한국이 완전독립을 찾고 신국가를 건설하려는 이때에 더욱 우리의 요구하는 바 자주독립적 과도정권을 수립하려는 단계에 있어서는 개인이나 당파적 이해를 위하여 활동할 시기가 아님을 인정하므로 본인으로서는 조선 민족혁명당의 주석을 사면하는 동시에 탈퇴하는 것을 성명한다.[18]

이후 민족혁명당 자체로서는 뚜렷한 정치활동이 거의 없었고 김원봉은 '민전' 의장단의 한 사람으로서 계속 활동했다.[19] 그러나 민족혁명당이 해체된 것은 물론 아니었다. 1946년 8월에는 김원봉이 민족혁명당

---

15) 같은 책 237면.

16) 같은 책 226면.

17) 예를 들면 중요 당원의 한 사람이던 윤기섭(尹琦燮)은 6·25전쟁으로 납북되기까지 대체로 김규식과 같은 노선에서 정치활동을 했다.

18) 『조선일보』 1946년 2월 19일; 『자료대한민국사』 2, 95면.

19) 예를 들면 김원봉과 장건상은 '민전' 의장단으로 외국인 기자단과 회견하거나(『자료대한민국사』 2, 200면), 김원봉·성주식은 '민전' 임시헌법기초위원이 되기도 했다(『자료대한민국사』 2, 261면).

수의 이름으로 남조선 좌익 3당의 합당을 지지하면서도[20] 조선민족혁명당은 좌익 3당 합당과 별도로 독자적인 발전을 할 것이라며, 다음과 같이 표명하고 있음을 볼 수 있다.[21]

> 우리 당은 민족의 대다수를 점하고 있는 노동자, 농민, 소자산계층에 튼튼한 기초를 두며 또한 반일적 지주와 민족자본가라도 신민주주의를 찬동하고 실천하는 분자에 한하여는 이를 포용할 수 있다는 것은 우리들이 중국에 있을 때부터 주장하여오던 강령이다.…
> 그러므로 공산, 인민, 신민의 좌익 3당의 성격과 원칙적으로는 일치되는 바이지마는 광범한 인민대중을 포섭하는 점에서 약간의 차이가 있다 할 수 있는바 우리 당은 전기 3당과는 별개로 민전 산하에서 독자적으로 발전하여나갈 것을 재언해둔다.

민족혁명당 노선이 좌익 3당의 것과 '원칙적으로 일치'하지만, 반일적·신민주주의적 지주·자본가를 포함하는 '광범한 인민대중을 포섭하는' 정당이란 점에서 통일전선 정당으로서 특징을 유지하려는 8·15 이전부터의 노선을 고수하려 하고 있음을 볼 수 있다. 그리고 이때 와서 민족혁명당이 '민전' 산하 정당임을 명백히 하고, 8·15 이전부터 그러한 노선을 '민전' 속에서 계속 추구하려 한 김원봉의 입장은 '민전' 자체에 대한 인식에서도 좌익 3당 합당에 참가하는 세력과 일정하게 차이가 있었다고 볼 수 있을 것이다.

김원봉과 장건상 등은 이후에도 좌익 3당 합당을 논의하는 '민전' 의

---

20) 『서울신문』 1946년 8월 4일; 『자료대한민국사』 3, 22면.
21) 『서울신문』 1946년 8월 9일; 『자료대한민국사』 3, 62면.

장단의 일원으로 활동을 계속했다.[22] 1946년 10월 김원봉·성주식·허헌 등이 미군정청 경찰에 의해 구금되었으나[23] 곧 석방되었고, 이후에도 김원봉은 '민전' 의장단으로서 활동을 계속했다. 그러나 김원봉의 경우 1947년 3월 박문규(朴文圭) 등 좌익계 인사 30여 명과 함께 파업 책임자라는 혐의로 다시 수도경찰청에 의해 체포되었다가[24] 4월에 석방되었다.[25]

1947년에 들어와 민족혁명당은 좌익계 정치활동의 동향 변화에 영향을 받게 되었다. 그것은 이해 4월 여운형을 중심으로 하는 근로인민당(勤勞人民黨)이 성립하면서 귀국 후 김원봉과 같은 노선에서 정치활동을 해오던 민족혁명당의 장건상과 민족해방동맹의 김성숙이 여기에 가담하게 된 일이다.[26] 이와 같은 정계의 변화가 직접적인 영향이 되었는지는 분명치 않지만, 같은 해 6월 1일부터 2일에 걸쳐 민족혁명당은 대의원 225명이 모인 가운데 제10차 전당대회를 열고 그 당명을 조선인민공화당(朝鮮人民共和黨)으로 바꾸는 한편, 다음 5개항의 정치노선을 의결 발표했다.[27]

---

22) 『서울신문』 9월 14, 17, 19, 20, 21일; 『자료대한민국사』 3, 376~77면 참조.
23) 『조선일보』 1946년 10월 26일; 『자료대한민국사』 3, 649면. 김원봉·장건상·김성숙 등 해외에서 귀국한 진보적 민족운동자들을 미군정 경찰이 구금한 사실에 대해 8·15 후의 정계에서 활동했던 송남헌(宋南憲)은 『해방3년사』 1권, 202~203면에서 당시 수도청장 장택상(張澤相)이 자신의 아버지 장승원(張承遠)이 일제시대 독립자금 모집에 불응했다가 독립운동가 박상진(朴尙鎭)에게 피살된 원한 때문에 '진보적 해외 지도자들'을 수도청에 구금한 것이라 했고, 뒷날 김원봉의 월북도 그 때문이었던 것 같다고 했다.
24) 『경향신문』 1947년 3월 25일; 『자료대한민국사』 4, 463면.
25) 『독립신보』 1947년 4월 14일.
26) 『경향신문』 1947년 4월 15일; 『자료대한민국사』 4, 546면.
27) 『독립신보』 1947년 6월 3일.

378

① 막부 3상회의 결정에 의한 남북통일의 민주임시정부의 수립은 우리의 당면한 최대의 임무이다. 이 임무의 완성을 위하여 조선문제에 관한 막부 3상회의 결정을 총체적으로 지지하여 미·소의 분열과 단독정부 수립을 기도하는 반탁진영의 음모를 철저히 분쇄하고 미소공위의 성공을 촉진할 것.

② 우리는 장차 수립될 임시정부가 정권을 인민위원회의 형태로 할 것을 주장한다. 인민위원회는 해방 후 남북조선을 통하여 성립된 인민대중의 정권형태이다. 이 정권은 행정·입법·사법을 통일하고 인민의 대표가 정부의 인원을 선임 파면할 수 있는 가장 진보된 민주정치제도이다.

③ 토지개혁은 조선민주주의 건설의 가장 중요한 과업의 하나이다. 봉건잔재를 철저히 숙청하고 농촌경제의 부흥과 공업의 발전을 위하여 일본정부, 일본인, 조선인 지주의 토지를 무상으로 몰수하여 무상으로 분배한다. 단 반일한 지주와 현금 민주운동을 지지하는 양심적 지주에 한하여 우대조례를 실시할 것.

④ 우리 당은 귀국한 후 조직·선전 각 방면으로 막대한 발전이 있다. 그러나 우리 당은 아직까지 위대한 모범적 전위부대가 될 수 있는 정도로 되지 못한 것은 불가 부인의 사실이다. 그러므로 우리는 노동자·농민의 광범한 군중을 향하여 당의 공작과 정책에 대한 선전을 강화하는 동시에 질적으로 양적으로 조직의 확대 발전을 도모할 것.

⑤ 민주주의민족전선은 남조선 민주세력의 총집결체이며 '민전'에서 제시한 5원칙은 가장 정확한 민주노선이다. 그러므로 우리 당은 '민전'을 적극 지지하는 동시에 '민전'에 아직 참가하지 않은 모든 민주세력을 모두 '민전'의 깃발 아래 집결하도록 노력하여 '민전'의 확대 강화를 도모할 것.

8·15 이전 민족해방운동 과정에서 민족의 해방과 독립을 혁명으로

간주하고 그 당명을 민족혁명당으로 명명했으나 8·15 이후 민족국가건설 과정에서 당명을 그대로 쓸 수 없었고, 이 때문에 인민공화당(人民共和黨)으로 개명한 것이 아닌가 한다. 반일적 지주와 8·15 후의 민주운동을 지지하는 양심적 지주까지 우대한다는 점에서 8·15 이전 민족혁명당의 통일전선 노선이 유지되고 있으며, 인민공화당이 수립하고자 하는 임시정부는 "남북조선을 통하여 성립된 인민대중의 정권형태"로서 "입법·행정·사법을 통일하고 인민의 대표가 정부의 인원을 선임 파면할 수 있는 가장 진보된 민주정치제도이다"라고 한 점에서 3권 귀일의 인민공화국 건설을 목표로 했다. 이 점에 민족혁명당이 인민공화당으로 개편된 목적이 들어 있는 것이 아닌가 한다.

이후 인민공화당은 계속 '민전' 산하 정당으로 있으면서 '민전' 노선에 충실하였다고 볼 수 있다. 1947년 7월 미소공위 협의대상 문제에 대한 각 정당의 견해가 발표되었을 때 인민공화당은 "공위와의 협의에 참가를 신청한 정당 및 단체 중 3상 결정을 왜곡하고, 계속 반대하고 직접 간접으로 공위 업무를 방해하는 정당 단체는 마땅히 협의에서뿐만 아니라 임시정부에서도 제외되어야 한다"[28]는 견해를 발표하여, 3상회의 결정에 찬성하는 즉 신탁통치에 찬성하는 정당 단체만이 공위 협의대상이 되어야 할 뿐만 아니라 공위에 의해 구성될 임시정부에도 참가할 수 있다는 '민전' 쪽 주장에 따르고 있음을 볼 수 있다.

그러나 한반도 문제가 소련의 반대에도 불구하고 유엔으로 이관되고 유엔감시위원단이 오게 되는 국면이 벌어지자 남한정계의 '민전'과 남로당 쪽이 빠진 한국독립당·근로인민당 등 남한 단독선거에 반대하는 12개 정당 단체들은 다음과 같은 4개항을 의결 발표하게 되는데, 인민

---

28)『조선일보』 1947년 7월 9일;『자료대한민국사』 5, 37~38면.

공화당은 여기에 참가했다.[29]

① 자주독립의 민주주의통일정부를 수립하기 위하여 민족자결의 민주주의의 선거기구를 중앙 및 지방에 조직하고 자유·평등·직접의 방법에 의한 보선(普選)으로써 국민의 총의를 기초로 한 국회를 건설할 것.

② 38선의 양군 분리장벽 철폐로 우리 민족의 자주적 남북의 교류를 보장하여 전국적 총선거를 실시케 하되 그 전제조건으로 미·소 양군을 즉시 철병케 하고 일체 정권을 우리 민족에게 넘기게 할 것.

③ 보선 실시방법과 양군 철퇴절차와 남북의 당면 긴급사항과 철병 후의 치안확보 문제 등을 협의하기 위하여 남북정당대표회의를 구성할 것.

④ 남북대표회의의 구성준비로써 우선 각 정당협의회를 구성할 것.

이후 남한의 단선단정에 반대하는 김구·김규식 중심의 우익세력과 남한 좌익세력이 북쪽과 연락하여 남북정치회담, 즉 '남북협상' 개최가 추진되었을 때 김일성·김두봉 연서로 초청된 남쪽 인사 중에 김원봉이 포함되었고,[30] '민전' 산하 각 단체대표 80여 명이 '남북협상'에 참가하게 되었을 때 인민공화당 대표도 김원봉을 포함하여 7명이 참가했으며, '남북협상'에 참가한 전체 인민공화당 대표는 16명으로 발표되었다.[31] '남북협상'에 참가한 김원봉을 비롯한 인민공화당 대표들이 이후 남쪽으로 돌아오지 않음으로써 8·15 후 남쪽 정계에서 민족혁명당의 활

---

29) 『조선일보』 1947년 11월 6일; 『자료대한민국사』 5, 632~33면.

30) 『조선일보』 1948년 4월 1일; 『자료대한민국사』 6, 679면.

31) 『서울신문』 1948년 4월 14일, 『자료대한민국사』 6, 762면; 『조선일보』 1948년 4월 21일, 『자료대한민국사』 6, 823면. 이들 신문보도에는 '남북협상'에 참가한 인민공화당 대표가 김원봉을 포함하여 8명으로 되어 있으나 평양방송은 16명으로 발표했다(『조선일보』 1948년 4월 28일; 『자료대한민국사』 6, 835면).

동은 사실상 끝나게 되었다. 1935년 중국에서 김구를 중심으로 한 이른바 임시정부 고수파를 제외한 민족운동전선 좌우파에 의해 통일전선 정당으로 조직된 조선민족혁명당은 많은 우여곡절이 있었음에도 불구하고 조선민족전선연맹, 임시정부통일전선 내각 등을 성립시키면서 그 창당 목적으로 통일전선운동을 계속 추진시켜왔으나, 미·소 양군이 분할점령한 조국에 돌아온 후에 '해방정국'의 소용돌이 속에서 대체로 김규식 중심의 좌우합작운동계와 김원봉 중심의 민주주의민족전선계와 장건상 중심의 근로인민당계로 각각 그 노선을 달리하게 되었다.

그러나 한반도 문제가 유엔으로 이관된 결과 이른바 단선 단정에 의한 민족분단이 현실문제로 나타나게 되었을 때, 이들은 모두 그 극복을 위한 최후 노력으로 추진된 1948년 '남북협상'에 참가함으로써 다시 본래의 민족운동 노선인 통일전선 노선으로 합치되었다고 할 수 있을 것이다. 그러나 이들의 노력은 모두 수포로 돌아간 채 남북에 각각 분단국가가 성립되고, 그 결과는 바로 민족상잔으로 그리고 분단고착화로 연결되고 말았다.

1930년대
중국 관내
민족해방운동의
통일전선론

1930년대 중국 관내 민족해방운동의 통일전선론

1. 머리말

1930년대 유럽에서는 독일·이딸리아 등에서의 파쇼체제 등장에 대응하기 위해 먼저 프랑스에서 1934년경에 인민전선론(人民戰線論)이 대두되고 1935년에 개최된 코민테른 제7회 대회에서 반파쇼 인민전선 전술이 채택되었다. 그리고 1936년에는 인민전선강령(人民戰線綱領)이 발표되고 마침내 프랑스에서 인민전선정부가 성립되기에 이르렀다. 유럽에서 반파쇼 인민전선론은 식민지 및 반(半)식민지 지역에서는 반제(反帝) 민족통일전선론으로 나타났고, 우리 민족해방운동전선의 대부분이 몸담고 있던 중국에서도 1935년 민족통일전선론과 반제 민족통일전선론은 독일·이딸리아와 함께 파쇼체제 국가가 된 일본의 식민지배를 받고 있던 우리 민족해방운동에도 영향을 끼치지 않을 수 없었다. 일본제국주의의 완전 식민지가 되어 물샐 틈 없는 탄압 아래 있던 국내에서는 그 영향이 다소 늦게 또 국지적으로 나타났지만, 중국지역을 비롯한 해외전선에서는 그 영향이 즉각적으로 나타나서 좌우익을 막론한 전체 민족해방운동의 방법론과 실천 면에 큰 영향을 끼치게 되었다.

주지하다시피 유럽지역에서 통일전선은 대체로 먼저 코민테른 세력과 사회민주주의세력 사이에 통일이 논의되고, 그다음에 코민테른 세력과 반파쇼 자본주의세력과의 통일 기도로 확대되어갔지만, 아직 사회민주주의세력의 성장이 거의 없었던 아시아지역, 특히 우리의 민족통일전선[1]운동은 처음부터 대체로 공산주의 내지 사회주의세력과 민족주의세력, 그중에서도 비타협적 민족주의세력 혹은 민족주의 좌파로 불린 세력과의 통일전선운동으로 나타났다.

우리의 경우 비타협적 민족주의세력과 사회주의세력의 협동전선운동 및 통일전선운동은 유럽에서 인민전선론이 대두되기 전에 이미 기도되었다. 1919년 상해 임시정부의 성립도 좌우익세력의 부분적 통일의 결과이고, 실패는 했지만 1923년 전국대표자회(全國代表者會)도 넓은 의미의 좌우익세력 중심 통일운동이었다고 할 수 있다. 특히 1920년대 후반기의 민족유일당운동과 신간회운동은 한층 더 선명한 좌우익 통일전선운동이었다. 그러나 우리 민족해방운동전선에서 민족통일전선론이 어느정도 정립되는 것은 1935년 이후, 다시 말하면 유럽지역에서 인민전선론이 성립된 이후의 일이었다고 할 수 있다.

1930년대 후반기 중국 관내지역 우리 민족해방운동전선의 통일전선론을 크게 보면 민족주의세력과 넓은 의미의 사회주의'적' 세력[2] 사이

---

1) 이 시기의 각종 자료에는 통일전선(統一戰線)이란 명칭 외에 단일전선(單一戰線), 민족전선(民族戰線), 민족통일전선(民族統一戰線), 민족진선(民族陣線), 민족연합전선(民族聯合戰線) 등으로 표기되어 있다. 사용한 의미가 다소 다른 경우도 있지만, 넓은 의미로 보아 좌우익 전선의 통일을 말하고 있다.

2) 이 시기 중국 관내 전선에서 활동한 조선민족혁명당(朝鮮民族革命黨), 조선민족해방운동자동맹(朝鮮民族解放運動者同盟), 조선혁명자연맹(朝鮮革命者聯盟)에 소속되어 있던 사회주의 성향의 운동가들 대부분이 조선공산당이 해소되고 일국일당(一國一黨) 원칙

의 통일전선론이라고 할 수 있다. 그러나 좀더 세분해보면 그것은 비타협적 민족주의세력과 사회주의적 세력과 그 일부에 포함되는 무정부주의세력 등 3세력 사이의 통일전선론이라고 할 수 있다.

1938년 중국 관내 전선에서 활동하면서 「전민족적 반일통일전선을 어떻게 건립할 것인가」라는 글을 발표한 김규광(金奎光), 즉 김성숙(金星淑)은 "최근 중국에서 발행되는 조선문 잡지『민족혁명(民族革命)』『민족전선(民族戰線)』『한청(韓青)』 등에 민족통일전선 문제에 관한 허다한 글들이 발표되어 이 문제에 관한 심토(沈討)가 적극적으로 전개되고 있다"[3]고 했다. 지금 시점에서는 민족주의세력의 통일전선론이 실려 있는 자료는 주로『한청』[4]을, 사회주의적 세력의 통일전선론이 담겨 있는 자료는 조선민족혁명당[5] 기관지『민족혁명』[6]을, 무정부주의세력의 통일

이 적용된 조건 아래서도 중국공산당에 가입하지 않았고, 이 단체들의 주의(主義), 주장(主張)이 같은 시기 같은 전선에서 활동한 한국국민당 등 민족주의세력의 것과 큰 차이가 없었음을 확인할 수 있다. 그리고 민족의 해방은 좌우익세력 모두에게 '혁명(革命)'이었고 사회민주주의 개념은 아직 선명하지 않았다고 할 수 있다. 따라서 이들 사회주의 성향의 좌파세력을 이 글에서는 사회주의'적' 세력으로 표현하기로 한다.

3) 이 책의 부록 중 「전민족적 반일통일전선을 어떻게 건립할 것인가」 참조.

4) 『韓青』은 김구 중심 한국국민당(韓國國民黨)의 청년당 기관지다(『한청』 제2권 제4기, 1937년 4월호 18면 참조). 지금 우리가 볼 수 있는 『한청』은 1936년 10, 11, 12월호와 1937년 1, 2, 3, 4, 5월호 등 8권뿐이다.

5) 조선민족혁명당은 1935년경에는 이미 사회주의 단체화한 조선의열단과 민족주의 정당인 한국독립당 등 5개 정당의 통합으로 성립된 통일전선 정당이었다. 그러나 창당된 그해에 우익세력의 일부인 조소앙(趙素昂) 중심세력이 이탈하고 다음해에 역시 우익세력의 일부인 지청천(池青天) 중심세력이 이탈하여 의열단 중심의 정당이 되어 있었다(이 책의 제4장 참조).

6) 조선민족혁명당 기관지『민족혁명』의 원본은 현재로서는 구할 수 없고, 다만 일본제국주의 정보기관이 입수하여 초역(抄譯)한 것을 동경 동양문화사(東洋文化社)가 1976년에 간행한 '社會問題資料叢書' 제1집『思想情勢視察報告集』에서 볼 수 있다. 이 보고집에 초역된『민족혁명』 중 통일전선문제에 관한 글은 1936년에 간행된 제3호와 1937년에 간행된 제5호에 실려 있다.

전선론은 남화연맹(南華聯盟) 기관지『남화통신(南華通迅)』[7]을, 그리고 이 시기 유럽의 인민전선과 중국 통일전선운동의 발전에 영향받아 중국 관내의 우리 민족해방운동전선에 성립된 사회주의적 세력의 통일전선체라 할 수 있을 조선민족전선연맹의 통일전선론은 기관지『조선민족전선(朝鮮民族戰線)』[8]을 통해 그 방향을 어느정도 추적해볼 수 있다.

이 기관지들에 실린 논설들이 입론한 각 민족해방운동 세력의 통일전선론은 여러가지 각도에서 추적될 수 있겠으나, 이 글에서는 우선 유럽지역 인민전선론을 중국 관내지역 우리 전선의 좌우익세력이 어떻게 받아들였는가 하는 점, 우리 통일전선을 어떤 방법으로 조직해가려 했는가 하는 점, 통일전선 수립에서 가장 어려운 문제로 등장하기 마련인 주도권 문제를 어떻게 해결하려 했는가 하는 점, 참가계급의 범위와 기본이데올로기 문제 등을 통해 통일전선의 역사적 성격이 무엇이었던가를 가늠하는 점을 중심으로 추적해보기로 한다.

2. 사회주의적 세력의 인민전선론 인식

일제식민지시대의 민족해방운동 과정에서 투쟁력을 강화하기 위해

---

7) 무정부주의 단체 남화연맹의 기관지『南華通迅』도 현재로서는 그 원본을 볼 수 없고 역시 일본 정보기관이 입수하여 초역한 1936년 11월호와 12월호만을『사상정세시찰보고집』에서 볼 수 있을 뿐이다. 따라서 무정부주의자들의 통일전선론도 여기에 한정될 수밖에 없다.

8) 조선민족전선연맹의 기관지『조선민족전선』은 1938년 4월에 창간되었다. 그 통일전선론은 창간호와 제2호에 실려 있다. 중국문으로 간행된 이 잡지들은 한국독립운동사연구소 편『한국독립운동사자료총서』II(『震光·朝鮮民族戰線·朝鮮義勇隊(通訊)』, 1988)에 실려 있다.

좌우익 전선을 통일해야 한다는 논의와 행동은 꾸준히 있어왔다. 특히 좌익전선의 경우 코민테른이 제2회 세계대회(1920)에서 민족·식민지 문제에 대한 테제를 발표하여 관심을 표시하고, 또 제3회 대회(1921)에서 제2인터내셔널 세력과의 통일전선을 제기함으로써 조선 공산주의 운동도 비타협적 민족주의세력과의 통일전선을 지향하게 되었으며, 그것이 민족유일당운동 및 신간회운동으로 나타났다.

1930년대로 들어오면서 국내전선에서 신간회는 해소되었지만, 해외 전선 특히 중국 관내전선에서는 1932년 민족해방운동의 통일전선체로서 한국대일전선통일동맹(韓國對日戰線統一同盟)이 성립되고, 그것을 바탕으로 1935년에 좌우익 통일전선 정당으로서 조선민족혁명당(朝鮮民族革命黨)이 창당되었다. 조선민족혁명당 창당과 같은 해에 개최된 코민테른 제7회 세계대회의 반파쇼 인민전선전술의 채택이 직접 혹은 간접으로 연결되었는지 분명하지 않지만, 어떻든 조선민족혁명당은 곧 우익세력의 상당한 부분이 이탈함으로써 좌우익 통일전선 정당으로서의 성격을 잃게 되었다.

코민테른 제7회 세계대회가 채택한 인민전선전술이 중국 관내지역의 우리 민족해방운동전선, 비록 사회주의적 성향의 조선민족혁명당이나 조선민족전선연맹 계통이라 해도 중국공산군 지역이 아니라 국민당 정부 지역에 있었던 이 단체들에 어떤 경로를 통해 전달되었는가를 구체적으로 추적하기란 현재로서는 어렵다.

그러나 이 시기 무정부주의단체인 남화연맹 쪽 어느 이론가는 "현재 구주에서는 파쇼독재를 타도하기 위해 인민전선의 신기운(新氣運)이 폭발하고 있다. 이 인민전선의 형태가 식민지 또는 반식민지에서는 민족전선의 형식으로 표현되어 그 민족의 총역량을 연합 단결시켜 투쟁하고 있다" "중국에서는 인민전선과 항일민족전선운동이 민중 안에 뿌리를 내리고 맹렬하게 일어나서 신흥중국의 세력은 일진월장(日進月長)하고 있다. 이런 실례를 보아 인민전선 혹은 민족전선은 가장 현실에 적합한 투쟁방법이다"조선혁명운동선상에서도 민족전선적으로 투쟁하지 않으면 안될 필요상에서 이를 주장하는 것이다"[9]라고 했다. 유럽의 인민전선론이 아시아지역의 식민지 및 반식민지에서는 민족통일전선론으로 전환되어 나타났음을 정확하게 인식하고, 우리 민족해방운동도 이 전술을 채택해야 할 것임을 강조하고 있다.

한편 필명을 '주(舟)'로 표시한 또 다른 이론가는 "구주 인민전선운동의 실상과 인방(隣邦) 중국의 항일구국의 공동목표 아래 성립된 각파의 연합보다, 그 이상으로 우리들에게 민족적 단결이 필요함을 인식하지 않으면 안된다"[10]고 하여 우리 민족해방운동전선에서 통일전선의 긴요성이 유럽지역 및 중국보다 더 절실함을 강조했다. 또 필명 '근(瑾)'의 글에서는 "인민전선운동이 제3국제의 책동에 의해 진전되고 있는 것같이 단정하는 것은 3·1운동이 윌슨의 민족자결 주장에 의해 일어난 것이라 말하는 것과 같은 피상론(皮相論)이다"[11]라 하여 오히려 코민테른의 전술과 상관없이라도 우리 통일전선의 긴요성을 명쾌하게 설명하고 있다.

한편 유럽에서 인민전선 성립 후 조선민족혁명당, 조선민족해방운동자동맹, 조선혁명자연맹 등이 모여 조직한 조선민족전선연맹 산파역의 한 사람이었던 조선민족해방운동자동맹 소속의 이론가 김규광의 통일

---

9) 『남화통신』 1936년 12월호. 필자가 유(有)로 되어 있는 「民族戰線 結成을 促한다」, 『사상정세시찰보고집』 3, 491~92면.

10) 『남화통신』, 같은 호, 필자 주(舟)의 「民族戰線에 관하여」, 앞의 자료 493면.

11) 「民族戰線問題에 대한 冷心君의 疑問에 答한다」(要譯), 『남화통신』 1936년 11월호; 『사상정세시찰보고집』 3, 485~86면.

전선론이 한층 더 선명해졌음을 볼 수 있다.

그는 앞에서 든 「전민족적 반일통일전선을 어떻게 건립할 것인가」[12] 에서 "현단계 조선혁명의 유일한 임무는 전민족의 통일전선을 결성하여 일본제국주의를 타도하고 진정한 민주독립국가를 건설하는 데 있다" 하고, 통일전선 형성의 세계사적 배경을 이렇게 말했다. "목전의 세계 정치정세는 두 개 진영으로 선명히 구분되어 있는데, 그 하나는 침략주의적 파쇼진영이며 다른 하나는 민주주의적 화평진영이다. 전자는 일본·독일·이딸리아를 중심으로 하는 국제적 침략집단이며, 후자는 프랑스·소련을 중심으로 하는 반침략적 화평진영이다", "전세계 식민지 및 반식민지 민족의 해방투쟁은 국제 반침략전선과 긴밀히 연계되어 있는 것이다."

우리 민족해방운동 통일전선운동이 유럽지역의 반파쇼 인민전선전술과 궤도를 같이하고 있음을 말하는 한편, 아시아지역에서도 "특히 주목할 만한 것은 중국의 국공 양당이 민족적 멸망을 구하기 위해 과거의 개운치 않던 감정을 일체 버리고 단결 합작하여 민족적 통일전선을 건립하고 통일된 깃발 아래서 전민족적 항일 총동원을 실행하고 있다"고 하고, "중국 4억 5천만 민족의 항일세력, 대만의 민족전선, 프랑스와 소련을 중심으로 하는 국제평화전선, 영국·미국 등의 반일세력, 심지어 적국 내의 반침략적 혁명대중 등을 모두 우리 민족통일전선의 동맹군 혹은 우군으로 볼 수 있는 것이다"라고 했다. 우리 민족해방운동전선이 세계 반파쇼 인민전선과 식민지 및 반식민지 반제 민족통일전선의 일환임을 명백히 인식하고 있었음을 볼 수 있다.

그러면서도 그는 다음과 같이 우리 민족해방운동전선이 지향하는 통

---

12) 한국독립운동사연구소 편 『한국독립운동사자료총서』 II, 168~69면.

일전선과 유럽 인민전선의 차별성도 분명히 인식하고 있다.

　인민전선은 고도로 발전한 자본주의국가 내에서 인민대중이 파쇼를 반대 혹은 방지하고 민주와 화평을 쟁취하고자 일정한 정치강령 아래 결합한 일종의 정치투쟁기구이지만, 우리의 민족전선은 그렇지 않다. 즉 전체 민족이 어떤 사회계급 또는 정치적 당파에 소속되었는가를 불문하고 모두 유일 공동의 적인 일본제국주의를 타도하여 전민족의 자유 해방을 쟁취하고자 일정한 정치강령 아래 단결된 일종의 정치투쟁기구이다.[13]

　자본주의가 발달한 지역, 따라서 노동자계급의 성장과 조직 및 훈련도가 높은 유럽지역의 인민전선은 노동자계급과 소부르주아지를 중심으로 이루어진 정치투쟁기구이지만, 자본주의가 발달하지 못하고 노동자의 프롤레타리아트로의 성장도가 아직 낮은 우리 민족사회의 경우 통일전선은 반일적인 모든 사회계층이 참가한 민족전선일 수밖에 없다고 인식한 것이라 할 수 있다.

　그는 또 우리 통일전선과 중국 통일전선이 모두 민족전선이지만, 두 전선 사이에는 역시 차이점이 있다고 보았다. 그는 우리 통일전선과 중국의 것은 "내용상, 본질상으로는 서로 같지만 표현형식상 서로 다른 점이 있다. 조선은 일본의 독점식민지가 되고 이미 국가기구가 없어져서 민족전선의 형태가 부득이 혁명집단의 결합형식으로 표현될 수밖에 없다. 그러나 중국은 반(半)독립국가로서 광대한 인민과 토지가 있어서 통일된 정권 아래 민족전선의 인적·물적 기초가 성립되어 있고, 또 그

---

13) 이 글의 원문은 중국문이며, 번역문은 이 책의 부록 중 「전민족적 반일통일전선을 어떻게 건립할 것인가」 참조.

정권 자체가 민족전선의 중심기구로 되어 있다"고 했다.

완전 식민지인 조선과 반식민지인 중국의 민족통일전선 성립조건이
서로 다른 점, 국민당과 공산당이 성립되어 있고 각기 일정한 정권을 가
지고 인민과 영토를 통치하고 있는 중국 민족통일전선과 완전 식민지
로서 인민과 영토를 통치하는 정권을 갖지 못하였음은 말할 것도 없고
통일된 민족주의 정당이나 사회주의 정당을 갖지 못한 조선의 민족통
일전선 수립조건이 서로 다르다는 사실을 정확하게 인식한 것이다. 다
시 논급하겠지만, 그는 이 때문에 우리 통일전선이 인민전선이 아니라
민족전선이 되어야 한다고 강조했다.

이상과 같이 1930년대 후반기 중국 관내 전선의 사회주의적 세력이
라 할 수 있을 조선민족혁명당, 조선민족해방운동자동맹, 조선혁명자
연맹 등과 이 3개 단체 연합으로 이루어진 조선민족전선연맹은 유럽
에 성립된 반파쇼 인민전선이 가지는 역사적 현실적 의미, 그것이 식민
지 및 반식민지지역 민족해방운동에서는 반제 민족통일전선으로 나타
난 사실, 그리고 우리 민족해방운동전선에서도 민족전선으로 소화하여
적극적으로 도입해야 할 전술임을 비교적 정확하게 이해하고 있었음을
알 수 있게 한다.

3. 민족주의세력의 인민전선론 인식

지금 우리가 볼 수 있는 한국국민당 산하 청년단 기관지『한청』중에
서 인민전선에 대한 반응이 처음으로 보이는 글은 1936년 10월호에 실
린 필자 '불꽃'의「인민전선이란 무엇인가」이다. 이 글에서 필자는 인민
전선이 표방한 전술을 비교적 상세히 그리고 정확하게 소개한 후 "이와

같이 민주주의자, 개량주의자, 자유주의자, 평화주의자와 악수하여 반파시즘 반전투쟁을 효과적으로 달성하려는 것은 종전과는 아주 딴판 다른 전술상의 일대 전환이 아닐 수 없다"14)고 하여 일정하게 긍정적으로 평가한 부분을 읽을 수 있다.

그러나 이 필자는 다시 "인민전선이란 과도기의 정치형태에 불과하고 그 본질이 익어가는 차제로, 다시 말하자면 내부 적화공작이 성공되는 대로 쏘비에트화될 것은 더 말할 필요도 없을 것이다"고 하여 인민전선이 공산주의세력의 일시적 전술이라고 지적하면서도, "이 조류가 앞으로 우리 운동선상에 어떠한 형태로 나타날 것인가, 신간회 같은 형태로, 통일대당 조직과 같은 형태로, 그렇지 않으면 불란서나 서반아와 같은 형태로, 우리 혁명운동자는 연구하여볼 필요가 있다고 생각한다"15) 하여 전면적으로 거부하지 않고 있음을 어느정도 짐작하게 한다.

그러나 인민전선에 대한 『한청』의 논설이 모두 전면 거부가 아니라 유보적이거나 다소 긍정적인 면이 있는 것은 아니었다. 방원몽(方圓夢)이 쓴 「여시아관(如是我觀)」이란 글에서는 "공산당 일파는 모방(某方)의 양양묘계(襄襄妙計)를 받아가지고 독립운동을 도란(搗亂)하려 했으며 단일전선의 교명(巧名)을 이용하여 진정한 독립운동단체를 해소시키기에 노력하였고, 또는 우리의 진선을 코민테른의 괴뢰화시키려 했다. 그들은 우리의 진선을 완전히 공산당의 괴뢰로 만들기 위하여 단일전선을 제창하였다"16) 하고 신간회를 좌익 쪽에서 해소시킨 사실을 상기시키면서 인민전선을 부정적으로 보는 한편, "진선(陣線)의 통일은 반드시 전투력의 강화라고만 볼 수는 없다. 통일은 양의 문제요 강화는

---

14) 「人民戰線이란 무엇인가」, 『한청』 제1권 제3기, 대한민국 18년 10월 27일 간행, 34면.
15) 같은 자료 36면.
16) 『한청』 제1권 제4기, 대한민국 18년 11월 25일, 3면.

질의 문제"[17]라고 하여 통일전선의 효과 자체를 부인하려 했다.

그러나 『한청』에도 "만일 사회주의자나 아나키스트로서 민족해방운동을 주(主)로 하고 세계혁명을 부(副)로 하여야겠다는(제2계단이라는 뜻) 인식을 가졌다면 엄정한 의미에서 그들도 민족주의자인 동시에 사회주의자나 아나키스트인 것이, 다시 말하면 민족주의 본신이 복잡한 의미를 떠나 누구나 다 가지고 있는 애국주의에 근거를 두느니만큼 민족해방운동을 제1의(제1계단)로 하는 혁명가라면 누구든지 민족주의자인 동시에 그렇게 될 수 있는 것이다"[18]라고 한 논문이 실려 있다. 당시 중국 관내 민족해방운동전선에서 통일전선의 대상이었던 사회주의자와 무정부주의자도 그들이 민족해방운동전선에 참가하고 있는 한 넓은 의미의 민족주의자로 인정해야 한다는 논리를 펴고 있는 것이다.

그뿐만 아니라 필명을 경정(鏡晶)으로 한 어느 이론가는 "과거에 통일전선을 파괴시킨 것도 그들의 이러한 조급한 야심이 화근이었으며 통일전선을 파괴시킨 책임은 전혀 공산당에게 있었다. 그러나 우리는 이러한 폐해와 위험을 의구하여 민족연합전선을 조직하지 못한다면 너무도 과도한 염려이니 '구더기'가 무서워서 '장' 못 담그는 셈이 될 것이다"[19]라고 했다. 지난날의 통일전선이 공산주의자의 책동에 의해 파괴되었을지라도 '구더기'를 겁내지 말고 '장'은 담가야 한다는, 다시 말하면 통일전선은 추진해야 한다는 주장을 펴고 있음을 볼 수 있다.

민족주의세력에 나타난 이와 같은 통일전선 긍정론과도 관계된다고

---

17) 같은 자료 4면.

18) 「民族運動의 再認識」, 『한청』 제1권 4기, 대한민국 18년 11월 25일, 11면. 이와 같은 필자 천(泉)의 민족운동관은 곧 몽암(夢巖)이란 다른 필자에 의해 역시 『한청』을 통해 장황한 비판을 받았다.

19) 「民族聯合戰線의 組織과 領導問題」, 『한청』 제2권 제2기, 대한민국 19년 2월 25일, 20면.

생각하지만, 한편 "조국광복만을 유일한 목표로 하고 임시정부를 그 중심으로 하는 통일만이 우리가 기대하는 통일이다"[20]라는 입장을 견지하고 있던 민족혁명당에 참가하지 않은 세력 중심으로 유지되던 임시정부 쪽에서도 통일전선 문제에 일단 관심을 가지고 1937년 4월에는 민족진선문제좌담회(民族陣線問題座談會)를 개최하기에 이르렀다.[21]

이 좌담회의 결론은 "각 단체가 연합하기 위해서는 먼저 각 단체 자신이 원만하고 또 견고한 조직을 이루어야 한다", "먼저 각 단체 내 소분파 등의 연합진선을 구성해야 한다"[22]는 것으로 압축되었다고 할 수 있다. 그리고 이 결론은 『한청』의 다른 필자 고일해(高一海)가 제시한 "우리가 유명무실한 인민진선(人民陣線)을 강작(强作)하는 이보다는 차라리 먼저 자(自)의 조직을 경일층(更一層) 힘있게 만들고 과학화시킴으로 말미암아 내부의 단결이 더욱 공고해지는 동시에 자체의 혁명역량이 더욱 세지며 전 진선(陣線)에 대한 공헌도 확대될 것이라고 생각한다"[23]라고 한 내용과 일치하고 있다.

통일전선 문제에 대한 민족주의세력과 임시정부 쪽의 이같은 생각이 사회주의적 세력이나 무정부주의 세력과의 통일전선보다 민족주의세력 자체의 통일에 주력하여 한국국민당, 한국독립당, 조선혁명당 등의 연합체인 한국광복운동단체연합회(韓國光復運動團體聯合會)를 구성

---

20) 『大韓民國臨時政府公報』 제61호(대한민국 18년 11월 27일 발행); 『사상정세시찰보고집』 3, 479면.
21) 이 좌담회의 내용은 임시정부계 한국청년전위단(韓國靑年前衛團)의 기관지 『전위(前衛)』에 실렸는데, 원본은 구하지 못했고 역시 일본 정보기관이 입수하여 전역(全譯)한 것이 『사상정세시찰보고집』 5, 47~51면에 실려 있다. 이 좌담회는 4월 2일 중국의 화남(華南) 모지(某地)에서 개최되었고 출석자는 주석(主席) 이하 7명이었다. 이 좌담회의 내용은 이 책의 제5장을 참조.
22) 『사상정세시찰보고집』 5, 51면, B씨와 M씨의 발언.
23) 「人民陣線에 대한 管見」, 『한청』 제1권 제5기, 대한민국 18년 12월 15일, 8면.

하게 되었다. 그러나 이 시기 민족해방운동에서 통일전선운동이 피할수 없는 하나의 대세였고, 이 때문에 통일전선론과 통일전선운동이 계속되어 결국 불완전한 상태로나마 임시정부를 통일전선정부로 만들고, 임시정부와 조선독립동맹의 통일교섭이 이루어지게까지 되었다.[24]

4. 통일전선의 조직방법론

1930년대 후반기 이후 우리 민족해방운동전선의 통일전선은 "조선통일전선운동의 중요한 대상은 민족주의운동과 사회주의운동의 통일문제이다"[25]라고 한 것과 같이 좌우익세력 사이의 통일전선이었고, 더 구체적으로 말하면 중국 관내 전선의 "가령 민족전선이 성립한다고 한다면 한국국민당과 한국민족혁명당이 구성체의 주요한 요소가 될 것이다"[26]라고 한 것과 같이 좁게는 결국 김구 세력과 김원봉 세력 사이의 통일이 중요한 문제이기도 했다.

이런 상황에서 통일전선을 성립시키려는 방법론으로서 이른바 개인 본위의 방법을 택할 것인가, 단체 본위 방법을 택할 것인가 하는 문제가 있었다. 『민족혁명』에 실린 한 논문은 "통일전선의 구성 본위에 관해서는 종래부터 단체 본위론과 개인 본위론의 두 의견이 있었다. 그중 어느 쪽을 채용할 것인가에 대해서는 정확한 원리와 복잡한 현실을 충분히 고찰하여 결정하지 않으면 안된다. … 민족통일전선은 조선민족 각 개

---

24) 이 과정에 대해서는 이 책의 제6장 3절 참조.

25) 『한국독립운동사자료총서』 II, 168면.

26) 「民族戰線에 관하여」(全譯), 『남화통신』 1936년 12월호; 『사상정세시찰자료보고집』 3, 492면

인의 개인 본위에 의해 구성될 것이라는 결론에 도달한다"[27]고 하여 개인 본위의 방법을 주장했다.

이에 비해 『남화통신』의 통일전선조직론은 무정부주의적 특성을 보이면서 "주의 정강을 달리하는 각 단체를 단일적으로 통일하려 하는 것이 아니라 각 단체 및 각 개인이 자기 사상에 근거하여 각자의 환경과 능력에 의해 다각적인 '공동 슬로건' 아래 상호 긴밀한 연결을 취하고 협력하여 적을 각 방면에서 총공격하지 않으면 안된다"[28] 했고, "민족전선은 이를 구성하는 각 단체의 해체를 요구하지 않지만 혁명공작에서 보취(步驟)의 일치와 국호의 통일을 요구한다"[29]하여 대단히 느슨한 단체 본위 조직방법론을 제시하고 있음을 볼 수 있다.

한편 사회주의적 단체들의 연합체인 조선민족전선연맹 김규광의 통일전선 조직방법론[30]은 이제 단체 본위의 방법으로 확정되었음을 볼 수 있다. 그는 먼저 "개인 본위를 주장하는 사람은 … 사회운동 쪽이나 민족운동 쪽을 막론하고 통일된 조직계통이 없을 뿐 아니라 각종 종파주의적으로 분열된 정치단체가 있어 이러한 분열 대립의 상태로서는 단체 본위로 민족전선을 조직하는 것은 대단히 곤란하며 불가능한 일이므로 민족통일전선에 찬성하는 사람이라면 어떤 단체에 소속해 있었는가를 불문하고 모두 개인 자격으로 참가하여 전선의 조직을 확대

---

27) 「民族統一戰線組織型에 관한 考察」(要譯), 『민족혁명』 제5호; 『사상정세시찰자료보고집』 5, 63면.

28) 「民族戰線을 어떻게 結成할 것인가」, 『남화통신』 1936년 11월호; 『사상정세시찰보고집』 3, 483면.

29) 「民族戰線의 行動綱領草案」(全譯), 『남화통신』 1936년 12월호; 『사상정세시찰보고집』 3, 494면.

30) 奎光 「如何建立全民族的反日統一戰線」, 『朝鮮民族戰線』 제2기; 『한국독립운동사자료총서』 II, 168~70면, 번역문은 이 책의 부록 중 「전민족적 반일통일전선을 어떻게 건립할 것인가」 참조.

시켜야 한다고 주장한다. 이같은 주장은 물론 그 나름대로의 근거가 있다"고 하여 개인 본위 방법의 긍정적인 면을 일단 인정했다.

그러나 다시 "1927년에 성립된 국내의 민족협동전선단체 신간회(3만 명 이상의 회원과 수백 개의 지회가 있었다)와 당시 해외의 대독립당조직운동(大獨立黨組織運動)은 모두 개인 본위의 조직원칙을 채택한 바 있다. 그러나 이같은 조직은 분명히 많은 결점이 있었다. 중요한 것은 조직의 통일이 아니라 조직의 분산과 복잡화였다. 각종 단체에 소속한 많은 사람들이 개별적으로, 또 다른 조직 속에 혼합된 결과 그 조직은 각당 각파가 서로 영도권을 쟁취하는 장소가 되지 않으면 제3의 정치단체가 되어버린 것이다", "현재 우리의 민족전선은 이와 같은 조직원칙을 택할 수 없다. 왜냐하면 민족전선은 결코 일종의 정당 형식의 단체가 아니라 각종 정치단체가 일정한 공동강령 아래서 공동의 행동을 조절하는 일종의 정치적 투쟁기구이기 때문이다. 때문에 민족전선은 반드시 단체 본위 조직원칙을 채택해야 한다"고 했다.

이렇게 보면 이 시기 중국 관내 우리 민족해방운동전선에서 사회주의적 세력의 통일전선 조직방법은 조선민족전선연맹의 그것에 따라 단체 본위의 방법으로 통일되었다고 볼 수 있다. 그렇다면 같은 시기 민족주의세력의 통일전선 조직방법론은 어느 쪽으로 가고 있었는가 하는 문제를 살펴볼 차례이다. 통일전선 조직방법론의 문제는 영도권, 즉 헤게모니 문제와 얽혀 운동성패의 중요한 요인의 하나가 되었기 때문에 통일운동 중심세력인 민족주의세력과 사회주의적 세력 사이의 방법론이 전혀 다를 경우 전선의 통일은 무망한 일이 될 수 있었다.

『한청』에 실린 논설들 대부분이 좌우익 통일전선의 시기상조성을 말하고 우선 각 단체 자체의 조직강화에 주력할 것을 주장하거나 아니면 민족주의세력만의 통일을 주장한 경우가 많지만, 그런 속에서도 좌우익 통일전선 조직방법론에 깊은 관심을 나타낸 경우를 볼 수도 있다.

필명을 덕삼(德三)으로 한 어느 이론가의 경우 무정부주의 남화연맹의『남화통신』은 '민족전선'론을 내세우며 단체 본위의 통일전선을 주장하는 한편, 민족혁명당은 '민족통일전선'론을 내세워 개인 본위의 통일전선을 주장한 것이라 하고, 이같이 "양자가 원칙상 동일성을 가지게 되는 것은 양자의 제출자가 다같이 사회주의인 점에서 그러하고 또 방법론상 부동성(不同性)이 있는 것은 민족전선은 강권 부정의 무정부주의파에 속하고 민족통일전선은 강권사상을 배경한 ××(共産? - 필자)주의파에 속하기 때문이므로 이것은 조금도 괴이할 것이 없는 오히려 필연(必然)한 결과라 할 것이다"라 하면서도, 정작 자신이 주장하는 방법론을 제시하는 것은 보류했다.[31]

그러나 「민족연합전선과 조직방법에 대한 관견」이란 짜임새있는 논문을 쓴 원돌오(元突吾)는 "연합전선은 각 단체 혹 각 개인을 화학적으로 화합시키려는 것이 아니고 다만 물리적 현상으로 응결시키려는 것이므로 민족자결주의에 배반되지 않는 이상 각 단체의 이론상의 모순과 전술방법의 대립은 절대로 과문(過問)하지 못할 것" "각 단체의 선전, 조직 및 내부문제에 대하여는 완전한 독립성을 서로 존중하며 절대로 촉급(觸及)하지 말 것"[32]이라고 하여 통일전선 조직방법에서 단체 본위의 방법을 주장하고 있음을 볼 수 있다.

김규광도 말했지만, 1920년대에 통일전선운동으로서 민족유일당운동과 신간회운동이 있었고 1930년대에 와서도 통일전선 정당으로 조

---

31)「民族戰線과 民族統一戰線의 同一性과 不同性」,『한청』제2권 제5기, 4~6면. 조선민족혁명당과 무정부주의단체인 조선혁명자연맹 등이 연합하여 조선민족전선연맹을 결성하기 이전에 쓴 글이기 때문에 두 단체의 통일전선방법론을 다르게 파악한 것 같다.
32)『한청』제2권 제3기, 20~21면.

선민족혁명당이 결성되었으나 모두 개인 본위의 통일전선단체로 조직된 것이었다. 따라서 통일전선체 안에서 주의와 주장이 다른 각 세력이 스스로 조직을 유지한 채 합법적으로 경쟁할 수 있는 여지가 없어지고, 개인 사이의 비규칙적 주도권 경쟁이 심화하여 통일전선체 자체의 유지가 어려워지거나, 결국 통일전선체로 볼 수 없는 성격의 조직으로 변질하는 경우도 있었다. 조선민족전선연맹 성립 이전 조선민족혁명당의 경우는 그 한 예가 될 수 있을 것이다.

그러나 조선민족전선연맹이 성립되면서 중국 관내 전선의 사회주의적 세력의 통일전선 조직방법론이 단체 본위론으로 통일되었고,『한청』을 통해 살펴본 것과 같이 민족주의세력의 그것도 단체 본위의 방법으로 되어갔다고 본다면, 통일전선 조직방법론에서는 좌우익 두 세력 사이에 합의가 이루어져갔다고 볼 수 있다. 통일전선 조직방법론이 개인 본위의 방법에서 단체 본위의 방법으로 전환된 것은 1930년대 이후 우리 민족해방운동전선에 이른바 이당치국주의(以黨治國主義)가 발달하여 민족해방운동 정당들이 정착한 결과였으며, 그것은 민족해방운동 방법론상의 일단의 진전이라 할 수 있었다.

그러나 이 조직방법론은 곧 통일전선전술상 가장 중요한 문제의 하나인 주도권 문제, 즉 헤게모니 문제와 연결되어 그렇게 쉽게 풀려갈 수 있는 것이 아니었다. 다른 국내 및 만주·미국 등 지역들과의 전선통일은 그렇다 하더라도 중국 관내 전선만의 통일도 쉽게 이루어지지 못한 중요한 이유의 하나도 바로 이 점에 있었다고 할 수 있다.

5. 통일전선과 주도권 문제

통일전선전술을 적용함에 있어 주도권 문제를 어떻게 해결할 것인가는 언제나 어려운 문제로 등장하게 마련이었으며, 중국 관내 우리 전선의 경우도 예외일 수 없었다. 통일전선 조직방법론이 개인 본위의 방법이 아니고 단체 본위의 방법이었을 때 이 문제는 더욱 어렵지 않을 수 없었다. 1930년대 후반기 중국 관내 우리 전선의 경우 정당 단체로서는 한국국민당과 조선민족혁명당이 당세 면에서 가장 우세했고, 이 두 정당에는 김구와 김원봉이라는 뚜렷한 핵심인물이 있었다.

그밖의 다른 정당·단체들은 좌우익을 막론하고 전체 전선을 지도할 만한 뚜렷한 핵심인물이 마땅치 않았을 뿐만 아니라 무정부주의자들의 경우 사상적 특징 때문에 어느 한 세력이나 인물 중심으로 통일전선의 주도권이 수립되는 일 자체를 반대했다. 『남화통신』의 한 논설은 "무정부주의자는 어떠한 혁명에 있어서도 민중해방을 위해 항상 선두에 서서 피를 흘리고 있다. 그러나 혁명의 발전을 위해서만 투쟁하는 것이지 혁명을 실패의 심연에 빠지게 하는 영도권 쟁탈전에는 참가하지 않는다"[33]고 강조한 것을 볼 수 있다.

『민족혁명』에서는 "민족통일전선 이외의 제단체 상호간의 관계는 그 공통적 조건을 기반으로 하여 모두 민족통일전선에 통일되고, 그 부동적(不同的) 조건에 대해서는 미래의 승리를 위한 합법적 경쟁이 있을 것이다. 합법적 경쟁이란 그 주장의 승리를 위한 다수 민중의 신임 획득에

---

33) 「民族戰線의 可能性」(要譯), 『남화통신』 1936년 11월호; 『사상정세시찰보고집』 3, 483면.

대한 경쟁을 의미하는 것이다"[34]라고 하여 단체 본위의 방법론을 주장했다. 단체 본위의 방법으로 성립된 통일전선에 참가한 단체들 사이의 '부동적 조건'에 대해서는 통일전선 내부 각 세력 사이의 합법적 경쟁요소로 두고 (해방 후 국내로 돌아와서) 다수 민중의 지지를 받는 쪽이 승리하는 것으로 말하고 있다. 이 합법적 경쟁대상에는 각 단체가 가진 정강·정책과 항일투쟁방법론 등이 들어가지만 주도권 문제도 포함될 수 있을 것이다.

무정부주의자도 참가한 조선민족전선연맹에서는 이 연맹과 같은 사회주의적 세력만의 통일전선이 아닌 좌우익 전체 전선의 통일을 이루기 위해 '통일된 최고지도기관'을 건립해야 한다 하고, 그것을 위해 "먼저 반드시 전민족대표대회를 소집해야 할 것이다. 이 대회는 국내 각 혁명단체 및 무장대오와 일체 반일성을 가지고 있는 사회대중단체에서 선출된 대표로 구성되어야 할 것이다. 그리고 이 대회에서 선출된 약간의 권위있는 민족대표로 민족전선의 총기구를 조직해야 할 것이다"[35]라고 했다. 곧 단체 본위의 조직에 따른 전체 전선의 총기구 구성에 의한 집단지도체제의 구성을 통해 주도권 문제를 해결하려 했음을 볼 수 있다.

한편 민족주의세력의 경우 『한청』에 「민족연합전선의 조직과 영도문제」[36]를 쓴 필명 정경(晶鏡)은 통일전선에 대한 개인의 영도를 인정하면서 "민족적 독립국가의 쟁취는 기타 일체 민족 내부에서의 모든 모순이 저어관계(齟齬關係)를 초월하여 전민족 각 개인의 앞에 엄중히 제출

---

34)「民族統一戰線組織型에 관한 考察」(要譯), 『민족혁명』 제5호; 『사상정세시찰보고집』 5, 64면.

35) 이 책의 부록 「전민족적 반일통일전선을 어떻게 건립할 것인가」 참조.

36) 『한청』 제2권 제1기, 대한민국 19년 1월호 12면.

되고 있다. 이것은 현계단에서의 한국민족해방운동의 가장 중요하고도 절박한 임무이다. 민주주의를 믿거나 공산주의를 믿거나 어떤 사람을 물론하고 3천만 민중 앞에 이 문제를 능히 정확하고 공평하게 해결할 수 있을 만한 구체안을 제시한 이가 있다면 그는 곧 민중의 신앙과 추대를 받아 영수인물이 될 수 있으며 민중운동의 영도지위에 설 수 있을 것이다. 한국민중의 공동이익을 떠나서 한국혁명을 말할 수 없다. 이것이 곧 민족연합전선의 건립적 기초다"라고 했다.

민족주의세력의 기관지『한청』에서 공산주의를 믿는 사람이라도 '민족적 독립국가의 쟁취'를 위해서는 통일전선체의 영수가 될 수 있다고 설파하고 있으나, 현실적으로 통일전선의 주도권 문제는 대단히 어려운 것이었다. 그 구체적인 사례의 하나를 1939년 기강(綦江)에서 열렸던 중국 관내 민족해방운동전선 통일전선운동의 일환이었던 '7당회의'가 결렬되는 과정에서도 볼 수 있다.[37]

이 회의에 조선민족혁명당 쪽 대표로 참가했던 왕규지(王規之)는 "우리 당은 원래 김구 선생을 영수로 모시고 진대장(陳隊長: 陳國斌=金元鳳 - 인용자)이 이를 도와 통일신당을 건립하려 했으나 유감스럽게도 한국독립당의 조소앙(趙素昻), 조선혁명당의 이청천(李靑天)·최동오(崔東旿) 등이 고의로 파괴했고, 또 임시정부 원로들의 사상이 낙오되어 대체(大體)에 어두웠던 것이 통일회의 결렬의 원인이었다"[38]고 했다. 그 진실 여부는 차치하고 통일전선체 조직에서 주도권 문제는 민족주의자냐 사회주의자냐 하는 사상적 차이를 떠나서라도 얼마나 어려운 걸림돌이 되었는가를 잘 말해주는 한 사례라고 할 수 있겠다.

---

37) 기강7당회의(綦江7黨會議)의 상세한 경위에 대해서는 이 책의 제6장 2절 참조.
38) 中央硏究院近代史硏究所 編印『國民政府與韓國獨立運動史料』34면.

이 회의에 참가한 7개 정당은 민족주의세력 통일전선체인 한국광복운동단체연합회에 들어간 한국민주당, 한국독립당, 조선혁명당과 사회주의적 세력 통일전선체인 조선민족전선연맹에 들어간 조선민족혁명당, 조선혁명자동맹, 조선민족해방운동자동맹과 역시 사회주의적 단체인 조선청년전위동맹 등이었다. 이 시기 중국 관내 전선에 있었던 모든 민족해방운동단체의 통일전선체를 구성하기 위한 회의였으나 주도권 문제, 임시정부 문제 등으로 결렬되고 말았다. 그러나 이후에도 주도권 문제를 해결하면서 통일전선운동은 계속되었다. 앞에서도 말했지만 1943년부터 임시정부가 통일전선정부로 개편되고 중국공산군 지역에 성립된 조선독립동맹 쪽과 임시정부 쪽의 통일전선 교섭이 이루어진 것이다.

6. 통일전선의 역사적 지향

1930년대 후반기 이후 중국 관내지역에 성립된 민족해방운동단체들은 1920년대 국내외에서 조직된 단체들과 달리 정당 형태를 취한 경우가 많았고, 따라서 대부분 각자의 정강 정책을 갖고 있었다. 민족해방운동전선의 통일전선체가 민족해방투쟁을 추진하기 위해서는 일정한 정강 정책을 갖추어야 했고, 여러 단체들 특히 주의와 사상을 달리하는 단체들이 통일전선을 이루려고 하는 경우 비록 계급 정당은 아니라 하더라도 어느 계급의 이익을 중심으로 하는 어떤 정강 정책을 세울 것인가, 이 통일전선이 지향하는 민족국가는 어떤 성격인가, 이 통일전선은 본질적으로 어떤 이데올로기를 지도원리로 삼을 것인가 하는 문제들이 있었다.

먼저 통일전선의 계급적 기반은 어디에 두었는가 하는 문제를 추적해보자. 중국 관내 민족해방운동전선은 좌우익 전선을 막론하고 국내의 일반민중과 직결된 것은 아니었다. 따라서 각 정당이나 단체들이 확보한 당원이나 회원들은 망명정치인과 중국 관내에 이주한 소수의 교포들에 한정되어 계급적 구성이 다양할 수밖에 없었다. 그러나 민족해방운동 과정에서 성립된 정당 단체들은 모두 해방 후 정권창출 과정과의 연결을 전제로 성립되었고, 이 때문에 각 정당들은 계급 정당이 아니었다 해도 통일전선에 참가하는 계급적 범위와 그것을 바탕으로 하는 정강수립 문제, 또 해방 후 어떤 정권을 수립하려는 데 합의할 수 있었는가 하는 문제가 중요했다.

『민족혁명』의 통일전선론은 우선 그 정강 정책과 주의를 수립하는 문제를 논하면서 "민족통일전선은 혹 특수계층의 주의 정강으로서 통제할 수 없을 뿐만 아니라 이것은 전민족 각 계층의 주의 정강을 내포하지 않으면 안된다", "정당한 생활의식에 근거하는 주의 정강이면 그것은 민족통일전선 내부에 복수로 내포되어 있어도 통일전선은 이로 인해 부상(負傷)되지 않고 오히려 강대하게 발전할 것이다"[39]라고 했다. 통일전선 형성과정에서 그에 참가하는 각 정당, 단체의 정강과 주의가 모두 수용되어야 하고 서로 다른 주의와 정강이 '복수로 내포'되어도 무방하다는 주장이라고 할 수 있다.

조선민족혁명당이 지향하는 통일전선에 어떤 계급까지 포함시킬 수 있느냐에 대한 구체적인 논급은 찾기 어렵지만, 『민족혁명』에 실린 이영준(李英俊)의 글 「우리 운동의 통일문제에 관하여」에서는 "조선인 토착

---

39) 「민족통일전선조직형에 관한 고찰」, 『민족혁명』 제5호, 1937년 6월; 『사상정세시찰보고집』 5, 62면.

자본가와 지주 중 비교적 많은 자본과 토지를 소유한 자는 일본제국주의의 양성과 보호 아래 있는 매국적과 친일분자이며 그밖의 대부분은 과거 이조의 전제악정 아래서의 귀족대관 등이 문벌과 관작(官爵)의 폭위(暴威)로써 농민의 토지를 무상으로 약탈한 자들이다"[40]라고 하여 이들은 민족통일전선 범위에서 제외시킬 것을 간접적으로 시사하고 있다.

한편 『남화통신』은 "민족진선(民族陣線)은 대다수의 근로민중으로써 기본대오로 한다"[41] 하고, 다시 "민족전선의 기본역량이 되는 근로대중 이외에 광범한 소자본계급과 지식분자도 혁명진영에 전입하고 또 일부의 자본가 및 가장 낙오한 계층까지도 중립 혹은 참가의 가능성을 가지고 있다"[42]고 했다. 여기서 말하는 '가장 낙오한 계층'이 구체적으로 어떤 계층을 가리키는지 다소 불분명하지만 어떻든 통일전선의 계급적 범위를 상당히 넓게 잡고 있음을 볼 수 있다.

『조선민족전선』에 실린 김규광의 글에서도 "조선사회의 반봉건적 성질에 연유하여 반드시 민주주의적 민족해방운동이 되지 사회혁명은 아니다. 이 때문에 현재의 조선혁명은 결코 어느 한 계급 혹은 어느 한 정당이 단독으로 부담할 임무가 아니다""물론 우리는 조선 공농노고(工農勞苦) 대중의 가장 믿을 만한 혁명역량을 확인한다. 그러나 동시에 우리는 광대한 중소자산계급, 민족상공업가 내지 지주 등 역시 반일적 혁

---

40) 이 책의 부록「전민족적 반일통일전선을 어떻게 건립할 것인가」참조. 참고로 조선민족혁명당은 해방 후 귀국하여 1947년에 조선인민공화당으로 개편되는데, 이때 발표한 정치노선에서 토지의 무상몰수 무상분배를 주장하면서 "反日한 地主와 現今 민주운동을 지지하는 양심적 지주에 한하여 우대조례를 실시할 것"이라 했다(이 책의 제9장 2절 참조).

41) 「민족전선의 행동요령 초안」(全譯), 『남화통신』 1936년 12월호; 『사상정세시찰보고집』3, 494면.

42) 「민족전선의 가능성」(要譯), 『남화통신』 1936년 11월호; 『사상정세시찰보고집』5, 482~83면.

명성을 상당히 가지고 있어서 전민족 해방투쟁의 상당히 중요한 세력을 구성한다는 것을 인정하지 않을 수 없다"[43]고 하여 민족사회의 모든 반일세력을 총동원하여 민족통일전선을 수립해야 한다는 주장을 펴고 있다.

사회주의적 세력의 통일전선전술 대상계급의 범위가 이렇게 폭넓었다고 해서 그것이 민족주의세력에 의해 의심없이 그대로 받아들여진 것은 아니다. 『한청』에 민족운동론에 대해 다소 진보적 논설을 쓴 천씨(泉氏)를 계속 비판한 필명 몽암(夢巖)은 "민족해방운동은 꼭 민족주의자만의 특수한 임무는 아니다. 정의와 인도를 주장하는 사람은 사상의 경향을 가리지 않고 절대로 옹호할 필요가 있는 것이다. 이 까닭에 민족연합진선(陣線)의 이론도 생기는 것이다"라고 하면서도, "그러나 프롤레타리아독재를 부르짖는 공산당이 '파쇼'의 진공(進攻)에 대항하려는 전략상으로 부르주아민주주의자와 결합하여 인민진선(人民陣線)를 조직하고 민주주의를 옹호하자고 떠들었을지라도 이것은 오직 공산당이 자기 정권을 보호하려는 본의에서 나온 것이요. 이것을 민주주주의자라고 볼 수는 없다"[44]고 했다.

몽암보다 좀더 진보적 입장에 있었다고 생각되는 앞에서 든 정경의 경우도 "만일에 프롤레타리아를 빼놓고는 모두 반혁명이요 민족해방을 완성할 수 없다면, 이야말로 민족이나 계급의 해방을 진정한 목적으로 하지 않고 오직 일체 전관(專管)하고 정권을 독점하려는 강권주의자 독재정권 그것만을 목적으로 하는 공산당의 야심에서 나온 말이다"[45]라고 하여, 우리가 앞에서 든 이 시기 사회주의적 세력의 통일전선론을

---

43) 이 책의 부록 「왜 전민족적 통일전선을 건립해야 하는가」와 제9장 참조.
44) 「泉氏의 民族運動 再認識의 檢討」, 『한청』 1937년 1월호 41면.
45) 「민족연합전선의 조직과 영도문제」, 『한청』 제2권 제1기, 1937년 1월호 17면.

믿지 못하거나 아예 몰랐던 것처럼 글을 쓰고 있음을 볼 수 있다.

그러나 정경은 통일전선의 조직과 영도문제를 논급한 논문의 결론부분에서 볼셰비끼의 강권독재와 국가를 부인하는 극단의 자유연맹주의, 즉 무정부주의를 반대하고 자본주의 독소가 제거되지 못한 민족주의도 거부한다 하고, "한국의 정세로 보아 현계단에서는 오직 가장 진보된 아무 위험이 없는 (혹은 비교적) 좌익민족주의로서 민족운동의 중심사상을 삼고 85%나 되는 농민을 위한 토지문제의 공정한 해결을 약속하는 정당을 나는 무조건 옹호하려 한다"[46]고 했다.

여기서 그는 좌익민족주의란 용어를 쓰고 있어 주목되는데, 뒷날 역사학계가 1920년대 신간회를 논할 때 쓰게 된 소부르주아세력으로 구성된 민족주의좌파란 개념과 비슷하다고 하겠다. 민족주의 정당이면서도 농민을 위한 '공정한' 토지정책을 채택하는 정당이 곧 그가 말하는 좌익민족주의 정당이라 할 수 있겠는데, 이 시기 중국 관내전선에 성립된 사회주의적 정당, 단체는 말할 것도 없고 한국국민당, 한국독립당 같은 민족주의 정당도 토지와 중요 기업의 국유화를 정강 정책으로 내세웠다. 따라서 정경이 말하는 좌익민족주의 정당과 우리가 말하는 사회주의적 정당 사이에는 적어도 정강 정책상에 큰 차이가 없었다고 하겠다.

『한청』에 실린 논문이 '민족운동의 중심사상'으로 좌익민족주의를 거론한 것에 비해, 『민족혁명』에서는 "민족통일전선은 광대한 민족주의와 강대한 중앙집권주의를 동시에 채용하지 않으면 안된다"[47]고 하여 통일전선의 중심사상이 민족주의임을 분명히 했다. 이에 비해 무정

---

46) 「민족연합전선의 조직과 영도문제」(續), 『한청』 제2권 제2기, 대한민국 19년 2월 25일, 25면.

47) 「민족통일전선조직형에 관한 고찰」, 『민족혁명』 제5호, 1937년 6월 20일; 『사상정세시찰보고집』 5, 64면.

부주의자들의 『남화통신』에서는 "독재정치를 거부하고 철저한 전민족적 민주주의를 견지한다"[48]고 하여 다소 모호한 개념의 '전체 민족적 민주주의'를 지향했다.

한편 이들 사회주의적 단체의 통일로 이루어진 조선민족전선연맹의 이론가 김규광은 "조선민족 중에 각종 이해가 상반되어 대립된 사회계급이 있으나 이 계급적 대립은 민족적 대립과 비교하면 극히 부차적이다" "내부의 각종 좌경 혹은 우경적 반민족전선 경향에 대해서도 무정한 투쟁을 실행해야 한다. 특히 민족반역자, 친일파 및 그 주구에 대한 투쟁은 조금도 늦출 수 없다"고 하는 한편, "종래의 반제동맹은 원래 각국에서의 공산당의 외위적(外圍的) 군중단체이며 그 형식상 내용을 물론하고 현재의 민족전선과는 공통점이 전혀 없다. 마찬가지로 순수하게 민족주의 단체가 연합하여 성립된 광복운동단체연합회 역시 본질상에 있어서 민족전선이 아니다"[49]라고 했다.

우리 통일전선은 민족전선이되, 그것은 민족주의단체의 통일이나 사회주의적 단체의 통일만으로 이루어질 수 없으며, 두 세력의 통일이 이루어졌을 때 비로소 성립되는 것이라고 주장하는 것이다. 그가 우리 통일전선을 민족전선이라 강조한 것은 통일전선을 지도하는 이념이 바로 민족주의가 되어야 한다는 뜻을 담은 것이라고도 할 수 있다. 그는 "민족전선으로 하여금 가장 광범위하고 철저한 민주제도를 채택하게 하면 내부의 상호 대립과 모순은 피면(避免)할 수 있을 것이다"[50] 하고, "우리 민족전선의 정치목적은 진정한 민주공화국을 건설하는 데 있다"고

---

48) 「민족전선의 행동강령초안」, 『남화통신』 1936년 12월호; 『사상정세시찰보고집』 3, 495면.

49) 이 책의 부록 「전민족적 반일통일전선을 어떻게 건립할 것인가」 참조.

50) 같은 곳.

했다. 이 시기 그는 민족통일전선의 정치적 지향을 '최고로 발달된 민주제도에 의한 민주공화국의 수립'에 두고 있었음을 볼 수 있다.

이상에서 살펴본 바와 같이 이 시기 중국 관내에서 추진된 우리 민족통일전선운동은 그에 참가하는 계급적 범위, 해방 후에 수립할 민족국가의 성격, 통일전선의 지도원리 등 역사적 지향성에서 민족주의세력과 사회주의적 세력 사이에 큰 차이가 없었음을 확인할 수 있다. 그 점은 많은 난관과 실패에도 불구하고 중국 관내지역 통일전선운동을 지속시킨 원동력이라고 할 수 있을 것이다.

7. 맺음말

일제식민지시대의 우리 민족해방운동 특히 3·1운동 이후의 운동은 보기에 따라서는 민족주의세력과 사회주의세력 및 사회주의적 세력의 통일전선운동의 연속과정이었다고 할 수 있다. 상해임시정부의 수립, 국민대표자회, 6·10만세운동, 해외의 민족유일당운동과 국내의 신간회운동, 중국 관내 전선에서 한국대일전선통일동맹과 조선민족혁명당의 성립, 만주전선에서 재만한인조국광복회의 성립, 중국 관내 전선에서 한국광복운동단체연합회와 조선민족전선연맹의 성립, 전국연합진선협회와 7당통일회의, 임시정부의 통일전선정부화, 임시정부와 조선독립동맹의 통일전선 교섭 성공, 국내 건국동맹의 성립 등으로 이어지는 민족통일전선운동은 해방 후 민족분단 과정에서 통일민족국가수립운동으로 연결되었다.

통일전선운동은 좌익 쪽에서 보면 코민테른의 전술전략과 깊은 관련이 있지만, 우리 민족해방운동 내적으로도 통일전선을 지향하지 않을 수 없는 조건들이 있었다. 그것은 첫째, 20세기로 들어오면서 민족사회가 식민지로 전락한 중요한 원인 중 하나는 유럽식 개념으로 말하면 민족부르주아지가 그 역사적 역할을 다할 만큼 성장하지 못한 데 있으며, 식민지시대의 민족해방운동도 민족부르주아지가 독자적으로 그것을 주도할 수 있을 만큼 성장하지 못하고 있었다.

민족부르주아지가 성장하지 못했기 때문에 그만큼 자본주의적 발전이 늦었으며, 뒤집어 말하면 자본주의적 발전이 늦었기 때문에 민족부르주아지의 성장이 늦었다고 할 수 있다. 민족부르주아지의 성장이 약하고 자본주의적 발전이 늦은 사실은 또 한편으로 유럽식 개념의 프롤레타리아트의 성장이 늦어진 조건이 되었다. 따라서 식민지시대에는 프롤레타리아트의 독자적 능력만으로 민족해방운동을 추진할 수 있는 조건이 되지 못했다. 이 때문에 효과적인 민족해방운동은 민족부르주아지와 프롤레타리아계급의 협력, 비타협적 민족주의세력과 공산주의 내지 사회주의적 세력의 통일전선에 의해 추진될 수밖에 없게 되었다고 할 수 있다.

둘째, 최선의 민족해방은 해방운동세력이 독자적 군사력으로 일제침략군과 싸워서 항복을 받는 것이었지만, 그것은 현실적으로 불가능했다. 차선의 방법은 우리 민족해방운동의 군사력이 일제침략군을 패퇴시킬 연합군의 일원이 되어 일본의 항복 조인에 동참하는 것이었다. 그렇게 되기 위해서는 민족해방운동군과 그것을 지휘하는 정치세력이 일본을 패망시킬 연합국의 승인을 받아야 했으며, 그것을 위해 전체 민족해방운동전선이 통일해야 했다. 따라서 일제의 패망이 가까워지면 질수록 전체 민족해방운동전선의 통일은 더욱 절실해질 수밖에 없었다.

일본의 침략전쟁이 '만주사변'으로 중일전쟁으로 확대되어 그 패망이 가까워지자 전체 민족해방운동전선은 마침 유럽지역에서의 반파쇼 인민전선 형성에 영향받으면서 민족통일전선운동을 추진하게 되었고, 그중에서도 특히 중국 관내의 우리 민족해방운동전선에서는 민족주의 세력과 사회주의적 세력 사이에 통일전선 논의가 비교적 활발하게 전개되었다. 그리고 이 글의 본론에서 추적해본 것과 같이 이 지역 민족주의세력과 사회주의적 세력 사이의 통일전선론 자체도 여러가지 부문에서 서로 접근해가고 있었다.

이 두 세력의 통일전선론적 접근은 식민지시대 말기의 어느 전선보다 이 지역의 통일전선운동을 활발하게 추진시킨 배경이라고 할 수 있다. 이 지역의 통일전선론이 같은 시기 만주전선이나 국내전선의 통일전선론과 어떻게 연결되며, 또 어떻게 다르고 같았는가를 구명할 필요가 있다. 나아가서 그것이 해방 후 민족분단과정에서 통일민족국가 수립운동론과 어떻게 연결되고 또 단절되는가 하는 문제들이 구명되어야 할 것이다. (『한국사연구』 제90호, 1995. 9에 수록)

우사 김규식의
민족해방운동

머리말

우사 김규식(尤史 金奎植)의 생존시대인 19세기 80년대에서 20세기의 50년대에 걸치는 시기는 우리 역사의 그야말로 파란만장한 시대였다고 말할 수밖에 없다. 김규식이 태어나기 5년 전 1876년에 이른바 문호가 개방됨으로써 조선왕조사회는 일본이 앞장선 세계자본주의세력의 침략을 받게 되었다. 유럽자본주의가 전세계를 정복해가는 상황에서 조선만이 언제까지나 그 권역(圈域) 밖에 남아 있을 수 없었지만, 그럼에도 불구하고 조선왕조 지배체제의 세계자본주의세력 침략에 대한 대응은 너무도 무계획하고 또 무기력했다.

16세 고아소년 김규식이 '만리타국' 미국으로 유학을 떠난 1897년 조선왕조사회는 이미 정치·경제·문화 면에서 자율적 근대화에 성공할 가능성이 희박해진 때였다. 문호개방 후 조선왕조사회가 정치적 근대화를 이루기 위해서는 우선 청나라와의 예속관계를 청산하고 국민주권주의를 도입하는 일이 시급했다. 그것을 위해 김옥균 등의 갑신정변이 있었으나 곧 실패함으로써 자력에 의한 예속관계 청산과 입헌군주제 도입에 실패했고, 결국 청일전쟁의 결과 타력으로 청과의 예속관계에서 벗어날 수 있었다.

김규식이 유학길에 오른 무렵에는 청일전쟁에 이겨 조선과 청나라의 예속관계를 끊은 일본과 청나라를 대신한 러시아제국 세력이 한반도에서 겨루는 형상이었다. 미국에 유학하면서 김규식은 러시아와 일본 사이에 전쟁이 불가피하고 그 전쟁에서 미국과 영국의 도움을 받는 일본이 승리하리라 정확하게 내다볼 수 있었다. 러일전쟁에서 일본이 이기리라 내다본 김규식이 유학을 마치고 귀국한 후 일본의 한반도강점이 실현되자 곧 망명길에 오른 것은 조국의 운명을 미리 짐작하고 그것에 따라 자신이 어떻게 살 것인가를 이미 결정한 결과라고 할 수 있을 것이다.

특히 평생 허약체질이요 문인 기질이며 당시로서는 몇 안 되는 미국 대학 졸업생인 그가 망명을 결심했다고 해도 연고지인 미국으로 가지 않고 민족해방운동의 제1선이라 할 중국으로 간 것도 망명의 크고도 앞선 목적이 일본 통치영역에서 벗어나는 일보다 그 통치권력과의 투쟁에 있었음을 잘 말해준다. 또 김규식은 일제의 한반도강점 후 망명하여 민족해방투쟁에 투신한 많은 사람들 중에서 그 투쟁방법에서 쉽게 찾을 수 없는 특징을 가진다는 점을 지적할 수 있다.

미국에서 대학을 졸업한 기독교 장로 출신으로 민족해방운동전선에 투신한 김규식의 경우 대체로 순수 우익노선, 그중에서도 외교독립 노선이나 실력양성운동 노선 등에 설 것 같은데, 그는 그렇지 않았다. 많은 민족해방운동전선 지도자들이 1921년부터 미국에서 열린 워싱턴회의에 기대를 걸었으나, 미국을 잘 아는 그는 같은 때 모스끄바에서 열린 극동민족대회에 고려공산당 후보당원으로 '변신'해서까지 참가했다.

적어도 민족해방운동 과정에서는 이데올로기에 얽매일 것이 아니라 민족해방운동에 더 큰 도움이 된다면 밖으로 어느 나라의 누구와도 협력하며, 민족해방운동전선 내부에서는 어느 세력과도 연합할 수 있다는 민족해방운동의 폭넓은 방법론을 그는 이미 터득하고 있었다고 할 수 있다. 이같은 융통성과 여유가 어디서 나왔는지 그는 스스로 말한 적이 없는 것 같다. 그러나 우리가 좌우익 통일전선운동으로 통칭하는 이같은 노선은 우리 민족해방운동전선의 경우 가장 현실적인 것이었다고 할 수 있다.

20세기 초엽에 한반도가 일본에 강점되었다는 것은, 즉 대한제국이란 전제군주국가가 국민혁명에 의해 망하지 않고 일본에 멸망했다는 것은 유럽식 개념으로 말해서 한반도에서 시민계급의 성장정도가 혁명을 일으켜 전제군주제를 무너뜨릴 수준에 가지 못했기 때문이라고 할 수 있다. 대한제국시대에 시민계급의 성장이 국민혁명을 일으킬 만한 수준에 이르지 못했기 때문에 일제강점시대에 한반도의 민족해방운동을 그 시민계급이 독자적으로 추진하지도, 또 지도하지도 못하게 되었다고 할 수 있다.

대한제국시대에 시민혁명이 일어나지 못할 만큼, 또 일제강점시대의 민족해방운동을 시민계급이 독자적으로 추진하거나 지도하지 못할 만큼 시민계급의 성장이 미급했다는 것은 그곳에서 자본주의가 그만큼 발달하지 못했음을 말하며, 그것은 또 한편 노농계급의 정치적·경제적 성장도 그만큼 늦었음을 말한다고 하겠다. 그리고 그것은 일제강점시대의 민족해방운동을 노농계급이 독자적으로 추진하거나 지도할 수준에 가지 못했음을 말한다고 할 수 있다.

일제강점시대 한반도 주민들의 민족해방운동을 시민계급도 노농계급도 독자적으로 추진하거나 지도하지 못할 상황이었다면 두 계급이 협동전선·통일전선을 이루어 추진할 수밖에 없었다고 하겠다. 김규식이 이같은 민족해방운동전선의 역사적 조건을 얼마나 이해하고 있었는지에 대해서는 그가 남긴 논문이나 담화가 없는 한 분명히 말하기 어렵다. 그러나 그는 민족해방운동에 투신한 전체 시기를 통해 여기서 말하는 좌우익 통일전선운동에 언제나 앞장서서 중요한 역할을 담당하고 있었음을 확인할 수 있다.

3·1운동 후에 수립되는 임시정부도 당초에는 좌우합작정부로 성립되었다고 할 수 있지만, 이후 우리 민족해방운동사를 통일전선운동사적 시각에서 각 시기의 중요 활동상황을 들어보면 다음과 같이 말할 수 있다. 1920년대 전반기의 국민대표자회와 후반기의 민족유일당운동은 좌우익 통일전선운동이었고, 1930년대로 들어가서 그 전반기의 한국대일전선통일동맹의 성립과 조선민족혁명당의 성립도 좌우익 통일전선운동의 연장선이었다.

김규식은 국민대표자회에 적극적으로 참가하여 창조파의 각료에 피선되기도 했다. 국민대표자회가 소집된 후 민족해방운동전선의 세력분포를 임정고수파와 개조파 및 창조파로 구분할 수 있겠으며, 그중 창조파가 가장 개혁적이고 적극적인 무장독립운동 지지세력이라고 할 수 있겠는데, 그는 창조파에 속했다. 미국에 유학한 기독교 장로 출신이며 문인 기질인 김규식이 외교독립론이나 실력양성론적 노선에 서지 않고 적극적 투쟁노선에 선 사람들과 노선을 함께하게 된 것이다.

창조파 노선의 활동결과는 비록 별 성과 없이 끝났다고 해도, 미국·영국 같은 제국주의 열강의 외교적 도움을 기대하는 외교독립 노선이나 기약 없는 실력양성 노선보다 무장투쟁론 및 전체 민족해방운동전선에 대한 적극적 개혁론이, 그리고 임시정부 고수나 개조보다 새로운 정부의 창조가 당시로서 더 합당한 노선이었다고 생각될 수 있다. 김규식은 그가 참가한 전체 민족해방운동 과정을 통해 교육적·종교적 배경이나 지방색 등에 거의 얽매이지 않고 그때 그때마다 합당하다고 판단되는 노선에 섰기 때문에 이때도 창조파 노선에 선 것이라고 볼 수 있지 않을까 한다.

모스끄바 극동민족회의에 참가한 것도 그렇지만, 거의 사회주의단체가 된 조선의열단과 한국독립당 등 우익세력과 통일전선을 성립시킨 한국대일전선통일동맹의 결성을 주도하게 되는 것도 그렇다고 볼 수 있다. '만주사변' 이후 우리 민족해방운동전선에 좌우익 통일전선이 절실했기 때문에 민족유일당운동 해소 후 교직에 있었던 그는 한국대일전선통일동맹의 성립에 앞장서게 되었던 것이다.

그리고 세계 파쇼체제가 성립되고 일본이 그 중요한 부분을 차지하게 된 조건을 바탕으로 하여 1930년대 후반기로 넘어가는 과정에서 우리 민족해방운동전선이 한국대일전선통일동맹식 연합체적 통일전선에서 조선민족혁명당식 단일당 통일전선으로 발전해야 할 필요성이 절실한 시대적 요청에 충실하면서 그도 조선민족혁명당 결성에 적극적으로 참가했다고 할 수 있다.

그러나 통일전선 정당인 조선민족혁명당이 분열되기 시작했을 때 그는 다시 교단으로 돌아갔다. 1935년 후반기부터 1942년 말까지 6년여를 그는 민족해방운동전선에서 떠나 있었다. 그가 떠나 있는 기간에도 중국 관내 우리 민족해방운동전선의 통일전선운동, 특히 그가 당원이었던 조선민족혁명당과 임시정부 여당인 한국독립당 사이의 통일운동은 간헐적으로 계속되었지만 그는 여기에 참가하지 못했다. 이 6년여 동안 그가 왜 민족해방운동전선을 떠나 있었는지, 특히 임시정부와 조선민족혁명당이 그가 있었던 성도(成都)에서 가까운 중경으로 옮겨와 있었는데도 왜 즉시 동참하지 않았는지 그 이유를 지금으로서는 알 수 없다.

본문에서 상세히 서술되겠지만, 1939년 중경지역에서 우리 민족해방운동의 좌우익 통일전선인 전국연합진선협회가 일시 성립되고, 뒤이어 그것을 다시 하나의 통일전선 정당으로 재편하기 위한 기강(綦江) 7당회의 등이 기도되었다. 그러나 좌우익 통일전선을 이루지 못하다가 1940년대에 들어 일본제국주의의 패망이 한층 가까워지고 민족해방운동전선의 통일전선운동이 한층 더 절실하게 되었을 때 그는 다시 교단을 떠나 전선에 합류하게 된다.

1943년 초 임정으로 돌아올 때 "나는 이제 교편을 던졌고 나의 여생을 가져 나라에 바치고 임시정부에 충성을 다하기로 결심하였다"고 말한 것 외에, 회고록이나 민족해방운동전선 '복귀의 변' 같은 글을 남긴 것이 없어서 정확하게 말하기는 어렵다. 너무 독단적인 추측일지 모르지만, 중일전쟁이 발발하고 임시정부와 조선민족혁명당이 중국국민당정부를 따라 중경으로 옮겨가는 과정에서는 통일전선운동이 실제로 정착되기 어려웠다고 할 수 있으며, 따라서 현실적으로 피난과정의 임시정부가 한국독립당 계통의 독점상태에서 벗어나기 어려웠으며, 김규식이 그것을 어느정도 간파하고 있었던 것이 아닌가 한다.

어떻든 임시정부가 다소 안정되고 또 통일전선정부화가 절실해졌을 때 그는 다시 임정으로 돌아왔으며, 임정이 통일전선정부가 되는 과정에서 또다시 중요한 역할을 다했다. 임정으로 돌아가면서 "내가 늘 느끼는 것은 재미한인이다. 재미한인은 이왕부터 충성을 다하여 임시정부를 봉대하였고 지금까지 변치 않고 임시정부를 봉대하니, 이것이 내가 재미한인을 느끼는 것이다"라고 말하였듯이, 그는 재미한인사회의 임시정부 지지를 강화하는 데도 중요한 역할을 하였다.

한편 외교통인 그는 임시정부를 중심으로 하는 민족해방운동세력이 일본을 패망시킬 연합국의 승인을 받음으로써 연합국의 일원으로서 일본의 항복조인에 참가해야 즉시독립이 될 수 있음을 충분히 알았고, 그 때문에 민족해방운동전선의 통일전선 형성에 심혈을 기울였다고 할 수 있다. 그러나 미국을 중심으로 하는 연합국들의 한반도정책은 국제공동관리 및 신탁통치의 방향으로 가게 되었고, 그 결과 카이로선언에는 "상당한 시기를 두고" 혹은 "일정한 절차를 밟아서" 독립을 시킨다는 결정으로 나타났다. 이에 대해 김규식은 국제사회를 향해 적극적으로 반대여론을 일으키면서 연합국의 임시정부 승인을 요구하고 나섰다.

그러나 연합국의 임시정부 승인이 이루어지지 않은 채 해방은 왔고, 이 때문에 김규식을 비롯한 임시정부 요인들은 개인 자격으로 귀국하지 않을 수 없었다. 귀국할 때 임시정부는 좌우익 통일전선정부였으나 곧 조선민족혁명당을 중심으로 하는 좌익계가 탈퇴하여 우익 중심의 임정이 되었고, 그런 임정은 신탁통치반대 노선으로 치닫게 되었다. 김규식은 귀국 후 곧 조선민족혁명당을 떠났지만 임시정부의 부주석 자리는 유지했다. 그러면서도 반탁노선에 적극적으로 나서지 않았다.

미소공동위원회를 통해 남북을 합한 임시정부를 성립시킨 후 신탁통치 문제를 해결해야 한다는 입장을 취했던 김규식은 좌익의 여운형과 함께 미군정의 후원을 받으면서 좌우합작위원회를 이끌어나갔다. 우선 남한의 좌우합작을 이루고, 나아가서 남북 사이의 좌우합작을 이룸으로써 통일민족국가를 수립한다는 노선을 취했던 것이다.

사실 38도선을 경계로 미·소 양군이 분할점령하고 있는 위에 정치세력이 좌우익으로 양분되어 있었던 상황에서 통일민족국가 수립의 모체가 될 남북 전체를 통치하는 새로운 임시정부를 수립하는 길은 좌우연립 정부이거나 아니면 이른바 중도파 정부가 될 수밖에 없었다고 할 수 있다. 좌우합작위원회 중심의 남북을 통한 임시정부는 극좌세력과 극우세력을 배제한 중도파 정부가 될 수 있었겠으나 안팎으로부터 분단작용이 극심하였고, 그 결과 여운형의 암살을 가져왔다.

이승만·한민당 세력의 반탁노선이 결국 분단국가 수립방향으로 가게 되자 같은 반탁노선에 섰던 한국독립당의 김구 중심세력은 통일민족국가수립 노선을 강화하고, 김규식 중심의 민족자주연맹 등과 함께 통일민족국가수립운동 세력을 이루어서 1948년 평양에서 남북협상을 성립시켰다. 그러나 미국과 이승만·한민당 세력에 의한 남한 단독선거에 의한 단독정부수립안은 이미 확정되어 있었고, 김규식·김구 중심의 통일민족국가수립운동은 좌절되고 말았다. 남북 분단국가의 성립은 6·25전쟁을 가져왔고, 그 과정에서 김규식은 70년의 파란 많은 생애를 마치고 말았다.

정치인 기질이었다기보다 문인이요 학자 기질의 우사 김규식은 해방 전 민족해방운동 과정이나 해방 후 통일민족국가수립운동 과정을 통해 한결같이 좌우익 타협노선 내지 합작노선을 걸었을 뿐만 아니라, 대부분의 경우 그 노선을 주동적으로 이끌어나갔다. 이같은 민족해방운동 과정과 '해방공간'에서 좌우익 타협노선 및 합작노선은 1990년대 이후에 비로소 확고한 자리를 잡아가기 시작한 평화통일 노선과 일치한다고 할 수 있다.

그 말은 민족상잔의 6·25전쟁 과정에서 생을 마친 김규식의 민족해방운동 노선 및 정치노선이 그가 죽은 지 40년이 되는 1990년대 이후에 전체 민족사회의 가장 현실적 노선으로 다시 되살아난 것이라고 할 수 있다. 김규식의 파란 많은 생애를 되돌아보는 일의 역사적 의의는 바로 이 점에 있다고 할 수 있다.

미국유학과 귀국 그리고 망명

1. 고아 출신의 미국유학생

1) 외교관리의 아들로 고아가 되다

우사 김규식은 1881년(조선 고종 18년) 1월 29일[1](음력 12월 28일) 경상도 동래에서 김지성(金智性)의 아들로 태어났다. 뒷날 김규식이 쓴 '자필이력서'에 의하면 청풍(淸風) 김씨로서 강원도 홍천(洪川)이 고향이던 부친 김지성은 한학에 정통한 위에 일본에서 얼마간 신식교육을 받음으로써 진보사상에 크게 감화를 받았고, 15세부터 고종황제의 시종으로 근무했다. 셋째아들 김규식이 태어날 때는 동래부(東萊府)에서 병마절

---

1) 김규식 전기로서 가장 먼저 저술된 李庭植『金奎植의 生涯』(新丘文化社 1974)에서는 그의 생년월일이 청풍 김씨 세보(世譜)에 의해 1881년 1월 27일(庚辰 2월 28일)로 되어 있다(11면). 그러나 김규식이 자필로 써서 1950년에 재미한족연합회 하와이대표를 지냈고『재미한인 50년사』저자이기도 한 김원용에게 준 이력서(이하 '자필이력서'로 칭함)에서는 음력은 같은 경신년 2월 28일이지만 양력은 1881년 1월 29일로 되어 있다. 음양력 대조표에 의하면 1월 29일이 맞다.

도사 바로 밑 직위인 우후(虞侯)로 있었다.

이정식(李庭植) 교수의 저서에는, 김지성이 "조선의 개항 직후부터 외무관계 관리로 발탁된 모양으로 일본과 러시아에 파견된 바 있었고, 그는 여행 중에 한국에서 볼 수 없는 자전거를 처음 도입하기도 했다. 그는 러시아에 갔다온 후에 당시 실권을 쥐고 있던 청국 세력에 몰려 동래부사 밑에서 일하게 되었다"고 했다.[2]

또 동래부 관리로 근무하던 김지성은 조선과 일본 사이에 벌어지는 부정한 물품거래를 고발하는 상소를 올렸다가 그것이 화근이 되어 유배되었다고 한다.[3] 아버지가 유배당하여 집안이 몰락하는 상황에서 어머니마저 사별하게 되었으니, 김규식이 여섯 살 되던 해였다고 한다.[4] 그러나 김규식 '자필이력서'에는 부친이 정치적 이유로 약 6년간 유배 중에 모친이 사망했고, 부친은 그가 열한 살 때 강원도 홍천군의 새 농가에서 52세의 나이로 돌아갔다고 되어 있다.

김규식이 태어날 때는 조선왕조사회가 일본의 강요로 이른바 문호개방을 한 지 5년이 지난 시점이다. 이해에 박정양(朴定陽)·어윤중(魚允中) 등이 일본시찰조사단(朝士團)으로 파견되어 새 문명을 배워오게 되는 한편, 일본 육군소위 호리모또(堀本禮造)를 고용하여 신식군대 별기군(別技軍)을 훈련시키기도 하고, 영선사(領選使) 김윤식(金允植)이 신식문물과 기술을 배우기 위해 청국으로 가기도 했다.

그런가 하면 경상도 유생 이만손(李晚孫) 등이 만인소(萬人疏)를 올려 일본에 갔던 통신사 김홍집(金弘集)이 가져온 황준헌(黃遵憲)의 『조선책략(朝鮮策略)』을 공박했고, 대원군 이하응(李昰應)의 서자 이재선(李

---

2) 이정식, 앞의 책 12면.
3) 김규식 부인 김순애(金淳愛)의 1979년 6월 18일 증언(같은 책 13면에서 재인용).
4) 김규식 둘째아들 김진세(金鎭世)의 1970년 5월 11일 증언(같은 곳에서 재인용).

載先)을 고종 대신 왕으로 추대하려다 실패한 사건이 일어나기도 했다. 말하자면 중국과 일본을 통해서나마 새로운 문물을 도입하고 배우려는 움직임이 일어나는 한편, 이같은 변화에 적응하지 못하는 보수세력의 반발도 만만치 않던 그런 어수선한 시절에 김규식이 태어났던 것이다.

아버지가 유배된 동안 어머니를 잃은 김규식은 서울에 있는 숙부 댁에 맡겨졌으나 숙부의 처지도 여의치 못한데다 심한 병까지 앓게 되어, 결국 미국인 선교사 언더우드(H. G. Underwood, 元杜尤)가 설립한 고아원인지 미션스쿨인지에 맡겨졌다. 이때의 정황을 언더우드 부인은 이렇게 회고했다.

이 고아원에는 언더우드 목사가 데려온 꼬마 존(John)이라고 있었는데 그가 바로 김규식이었으며, 사람들은 이 아이를 '번개비'라고 불렀다. 이 꼬마의 아버지는 고관으로 요직에 있었는데 어떤 정치적 사건으로 유배당해 갔고, 그의 어머니는 사망한 것으로 알려졌다. 그의 숙부들은 곤경에 빠져 있어서 그 꼬마의 양육을 담당할 수 없어 새로 설립된 고아원에 그 아이를 데리고 왔다.

그러나 네 살쯤 된 아이를 키우기가 곤란하므로 도로 친척들에게 보내고 말았다. 얼마 안 되어 그 꼬마가 중병에 걸려 있으며 돌보는 사람이 없어 위독하다는 소식이 들려왔다. 그래서 언더우드 목사는 불편한 몸을 무릅쓰고 약과 우유를 가지고 가마를 타고 그 아이를 찾아갔다. 그 아이는 심한 굶주림에 허덕이며 먹을 것을 달라고 울면서 애걸하고 있었고, 심지어는 벽에 붙은 종이를 뜯어먹겠다고 몸부림치고 있었다.

의사들과 다른 선교사들은 그 아이를 절망적인 것으로 단정하고 그 아이를 데려오는 것을 극력 반대했다. 아이가 죽는 경우 한국사람들이 미국사람들에게 책임을 지울 것이라고 생각하였기 때문이다. 그러나 언더우드 목사는 그 아이를 데리고 와서 정성껏 간호한 끝에 정상적이고 명랑한 아이로 소생시켰

던 것이다.[5]

이 시기의 사정에 대해서는 뒷날 김규식 자신도 여러 번 회고하면서 사람들이 그의 병세를 절망적인 것으로 단정하고 방 한구석에 뉘어놓고 병풍을 둘렀는데 언더우드 목사가 와서 보고 아직 숨을 쉬고 있는 아이를 버려둘 수 있느냐며 자신이 데려다 키우겠다고 하자 가족이 쾌히 승낙하여 목사의 양육을 받게 되었다고 전한다.[6]

김규식의 '자필이력서'에는 이 일에 대해 "부친이 정치적 이유로 약 6년간 유배 중에 모친이 사망하자 장로교 선교사 언더우드 박사가 서울 정동에 세운 최초의 장로교 미션스쿨에 들어감. 이때 중병에 걸렸으나 언더우드 박사가 책임지고 간신히 목숨을 구해주었으며 1891년 부친이 유배에서 돌아올 때까지 돌보아줌. 같은 해 여름에 조모상을 당해 부친과 함께 홍천으로 낙향했으며, 부친은 서남지방의 섬에서 유배생활 중에 걸린 결핵으로 그곳 홍천에서 다음해에 돌아감"이라고 썼다.

김규식의 유학생활을 상세히 연구한 미국 펜실베이니아대학의 이정식 교수는 1890년경 언더우드 학당에서 찍은 7~8세 되어 보이는 소년 김규식이 언더우드 부부의 중간에 서 있는 사진이 있다고 하고, 언더우드 목사는 한국에 와서 결혼하여 1890년 9월에야 첫아들[元漢慶]을 낳았으니 그때까지 소년 김규식이 총애를 받았을 것이라고 했다.[7] 김규

---

5) Lilias H. Underwood, *Underwood of Korea*, New York: Fleming H. Revell Co. 1918. 언더우드 목사가 한국에 온 것은 1885년이며 '고아원'을 세운 것은 1886년이다(이정식, 같은 책 14면에서 재인용).
6) 김규식 둘째며느리 원정애(元貞愛)의 1970년 5월 11일 증언. 원정애는 김규식 부인 김순애에게서 들었다고 한다. 김규식 동서 서병호(徐丙浩)는 김규식이 7세 때 부친이 언더우드에게 입양시켜 영어를 배우게 했다고 했다(같은 책 15면, 각주 8 참조).
7) 같은 책 16~17면 참조.

식이 정확하게 언제부터 몇 년간 언더우드에게 맡겨졌는지는 분명하지 않지만, 1891년 만 10세 때 그 곁을 떠난 것은 확실한 것 같다.

2) 남달리 뛰어났던 미국유학 생활

김규식은 16세가 되던 1897년에 미국유학을 가게 되는데, 언더우드 곁을 떠난 후 유학을 가기까지 6년간의 어학공부와 경력에 대해 '자필 이력서'에서는 다음과 같이 말했다.

기초영어는 언더우드 박사가 돌보아주던 중에 배웠으며, 부친 및 조부와 1 년여 동안 함께 살던 중에 약간의 한학을 배웠음. 청일전쟁이 일어난 후 1894 년 가을에 조부와 큰형이 연이어 사망하자 14세의 나이에 서울로 돌아가 그 당시 재설립되어 허치슨(Hutchson)이라는 영국인이 교장으로 있던 관립영 어학교에 입학했음. 1년 반 후에 1반(5개 반 중 최상급반)에서 수석을 차지한 후 학교를 그만두고 조선인이 경영하는 식품점에서 영어점원으로 일했음. 나 중에는 최초의 조선어신문을 창간하여 국문과 영문 일간지를 발행한 제이선 (Philip Jaisohn) 박사가 세운 신문사에서 영어사무원 겸 회계로 일함.

언더우드 목사의 미션스쿨에 맡겨졌던 것은 부친이 유배 가고 모친 이 사망한 후부터 부친이 유배에서 풀릴 때까지, 즉 1891년까지였다. 그 후 청일전쟁이 발발한 해인 1894년까지 고향에 있다가 조부와 형 등 가 족이 돌아가게 되자 14세 때 서울로 왔고, 서울에서 관립영어학교 학생, 식품점 영어점원, 서재필이 경영한 독립신문사의 영어사무원 등으로 있다가 1897년에 도미유학을 떠나게 되었다.

김규식이 누구의 도움으로 유학을 하게 되었는지는 분명하게 밝혀지지 않고 있다. 독일 태생이지만 미국시민이었던 언더우드가 미국으로 유학시켰으리라 추측할 수 있지만, 소년 김규식이 아버지를 따라 홍천으로 갔다가 다시 서울로 온 후에는 언더우드와 함께 있었던 것 같지 않다. 따라서 언더우드가 반드시 유학을 알선했다고 보기 어렵다는 견해가 있다.[8]

그렇다면 누구의 도움으로 가게 되었는가 하는 의문이 생기는데, 서재필(徐載弼)이 도움을 주었으리라는 설이 있었다. 서재필은 갑신정변 실패 후 미국에 망명하여 의사가 되었고 갑오개혁 후 다시 귀국하여 『독립신문』을 창간하는 한편 독립협회를 창립하여 활동하다가 1898년에 다시 미국으로 갔다. 김규식의 '자필이력서'에서 말한 "최초의 조선어 신문을 창간하여 국문과 영문 일간지를 발행한 제이선(Philip Jaisohn) 박사"가 바로 서재필이며, 앞에서 본 것과 같이 그는 이 신문사에서 영어사무원 겸 회계로 일했다. 김규식이 1897년에 유학을 가고 서재필이 다시 미국으로 간 것이 1898년이었으므로 그의 미국유학은 서재필이 주선했을 가능성이 있다.

김규식 동서 서병호(徐丙浩)의 증언에서도 김규식이 『독립신문』에 잠깐 근무한 바 있으며, 서재필은 자신을 찾아오는 젊은이들에게나 혹은 배재학당에서 강의할 때 한국이 자주적인 나라가 되기 위해서는 젊은이들이 지도자가 될 수 있는 조건을 갖추어야 하며 그러기 위해서는 학문적·도덕적 교육을 받아야 하는데, 미국에 유학하는 것이 제일 좋다고 적극 권유했다고 한다.[9] 영어에 능통한 청년 김규식에게 서재필이 미국유학을 권하고 알선해주었을 가능성이 크다고 하겠다.

---

8) 김규식 부인 김순애의 1970년 6월 11일 증언(이정식, 같은 책 18면 참조).
9) 서재필의 Robert T. Oliver에게 보낸 편지(같은 책 18면, 각주 15).

김규식은 1897년에 도미하여 그해 가을 학기부터 미국 동부 버지니아 주에 있는 로녹대학(Roanoke College) 예비과정에 등록했다. 워싱턴 남쪽 로녹 강변에 위치한 당시 인구 약 5000명의 소도시 로녹에 있는 이 대학은 미국의 대학치고는 한국과 어느정도 인연이 있었다. 1892년 이 대학의 학장 드레허(Dreher)가 한국이란 나라에 흥미를 느껴 워싱턴 의 한국공사관을 찾아갔고, 그것이 계기가 되어 한국학생을 특별히 받 아들이게 되었던 것이다.

이 때문에 워싱턴의 한국공사관 관계자들도 이후 로녹대학을 자주 방문했다. 1895년 졸업식에는 대리공사가 참석했고, 1897년 겨울에는 서광범(徐光範) 공사가 방문하여 명예석사학위를 받았으며, 1899년에는 이범진(李範晉) 공사가 아들을 이 대학에 입학시키기 위해 가기도 했다. 그리고 서광범이 1897년 워싱턴에서 죽었을 때 로녹대학 잡지(*Roanoke Collegian*)에는 그 죽음을 애도하는 특별기사가 실리기도 했다.[10]

로녹대학에서 처음 수학한 한국학생은 서규병(徐圭炳)이었는데 그는 1893년에 입학했고, 그후 의친왕(義親王) 이강(李堈)을 비롯하여 30여 명의 한국학생이 입학했으며, 그중 9명이 우수한 성적으로 졸업했다. 한국학생으로서는 서규병이 1898년 6월에 처음 졸업했으며, 당시 워싱 턴에 있던 의친왕 이강과 이범진 공사 그리고 민영환(閔泳煥) 등이 이 졸업식에 참석할 예정이었고 대학 쪽에서 접대준비를 갖추었으나 결국 참석하지는 못했다.[11] 이같이 로녹대학은 당시 미국의 대학들 중에서 한국과 관계가 깊었고, 그래서 김규식도 이 대학에 유학하게 된 것이라 생각된다.

---

10) 같은 책 19면 참조.
11) 같은 책 20면 참조.

1897년 김규식이 고등학교 수준의 로녹대학 예비과정에 입학함으로써 서규병·박회병과 함께 이 대학의 한국학생은 3명이 되었고, 그해 12월 2명이 더 입학하여 모두 5명이 있었다. 로녹대학은 미국의 전형적인 소규모 문과대학이어서 당시 전체 학생수는 181명이었다고 한다.

이정식 교수가 조사한 바에 의하면, 김규식은 입학 당초부터 성적이 대단히 좋아서 입학한 그해 가을학기 성적이 영어 88점, 초급라틴어 94점, 역사 87점, 영어독해 94점, 수학 88점, 상업수학 80점, 영어작문 89점이었고, 품행은 우등이며 결석은 2일이었다고 한다. 다음해 1898년 봄학기의 성적은 더욱 좋아서 영어 92점, 라틴어가 91점과 96점, 역사 94점, 수학 97.7점이었다.

1898년 1년간의 예비과정을 졸업할 때는 준우등생으로 뽑혔고, 그해 가을학기부터 학부 1학년에 입학했다. 학부에 들어가서도 성적은 대단히 좋아서 동물학 75점을 빼고는 모두 평균 90점 이상이었다. 특히 외국어 성적이 뛰어나 라틴어 평균 93점, 프랑스어 평균 94점, 독일어 평균 95점이었다.[12]

김규식이 유학한 1890년대 미국대학의 책값과 의복값을 제한 1년 학비는 200달러 정도였다. '자필이력서'에서도 4년간 정규과정을 다닐 때 학비부족으로 1년간 휴학했다고 하는데, 유학과정 전체를 고학으로 공부한 것이 아닌가 한다. 1898년 여름 워싱턴으로 가 일자리를 구하고 있다는 기사가 학교 잡지에 실리기도 했다. '자필이력서'에서는 "미국 유학 중 여름방학 등에는 학비를 벌기 위해 신문배달원, 하우스보이, 웨이터, 접시닦이, 요리사, 어느 백만장자 소유 요트의 집사, 극작가의 개인비서 등으로 일했음"이라고 했다.

---

12) 같은 책 21면 참조.

1899년에는 다른 한국학생들은 모두 떠나고 이범진 공사의 아들과 김규식만이 로녹에 남아 있었으나, 곧 이공사가 유럽으로 전근되면서 그 아들도 로녹을 떠났다. 1901년 3월에는 의친왕 이강이 두 명의 수행원과 함께 이곳에 왔고, 김규식은 그해 6월 말부터 7월 초순까지 매사추세츠주 노스필드에서 열린 학생대회에 의친왕과 함께 참석했다. 1901년 봄학기에도 학교의 허가를 얻어 98회나 결석했는데, 이정식 교수는 결석한 이유가 의친왕을 위한 일이었거나 아니면 건강 때문이었으리라 추측했다.

　　1902년 5월의 기록에는 김규식이 뉴욕주 어빙턴에서 취직했다는 내용이 있다. 학교 측 기록에 의하면, 1901년 11월 이 학기에 두 과목을 택한 후 1903년 봄학기까지 학교에 등록하지 않았다. '자필이력서'에서 1년간 휴학했다고 한 것은 이때의 일이라 생각된다. 1902년에 충분히 졸업할 수 있을 것을 학비부족으로 1년간 연장된 것이다.[13]

　　당시 로녹대학에는 고대 그리스의 유명한 웅변가 이름을 딴 데모스테니언 문학회(Demosthenean Literary Society)라는 웅변클럽이 있어서 매주 일정한 제목을 가지고 찬반팀을 구성하여 토론을 벌였다. 구체적으로 몇 가지 예를 들면, 1898년 10월 8일에 열린 "영·미동맹은 미국에 유리할 것이다"라는 토론에서 김규식은 반대쪽 토론을 했고, 12월 10일에 열린 "흑인교육은 미국남부에 유익하다"는 토론에서는 찬성 쪽 토론했으며, 1899년 3월 11일에 열린 "미국은 군비를 강화해야 한다"는 토론에서도 찬성 쪽에서 토론을 했다.

　　김규식은 이 토론회에 적극적으로 참가했으며 내용도 우수했던 것 같다. 그는 이 토론회의 부회장과 회장에 당선되었고, 1900년 6월의 강

────────────

13) 같은 책 22면 참조.

연대회에서는 1등을 했다. 로녹대학 잡지는 외국인이 영어를 배우는 것만도 힘들 텐데 상까지 탔다며 그를 칭찬했다. 1901년 5월 전교 강연대회에는 데모스테니언 문학회의 대표로 출전하여 "인류문화의 비밀—낙관주의"라는 제목으로 연설을 했다. 로녹대학 잡지는 그의 웅변술이 특출하고 영어가 탁월하여 많은 사람들의 찬사를 받았다고 전하지만, 1등은 미국학생이 차지했다.[14]

2. 무너져가는 조국과 청년 김규식

1) 미국에서 본 조국의 운명

미국유학 시절 청년 김규식은 어떤 생각을 하고 어떤 문제에 관심을 가지고 있었을까 궁금한데, 로녹대학 시절의 생활을 상세히 밝힌 유일한 업적인 이정식 교수의 연구를 통해 알아보자.

1950년 6·25전쟁 때도 미국사람들은 한국을 잘 몰랐다고 하니 1890년대에 미국유학을 한 김규식이 미국인들에게 한국이 어떤 나라인가를 알리는 일이 시급했으리라 쉽게 짐작할 수 있다. "너희 나라에서는 무슨 말을 쓰느냐" "중국어나 일본어와 어떻게 다르냐" "한·중·일 3국은 말이 서로 통하느냐"는 등의 질문에 답하기 위해 김규식은 로녹대학 잡지 1900년 5월호에 한국과 한국어를 소개하는 장문의 글을 썼다. 이 글에서 그는 영어·프랑스어·독일어·라틴어·산스크리트(梵語) 등을 인용해가며 그것들과 한국어를 비교하며 소개했다.

---

14) 같은 책 24면 참조.

1902년 2월호 로녹대학 잡지에는 「동방의 서광(The Dawn in the East)」이라는 제목의 그의 연설문이 기재되어 있다. 이정식 교수가 "시와 같이 아름다운 글"이라고 표현한 이 글에서 기울어져가는 나라에서 온 20세 갓 넘은 유학생 김규식이 조국의 장래에 대해 어떤 생각을 하고 있었는지를 어느정도 짐작할 수 있다. 이교수가 요약한 글을 그대로 옮겨보자.

그[김규식]는 이 글에서 서양에서는 근대문명이 꽃피고 있는 반면에 동쪽은 암흑의 밤이 깊이 들어 있다고 한 다음, 특히 생각을 자기 고국에 돌릴 때 꽃피는 봄은 이미 지났고, 풍성한 여름도 지났으며, 겨울의 쓰라림만이 보인다고 한탄하였다. 동양의 거목(巨木)들은 한때 은빛의 이슬로 빛났으나 지금은 겨울의 깊은 눈에 싸여 지탱을 하지 못하고 쓰러지게 하고 있다고 하였다. 그러나 그는 깊은 밤은 곧 지나갈 것이고 조선에도 서광이 비칠 것이라고 외치며 지금까지 여러가지 혁명들은 실패로 돌아갔으나 그 나라를 암흑의 감옥으로 묶어두었던 쇠사슬은 곧 끊어지고야 말 것이며, 거리에는 다시 서광이 비치고 도둑들은 물러갈 것이고 나라의 부(富)를 약탈하는 무리는 없어질 것이며, 전국민은 빛을 보게 되고 필경 조선은 외국의 횡포에서 벗어나게 될 것이라고 하였다.[15]

김규식이 이 글을 쓴 1902년은 러일전쟁이 일어나기 2년 전이다. 이글은 2월호에 실렸지만, 이해 1월 영일동맹이 맺어짐으로써 한반도에서 벌어진 러시아와 일본의 각축전에서 일본이 유리하게 되어가는 시점이었다. 그의 글에는 이런 문제가 직접 다루어지지 않았지만, 러일전

15) 같은 책 25면.

쟁의 결과 조국이 "겨울의 깊은 눈에 싸여 지탱을 하지 못하고 쓰러지게" 될 것을 내다보고 있는 듯하다.

그러나 청년 김규식은 "깊은 밤은 곧 지나갈 것이고 조선에도 서광이 비칠 것이며" 조국을 "암흑의 감옥으로 묶어두었던 쇠사슬이 곧 끊어지고야 말 것이며" "거리에는 다시 서광이 비치고 도둑들은 물러갈 것이며 전국민은 빛을 보게 될 것"이라 믿고 있었다. 이 글을 쓴 지 3년 후에 이른바 을사보호조약이 체결되고, 8년 후 한반도가 일본에 완전 강점되며, 그 3년 후에 김규식은 중국으로 망명하게 된다. 조국에 반드시 서광이 비칠 것을 믿지 못했다면 그는 망명할 수 없었을지 모르고, 망명한다 해도 평생을 민족해방운동에 몸바치지 못했을지 모른다.

김규식은 졸업하는 해인 1903년 5월호 로녹대학 잡지에 「러시아와 한국문제」라는 글을 발표했다. 이정식 교수는 이 글에서 김규식이 정치평론가로서 재능을 발휘했다고 평하면서, 그 내용을 다음과 같이 요약하고 있다.

그는 러시아와 일본의 갈등을 예리하게 분석하고, 한국정부를 신랄하게 공격한 후 결국 러일전쟁은 불원간에 일어날 것이며, 한국은 러·일 두 나라 중의 전승국에게 먹혀버릴 것이라고 예언하였다. 전쟁의 결과는 확실치는 않지만 일본의 생사가 전쟁결과에 달려 있기 때문에 일본은 악착같이 싸울 것이므로 일본이 승리할 것 같다고 예언하는 동시에 극동을 위해서는 일본의 승리가 나을 것이라고 하였다. 만일 러시아가 이긴다면 한국민족은 러시아의 물욕을 채워주기 위하여 죽도록 일을 해야 할 것이며, 일본이 전승한다면 한국민족은 그들의 모든 재산과 권리를 박탈당할지언정 최소한 먹고 입고 배우기는 할 것이며, 섬나라 제국의 신민이 되도록 강요당할 것이라고 하였다.[16]

러일전쟁이 임박한 때라 전쟁이 불가피할 것이라 내다본 것은 그럴 수 있다 해도 한국은 러일전쟁 후 전승국에 먹혀버릴 것이라 정확하게 내다보고 있다. 전쟁이 일본에는 생사가 달린 것이어서 악착같이 싸울 것이라고 했지만, 당시 세계 최강의 육군국으로 평가되던 러시아를 섬나라 일본이 이길 것이라 내다본 것도 정확한 전망이었다. 러시아가 이기는 것보다 일본이 이기는 것이 낫다는 판단은 당시 미국과 일본 쪽에 가까운 지식인들이 일반적으로 가진 반러시아 경향의 결과라 할 수 있을 것이다.

전쟁 결과 러시아가 이겨 한국이 그 지배를 받게 되면 러시아의 물욕을 채워주기 위해 죽도록 일해야 할 것이라고 한 것은 당시 제정 러시아의 부패상을 어느정도 파악하고 있은 결과라 할 수 있을 것이다. 일본에 먹힐 경우 재산과 권리를 박탈당하고 그 신민이 되도록 강요당할 것이라 내다본 것도 참으로 정확한 전망이었다고 하겠다. 그러나 먹고 입고 배우기는 할 것이라는 안이한 전망도 하고 있다. 식민지배 아래에서는 배우는 일 자체가 모두 체제에 순화하는 과정이다.

김규식은 1903년 6월 평균 91.67점 3등으로 졸업했다. 앞에서 든 로녹대학 최초의 한국학생 서규병이 한국인 최초의 미국대학 졸업생이고, 김규식은 두번째 미국 학사였다. 그는 다른 학생 4명과 함께 졸업 연설자로 뽑혔는데, 그의 연설 "극동에서의 러시아"는 대학잡지에 발표되었을 뿐만 아니라 『뉴욕 선(New York Sun)』 신문에도 전재되었다.

그 내용은 러시아의 흉악성·야만성·침략성을 지적하고 극동에서 한국을 침략하려 호시탐탐 노리고 있을 뿐만 아니라 한국을 침략한 후에는 중국을 침략하여 황인종을 억압하려 하지만 전쟁에서는 일본이 승

---

16) 같은 책 26면.

리할 것이라고 전망했다. 또 러일전쟁을 인종전쟁으로 보고 황인종이
단결하여 러시아의 야욕을 꺾어야 한다고 했다.[17]

러·일간 갈등을 인종적 갈등으로 강조하고 황인종의 단결을 내세운
것은 당시 일본의 전략과 같고, 러시아의 아시아침략을 경계한 것은 영
국과 미국의 일치된 입장이었다. 어떻든 러일전쟁은 불가피하며 전쟁
의 결과 어느 쪽이 승리하든 조국은 승자의 식민지로 전락하여 민족적
고난이 격심하리라 예상한 김규식은 뉴욕에서 1년을 보낸 후 일본이 도
발한 러일전쟁이 한창인 1904년 스스로 "암흑의 감옥"으로 표현한 조
국으로 약 7년 만에 돌아왔다.[18]

'자필이력서'에는 로녹대학에서 문학사학위를 받은 후 "프린스턴
(Princeton) 대학원에서 장학금을 받았으나 1904년 러일전쟁의 발발로
귀국함"이라고 했다. 러일전쟁 발발 사실과 장학금을 받고도 대학원 진
학을 포기한 사실이 어떤 연관성을 갖는지는 지금으로서 알 길이 없다.

2) 죽어가는 조국에 돌아와서

1904년에 귀국한 김규식은 '자필이력서'에서 "서울 YMCA 설립에 관
심을 갖고 첫 이사회의 이사 겸 서기로 봉직하면서 YMCA학교의 교사
직을 맡음. 나중에는 교육간사 겸 YMCA중학교 교장을 역임함(1910년까
지)"이라고 했다. 귀국해서 주로 YMCA 관계 일을 봤으나, 한편 러일전
쟁의 경위에 깊은 관심을 갖고 글을 쓰기도 했다.

---

17) 같은 책 27~28면 참조.
18) 이정식 교수는 같은 책(30면)에서 김규식이 "1904년 봄에는 고국을 향해 길을 떠났
다"고 했는데, 러일전쟁은 이해 2월 일본에 의해 도발되었다. 따라서 선박을 이용했을
김규식이 귀국했을 때는 러일전쟁이 한창이었다고 하겠다.

1905년 1월 2일 중국 요동반도에 있던 러시아의 군항 여순(旅順)이 일본군에 함락되는 것을 보고, 끄림 전쟁을 끝나게 한 세바스토폴리 군항 함락에 비교하여 「근대의 세바스토폴리 함락」이란 글을 써서 1월 18일자로 로녹대학 잡지에 보냈고, 이 글은 5월호에 실렸다.[19] 여순이 함락됨으로써 러일전쟁이 끝날 것이라 내다본 것이다.

알다시피 러일전쟁은 미국 대통령 루스벨트가 중재한 포츠머스 강화회의에 의해 끝나게 되는데, 우리를 조금 놀라게 하는 일은 김규식이 이 강화회의에 참석할 목적으로 서울을 떠났다는 사실이다. 8월 5일부터 시작된 강화회의는 의외로 빨리 진전되어 9월 5일에 끝나게 되는데, 이때 그는 겨우 상해에 도착했기에 회의 참가를 포기했다고 한다.[20]

이정식 교수는 김규식이 포츠머스 강화회의에 가려고 한 목적에 대해, 그가 미국에 있을 때 러일전쟁의 결과를 예상하면서 쓴 글들로 미루어보아 "아마도 일·러·미 각국에 호소하여 일본이 조선왕국을 병탄(倂吞)하지 않도록 설득하여보려는 생각에서였을 것"이라고 추측했다.[21] 그러나 '자필이력서'에는 이때의 일에 대해 이렇게 쓰고 있다.

1905년 여름에는 일본–러시아의 강화회의에서 조선문제를 변론하기 위해 포츠머스로 가게 된 자신을 포함한 황제의 밀사들의 항행권을 예약할 목적으로 상해로 갔음. 그러나 비용으로 쓸 자금과 황제의 밀서를 가지고 뒤따라오기로 된 다른 밀사들이 나타나지 않아 거의 석 달 동안 허송세월을 하던

19) 같은 책 31면 참조.

20) 이 사실은 이정식의 책(31면, 각주 2)에서 밝혀지고 있다. 뒷날 김규식이 망명한 후인 1918년 7월 12일에 몽골의 고륜(庫倫, 지금의 울란바토르)에서 대학동창 알렌 그린랜드(J. Allen Greenland)에게 보낸 편지를 통해 알게 된 사실이다.

21) 이정식, 앞의 책 32면 참조.

중 포츠머스 조약이 9월 6일에 이미 체결되었으므로 같은 해 11월 7일 귀국하였음.

러일전쟁의 결과 한반도지역이 일본의 세력권 안으로 들어가게 될 것을 예상한 대한제국정부는 포츠머스 회의에 사절을 보내 자국의 입장을 설명하려 했고, 미국에서 대학을 졸업하고 돌아온 김규식은 그 일원으로서, 특히 선발요원으로 지명되어 먼저 상해로 갔다. 그러나 후속 요원들이 나타나지 않은 상태에서 조약이 체결되었으므로 그냥 귀국할 수밖에 없었다.

일본이 한국외교권을 완전 박탈하는 이른바 을사보호조약이 체결되는 것을 본 김규식은 뉴욕으로 가서 대학원에 입학할 생각으로 고국을 떠나려고 했다. 정말 대학원 입학이 목적이었는지 한국이 일본에 완전 강점될 것을 내다보고 미리 나가려고 했는지는 모르지만, 어떻든 외교권을 빼앗은 일본의 한국통감부(統監府)는 그의 여권 발부를 거부했고, 따라서 출국은 좌절되었다. 그는 모교의 동창생에게 글을 보내 일본 통치하에 있는 한국은 민족으로서의 동일성 또는 존재를 잃어버릴 것 같다고 우려했다.

미국행이 좌절된 김규식에게는 은행이나 각종 기업체 등에서 좋은 대우를 내세운 유혹이 많았던 것 같다. 로녹대학을 먼저 졸업한 서규병이 귀국하지 않았다면 당시 국내에 한 사람밖에 없었을 미국대학 졸업생인 그에게 조건 좋은 유혹이 많았으리라 능히 짐작할 만하다. 그러나 그는 모두 뿌리치고 언더우드 목사를 도와 교회일을 보기로 했다.

이때의 사정을 언더우드 목사의 부인은 이렇게 말했다. "청년 김규식에게는 봉급이나 물질보다 더 중요한 사명감이 있었고, 그는 무엇보다 민족을 향상시키고 계몽해야 한다는 굳은 목적의식과 사람은 빵만으로

살 수 없으며, 더구나 사람은 육신만이 아니라는 숭고한 신앙심을 가지고 있었다."[22] 이 무렵의 사정에 대해 '자필이력서'에는 이렇게 썼다.

1905년 11월 17일 밤 일본에 의해 을사보호조약이 강제로 체결된 이후로는 미국에 돌아가 더 공부할 생각을 버리고 1913년 봄까지 고 호레이스 G. 언더우드 박사의 개인비서로 근무함. 이 기간 중 때로는 YMCA 교사, 경신(敬新)중학교 교감 그리고 조선기독교대학(연희대학교)의 첫 1학년 2개 학급의 교수로도 봉직했음.

경신중학교 교원으로 있은 사실은 알려져 있었으나 처음 생긴 연희전문학교 교수 혹은 강사로 있은 사실은 잘 몰랐던 일이 아닌가 한다. 언더우드 목사가 세운 새문안교회 기록에 의하면, 1908년 11월 16일부터 27일 사이에 언더우드 목사가 남문 밖 이문동네에 있는 그의 집에서 거행한 세례문답식에 김규식 집사가 참가했다.[23] 이 무렵 김규식은 특히 언더우드 목사를 도와 새문안교회를 건축하는 일에 정력을 기울였던 것 같다. 이정식 교수는 이 점에 대해 다음과 같이 밝히고 있다.

우사 김규식이 1910년까지 특히 쏟은 것은 서울 새문안교회의 예배당 건립이었다. 새문안교회에서는 나날이 번창하는 교회를 위해 1904년에 예배당 신축을 위하여 '건축위원회'를 조직하고 1907년 현재 종로구 신문로 1가의 대지를 구입하여 건축을 시작, 1910년 5월에 이를 준공하게 되었는데 건축위원회 위원 가운데 동 교회 집사로 있었던 우사의 공로가 가장 컸다고 당시의

---

22) 같은 책 33면.
23) 윤경로 『새문안교회 100년사』 139면, 표 3 – 1 참조.

『조선선교회지(*Korea Mission Field*)』는 보도하고 있다.[24]

　신축한 새문안교회의 헌당식(獻堂式)은 1910년 5월 29일에 거행되었는데, 김규식은 집사로서 새문안교회 교인들을 대표하여 봉헌사를 낭독했다. 그리고 축가도 불리었는데, 김규식이 작사하고 영국 성서공회의 버시(F. G. Vesey)가 작곡한 것이었다. 새문안교회가 완성되고 김규식은 이 교회의 두번째 장로로 선임되었다.

　그는 새문안교회 일을 보는 한편 경신학교 교사 겸 교감과 YMCA 학생부 감사와 배재전문학교 영어강사 등으로 활동했다. 언제 새문안교회의 집사가 되었는지는 확실치 않으나, 장로로 선임된 것은 1910년 12월 18일이었다. 이후 중국으로 망명하기까지 교회의 서기직 등을 맡아보았다. 그리고 1911년 12월 4일 경기 충청도 일원에 있는 장로교 소속 교회들로 결성된 경기충청노회 창립회의에서 서기로 선임되기도 했다.[25]

　미국유학에서 돌아와 주로 새문안교회 일과 경신학교 등에서 교육활동에만 전념하던 27세의 청년 김규식은 이 시기에 결혼을 했다. 처음 혼담은 당시 세브란스병원 의사로서 사회적 명망이 높던 김필순(金弼淳)의 여동생 김순애(金淳愛)와 있었으나 아직 여학교 재학 중이어서 혼사가 이루어지지 못하고, 같은 새문안교회 교인이며 과거 군수를 지낸 조순환의 15세 난 무남독녀 조은수(趙恩受)와 1906년 5월 21일에 혼인했다.[26]

　미국대학 졸업생인 그의 결혼식은 사모관대 차림의 전통혼례 방식이

---

24) 이정식, 앞의 책 36~37면.
25) 윤경로, 앞의 책 171면, 187면, 189면, 195면 참조.
26) 이정식, 앞의 책 35~36면 참조.

었다. 이 광경을 본 축하객들은 애국심의 발로라고 칭송했다고 한다. 김
규식은 어린 신부를 정신학교(貞信學校)에 입학시켜 신문화를 배우게
했다. 1907년에 첫아이가 태어났으나 곧 죽었고, 1912년에 다시 아들을
낳았는데 그가 장남 김진동(金鎭東)이다.[27]

미국유학을 마치고 망해가는 조국에 돌아와 중국으로 망명하기 전까
지 교회일과 교육에 전념하던 시기의 김규식이 1910년 일본의 한반도
강점에 대해 어떤 생각을 가지고 어떤 발언을 했는지는 알아볼 길이 막
연하다. 다만 1912년 9월 1일 조선예수교장로회 총회가 평양에서 열렸
을 때 이 총회에서 영문으로 보고한 그의 글을 이정식 교수가 찾아낸 것
이 있다. 그 일부분을 옮겨보면 다음과 같다.

여호와는 아브라함에게 이르시되, "너는 눈을 들어 너 있는 곳에서 동서남
북을 보라. 보이는 땅을 내가 너에게 주리니…" 하신 것입니다. 동시에 우리
는 하느님께서 같은 말씀을 28년 전에 이 외로운 반도에 상륙한 첫번째 선교
사의 마음속에 속삭여주셨다는 것을 느끼게 됩니다. … 초기의 선교사는 이
말씀의 진실로 참됨을 꿈이나 꾸었겠습니까. … 그러나 하느님의 역사하심을
보십시오. 28년 전에는 이 광활한 반도에 단 하나의 기독신자도 없었습니다.
그러나 오늘날 이 땅의 동서남북에 예수교회가 산재해 있고 30만을 넘는 신
자가 하느님을 섬기고 있습니다.[28]

1912년이면 일본이 한국을 강점한 2년 후이며 무단통치가 본격적으

---

27) 같은 책 36면.

28) J. S. K. Kim, "The Erection of the First General Assembly of the Presbyterian Church
in Korea," *The Korea Mission Field*, Vol. VIII, No. 11, 1912년 11월, 323~25면(같은 책 38
면에서 재인용).

로 발악하기 시작하던 때라고 할 수 있다. 비록 종교집회라 해도 감시가 심해 반일적 발언을 드러내놓고 할 수 있는 상황이 아니었다. 그리고 이 시기 조선에서 기독교신자가 늘어났다는 것은 단순히 종교적 의미만 갖는 것이 물론 아니었다. 기독교신자의 증가가 설령 반일세력 증가와 연결될 가능성이 있다 해도 김규식은 그것에 안주할 수 없었을 것이다. 한반도가 비록 하느님이 확인하고 그에게 준 땅이 되었음을 인정한다 해도 다음해에는 그곳을 떠나 민족해방운동전선에 뛰어들게 된다.

3) 기어이 망명길에 오르다

큰 뜻을 품고 미국유학을 마치고 돌아왔으나 일본제국주의 치하에 살게 된 김규식이 구체적으로 언제부터 망명을 결심했는지는 밝혀내기 어렵다. 그러나 몇 가지 동기를 추측할 수는 있을 것 같다. 우선 1911년과 1912년 사이에 일어난 이른바 '105인 사건'이 망명동기의 하나가 되지 않았을까 생각한다. '테라우찌(寺內) 총독 암살미수사건'으로 조작된 이 '105인 사건'은 널리 알려진 것과 같이 한반도를 강점한 일본이 비밀 반일결사인 신민회세력과 서북지방 반일세력과 미국인 선교사들을 포함한 기독교세력에 타격을 주기 위해 조작한 것이었다.

김규식은 물론 이 사건과 직접 연결되지 않았다. 그러나 그가 도와주고 있던 새문안교회의 언더우드 목사가 윤치호(尹致昊) 등 이 사건의 주모자로 몰린 사람들에게 테라우찌 총독이 서북지방을 순시하는 날짜를 알려주었고, 그것이 총독암살 미수사건의 발단이 되었다는 혐의를 받았다.

그뿐만 아니라 언더우드 목사는 일본의 횡포를 미국에 알리기 위해 파견된 선교사 대표로 뽑혀 미국장로교 해외선교 본부에 보고하는 역할을 맡기도 했다.[29] 김규식의 중국망명이 언더우드의 도움으로 이루어진 것이었음을 보면[30] '105인 사건'과 언더우드와 그의 망명이 직접, 간접으로 연결되어 있었음을 알 수 있다.

망명동기에 대해서는 뒷날 그의 동서가 된 서병호의 증언이 있다. 어느 일본인이 경신학교에서 역사를 가르치고 있는 김규식의 유능함을 보고 적극적으로 포섭하려고 그에게 일본의 대학에 가서 가르칠 것을 권고했다. 아직 적극적으로 반일노선에 선 것은 아니었지만 일본에서 대학교수가 될 생각이 전혀 없었고, 그렇다고 해서 대단히 좋은 조건의 권유를 무조건 물리쳐 배일분자로 낙인찍히는 것도 위험한 일이었다. 그래서 결국 망명의 길을 택했다는 것이다.[31]

망명동기로서는 좀 약하다는 생각이 들기도 하는데, 역시 서병호의 증언에 의하면 김규식은 압록강을 건널 때 중국 신해혁명(辛亥革命) 주동자 손문을 만나 함께 일했으면 좋겠다고 했다 한다. 그러나 뒷날 1918년에 김규식은 어느 편지에서 고국을 떠나게 된 상황을 말하면서 "그놈의 왜놈들이 하도 못살게 굴어서 모든 것을 집어치우고 새로운 길을 개척해보기로 했다"고 썼다.[32] "못살게 굴었다"는 말에는 일본의 탄압도 유혹도 함께 포함되어 있을 것이다. '자필이력서'에서는 망명동기를 이렇게 말했다.

1913년 봄에는 도쿄 외국어대학교 영어교수 자리와 함께 도쿄제국대학 동양학과 장학금을 주겠다는 총독의 제의를 뿌리치고, 오스트레일리아의 중국

29) 윤경로 『105인사건과 신민회연구』, 일지사 1990, 144면, 153면 참조.
30) 윤경로 『새문안교회100년사』 191면, 각주 153 참조.
31) 이정식, 앞의 책 41면 참조.
32) 같은 책 43면 참조.

화교들에게 조선인삼을 팔러간다는 구실로 여권을 얻어 실제로는 갈수록 심해지는 일본의 속박을 피해 중국에 가서 그곳에 영주하면서 각방으로 독립운동을 고양시키는 일에 진력함.

그가 단순히 일제통치 아래 사는 것이 고통스럽고 싫어서, 혹은 신변의 불안을 느껴서 망명하는 것이었다면 당연히 말이 통하고 친지도 많은 미국으로 갔을 것이다. 그렇지만 태평양을 사이에 둔 미국에서 어떻게 운동다운 독립운동을 하겠는가. 당시 조선사람으로서는 가장 미국통이었지만, 그는 빠리강화회의에 참가했다가 미국으로 가서 임시정부 구미위원부에서 잠깐 활동한 후 군자금모금 등으로 잠깐씩 다녀왔을 뿐, 거의 평생을 중국에서 민족해방운동에 몸바치게 된다.

'자필이력서'에는 오스트레일리아에서 중국화교를 상대로 인삼장사를 하기 위해 간다고 핑계했다고 썼지만, 그가 망명을 하기 위해 조선을 떠나는 것은 역시 쉬운 일이 아니었던 것 같다. 언더우드 목사 부인이 편집한 『한국선교회보』 1913년 5월호에는 김규식의 망명에 관한 다음과 같은 기사가 실려 있다.

서울에서 언더우드 박사의 비서로서 여러 해 동안 있었고, 경신학교에서 학감으로 또 교사로 근무하였으며, YMCA 교사로도 시무하였고, 또 많은 유용한 책들을 한국말로 번역해낸 김규식 씨는 4월 2일 오스트레일리아를 향해 출발하였다. 그는 오스트레일리아의 큰 대학에서 대학원 학위를 획득하기 위한 공부를 하리라고 한다. 김씨는 3월 27일부터 29일까지 있은 모트 박사(Dr. Mott)의 강연회가 열리기 전에 오스트레일리아로 출발할 예정이었으나 모트 박사의 특별요청으로 출발을 연기하고, 그 강연회에서 모든 영어강연을 통역하였는데 그의 통역은 듣는 사람들에게 감탄을 금치 못하게 했다. 서울에 있

는 여러 교파(敎派)들과 학교들은 그분이 떠나게 된 것을 매우 아쉽고 섭섭하
게 느낄 것이다.[33]

　이 글에서는 그의 망명과 관계하여 우리에게 두 가지를 암시해준다.
하나는 중국망명은 오스트레일리아에서의 인삼장사나 대학원 진학 목
적의 출국으로 감추어졌다는 점이며,[34] 다른 하나는 일본인 치하의 국
내에서 교회나 학교일에 열중하면서 그냥 산다 해도 흔치 않은 미국대
학 졸업학력과 높은 영어구사능력으로 할 일이 많았다는 점이다. 그런
데도 그는 기어이 망명길을 택하지 않을 수 없었다. 망명여비는 경상남
도 진주의 갑부 정상환이 몇천 원 준 것으로 충당했다고 전해진다.[35]
　1910년 8월 일본이 한반도를 완전 강점했다는 사실은 그 안에 살고 있
는 뜻있는 사람들로 하여금 이민족 통치 아래 굴욕을 감수하고 그대로
살 것인가, 자결이라도 할 것인가, 그도 아니면 망명할 것인가, 세 가지
중 하나를 택하지 않을 수 없게 한 일이었다. 김규식은 결국 망명을 택했
는데, 고국을 떠난 그가 처음 도착한 곳은 상해였던 것 같다. 아직 3·1운
동 전이라 임시정부가 수립된 것은 아니지만, 상해에는 일제강점 후에
망명한 많은 사람들이 모여 있었다.
　한때 민족해방운동전선에 참가했다가 뒷날 친일파로 전락하게 된 이
광수(李光洙)의 회고에 의하면, 자신이 1913년 11월 말경 상해에 도착
했을 때는 호를 서호(西湖)라 했던 김규식이 단재(丹齋) 신채호(申采浩)

33) 같은 책 42면에서 재인용.
34) 이정식 교수도 고증했지만 김규식은 오스트레일리아로 갔거나 대학원을 다닌 기록
　　이 물론 없다. 그의 박사학위는 빠리강화회의에서의 활약을 찬양하여 모교 로녹대학에
　　서 1923년에 수여한 명예박사이다(같은 책 43면 참조). '자필이력서'에도 "애국운동에
　　기여한 공로로 1923년 로녹대학에서 법학박사학위를 수여받음"이라고 했다.
35) 서병호와 여운형 동생 여운홍의 1970년 3월 27일 증언(같은 책 43면, 각주 22)

에게 영어를 가르치고 있었는데, 깐깐한 성격의 그는 발음을 대단히 까다롭게 가르쳐서 뜻을 중심으로 배우길 원하는 단재가 결국 자신에게서 배웠다는 것이다.[36]

'자필이력서'에는 이때의 상황을 말하면서 "북경·상해 및 남경에서 먼저 나가 있던 여러 애국지사들과 접촉하면서 민족운동을 통일 통합된 투쟁으로 만들기 위해 노력함"이라고 썼는데, 여기서 말하는 "민족운동을 통일 통합된 투쟁으로 만들기 위한 노력"은 이후 그의 전체 민족해방운동 과정을 통해 뚜렷하게 나타나게 된다.

상해로 망명했던 김규식이 언제 그곳을 떠났는지는 분명하지 않다. 그러나 그는 망명 후 "몽골지방에 비밀 장교양성소를 세우려 했으나 한국의 지하조직에서 약속한 자금이 도착하지 못함으로써 이 계획을 포기해야만 했다"고 해방 후 귀국해서 만난 미국기자 마크 게인(Mark Gein)에게 말했다.[37]

'자필이력서'에는 독립군 장교양성 문제에 대해 "1914년 제1차 세계대전 발발 당시에는 변장을 하고 안동현까지 간 후 압록강을 건너 의주에 가서 자금을 모집했으나 실패했음. 같은 해 가을에는 유동열(柳東說) 장군(당시 소령), 이태준(李泰俊) 박사 및 두 젊은 학생과 함께 독립군 또는 게릴라부대의 미래장교를 양성할 초보적인 군사훈련학교를 운영할 목적으로 외몽고의 우르가(庫倫)로 갔음"이라고 썼다. 여기서 유동열을 소령이라 말한 것은 그가 구한국군 참령(參領)이었기 때문인 것 같다.

맏아들 김진동의 증언에서는 그가 몽골의 고륜(庫倫, 울란바토르)에서 혁명단체를 조직하기 위해 이태준이란 의사와 서왈보(徐曰輔)라는 사

---

36) 『李光洙全集』 제13권, 삼중당 1962, 211면 참조.
37) 마크 게인 『해방과 미군정』, 까치 1986, 30면.

람을 그곳으로 데리고 갔다고 한다. 이태준은 김규식의 부인 조씨가 아들 김진동을 데리고 남편을 찾아 몽골로 갈 때 함께 갔고 김규식의 사촌누이와 결혼하여 몽골에서 개업하여 살았는데, 그후 러시아의 반혁명군과 일본군에게 희생되었다.[38]

김규식이 몽골에 갔다는 사실은 일본 쪽 정보문서에서도 확인된다. "김규식은 인척관계가 있는 고륜의 이태현(李泰鉉)이 사망하여 가족과 함께 몽고지방으로 갔다는 설이 있다"고 한 기록이 있는데, 이름한자가 틀릴 뿐 뒷받침이 된다.[39] 망명 초기 김규식이 몽골로 간 것은 무력항쟁을 준비하기 위한 목적이었다고 할 수 있을 것 같지만, 그것이 실현되기는 어려운 상황이었다.

몽골로 간 김규식의 행적에 대해 '자필이력서'에서는 "우르가에 있을 동안 틈을 내어 러시아상업학교에서 가르치면서 개별 러시아인들에게도 영어 개인교수를 함. 또한 천진(天津)에 있는 몇몇 미국인과 스칸디나비아인들의 무역상사인 몽고물산회사에서 회계 겸 비서로도 일했음"이라고 했다. 해방 후 미국기자 마크 게인과의 회견에서 "몽골에서는 모피를, 화북지방에서는 성경을, 상해에서는 동력 엔진류를 팔았다"고 했다.

또 '자필이력서'에서는 "1916년에는 상해, 천진 및 홍콩의 미국 – 스칸디나비아계 큰 회사인 마이어 회사(Myer & Co., Ltd)의 장가구(張家口) 부지배인으로 입사했고, 1918년에는 우르가로 돌아가 새 지점을 개설하여 그곳 지배인이 됨. 얼마 후 천진으로 되돌아와 피어론 다니엘사(Fearon Daniel Co., Inc., 미국계 회사) 수입부에 입사하여 중국 각지에 델

---

38) 이정식, 앞의 책 46면.
39) 金正明 編『朝鮮獨立運動』2, 原書房 1967, 160면, 「大韓民國臨時政府閣僚名簿等 報告件」.

코 전구를 다수 판매하고 설치함"이라고 했다.

망명할 때는 부인 조씨와 어린 아들 김진동을 조선에 두고 왔는데, 장가구에 있을 때 부인과 아들이 와서 다시 단란한 가정을 이루었다. 그러나 부인은 당시 불치병으로 알려진 폐병이 심해 다시 만난 지 얼마 안 되어 1917년에 작고했다.[40)]

'자필이력서'에서 말한 것과 같이, 1918년 3월 마이어회사가 몽골의 수도 고륜에 지점을 열게 되어 김규식은 다시 몽골에 갔다. 몽골로 가는 길은 약 1000km나 되었고 50일이 걸렸는데, 눈에 싸여 11일간 중도에서 머물렀고 37일간이나 낙타를 타고 갔다고 했다. 이때 어머니를 잃은 아들 김진동과 사촌누이 김은식이 동행했다. 그러나 몽골에서 오래 있을 계획은 아니었던 것 같다. 1918년 7월 12일자로 미국인 친구에게 보낸 그의 편지에서는 만주로 가서 땅을 개척하고 목장을 시작할 계획을 갖고 있다고 했다.[41)]

김규식이 미국인 친구 알렌 그린랜드(J. Allen Greenland)에게 편지를 쓴 1918년 7월은 미국이 1917년 4월 제1차 세계대전에 참전한 후 전세가 영·불 연합국에 유리해져가는 시기였다. 그러나 김규식은 전쟁이 1918년 11월에 끝나고 자신이 1919년 1월에 열릴 빠리강화회의에 참석하게 되리라고는 물론 전혀 예상할 수 없었다. 만주지방에 가서 목장을 경영하리라던 계획이 얼마나 확정적인 것이었는지는 알 수 없지만, 1919년에 들어서면서 그는 망명한 지 6년 만에 본격적으로 민족해방운동전선에 뛰어들게 된다.

---

40) 이정식, 앞의 책 47면 참조.
41) 같은 책 47~48면 참조.

빠리강화회의에서의 활동

1. 제국주의 열강에 호소

1) 빠리로 가는 길

세계 30여 개국이 참전했던 제1차 세계대전은 1918년 11월 11일 영·불 등 연합국과 독일 사이에 체결된 휴전조약으로 끝이 났다. 이보다 앞서 1917년 11월 러시아혁명으로 성립된 쏘비에뜨정부는 민족자결, 무병합 무배상, 비밀외교 폐지 등의 원칙을 내세우며 독일과 단독강화를 교섭했고, 미국 대통령 윌슨도 1918년 1월 8일 민족자결, 무병합 무배상, 비밀외교 배척, 국제조직의 확립 등을 내용으로 하는 14개조의 평화원칙을 발표했다. 특히 그 제5조에는 "식민지의 주권을 결정함에 있어서는 주민의 이익은 관계정부의 정당한 요구와 동등으로 중시된다는 원칙에 의해 식민지적 요구를 조정할 것"이라는 내용이 있었다.

윌슨의 민족자결 원칙은 유럽지역 패전국인 독일 식민지에 한한 것이지 전승국 일본의 식민지인 조선에 적용되는 것이 아니었지만, 레닌의 민족자결 원칙은 식민지문제의 해결을 통해 세계 사회주의혁명을 달성하려는 목적을 갖고 있었으며, 이에 따라 제정러시아 치하에 있던 1백여 피압박민족에 대해 민족자결 원칙을 선언했다. 이것이 이후 조선의 민족해방운동 참가자들로 하여금 좌우익 구분 없이 미국·영국 등 자본주의 제국 쪽보다 사회주의국가 소련 쪽에 더 치우치게 한 것 아닌가 한다.

어떻든 세계대전이 끝나고 프랑스 빠리에서 강화회의가 열리게 되자 망명 후 일단 개인적 생업에 종사하던 김규식은 조선대표로 그 회의에 참가하게 됨으로써 민족해방운동전선의 중심에 위치하게 된다. 김규식을 빠리강화회의에 파견한 모체는 신한청년당이었다. 따라서 이 단체의 성립경위를 알아볼 필요가 있겠다.

제1차 세계대전이 독일의 패배로 끝날 것이라 예측되었을 때 중국 상해에 있던 여운형(呂運亨)·조동호(趙東祜)·장덕수(張德秀)·신석우(申錫雨)·김철(金澈)·선우혁(鮮于赫) 등은 매주 토요일마다 모여서 세계정세를 논의했다. 1918년 11월에는 미국 윌슨 대통령의 비공식대표 찰스 크레인(Charles Crane)이 상해에 와서 "지금 파리에서 개최되고 있는 세계평화회의는 각국 모두 중대한 사명을 다하는 것으로 그 영향력도 또한 클 것이다. … 피압박민족에 대해서는 해방을 강조함에 의해 그 해방을 도모하는 데 최적의 기회이기 때문에 중국에서도 대표를 파견하여 피압박 상황을 말하고 그 해방을 도모해야만 한다"는 요지의 연설을 했다.

이에 감명받은 여운형이 크레인을 따로 만나 "우리도 피압박민족이니 모쪼록 이번 기회에 그 해방을 도모하고자 하는데 대표를 파견해 조선의 사정을 개진하여 각국의 동정하에 해방되고 싶다고 생각하고 있는데 대표파견은 문제없는가" 하고 물었더니, 그는 "문제없으며 이에 대해서는 나 자신도 충분히 원조할 수 있으니 모쪼록 대표를 파견하라"

고 했다.[42]

이후 여운형이 영문으로 조선해방과 독립에 대한 청원서 두 통을 써서 신한청년당[43] 총무간사인 자신의 명의로 미국대통령과 평화회의에 보내도록 하고, 당시 중국 천진(天津)에 있었던[44] 김규식을 상해로 불러 빠리평화회의에 파견하기로 했다. 김규식과 함께 새문안교회에서 활동하다 1914년에 중국으로 간 서병호의 회고에 의하면, 자신은 남경(南京)의 금릉(金陵)대학에 유학하였는데 몽골에 있던 김규식과 연락이 있었으며, 1919년에 김규식은 상해로 가기 전에 남경에 들러 서병호 처제인 김순애와 결혼식을 올렸다.[45] 이 과정에 대해 '자필이력서'는 이렇게 썼다.

1918년에 강화조약이 체결되자 파리강화회의에 가서 적어도 조선문제를 전세계에 폭로, 항변해야겠다고 결심함. 자금을 조달하고 각계 각층에 전국

---

42) 夢陽呂運亨先生全集發刊委員會 編『夢陽呂運亨全集』I, 한울 1991, 409면.

43) 李萬珪『呂運亨先生鬪爭史』民主文化社 1947, 22~23면에는 "이 진정서를 개인 자격으로 보낼 수 없고 단체 명의로 보내야 할 터인데 거기에 해당한 단체가 없었다. 그때 상해에는 '토이기'청년당이 10여 명이나 있었는데 몽양은 그들과 친교가 있어 그 내용을 잘 알았다. 몽양은 그 당을 모방하여 신한청년당을 조직하고 회원을 갑자기 3~40명을 모집하고 몽양 자신이 총무간사로 피선되었다. 이것이 국제회의에 처음으로 내놓은 독립운동 단체였다"라는 신한청년당 결성 경위가 설명되어 있다.

44)『몽양여운형전집』1권 410면에서처럼 일제시대 경찰조서에는 "북경에서 김규식을 불러"라고 나와 있다. 그러나 이정식, 앞의 책 51면, 각주 16에는 "몽양 여운형은 북경이라고 진술했으나 김규식 박사의 미망인 김순애 여사는 그 당시 김박사가 천진에 근무하고 있었다 한다"고 한다. 이만규『여운형선생투쟁사』23면에도 "천진에 있는 김규식을 편지를 보내 상해로 오라"고 했다고 하여 여운형도 해방 후 회고할 때 김규식이 천진에 있었다고 바로 기억한 것 같다. '자필이력서'에도 "천진의 Fearon Daniel Co., Inc.(미국계 회사) 수입부에 입사하여 중국 각지에 델코 전구를 다수 판매하고 설치함"이라고 했다.

45) 이정식, 앞의 책 51면.

적인 시위운동을 선동하도록 하기 위해 두 사람을 조선에 들여보냄. 그러나 두 밀사로부터 1919년 1월 중순까지도 아무런 소식이 없었기 때문에 천진에서 남경으로 가서 1월 19일에 결혼함.[46] 결혼 후 즉시 상해로 가서 파리로 떠날 준비를 시작함. 고 여운형, 장덕수 박사, 신헌민, 서병호 등 10여 명의 청년과 함께 신한청년단을 조직함. 이들 10여 명의 젊은이들 중 약 절반은 두 명씩 나뉘어 파리강화회의에서의 노력과 때맞추어 시위운동을 선동하기 위해 조선, 일본, 만주 및 시베리아로 파견됨.

여운형 등과 신한청년단을 조직하고 빠리강화회의에 참석할 것을 결정하기 전에 이미 스스로 빠리강화회의에 참가하여 조선문제를 전세계에 폭로할 생각을 갖고 있었고, 그것을 위해 자금을 조달하고 전국적 시위를 선동하기 위해 밀사를 국내에 파견했다고 하는데, 그것이 김규식 단독행동이었는지 아니면 어떤 조직을 배경으로 한 것이었는지는 분명치 않다. 어떻든 여운형 등과 만나기 전에도 김규식은 빠리강화회의에 참석하여 조선문제를 제기하려는 계획을 가지고 있었던 것 같다.

한편 국내에서 김규식과 혼담이 있었던 김순애는 일제당국의 눈을 피해 학생들에게 우리 역사를 가르치다 발각되어 신변의 위험을 느끼게 되었고, 오빠인 의사 김필순(金弼淳) 역시 일본인들이 잡으려 다니는 상황이 되어 1912년에 함께 망명하였다. 김순애는 김필순이 정착한 흑룡강성에 있다가 오빠가 죽고 난 후 1918년에 형부 서병호가 있는 남경

---

46) 이 부분에는 다음과 같은 설명이 괄호 안에 들어 있다. "재혼임. 장가구에서 사망한 첫아내가 남긴 아들 필립(당시 9세)은 이박사와 함께 우르가에 남겨두었음. 현재의 아내 김순애(金淳愛=Stella S. Kim)에게서 난 두 자녀 중 Pauline Wuai(尤愛)는 1949년에 웰즐리(Wellesley)대학을 졸업하고 현재 미시건(Michigan)대학 대학원에 다니면서 역시 화학을 전공하고 있으며, Benny C.는 현재(1959년 – 인용자) 서울대학교 공과대학에 다니면서 역시 화학을 전공하고 있음."

으로 갔다.[47]

　김규식이 빠리강화회의에 참석하기 위해 상해를 떠난 것은 1919년 2월 1일이었다.[48] 빠리로 가는 여비에 대해 여운형은 "천진에 있는 김규식에게 편지를 보내 상해로 오라 하고 한쪽으로 장덕수를 부산으로 보내 돈을 얻게 하였다. 김규식도 돈을 수천 원이나 가지고 오고 장덕수도 2천 원이나 가지고 왔다. 그리고 상해에 있는 교유(僑友)의 주머니를 떨어 천 원 돈을 얻었다"고 했다.[49] 한편 당시 상해로 간 이광수의 회고에 의하면, 신한청년당원인 김철이 "본국에 들어와서 천도교에서 돈 삼만 원을 얻어가지고 와서 수일 전에 김규식을 민족대표로 빠리로 보내고"라고 하는데 얼마나 정확한 말인지 모르겠다.

　김규식이 빠리행 배표를 구하려 하니 이미 3~4개월분까지 팔린 상황이었으나, 빠리강화회의에 참가하는 중국 여자대표의 표를 양도받아 갈 수 있었다고 한다. 김규식은 빠리로 떠나기 전 서울에 사람을 보내 독립을 선언하게 해야 빠리에서 자신의 활동이 효과가 있겠다고 신한청년당에 요구했고, 이에 따라 그의 처 김순애와 동서 서병호 등이 국내에 잠입했다가 이미 3·1 운동이 준비되고 있는 것을 알고 다시 중국으

---

47) 이정식, 앞의 책 53면, 주 19 김순애의 1970년 3월 18일자 증언에 의함.

48) 김정명 편, 앞의 책 187면;『조선민족운동연감』, 대한민국 원년 2월 1일자에서, "대한청년당 여운형·김철·김규식·선우혁·한진교·장덕수·조동호 등 상해에 회합하여 조선독립을 도모하여 김규식을 빠리에, 장덕수를 일본에, 김철·선우혁·서병호를 국내에, 여운형을 노령에 각각 파견하여 종교계 및 각 사회 거두 등과 회견케 하여 조선독립을 계획함"이라고 했다.

49) 이만규, 앞의 책 23면. 여운형은 이어서 "당시에 申錫雨는 돈을 만 원이나 가지고 있었다. 장덕수가 이 돈을 교섭했더니 그는 자기를 수석으로 김규식·여운형을 통역으로 하여달라고 요구하여 장이 노하여 다시는 신과 독립운동 문제를 상의도 않고 신도 신한청년당에 가입하지 않았다"고 했다. 그러나 일본 쪽 정보문서에서는 이해 5월 빠리에 간 김규식이 자금송금을 요구하여 7000원을 보냈는데, 그 돈의 5000원은 신석우가 냈다고 한다(김정명 편, 앞의 책 39면,「조선독립운동에 관한 상해 정보」).

로 탈출했다고 한다. 김순애는 가지고 있던 모든 재력을 빠리로 가는 남편에게 주어 국내로 잠입할 여비를 구하기 어려웠는데 외국선교사들과 중국인의 도움으로 가능했다고 한다.

김규식이 빠리로 떠난 지 2개월 후 1919년 4월 서울에서 발표된 「국민대회취지서」에서 임시정부의 학무총장으로 선출되었고,[50] 또 이승만·민찬호·안창호·박용만(朴容萬)·이동휘(李東輝)·노백린 등과 함께 빠리강화회의 참석위원으로 임명되었다. 이후 상해에서 성립된 임시정부는 그를 외교총장에 임명하고[51] 빠리에서의 활동자금 7000원을 송금하는 한편 임시정부 특사 위임장과 3·1 운동 상황을 강화회의에 보고하는 데 도움을 주기 위해 사진 등을 보냈다.[52]

빠리강화회의 참석을 위해 상해를 떠나게 된 상황을 '자필이력서'에서는 "1919년 2월 1일 프랑스 우편선 Porthos호 편으로 상해를 출발, 3월 13일에 파리에 도착함"하고 간략하게 언급했다. 그러나 당시 북경주재 미국공사가 1919년 2월 16일자로 국무장관에게 보낸 보고서에도 이때의 상황이 언급되어 있는데, 이정식 교수의 저서에서 옮겨보면 다음과 같다.

한국혁명당(Korean Revolutionary Party) 대표가 약 일주일 전에 김중문(金仲文)이라는 별명으로 된 중국여권을 가지고 파리를 향해 떠났는데, 그는 여럿의 미국인과 영국인의 추천장을 가지고 갔으며, 중국에서 상당한 지지를 받고 있다고 하였다. 그리고 한국혁명당 대표가 미국공사에게 제출한 각서의

---

50) 김정명 편, 앞의 책 18~19면 참조.
51) 그러나 상해·노령·한성 임시정부가 통합될 때 한성정부의 정통성을 따른다 하여 김규식은 학무총장이 되었다.
52) 김정명 편, 앞의 책 34면, 38면 참조.

번역문을 송부한다고 하였는데, 아마도 독립지사들이 제출한 각서는 중국어로 되어 있었던 모양이다. 이 각서에서는 한국이 일본에게 망할 때까지 일본의 비행을 열거하고, 또 일본의 한국에서의 만행을 기술하며, 한국이 독립을 하여야 하는 10가지 이유를 들었고, 또 미국정부는 파리강화회의에서 한국문제를 상정할 것을 요청하였다.

여기서 말하는 중문(仲文)은 김규식의 자(字)다.[53] 김규식은 중국망명 생활 중 몇 개의 가명을 썼으나,[54] 특히 김중문을 많이 썼다. 한편 이때 한국 독립운동가들이 미국대사관에 통고한 김규식 활동의 윤곽을 보면 다음 열두 가지로 말하고 있다. 출발할 때는 그렇지 않았으나, 결국은 대한민국임시정부를 대표하여 빠리강화회의에 파견한 셈이 된 김규식이 현지에서 어떤 활동을 하도록 계획되었는가를 이해하는 데 도움이 될 만하다.

① 강화회의에 출석한 각국 대표들을 면접하고 한국에 대한 동정과 지지를 얻을 것.
② 비공식적으로 파리에 가 있는 유력 인사들과 면접할 것.
③ 일본 무단통치하 한국의 정치·경제·교육 및 종교적 여러가지 사정을 알릴 것.
④ 한국과 한국인에 대한 일본의 야욕을 폭로할 것.
⑤ 일본의 몽고, 시베리아, 산동(山東), 양자강 지역, 복건(福建), 태국, 필리핀, 남해(南海) 및 인도에 대한 야욕을 폭로할 것.

---

53) 한문으로 쓴 '자필이력서'에서 중문(仲文)은 자(字)고, 별호(別號)는 우사(尤史)라 했다.
54) 김규식이 중국에서 사용한 가명은 김성(金成)(『思想情勢視察報告集』2, 東洋文化社 1976, 244면), 여일민(余一民), 김중문(金仲文)(같은 책 3, 426면) 등이었다.

⑥ 한국은 극동문제를 해결하는 데서 열쇠와 같은 중요한 위치에 있다는 것을 역사적 지리적 및 전략적 이유를 들어 설명할 것.

⑦ 미국, 영국, 프랑스 및 이탈리아의 유력하고 책임성있는 신문기자들의 동정적인 협력을 얻어 한국독립에 대한 세계적 여론을 조성할 것.

⑧ 미국, 영국, 프랑스, 이탈리아, 중국 유력지를 통하여 전세계에 한국사정을 알리고 세계의 정치가들, 외교지도자들, 그리고 전세계 사람들간에 한국에 동정하는 여론을 조성할 것.

⑨ 파리, 런던, 샌프란시스코, 상해 등지에 홍보국을 설치하고, 또 모든 다른 방법을 통하여 직접, 간접으로 활약할 것, 세계 정치가들과 외교지도자들, 그리고 각국 국민들간의 여론이 어떻게 돌고 있는지를 극동에 알릴 것.

⑩ 선전물, 선전 작품, 그림이 든 전단 등을 작성 분포할 것.

⑪ 왜 한국이 독립하여야 하는가 하는 데 대한 이유를 설명하며, 한국사람이 자치할 능력이 있다는 것을 과시할 것.

⑫ 강화회의에서 대표로서 인정받을 것을 정식으로 요구하고, 한국 해방에 대한 정식 청원서를 제출할 것, 이 청원서는 자세하고도 포괄적일 것.[55]

세계사적으로 제국주의 전쟁인 제1차 세계대전이 막 끝난 시점에서, 그리고 민족사적으로 일본에 강점당한 지 거의 10년이 되어가는 시점에서 상해지역으로 망명해 있던 조선 독립운동가들이 조국독립의 후원자를 어디서 구하려 했는지를 짐작하게 한다. 주로 미국·영국·프랑스 등 제국주의 전승국들의 후원을 기대했던 것 같은데, 한반도를 점령하고 있는 일본도 같은 제국주의 전승국이었다. 빠리강화회의에서 활동

---

55) 이정식, 앞의 책 57~58면.

했으나 별 소득을 얻지 못한 김규식이 모스끄바 쪽으로 눈을 돌리게 되는 과정은 다음에서 살펴볼 것이다.

2) 빠리강화회의에서의 활동

1919년 3월 13일 빠리에 도착한 김규식은 빠리 시내의 불라베라는 시인 부부 집에 사무실을 차리고 타이피스트와 통역을 구하여 '한국공보국'을 설치했다. 그 자신은 물론 그를 파견한 상해의 독립운동계에서도 빠리회의에 큰 기대를 걸고 있었으므로 혼자서 그 일을 담당할 수 없다고 생각하여 당시 스위스 뛰리대학에 재학 중이던 이관용(李灌鎔)을 불렀는데 그는 졸업시험 준비를 제쳐놓고 달려왔다.

또 5월 초순에는 김탕(金湯)이 상해에서 와서 합세했고, 6월에는 미국군에 지원하여 유럽전선에 참전했다가 제대한 황기환(黃玘煥)이 독일에서 와서 공보부 서기장이 되었다. 6월에는 상해에서 조소앙이 오고 7월에는 여운형 동생 여운홍(呂運弘)이 역시 상해에서 와 합류함으로써 진용이 어느정도 짜이게 되었다. 일본의 심한 방해공작으로 많은 어려움이 있던 중에도 4월 10일자로 『공보국 회보(Circulaire)』 제1호가 출간되었다.

이 1호에는 상해에서 현순(玄楯)이 보낸 3·1 운동에 관한 기사를 번역하여 실었다.[56] '자필이력서'에는 "그동안 조선에서는 3·1운동이 일어났으나 대전 직후라 전신 사정이 좋지 않아 4월 2일에야 파리에 소식이 전해졌음"이라고 했다. 한편 일본 쪽 정보문서에서도 "지금 파리에 있는 김규식은 3·1운동의 전말을 기초하고 있는데 그것에 넣기 위해 조

---

56) 같은 책 59면 참조.

선에서 3·1운동 중에 부상한 사람들 사진을 임시정부에서 김규식에게
보내고 있다"[57]라고 했다.

김규식 중심의 한국공보국은 4월 중에 평화회의에 제출할 한국독립
에 관한 탄원서와 그에 첨부할 「한국민족의 주장」을 작성했다. 신한청
년당 대표, 대한국민회 대표, 대한민국임시정부 대표 김규식 이름으로
된 탄원서는 20개 항목으로 되었는데, 이정식 교수의 요약에 의하면 다
음과 같다.

① 한국민족은 4200년의 역사를 가지고 있다.

② 한국이 주권국가라는 것은 여러 나라들이 조약으로 인정했다.

③ 한국의 주권은 이러한 조약으로 인정된 것일 뿐만 아니라 국제적으로
   인정받은 것이었으므로 어떤 한 나라가 단독으로 처리할 수 없다.

④ 일본은 한국의 독립을 침범했다.

⑤ 이러한 주권침범에 대하여 한국민족은 항의를 하였고, 또 하고 있다.

⑥ 일본통치의 폭압으로 인하여 이러한 항의는 계속 강화되고 있다.

⑦ 한국의 교육과 사상을 일본이 통제하며 억압하고 있다.

⑧ 한국의 재산을 일본이 신랄하게 통제하고 있다.

⑨ 한국의 기독교를 일본정부가 박해하고 있다.

⑩ 일본이 한국에서 시행했다는 개혁은 형무소 내에서의 개혁과 마찬가지
   이며 일본인을 위한 것이다.

⑪ 일본이 한국에서 갖는 목적은 일본의 이익만을 위한 것이다.

⑫ 한국민족의 이익뿐만 아니라 영국이나 프랑스의 극동에서의 이익을 위

---

57) 김정명 편, 앞의 책 38면, 1919년 5월 21일자, 「대한민국임시정부에 관한 상해 정보보
   고건」.

460

해서도 한국독립은 긴요하다.

⑬ 일본은 한국의 구미 각국의 무역통상을 제거하고 있다.

⑭ 일본은 극동대륙에 팽창 침략하여 영국·프랑스 각국과 대항할 것이다.

⑮ 일본 대륙팽창의 각종 증거

⑯ 한국민의 일본통치에 대한 반항은 3·1운동으로 실증되었다.

⑰ 한국대표는 한국 내에서 혁명운동에 관한 전보를 많이 받고 있다.

⑱ 한국 임시정부가 조직되었다.

⑲ 3·1운동은 전국적으로 전파되고 있으며, 일본정부는 폭행으로 보복 또는 진압하고 있다.

⑳ 한일합방에 대한 조약은 무효이다. 그에 대한 이유 여러가지를 제시하였다.[58]

일본은 한반도 강제점령을 전후하여 국제사회에 대해 한국민족이 자치능력이 없으며 그것이 동아시아에서 평화를 유지하기 어려운 원인이라고 선전하고 이를 한반도 강점의 핑계로 삼았다. 이같은 전후 사정을 잘 알고 있었기 때문에 김규식은 이 탄원서에서 일본의 선전이 거짓임을 알리기 위해 한국민족이 자치능력을 가진 민족임을 강조하고 있으며, 3·1운동의 폭발은 그 좋은 증거가 되어주었다.

앞에서 든 상해의 한국 독립운동가들이 미국공사관에 전한 한국이 독립해야 하는 10가지 이유에서도 그러했지만, 이 탄원서에서도 일본의 침략이 한반도뿐 아니라 장차 중국대륙으로 확대될 것이라는 점을 강조하고 있음을 볼 수 있다. 이는 한국 민족해방운동전선이 구미제국주의와 일본제국주의 사이에 이해관계가 대립되어가고 있으며, 장차

---

58) 이정식, 앞의 책 60~61면.

그 대립이 심화할 것이라는 점을 어느정도 내다본 결과라고 할 수 있을 것이다.

이 탄원서에 첨부된 「한국민족의 주장」에서는 이 20가지 조항의 내용을 좀더 자세하게 역사적 증거와 통계자료 등을 제시하면서, 왜 한국의 독립이 인도적으로 또 법적으로 타당하며, 일본의 팽창정책과 침략정책이 구미 각국에 불리한가 하는 것이 김규식의 능숙한 영어와 풍부한 표현력으로 조리있게 지적되어 있다. 그는 또 5월 12일자로 탄원서와 「한국민족의 주장」 등 두 가지 문서를 윌슨 미국 대통령과 로이드 조지 영국 수상과 끌레망소 강화회의 의장 등에게 보내고, 그 중요 내용에 대해서는 따로 서신을 보내기도 했다.[59]

한편 김규식은 「한국의 독립과 평화」라는 35쪽으로 된 인쇄물을 만들어 반포했는데, 그 내용은 한국이 개항한 후 구미 각국과 일본 및 중국 등과 체결한 조약들을 분석하여 각국이 한국에 주었던 약속을 환기시킴으로써 일본의 한국침략과 학정의 부당성을 논박하는 것이었다. 그리고 강화회의를 취재하러 온 각국 신문기자들과 대표들을 대상으로 활발하게 '외교'를 펼쳤다. 그 예로 1919년 8월 6일 빠리의 한국공보국이 외국기자클럽에서 마련한 연회를 들 수 있다.

프랑스 하원 부의장 샤를 르북(Charels Leboucq)이 사회를 맡았던 이 연회에 모인 80명 참가자 중에는 한국포병학교 교수를 지낸 프랑스 재건국장 빠예(General Payeur) 장군, 한국공사대리를 지낸 러시아참사관 바론 군즈버그(Baron de Gunzburg) 경, 프랭당(M. Frandin) 전권대사, 국회의원 루이 마랭(Louis Marin), 전 모스끄바 시민의회 의장 미노

---

59) 미국대통령 윌슨에게 보낸 편지는 *Korea Review* 1919년 7월호에 실렸다(같은 책 62면, 각주 5 참조).

(Joseph Minor), 북경대학 교수 이유영(Li Yu Ying), 빠리주재 중국총영사 라오(Lao) 등이 있었다. 연회석상에서는 프랑스말로 된 한국독립선언서와 조르주 뒤크록(George Ducrocq)이 쓴 「가난하지만 아름다운 한국(*Pauvre et Douce Corée*)」이라는 책자와 작은 한국 깃발을 기념품으로 배포했다.[60]

이 연회에서 김규식은 한국의 지리와 역사에 대해 간단히 말하며 지금 한국에는 평화가 없으며, 한국인은 독립을 원한다고 했다. 이어 중국의 이유영 교수, 러시아의 미노 의장, 뉴욕타임즈의 셀든(Charles Seldon), 프랑스 낸시 시의원 마린고, 미국의 유력 주간잡지 『하퍼즈(*Harpers*)』의 기븐즈(Gibbons) 등이 한국 주장의 정당성을 말하고 이에 성원하는 발언을 했다.[61]

김규식과 함께 한국공보국에서 활동했던 여운홍의 회고에 의하면, "한국대표들이 정한 사무소는 파리시 한가운데 있는 집이었지만, 이 집에는 전등도 없어서 촛불을 켜고 밤을 새워 일을 했다. 이러한 환경에서도 그들은 각처에서 오는 정보를 입수하고 각처에 보낼 문서를 정리하며 전보와 편지 발송과 신문사와 저명인사의 방문 등 눈코 뜰 새 없이 많은 분주를 거듭하였던 것이다"고 했다.[62] 고통은 그것만이 아니어서 김규식 등이 빠리에서 일본인들의 협박을 받은 사실이 일본 쪽 정보문서에도 나타나고 있다.[63]

1919년 3월 13일 빠리에 도착하여 사무실 마련 등의 준비를 하고 활

---

60) 같은 책 62면 참조.

61) *Korea Review*, 1919년 8월호 9~10면(같은 책 63면 참조).

62) 여운홍 「나의 파리시절」, 『삼천리』 1932년 1월호, 31~32면(같은 책 64면, 각주 9).

63) 「조선독립운동에 관한 상해정보」에 의하면, "파리의 김규식이 임시정부에 보낸 전보에 의하면 김규식이 일본인의 협박을 받고 '無止馬塞'로 이전했다"고 했다(김정명 편, 앞의 책 39면).

동하기 시작한 김규식이 빠리를 떠난 것은 같은 해 8월 9일이었다. 그러니까 실제 활동기간은 약 4개월이라고 할 수 있는데, 이 짧은 기간에 정말 눈코 뜰 새 없이 활동했지만 별 성과는 없었다. 그때로서는 빠리강화회의에 호소하는 것이 하나의 길이긴 했지만, 사실 전승국들의 '잔치'에 가서 전승국의 하나인 일본에게서 독립을 얻어내려는 한국인들의 '외교'활동이 성과를 얻기란 어려운 일이었다.

그 때문에 상해임정의 교통부장 임명을 사퇴한 연해주 대한국민의회 의장 문창범(文昌範)은 김규식이 빠리에서 활동하고 있는 동안에도 빠리평화회의에 대한 희망을 묻는 일본인 통역관의 질문에 이렇게 대답했다.

> 우리는 당초부터 세계와 일본의 입장과를 감안하여 파리 사절(使節)이라는 것의 결과도 예상했다. 만약 평화회의에서 우리에 대한 지원을 채택해서 일본에 대해 한국독립 허가를 강요해도 일본이 이를 수긍하지 않고 무력을 채택하여 대항하는 경우 열국이 과연 병력으로서 일본을 압복(壓服)할 만큼 한국을 위하여 진력하려는 결심이 있겠는가. 이것은 물을 필요도 없이 자명한 것이다.[64]

그는 제국주의 전승국 열강들이 역시 제국주의 전승국인 일본과 전쟁을 하여 패망시키지 않는 한 일본이 조선을 독립시키지 않을 것이며, 제1차 세계대전 직후 제국주의 열강이 조선의 독립을 위해 일본과 전쟁할 리 만무하다는 것을 너무나 잘 알고 있었던 것이다. 이 점이야 김규식도 모르는 바 아니었겠지만, 당시의 독립운동전선으로서는 빠리강화

---

64) 姜德相 編 『現代史資料』 27 朝鮮 3, 205면, 1919년 6월 30일 「文昌範에 關한 件」.

회의에라도 호소할 수밖에 없었고, 그것이 효과적이지 못함을 안 후에는 눈길을 모스끄바 쪽으로 돌리게 되는 것이다.

그러나 임시정부로서는 빠리강화회의에서 우리 문제를 부각시킨 약간의 성과를 근거로 국제연맹에서 임시정부 자체가 승인을 얻을 수 있으리라 기대하고 있었다. 1919년 12월 12일자 임시의정원 손정도(孫貞道) 의장의 이름으로 된 「국내 유지에게 주는 글」 중에 김규식 등의 활약을 총정리한 "파리의 우리 대표"라는 부분이 있다. 당시 상해임시정부가 빠리강화회의에 파견한 대표들의 활동을 어떻게 평가하고 있었는가, 또 제국주의 국제사회에 대해 어떤 기대를 하고 있었는가를 알 수 있을 것 같아 그 전문을 들어본다.

우리 특파전권대표 김규식씨는 파리에 도착하여 전년 해아밀사 이준 씨와 동반한 미국인 헐버트(訖法) 씨와 의사 안중근씨의 최후 유탁(遺託)을 받은 프랑스인 홍신부(洪神父)와 강화회의에서 적극적인 활동을 했다. 그후 상해의 우리 쪽에서 조소앙, 여운홍 양씨를 파견하여 우리 대표를 돕게 했는데, 그곳 각국의 정치가·법률가·언론계의 여러 명사들이 우리 대표를 내방하여 우리 대한의 사정을 청취한 후 우리를 원조하는 것이 자신들의 천직이며 영예라 하고 5월 11일에는 만국으로부터 우리 대표 김규식씨를 한국전권대사로 승인하고 발언권을 주었다. 우리 대사는 임시정부와 한국독립승인청원서를 제출했는데 다른 약소국의 청원은 받지 않았지만 특히 우리가 제출한 청원서는 정식으로 수리되었다. 이렇게 보면 우리의 요구는 이번 평화조약의 결과 성립되는 10월의 미국수도 워싱턴 국제연맹회에서 결정 승인될 것이라 확신한다.[65]

---

65) 김정명 편, 앞의 책 83면.

빠리강화회의에서는 일본의 끈질긴 방해로 한국문제가 상정되지 못하였고, 이 때문에 임시정부 쪽은 국제연맹의 승인을 기대하고 있었음을 볼 수 있다. 그러나 이후의 일이지만, 국제연맹은 미국 수도 워싱턴에서 열리지 않았을 뿐만 아니라 미국 등 강대국이 연맹에 참가하지 않음으로써 대단히 취약한 기구가 되어버렸다. 따라서 이같은 임시정부쪽의 미국 및 국제연맹에 대한 기대는 전혀 이루어질 수 없었다. 어떻든 빠리강화회의 자체가 6월 28일에 일단락되었으므로 김규식은 뒷일을 이관용·황기환에게 맡기고 여운홍·김탕 등과 함께 대서양을 건너 미국으로 향했다.[66]

2. 구미위원부 위원장을 맡다

1) 빠리에서 미국으로

미국으로 간 김규식은 유럽에서 한국문제를 어떻게 보느냐에 대한 글을 썼는데, 특히 제1차 세계대전 후 중국대륙과 태평양지역에서 패전국 독일의 식민지를 차지하게 되는 일본의 팽창주의를 미리 경고하고 있는 점이 눈에 뜨인다. 구미열강들은 일본의 한국침략에 무관심했다가 그 연장선으로 중국침략을 당하게 되는데 김규식은 그 예방책으로 한국독립의 중요성을 내세우고 있는 점을 볼 수 있다.

이 글에서 그는 한국대표단이 3월 빠리에 도착했을 때는 프랑스나 전

---

66) 한국공보국 일을 계속 맡은 황기환은 1920년 5월부터 『자유조선』(*La Corée Libre*)을 발간하면서 1921년 9월까지 유지했다(이정식, 앞의 책 64면, 각주 11 참조).

유럽의 신문들이 극동의 문제에 전혀 관심을 갖지 않았으나, 한국에서 3·1운동이 일어난 후에는 프랑스·이딸리아·영국 그리고 유럽 군소 국가들의 신문에서 일본의 속마음과 동양대륙이나 태평양에서의 팽창에 유의하고 있다고 했다. 또 그는 중국 각지에 뻗친 일본의 경제적 마수를 일일이 지적하고 일본이 중국을 삼키려 한다고 경고한 후, 한국이 독립함으로써만 이러한 사태를 방지할 수 있다고 역설하였는데, 그 점이[67] 중요하다고 하겠다.

김규식이 대한민국 집정관총재의 직책을 가진 이승만의 요청으로 빠리를 떠나 미국에 도착한 것은 1919년 8월 22일이었다. 이보다 앞서 8월 13일 이승만은 김규식과 송헌주(宋憲澍)·이대위(李大爲) 등으로 '재무위원부'를 구성했으며, 같은 달 25일자로 임시정부행정령 제2호로 한국위원회를 설치하였다. 이것을 뒤에 구미주차한국위원부(Korean Commission to American and Europe), 약칭하여 구미위원부라 부르게 된다. 행정령에서는 "위원회의 의무는 아메리카와 유럽에서 대한민국 임시정부의 사무를 대표하되 임시정부의 지휘를 따름이 마땅함"이라고 했다.[68]

김규식이 빠리에 설치했던 한국공보국도 상해임시정부가 성립된 후에는 임시정부 산하기관이 되었고, 구미위원부가 설치된 후에는 그 산하에 들 수밖에 없었던 셈인데, 김규식이 이승만의 부름으로 빠리를 떠나 미국으로 간 것도 임시정부 집정관 총재의 지시에 따른 것이라 볼 수 있다. 김규식이 미국으로 오자 이승만은 미국과 유럽에서 대한민국임시정부의 사무를 대표하는 구미위원부를 설립했으며, 위원 3명 중에서

---

67) *Korea Review*, 1919년 10월호(이정식, 같은 책 65면에서 재인용).
68) 고정휴『대한민국임시정부 구미위원부』, 고려대 박사학위논문 1991, 103~104면.

위원장이 나오게 되었기에 초대위원장에는 김규식이 임명되었다. 이 과정에 대해 '자필이력서'에는 이렇게 썼다.

(1919) 8월 6일 파리를 떠나 워싱턴 D. C.로 갔음. 워싱턴에서는 이승만 박사가 Jaisohn 박사와 고 Hulbert 박사 그리고 법률고문인 고 Dolph의 도움으로 조선의 입장을 주장하는 운동을 벌이고 있었음. 여기에 당시 상해에서 활동하던 대한민국임시정부의 주석이던 이승만의 권한으로 구미위원부(나중에 미주위원부로 개칭)가 결성되자 동 위원회의 초대위원장이 됨.

그러나 미주지역 한인사회에는 1910년에 이미 유일한 자치단체로서 대한인국민회가 만들어져 사실상 정부나 다름없이 여겨지고 있었다. 그리고 국민회 중앙총회는 상해임시정부 재무총장으로부터 애국금모집권을 위임받아 있었다. 그런데 이승만이 구미위원부를 설치하고 공채모집을 앞세워 국민회 중앙총회의 애국금모금운동을 전면 중단할 것을 촉구하는 한편 이미 거둔 애국금을 구미위원부로 넘겨줄 것을 요구했다.

이에 국민회 중앙총회는 "우리의 임시정부는 원동(遠東=상해)에 있은즉 워싱턴외교부(구미위원부)는 그 정부의 일부분이요 정부의 전체는 아니며, 다만 외교적 책임 이외에는 다른 권리가 없다. 지금 애국금 수합에 관하여는 원동정부의 명령으로 조처할 것이요 국민회의 자의나 제3자의 요구로 그 돈을 처리할 수 없는 것이다"[69]라며 반발했다.

이같이 미주동포들에 대한 모금문제를 두고 국민회 중앙총회와 이승만 사이에 갈등이 빚어졌을 때 구미위원부 위원장이 된 김규식의 처지

---

69) 같은 논문 120~21면 참조.

는 대단히 어려웠던 것 같다. 그는 국민회 중앙총회의 본거지인 미국 서부지역을 순회하면서 일종의 중재역할을 한 셈인데, 다음과 같은 당시의 『신한민보』 기사에서 그 사정을 엿볼 수 있다.

김규식 각하의 동행—김규식 학부총장은 샌프란시스코에 와서 한인동포들을 심방하고 그 동시에 여러가지 정무상 협의를 마치고 워싱톤에 있는 관직상 사무와 또한 동방 여러 곳에 청요를 받은 까닭으로 10월 30일 7시에 샌프란시스코에서 발령하여 동방으로 향하는 길에 맥스웰, 새크라멘트, 따뉴바, 로스앤젤레스, 몇몇 지방을 경유하여 동포를 심방하겠고, 각하는 시간이 촉박함을 인하여 지부 각지 동포를 일일이 심방치 못하니 심히 유감이라 하더라.

각하의 도정기 예보—10월 30일 맥스웰, 10월 31일 새크라멘트, 11월 1일 따뉴바, 11월 2일 로스앤젤레스, 11월 3일 동부 발정

각하와 국민회 교섭 결과—각하는 공덕이 풍부한 인물이라 여러 사소한 곡절을 다 불구하고 다만 단합하여 우리의 국가 대사를 진행하는 데만 힘을 다하자고 주장하고 이번 국민회와 교섭하는 때에 이것을 극력 향도하여 여러가지 조화책을 성취하였으니 그들 중요한 결과는 ①워싱턴 위원부와 국민회에서 협력할 일, ②국채금과 애국금을 병행할 일.[70]

미주지역 동포사회에 대한 독립운동기금모집권을 둘러싼 국민회 중앙총회와 구미위원부 사이의 갈등을 해결하기 위해 김규식이 미국 서부지역을 순회한 결과 얻은 해결책은, 구미위원부와 국민회가 협력할 것, 종래 국민회 중앙회가 거두던 애국금은 그대로 거두고 구미위원부도 국채금을 거두는 타협안을 마련한 것이었다. 국민회 중앙총회와 이

---

70) 『신한민보』 제623호, 1919년 10월 30일.

승만 사이에서 구미위원회 위원장으로서 어려운 처지가 드러나 보이는 것 같지만, 애국금과 국채금모금권을 둘러싼 경쟁은 결국 1920년 4월경 임시대통령 이승만의 의도대로 구미위원부의 승리로 끝났다.[71] 구미위원부가 성립된 1919년 9월부터 김규식이 미국을 떠날 무렵인 1920년 9월 말까지 구미위원부가 거둔 국채금은 약 7만 6000달러나 되었으니,[72] 그의 노력이 매우 컸음을 알 수 있다.

그럼에도 불구하고 1920년 9월경에는 구미위원부의 외교선전활동이 완연히 침체국면에 접어들게 되었고, 이 때문에 이승만과 김규식은 워싱턴을 떠나 상해로 가게 된다. 그후 이승만은 다시 미국으로 돌아와 구미위원부의 명맥을 이어나갔지만 김규식은 중국에 남아 소련의 지원에 기대를 거는 한편 한·중연합전선의 구축에 많은 노력을 기울이게 되었다. 뒤에서 다시 말하겠지만, 이같은 김규식의 방향전환은 구미위원부에서 활동하는 동안 미국을 상대로 한 '외교적' 노력에 스스로 적지 않은 회의와 한계를 느꼈기 때문이라고 할 수 있을 것이다.

김규식이 구미위원부 위원장으로 있을 때 썼다고 생각되는 「극동 정세(Far Eastern Situation)」란 글이 이정식 교수에 의해 발견되었다. 이 글에서 김규식은 극동에서 일본의 팽창을 막아야 한다고 역설하면서 일본의 팽창이 그대로 허용된다면 영국과 미국이 극동에서 제거될 뿐만 아니라 앞으로 15년 후 일본은 중국, 시베리아 및 한국의 인적 자원을 이용하여 영·미 각국에 무력으로 대항할 수도 있을 것이라고 했다.

그리고 유럽의 강대국들은 편의주의에 치우쳐 일본이 한국 같은 약소국가를 회생시키는 데 별로 관심을 두지 않으나 앞으로의 영·미 각국

---

71) 고정휴, 앞의 논문 140면 참조.
72) 같은 논문 129면, 표 2 참조.

자체의 이익을 위해서도 이는 극히 위험한 일이라고 경고했다.[73] 10여 년 후에 전개될 동북아시아 정세를 정확하게 미리 내다본 것이다.

한편 김규식은 빠리에서부터 두통이 자주 있고 그럴 때마다 앞이 안 보이는 증상이 있었으나 격무 때문에 그냥 견디다가 워싱턴에서 두개 골의 전면 좌측을 파헤치는 대수술을 받았다. 수술은 잘 되었으나 후유 증이 심해서 부인 김순애의 증언에 의하면 그후 약 20년 동안 간질병을 앓게 되었다고 한다. 그리고 절단한 두개골 부분에 혹이 생겨 오랫동안 고통을 받았고, 우사(尤士) 즉 혹이 있는 선비라는 별명이 생겼는데, 김 규식은 그것을 받아들여 이후부터 우사라는 호를 쓰게 되었다.[74] '자필 이력서'에는 당시의 사정을 이렇게 썼다.

1920년에는 오랜 신경통으로 고생하던 끝에 뇌종양 의심을 받아 월터리드 병원에서 뇌수술을 받았음. 퇴원 3주 후 의사의 권고를 무시하고 육로로 미국 서해안을 따라 여행하면서 각지에 흩어진 한인교민들을 찾아다니며 '독립공 채'(이승만 주석의 권한으로 발행)를 판매했으며, 3주일 만에 약 5만 2천 달 러를 모금하여 당시 임시정부 재무부장이던 이시영(李始榮=현 부통령)에게 송금했음.

그가 구미위원부를 맡았던 약 1년간 총모금액은 약 7만 6000달러였 는데, 김규식이 뇌수술을 받은 지 3주일 후에 모금활동에 나서서 불과 3 주일 만에 거둔 돈이 전체 모금액의 약 70%나 되었던 것이다. 이는 미 주 동포사회에서 그의 신망이 얼마나 높았는가를 말해준다.

---

73) 이정식, 앞의 책 67~68면.
74) 같은 책 70면 참조.

2) 상해임시정부로 돌아오다

우사 김규식은 1920년 10월 3일 미국을 떠나 1921년 1월 18일 상해로 돌아왔다.[75] 여정이 이렇듯 길어진 데 대해 '자필이력서'에는 "도중에 하와이에서 필리핀 경유 선편이 가능한지를 기다리면서 한 달 가량 머물렀음. 마침내 오스트레일리아를 경유하여 상해로 돌아가게 되었으며, 오스트레일리아에서는 당시 수상이던 William Hughes와의 즐거운 만남이 있었음"이라고 했다.

김규식은 당시 상해임시정부 학무총장이었지만 실제로 임시정부요원으로서 참가하기는 이때가 처음이다. 그가 빠리강화회의에 참석하기 위해 상해를 떠났을 때는 아직 임시정부가 성립되기 전이었기 때문이다. 떠난 지 2년 만에 김규식이 상해에 돌아왔을 때 임시정부는 대단히 복잡한 상황 아래 있었다.

이때 임시정부는 이승만의 한반도 위임통치론이 크게 말썽이 된 후, 임정 내부 각 지방세력 간의 대립, 임정 내 차장급을 중심으로 하는 젊은 세력의 이승만 퇴진론과 정부개혁론, 국무총리 이동휘의 사임[76] 등으로 상당한 내분이 일어나고 있었다. 이동휘의 사임은 "그동안 안창호와 함께 임정의 한 축을 이루었던 한인사회당계의 사회주의세력과 노령·북간도를 중심으로 이동휘를 지지하던 세력이 임정을 떠난 것을 의

---

75) 『독립신문』 1921년 1월 21일자, 「金奎植氏來滬」. 김정명 편, 앞의 책 130면에는 1월 20일 상해에 도착한 것으로 되어 있다.

76) 1921년 1월 24일 국무총리 이동휘는 "나는 刷新議案을 政務會議에 제출했으나 한마디 심의도 없이 揉滅되었으므로 나의 실력으로서는 이 難關을 헤어나기 어렵다"고 하고 사직에 대한 '선포문'을 발표했다.

미했다. 이후에는 안창호를 중심으로 한 서북파와 이승만을 중심으로 하는 기호파가 임정 구성의 중추를 이루었다."[77]

김규식에 대한 환영회는 1월 27일 인성(仁成)학교에서 임시대통령 이승만 환영회와 거의 같은 순서로 베풀어졌다.[78] 애국가 합창으로 시작된 환영식은 동부인한 김규식에 대한 여학생들의 꽃다발 진정, 남녀 학생들의 환영가, 여운형과 신규식 법무총장, 안창호 노동총판의 환영사가 있었고, 이어 김규식의 연설이 있었다. 이때 그의 연설문 중에서 복잡한 임시정부 내부사정과 관련하여 반성해야 한다고 역설한 부분을 옮겨보면 다음과 같다.

얼마 전 프랑스 측에서 영국과의 국제상 관계로 인하여 45시간 내로 애란(愛蘭)대표단을 추출하였지만 일본이 세계에 너무 비인도적 종족인 까닭에 자연 우리는 계속하여 동정을 받았나이다. 금번 귀로에 오스트레일리아 수상을 심방한 중 얻은 바 많은 동정은 어떻다고 다 말할 수 없었나이다. 배일(排日)은 없는 데가 없게 되었소. 영일동맹도 내 7월이면 운명(殞命)이 될 듯한데 영일동맹을 장(葬)키 전에는 미일전쟁은 불능할 것 같소. 지금 일본은 영일동맹의 지편(紙片)으로 침략주의의 집조(執照)를 삼는 중이외다. … 내가 파리에 유할 때 하와이 태평양시사보에서와 미주국민회로부터 내 마음을 아프게 하는 분당(分黨)의 전보가 있었으며 또 미국에 건너가서 구미위원부에서 집무할 때도 이 상해로서 불미한 전보를 받은 것이 있었소이다. 그러나 과거는 거론할 것도 없고 또 오늘 이 사견을 가지고 숙시숙비(孰是孰非)를 설론할 날이 아니니, 하나는 둘과 합하고 둘은 셋과 합하여 우리의 이루고자 하는 목적

77) 윤대원 『대한민국임시정부의 조직·운영과 독립운동방략의 분화』, 서울대 박사학위 논문 1999, 130면.
78) 김정명 편, 앞의 책 137면.

을 속히 이루고 각각 쓴 굴레의 책임을 다하기를 동력(同力)합시다.[79]

이승만과 안창호가 주도하던 임정에서 이동휘의 후임으로 김규식을 국무총리로 앉히려 한 계획도 있었던 것 같다.[80] 그러나 김규식은 노백린 등과 함께 이승만에게 위임통치 문제와 이동휘 국무총리 사임문제 등의 책임을 지고 사임하라고 권고했다. 이승만은 국무회의에서 일단 사의를 표명했다가 다시 국민대회나 국무원이나 의정원에서 탄핵하지 않는 한 사임하지 않겠다고 번복했다. 이에 대해 김규식은 "이미 이대통령에 대한 공격이 표면화했고 또 이대통령 자신이 사임한다고 선언했으니 사임하게 할 수밖에 없다"[81]라며 계속 사임을 촉구했다.

미국에서 구미위원부 위원장으로 있으면서 이승만과 국민회 중앙총회의 중재 역할을 하느라 애썼던 김규식이 의외로 상해임정에 돌아와서는 강경한 반이승만 노선에 서게 된 것을 볼 수 있다. 이 무렵의 김규식에 대해 일종의 인물평을 한 일본 쪽 정보문서가 있어 그를 이해하는 데 도움을 준다.

1921년 5월 10일자로 기록된 당시 임시정부요원들에 대한 일본 쪽의 인물평가에서 김규식의 내용을 보면, "(그는) 온건파라 할 수 있으며, 외교적 방법을 택해서 친러시아·친미국·친중국 쪽이며, 그러면서도 부분적으로 폭동을 주장한다. 그에게 속한 세력은 주로 신한청년당인데 여운홍, 조동우(趙東祐=祜), 민병덕(閔丙德), 서병호, 정대호(鄭大鎬) 등이다"라고 했다.[82]

79) 국사편찬위원회 편 『한국독립운동사』 자료3 임정편 3, 319~20면.
80) 김정명, 앞의 책 131면.
81) 도산기념사업회 편 『安島山全書』 中, 1990, 409면.
82) 김정명 편, 앞의 책 144면.

이보다 앞서 일본 쪽이 상해에 있는 각 조선독립운동단체를 분석한 1920년 11월 24일자 정보문서에 의하면, 신한청년당의 주무자는 임정 학무총장 김규식이며, 부주무는 김철·한송계(韓松溪) 등이고, 주의(主義)는 독립선전, 단원은 약 30명, 1919년에 창설되었고 그 현황은 한때 우세했으나 1920년에는 이렇다할 세력이 없으며, 다수의 당원이 흥사단으로 이전한 것 같고, 기관지『신한청년』을 내고 있다고 했다.[83]

신한청년당은 여운형 등에 의해 만들어졌고, 김규식은 그 단체에 의해 빠리강화회의 대표로 보내졌을 뿐이었는데, 상해로 다시 돌아온 후에는 신한청년당의 대표가 되었음을 볼 수 있다. 그의 부인 김순애도 1921년 무렵에는 상해에서 애국부인회 회장을 맡고 있었다. 그러나 임시대통령 이승만을 둘러싼 상해임정의 복잡한 내분과정에서 반이승만 노선에 섰던 김규식은 1921년 4월 25일 구미위원부 위원장을 사임하고, 같은 달 29일에는 마침내 학무총장 자리도 내놓았다.[84]

이승만이 대통령으로 있는 임시정부 학무총장 자리를 떠난 김규식은 동서 서병호와 중국사람 몇 사람과 함께 상해에서 남화학원(南華學院)을 설립하여 중국에 들어오는 조선청년들에게 영어를 가르쳤다. 당시 『동아일보』에는 이 사정에 대해 다음과 같이 보도하였다.

조선독립운동이 일어난 이래로 중국에 유학하는 조선청년의 수는 해마다 증가하여 남경에 백 인, 상해에 구십 인, 기타 북경·소주·산동·호북·사천·절강·광동 각지에 산재한 수가 거의 사백여 인이 되나 대개 언어불통으로 학업의 진취가 지연되며 따라서 중도에 퇴학을 하게 되는 일도 많으므로 상해에

---

83) 같은 책 419면.
84) 같은 책 272면.

있는 김규식·서병호 양씨와 몇 중국인 유지의 주선으로 상해에 새로이 학교를 경영하게 되었는데, 그 학교는 중학 예과 2개년 고등과 4개년 특별상과 2개년 대학 각과 각 4개년의 대규모의 학교를 만들 터이라는데, 금년 가을부터는 우선 중학과 1, 2학년 고등과 1, 2학년 상과 1년급부터 개학할 터이라는 바, 물론 중국학생을 중심으로 하겠으나 조선학생을 위하여 특히 특별반을 설치하고 지망자가 삼십 인 이상만 되면 곧 개학하리라더라.[85]

또『동아일보』는 이 기사의 속보로 다음과 같은 기사도 냈다.

법학박사 겸 문학사 김규식 씨가 상해에서 영어전문학교를 경영 중이라 함은 본보에 이미 보도하였거니와, 그 학교는 김규식 박사가 교장이 되고 그 아래는 구미에 유학하여 학식이 심부한 중국인 교사를 많이 두고 먼저 중학과와 특별상과를 두게 되었는데 중학과는 예과가 2년이요 정과가 4년인바 특히 상해에 유학하는 조선학생을 위하여 한국학생 특별급을 두고 중국말을 배우면서 예과를 트게 하였고 중학생과를 마치면 특별상과로 입학하여 2년 반에 졸업하게 되었고 차차 보아서 문과, 이과, 상과도 두게 되리라 하며 이름은 남화학원(南華學院)이요 교수하는 말은 중국말을 가르치는 선생 외에는 모두 영어를 쓰게 한다 하니 상해에 가는 조선유학생의 큰 도움이 되겠더라.[86]

이 시기 김규식은 독립운동을 하는 한편, 중국으로 오는 모국청년들을 가르치는 교육기관을 설립하려는 큰 뜻을 가지고 일부 착수했던 것 같다. 서병호의 회고에 의하면, 참여자들이 모두 500원씩 투자하여 학

---

85)『동아일보』1923년 8월 4일; 국사편찬위원회 편, 앞의 책 383면.
86)『동아일보』1923년 8월 21일; 같은 책 384면.

원을 설립했으나 중국으로 오는 조선학생들은 현금을 가져오지 못했고, 학비가 후에 도착할 것이라는 말을 믿고 입학시켰으나 조선에서 학비가 오지 않는 경우가 많아 결국 학원경영은 실패했다고 한다.[87]

빠리강화회의에서 별 성과를 거두지 못하고 미국으로 가서 구미위원부 위원장을 맡았으나 이승만과 국민회 중앙총회와의 대립 때문에 고심하다가, 상해임시정부로 돌아와서는 이승만의 대통령 사임을 요구하는 쪽에서 활동하다 결국 자신이 임시정부 각료 자리를 떠나고 만 김규식은 다른 55명의 조선대표와 함께 1922년 1월 21일부터 모스끄바에서 열린 극동민족대회에 참가하게 된다.

---

87) 이정식, 앞의 책 74면 참조. 한편 1921년 6월 18일자 일본 쪽 정보기록에 의하면 이승만 일파와 격론을 벌인 김규식이 북경으로 갔다는 설이 있다 했고(김정명 편, 앞의 책 454면), 같은 해 6월 17일 안창호가 북경으로 간 것은 북경에 있는 박용만과 김규식이 초청했기 때문이라고 했다(같은 책 455면).

모스끄바 극동민족대회에 참가

1. 극동민족대회에서의 활동

1) 고비사막을 넘어

우사 김규식을 포함한 조선대표가 56명이나 참가한 모스끄바의 극동민족대회[88]는 1922년 1월 21일부터 2월 2일까지 코민테른 집행위원회가 주최한 동아시아 각국 공산당 및 민족혁명단체 대표자들의 연석회의였다. 이 회의가 처음 소집된 시기는 1921년 8월로서 미국에서 워싱턴회의가 열리기로 예정된 시점이었다. 코민테른 집행위원회는 '다가오는 워싱턴회의에 관한 테제'를 채택했으며, 워싱턴회의에 대항하여

---

88) 이 대회의 명칭은 임경석『고려공산당연구』, 성균관대 박사학위논문 1993, 364~65면에서 밝힌 것과 같이 '극동근로자대회' '제1회 극동공산주의 및 혁명단체대회' '극동근로자대회' '제1차 원동민족대회' '원동약소민족대회' '제1차 극동 피압박인민대회' '극동인민대회' '극동민족대회' 등으로 불리었다. 이 글에서는 임경석의 호칭을 따라 '극동민족대회'로 부르기로 한다.

그해 11월 11일 이르꾸쯔끄에서 극동민족대회를 열기로 결정했다. 대회소집을 주관한 기관은 코민테른 극동비서부였다.[89]

제1차 세계대전 후 대중국 21개조 요구, 중국 산동지역의 독일이권 획득, 독일식민지 남양군도 획득 등으로 극동·태평양지역에서 제국주의적 진출에 크게 성공한 일본을 견제하고, 이 지역에서 자국의 우위를 차지하기 위해 미국이 주도한 워싱턴회의에 상당히 희망을 거는 한국 독립운동세력도 있었다. 그러나 당시로서 일급 미국통이라 할 수 있을 김규식은 워싱턴회의보다 모스끄바회의에 더 기대하고 참가하게 되는데, 빠리강화회의와 구미위원부 활동에서 받은 실망 때문에 그러했으리라는 추측 외에 그가 어떤 마음에서 어떤 경위로, 또 누구의 권유와 알선으로 이 대회에 참가하게 되었는지는 지금 상세한 내용을 알 길이 없다.

김규식은 여운형·나용균(羅容均) 등과 함께 이 대회 참가를 위해 상해를 떠나게 되는데, 이를 기록한 여운형의 여행기[90]와 나용균의 회고문이 남아 있고, '자필이력서'에 이 회의 참가경위를 쓴 부분도 있다.

1921년 1월 말에 상해에 도착. 같은 해 늦은 겨울에는 1922년 1월 초 이르쿠츠크에서 소집될 예정이던 이른바 '극동혁명회의'에 참석하기 위해 당시 상해를 떠남. 장가구와 우르가를 경유한 이 여행에는 고 여운형과 나용균(현 국회의원)이 동행했음. 그러던 중 '워싱턴 9개국 태평양회의'가 연기됨에 따라 '극동회의'도 연기되어 장소가 모스크바로 변경되었음. 조선·상해와 북경 등 중국본토·만주·시베리아·일본 등에서 온 60여 명으로 구성된 조선대표단

---

89) 임경석 「극동민족대회와 조선대표단」, 『역사와현실』 32, 1999, 36면.
90) 『몽양여운형전집』 1권, 「나의 回想記」 「蒙古沙漠橫斷記」 「赤色區人都市 庫倫」 「모스크바像」 등 참조.

의 수석대표로 선출되었으며… 손문과 광동군사정부 대표단은 약 35명, 일본 대표단은 12~13명이었음. … 또한 동 회의 간부회의 회원이 되었음.

이 대회에 참가하는 조선사람들은 대개 상해와 서간도 그리고 국내에서 출발했다. 처음 그들이 대회 개최지로 알았던 이르꾸쯔끄로 가는 경로는 두 가지가 있었다. 하나는 만주를 통과하는 것으로 천진·심양(瀋陽)·장춘(長春)·하얼빈(哈爾賓)·치치하얼(齊齊哈爾)을 거쳐 만주리(滿洲里)까지 철도를 이용하는 노선이었고, 또 하나는 몽골을 횡단하는 노선으로 여기에는 철도가 없어 자동차를 이용할 수밖에 없는데, 대개 북경에서 장가구로 가서 고비사막을 횡단하여 몽골 수도 고륜을 거쳐 몽골과 러시아의 국경도시 까흐따로 가는 것이었다.

만주 코스는 철도를 이용할 수 있어 편리하지만, 일본세력권인 남만주철도와 러시아 백위파 호르바뜨의 세력권인 중동선철도를 통과해야 하는데, 열차 안에는 사복 밀정들이 득실거렸으며 특히 산해관 이북의 만주땅에 들어서면 일본경찰력이 '범죄용의자'를 마음대로 체포할 수 있어서 대단히 위험했다.

여운형의 여행기에 의하면, 김규식 등 그의 일행도 처음에는 만주 코스로 가려고 중국인으로 변장하고 천진에서 심양으로 가는 열차를 탔으나 중국인으로 변장한 조선인 밀정이 그들을 감시하면서 수작을 거는 바람에 산해관을 넘으면 바로 체포될 것이라 예상되어 탕산이란 역에서 내리고 말았다. 사흘 후 다시 천진에서 심양 가는 일등차실에 탔는데, 이번에는 전번의 수상한 사나이가 말쑥한 중국 신사 차림으로 일등실에 나타나는 바람에 또 기차에서 내리고 말았다.

두 번 실패한 일행은 부득이 장가구에서 고비사막을 넘어가는 길을 택하지 않을 수 없었다. 일행은 우선 장가구로 가서 몽골을 드나드는 미국인 모피상 콜로맨(Coloman)의 자동차를 세내어 11월 하순경 길을 떠나게 되었다. 이 코스는 밀정에게 잡힐 염려는 없었으나 교통이 불편했고 주변의 정치정세도 대단히 불안했다.

볼셰비키의 붉은 세력 앞에 쫓겨나온 러시아 제정파의 거두 '웅젠' 남작의 2만여 반혁명군이 외몽골 일대를 전야로 하여 완강한 반항전을 1개월 이상이나 계속하다가 마침내 전멸된 바로 직후였으며, 또 외몽골 자체로서도 재래의 중국에 대한 낡은 예속관계를 파기하여 독립자주를 선언하고 외몽골의 수도 고륜에 있던 중국 지배관료를 모조리 내쫓은 뒤였으므로 중국 변경과 외몽골 일대는 마치 무정부상태에 빠진 것 같아 혼란과 무질서가 지배하고 있었으며, 마적단의 출몰은 여객의 안전한 통행을 위협하여 약 3개월 동안이나 중국 외몽골 간의 교통은 두절상태에 있었던 것이다. 그리하여 우리 일행의 출발은 이 위험지대 돌파의 첫시험이나 다름없는 것이었다.[91]

이렇게 위험한 길을 여행하면서 또 밤에는 사막에서 야영해야 했기 때문에 그들의 여행장비는 털내의, 가죽옷, 낙타털로 안을 받친 장화, 긴 털이 그대로 붙어 있는 늙은 양가죽으로 만든 방한모와 털가죽으로 만든 긴 외투, 털가죽으로 가장자리를 싼 셀룰로이드 안경, 늙은 양의 털가죽으로 만든 자루이불(寢囊)과 마적이나 맹수의 공격에 대비한 호신용 피스톨, 기병용(騎兵用) 소총, 그리고 예리한 비수 등이었다.

김규식 일행이 장가구를 떠난 11월 하순에는 벌써 온도가 영하 10도나 되었다. 첫날밤은 사막 가운데 조그마한 마을에 있는 덴마크 출신 선교사 집에서 잘 수 있었으나, 둘째날 밤은 사구(砂丘)의 비탈에 작은 우

91) 같은 책 46면.

물을 발견하고 그 옆에서 "피스톨을 베고 소총은 옆에다 끼고 가죽옷 입고 장화 신고 방한모 안경 그대로 자루 속으로 쑥 들어가" 노숙을 하였는데, 한란계를 들여다보니 영하 20도를 훨씬 내린 기온이었다고 한다.[92]

장가구를 떠난 지 닷새째 날의 석양 무렵, 일행은 몽골혁명정부에 의해 '울란 바톨 호트' 즉 '적색거인(赤色巨人)의 도시'로 이름이 바뀐 고륜(庫倫)에 도착했다. 이때 김규식은 일찍이 그의 사촌누이와 결혼해서 이곳에서 개업해 있다가 제정러시아파 '웅겐' 남작군에게 학살당한 조선인 의사 이태준의 무덤을 찾았다. 여운형의 여행기에서는 당시 정황을 이렇게 쓰고 있다.

이땅[몽골]에 있는 오직 하나의 이 조선사람의 무덤은 이땅의 민중을 위하여 젊은 일생을 바친 한 조선청년의 거룩한 헌신과 희생의 기념비였다. 그는 이태준이라는 청년의사로 몽골에서 보낸 5~6년간의 생활을 오로지 저열한 문화수준과 불완전한 위생시설의 탓으로 민중 사이에 만연되는 가지가지의 질병의 박멸에 바치고 마침내 이 이역의 흙에 그 짧은 일생의 최후를 마친 청년이었다. 웅겐 남작의 패잔군이 고륜을 노략할 때 고륜의 주민뿐만 아니라 이태준 병원을 탈략하고 이군을 학살한 것이었다. 부근 부락의 주민들까지도 이 유명한 '까우리(高麗) 의사를 모르는 사람이 없다고 동무들은 나에게 설명해주었다.[93]

김규식 일행은 몽골과 러시아 국경을 넘어 바이깔호를 구경하고, 마

---

92) 『몽양여운형전집』 1권 50면.
93) 같은 책 61면.

침내 당시까지 대회 개최지로 알고 있던 이르꾸쯔끄에 도착했다. 여운형의 여행기에서는 "이곳에서 비로소 다 함께 모이게 된 30여 명의 조선동무들 사이에는 밤이 깊은 것도 모르게 이야기의 꽃이 피었다"고 했다. 이때 극동민족대회에 참석하기 위해 이르꾸쯔끄에 모인 조선사람은 임경석의 최근 연구에 의하면 모두 56명이었다. 임경석은 이때 이르꾸쯔끄에 모인 조선인 대표들에 대해서 이렇게 분석했다.

대표자 가운데 고려공산당의 위임장을 지참한 사람은 7명, 공산청년회의 위임장을 지참한 사람은 3명에 불과했다. 다른 사람들은 국내외 각종 반일단체의 파견을 받았다. 하지만 그들 중의 대다수는 동시에 고려공산당이나 러시아공산당 혹은 고려공산청년회의 구성원이기도 했다. 고려공산당의 당원이거나 후보당원인 사람은 30명이었다. 여기서 고려공산당이란 이르쿠츠크파를 지칭하는 것임은 물론이다. 국내에서 파견된 13명의 대표자들이 모두 공산당원이거나 후보당원이라고 자임하고 있는 점이 이채롭다. 또한 김규식이 이 시기에 자신을 이르쿠츠크파 고려공산당의 후보당원이라고 밝힌 점도 주목된다.[94]

이르꾸쯔끄에 도착한 조선대표들은 '조사표'라는 이름의 12항목으로 된 신상명세서를 작성했다. 그것에 의하면 김규식의 출발지는 상해, 파견단체는 신한청년당, 생년월일은 1881년 1월 29일, 직업은 교육가, 교육정도는 고등, 구사할 수 있는 외국어는 영어·프랑스어·독일어·러시아어·중국어·일본어 등 6개 국어로 참석자 중 가장 많고, 공산단체 소속란에는 고려당 후보, 즉 고려공산당 이르꾸쯔끄파의 후보당원으로

---

94) 임경석, 앞의 글 49면.

되어 있다.

여운형은 파견단체가 고려공산당 이르꾸쯔끄파, 공산단체 소속도 역시 고려공산당 이르꾸쯔끄파로 되어 있으며, 나용균은 파견단체가 28구락부, 공산단체 소속은 무당파(無黨派)로 되어 있다. 참고로 조선기독교연맹이 파견한 현순과 고려혁명군이 파견한 홍범도(洪範圖)의 경우도 공산단체 소속란에는 무당파로 되어 있다.

김규식이 1950년에 쓴 '자필이력서'에는 고려공산당 이르꾸쯔끄파 후보당원 자격으로 이 회의에 참가했다고 쓸 수 없었을 것 같아서인지 "조선대표단의 수석대표로 선출되었다"고 쓰고 있다. 이 대회에 참가한 조선대표단은 고려공산당 이르꾸쯔끄파가 절대 우세하여 전체 참가대표 56명 중 30명이 그 당원이거나 후보당원으로 되어 있었다. 김규식은 후보당원으로 되어 있으면서도 임경석이 지적한 것과 같이 조선대표단의 집행위원회 의장이었다.

본회의 개최 직전인 1922년 1월 17일에 각국 대표단 집행부 연석회의가 열렸다. 이 회의는 대회의 원활한 진행을 협의하기 위해 열린 것인데, 이 자리에 참석한 조선인은 김규식과 채동순(蔡東順=채알렉산드르)이었다. 이 두 사람은 조선대표단의 집행부 임원이었음에 틀림없다. 그로부터 3일 후 열린 조선대표단 총회의 회의기록에 의하면 이 두 사람의 직위를 알 수 있다. 김규식은 '조선대표단 집행위원회 의장'이며 채동순은 '조선대표단 집행위원회 서기'였다.[95]

참고로 채동순의 신상명세를 보면, 그는 당시 이르꾸쯔끄에 살고 있

---

95) 같은 글 51면.

었고 파견단체는 고려혁명군이었으며, 러시아어를 구사하는 언론인으로서 혁명가이고 공산단체 소속은 러시아공산당원으로 되어 있다. 이렇게 보면 극동민족대회의 조선대표단 집행위원회는 비록 후보당원이지만 고려공산당의 대표로서 김규식이 의장을 맡고, 러시아공산당 쪽의 조선인 대표 채동순이 서기를 맡았다고 볼 수도 있겠다.

극동민족대회에 참가할 조선인 대표의 선정을 주관한 곳은 코민테른의 극동비서부 고려부였고, 이 고려부는 이르꾸쯔끄파 공산당의 중앙위원회와 국내외 각 지부를 통해 대표자를 선정했으며, 가장 많은 조선인 대표들이 선정된 곳은 상해였다. 김규식의 경우 아마 당시 고려공산당 이르꾸쯔끄파였던 여운형에 의해 대회 참가가 권유되고, 또 적어도 참가기간 동안은 고려공산당 이르꾸쯔끄파 후보당원이 되었던 것 아닌가 한다.

어떻든 김규식 등은 이르꾸쯔끄에서 홍범도가 재판장인 자유시사변 재판의 배심원이 되기도 했다. 재판을 받는 사람은 상해파 고려공산당 세력과 가까운 대한독립군단의 군사들이었다. 이들은 자유시사변에서 패배하여 이르꾸쯔끄파 고려공산당 세력의 고려혁명군정의회 군사력과 러시아군과의 연합군에게 체포되어 이르꾸쯔끄로 옮겨진 사람들이었다. 이 재판에 역시 배심원으로 참가했던 여운형은 여행기에서 재판 광경과 배심원으로 참가한 심정을 이렇게 회고했다.

우리 앞에서 재판을 받은 수십 명은 반항하거나 또는 탈주를 계획한 상해파 군단의 사람들이었다. 먼 지방에의 유형(流刑), 몇 해 동안의 징역 또는 단순한 징계처분 등 각종의 처벌이 오랫동안 감옥에 매여 있는 그들에게 각각 정해진 운명이었다. 이 재판은 말할 수 없이 안타까운 애석의 정과 암담한 우울로 나의 마음을 몹시 누른 사건이었다.[96]

2) 모스끄바회의에 참가

극동민족대회에 참가하기 위해 이르꾸쯔끄에 도착한 김규식 등 조선 대표들은 코민테른 극동비서부의 안내에 따라 본회의 준비에 착수했다. 그러나 12월 하순 이르꾸쯔끄에서의 대회개최를 취소하고 모스끄바에서 대회를 열겠으니 모두 그곳으로 오라는 연락이 왔다. 대회개최지가 모스끄바로 바뀌게 된 이유와 모스끄바에서 개최되는 감상에 대해 여운형은 다음과 같이 말하고 있다.

> 십이월 하순 한창 바쁘게 대회준비에 분주하고 있는 우리에게 뜻밖의 명령이 내렸다. 그것은 이곳 이르쿠츠크에서 열릴 예정이었던 극동피압박민족 대표대회를 모스크바에서 열겠으니 모스크바로 오라는 것이었다. 원래 11월의 워싱턴대회에 대항하여 열리려고 계획되었던 것이 기왕 시일이 늦어지고 했으니 모스크바까지 이 극동의 대표자들을 초청하여 건설기에 들어선 새 러시아의 발랄한 공기를 충분히 호흡케 하려는 기쁜 소식이었다. 모스크바! 레닌이 살고 있는 곳 신흥러시아의 ○○○(혁명가? - 인용자) 지도자들을 눈앞에 볼 수 있는 모스크바! 우리는 뛰는 가슴을 누르면서 행리를 다시금 수습했다.[97]

일행은 10여 일이 걸리는 기차여행 중 매일 밤마다 이르꾸쯔끄에서 구성한 분과위원회별로 회의준비를 하면서 모스끄바로 향했다. 일행이

---

96) 『몽양여운형전집』 1권 69면.
97) 같은 책 70면.

모스끄바에 도착한 것은 1922년 1월 7일이었다. 도착하자 곧 각 민족별 대표단 집행부 연석회의가 소집되어 대회 진행방법에 대한 협의가 있었는데, 김규식은 조선대표단장으로 참석하여 준비상황을 점검하고 공식 언어를 지정하고 통역 등 기술적인 문제를 협의했다. 그리고 '대표자 자격심사위원회'가 구성되었는데 조선대표단에서는 여운형과 최고려가 파견되었다.

극동민족대회는 1922년 1월 21일 모스끄바의 끄렘린 궁전에서 열렸다. 각국 대표단장은 차례로 연단에 올라 개회 연설을 했는데, 조선대표단장 김규식의 개회연설에 대해 임경석의 논문은 이렇게 말하고 있다.

조선의 참석자들을 대표하여 등단한 사람은 40세를 갓 넘긴, 작은 체구에 안경을 쓴 우사 김규식이었다. 김규식은 미국과 러시아를 날카롭게 대비시켰다. 과거에 워싱턴은 민주주의와 번영의 중심지였는데, 모스크바는 짜르의 전제와 제국주의적 팽창의 표상으로 간주되어왔다는 것이다. 그러나 이제 상황은 역전되었다고 그는 힘주어 강조했다. 모스크바는 '세계 프롤레타리아트 혁명운동의 중심지'로서 극동 피압박민족의 대표자를 환영하고 있는데, 워싱턴은 '세계의 자본주의적 착취와 제국주의적 팽창의 중심'으로서 존재하게 되었다는 것이다. 그는 조선대표단이 모스크바에 온 이유를 이렇게 천명했다. 하나의 불씨, 세계 제국주의·자본주의체제를 재로 만들어버릴 불씨를 얻고자 기대한다고. 김규식의 이 연설은 회의장에 모인 140여 명의 대표자들과 수많은 방청객들의 박수갈채를 받았다.[98]

우사 김규식은 모스끄바에 있을 때 「아시아 혁명운동과 제국주의

---

98) 임경석, 앞의 글 32면.

(The Asiatic Revolutionary Movement and Imperialism)」[99]라는 글을 영어로 써서 『공산평론(*Communist Review*)』 1922년 7월호에 발표했다. 그는 이 글 도입부분에서 "우리는 종종 극동의 혁명과업과 연관하여 '연합전선'과 '협동'의 필요성에 관해 언급해왔다. 최근에 우리는 어느 때보다도 더 이것을 깨닫게 되었다. 왜냐하면 우리가 서유럽과 미국의 자본주의적 힘이 동아시아 전체를 연대 착취하기 위하여 어떻게 결합했는가를 보았기 때문이다"라고 하여, 이 시기 김규식이 구미자본주의를 어떻게 인식하고 있었는가를 짐작하게 한다. 그리고 그는 동아시아 피압박민족의 '연합전선'을 주장하는 이유에 대하여 "결합된 제국주의자들의 침략과 지속적으로 심화되고 있는 자본주의자들의 압박과 착취에 대항하는 동아시아 인민들 측에서 '단결'의 필요성"을 강조했다.

김규식은 동아시아에서 일본의 침략욕이 시베리아 출병으로 나타난 사실을 지적하면서, "빨치산부대에 복무하고 있는 수백 명 한국인의 투쟁은 차치하고라도, 비록 한국과 중국 인민들이 그들의 노예상태와 피압박이 일본군대가 시베리아로부터 철수하지 않는 한 지속될 것이라는 것을 알고 있음에도 불구하고 한·중 민간인들 간의 어떠한 협력도 존재하지 않고 있다"고 했다. 동아시아에서 일본의 침략이 한반도에서 중국대륙으로 확대될 것을 내다보면서 한·중 양국 인민의 '연합전선' 형성을 주장했던 것이다.

그는 또 "중국과 러시아에게 한반도의 위치는 마치 유럽에서 프랑스와 영국의 '안전지대'와 같다는 것을 아는 사람이 별로 없다" 하고, 한반도가 일본에 침략당했다는 사실은 중국이나 러시아에 순망치한(脣亡齒

---

99) Dae‐Sook Sue, *Documents of Korean Communism 1918~1948*, Princeton University Press 1970, 91~105면.

488

寒)의 위험이라고 강조했다. 그리고 일본제국주의에 대한 동아시아 전체 인민의 연대투쟁을 염두에 두면서 "일본의 비혁명적 프롤레타리아가 중국과 한국의 노동계급들을 제 나라의 자본주의 압제자들에게 희생되고 있는 동료 노동자로 보는 것이 아니라, 단지 그들 자신이 착취당하고 있는 것과 같은 또 하나의 착취대상으로서만 간주하고 있다"고 말했다.

김규식은 이 글에서 한국이 독자적 힘으로 해방되기 어렵다고 인식하고 한국의 해방은 첫째, "유럽과 미국의 자본주의세력들의 처지에서 볼 때 극동문제는 일본이 무력충돌을 지향한 이후에야 비로소 해결될 수 있다"고 했고, 둘째, "세계 프롤레타리아의 처지에서 볼 때 그러한 충돌이 일어날 때 극동에서 일본제국주의적 자본주의의 타도를 성취하기 위해 상황을 잘 이용해서 서양의 동양에 대한 착취를 저지하고 아시아와 그밖에 지역의 노동계급들을 해방시키는 것이 필요할 것이다"고 했다.

한반도의 일차적 해방은 결국 일본과 구미 자본주의세력 사이의 전쟁을 통해 일본제국주의가 패망할 때 가능하지만, 노동자계급을 위한 한반도의 해방은 일본제국주의의 패망뿐만 아니라 구미자본주의의 아시아침략까지 저지할 수 있어야 가능할 것이라고 했다. 그러면서 그는 우선 한반도의 '일차적' 해방을 가져올 수 있다고 본 일본과 미국의 전쟁 가능성에 대해 분석했다.

그는 우선 산동반도 문제, 만주와 몽골을 포함한 중국의 문호개방정책 유지문제, 미국의 태평양연안주 등에서 일본인 이민정책 문제 등 미국과 일본 사이에 이해가 대립되는 문제들이 있음을 지적하고, "미국이 과거에 중국과 러시아가 그랬듯이 한국을 위해 일본과 전쟁을 할 가능성은 전혀 없다"고 하고, "미국은 일본이 독점을 하지 않도록 조용히 요구함으로써 시베리아 무역에 참여하고 자연자원들을 얻고자 할 것이지만, 결코 오직 이것 때문에 전쟁을 하려고 하지는 않을 것이다"고 내다봤다.

미국이 어떤 상황에서도 한국을 해방시키기 위한 목적만으로 일본과 전쟁하지 않을 것이라고 생각한 것은 물론 1920년대 초엽의 미국이 다른 이유로도 미일전쟁을 일으키지 않을 것이라고 전망한 것이다. 심지어 그는 "미국은 월스트리트의 실력자가 무력분쟁을 시작하는 것이 미국화폐의 최종적 계산에서 이득이 될 것이라 생각하지 않는다면, 어떤 이유로도 세계 어떤 지역에서 어떤 국가와도 전쟁을 할 수 없다"고 했다. 그는 또 워싱턴회의 후에도 "영국이 여전히 일본 편에 있기 때문에 일본과의 충돌을 피하기 위해 더 열심히 노력할 것이다"고 봤다.

그가 이러한 판단을 한 것은 일본의 본격적 대륙침략이 시작되는 '만주사변'이 일어나기 10년 전의 일이었다. 그러나 일본은 중일전쟁을 일으킨 후 미국과 영국을 상대로 결국 태평양전쟁을 일으켰다.

한편 한반도가 해방될 수 있는 또 하나의 가능성으로서 일본과 러시아 즉 소련의 전쟁에 대해서는 미국과 일본의 전쟁보다 가능성이 더 큰 것으로 본 것 같다. 그 이유는 김규식이 모스끄바 극동민족대회에 참가하고 있을 당시 일본이 시베리아 출병 중이었기 때문이라고 할 수 있다. 그는 이렇게 전망했다.

일단 일본이 러시아와의 전투에 가담하게 되면 중국과 한국 인민들은 아시아대륙에서 일본침략자들을 몰아내는 것을 돕기 위해 모든 힘과 노력을 다할 것이다. 이런 분쟁은 결국 우리가 예상하기 전에, 그리고 미국과 일본의 충돌이 있기 전에 나타나게 될지도 모른다. 그러나 지금 현재 전쟁에 지치고 기아에 빠진 러시아는 자금부족과 경제적 부흥의 필요성 때문에 일본 같은 강대국과의 생사가 걸린 분쟁을 원하지 않는다. 한편 일본도 근래 몇 년간의 전쟁을 통한 러시아 인민들의 풍부한 지략을 보아온 터라 갖은 봉쇄, 국제적 술책과 공격, 자본주의 강대국들의 압력이 있음에도 불구하고 소비에트공화국과의 분쟁에서 일본이 상처를 입지 않고 견딜 수 있다고 확신하지 못한다.

결국 미일전쟁보다 소일전쟁 가능성이 크다고 보면서도 소련 쪽 사정이나 일본 쪽 사정이 모두 이른 시일 내에 전쟁이 일어날 상황은 아니라고 생각하고 있었다. 그러면서도 한편 중일전쟁의 가능성에는 큰 비중을 두고 있었음을 볼 수 있다. 그는 "궁극적 분쟁은 중국과 일본 사이에 있게 될 것이며, 이것은 실질적인 분쟁이 될 것이다"라고 했다. 그러면서도 "중국이 그 인민의 의지에 따라 적절하게 구성된 통합되고 강력한 정부를 가지기 전에 일본에 대해 선전포고를 할 수 없을 것이다"라고 하여 중일전쟁이 중국 쪽의 도전으로 일어날 가능성은 없다고 봤다. 그러나 일본의 도전에 의한 중일전쟁 가능성은 비교적 정확하게 내다봤다고 할 수 있다.

일본은 혁명이 일어나서 그 자신의 제국주의 정부가 붕괴하지 않는다면 중국 또는 외부세계에서 무슨 일이 일어나더라도 결코 중국에 대해 이미 가지고 있는 영향력을 양도하려고 하지 않을 것이며, 머지 않은 장래의 침략계획도 늦추지 않을 것이다. 일본의 붕괴가 조만간 일어날 것 같지 않으며, 따라서 일본은 중국이 무력을 택하지 않을 수 없을 때까지 계속 자극할 것이다. … 어떤 경우이건 조만간 중국은 일본과의 전쟁에 정면으로 맞부딪치게 될 것이다.

1920년대 초기의 극동정세 판단 내지 전망치고는 상당히 정확하게 파악하고, 또 정확하게 내다보았음을 알 수 있다. 김규식은 이런 정세판단 아래 "한국은 외부적 원조나 협력 없이는, 그리고 국제적 상황의 변화 없이는 독립의 성취를 기대할 수 없다"고 하며, "이런 이유 때문에 한국인들은 그 기회가 언제 오더라도, 또 그것이 미국·러시아 또는 중국과 일본의 충돌이건 그렇지 않으면 일본이 그 자신의 노동계급의 혁명적 봉기에 직면하게 되는 때이건 간에 궁극적인 무장투쟁을 준비하고 그 기회를 잡기 위해 노력하는 중이다"라고 했다.

일본제국주의가 다른 나라와 충돌하게 되건, 아니면 그 노동계급의 혁명적 봉기에 직면하게 되건,[100] 한국 민족해방운동전선이 나아갈 길은 무장투쟁임을 분명히 인식하고 있었음을 알 수 있다. 이러한 김규식의 민족해방운동 인식은 이후 그가 전체 민족해방운동 과정을 통해 실제로 어떤 노선에 서는가 하는 문제와 연결된다고 볼 수 있다.

김규식의 글은 마지막 부분에서 한반도 독립의 불가피성을 강조하기 위해 동아시아에서 한반도의 지정학적 중요성을 강조하고 있다. 한반도의 지정학적 위치의 중요성을 거론한 것은 다른 민족해방운동 이론에서는 보기 드물다. 그는 "극동의 상황에서 한국문제가 결정적 핵심이라는 것은 검토해볼 필요조차 없다"고 하고, "한반도는 그 지형적 위치, 역사적 관계와 전략적 이점 때문에 항상 극동정세가 선회하는 주축일 뿐만 아니라 국제적 무력발발의 도화선이 되어왔다"고 했다.

이같이 어려운 환경에 처해 있는 한반도 주민들이기 때문에 "그들은 결코 다른 방법을 가질 수 없으며 오직 혁명적 급진적 투쟁을 택할 수밖에 없었다. 그들이 일본의 압제에 계속 굴복한다면 모두 절멸(絶滅)될 것이며, 반면 그들이 싸운다 해도 더이상 잃을 것이 없다. 그들이 싸우

---

100) 김규식은 같은 논문에서 "일본의 혁명요소는 아직 너무 미미해서 일본이 어떤 외부적인 적과 마주하기 전에는 궁극적인 목적을 달성할 수 없다"고 하여, 내부의 혁명가능성보다 외국과의 충돌에 의한 일본제국주의의 붕괴에 더 무게를 두었다.

지 않는다고 해서 더 나을 것이 없다는 것을 알기 때문에 그들은 저항하지 않을 수 없다"고 했다.

그러면서도 김규식은 일본의 대륙침략을 저지하기 위해 한국인과 중국인·몽골인 그리고 러시아인 사이의 협동이 필요하다고 강조했다. 그는 "중국의 노력은 러시아에 의해 지원되어야만 하고 한국과 일본의 혁명계급에 의해 협력되어야만 했다. 러시아 극동은 러시아인과 시베리아에 의해서만 아니라 한국인·중국인과 몽골인들에 의해서도 일본제국주의자들의 침략과 유럽 자본주의들의 술책에 대항하여 방어되어야만 한다"고 했다.

그리고 한반도 독립을 위한 국제세력의 협력을 말하면서 "한국 독립운동은 한국인들에 의해서만 아니라 러시아 및 중국의 지원과, 심지어 일본노동계급의 협력에 의해서, 또한 전체 극동 정세의 최종적 조정을 향한 첫번째 단계로서 성취되어야 한다"고 주장했다.

한반도 독립이 극동문제를 평화적으로 해결하는 첫번째 과제이며, 그 때문에 한반도 독립을 위해 극동지역 반제국주의 세력이 모두 협동 전선을 펴야 한다고 강조했다. 미국에서 임시정부 구미위원회 위원장으로서 활동했으나 별 성과를 얻지 못한 김규식은, 피압박민족의 해방을 공언하는 노농(勞農) 러시아의 수도에서 개최된 민족회의에 참가하고 글을 쓰게 됨으로써 일본군의 시베리아 출병으로 함께 침략을 받고 있는 처지인 러시아와의 공동투쟁을 강조하게 되었다고 하겠다.

일본제국주의가 패망하지 않는 한 한반도의 해방은 불가능하며, 일본제국주의의 침략에서 벗어나기 위한 도움을 미국 등 같은 제국주의 국가에게서 구하는 일이 당시로서 무망함을 알게 된 한국의 민족해방운동세력이 좌우익을 막론하고 세계 피압박민족의 해방을 주장하는 사회주의 국가 소련에 기대를 거는 것이 이 시기에는 예사로운 일이었다고 하겠다.

예를 들면 이보다 앞서 1920년에는 대한민국임시정부와 러시아 노농정부 사이에 "노농정부가 전세계 인류가 요구하는 공산평등주의를 동양에 선전할 수 있게 대한민국임시정부는 이에 찬동하고 원조하며 공동행동을 취한다" "대한민국임시정부가 한족의 자립을 기도하고 또 동양평화를 영원히 확보할 수 있게 노농정부는 이에 찬동하고 원조하여 공동행동을 취한다"는 취지로 노농정부가 한국독립군 양성을 원조하는 조약이 체결되기도 했다.[101]

모스끄바 극동민족대회에 참가한 김규식, 여운형 등 한국대표들의 활동에 대해 비교적 상세하게 보도한 에반즈(Ernestine Evans)라는 가명을 쓴 미국인 기자는 미국 잡지 『아시아』(Asia) 1922년 12월호에 쓴 기사에서, 김규식이 자신에게 공산주의자로 자처했다고 한다. 에반즈는 또 모스끄바야말로 한국 독립운동가들에게 최후의 소망으로 보였다고 했다. 이정식 교수는 이에 대해 "만일 레닌 정부가 그들의 주장과 약속을 이행했다면, 우사 김규식은 그후에도 공산주의자로 자칭하였을지도 모른다"고 했다.[102]

김규식은 어릴 때 한때 기독교 선교사에게 맡겨졌고 미국에서 교육받은 기독교신자이며 망명 전 국내에서 새문안교회 장로까지 지낸 사람이었지만, 모스끄바 극동민족대회에 참가할 때는 고려공산당 이르꾸쯔끄파 후보당원 자격이었다. 그리고 앞의 글에서 본 것과 같이 그가 한국독립에 대한 원조 가능성을 미국보다 소련 쪽에 더 거는 처지에 서게 되었다는 점은 주목할 만하다.

---

101) 강덕상 편 『현대사자료』 28 조선4, 431면.
102) 이정식, 앞의 책 87면 참조.

물론 그것은 독립운동의 한 방편이겠지만, 그에게는 여느 기독교신
자 독립운동가와 다른 '진보적'인 일면이 있었다고 봐도 좋을 것이다.
그것은 이후 국민대표회의 결과 임정 창조파에 속하여 활동한 사실과
1930년대 이후 계속 조선민족혁명당에서 활동한 사실 등에서도 나타난
다고 할 수 있다.

1922년 1월 7일에 모스끄바에 도착했던 김규식 일행은 그해 5월 말
모스끄바를 떠나 상해로 돌아왔다. '자필이력서'는 돌아온 경위에 대해
"1922년 5월 말 모스크바를 떠나 만주리(滿洲里)와 장춘을 경유하여 상
해로 돌아오려 했으나 만주리역에서 우리를 암살하려는 음모가 있다는
소식에 접하고 경로를 변경, 몽고를 거쳐 돌아왔음. 나중에 안병찬이 만
주리에서 국경을 건너다가 아들과 함께 살해되었음"이라고 하여 위험
한 여행이었음을 전해주고 있다.

2. 국민대표회와 김규식의 활동

1) 국민대표회[103]에 참가하고

1919년 상해임시정부가 성립될 때도 문창범 등 연해주의 일부 세력
이 참가하지 않았지만, 이후에도 반임정세력은 점점 커져갔다. 임시의
정원 의원 신채호는 이승만의 외교독립노선에 반대하면서 무장투쟁을
목표로 박용만·신숙(申肅) 등과 함께 북경에서 군사통일촉성회를 조직

---

103) 이 회의 명칭은 자료에 따라 '국민대표회' '국민대표회의' '국민대표자대회' '국민대
표대회' '국민대회' 등으로 나타난다. 이 글에서는 조철행의 「국민대표대회(1921~1923)
연구」(『史叢』 제44집, 1995)에 따라 국민대표회로 부른다.

했다. 한편 연해주지역에서 한인사회당을 조직했다가 임시정부 국무총리로 참가했던 이동휘를 중심으로 하는 사회주의세력은 임정의 시베리아 이동, 무장투쟁론에 의한 임정개편 등을 주장하다 이승만 등의 반대에 부딪혀 1921년 2월에 탈퇴했다.

한편 코민테른은 극동인민대표대회에서 제국주의와의 타협을 반대하는 어떠한 민족해방운동도 지지할 것과 민족부르주아지와의 반제 민족통일전선의 결성을 촉구했다. 김규식이 참가한 이 대회에서는 계급운동에 선행하여 민족해방을 위해 대중과 계급운동가들이 연대할 것, 임정을 실제 운동에 적합하도록 개혁할 것을 지시했다.

김규식과 함께 극동인민대표대회에 참가했던 여운형은 이 대회에서 "계급운동자는 독립운동을 후원 지지하라는 방침을 결정하였고 상해 가정부는 명칭만 너무 과대하고 실력이 이에 따르지 않는 고로 가정부의 조직을 개혁하는 것이 필요하다고 한 바 있었고 … 조선에서는 임시정부를 지지 후원하는 것이 타당하다고 지시한 바 있다"고 했다.

한편 코민테른의 방침과 관련하여 극동인민대표대회에 참가한 조선인 대표들도 반제조선혁명운동 세력을 망라한 '중앙혁명지도기관'을 조직하기 위해 당시 상해에 조직되어 있던 조직위원회(국민대표회주비위원회)에 찬동할 것을 결의했다. 이에 따라 1922년 4월 19일 국민대표회의 소집 준비를 위한 '한족국민대회예비회의'가 개최되었다.[104]

임시정부의 민족해방운동노선에 불만을 가진 많은 독립운동가들이 국민대표회를 소집하여 1923년 1월 31일에 개막되었으나, 잘 알려진 것과 같이 임정의 존폐문제를 두고 이른바 개조파와 창조파가 첨예하게 대립했다. 결국 창조파만으로 헌법을 통과시킨 뒤 국민위원회를 조

---

104) 조철행, 같은 글 155~56면 참조.

직하고 국민위원 33명, 국무위원 5명 중 4명, 고문 30명을 선출한 채 폐회되었다.

국민위원은 북경군사통일회와 대한국민의회 계열이 다수를 점했고, 국무위원에는 내무 신숙, 외무 김규식, 군무 이청천, 재정 윤덕보(尹德甫), 경제 김응섭(金應燮) 등이 선출되었다. 국민대표회 준비단계에서부터 적극적으로 참가했던 김규식은 이청천 등과 함께 국민위원 33명에 포함되었으며, 고문에는 문창범·이동휘·양기탁 등이 포함되었다.

김규식이 중요한 역할을 한 창조파는 1923년 6월 7일 전문 18조의 「한국임시헌법」을 제정 발표하고, 국호를 한(韓), 연호를 건국기원(建國紀元)으로 정했다. 그 헌법은 민족해방운동의 최고권을 3년에 1회 소집되는 국민대표회의에 두고, 국민대표회 폐회기간 동안에는 국민위원회가 그 기능을 대신하며 국민위원회에서 선출된 국무위원들이 정무를 집행한다고 규정했다. 민족해방운동단체 대표들로 구성된 국민위원회와 그 집행기관인 국무위원회가 실질적인 중앙의 역할을 하는 위원제 정부 건설안이었다고 할 수 있다.

한편 코민테른은 1923년 6월 10일 국민대표회의에 참가한 연해주·간도 대표 70명에게 입국비자를 허가했고, "조선에서 민족혁명당의 선전과 민족위원회의 조직형태에 대해 협의하기 위하여 민족주의자들 중에서 영향력을 가진 김규식을 블라디보스톡으로 초청한다"고 했다. 그리고 코민테른 쪽의 "조선혁명에 관해서는 사회혁명보다 먼저 민족혁명을 촉진하려는 견지에서 금후 국민대표회의로부터 조직한 기관을 환영하는 동시에 피차간 의견을 직접 교환하여 대차가 없으면 적극적으로 원조하겠다"는 통지를 받았다.[105]

---

105) 같은 글 170~71면 참조.

2) 블라지보스또끄로 가다

김규식 등 창조파 일행 50여 명은 큰 희망을 품고 8월 20일 노르웨이 상선을 타고 상해를 출발하여, 같은 달 30일 연해주 블라지보스또끄에 도착하여 신한촌(新韓村)에 여장을 풀었다. 9월 10일 김규식·신숙·이청천·윤해(尹海)·원세훈(元世勳) 등 5명의 대표는 코민테른과의 회담에 들어갔다.[106] 1923년 10월 국민위원 김규식·신숙·윤해 등은 꼬르뷰로 대표 파인베르그·김만겸·이동휘 등과 '혁명적 민족당' 조직문제를 협의하면서 꼬르뷰로에서 한국독립당 조직안이 받아들여지자 선언과 당 강령과 각 부문운동 등에 관한 구체적인 안을 채택했고, 12월경 코민테른에 회의결과를 보고했다.

1923년 9월 24일자로 국민위원 김규식과 이청천의 공동명의로 작성된, "지금 국민대표회에서 조직된 국민위원회로 알려진 새 조직의 위원이 블라디보스톡에 도착한 지 거의 한 달이다"로 시작되는 「코민테른 극동국 꼬르뷰로 의장에게 제출하는 비망록」이 있다. 이 비망록에서는 먼저 국민대표회에서 국민위원회가 조직된 것의 정당성을 강조한 다음, 창조파의 생각을 정리하고 있다.

비망록에서는 "현재 실질적인 조선공산당은 존재하지 않는다. … 인민은 공산주의자와 민족주의자 두 요소가 조선민중의 해방을 위해 협력해야 한다는 것을 알아야 한다. 이 회의가 어떤 만족한 결과를 가져오지 못한다면 조선공산주의운동과 민족독립운동 사이의 또다른 큰 좌절을 실질적으로 의미할 것이다"라고 했다. 김규식이 중요한 위치에 있었

---

106) 申肅 『나의 一生』, 日新社 1963, 81면.

던 창조파의 입장을 잘 말해주고 있는 부분이라 하겠는데, 1930년대 이후 민족해방운동전선에서 김규식은 주로 좌우익 통일전선운동에 힘쓰게 되는가 하면, 그 노선이 해방 후 좌우합작운동으로까지 연결된다고 할 수 있을 것이다.

한편 김규식·윤해 두 사람 이름으로 1923년 11월 24일자로 「개조와 창조 그룹 분열의 원인과 그 결과」라는 보고서가 작성되었는데, 그중 '창조파의 주장' 부분에는 다음과 같은 내용이 있다. 역시 김규식을 중심으로 하는 당시 창조파의 상해임정과 개조파에 대한 인식, 민족해방운동의 통일전선운동 방향 등을 엿보게 하는 부분이라 할 것이다.

혁명세력의 연대는 조직연합의 현실적 관계에 의하여 이루어져야지 지도적 중앙으로부터 만들어지고 승인되는 연합은 반대한다. …

과거의 잘못과 결함은 상해임정이 전체적으로 혁명적 대중과의 원만한 관계 유지와 조직운영이 잘되지 못했기 때문이다. …

실질적인 운동의 지도에서 임정은 자기의 불준비성과 비현실성과 무능으로 대중의 혁명적 열의를 냉각시켰고, 그로 인하여 모든 영향력을 상실했다. …

상해임정을 개조하는 일은 새로운 조직을 만드는 것보다 더 많은 노력을 요구한다. …

김규식 등 창조파들이 소련의 도움으로 한국독립당을 창당하여 앞의 비망록에서 말한 것 같이 "공산주의자와 민족주의자가 조선민중을 위하여 협력하는" 민족해방운동을 전개하려 했으나, 1924년 1월 코민테른은 창조파 국민위원들에게 국경 밖으로 퇴거할 것을 명령했다. 코민테른이 퇴거지시를 한 것은 꼬르뷰로를 해체하고 오르그뷰로를 조직하면서 창조·개조파를 모두 부인한다고 결의했기 때문인 것 같다.

이로써 김규식 등 창조파 국민위원회는 1924년 신년회를 니꼴리스끄에 있는 문창범 집에서 가졌지만, 1924년 2월 말을 전후하여 모두 중국 지역의 각 단체로 복귀하여 개별 운동을 전개하게 되었다.[107] 코민테른이 창조파 일행을 소련영토 밖으로 퇴거시킨 이유에 대해 신숙은 뒷날 자신의 회고록에서 이렇게 말했다.

국제당(코민테른)을 총지배하던 레닌이 사망함에 따라 소비에트의 정치 국면은 갑자기 정략적 방향으로 전환하게 되었다. 그리하여 국제당은 동당의 대표로 우리와 교섭하던 파인베르그까지 소환하여 임시로 중앙집행위원회를 열고 외국 혁명운동에 원조문제보다 내부수습에 급급하였던 것이다. 그해 2월 15일경에 이르러 국제당으로부터 한국혁명에 관해서는 아직 결정된 안이 없은즉 뒷날을 기다려 다시 접흡(接洽)하기로 하고 국민위원회 여러분은 다 국경을 퇴출하여 달라는 최후의 통고를 접했다. 반년 동안이나 계속 고뇌하면서 겨우 결정을 얻은 모든 방략이 거의 실현될 도정에 이르러 하루아침에 그만 실패를 당케 되었다.[108]

'자필이력서'에서 김규식은 이 경위에 대해 "1923년 가을에는 블라디보스톡에 가서 모스크바에서 온 '제3인터내셔널'의 밀사를 만나 조선 독립운동에 대한 지원을 교섭했으나 성공하지 못함. 1924년 5월에 블라디보스톡을 떠나 만주를 경유하여 상해로 귀환함"이라고 간단하게 쓰고 있다. 1950년의 시점에서는 이 정도를 밝히는 것도 어려운 일이 아니었을까 한다.

---

107) 같은 글 171면 참조.
108) 신숙, 앞의 책 82면.

소련과 일본의 국교수립 교섭은 이미 1923년 9월부터 중국주재 일본 공사와 소련전권대표 사이에서 시작되었다. 1924년 5월까지 제77회의 예비회담과 그후 1925년 1월까지 61회의 정식 회담이 진행되었으며, 그 결과 같은 달 20일에 기본조약이 조인되고 25일에 비준되었다. 소련 정부가 김규식 등 창조파를 국외로 추방한 1924년 1월은 소련과 일본의 국교정상화 교섭이 본격화하고 있던 때였다. 따라서 소련에게는 자국 안에 있는 조선민족해방운동 세력이 이미 거추장스러운 존재가 되어가고 있었던 것이라 할 것이다.

3) 민족유일당운동에 참가하다

1920년대 중반기 이후로 들어서면 김규식이 참가한 우리 민족해방운동전선 전반에 걸쳐 새로운 변화와 방법론을 추구하지 않으면 안되는 상황이 전개되었다. 우선 임시정부가 분열되어 민족해방운동의 총지휘부적 역할을 다하지 못하게 됨으로써 그 타개책을 마련하고자 국민대표회가 소집되었으나 임정고수파와 창조파·개조파로 분열되어 결국 개조에도 창조에도 실패하고 임정의 활동은 침체되어갔다.

한편 국내에서는 3·1운동 후 일본이 감행한 '문화정치', 즉 민족분열 정책에 걸려 민족세력의 일부가 타협주의 노선으로 돌아섰고, 그 때문에 국내 비타협적 민족세력은 민족운동의 새로운 방법론을 모색하지 않을 수 없는 상황이 되었다. 그런가 하면 지금까지 국외에서만 성립되어 활동하던 공산당이 1925년 국내에서 성립되었으나 일본 쪽의 혹심한 탄압 때문에 거의 활동을 할 수 없는 상황이었다.

민족해방운동 전체 전선의 이같은 침체를 타개하기 위해 새로운 방법론의 모색이 요구되었고, 이같은 요구에 부응하기 위해 창안된 것이

1920년대 후반기의 민족유일당운동이다. 쉽게 말해 비타협적 우익세력과 좌익세력이 통일전선을 이루어 이번에는 이당치국(以黨治國) 원칙에 의해 임시정부가 아니라 비타협적 우익세력과 좌익세력이 함께 참가하는 정당, 즉 민족유일당을 조직하여 그것을 민족해방운동의 모체로 삼자는 방법론이었다.

1926년 3월에는 당시의 대표적 사회주의단체인 서울청년회의 사상단체 전진회(前進會)가 블라지보스또끄에서 비타협적 민족유일당운동 단체인 민족당주비회(民族黨籌備會)를 결성했다. 일본 쪽 정보자료에서는 블라지보스또끄에서 성립된 민족당주비회와 국내 민흥회(民興會)의 관계, 그리고 이에 참가한 김규식 등에 대해 다음과 같이 말하고 있다.

서울청년회파에서는 공산당사건의 검거로 일월회파 세력이 실추된 기회를 타서 자파세력 확장에 부심하여 금년(1926년 – 인용자) 3월에 블라디보스톡의 동지와 기맥을 통하여 비타협적 민족운동기관인 '민족당주비회'를 블라디보스톡에서 조직했을 뿐만 아니라, 동 7월 주비회의 후원단체로서 서울에 조선민흥회를 조직하여 세력을 부식하려고 하였다. … '민족당주비회'는 본년 3월 블라디보스톡에 있는 김영만(金榮萬)·최고려(崔高麗)·김하석(金夏錫)·최창익이 서울계의 후원 아래 윤해·김규식·김경천(金擎天=光瑞) 및 신민회 일파(이상은 주로 상해임정 창조파)가 국제공산당의 승락을 받아 창설한 것으로서 민족적 공산주의기관이다. 금년 4월 중 회원 오평산(吳平山=斗煥)은 서울에 잠입하여 민족주의자와 공산주의자에 대해 입회를 권유한 사실이 있다.[109]

김규식 자신의 회고록이 없고 또 다른 자료도 부족하여 상세히 밝힐

---

109) 강덕상 편, 앞의 책 29면, 48면.

수 없지만, 블라지보스또끄에서 중국으로 돌아온 후에도 상해에 있는 과거의 창조파와 연해주에 있는 사회주의세력 사이에는 통일전선 형성을 위한 노력이 계속되었던 것 같고, 이들은 국내에도 일정한 세력기반을 갖고 있었던 것 같다. 그리고 이 과정에서 우사 김규식은 중심적 역할을 했던 것으로 생각된다.

같은 해 4월경 조선공산당이 작성한 「조선혁명운동의 국민당 결성을 위한 전술」이란 문건에 의하면,[110] 전체 민족해방운동전선의 국민당을 결성하기 위해 '조선국민당중앙집행위원회'라는 조선민족운동 최고협의회를 구성하고 국내의 천도교 신구파, 기독교계, 불교계, 학자층, 소작인, 노동조합, 조선청년연맹 등과 국외의 시베리아, 만주, 아메리카, 상해임시정부 등에서 대표들을 소집하기로 계획되었는데, 개인적 초빙 대상으로 안창호와 김규식이 들어 있었다.

여기서 말하는 "국민당이란 민족주의, 사회주의, 공산주의 그외 어떤 것이든지에 상관없이 일제에 반대하는 당적(黨的) 형태의 대중운동조직이었다." 그리고 "회담 참석 대표자들에는 노동, 농민, 학생, 여성, 사상, 종교, 언론단체를 망라하려는 노력이 반영되어 있었다."[111] 그러나 6·10만세운동으로 제2차 조선공산당원들이 일제 검거됨으로써 좌우익 통일전선운동으로서 국민당 조직안은 실행되지 못하고, 제3차 조선공산당으로 계승되어 신간회의 결성으로 나타나게 되었다.

앞에서 본 것과 같이 모스끄바 극동민족대회에 참가하여 발표한 글에서 민족주의세력과 공산주의세력의 통일전선을 주장한 바 있는 김규식이 민족해방운동 전체가 좌우익 통일전선운동으로서 민족유일당운

---

110) 이균영 『신간회 연구』, 역사비평사 1993, 56~58면.

111) 같은 책 59면 참조.

동의 결성으로 나아가게 되었을 때 이에 적극적으로 참가한 것은 너무도 당연한 일이었다.

모스끄바 대회에 참가한 후 국민대표회의 창조파의 일원으로 블라지보스또끄에 갔다온 김규식은 1927년 2월 유자명·이광제·안재환(安載煥) 및 중국인 목광록(睦光錄)·왕조후(王滌垕), 인도인 간타싱·비신싱 등과 함께 남경에서 아시아 민족이 제국주의자의 침략을 물리치고 완전 자주독립을 도모하기 위해서는 먼저 동방 각 피압박민족이 연합 단결하여 공동전선을 이루고 제국주의자에 항쟁하지 않으면 안된다는 데합의하여, 한국·중국·인도·대만·안남 등의 대표들로 구성된 '동방피압박민족연합회'를 조직하고 그 회장이 되었다. 이 연합회는『동방민족』이라는 기관지를 월간으로, 중국어·영어·한국어로 간행했다.[112]

제국주의 침략에 시달리던 아시아지역 피압박민족의 연합체를 구성하여 활동하는 한편, 같은 해 4월에는 상해에서 우리 민족해방운동 내부 좌우익세력이 함께 "본회는 한국독립에 필요한 전민족적 일체 혁명역량을 총집중하는 선구가 될 것을 기한다"라고 한 「전민족적 독립당 결성 선언문」을 발표하고 한국유일독립당 상해촉성회가 결성되었는데, 이때 김규식은 그 집행위원으로 참가했다.[113]

한편 1927년경 김규식은 중국 북벌전쟁에도 참가했던 것 같다. '자필이력서'에서 "1927년에 무창(武昌)·한구(漢口)에서 북벌군에 합류하여 나중에는 유(劉)재화(?) 부대의 일원으로 북경 근처의 통주(通州)까지 올라갔음"이라 했는데, 여기에 대해서는 더 상세한 내용을 뒷받침할 만한 다른 자료를 구할 수 없다.

---

112) 애국동지원호회『한국독립운동사』, 1956, 362면 참조.
113) 慶尙北道警察局『高等警察要史』, 105~106면 참조.

이 시기 국내 민족유일당운동으로서 신간회운동이 5년간이나 유지되면서 일정한 역할을 다한 데 반해, 국외의 민족유일당운동은 김규식 등의 노력에도 불구하고 제대로 결실을 보지 못한 채 해체되었다. 상해지방에 한정해서 보면, 1929년 10월경 상해촉성회가 해체되고 난 후 구연흠(具然欽)·김형선(金炯善)·조봉암(曹奉岩)·홍남표(洪南杓) 등 중심의 좌익세력은 유호(留滬)한국독립운동자동맹을 조직하고, 안창호·김구·김두봉·조소앙 등 중심의 우익세력은 1930년 1월 한국독립당을 조직하는데, 김규식은 어느 쪽에도 가담하지 않은 것 같다.

미국에서 공부한 기독교신자이면서도 민족해방운동의 현실적인 길을 찾아서 고려공산당 후보당원이란 이름으로 모스끄바에 가고 블라지보스또끄에까지 갔지만, 그는 이때 이미 좌우익 통일전선에서 민족해방운동의 옳은 방법을 터득했고, 그 때문에 민족유일당운동에 참가했다. 그러나 민족유일당운동이 결실을 보지 못하고 다시 좌우익 노선으로 분립되자, 그는 일시 민족해방운동전선을 떠나 있은 것이 아닌가 한다. 그러다 민족해방운동전선에 다시 통일전선운동의 기운이 일어나게 되는 1930년대 초에 가면 다시 그의 두드러진 활동을 볼 수 있게 된다.

조선민족혁명당 결성을 주도하다

1. 한국대일전선통일동맹의 산파역을 맡다

1) 대일전선통일동맹의 조직

김순애와 가정을 이룬 김규식은 1923년 장녀 한애(韓愛)를, 1924년 차녀 만애(晚愛), 그리고 다음해에는 삼녀 우애(尤愛)를 낳았다. 그러나 만애는 세 살(1927), 한애는 여덟 살(1930)에 죽었고, 거처를 천진으로 옮긴 후 1928년에는 차남 진세(鎭世)를 낳았다. 상해에서 민족유일당운동에 참가했으나 운동이 침체국면에 들자 잠시 천진으로 가서 북양(北洋)대학 교수로 있었던 것이다.[114]

1920년대 후반기를 통해 활발하게 추진된 민족해방운동전선의 통일전선운동으로서 민족유일당운동은 1930년대에 들어서면서 신간회가해소되는 등 한때 침체되었다. 그러나 1931년에 일본이 '만주사변'을

---

114) 김정명 편, 앞의 책 508면.

일으켜 대륙침략을 본격화함으로써 민족해방운동전선의 통일전선운동은 특히 중국 관내 전선에서 다시 활성화하기 시작했고, 김규식은 그 중심 역할을 다하게 되었다.

'만주사변'을 일으킨 일본이 1932년 1월에 다시 '상해사변'을 일으키자 그는 만주 조선혁명당에서 활약하던 최동오와 함께 상해로 가서 한국독립당의 이유필(李裕弼)과 만나 당초에는 "조선독립의 완성과 중국의 실지회복을 위하여 중한연합회를 조직할 것"을 제의했다.

그러다가 다시 한국광복동지회의 대표 자격으로 한국독립당 대표 이유필·송병조(宋秉祚)·김두봉, 조선의열단 대표 한일래(韓一來)·박건웅(朴建雄), 조선혁명당 대표 윤기섭(尹琦燮)·신익회 등과 함께 '각단체연합주비위원회'를 성립시키고, 김두봉·박건웅·신익회·최동오와 함께 5명의 실무위원이 되었다. 이들은 단체 연합회의 명칭을 '한국대일전선통일동맹(韓國對日戰線統一同盟)'으로 할 것, 그 성격은 협의기관으로 할 것, 대표수는 9명으로 하고 그 자격은 해당 단체의 전권신임장 또는 위임장을 교환할 것 등을 결정했다.

이리하여 11월 10일 중국 관내지역 민족해방운동전선의 통일체로서 한국대일전선통일동맹을 발족시켰다. 일본 쪽 정보기관이 만든 1935년 10월 현재 조선인 「시찰인·요주의인 명부」에는 김규식을 대일전선통일동맹의 수령(首領)이라고 했다.[115] 한국대일전선통일동맹을 성립시키는 데 주동적 역할을 한 것을 일본정보기관이 정확하게 알고 있은 것이라 하겠다. 그리고 이 명부에는 그의 주소를 남경으로 표시했는데, 이 동맹을 조직하는 동안 그는 남경에 그대로 머물렀던 것 같다.

'자필이력서'에서는 "1932년 겨울에 천진에서 상해로 돌아와 5개 독

---

115) 『사상정세시찰보고집』 2, 144면.

립운동단체들을 대일전선통일동맹과 중한민중대동맹(中韓民衆大同盟) 이라는 두 단체로 통합하는 데 성공했음"이라고 했다. 한국대일전선통 일동맹을 성립시킨 후 중국 쪽 항일민중단체와 합작하여 '중한민중대 동맹'을 결성했다는 사실이 일본 쪽 정보기록에도 나타나고 있다.[116]

대일전선통일동맹은 15개조 규약을 정하고, 그 제2조에서 강령을 밝 히고 있다. 그것은 "①우리는 혁명의 방법으로서 한국의 독립을 완성 코자 한다. ②우리는 혁명적 역량의 집중과 지도의 통일로서 대일전선 의 확대 강화를 기한다. ③우리는 필요한 우군과 연결을 기한다"고 했 다.[117] 이 동맹은 당시 중국 관내지역에서 활동하던 우리 민족해방운동 의 좌우익세력을 망라한 통일전선체가 되었다.

이 동맹에 참가한 의열단은 1919년에 결성된 폭력수단 중심의 독립 운동단체였으나, 1925년 이후 그 노선이 상당히 좌경화해갔다. 1926 년에는 '농공민중(農工民衆) 정권의 수립'을 지향하는 정도가 되었고, 1928년의 「제3차 전국대표대회선언」에서는 "소수인이 다수인을 착취 하는 경제제도를 소멸시키고… 대지주의 재산을 몰수함" "대규모의 생 산기관 및 독점성 기업은 국가에서 경영함"을 표방했고, 의열단 대표 김원봉은 1930년 조선공산당 책임비서를 지내고 중국으로 망명한 안광 천(安光泉)과 함께 조선공산당 재건동맹을 조직하고 그 전위투사 양성 기관으로 '레닌주의정치학교'를 설립했다.[118]

이같이 좌경한 의열단을 포함하여 중국 관내지역에서 활동하던 한국 독립당을 비롯한 각 민족해방운동단체가 연합하여 한국대일전선통일 동맹을 형성했다는 것은 일본제국주의의 '만주사변' '상해사변' 도발에

---

116) 김정명 편, 앞의 책 508면.
117) 국사편찬위원회 편 『한국독립운동사』 자료3 임정편3, 474면.
118) 이 책의 제1장에서 '의열단의 성격변화' 부분 참조.

자극받은 민족해방운동전선이 1920년대 후반기의 민족유일당운동에 뒤이어 다시 좌우익 통일전선을 성립시킨 것이라 할 수 있겠다. 그리고 이 과정에서 김규식은 또다시 중요한 역할을 담당하고 있는 것이다.

2) 다시 미국에 가다

'자필이력서'에서 "1932년 1월에[119] 새로 결성된 두 단체의 특별대표로 상해를 떠나 세번째로 미국에 가서 앞으로의 통일된 투쟁노선을 다지고자 하는 희망으로 미국을 순회하면서 미국국민과 중국 및 한국교민들에게 극동의 상황을 설명했음. 5개월간의 여행 중에 미국 전역의 수많은 대학단체, 민간협회, 공사의 모임, 클럽과 숙소에서 미국인·중국인과 한국인들을 상대로 연설했음"이라 한 것과 같이, 한국대일전선통일동맹이 조직된 후 김규식은 그 기금을 구하기 위해 미국으로 건너갔다.

그는 이해 4월 5일 '그루노류' 대학에서 약 500명이 모인 자리에서 유창한 영어로 연설했는데, 연단에 무전기를 설치해서 수백만 명이 동시에 들을 수 있었다고 한다. 이 사실을 보도한 『신한민보』는 "씨는 위병으로 불건강한 상태에 있음을 일반 동포는 우려 중이다. 의사의 진찰을 받고 속히 회복되기를 바라는 바이다. … 선전 수완가인 김박사는 각 사회로부터 초대장이 끊이지 않아 적어도 4월 말까지는 나부(羅府=로스엔젤레스)에 체재할 예정이라고" 전했다.[120]

한편 김규식은 6월 8일 뉴욕에 도착하여, 10일 재미유학생총회 동부

---

119) 미국에 간 것은 1932년이 아니라 『신한민보』 기사 등으로 보아 1933년에 간 것이 확실하다. 1950년에 쓴 '자필이력서'의 기억은 잘못인 것 같다.

120) 국사편찬위원회 편, 앞의 책 475~76면 참조.

지방대회 주최로 열린 연회에서 연설했다. 여기서는 "오늘날 중·일 양국의 투쟁은 세계의 대관심사이나 중국이 전쟁의 전책임을 부담하게 되므로 세계전쟁은 피하게 될 터이요. 따라서 세계열강은 중국을 도울 도덕상 의무가 있으며, 둘째 한·중 양국은 순망치한의 역사적 절실한 관계가 있으므로 양국 민중이 굳은 동맹을 체결하여 혈전을 공작하여야 하겠다는 것을 역설"하여 청중의 대환영을 받았다.

그리고 6월 17일에는 중화공소 주최로 중국공립소학교에서 화교들을 대상으로 강연했는데, 여기서는 "한·중 양국의 관계는 보통 중국인이 오해하는 바와 같이 주종의 관계가 아니라 동등 우의의 관계에 있다는 것을 설파한 후, 둘째 지금 왜적의 공동원수를 항거함에는 중·한 양 민중이 공동 합작하면 필경 승리는 우리에게 있다"고 역설했다. 그리고 "중한민중대동맹 지부를 뉴욕에 설치하는 일에 대하여 위원을 선거하고 회기 중 산회했다."

7월 18일에는 한인예배당에서 열린 한인 각 단체 연합환영회에서 연설했다. 당시 『신한민보』는 "박사는 한국대일전선통일동맹의 조직된 연혁을 설명하여 말하기를 아래와 같이 하였다"고 하여 그 내용의 대강을 전하고 있다.

재래 우리 운동의 통일을 위하여 여러 번 여러 영수들이 노력하여왔었는데 연전 상해에서 개최된 국민대표회라든지 유일당촉성주비회라든지 다 그 노력의 일단이었다. 그러나 무슨 구체적 결과를 보지 못하였다. 그러는 중 통일의 필요는 절실히 느끼게 되어 만주 방면에서는 각 군사단체가 국민부로 통일하게 되고, 그중에도 핵심단체로 조선혁명당이 성립되었다. 만주사변 이후 조선혁명당에서 최동오씨를 파견하여 중한합작을 도모하게 될세 우리 혁명세력을 먼저 통일할 필요가 있어 대일전선통일동맹이 작년 11월 10일에 성립케 되니, 그에 가입한 단체는 만주의 조선혁명당, 상해의 한국독립당, 남경의 한국혁명당, 의열단의 4개 단체이요, 북평의 광복동지회도 그 가입단체 중 하나였으나 대동단결의 목적을 달하게 된 후 해체하게 되었다. …

통일동맹의 목적은 우리 혁명세력을 대집중하여 한국의 독립을 완성하자는 것이요 그 사업의 대강을 말하면, ①민중운동을 기본하여 전민족을 조직적 단결하에 결속할 것이며, ②군사운동에도 동3성 열하 일대를 근거로 하여 중국의용군과 합작하여 왜적과 혈전할 것이며, ③교양운동에서는 정치적 영수를 양성하기 위하여 또 특별한 기술인재를 양성하기 위하여 혁명학교를 창설할 것이며, ④선전사업에서는 기관지를 발간하여 우리 운동을 지도 격려하며 또 한편으로는 일본군대에 혁명운동을 일으킬 것이며, ⑤외교에서는 중국과 깊이 결탁하는 동시에 반일하는 어떤 나라와든지 연락을 취하기로 하였다. …

이 견지하에서 작년 11월 통일동맹과 중국 측의 자위대동맹이 합하여 중한민중대동맹을 체결하게 되었다. 김박사의 사명은 미주에 있는 한인단체가 통일동맹에 가입하는 동시에 재미중국인과 연합하여 중한민중대동맹 지부를 설치함에 있다. 때는 왔다. 우리의 독립할 때는 왔으나 장차 만주 뜰에서 우리 한국의 꽃 같은 청년 3백만 명과 중국군사 3천만 명을 희생하기로 하면 일본 제국주의가 거꾸러지고 우리 해방이 완성되는 날이 있을 터이니 이때 우리는 다 힘을 한 곳에 합하여 이 대사업의 기틀을 쌓자 하였다.[121]

조선청년 300만 명과 중국군사 3000만 명을 희생해서라도 일본제국주의를 멸망시켜야 한다고 생각했던 김규식이 한국대일전선통일동맹의 성립을 주도했기 때문에 이 동맹의 성립 취지와 배경 등을 미국동포

---

121) 『신한민보』 1933년 7월 6일자. 김규식 박사의 뉴욕활동.

사회에 소상하게 말하고 있음을 볼 수 있다. 김규식이 한국대일전선통일동맹 활동을 활성화하기 위해 자신이 직접 미국으로 가서 독립운동 자금 모집을 했는데, 상당한 성과가 있었던 것 같다.

한편 일본 쪽 정보자료는 "한국대일전선통일동맹은 중국인 항일단체조직인 동북의용군후원회 위원 오산(吳山) 일파와 제휴하여 중한민중대동맹을 결성했고, 또 김규식이 미국 각지의 불령선인(不逞鮮人)들에게서 모집해온 활동자금 5천 원을 이용하여 공산주의를 지도정신으로 하는 김원봉 일파의 한국의열단 및 한국혁명당과 만주토벌의 영향으로 그곳에서 남하해온 한국독립당과의 합체로 결성된 전선통일동맹에 참가한 신한독립당을 중심으로 상당히 활발한 활동을 전개해왔다"고 했다.[122)]

한국대일전선통일동맹의 성립은 1930년대 좌우익 통일전선운동의 문을 연 일이었다. 이 동맹의 성립을 주도한 김규식은 우선 우리 민족해방운동 내부의 통일전선을 이루고, 다음으로 중국민중과의 통일전선을 이루어야 한다고 생각했고, 그 결과 한국대일전선통일동맹을 성립시키고 중한민중대동맹을 발족시켰다. 한국대일전선통일동맹을 끌고 가기 위한 자금모집을 위해 미국으로 갔던 김규식이 그곳 화교들을 설득하여 중한민중대동맹 미주지부를 결성한 일 등은 그의 탁월한 활동상을 보여주고도 남는다.

3) 원동의 정세를 전망하다

민족해방운동세력 내부의 통일전선을 위해 한국대일전선통일동맹

---

122) 『사상정세시찰보고집』 2, 29~30면.

을 조직하는 한편, 한민족과 중국민족의 통일전선 성립을 위해 중한민중대동맹을 발족시킨 김규식은 1933년에 「원동 정세」라는 꽤 긴 논문을 썼다.[123] 한·중·일을 중심으로 하는 극동지역의 지리적 조건과 근대 이후 일본의 한반도 및 중국 동북지역에 대한 침략상을 상세히 서술하고, 1930년대 전반기 당시 일본의 강제지배 아래 있는 한반도의 정치·경제·사회·문화적 실정을 자세하게 분석한 후, 한반도를 중심으로 한 이후의 극동 정세를 전망했다.

일제의 강제지배 아래 있는 우리 민족의 처지에 대해서는 "한민족은 단지 일본민족의 노예에 불과하다. 그러나 보통 노예나 심지어 개라도 주인의 식탁에 떨어지는 부스러기나 나머지는 얻어먹을 수 있는 데 비하여, 잔악한 일인 주민 밑에 있는 한인 노예들은 부스러기조차 얻어먹을 수 없으니, 그것은 동양척식주식회사 주관하에 허다한 수의 일인 이민들이 한토로 도입되는 반면, 한인 소작인·농민·노동자들은 만주로 밀려나고 있기 때문이다"[124]라고 했다. 민족해방운동전선 최고의 지식인이요 신사였다는 평을 듣는 그가 이런 식의 표현을 쓸 수밖에 없었을 만큼 일제강점기 한민족의 현실은 비참했던 것이다.

그는 이 논문에서 일본제국주의의 대륙침략 과정을 3단계로 나누고, "1단계가 가장 중요한 것이었는데, 그것은 한국병합으로 완수되었으며, 지금 일본은 좀더 확정적으로 만주를 점거하고, 이를 통하여 중국의 장악을 굳힘으로써 그 제2단계를 막 완결하려 하고 있다. 다음 제3단계는 이렇게 해서 수중에 넣은 천연자원들로써 전군(全軍)을 증강 재편하여 제4, 제5단계, 즉 소련의 전복과 미국의 태평양 우위 저지에 잘 대비

---

123) 독립운동사편찬위원회 편 『독립운동사자료집』 8 임시정부자료집, 독립유공자사업기금운영위원회 1971, 897~946면.

124) 같은 자료 916면.

케 하는 일인 것이다"[125)]하고 전망했다.

일본의 이같은 침략행위가 어떤 결과를 가져올 것인가에 대해 1933
년 현재 김규식은 "만약 미국과 영국이 과거에 일본의 한국병합을 용인
하는 태도를 취하지 않았던들 아마도 오늘날 아직까지는 일본의 중국
동북부 점령은 있을 수 없었을 것이다"[126)]라고 하면서도, 결국 미·일간
전쟁이 일어날 것으로 전망했다. 이 무렵이면 소일전쟁도 전망될 수 있
었을 때라 할 수 있겠는데, 임시정부 창조파로서 블라지보스또끄에 갔
다가 성사 없이 돌아온 때문이었는지 그는 우리 민족의 장래와 깊은 연
관이 있을 전쟁으로 소일전쟁보다 미일전쟁을 더 전망하고 있었다.

이 논문에는 1933년 당시 김규식의 소련관과 공산주의관을 엿볼 수
있는 구절이 일부 있는데, 여기서 그가 우리 민족의 장래 문제를 소일전
쟁보다 미일전쟁에 더 연관시킨 이유를 알게 된다. 그는 일본제국주의
의 강제지배 아래 있는 한민족이 노예상태에 있다고 하면서, "한민족의
이러한 상태, 즉 궁지에 몰릴 때 그 소수─그러나 강력한 소수─가 제
국주의 및 자본주의와는 정반대임을 주장하는 하나의 새로운 원칙에서
어떤 위안을 얻고자, 기실 거기서도 얼마 안 가 환멸을 느낄 수밖에 없
는 공산주의적 및 과격한 볼셰비키 경향으로 쏠리게 되는 것은 조금도
놀라운 일이 아니다"[127)]라고 했다.

임시정부 창조파로 활동했던 경험에 비추어 곧 환멸을 느낄 것이라
하면서도 우리 민족해방운동이 코민테른과 연결되는 것은 조금도 놀라
운 일이 아니라고 했지만, 그는 결국 소일전쟁보다 미일전쟁에 더 기대
를 걸고 있었던 것이 아닌가 한다. 그는 "원동에서 평화가 유지될 수 없

---

125) 같은 자료 919면.
126) 같은 자료 918면.
127) 같은 자료 916~17면.

다면 이것이 곧 또 한 차례의 세계전쟁을 의미하는가?"라며, "미국대통령이 미국토 자체가 침범이라도 받게 되지 않는 한 일본에 선전(宣戰)하고, 의회의 찬성과 국민의 지지를 기대할 수 있을 충분한 이유를 찾는다는 것은 개연성이 없다"고 하면서도, 만일 미일전쟁이 일어나면 "미국이 승자가 된다는 것은 예측할 수 있을 것이다"라고 했다.[128]

그러면서 전쟁의 결과 "혁명과 사회혼란과 경제파탄으로써 일본은 제1차 세계대전 후의 독일보다 훨씬 못한 상태에 놓일 것이다"라 하고, 전쟁에 이긴 미국의 "유일한 가능한 소득이란 그런 정세하에서라면 한토에 대한 위임통치권과 만주에 대한 일본의 권리들과 이권의 소유 내지 계승 정도에 불과할 것이다. 그러나 이런 것의 취득은 미국이 즐겨 하지도 않고 또 할 수도 없는 일이다. 왜냐하면 이런 것들을 취하여보았자 중국인과 한인들의 증오와 적의가 일본으로부터 미국으로 옮겨질 뿐"[129]이라고 내다보았다.

일본이 태평양전쟁을 도발하기 약 10년 전인 1930년대 전반기에 김규식은 미일전쟁을 전망하고 그 결과 미국의 승리로 끝나리라 예상하면서도, 전쟁 후 한반도는 바로 독립되는 것이 아니라 미국의 위임통치 지역이 될 것이며, 그렇게 되면 미국을 대상으로 하는 한민족의 독립투쟁이 계속될 것이라고 내다보았다. 1930년대 전반기의 김규식은 미일전쟁 끝에 소련이 참전하는 상황이 되리라고는 전망하지 못했지만 태평양전쟁의 가능성과 미국을 중심으로 하는 연합국이 채택할 전쟁 후 한반도정책을 비교적 정확하게 내다보았다고 할 수 있겠다.

미일전쟁의 결과 한반도가 미국의 위임통치 지역이 될 가능성이 높

---

128) 같은 자료 924면.
129) 같은 자료 924~25면.

다고 생각했을 때, 한민족의 민족해방운동은 결국 무장투쟁으로 갈 수밖에 없는 것이며, 그 경우 일본제국주의의 침략을 함께 받고 있는 공동운명인 중국민족과 공동전선을 펼 수밖에 없다고 보았다. 김규식이 중한민중대동맹을 결성한 것은 이 때문이었다고 하겠다. 이 문제에 대해 김규식은 다음과 같이 정확하게 지적하고 있었다.

한반도는 일본이 만주를 장악하고 있는 한 결코 자신의 독립을 찾을 수 없고, 또 설사 찾는다 하더라도 지탱하지 못한다는 사실인 것이며, 또한 다른 한편에서는 한반도가 일본의 영유로 남아 있는 한 만주는 결코 일본의 마수로부터 자유로울 수 없고, 중국도 일본의 궁극적 침범, 심지어 정복으로부터 안전할 수 없다는 것을 의미한다. 이것이 결국 중국인과 한인들이 일본의 질곡으로부터 스스로 해방하려는 공동투쟁에 결속하여 있는 이유다.130)

일본의 만주침략이 장차 중국본토 침략 즉 중일전쟁으로 확대될 것을 미리 내다보고, 한인과 중국인의 공동투쟁만이 일본의 침략을 저지할 수 있다고 주장하는 한편, "고투를 계속하고 있는 중국인과 한인들의 손에 소총과 탄환·기관총·비행기·탱크와 그밖의 무기, 그리고 자급의 형태로 약간의 강철을 왜 쥐어주지 못할까?"하고, "미국 일반민중의 중국인 및 한인 의용군에게 대한 자발적 원조의 공여를 막을 무엇이 있는가?"131) 하면서 "중국인들로 하여금 한인들의 조력으로써 실제의 전투를 맡게 하라. 이것이 단 한 가지 가능한 현재의 해결책이다"132)라고 했다.

---

130) 같은 자료 931~32면.
131) 같은 자료 926면.
132) 같은 자료 925면.

미일전쟁의 발발과 미국의 승리를 전망하면서도 전쟁 전에 일본이 지배한 한반도와 만주는 전쟁 후 전승국이 될 미국의 위임통치 지역이 될 가능성이 높다고 내다본 김규식은, 결국 한인 민족해방운동세력과 중국인 저항세력이 동맹하고 미국의 무력원조를 받아 일본과의 무장투쟁을 전개함으로써 스스로 해방되고 또 독립될 수 있어야 한다는 생각을 갖고 있었다고 볼 수 있다.

4) 통일전선 강화를 위하여

한국대일전선통일동맹이 성립된 후 김규식은 최동오·김두봉·신익희 등과 함께 상무위원이 되었다. 이 동맹에는 재미대한독립당·재뉴욕대한인교민단·재하와이대한인국민회·하와이대한인동지회·재미대한인민국국민회총회 등 미국에 있는 교포단체들도 많이 가입하게 되는데, 아마 김규식의 활동에 힘입은 것이 아닌가 한다.

1934년 3월에 열린 한국대일전선통일동맹 제2차 대표대회에서 김규식은 미국국민회 총회 대리대표로서 최동오·송병조·김두봉·윤기섭·윤세주 등과 함께 집행위원으로 활동했다. 중국 남경에서 3일간 열린 이 제2차 대표대회에서는 "강력한 대동단결체의 조직 실현"을 주요 강령으로 채택하고, 다음 세 가지 내용을 선언했다. 김규식이 주도적으로 만든 한국대일전선통일동맹이 무엇을 지향하면서 조직된 민족해방운동단체였는가를 이해하기 위해 그 선언을 들어보자.

① 통일동맹은 과거 한국의 침통한 교훈에 의해, 또 만주사변 경험에 의해 산출된 것으로서 극히 위험한 환경 중에서 최후의 무장혁명 준비를 위해 당면의 중요 문제인 한국독립혁명의 이론방법, 조직, 기술문제의 해결을 주요

사업으로 하여 1년 유여의 존속을 보았다.

　② 그 사이에 있어서 종래의 개인적 분산운동의 활동은 점점 배제되고 각 단체의 고립적 운동의 오류도 또한 청산 규정되어 통일동맹을 중심으로 하여 통일적 전략계획 아래 각각 소재하는 지역과 소유하는 능력에 의해 공작을 진행해왔고, 현재는 다시 그 운동을 발전시키고 대동단결의 실현에 노력하지 않으면 안될 정세에 당면해 있다.

　③ 통일동맹은 대동단결 결성의 가교이다. 이 가교가 충실해지고 견고해져야 우리의 소기의 목적을 달성할 수 있다. 우리는 견고한 대동단결의 결성을 위해 통일동맹에 충분한 역량을 집중하지 않으면 안된다.[133]

대일전선통일동맹 성립 후 1년 동안 중국지역 민족운동전선이 '개인적 분산운동'과 '각 단체 고립운동의 오류'가 청산된 효과가 있었음을 확인하면서도, 이 동맹이 어디까지나 '대동단결 결성의 가교'임을 명백히 지적했다. 이에 따라 각 단체의 연합체적 성격만으로는 전선통일 본래의 목적을 이룰 수 없었고, 그것을 가교로 삼아 전선을 완전히 통일시킬 필요가 커졌던 것이다.

김규식을 비롯한 각 가맹단체 대표 12명이 모여 「대동단결체 조성방침안」을 의논한 결과, "본 동맹의 목적인 조선혁명역량을 총집중하여 진실로 대일전선의 통일 확대 강화를 도모하기 위해서는 현재와 같은 각 혁명 단체의 연휴(聯携)만으로는 도저히 소기의 목적을 달성하기 불가능하다"는 결론을 내렸다. 그리고 전선강화책으로 다음 세 가지 방안을 결정했다.

---

133) 이 책의 제1장 각주 43과 같은 자료.

첫째, 종래와 같은 중앙간부만의 기관으로 하지 않고 가맹단체로부터 다수의 투사를 집결하여 대동단결 아래 열심히 적극적으로 공작을 하든가,

둘째, 가맹단체는 물론 기타의 각 단체를 전부 해소하고 혁명동지, 즉 그 단원을 통일동맹에 합류시켜 하나로 뭉쳐 단일 대동맹을 조직할 것.

셋째, 이를 위해서는 혁명단의 밖에 있는 한국임시정부도 폐지할 것.

이 세 가지 중에서 첫째 안은 동맹 자체와 가입단체들을 그냥 둔 채 활동을 더 강화하자는 안이지만, 둘째 안과 셋째 안은 동맹에 가입한 단체는 물론 임시정부까지 해체하여 하나의 새로운 큰 단체를 결성하자는 것이었다. 즉 전체 민족해방운동전선을 하나의 통일전선체로 묶어내자는 안이었던 것이다. 이런 결정을 했을 때 대일전선통일동맹을 실제로 움직인 중앙집행위원회 상무위원은 김규식을 비롯하여 송병조·김두봉·최동오·윤기섭·윤세주 등이었고, 기타 간부는 김원봉·이청천·이광제·김학규 등이었다

김구를 중심으로 하는 이른바 임시정부 고수파를 제외하고 당시 중국 관내지역에서 활동하던 대표적 민족해방운동세력이 모두 모인 것이다. 이들은 결국 좌우익 통일전선을 강화하기 위해 한국대일전선통일동맹을 발전적으로 해체하고 통일전선 정당으로서 조선민족혁명당을 조직하게 되었다.

2. 조선민족혁명당 창당

1) 좌우익 통일전선 정당의 창당

　1934년 3월 1일에 개최된 한국대일전선통일동맹 제2차 대표대회는 동맹을 해체하고 통일전선 정당으로서 강력한 결속력과 통제력을 가지는 신당을 조직하기로 결정하고, 같은 해 4월 12일 대일전선통일동맹 중앙집행위원회 상무위원 김규식·송병조·김두봉·최동오·윤기섭·윤세주 등 6명의 이름으로 각 독립운동단체에 '대동단결체' 조직에 관한 방안과 그 성격을 나타낼 강령과 정책 초안 제출을 요구하는 통고문을 발송했다.

　각 단체의 신당 조직을 위한 강령과 정책초안 제출이 늦어져서 1935년 2월 6일에 가서야 다시 재미국민총회 위임대표 김규식, 한국독립당 대표 김두봉·이광제, 조선의열단 대표 김원봉·윤세주·이춘암(李春岩), 조선혁명당 대표 최동오·김학규, 만주 한국독립당과 한국혁명당과 합쳐 조직된 신한독립당 대표 윤기섭·이청천·신익희 등 11명이 모여 대일전선통일동맹 제3차 대회를 열고, 마침내 6월 20일 중국 남경 금릉대학 내 대례당(大禮堂)에서 회의를 시작하여 7월 3일까지 신당 창당을 완성했다.

　좌우익 통일전선 정당인 신당의 당명은 조선의열단 등 좌익 쪽에서는 조선민족혁명당을 주장했고, 한국독립당 등 우익 쪽에서는 한국민족혁명당을 주장해서 일치하지 않았다. 절충을 거듭한 결과 중국 쪽에 대해서는 한국민족혁명당으로, 국내 민중에 대해서는 조선민족혁명당으로, 해외 여러 나라에 대해서는 Korean Revolution Association으로, 그리고 당내에서는 그냥 민족혁명당으로 부르기로 합의했다.

민족혁명당을 창당하면서 여기에 참가한 각 단체들은 모두 해체하고 그 당원이나 회원, 재산을 신당에 넘기기로 했다. 예를 들면 조선의열단의 경우 그때까지 양성한 군관(軍官)청년 100명과 당원 200명과 중국국민당 중앙당부로부터 받는 매월 3000원의 돈과 비품을 모두 신당에 넘겼다. 한국독립당도 당원 70여 명과 월수 정액(月收 定額) 600원과 비품을 모두 넘겼다. 그러나 김규식이 위임대표로 되어 있는 재미국민총회의 경우 회원이나 재산이 밝혀져 있지 않다.

민족혁명당 창당 당시 실질적인 당 중앙인 중앙집행위원은 김규식을 비롯하여 김원봉·김두봉·윤기섭·이청천·최동오·윤세주·진의로(陳義路)·김학규·김활석(金活石)·이관일(李寬一)·조소앙·이광제·최석순(崔錫淳)·신익희 등이었다. 그리고 중앙집행위원회 아래에는 실무부서로서 서기부·조직부·선전부·조사부·훈련부·군사부·국민부 등이 있었는데, 김규식은 민중훈련과와 당원훈련과로 된 훈련부장을 맡았다.

그러나 일본의 정보문서에 의하면, 김규식은 1935년 즉 민족혁명당이 조직된 그해에 중국 사천성의 중경으로 가서 사천대학 교수가 되었고, 윤세주가 부장대리를 맡았다.[134] 이정식 교수의 연구에 의하면 "김박사의 가족은 중일전쟁이 돌발하기 전인 1936년에 사천성 성도(成都)로 이사를 하였기 때문에 피난의 고생을 모면하였다. 김박사가 처음 남경으로 옮겨갈 때는 남경 중앙정치학원으로 간 것이었는데, 그때는 국민정부 당국에서 김박사의 신분을 보장하기로 돼 있었다."

---

134) 『사상정세시찰보고집』 2, 160면. 『민족혁명당당보』 제2호(단기 4268년, 1936년 10월 18일. 간행)에 "金仲文(金奎植) 동지의 사고에 의한 중앙집행위원 겸 훈련부장 사직원을 수리하고 그 대신 중앙상무위원에 尹琦燮, 훈련부장에 石正(尹世冑) 동지를 선임"이라고 했다.

그리고 이정식 교수는 또 김규식의 차남 김진세의 증언에 의해, "중국에서 일본세력이 점점 강해짐에 따라 일제 형사나 밀정들의 활동이 활발하여졌고, 동시에 한국 민족운동자들을 비호하고 있던 국민정부에 대해서도 종전과 같은 보호를 하지 못하도록 압력을 가하게 되었다. 일본과의 무력 충돌을 피하기 위하여 온갖 노력을 하지 않을 수 없었던 국민정부는 할 수 없이 한국독립운동자들에게 이러한 경위를 통고하고 피신할 것을 알려왔다. 이에 따라 중앙정치학원에서는 김규식 박사로 하여금 좀더 안전한 성도(成都)에 있는 사천대학을 알선하여 주었다"고 했다.[135]

1935년 민족혁명당이 창당될 때 남경에 있었던 김규식은 곧 성도로 가 사천대학 교수가 됨으로써 이후의 민족혁명당 활동, 즉 조선의용대 창립과 일본군과의 전투활동 등에는 참여하지 않게 된다. 사천대학 교수로 가지 않았다 해도 그가 조선의용대의 전투활동 등에 직접 참가할 상황은 아니었다고 생각되지만, 어떻든 그는 통일전선체로서 한국대일전선통일동맹 성립에 주도적 역할을 했고, 그 후신인 민족혁명당 창당에 적극적으로 참가했으므로 통일전선 정당으로서 민족혁명당의 성격을 알아볼 필요는 있을 것 같다.

2) 통일전선 정당의 성격

민족혁명당이 조직된 1935년이면 코민테른이 인민전선전략을 채택하는 제7차 대회가 있던 해이다. 그러나 우리 민족해방운동전선에 성립된 좌우익 통일전선 정당으로서 민족혁명당이 코민테른 제7차 대회의

---

135) 이정식, 앞의 책 109~10면 참조.

영향을 직접 받았다고 보기는 어려울 것 같다.[136] 김규식이 적극적으로 참가한 좌우익 통일전선 정당으로서 민족혁명당의 성립은 역시 우리 민족해방운동전선 내부의 필요에 의해 이루어진 것으로 봐야 하지 않을까 한다.

좌우익 통일전선 정당으로 성립된 민족혁명당이 가진 성격은 정강 정책에서 드러날 수밖에 없는데, 그 당의(黨義)에서는 "본당은 혁명적 수단으로써 구적(仇敵) 일본의 침탈세력을 박멸하고 5천년 독립 자주해온 국토와 주권을 회복하여 정치·경제·교육의 평등에 기초를 둔 진정한 민주공화국을 건설하며, 국민 전체의 생활평등을 확보하고, 나아가 세계 인류의 평등과 행복을 촉진한다"고 했다. 그리고 다음과 같은 17개조의 당강(黨綱)을 마련했다.

① 구적 일본의 침탈세력을 박멸하여 우리 민족의 자주독립을 완성한다.

② 봉건세력과 일체 반혁명세력을 숙청함으로써 민주집권의 정권을 수립한다.

③ 소수인이 다수인을 박삭(剝削)하는 경제제도를 소멸하여 국민생활상 평등의 제도를 확립한다.

④ 일부를 단위로 하는 지방자치제를 실시한다.

⑤ 민중무장(民衆武裝)을 실시한다.

⑥ 국민은 일체의 선거 및 피선거권을 가진다.

⑦ 국민은 언론·집회·출판·결사·신앙의 자유를 가진다.

⑧ 여자는 남자의 권리와 일체 동등하다.

---

136) 민족혁명당의 성립은 1935년 7월인데, 반파시즘 인민전선이 프랑스와 스페인 등지에서 발전한 것은 1934년 여름부터이지만, 코민테른 세계대회에서 반파시즘 인민전선 전술이 토의된 것은 1935년 8월에 개최된 제7차 대회에서였다.

⑨ 토지는 국유로 하고 농민에게 분급한다.

⑩ 대규모의 생산기관 및 독점적 기업을 국영으로 한다.

⑪ 국민 일체의 경제적 활동은 국가의 기획 아래 통제한다.

⑫ 노동운동의 자유를 보장한다.

⑬ 누진율의 세칙을 실시한다.

⑭ 의무교육과 직업교육은 국가의 경비로써 실시한다.

⑮ 양로·육영·구제 등 공공기관을 설립한다.

⑯ 국적(國賊)의 일체 재산과 국내에 있는 적 일본의 공·사유재산은 몰수한다.

⑰ 자유·평등·호조의 원칙에 기초하여 전세계 피압박민족 해방운동과 연결 협조한다.[137]

민족혁명당의 창립대회 선언에서는 과거 우리 민족해방운동전선에서 통일전선운동의 실패를 뒤돌아보면서 이렇게 말했다. "우리는 3·1운동 실패 후 지도의 통일 및 혁명역량의 집중을 위해 민족적 통일대당 결성에 노력해왔다. 1923년 60여 단체의 대표로서 20만 원의 활동비를 소비하여 국민대표회를 산출했으나, 우리 혁명에 대한 견해와 입장의 불일치가 주요 원인이 되어 대표회의는 유산되고 그후 계속해서 1928년에 민족통일당조직촉진회를 조직하여 대동단결을 향해 적극 노력했으나, 역시 내외 환경의 불리와 제반 정세의 미숙성에 의해 와해되었다."

김규식도 적극적으로 참가했던 1920년대 통일전선운동으로서 국민대표회와 민족유일당운동의 실패를 되돌아보는 한편, 민족혁명당의 이론가들은 또 과거 우익운동을 비판하면서 "국내·중국·시베리아·미국·

---

137) 『사상정세시찰보고집』 2, 88~89면.

일본 등 각지에서 우리 민족의 분포상태에 따라 민족주의 혁명단체는 우후죽순과 같이 속속 발생했다. 물론 지역적 격리, 물력의 결핍, 인재의 부족, 환경의 구속 등 각종 원인이 있었지만, 또 민족성의 변태적 유전인 각자 주장의 고집, 공작의 불통일 등과 군웅할거식 분산상황에서 단체간의 분쟁, 심지어는 야비한 지방열 분쟁까지 있었음을 숨길 수 없다"고 하여 그 불합리점을 소상히 파악했다.

그리고 종래의 좌익운동에 대해서도 "이르쿠츠크파·상해파·화요회계·엠엘계·서울파 등으로 나누어져 자파 내에서의 알력쟁탈 또는 다른 파에 대한 대립투쟁을 반복해왔다. 주로 조선혁명에 대한 특수적 독자성의 방략을 해득하지 못한 점, 무조건 직수입한 청산주의적 좌경소아병에 걸렸던 점, 헤게모니 전취광(戰取狂)의 습성 등에 기인한 것이다"고 하여 그 결함을 정확하게 간파하고 있었음을 볼 수 있다.

과거 민족해방운동전선에서 좌우익 운동의 결점은 물론 통일전선운동의 실패원인까지 파악하면서 성립된 민족혁명당은, 앞으로 통일전선운동을 성공시키기 위한 방법론을 제시했다. 그것은 첫째, 과학적 이론에 의해 무장한 강력한 중심적 지도당을 건설하는 일, 둘째, 세계대세의 발전추이와 조선민족의 특수지위를 명확히 분석하여 민족적 생존노선을 부단히 제시하는 일, 셋째, 군중을 혁명으로부터 멀어지게 하는 우익의 공허한 애국주의, 비분강개주의 등의 간판(看板)운동과 좌익의 기계적 공식주의의 의결지상(議決至上) 운동을 청산하는 일, 넷째, 철과 같은 규율에 대한 복종의 의사와 자강불식의 창조적 책임감을 가진 새로운 혁명조류를 전민족 안에 제출할 일 등이라고 했다.

결국 통일전선 정당으로서 민족혁명당은 과거의 우익운동과 좌익운동 그리고 통일전선운동이 가진 한계성을 넘어서서 세계사에서 파쇼체제의 횡포가 심해져가던 1930년대 우리 민족해방운동전선이 추구해야 할 통일전선운동이 어떤 것이어야 하는가를 보여주는 정당으로 태어났다고 자부했다고 하겠다. 당 기관지『민족혁명』창당 1주년 기념호에 실린 다음과 같은 논설에 그 진의가 드러나 있다.

장구한 기간을 통한 운동의 성과는 마침내 그 서광을 가져왔다. 조선민족 일반의 정치적 각성의 고도화와 혁명적 지도자의 어느 정도의 자각적 훈련화가 그것이다. 조선혁명운동에서도 가장 투쟁의 역사가 길고 또 방법이 열렬했던 5개 단체의 합동에 의해 창립된 본당은 조선혁명운동에 자태를 나타낸 이 역사적 서광을 지적하고 있는 것이다. 본당의 창당에 의해 조선민족의 혁명적 중심조직은 확실히 그 최초의 기초만은 형성되었다고 볼 것이다.[138]

민족혁명당의 이런 민족해방운동 노선이 곧 김규식의 노선이라 단정하기는 물론 어렵다. 그러나 미국에 유학한 장로 출신 기독교신자로서 모스끄바 극동민족대회 참가, 국민대표회 창조파에 참가, 민족유일당 운동에 참가, 한국대일전선통일동맹 조직 주도, 통일전선 정당인 민족혁명당 창당 참가 등을 통해 그는 항상 극좌나 극우가 아닌 대동단결 내지 좌우익 통일전선 노선에 섰음을 알 수 있다.

그러나 이렇게 큰 포부를 가지고 출발한 민족혁명당도 곧 조소앙을 중심으로 하는 세력이 이탈하고, 뒤이어 이청천 중심세력이 이탈하고 만다.『민족혁명당 당보』제2호에는 김규식의 중앙상무위원 겸 훈련부장 사직원 수리 기사와 중앙집행위원 조소앙에 대한 파면기사가 함께 실려 있다.

'자필이력서'에는 민족혁명당과의 관계에 대해 "1935년에는 남경에

---

138) 이 책 제2장의 각주 18과 같음.

서 여러 한국인 지도자들과 함께 대일전선통일동맹을 조선민족혁명당이라는 단일 통합 정당으로 전환시키는 데 성공함. 이 무렵 만주와 중국본토에서 독립운동과 관련된 거의 모든 지도자와 단체들이 가담했으나 김구와 그의 소수 추종자들만은 상해 홍구공원 폭탄 투척사건을 일으킨 후 공개적으로 나설 수 없어 불참했음. 그러나 곧이어 김원봉과 그의 의열단이 헤게모니를 휘두르려 했기 때문에 새로 가담했던 많은 인사들이 떨어져 나갔음"이라고 했다.

이정식의 연구에서는 앞에서 든 것과 같이 우사의 둘째아들 김진세의 증언에 따라 일본 쪽의 위험을 피하기 위해 중국국민당 정부가 우사를 안전한 사천성으로 옮기게 한 것으로 되어 있다. 그러나 『민족혁명당 당보』에서는 김규식의 중앙상무위원 겸 훈련부장 사직이유를 "사고에 의한"으로 표현했다. '자필이력서'에서 상세히 밝히지 않았으나 어쩌면 우사가 민족혁명당을 떠나 사천대학 교수가 된 것도 당내 분위기와 연관이 있는지 모르겠다. 그러나 사천대학 교수로 가면서도 당적을 떠난 것은 아니라고 생각된다.

어떻든 김규식은 1943년 1월 교수생활을 그만두고 다시 중경으로 가서 임시정부 요원이 될 때까지 사천대학에서 영문학을 가르치면서 외국문학과 과장을 맡기도 했다. 미국대학 졸업생인 김규식은 중국에서 민족해방운동에 종사한 20여 년 동안 그곳의 교육사업에도 큰 흔적을 남겼다. '자필이력서'에는 교육사업에 대해 이렇게 쓰고 있다.

1905년에서 1913년까지 한국에서 교육활동에 종사한 외에도 틈틈이 중국에 체재하는 동안─도합 약 20년─상해 윌리암즈 대학의 학장 겸 교수(나중에 총장, 1922~27), 상해 복단(復旦)대학 교수(1923~24 및 1925~27), 천진 북양(北洋)대학 영어교수(1929~33), 남경 중앙정치학원 영어강사(1933~35), 성도(成都)와 아미산(蛾眉山)의 국립 사천대학 영문학 교수(나중에 외국어문학과 과장, 1935~42) 등을 역임했음.

'자필이력서'에는 저술에 관해서 1938년 국립 사천대학 출판부에서 간행된 『엘리자베스 시대 드라마 입문』(*An Introduction to Elizabethan Drama*), 1943년에 출판된 『중국 비극시 영역』(*An English versified translation of a Chinese tragic poem*), 1944년에 출판된 『영작문 힌트』(*Hints on English Composition Writings*), 1945년에 출판된 『실용영어』(*Practical English*) 그리고 '자필이력서'를 쓰던 시기인 1950년 현재 워싱턴에서 『양자유경(揚子幽境)』(*The Lure of the Yangtze*)이 출판 중이라고 했다.

임정 부주석으로서 해방을 맞다

1. 임정으로 돌아올 무렵의 민족운동

1) 1930년대 말의 민족운동전선

김규식이 남경을 떠나 사천대학 교수로 간 것이 1935년 여름이었으니, 그가 1941년 임시정부로 돌아올 때까지 약 5년간 민족해방운동전선에는 많은 변화가 있었다. 우선 임정을 구성한 정당도 1935년 김구 등을 중심으로 조직된 한국국민당과 민족혁명당에서 이탈한 조소앙 등 중심의 한국독립당이 성립되었고, 1937년에는 역시 민족혁명당에서 이탈한 이청천 등 중심의 조선혁명당 등이 성립되었다. 그리고 이들 우익계 정당이 1937년 흔히 광복진선(光復陣線)으로 불리는 한국광복운동단체연합회를 이루었다. 그리고 1940년에는 이 세 정당이 합쳐져서 새로운 한국독립당이 되었다.

임시정부는 윤봉길 의거 이후 상해를 떠나 가흥(嘉興)·진강(鎭江) 등지로 옮겼다가 중일전쟁 발발 후에는 일본군에 쫓겨 장사(長沙)·광주(廣州)·삼수(三水)·유주(柳州)·귀양(貴陽)·준의(遵義) 등지를 거쳐 1938년 초 김규식이 있는 사천성의 중경에 정착했다.

민족혁명당도 조소앙·이청천 세력이 이탈한 후 1937년 김성숙(金星淑) 등이 중심인 조선민족해방운동자동맹, 최창익(崔昌益) 등이 중심인 조선청년전위동맹, 유자명(柳子明) 등이 중심인 조선혁명자연맹 등 주로 좌익세력과 합쳐 조선민족전선연맹을 이루었다. 그리고 1938년 10월 장개석 정부의 도움으로 한구(漢口)에서 이 연맹의 군사조직으로서 조선의용대를 창설하여 중국국민당 정부군과 함께 각 전구에서 일본군과 싸웠다.

1930년대 후반기 이후 민족해방운동전선은 일본의 중일전쟁 도발이 소일전쟁이나 미일전쟁으로 이어지고 또 확대될 것을 기대하면서 좌우익 전선의 통일을 기도해갔다. 일본의 만주침략으로 중국 관내 민족해방운동 전선과 만주지방 전선 그리고 국내 전선과의 연결이 불리해지기는 했지만, 그런 조건 아래서도 주로 중국 관내 전선에서의 통일전선은 이루어져갔다.

우선 중국국민당 지역에 있던 우익진영 통일전선체 한국광복운동단체연합회와 좌익진영 통일전선체 조선민족전선연맹이 연합하여 1939년에는 우익진영 대표 김구와 좌익진영 대표 김원봉이 중경에서 「동지·동포 제군에게 보내는 공개통신」을 발표하고 두 진영이 합친 전국연합진선협회(全國聯合陣線協會)를 구성했다. 그리고 이 「공개통신」에서는 "우리의 현단계 정치강령의 대강은 적어도 다음과 같은 내용이 되지 않으면 안된다"고 하며 다음 10개의 합의된 정치강령을 제시했다.

① 일본제국주의의 통치를 전복하여 조선민족의 자주독립 국가를 건설한다.
② 봉건세력 및 일체의 반혁명세력을 숙청하고 민주공화제를 건설한다.

③ 국내에 있는 일본제국주의의 공·사 재산 및 매국적 친일파의 일체 재산을 몰수한다.

④ 공업·운수·은행과 기타 산업부분에서 국가적 위기가 있을 경우 각 기업을 국유로 한다.

⑤ 토지는 농민에 분배하고 토지의 일체 매매를 금지한다. 조선농민의 대부분은 소작인으로서 일본제국주의의 토지 및 친일적 대지주의 토지를 경작하고 있다. 그 토지는 국가에서 몰수하여 그대로 농민에 분배하고 매매를 금지한다.

⑥ 노동시간을 감소하고 노동에 관계하는 각 종업원에게는 보험사업을 실시한다.

⑦ 부녀의 정치·경제·사회상의 권리 및 지위를 남녀 동등으로 한다.

⑧ 국민은 언론·출판·집회·결사·신앙의 자유를 향유한다.

⑨ 국민의 의무교육과 직업교육을 국가의 경비로써 실시한다.

⑩ 자유·평등·상호부조의 원칙에 기초하여 인류의 평화와 행복을 촉진한다.

우사 김규식은 전국연합진선협회 성립과정에 직접 참가하지 않았지만, 가까운 성도(成都)에 있었으므로 중경에서 이루어진 이같은 좌우익 전선간의 합의에 대해 충분히 알고 있었을 것이다. 1930년대 후반기로 들어서면서 해외 민족해방운동전선의 좌우익 통일전선이 해방 후 귀국하여 수립할 국가의 기본방향 대강에 합의했다고 볼 수 있을 전국연합진선협회의 정치강령은 시사하는 바가 매우 크다.

이후 김구와 김원봉은 전국연합진선협회를 근거로 또 다시 단일된 통일전선 정당을 만들기 위해 중국 기강(綦江)에서 한국국민당·한국독립당·조선혁명당 등 광복운동단체연합회를 구성한 우익 3당과 조선민족혁명당·조선혁명자동맹·조선민족해방동맹·조선청년전위동맹 등 조선민족전선연맹을 구성한 좌익 4단체로 된 7당회의가 1938년 10월에 열렸으나, 결국 실패했다. 이러한 때에 오랫동안 대학에서 강의에 전념하던 우사 김규식이 강단을 떠나 다시 민족해방운동전선에 돌아오게 된 것이다.

2) 1940년대 초의 민족운동전선

김규식이 중경으로 돌아오기 전에 우익진영만으로 운영되던 임시정부는 1941년 「건국강령(建國綱領)」을 발표했다. 1930년대 후반기의 중국 관내 우리 민족해방운동전선에서 좌우익 진영이 통일전선을 이루어가면서 정강에 어느정도 합의를 이루어갔다고 말했지만, 1940년대로 들어서면서 즉 일본제국주의의 패망이 가까워지면서 좌우익 통일전선은 더욱 추진되어갔음을 알 수 있다.

임시정부의 건국강령은 대생산기관을 국유화하고, 토지·어업·광업·은행·전신·교통기관 등을 국유로 하며, 토지의 상속·매매를 금지하고, "두레농장, 국영공장, 생산·소비와 무역의 합작기구를 조직 확대하여 농공대중(農工大衆)의 물질과 정신상 생활정도와 문화수준을 제고한다"라고 했다. 앞에서 본 좌우익 통일전선체 전국연합진선협회의 강령과 아직 우익만의 통일전선체인 임시정부 강령 사이에는, 특히 경제정책에서는 큰 차이가 없었음을 확인할 수 있다. 따라서 좌우익 통일전선운동이 더욱 발전할 소지가 마련된 것이다.

한편 1941년 중국국민당 정부의 외교부장 곽태기(郭泰祺)가 김구·김원봉 등과 만나 임시정부 승인문제를 거론하면서 한국국민당과 민족혁명당의 '단결합작'을 희망했다. 이에 민족혁명당 쪽이 임시정부헌법 개정, 의정원의원 선출방법 변경, 의원의 임기 규정, 공석 11명 의원의 보선 등을 요구했으나, 한국독립당의 반대로 무산되었다. 그러나 이같은 난점들이 극복되면서 중경에 있던 민족해방운동전선은 통일을 이루어 갔다.

1942년 10월 25일에 개최된 제34회 임시의정원 회의에서 김원봉·왕 통·유자명·김상덕·손두환·김철남 등 23명이 새 의원으로 당선되었다. 새로 의원이 된 23명 중 한국독립당원은 6명인 데 비해, 조선민족혁명 당원 6명, 같은 조선민족전선연맹 계열의 조선혁명자동맹·조선민족해 방동맹·통일동지회 등 소속이 5명이어서 종래 한국독립당원 일색이라 할 수 있었던 의정원이 다른 정당원과 무소속 인사들이 망라된 명실상 부한 '전민족적'으로 구성되었다고 할 수 있다. 민족혁명당의 핵심인물 로서 이때 의정원 의원이 된 김원봉은 그 의의를 이렇게 말했다.

우리들이 평소에 공동이 노력하는 관내 혁명운동의 통일은 금차 한국임시 의정원 제34회 회의로 인하여 형성되었다. 전세계 민주전선의 승리가 점차 가까워오는 이때에 오랫동안 분열 고립하여오던 우리의 각 혁명단체 및 각 개인들이 모두 한방에 모여앉아 일찍이 보지 못했던 대단결을 형성하는 동시 에 화중공제하는 정신으로 우리 민족의 혁명단계를 토의 결정하게 된 것은 심히 중대한 것이다. 그러므로 금차 회의를 계기로 하여 우리 관내 혁명운동 은 한 역사적 발전을 기망할 수 있으며 또 따라서 우리의 민족적 지위와 임시 정부의 권위가 더욱 높아질 것이다. 이것은 우리가 역시 공동히 기뻐하고 치 하할 바라고 믿는다.[139]

139) 『독립』신문 1943년 10월 27일자에 실린 김원봉의 글 「순국 1주년을 기념하면서」 중 에서.

일본제국주의의 패망을 전망하면서 우리 민족해방운동전선은 연합국의 일원이 되어야 할 필요성이 절실했고, 그렇게 되기 위해서는 전선 전체가 임시정부를 중심으로 통일전선을 형성해야 하며, 또 임시정부의 권위를 높여야 하고, 임시정부가 각 민족해방운동세력의 연합체로 구성되어야 한다는 사실을 정확하게 알고 있었던 결과, 제34차 임시의 정원회의에서 한국독립당을 중심으로 하는 우익계 외에 민족혁명당을 중심으로 하는 좌익계가 참가하게 된 것이다. 이 무렵 김규식은 중경으로, 임시정부로 돌아오게 되었다.

2. 임정에 돌아와 부주석이 되다

1) 선전부장에서 부주석으로

1943년 1월 20일자 『신한민보』에는 "최근 중경에 온 김규식의 담화"라는 제목으로 "재중경 본보 통신원 엄항섭 군은 동시 김규식 박사가 중경에 와서 임시정부 봉대에 대한 중요 담화를 보도한 특전(特電)이 아래와 같다"하며, 다음과 같이 전하고 있다.

1월 10일 김규식 박사는 그 부인과 같이 사천으로부터 중경에 왔고 김박사의 발표한 담화는 아래와 같다. "내가 늘 느끼는 것은 재미한인이다. 재미한인은 이왕부터 충성을 다하여 임시정부를 봉대하였고 지금까지 변치 않고 임시정부를 봉대하니 이것이 내가 재미한인을 느끼는 것이다. 나는 항상 재미한인을 생각하고 잊지 아니한다. … 나는 이제 교편을 던졌고 나의 여생을 가져 나라에 바치고 임시정부에 충성을 다하기로 결심하였다. … 일체의 과거사를 다 쓸어버리고 임시정부에 들어와 모든 동지들과 합작하기를 원하며 재미한 인에게 대해서는 임시정부를 위하여 노력하기를 바란다. … 나는 정식 임명을 받기를 기다려 다시 공중에 대한 발표가 있을 터이다."[140]

조선민족혁명당 조직에 적극적으로 참가했던 김규식이 남경을 떠나 사천대학 강단으로 옮겨간 1935년 하반기는 통일전선 정당 민족혁명당이 성립되었으면서도 곧 내분이 일어나 조소앙 등을 중심으로 하는 우익세력이 당을 떠난 때였다. 다시 말하면 민족혁명당을 중심으로 하는 통일전선에 금이 가기 시작하던 때였다. 그가 다시 임시정부로 돌아오면서 말한 "일체의 과거사를 다 쓸어버리고"라고 한 것이 무엇을 뜻하며, 근 7년간이나 민족혁명당을 그리고 민족해방운동전선을 사실상 떠나 있었던 이유가 무엇인지는 분명하지 않다. 그러나 그가 1943년에 다시 임시정부로 돌아오게 된 동기는 비교적 분명한 것 같다.

즉 앞의 김원봉 글에서도 나타난 것과 같이 일제의 패망이 가깝게 전망되면서 전체 민족해방운동전선은 임시정부를 중심으로 통일전선을 이루어야 할 필요성이 절실했고, 사실 임시의정원을 중심으로 일부 이루어져가고 있었다. 모스끄바 극동민족회의는 말할 것 없고 국민대표자회의와 민족유일당운동 및 한국대일전선통일동맹과 민족혁명당 등 민족해방운동전선의 통일전선운동에는 언제나 중요한 역할을 담당했다. 그런 김규식이 일제의 패망이 가깝게 전망되고 전체 민족해방운동전선의 통일전선 형성이 절실했던 시점에 중국 관내 우리 민족해방운동권에서 통일전선의 모체로 생각되고 있던 임시정부로 돌아온 것은 오히려 당연한 일이었다고 하겠다.

---

140) 국사편찬위원회 편, 앞의 책 234면.

1943년 1월 중경으로 돌아온 김규식은 같은 달 20일자로 임시정부 선전부장에 임명되었고, 같은 때 장건상(張健相)은 교육부장에, 유동열은 교통부장에 임명되었다.[141] 김규식은 민족혁명당을 떠나 사천대학 교수로 갈 때 민족혁명당원 자격을 떠난 것이 아니었고, 따라서 1943년 임시정부로 돌아왔을 때도 민족혁명당원으로서 선전부장이 되었다고 생각된다. 이때 교육부장이 된 장건상도 민족혁명당원이었다.

당시 임시정부는 주석 김구 이하 내무·외무 등 7개 부서 부장과 비서장은 모두 한국독립당원이 맡고 있었고, 선전부장 김규식과 교육부장 장건상만이 민족혁명당원이었다.[142] 그러나 김규식·장건상 두 사람의 민족혁명당원이 입각함으로써 임시정부는 이때 이미 통일전선정부가 되어가고 있었다고 할 수 있다.

민족혁명당은 김규식이 돌아온 다음달인 1943년 2월 제7차 대표대회 선언과 강령, 정책을 새로 발표하면서 임시정부 중심으로 통일전선을 이루어 연합국의 승인을 받아야 한다는 정책을 다음과 같이 한층 더 선명하게 선언했다.

임시정부로 하여금 국내외 혁명집단과 혁명군중의 기초 위에 확립하게 하여 전체 민족의 독립사업을 총영도하는 혁명정권기구로 다시 발전하게 해야 한다. 아울러 각국으로 하여금 최단기일 내에 우리 임시정부를 승인하게 하고 전쟁 후 우리나라의 완전독립을 위해 노력해야 한다.[143]

1943년 10월에는 임시정부 국무위원 임기가 만료되었고, 따라서 그

---

141) 같은 책 235면, 「국무위원 증설」.
142) 일본내무성 경보국 보안과 『특고월보』 1944년 11월분, 72면.
143) 秋憲樹 編 『資料韓國獨立運動』 2, 212~14면.

개선을 위한 임시의정원이 소집되었다. 민족혁명당 쪽에서는 국무위원 11명 중 주석을 제외하고 민족혁명당과 한국독립당 각 4명, 기타 군소정당 2명으로 새 정부를 구성할 것을 제의했으나, 한국독립당 쪽에서 이를 거절했다. 난항을 거듭하던 임시정부의 통일전선정부화는 1944년 4월 제36회 임시의회에서 다시 기도되었다.

여러가지 우여곡절이 있었으나, 결국 국무위원 수를 14명으로 늘려 한국독립당의 김구를 주석, 민족혁명당의 김규식을 부주석으로 하고 한국독립당 8명, 민족혁명당 4명, 조선혁명자연맹과 조선민족해방동맹 각 1명으로 구성되는 정부를 구성하는 데 성공했다. 종래 우익세력 중심의 한국독립당만으로 구성되었던 임시정부가 이제 조선의열단계 중심의 조선민족혁명당과 역시 좌익 계열인 조선민족해방동맹 그리고 무정부주의자 단체인 조선혁명자연맹계도 참가한 통일전선정부가 된 것이다.

기독교 장로 출신으로 결코 좌익 계열이라 보기 어려운 김규식이지만, 민족부르주아지가 단독으로 지도하거나 노농계급만이 단독으로 지도하기 어려웠던 일제시대 민족해방운동전선에서 좌우익 통일전선이 성립될 때마다 언제나 중심적 역할을 했다. 그는 이번에도 일제의 패망을 가깝게 전망하게 된 민족해방운동전선에 통일전선의 필요성이 높아지자 다시금 중요한 일익을 담당하게 된 것이다.

2) 임정 중심의 통일전선을 위하여

김규식이 사천대학 교수로 재직하는 동안에도 조선민족혁명당원 자격을 가졌던 것은 사실인 것 같다. 이정식은 『김규식의 생애』에서, "민족혁명당의 주권자는 역시 김원봉이라고 볼 수 있겠으나, 동당의 주석(主

席)은 김규식 박사로 선정되었다. 김박사가 귀국한 후 1946년 2월 18일
에야 주석의 직을 사면(辭免)하고 동당에서 탈퇴한다는 성명서를 발표
한 것으로 보아 그때까지 때로는 적극적으로, 때로는 소극적으로 민족
혁명당의 중진 역할을 하여온 것으로 볼 수 있을 것이다"[144]라고 했다.

앞에서 본 것과 같이 창당 당시 김규식은 훈련부장이었고, 사천대학
교수로 부임하면서 그 자리에서 물러났다. 그리고 다시 임시정부로 돌
아온 후에는 선전부장이 되었고, 1944년 4월 제36회 임시의회에서 임
시정부 부주석이 되었다.

김규식은 임시정부로 돌아온 직후인 1943년 3월 12일 중경에서 라
디오방송을 통해 "미국·하와이·쿠바·멕시코·기타 지역에 있는 동지와
미국인 친구들을 향해서"「조선민족혁명당의 전후 계획」을 발표한 바
있는데, 그 내용이 미국에서 발행된 신문『독립』1944년 3월 8일자에 게
재되어 있다. 여기서는 "김박사는 조선민족혁명당의 의장(Chairman)이
며 임시정부 공보부장이다"라고 했다.

『독립』신문 1943년 10월 6일자에는 또 "중경에서 재미동포에게 보낸
김규식 박사의 방송"이 실려 있는데, 그 서두에 "본문은 조선민족혁명
당 주석이요 조선임시정부 선전부장 김규식 박사가 지난 8월 5일 중경
에서 미주에 있는 동포들에게 중국 국제방송을 통하여 영문으로 보낸
방송을 번역한 것입니다"[145]라고 하여, 이때는 김규식이 조선민족혁명
당 주석이었음을 말해준다. 앞에서도 말한 것과 같이, 그가 임정으로 돌
아온 직후인 1943년 2월 조선민족혁명당은 제7차 대표대회를 열게 되
는데, 여기서 당수로 추대된 것이다.

---

144) 이정식, 앞의 책 104면.
145) 『독립』신문 1943년 10월 6일.

김규식은 1943년 3월 12일자 라디오방송에서 "더욱 기쁜 것은 우리 조선민족혁명당은 올해 2월 22일 다른 새 당과 합병했다는 것을 여러분께 전해드릴 기회가 주어진 것입니다"[146)라고 하며, 자신이 중앙집행위원회 의장(Chairman of the Central Executive Committee)이며, 김약산 즉 김원봉이 총비서(General Secretary)인 조선민족혁명당과 '한국독립당통일협회'(Unification Association of the Korean Independence Party) 및 '조선민족당 해외위원회'(Overseas Commission of the Korean National Party) 등이 합쳐진 사실을 알렸다.

'자필이력서'에는 이 과정에 대해, "나중에(1943년) 이 당은 중경에서 김규식을 당수로 하여 다른 3개 조직을 묶어 새로운 통합 정당으로 강화되었음. 그러나 마침내 당 사무총장 김원봉이 조선공산주의자들과 내통함을 알게 되어 귀국 후에는 이 당과 손을 끊었음"이라고 했다. 김규식이 1943년 사천대학 교수직을 그만두고 중경임시정부로 돌아온 후, 조선민족혁명당은 앞에서 말한 것과 같이 한국독립당통일협회 및 조선민족당 해외위원회 등을 포섭하여 새출발하게 되었고, 이 과정에서 그는 조선민족혁명당 당수가 된 것이다.

김규식은 민족해방운동단체들의 "이러한 통합은 UN의 대한임시정부 인정을 반드시 촉진할 것이며 … 우리 자신의 해방과 자유가 회복될 때, 우리 조선독립군이 모국에 들어갈 때 선구자로서 국제연합(United Nations) 승리군과 동조해서 행진할 수 있게 할 것입니다"라고 했다.

제2차 세계대전이 진행되던 중 UN 설립에 관한 열강들의 의도가 처음으로 표면화되는 것은 1943년 10월 모스끄바에서 열린 미·영·소 3국 외상회의에서 발표된 '국제평화기구 설립에 관한 4국 선언'에서였다.

---

146) 『독립』신문 1944년 3월 8일.

그러나 이전부터 제2차 세계대전에 참가한 연합국을 'United Nation'이라 부르고 있었으며, 김규식도 그대로 따르고 있는 것이라 하겠다.

우리 민족해방운동의 군사력만으로 일본제국주의를 패망시키는 것은 현실적으로 불가능한 일이었다. 따라서 우리가 일본을 패망시키고 해방될 수 있는 길은 좌우익을 막론한 우리 민족해방운동 군사력이 연합국의 일원이 되어 연합군과 함께 일본의 항복을 받는 것이었다고 할 수 있다. 그리고 우리 민족해방운동 군사력이 연합군의 일원이 되기 위해서는 군사력의 통일전선을 이루는 일이 요긴했다.

그것을 정확하게 알고 있었던 김규식은 이 방송을 통해 군사력의 통일전선이 이루어진 사실을 말하면서, "우리는 최근에 한국광복군에 편입된 조선의용대가 현재 한국광복군 제1지대의 핵심으로 활동하고 있는 것을 기쁘게 전해드립니다. 편입되었을 때의 제1지대는 1942년 7월 이래 3개 그룹으로 나누어져 화북, 즉 북부중국의 다른 3개 전선에서 활동하고 있습니다. 북부중국 전선에 있는 부대(조선의용군을 말함 - 인용자)는 현재 약 19개 부대로 많아졌으며, 숫자와 활동에서 더욱 증대하고 있다는 큰 전망입니다"라고 했다. 임시정부가 앞으로 통일전선을 이루어 갈 중국공산군 지역에 있는 조선독립동맹의 군사력 조선의용군의 활동도 함께 말하고 있는 것이다.

우사 김규식은 1943년 8월 5일에도 중경에서 중국 국제방송을 통해 미주동포들에게 방송했다. "임시정부, 한국독립당, 조선민족혁명당의 대표로 선택을 받은 3~4명이 장개석 위원장으로부터 회견 초청을 받은 영광과 특전을 여러분에게 보고할 수 있는 것이올시다"라고 하며, "그 회견에 참석한 분들은 김구·이청천·김약산 또 제 자신이었습니다"라고 했다. 장개석과의 회견에 한국독립당에서 두 사람, 민족혁명당에서 두 사람이 참가했는데, 민족혁명당에서 참가한 김규식과 김약산, 즉 김원봉이 사실상 당의 대표적 인물이었음을 알 수 있다.

이때 임시정부 요인들이 장개석에게 제출한 제의 내용은 첫째, 한국 광복군의 효과적 조직, 둘째, 임시정부의 법리상 승인이 불가능할 경우 사실상의 승인 요청, 셋째, 임정에 대한 원조 증가, 넷째, 민족해방운동 세력의 통일전선에 관한 문제 등이었다고 말하면서, '조선의 독립을 위해 단합하자'라는 제목으로 다음과 같은 자신의 소견을 밝혔다.

위에 말한 사실들을 비추어보면 근본적으로 필요한 것은 이것입니다. 즉 어떠한 정당이나 혹은 어떠한 단체나 또는 임시정부의 어떠한 각원이나 누구나를 물론하고 전보다 더하여 최선을 다함으로써 장위원장 자신과 다른 연합국들의 존경하는 지도자들과 정치가들 또는 우리 3천만 조선민족의 기대에 벗어나지 않도록 하여야 할 것입니다. 우리가 자기를 희생하고 우리보다 먼저 우리의 길을 걸어간 우리의 혁명지도자들과 또는 우리의 고국의 땅 험한 산속에서, 광동에서, 북평까지 미친 기념할 만한 북방정벌 중에 만주벌판에서, 또는 근년에 중일전쟁 중에 조선의용대원들이 적과 싸우다가 최후를 마친 우리들의 영웅들이 우리를 위하여 바친 그 사업을 반드시 성취하지 않으면 아니될 것을 생각할 때 더욱 그러합니다. …

이것은 사실이외다. 왜 그러냐 하면 과거에 있어서 거의 반세기 동안을 우리는 국내나 국외에서 우리 민족의 자유의 값으로 피와 몸으로써 그 값을 갚아왔기 때문이올시다. 그러나 우리가 기억해야 할 것은 다른 것이 아니올시다. 우리는 국내 국외에 있는 우리의 군대를 더욱 잘 조직하고 연합하고 또는 강하게 함으로써 우리의 큰 목적, 즉 우리나라의 완전 독립과 연합국의 공통적 승리와 세계 각국 인민 사이에 평화와 화목들을 실현하기 위하여 더욱 피를 흘려야 할 것이며, 전례적으로 우리 자신을 희생시켜야 될 것을 여러분은 기억하여야 할 것입니다.[147]

김규식이 재미동포사회에 대해 이같이 민족해방운동단체의 통일전 선 강화와 민족해방운동군 조직의 강화를 강조한 때는 장개석 정부 지 역에 남은 조선의용군이 한국광복군과 연합한 때였고, 또 좌우익 정치 세력들이 임시정부를 중심으로 통일전선을 형성해가던 때였다. 좌우익 을 막론한 우리 민족해방운동군을 통일하여 제국주의 일본군과 치열하 게 싸우는 일은 무엇보다 민족의 해방에 대비하는 최선의 길이었다.

이 점에서 김규식 개인의 생각과 임시정부 노선 사이에는 전혀 다를 바가 없었다. 전체 민족해방운동전선에서 통일전선이 얼마나 강조되었 는가를 알기 위해, 임시정부가 한국독립당계만이 아닌 다른 정치세력 의 참가로 이루어진 통일전선정부가 되면서 발표한 「국내외 동포에게 고함」의 중요 부분을 들어보면 다음과 같다.

우리들은 각 혁명단체, 각 무장대오, 전체 전사 및 내외 동포로 더불어 전 민족적 통일전선을 더욱 공고 확대하면서 일본제국주의자에 대한 전면적 무 장투쟁을 적극 전개하기 위하여 최대의 노력을 결심한다. … 국내와 만주 및 화북, 화중, 화남 각지에 있는 동포들은 이 중심 임무 수행상 필요한 방법 및 보조로써 우선 각 무장대오의 조직과 지휘를 즉시로 통일하고, 각종 방식으 로 무장대오의 확대 강화와 적진에 피박 참전한 한인 사병의 반란 반정의 조 직과 징병 반대 및 철로·공장 파괴 등 공작에 특별히 노력하라.[148]

정치적 통일전선을 이룬 임시정부가 각처에 있는 무장대오, 즉 민족 해방운동 군사력의 통일전선을 이루기 위해 노력하는 한편 국내와 만

147) 같은 곳.
148) 『독립』신문 1944년 8월 9일.

주 및 중국 관내지역을 막론하고 조선사람이 있는 곳이면 어디서나 반일 파괴활동을 전개하고 총반격을 가할 것을 지시하고 있다. 이는 통일전선정부 성립에서 그만큼 힘을 얻은 것이라 할 수 있겠는데, 같은 해 7월에 발표된 민족혁명당의 제9주년 기념문은 통일전선임시정부 성립의 의의를 다시 한번 강조하고 있다.

> 금번 제36차 임시의회 때 임시정부의 통일과 개조를 완성함을 따라 우리 민족의 국제적 지위는 크게 향상되었고, 동시에 관내 조선혁명운동의 중요성은 더욱 외면으로 나타나게 되었다. 이러한 순간에 처하여 우리는 본당의 부담한 임무가 더욱 어렵고 큰 것을 느끼게 된다. 첫째, 우리는 반드시 전민족적 단결을 강화하여 반드시 임시정부의 일절 공작을 적극 전개시키며, 반드시 임시정부를 확대 강화하여 실제상 조선혁명의 최고 영도기구가 되도록 하여 국제상 유력한 물질적 원조를 쟁취하는 동시에, 공동작전에 참가한 동맹국 구성분자의 자격을 획득하도록 노력할 것이요. ⋯ 끝으로 우리는 현재 우리가 가지고 있는 광복군을 개선하여 각지 조선혁명 무장역량의 지휘와 조직을 통일 집중하고 동맹국의 승리에 배합하여 대규모의 무장반일투쟁을 전개하여야 할 것이다.[149]

민족혁명당이 참가함으로써 김규식이 부주석이 된 통일전선임시정부가 반드시 연합국의 일원, 즉 그 동맹국이 되어 공동작전에 참가해야 한다는 점, 그러기 위해서는 광복군을 개편하여 연합군의 한 부대가 되게 하고 연합군과 함께 무력으로 쳐들어가서 일본을 패배시키고 전승국군이 되어야 한다는 점을 정확하게 알고 있었다. 민족혁명당이 임시

---

149) 『독립』신문 1944년 9월 20일.

정부에 참가하여 통일전선정부가 되게 한 목적은 바로 이 점에 있음을 잘 말해준다.

그리고 오랫동안 임시정부를 떠나 있던 김규식이 복귀하자마자 임시정부가 사실상 좌우익 통일전선정부가 되고, 임시정부를 그렇게 만드는 데 김규식이 또 한번 중요한 역할을 다하고 있었음을 볼 수 있다. 김규식 자신의 '임시정부 참가의 변' 및 '임시정부 통일전선정부화의 변'을 직접 들을 수는 없다. 그러나 김규식과 같이 민족혁명당원으로서 임시정부 국무위원이 된 장건상은 해방 후 자신이 임시정부에 참가한 이유에 대해 다음과 같이 회고했다. 아마 김규식의 생각과 크게 다르지 않을 것 같아 여기에 들어본다.

> 내가 임정에 참여한 이유는 오직 하나였습니다. "일본이 미국을 상대로, 전세계를 상대로 전쟁을 걸었기 때문에 머지않아 망하고 만다. 일본이 망하는 날 우리는 독립하는 것이다. 여기에 우리가 대비해야 한다. 그 대비란 결국 해외의 우리 항일단체들이 모두 단합해서 통일된 조직을 갖추는 것인데, 그 통일된 조직은 그래도 임정이 기둥이 될 수밖에 없다"는 것이었습니다.[150]

장건상은 임시정부 국무위원으로서 중국공산군 지역 연안(延安)에 성립되어 있던 조선독립동맹 쪽과 통일전선을 이루기 위해 그곳으로 간 바 있다. 연안에서 조선독립동맹 주석 김두봉 등을 만나 임시정부와 독립동맹 사이의 통일전선에 합의하고, 김두봉이 김구 등을 만나러 중경으로 가기로 했으나 일본이 항복함으로써 더 진전되지 못했다. 장건상은 이때의 상황을 또 다음과 같이 회고했다.

---

150) 이정식 면담·김학준 편집 해설 『혁명가들의 항일회상』 209면.

내가 연안에 사흘 묵었어요. 좌우합작이 이번에 정말 성공하는구나 하는 꿈에 젖었는데, 그다음날 깨어보니 일제의 항복입니다. 마침내 그 악독한 일제가 패망하고 민족이 독립을 얻었다고 생각하니 나도 모르게 눈물이 흐릅디다. 정말 감격을 했습니다. 그러나 나도 인간인지라 한 가지 아쉬움을 느꼈습니다. 그것은 임정과 조선독립동맹의 통일전선을 채 보지 못하고 해방을 맞이한 데서 오는 것이었습니다. 이 통일전선이 이룩되고 나서, 그 통일전선의 토대가 굳어졌을 때 해방이 왔더라면 얼마나 좋았을까 하는 안타까운 생각이 잠시 들었습니다.[151]

김규식이 부주석으로 참가한 일 자체가 임시정부의 좌우익 통일전선 성립으로 연결되고 있지만, 중국 관내지역에서 활동하던 민족해방운동전선 전체가 일제의 패망을 가깝게 전망하면서 적극적으로 통일전선을 지향했고, 그 통일전선의 핵심을 임시정부로 삼고 있었음을 알 수 있다. 김규식·장건상·김원봉 등 민족혁명당의 중요 인사들이 임시정부에 참가한 것도 민족해방운동전선의 통일전선 성립을 위한 것이었으며, 김두봉·최창익·한빈(韓斌) 등 중심의 조선독립동맹과 교섭한 것도 역시 임시정부와의 통일전선을 이루기 위한 것이었다. 그러나 불행하게도 중국 관내 민족해방운동세력의 통일전선이 채 완성되기 전에 일본제국주의의 패망이 오게 되었다.

3) 조선민족은 독립할 자격이 있다

임시정부를 중심으로 하는 중국 관내지역 우리 민족해방운동전선은

---

151) 같은 책 212면.

민족해방에 대비하면서 정치세력과 군사력의 통일전선을 지향해가고 있었으나, 한편으로 미국을 중심으로 하는 연합국은 일본이 패망한 후 조선을 어떻게 할 것인가 하는 문제에 대해 다른 생각을 갖고 있었다. 미국을 중심으로 하는 연합국 지도자들은 한인들이 항일민족해방운동을 끈질기게 추진하고 있는 사실을 알았기 때문에 일본이 패망한 후 조선을 패전국 일본영토의 일부로 그대로 두어서는 안된다는 사실을 인식했던 것 같다.

그러나 일본제국주의 패망 후 한반도를 즉시 독립시키려는 생각은 갖지 않았던 것도 확실하다. 미국대통령 루스벨트는 1942년경부터 이미 일본 패망 후 한반도를 일정한 기간 국제공동관리 아래 두었다가 독립시킨다는 결정을 했고, 이에 대해 영국의 동의를 구했다. 연합국들이 대한민국임시정부를 승인하지 않은 것도 이 때문이었다. 전승국이 될 미국·영국·프랑스 등이 가진 식민지를 전쟁 후 독립시킨다는 결정이 아직 없었던 당시로서는 패전국 일본의 식민지 한반도를 전쟁 후 즉시 독립시키고, 그러기 위해 대한민국임시정부를 승인하기 어려운 일이기도 했을 것이다.

미국·영국·중국 등 연합국 수뇌들은 1943년 11월 카이로선언에서 일본이 패망한 후 한반도는 "일정한 절차를 밟아서 자유 및 독립국가로 할 결의를 가진다"고 했다. 이 '일정한 절차를 밟아서'라는 부분에는 일정한 기간 동안 국제공동관리를 거쳐 독립을 시킨다는 뜻이 담겨 있었다. 이 경우 김규식이 몸담고 있는 대한민국임시정부는 해방과 함께 독립국가 수립을 위한 총선거를 담당하는 명실상부한 임시정부가 될 수 없다는 사실을 말해주는 것이다.

해방 후 한반도의 국제공동관리론에 대해서는 임시정부 외무부장이던 조소앙의 명의로 많은 반대성명이 나왔지만, 임시정부 안의 중요한 외교통이었던 김규식도 '일정한 절차를 밟아서' 독립시키겠다는 연합국의 결정은 곧 조선민족이 자치능력이 없다고 인정한 데서 나온 것임을 파악하고, 이를 시정시키려는 활동을 펴게 되었다.

1944년 4월 19일자 『독립』 신문은 "중경 한국임시정부 선전대신이요 조선민족혁명당 주석인 김규식 박사는 지난 3월 19일 중경으로부터 「전후 극동에 있어서의 조선」이란 제목으로 이 서반구를 향하여 방송한 영문의 전문을 본보 중경통신원 신긔언 씨가 지난 3월 24일에 보내왔으므로, 본보는 이에 우리나라 말로 번역하여 여러분 독자에게 소개하는 바이다"라고 하며 이를 게재했다. 해방 직전 김규식의 '현실인식', '민족해방관' 내지 '민족독립관' 등을 알 수 있겠다고 생각하여 그 내용을 모두 소개하기로 한다. 우선 「북미합중국과 서양에 있는 연합국 신사숙녀 제씨」에게 다음과 같이 말했다.

(전략) 카이로회의에서 3대 연합국―북미합중국, 중국 및 영국―의 3대 영도자들은 무엇보다도 조선의 '상당한 시기에' 자유가 되고 독립이 될 것을 결정하였다. 이 소식이 보도되었을 때는 조선 내외에 있는 조선사람이면 누구나, 더욱이 과거 30년 동안 혹은 40년 동안 조국의 광복을 위하여 아직까지 끊임없는 투쟁을 하여오는 모든 조선인 혁명가들은 기뻐함을 마지않았을 뿐만 아니라 3대 거두―루스벨트 대통령, 장개석 장군 및 처칠 수상―에게 대하여 감사함을 느끼었다.

카이로선언을 통해 일본 패전 후의 조선을 '상당한 시기' 후 독립시키기로 결정한 연합국 3대 거두에게 감사한 후 「카이로선언에 달린 '작은 끄나불'」이라는 제목 아래 해방과 함께 '즉시독립'이 아닌 '유보독립'인 점에 대해 다음과 같이 비판했다.

그러나 수차 성명한 바와 같이 우리들은 '상당한 시기에'라는 문구에 대하여 조금 수상하게 생각하지 않을 수 없다. 우리 조선사람들이 생각하는, 만일 3대 거두가 테헤란회의가 끝나자 이란(퍼시아)국의 완전독립과 영토적 안전 보장한 것과 같이, 조선의 자유와 독립에 대한 선언에 있어서도 '상당한 시기'에라는 그런 작은 끄나불이 매여달리지 않았더라면 그 선언이 얼마나 힘이 있을 것이며 분명하였을까 하는 것이다. 어떻든 이 문구의 뜻은 매우 모호한 것이 사실이다. 그러면 '상당한 시기에'라고 하는 의미는 무엇인가? 그것은 연합군이 조선에 들어간 뒤에 조선에 있는 파시스트 일본인 통치를 완전히 쫓아내고 바수어버린 뒤를 말함인가? 혹은 일본인들이 조선으로부터 완전히 물러나간 다음이라도 조선이 정치적으로나 경제적으로나 또는 국방에 있어서 자기 힘으로 설 수 있을 때까지 어떠한 열강 혹은 열강들의 보호를 어떠한 시기 더한 시기 동안 …(16자 미상)… 동안을 받아야 한다는 것을 말함인가? 후자의 해석, 즉 어떠한 시기 동안 보호를 받아야 한다는 그 해석이 일반적으로 생각되는 것 같다.

'상당한 시기'가 지난 후 자유와 독립을 주겠다는 연합국의 결정이 애매하다는 비판과 함께, 그는 「은반에 바쳐주는 독립은 가치가 없다」는 제목으로 '상당한 시기'라는 문제를 우리가 어떻게 해결해야 할 것인가 하는 문제에 대해 몇 가지 조건을 제시한 후, 그것에 답함으로써 '상당한 시기' 문제를 해결하려 한 점을 볼 수 있다.

그러므로 조선민족이 자기 발로 능히 설 수 있을는지, 그 문제에 대하여 한 번 구체적으로 고찰하여볼 필요를 느낀다. 만일 이 문제를 적당히 대답할 수 있을 것 같으면 '상당한 시기에'라고 한 그 조목은 없어지게 할 수가 있다. 우리 조선사람들 자신들은 조선의 독립은 우리 자신의 노력과 우리 자신의 희생과 우리 자신의 힘을 모아서 세우지 아니하면 아니될 것을 잘 알고 있다. 우리에게 은쟁반에 바쳐주는 독립은 가치가 없으며 쓸데없는 것이며 또는 영구한 것이 아니다. …

　우리의 독립을 위하여는 우리의 손과 힘으로서 그 적당한 값을 지불하지 아니하면 아니될 것이다. 이러한 이유로서 비록 3대 거두가 카이로에서 조선은 '상당한 시기에' 자유와 독립이 될 것을 결심하였으나, 이 '상당한 시기'라는 것은 언제이며, 또는 얼마나 오래 갈 것인가를 우리 조선사람들 자신이 결정할 것이다. 그러므로 이제 우리는 첫째, 조선은 한 개의 독립적 국민이 될 자격이 있는지, 둘째, 조선은 독립할 만한 자력이 있는지, 셋째, 조선은 국방을 건축할 수 있을까? 넷째, 조선은 자유의 대가를 지불할 것인지. …

이렇게 말한 후 김규식은 조선은 문화적으로 또 정치적으로 충분히 독립할 자격이 있음을 구체적인 사실 등을 들어 논증한 후, 자원 면에서도 독립국가를 유지할 만하며, 조선사람들의 교육정도도 높아서 조선 안에서 전문학교와 대학을 졸업한 사람이 8만 명이고 일본에서 전문학교와 대학을 졸업한 6만을 합쳐 14만 명이나 되며, 각종 직업학교와 실업학교를 졸업한 사람이 40만 명이나 된다고 했다. 그리고 조선과 일본에 30만 명의 세련된 직공들이 있어서 해방 후 조선의 산업건설에 이바지할 것이라 했다.

그는 "조선은 자유의 대가를 갚을 것인가"하는 부분에서 조선사람들이 과거 반세기 동안 자유를 얻기 위해 투쟁해온 사실을 들면서, "우리는 일본의 점령 밑에 있는 지역에서 60만 명 내지 그 이상의 조선사람들을 응모하고자 하며, 동시에 열하와 만주에서 현재 기다리고 있는 거의 200만 명의 수에 이르는 조선사람들과 손을 잡으려고 하며, 그리하여 결국에는 조선반도 안에 화산같이 터질 반란의 불길을 지르려는 것이다"라고 했다. 민족의 해방과 일본 패망 과정에서 우리 민족이 적극적으로 역할할 것을 내다보고 있는 것이다. 그러면서 그는 방송의 마지막 부분에서 "임시정부를 승인하라" 하고 요구했는데, 그 내용을 들어보면 다음과 같다.

> 우리들이 또한 바라는 바는 4대 연합국—중국·북미합중국·영국·소비에트연방—들이 빨리 조선임시정부를 승인함으로써 임시정부로 하여금 우리의 전체 운동을 보다 더 충분히, 보다 더 적극적으로, 보다 더 유효하게 운전하게 하도록 하는 것이다. 그렇게 함으로써 우리가 연합국 승리를 촉진하는 데 확정적으로 한몫을 하고자 하는 것이며, 극동과 전세계에 영구한 평화를 확립하는 데 발언권을 가지려고 하는 것이 우리의 소원인 것이다.[152]

사천대학 교수직을 떠나 중경으로 돌아온 후 조선민족혁명당수가 되면서 통일전선 임시정부의 선전부장과 부주석이 된 김규식이 심혈을 기울인 부분은 역시 중국 관내 민족해방운동전선의 통일전선 완성과 연합국에 의한 임시정부의 승인이었음을 알 수 있다.

1930년대에 그가 한국대일전선통일동맹 성립에 주동적 역할을 한 일과 통일전선 정당으로서 민족혁명당의 결성에 적극 참가한 일들은 모두 민족해방운동세력의 통일전선을 추구하는 일이었지만, 1940년대에 들어와서 일본제국주의의 패망을 훨씬 더 가깝게 전망하면서 전체 민족해방운동전선의 통일전선 추구는, 이제 임시정부를 중심으로 하는 민족해방운동세력이 연합국의 승인을 받고 참전함으로써 장차 있을 일제의 항복조인에 참가하는 일임을 김규식은 잘 알고 있었다.

---

152) 『독립』신문 1944년 4월 19일.

그러나 연합국의 한반도정책은 임시정부 승인 방향으로 가지 않고 '상당한 시기'를 지난 후 독립시키겠다는, 즉 국제공동관리 및 신탁통치 기간을 두는 방향으로 가게 되었다. 이에 김규식은 「북미합중국과 서양에 있는 연합국 신사숙녀 제씨」를 향해 한국의 독립에 '상당한 시기'를 두려는 일의 부당성을 이해시키기 위해 구체적인 자료를 들어 "조선민족은 능히 자치할 자격이 있다"고 호소하면서 연합국의 임시정부 승인을 요구하고 있는 것이다.

그러나 이같은 노력에도 불구하고 임시정부는 일본제국주의가 패망하는 날까지 연합국의 승인을 받지 못했다. 그 때문에 김규식을 비롯한 임정요원들은 35년간의 항일투쟁 끝에도 결국 개인 자격으로 귀국하지 않을 수 없었다. 김규식이 학무부장·선전부장·부주석을 지낸, 그리고 25년 이상 지속된 임시정부는 결국 총선거를 담당하는 임시정부의 역할을 하지 못한 채 망명정부가 되고 만 것이다.

일본제국주의가 패망한 지 2개월이 넘도록 김규식 등 임시정부요원들은 귀국할 수 없었다. 미국이 7함대 소속 선박을 보내주기로 하여 기다렸으나 선박은 오지 않았다. 결국 11월 5일에야 한국주둔 미군사령관 하지중장이 비행기를 보내어 임정요원들은 우선 상해로 갈 수 있었고, 윤봉길 의거의 현장 홍구공원에서 6000~7000명을 헤아리는 교민들의 환영회가 있었다. 그리고 18일 후인 11월 23일에 임정요원 제1진이 귀국했다. 그 1진에는 김규식과 비서일을 보던 아들 김진동이 동행했다. 1913년에 망명한 김규식으로서는 32년 만의 환국이었다.

(『우사 김규식 — 생애와 사상』1, 한울 2000)

부록

한국민족혁명당 창립 대표대회 선언

1) 세계대전 이후 잠정적으로 이루어졌던 열강의 표면적 세력균형은 일본의 만주침략과 독일의 재군비와 이딸리아의 아프리카에 대한 군사행동으로 깨어지기 시작했다. 국제연맹 군축회의 및 기타 세력균형을 위해 설치되었던 각종 이른바 국제평화기관들은 남김없이 파괴되어 제2차 세계대전의 발발은 시간문제로 되었을 뿐이다.

영국·미국·일본의 태평양에서의 쟁패전(爭覇戰) 특히 중국을 중심으로 하는 쟁패전은 9·18사변으로 더욱 격렬해졌고, 일본제국주의는 아시아를 독단적으로 제패하기 위해 아시아먼로주의를 제창하며 장차 중국 전영토를 그 세력범위 안에 두기 위해 영·미 세력을 아시아에서 구축하려 하고 있다. 또 소련의 동점(東漸)을 막고 시베리아의 풍부한 원료를 획득하기 위해 먼저 화북(華北)지방을 침략하여 그 전선을 공고히 하려 하고 있으며, 이에 중국·소련·일본과 영국·미국·일본의 충돌은 갑자기 더욱 확대되고 격렬해져가고 있다.

---

* 이 선언문은 秋憲樹 編『資料韓國獨立運動』2, 195~99면에 중국문으로 실려 있고, 『思想情勢視察報告集』2, 76~82면에 일역문이 있다. 이 번역은 중국문을 대본으로 삼았다.

2) 강도 일본은 그 무장능력의 빈약함과 군웅(群雄)이 쟁패하는 세계에서의 고립에도 불구하고 군사적 모험주의를 감행하여 스스로 몰락을 촉진하고 있다. 1백억의 적자공채로 해·육·공군을 확장하며 각종의 무기를 개발하여 요새를 크게 구축하는 한편, 각종 산업을 전시체제로 통제하여 모든 민간공장을 군수품 제조공장으로 바꾸면서 전시의 전국산업 총동원에 대비하고 있다.

또 만주에서도 철도·도로·비행장·군항·창고 등과 각종 군사시설을 대대적으로 건설하고 있다. 더욱이 한국을 중요 군사상의 근거지로 확정하여 금속·전기·인조사(人造絲) 및 질소(窒素) 등의 공장을 대폭 증설하는 한편, 면화·아마(亞麻) 재배를 강제하여 화약원료와 비행기연료를 만들고 있다.

이와 같은 제2차 세계대전을 촉진하는 일본제국주의의 소위 아시아먼로주의는 그 원인을 살펴보면 멀리 청일·러일전쟁으로 한국병탄을 강행한 이후로 일본제국주의가 우리 한국을 강점한 이후 자원이 풍부한 우리 금수강산을 일본의 상품시장, 기업투자장으로, 또 공업원료와 식량 및 저렴한 노동력 공급지로 변화시킴으로써 일본제국주의를 성장 발전시켰던 까닭이었다. 그뿐만 아니라 일본제국주의는 한국을 동아시아 대륙정책의 교량으로 삼았고 또 그 중요한 전략적 근거지로 만들었다. 이 때문에 일본제국주의는 이와 같은 중요 기지를 확보하기 위해 각종 야만적 수단을 한국동포에게 가하고 있다. 이리하여 우리 한국민족은 깊은 물 뜨거운 불 속에 빠져 강도적 압박과 착취에 고통을 받고 있는 것이다.

3) 일본제국주의는 우리 한국을 병탄한 이후 먼저 잔인하고 강압적인 정책으로 우리 민족 생존의 기초인 토지를 탈취했는바, 한국토지 총면적 중에 100분의 70이 일본인에게 점유된 것이다. 일본제국주의는 우리의 토지를 탈취하기 위해 전문적인 척식기관(拓殖機關)을 설치했는데 그 명칭이 잡다하고 숫자도 77개에 이르렀으며, 30정보(1町步는 중국의 16畝에 해당) 이상을 사유한 일본인이 464명에 달했다. 한편으로 우리 한국농민들은 경작지를 잃고 울며 헤매거나 걸인이

되는 사람들이 해마다 증가하여 그 빈곤상은 이루 형언할 말이 없다. 초근목피를 먹어도 생명을 유지할 수 없는 상황이다.

한국의 현대공업은 본래 취약하지만, 이 형편없는 공업 중에서도 한국인이 가진 자본은 겨우 100분의 5에 불과하며, 그 생산액은 100분의 13에 불과할 뿐이다. 또 한국노동자들에 대한 비참한 착취와 그 생활수준의 열악함은 세계에서 그 유례를 찾기 어렵다. 그 위에 10만 명의 노동자들이 실업하여 항상 거리를 헤매고 있다.

나머지 상업·광업·수산업·전기·금속·철도운수업 등은 남김없이 일본제국주의가 독점하고 있으며 이와 같은 잔인한 경제적 착취는 포악한 정치적 압박을 병행시키지 않으면 효과가 없는 것이다.

일본제국주의는 한국 내에 9만 8324개의 통치기관과 2만 648개의 경찰망과 26개의 감옥과 2개 사단의 군대와 헌병·재향군인·소방대[소방대는 곧 구화대(救火隊)인데 한국에서는 시국이 긴장되면 군(軍)·경(警)에 협조하여 민중을 탄압한다] 등 명칭도 여러가지이고 숫자도 많다. 그런데 지금 또 많은 군대를 증파하고 경찰망을 확장하고 그 주구(走狗)들을 밀파하고 감옥 더 짓기를 그칠 줄 모른다. 한국민족의 언론·출판·집회·결사는 전부터 일률적으로 금지되었으나 일반 교육기관에 대한 감시를 더욱 엄중히 하고 한국역사를 이미 가르칠 수 없게 하고 한국어 또한 사용하지 못하게 했다. 심지어는 노동야학·학술강연·문맹퇴치운동까지 금지하고 더욱이 우리 혁명세력에 대해서는 전시치안유지법(戰時治安維持法)을 적용하여 야만적인 탄압을 가하고 있다.

일본제국주의는 잔혹무도한 정책을 강행하는 한편 소위 자치주의를 표방하여 우리 민중을 기만하는 데 힘을 쏟고 있다. 또 근래에는 소위 농지령(農地令)과 공장법(工場法)을 발표하여 민심을 수람(收攬)하고 농민과 노동자들의 반항운동을 완화시키고자 꾀하고 있다. 또 각 도·부·군(道·府·郡) 및 학교에 자치기관이란 미명으로 소위 평의회(評議會)란 것을 두어 부패한 지식인들을 매수, 유인하려 하고 있다. 이와 같이 일본제국주의의 간교하고 음흉한 기만책은 내키지 않는 곳이 없으며 강압수단과 유인정책으로 우리 혁명운동을 적극적으로 억누르고 있으며 한 걸음 더 나아가서 우리 민족을 작전부대로 편입시켜 최전선에서 자기 동포들을 도살하도록 몰아내려 하고 있다. 우리 한국민중은 생활상의 모든 자원을 모조리 적들에게 빼앗겨 농촌은 황폐하고 도시는 퇴락했지만, 민족의 각오로 저항 노력은 조금도 후퇴하지 않고 민족적 기백과 일본에 대한 적개심은 날로 더 왕성해지고 있다.

현재 한국에서는 날마다 수천 수만의 농민은 항조(抗租)운동과 노동자의 파업운동, 그리고 기타 혁명운동자의 체포, 투옥사건이 일어나서 일본인들을 궁지에 몰아넣고 있다. 지난 1년간 압록강, 두만강 유역의 한국 경내에서 우리 혁명군은 유격부대를 조직하여 적들과 200여 차례 교전했고 여기에 직접 참가한 사람은 20만 명 이상이었다. 이와 같이 우리 한국혁명의 횃불은 날로 치열해졌고 용솟음치는 혁명의 피물결은 날로 높아가고 있다.

이와 같은 혁명의 피물결이 하나로 합류하고 그 횃불이 일시에 점화될 때 우리의 혁명역량은 조직과 중심을 가지고 날로 강대해질 것이며, 그리하여 적들의 전선을 반드시 분쇄할 수 있을 것이다.

4) 우리의 혁명운동은 일본제국주의가 우리 한국에 대한 침략을 개시한 당초부터, 즉 갑오출병(甲午出兵), 을사늑약(乙巳勒約), 경술합병(庚戌合倂) 때부터 이미 맹렬하게 시작되었다. 적괴(敵魁) 및 매국적(賣國賊)에 대한 암살운동, 국내 각지에서 일어난 의병운동, 독립선전운동 및 만주에서의 군사운동 등등 비록 성공이라고 할 수는 없지만, 이러한 가지가지의 실패 가운데 우리 선열 및 지사들이 흘린 뜨거운 피와 영웅적 기백은 마침내 우리 민족독립정신의 결정(結晶)이 되었고 우리 한국혁명 초기의 기초를 만들어주었다.

일찍이 기미년(1919년)에 폭발한 3·1운동은 우리 민족이 총동원된 대운동이었고, 여기서 우리의 위대한 혁명역량이 충분히 표현되었다. 3·1혁명은 그 위대한 혁명역량에도 불구하고 소기의 목적을 달성하지 못했다. 그 원인은 어디에 있는가? 당시 일본제국주의의 야만적인 힘이 우리 혁명역량을 능히 저지할 수 있었다고 함은 객관적 원인이 될 뿐이다. 우리 혁명전선은 지도적 중심이 없고 통합된 투쟁계획이 없었으므로 조직이 능력을 전혀 발휘하지 못하여 혁명행동이 대부분 의분과 열정에 의한 분산적 행동이었던 점이 그 주관적 실패의 원인이 될 것이다.

3·1운동 실패로 얻었던 침통한 경험은 족히 우리들 혁명운동을 점차 조직적·계획적 행동으로 추진하게 했다. 또 적의 우리 민족에 대한 정치·경제·문화 면의 각종 압박과 착취가 날로 심해짐에 따라 우리들 혁명대중의 각성이 촉진되었고 반항의 불꽃이 더욱 치열해졌다. 농민은 농촌에서 노동자는 공장에서 학생은 학교에서 기타 일체 민중이 일본제국주의 타도하자는 구호를 외치면서 용감하게 전진했고 앞사람이 쓰러지면 뒷사람이 이어가며 우리 혁명운동은 전진하고 발전해왔다.

5) 우리의 현재 상황은 이와 같이 나아갔고 국제정세 또한 긴박하게 되었다. 우리 민족은 이와 같은 정세 아래서 전체 민족적 혁명역량을 통일적 지도 아래 집중시키고 강도 일본을 타도하기 위해 대통일당(大統一黨) 창립대표대회를 결성하고 이 대회에서 다음과 같은 혁명원칙을 결의했다.

① 일본의 침략세력을 타도하여 우리 민족의 자주독립을 완성한다.
② 봉건제도 및 일체 반혁명 세력을 일소하여 진정한 민주공화국을 건립한다.
③ 소수인이 다수인을 착취하는 경제제도를 소멸시켜 우리 민족 각개 생활상의 평등한 경제제도를 건립한다.

위와 같은 원칙에 근거하여 우리 민족혁명의 통일당을 조직하여 우리 혁명운동의 놀라운 발전을 증명한 것은 위대한 성과라 할 수 있다.

3·1운동 실패 후 우리가 지도의 통일과 혁명역량의 집중으로 일대 통일당을

결성하려 노력하지 않았던 것은 아니다. 일찍이 1923년에 60여 개 단체의 대표가 한자리에 모여 20만 원의 활동비를 소비하면서도 하나의 대당(大黨)을 결성하지 못하고 대표회의는 유산되고 말았던 원인은 각 대표의 주장이 같지 않았고 파벌이 복잡했던 데 있었다. 다음 1928년에 또 민족통일당촉성회(民族統一黨促成會)를 조직하고 대당 결성을 위해 적극 노력했으나 그때의 상황이 불리하고 각종 조건이 성숙하지 못해 또한 실패로 돌아갔다.

지금 민족의 대통일당이 성립된 것은 실로 우리 민족의 열렬한 혁명요구와 각오의 표현이며, 일반 혁명운동자들의 통일운동에 대한 열망과 노력과 공헌의 결정으로서 우리 혁명운동사에서 획기적인 새로운 발전이다. 우리 혁명운동은 지금부터 가속적으로 발전할 것이며, 혁명기간 중에 당하는 곤란에도 확고한 준비와 용감한 투쟁으로 대응하게 될 것이다.

6) 우리 민족은 세계민족의 한 단위로 구성되어 있으며 유구한 역사와 찬란한 문화를 가지고 있다. 이조의 일시적 비정(秕政)으로 정체(政體)가 문란하고 인심이 흩어져서 일본제국주의의 마수에 나라가 멸망하기에 이르렀다. 그러나 우리 민족의 열렬한 반항정신과 강고히 단결된 혁명역량은 반드시 일본제국주의를 타도하여 우리 민족의 역사를 계속시키고 민족문화를 부흥시킬 것이다. 현재 우리의 반일 혁명운동은 절대로 고립무원의 싸움이 아니다. 지금 중화민족은 일본의 박해를 같이 받고 있으며, 소련도 또한 일본제국주의와 대립해 있고, 기타의 민족 및 국가들도 일본과 대립하여 모두 우리의 우군이 되어 있다.

특히 중국민족은 현재 일본의 침략과 압박에 고통을 받고 있어 각계 각층이 모두 와신상담 간고분투할 결심이 있으므로 중국민족은 우리가 믿을 수 있는 유일한 동맹군이다.

중국민족은 5천년의 장구한 역사와 4억이라는 엄청난 인구를 가지고 있다. 지금 일본의 무력침략으로 곤경에 처해 있지만, 한때 혼란에 빠졌던 정치·경제·사회 등 각 부문이 점차 정돈되어가고 기상도 날로 새로워지며 민족부흥운동과 항일준비를 적극적으로 추진하고 있다. 우리가 반드시 중국민족과 확실하게 제휴하여야 하는 것은 전략상의 이해관계뿐만 아니라 옛날부터 두 나라의 역사적 관계가 밀접했기 때문이다. 또 나아가서 동아시아 장래의 평화를 유지하고 세계 인류의 공동번영을 촉진하기 위해 우리 중·한 양 민족의 합작은 중대한 의의를 가지는 것이다.

대전이 임박하여 우리 민족 존망의 문제가 결정되려는 이때에, 우리는 모름지기 민족적 혁명역량을 통일시키고 공고히 하며 중국민족과 밀접하게 합작하고, 나아가 우리에게 동정적인 모든 민족과 연합하여 반일전선 총동맹을 결성하여 우리의 최후 승리를 위해 분투하고 희생할 것이다.

한국민족의 혁명역량을 총단결시키자.

민족의 무장총동원을 준비하자. 반일동맹군을 편성하자.

일본제국주의를 타도하자.

한국민족 독립 성공 만세.

세계 피압박민족 해방 만세.

한국민족혁명당대표대회 기원 4268년(1935) 7월 5일

민족혁명당 당의·당강·정책·당장

1. 당의(黨義)

본당은 혁명적 수단으로써 구적(仇敵) 일본의 침탈세력을 박멸하여 5천년 독립 자주해온 국토와 주권을 회복하고 정치, 경제, 교육의 평등에 기초를 둔 진정한 민주공화국을 건설하여 국민 전체의 생활평등을 확보하고 나아가서 세계인류의 평등과 행복을 촉진한다.

2. 당강(黨綱)

1) 구적 일본의 침략세력을 박멸하여 우리 민족의 자주독립을 완성한다.

2) 봉건세력 및 일체 반혁명세력을 숙청하여 민주집권(民主集權)의 정권을 수립한다.

3) 소수인이 다수인을 박삭(剝削)하는 경제제도를 소멸하여 국민생활상 평등의 제도를 확립한다.

4) 1군(郡)을 단위로 하는 지방자치제를 실시한다.

5) 민중무장(民衆武裝)을 실시한다.

6) 국민은 일체의 선거권 및 피선거권을 가진다.

7) 국민은 언론·집회·출판·결사·신앙의 자유가 있다.

8) 여자는 남자의 권리와 일체 동등으로 한다.

9) 토지는 국유로 하여 농민에게 분급한다.

10) 대규모의 생산기관 및 독점적 기업을 국영으로 한다.

11) 국민 일체의 경제적 활동은 국가의 계획하에 통제한다.

12) 노농운동(勞農運動)의 자유를 보장한다.

13) 누진율(累進率)의 세칙을 실시한다.

14) 의무교육과 직업교육은 국가의 경비로써 실시한다.

15) 양노(養老)·육영(育英)·구제(救濟) 등 공공기관을 설립한다.

16) 국적(國賊)의 일체 재산과 국내에 있는 적 일본의 공·사유 재산은 몰수한다.

17) 자유·평등·호조(互助)의 원칙에 기초한 전세계 피압박민족 해방운동과 연결 협조한다.

3. 정책(政策)

1) 국내의 혁명대중을 중심으로 하여 내외의 전민족적 혁명전선을 결성한다.

2) 국내의 무장부대(武裝部隊)를 조직하여 총동원을 준비한다.

3) 적의 세력에 아부하는 반동세력을 박멸한다.

4) 국외의 무장부대를 확대 강화한다.

5) 해외 우리 민족의 총단결을 촉성한다.

6) 우리 혁명운동에 동정 원조하는 민족 및 국가에 대해서는 이와의 연결을 도모한다.

4. 당장(黨章)

1) 명칭 위치

(1) 본당의 명칭은 '민족혁명당(民族革命黨)'이라 한다.

(2) 본당의 위치는 ○○에 권정(權定)한다.

2) 당원

(3) 본당 당원: 본당의 당의·당강 및 당장을 승인하고 당의 일체 결의안을 실천할 것을 약속하는 18세 이상의 본국 남녀가 본당 당원이 될 수 있다.

(4) 본당의 입당은 당원 2명 이상의 소개로 구당부회(區黨部會)의 통과를 거쳐 상급 당부의 인가를 받아 후보당원이 된다. 후보기간은 3개월로 하되 단 상급 기관의 사정에 의해 이를 신축할 수 있다. 특수한 사정 아래서는 상급 당부는 직접 당원의 징구(徵求)를 통과하는 권한을 가진다. 현존하는 단체가 해체하고 그 전체가 본당에 가입할 때는 반드시 중앙기관의 결의를 요한다.

3) 조직

(5) 조직원칙: 조직원칙은 민주주의 중앙집권제로 한다.

(6) 각급기관의 집행권: 당의 각 기관은 당의 결정범위 내에서 각자 지방문제에 대해 자유채결(自由採決)한 후 상급 기관에 즉시 보고할 것을 요한다.

(7) 당의 최고기관은 전당대표대회로 한다.

(8) 각급 집행위원회: 각급 당대표대회에서 선거, 조직된 각급 당부 집행위원회는 각 해당 대회 전후 기간 내의 지도기관으로 한다.

(9) 본당 조직계 ① 구부당원대회 혹은 대표대회: 서기 혹은 구부집행위원회, ② 지부대표대회: 지부집행위원회, ③ 전당대표대회: 중앙집행위원회, ④ 중앙집행위원회 혹은 상무위원회는 공작상 필요하다고 인정될 때는 특별조직을 둔다.

(10) 당무기관: 각급 당부위원회에는 서기, 조직, 선전의 각부를 둔다. 각부

의 조직은 중앙기관에서 결정한다.

4) 구부(區部)

(11) 당의 기본조직: 당의 기본조직은 구부로 한다. 당원 3명 이상을 가진 지방에는 상급기관의 허가를 얻어 구부를 설치한다. 구부는 서기 1명을 선거하여 구부회(區部會)의 결의와 상급 기관의 지시를 집행한다. 단 구부의 인원수가 과다할 때는 소조(小組)를 분설하여 조장 1명을 둔다. 3명 미만의 지방에는 통신원을 둔다.

(12) 구부의 임무 ① 본당의 당의·당강·정책을 일반민중에게 선전하여 그들을 당원으로 포섭한다. ② 민중의 일상투쟁에 적극적으로 참가하고 그들을 조직 훈련하여 혁명운동에 참가시킨다. ③ 당원을 징구(徵求)하고 그들을 훈련시켜 혁명의식을 향상시킨다.

(13) 구부집행위원회: 구부 당원이 많을 때는 집행위원 약간 명을 선거하고 구부집행위원회를 조직하여 일상 당무를 처리케 한다.

5) 지부(支部)

(14) 지부대표대회: 지부대표대회를 지부의 최고기관으로 한다. 지부대표대회의 정기대회는 매년 1회 소집하고, 임시대표대회는 해당 지부 반수 이상 기관의 요구 또는 중앙기관의 지령에 의해 지부집행위원회가 이를 소집한다. 지부대표대회는 지부집행위원회 및 지부검사위원회의 보고를 청취하고, 그 지부의 당무공작을 토론 결정하며 지부집행위원의 지부검사위원 및 전당대표대회에 출석하는 대표를 선거한다.

(15) 지부집행위원회: 지부집행위원회는 지부대표대회에서 선출되는 집행위원으로써 조직한다. 지부집행위원회는 지부대표대회의 폐회기간 중 지부의 최고기관이 된다. 지부집행위원회는 최소한도 2개월에 1회 정기회를 개최하고 지부집행위원회 폐회기간의 공작진행의 편리를 위해 상무위원을 호선하여 상무위원회를 조직한다. 지부집행위원회 또는 지부상무위원회는 서기 1명을 선거한다.

(16) 지부집행위원회의 직권: 지부집행위원회는 지부대표대회 및 중앙집행위원회의 결의를 집행하여 지부의 경비처리 후 중앙기관에 보고하고, 그 공작정황을 중앙기관에 보고한다. 지부집행위원회는 상무(常務)를 처리하기 위해 각부를 조직하고 각부의 주임은 가급적 그 지부집행위원 중에서 충임한다.

6) 전당대표대회(全黨代表大會)

(17) 전당대표대회는 당의 최고기관이다. 전당대표대회는 2년에 1회 정기대회를 소집하고 임시전당대표대회는 중앙집행위원회가 필요하다고 인정할 때 또는 당원 반수 이상의 조직적 요구가 있을 때 중앙집행위원회가 이를 소집한다.

(18) 전당대표대회는 중앙집행위원 및 중앙검사위원회의 보고를 접수 심사하고, 당의·당강·당장을 수정하고 일체의 정책 및 조직문제를 토의 결정하고 중앙집행위원 및 중앙검사위원을 선거한다. 단 당의의 수정은 그 근본정신을 변경할 수 없다.

(19) 전당대표는 당의 각 지부대표대회에서 선거한다. 단 특수 부득이한 경우에 처한 지부는 중앙의 허가를 거쳐 해당 지부집행위원회에서 선거 파견할 수 있다.

7) 중앙집행위원회(中央執行委員會)

(20) 중앙집행위원회의 인수는 전당대표대회에서 결정한다.

(21) 중앙집행위원회는 전당대표대회 폐회기간 중 당의 최고기관으로 한다. 중앙집행위원회는 당을 대표하여 대외관계의 사무를 처리하고 당의 각종 기관을 설치하며, 당의 일체 공작을 지도한다. 중앙집행위원회는 적어도 반년에 1회 정기회의를 소집한다.

(22) 중앙집행위원회는 상무위원을 호선하여 상무위원회를 조직한다. 상무위원회는 중앙집행위원회의 폐회기간 중 이를 대리한다. 상무위원에 결원이 발생했을 때는 중앙집행위원회에서 이를 보선한다. 단 부득이한 경우에는 상무위원회에서 임시 보선하며, 차기 중앙집행위원회의 추인을 요한다.

(23) 중앙집행위원회에는 서기부·조직부·선전부·조사부·훈련부·군사부·국민부의 각부를 둔다. 중앙집행위원회에는 서기장 1명과 각부 부장 1명을 중앙집행위원 중에서 선임한다. 상무위원회의 폐회기간 중에는 서기장이 중앙집행위원회의 결의 범위 안에서 일상당무를 처리 집행한다.

8) 검사위원회(檢査委員會)

(24) 각급 당부의 검사위원회는 전당대표대회 또는 지부대표대회에서 선거한 검사위원으로써 조직한다. 검사위원회는 각급 당부의 일체 공작 및 재정회계를 검사한다.

9) 기율(紀律)

(25) 당원 및 각급 당부는 기율을 엄수하기 위한 최고 책임이다. 당원 및 각급 당부는 전당대표대회, 중앙집행위원회 및 기타 상급기관의 결의를 신속 정확히 집행하고, 당일 일체의 문제에 대해서는 그 결의범위 내에서 자유로이 토의하는 권리를 가진다.

(26) 하급 당부가 상급 당부의 결의에 복종하지 않을 때, 또는 중대한 착오 과실이 있을 때는 중앙기관은 이를 취소하고 그 당원을 다시 등기시킨다. 당원이 기율을 범했을 때는 각급 당부는 그 범행의 경중에 의해 지시 경고, 감시, 정권(停權), 제명한다.

(27) 전체 당에 대해 중대한 영향을 주는 문제에 대해서는 중앙집행위원회 또는 상무위원회가 그 의견을 발표하기 전에는 하급 기관 및 당원은 단독으로 대외적 의견을 발표할 수 없다.

(28) 당원이 이주(移住)할 때는 반드시 소속 당부의 허가를 거쳐 도착과 동시에 그 지역 당부에 보고해야 한다.

(29) 당원 처벌에 대해서는 당원대회 혹은 각급 당부에서 심판 집행한 후 감시, 정권 및 제명 처벌에 대해서는 반드시 상급 당부가 있은 후 그 효력을 발생한다.

(30) 제명 처분을 받은 당원에 대해서는 상급 기관의 허가가 있을 때까지

당원 일체의 권리를 정지한다. 각급 당부는 반당 행동이 있은 당원에 대해서는 직접 제명 처분에 부치고, 즉시 상급 기관에 보고하고 그 소속 하급 기관에 통지한다. 제명 처분에 불복하는 자는 중앙기관에 상소할 수 있다. 당원이 다음 각 항의 하나를 범했을 때는 각급 당부는 중앙기관의 허가를 거쳐 이를 제명한다.

① 언론행동이 본당의 당의, 당강 및 전당대표대회 중앙집행위원회의 결의에 위반되는 자.

② 회의에 이유없이 4회 연속 결석한 자.

③ 이유없이 당비를 4회 연속 체납한 자.

④ 감시를 받는 자로서 만기 후에도 개과(改過)하지 않는 자.

⑤ 본당의 비밀을 누설한 자.

⑥ 본당의 허가없이 다른 정치결사에 가입한 자.

⑦ 언론 및 행동이 당 전체의 위신을 오손한 자.

10) 재정(財政)

(31) 당비는 중앙집행위원회에서 규정한다.

(32) 당원의 당내 의연(義捐)은 자유의사에 의한다.

(33) 당 경비의 수입 지출은 중앙기관에서 지배한다.

11) 부칙(附則)

(34) 본당 당의의 수정은 제18조에 의해 중앙집행위원회의 제의 또는 전당대표 5분의 1 이상의 제의와 전당대표 3분의 2 출석, 출석인원 4분의 3의 결의를 요한다. 당강 및 당장(黨章)의 수정은 중앙집행위원회의 제의 혹은 전당대표 3분의 2의 출석, 출석인원 과반수의 결의를 요한다.

(35) 본 당장의 해석권은 중앙집행위원회가 이를 보유한다.

(36) 본 당장은 공포일로부터 시행한다.

우리 운동의 새 출발과 민족혁명당의 창립

1. 우리 운동의 새 출발과 그 이론적 기초

오랫동안 침울해 있던 우리 운동의 실천적 경험과 주위에서 전개된 세계적 사정은 지금 우리 운동으로 하여금 새 길로 나아가게 하고 있다. 이에 따라 우리의 이론적 기초도 종래의 공허한 관념적 수금(囚禁)에서 과학적·실천적 평원(平原)으로 해방되기에 이르렀다.

우리 운동이 이와 같은 새 출발의 이론적 기초를 정확히 인식하기 위해 먼저 과거의 오류를 인정하는 일이 필요하다. 환경의 변화와 자체의 무중심(無中心)은 그동안 우리들의 혁명사상에 잡다한 파문을 불러일으켰으나 이것은 대체로 두 개의 부류, 즉 좌우 양 조류로 개괄될 수 있다. 다음에 이 양 조류의 이론적 근거를 비판하고 그 오류를 지적하려 한다. 민족적 개별성에 신비적으로 유착하여 이것이 내포한 세계적 법칙의 공통성을 거부함으로써 영구한 민족적 진로를 과학적 법칙에서 수립하지 못하고, 다만 운명적 투기(投機) 방법으로 당면의 본능

---

* 이 글은『민족혁명』창간호(1936년 1월 20일 간행)에 실렸던 것으로 윤세주(尹世胄)가 썼다. 원문이 국문이었는지 중국문이었는지 분명하지 않으며, 여기서는 일본 정보기관이 입수하여『사상정세시찰보고집』3에 번역 게재한 것을 다시 번역했다.

전(本能戰)을 일삼은 것은 좌익사조(右翼思潮의 잘못 - 역자)의 공통적 오류였다.

물론 우리 민족은 역사적 전통에서, 또 현재의 환경에서 다른 제민족과는 차별적 특수성을 가지고 있다. 그러나 이 차별적 특수성은 그 본질에서 다른 제민족의 역사적 발전법칙과 구별되지만, 그렇다고 해서 이것은 신비적인 것도 아니고 독자적인 것도 아니다. 이것은 인류사회 발전의 일원적 법칙에 제약되어 있는 제민족과 같은 궤도상의 발전을 하지 않을 수 없는 것이다. 이것은 차별적, 특수성을 가지는 개인이 인류 일반의 생존법칙에서 구별될 수 없는 점과 같은 것이다.

그러므로 우리들은 우리 민족의 현실적 차별성을 정확히 인식함과 동시에, 다만 이것을 세계적 법칙의 척도로써 검측(檢測)하여 그것이 내포한 본질을 파악하지 않으면 안된다. 이와 같은 인식의 기초 위에서만 비로소 우리 민족의 영원한 평화와 합리적 생존을 위한 정치적 방향의 의식적 지도가 가능하게 될 것이다. 만일 이에 반하여 차별적 현상에 신비적으로 유착하여 세계적 법칙에 대한 격리주의(隔離主義)로서 독자적 맹진(盲進)을 하려 할 때 우리 민족은 세계적 진화에서 영원한 낙오자가 될 뿐만 아니라, 현재의 선진(先進) 제민족이 가지는 그 자연적 진화과정에서 나타나는 죄악의 모순을 반복하지 않을 수 없을 것이다. 그러므로 이러한 우익 일류(一流)의 신비적 차별주의 사상은 그 집요한 신앙적 정열이 과거 우리 운동의 당면적 운명전(運命戰)에서 비장한 공적을 남겼음이 적지 않음에도 불구하고 그 실천적 의지가 영원한 진리의 법칙에 과학적으로 관철되지 못하고 있는 점에서 그 이론은 혁명의 본의(本義)에 부합하지 못하게 되었다.

다음으로 우익의 이와 같은 신비적 차별사조에 대한 반발로 발생한 좌익일류의 사조는 공식적 법칙의 기계적 모습(模襲)에 의해 구체적 차별성을 도말(塗沫)함으로써 민족적 발전에 대한 현실적 임무를 몰각(沒却)하려 했다. 그러나 보편법칙의 과학성은 개별적 구상성(具像性)의 총괄적 내용에서 추상(抽象)되는 점에 있다. 만일 이에 반하여 개별적 구상성을 무시한 보편적 법칙이 있다고 한다면 이것은 실재성과 격절(隔絶)된 주관적 환상에 지나지 않는다. 그러므로 우리들은 조선민족의 차별적 특수성이 세계적 보편법칙에 제약되어 있음을 인식하지 않으면 안됨과 동시에, 또 그 세계적 보편법칙은 조선민족의 차별적 특수성의 긍정적 내포에 의해 추상되어 있지 않으면 안됨을 인식하지 않으면 안된다. 이것은 개인의 생리적 특징이 인류 일반의 생리적 법칙에 제약되어 있음과 동시에 인류 일반의 생리법칙이 개인적 생리와 차별적 특징을 긍정, 내포하고 있음과 같은 것이다.

이러한 원칙이 있기 때문에 세계의 제민족은 그 발전의 본질에서 공통적인 일원적 법칙에 제약되어 있음과 동시에 그 발전형태에서는 각기 상이한 차별적 불균등 현상을 하고 있다. 공식주의 사상은 이러한 보편법칙의 차별적 내포성을 몰각하고 비실재적인 주관적 관념형식에 칩거하여 사실의 구체성을 기계적으로 제율(制律)하려 한 점에 그 근본적 오류를 범하고 있는 것이다. 이러한 오류의 기초 위에서 민족적 발전의 구체적 단계를 세계적 척도로써 검측하여 그 실제적 임무에 충실하지 않고, 다만 성급한 주관에서 공허한 환상을 반복하는 데 지나지 않았던 것이다. 이리하여 이 사상은 아직 원시적 상태였던 우리 혁명사상계에 다대한 진보적 계몽의 역할을 남긴 공적은 있었다 하더라도, 그것이 다만 형식적 관념에 수폐(囚閉)되어 현실적 사정을 몰각한 점에서 실천적 이론이 되지는 못했다.

이상과 같이 우리 운동이 천착(淺窄)한 이론적 조류는 우리 운동의 실천을 침울과 혼란 속에서 오래 방황하게 하기에 충분했다. 그러나 우리들은 이러한 오랜 침울과 오뇌(懊惱)로 인해, 또 인류의 부단한 과학적 노력에 기초한 인류사회 발전법칙의 정밀한 발명적 교훈에 의해 지금 우리 운동의 이론을 과거의 이러한 정도 낮은 관념적 기초로부터 정확한 과학적 기초로 정정할 수 있다. 그렇다면 지금 우리가 도달한 우리 운동의 이론적 기초는 무엇인가? 이것은 신비적이 아닌 조선민족의 차별적 변동과정을 명확히 파악하고, 공식적이 아닌 인류사회 발전의 일반법칙의 척도로 이를 검측하는 일에 의해 그 적절한 현실적 정치임무를 구명하는 것이 아니면 안된다. 이러한 기초에 입각함으로써 우리 혁명운동은 세계의 발전과정에 정립(正立)할 수 있으며, 또 그 과정에 대한 적절한 자기 임무를 충실하게 할 수 있는 것이다. 그러나 우리들의 이론적 기초가 여기까지 정정되었다 해도 우리들은 다시 다음의 문제도 규정하지 않으면 안된다. 이것은 곧 인류사회 발전과정의 현단계와 이 단계에서 본 현재의 우리 민족적 특수지위에 대한 규정 그것임은 현재 우리 운동의 실천에 대한 직접적 지표문제이며, 이 문제에 대한 규정은 동시에 우리 혁명의 성질과 그 방법을 의미하는 것이다.

2. 세계발전의 현 과정과 조선민족의 특수 지위

과거 인류사회의 발전은 복잡한 형태의 변동을 거쳐왔다. 그리하여 이같은 복잡한 변동과정은 아무런 근거없는 우연적 신비의 산물이 아니라 반드시 그럴 수밖에 없는 인과가 내재하고 있다. 이러한 인과는 실로 무한적으로 얼마든지 있는 것이기 때문에 이것은 한마디로 계산하고 분석할 수는 없다. 그러나 인류사회 발전에 내재한 인과가 가령 이같이 무한하게 많다 하더라도 그 모든 인과 중 가장 주동적인 인과, 즉 인류사회의 발전을 원동적으로 제약해온 중심적 인과가 있고, 그밖의 많은 인과는 모두 이를 중심으로 하여 작용하지 않을 수 없었다. 그렇다면 이 중심적 인과란 무엇인가? 이것은 인류의 현실적 생활욕망을 충족시키기 위한 경제적 행동의 인과관계가 곧 그것이었다. 이같은 인류의 경제적 인과관계의 원동(原動)에 의해 인류사회의 복잡다단한 집체적(集體的) 조직양식이 변동해왔고 일체의 문화형태가 발전해왔음은 우리들이 인류사회 발전의 과거 족적에서 발견할 수 있는 것이다.

또 현재 세계는 몇 개 제민족 국가로 분립하여 복잡한 갈등이 발전하고 있지만, 이러한 갈등의 내재적 인과를 분석해보면 이것은 제민족의 경제적 욕망이 주인(主因)이 되어 있음을 발견할 수 있다. 그러므로 우리가 세계인류의 발전법칙을 규정할 때는 아무래도 그 내재하는 몇 개의 인과법칙 중 가장 보편적이며 가장 중심적인 경제적 인과관계를 본질적 원동의 일원적 법칙으로 규정하고, 그 본질적 원동의 법칙 즉 경제적 인과관계가 중심에 작용하고 있음과 기타 무한정한 복잡한 인과관계로써 그 발전형태의 현실적 구체상의 다각적 법칙을 규정하지 않으면 안된다.

그렇다면 이러한 일원적 본질과 다각적 형태로부터 발전하고 있는 인류사회는 현재 어떠한 과정을 과도(過渡)하고 있는가? 세계적 발전의 현재적 과정은 고도로 발달된 경제생산 방법의 개인적 독립에 의해 형성된 소수 민족의 제국주의국가가 자민족의 생산군중을 가혹하게 착취할 뿐만 아니라 수억만이 넘는 전세계 식민지민족을 참혹하게 착취하고 있는 점에 그 본질이 부여되어 있다. 그리하여 이러한 소수 제국주의국가의 착취에 대한 전세계 식민지민족의 해방운동은 그 과정에서 가장 중요한 발전방향의 변동적 추동력이 되어 있다. 세계의 식민지민족이 제국주의국가로부터 해방되지 않는 한 세계적 발전의 현 과정의 본질은 변동될 수 없으며, 따라서 그 발전방향은 변동, 추동될 수 없다. 왜냐하면 세계적 발전의 새 추진을 위한 현 과정에서 본질적 양기(揚棄)는 제국주의의 청산이지만, 이 제국주의는 식민지민족에 대한 착취에 의존하고 있기 때문이다.

물론 우리들은 이러한 경우 제국주의국가의 내부모순에 의해, 또는 제국주의국가 상호간의 충돌에 의해 그 자체의 몰락과 그것으로 인한 현 과정의 발전에 변동이 가능함을 몰각해서는 안된다.

그러나 이것은 적어도 식민지민족의 세계적 현 과정의 발전에 있는 자동적 추동의 의의를 거부할 수는 없다.

그러나 그렇다고 하여 식민지민족의 해방운동이 무조건적으로 현 과정의 발전에 추동력이 되지는 않는다. 식민지민족의 해방운동이 현 과정의 발전에서 가장 중요하고 가장 정확한 추동력이 되기 위해서는 현 과정의 발전방향을 올바르게 파악하고 그 방향에 대해 영구적으로 보조를 같이하지 않으면 안된다. 만일 식민지의 해방운동이 세계적 발전방향의 목표를 정확하게 측정하지 못하고 그것에 대해 영구적으로 보조를 같이할 수 없는 경우 그 시간적 역할에서 현 과정의 변동에 충격을 주기에 충분하다 하더라도 그 종말적 결과에서는 세계적 발전 방향의 새로운 대차물(對遮物)이 됨을 면할 수 없다. 왜냐하면 이것은 그 대상적 특정 제국주의국가를 타도했다 하더라도 그 자체가 내포하고 있는 제국주의적 요소의 발전으로 인해 다시 그 자신이 제국주의로 전환할 수 있기 때문이다.

그렇다면 세계적 발전의 현 과정의 발전방향은 무엇이며, 식민지민족이 현재 내포하고 있는 제국주의 요소는 무엇인가?

경제생산의 최고도의 집체적 발전과 경제분배의 최고도의 개인적 독점으로 인해, 또 경제시장의 세계적 발달은 국민경제의 배타성으로 인해 극한도로 발전한 현 과정에서 세계의 모순은 개인적 평등과 민족적 협조를 원칙으로 하는 경제적 해결점으로 추진되고 있다. 이것은 단순한 인류의 의식적 욕망에 의해서가 아니고 이상의 모순이 내포한 그 자연적 경로이다.

그러나 이러한 세계적 발전의 방향변동이 불균등한 제민족적 현상에 의한 자연적 지만(遲晚)과 혼돈을 피하기 위해서는 경제적으로 몰락한 식민지 제민족의 세계적 발전방향에 대한 합목적 운동이 필요한 것이다. 현 과정의 세계적 발전의 방향지도(方向指導)는 극대점에 달하고 있는 제국주의가 내포하는 모순 그것이다. 그러나 이와 같이 극대점에 도달한 제국주의 모순은 국민경제의 빈부에 차등이 있는 모순을 가지고 발전한 것이므로 민족경제에서 차별적 모순을 내포하고 있는 식민지 제민족은 현재 제국주의국가의 질곡에 의해 그것이 발전 확대되지 않고 있지만, 그 질곡이 제거될 때 그 자연적 발전은 다시 새로운 제국주의 단계까지 도달할 수 있는 것이다. 이리하여 이것은 세계의 신방향에 대한 후진적 지장(支障)이 되는 것이다. 그러므로 우리는 제국주의에 대한 식민지 제민족의 해방운동은 세계발전의 현과정에서 가장 중요한 추동력의 지위가 부여되어 있음과 동시에 그 발전과정의 방향적 완성에서는 다시 낙오의 가능성을 가진다는 사실을 알고 있지 않으면 안된다.

다음 이러한 세계발전의 현 과정에서 조선민족의 현실적 사정을 검측해보자. 그러나 이 문제는 우리에게 너무 간단명료하다. 왜냐하면 조선민족이 동방의 유일한 제국주의국가인 일본 식민지가 되었다는 사실만으로도 이미 이 문제에 대해 원칙적으로 대답하고 있는 것이 된다. 조선민족의 일본제국주의에 대한 식민지적 가치의 구체적 질량(質量)을 정확히 계산하기 위해서는 통계적 숫자가 필요하다. 그러나 우리는 통계숫자를 요구하지 않고도 현재 조선민족이 일본제국주의의 최대 예비군이며 가장 중요한 경제력의 원천이며 유일한 군사가교의 지위에 계박(繫縛)되어 있는 사실을 명백히 인식하고 있다.

그러나 세계적 발전의 각도에서 본 조선민족 사정의 검측은 그것이 일본제국주의에 대한 식민지적 지위의 규정에만 그쳐서는 안된다. 이것은 다시 그 민족경제의 구체성을 분석하고 그 발전방향을 예시하지 않으면 안된다. 그러나 이렇게 하기에는 다시 많은 지면을 요하게 되므로 여기서는 다만 그 추상적 결론만을 말하려 한다.

조선의 민족경제는 그것이 아직 근대 자본주의의 단계에 들어서기 전에 일본제국주의의 침략으로 인해 이식자본지(移植資本地)가 되어버렸다. 그리하여 그것은 그 외래자본의 질곡으로 인해 정상적 발전을 하지 못하고 다만 원유형태(原有形態)의 파멸에만 빠지게 되었다. 그러나 민족경제의 이러한 전체적 파멸은 원유형태의 빈부적 모순의 부분적 발전을 거부한 것은 아니었다. 그리하여 민족경제 내부의 지주 대 농민 또는 자본가 대 노동자의 경제적 모순 발전현상을 성공시키지 못했던 이러한 민족경제 내부모순의 발전은 이것이 일본제국주의의 독점적 질곡의 계박 아래서 발전해가고 있는 한 전체적 민족경제의 파멸적 발전방향에 의한 소극적 발전과정을 경과하지 않으면 안되는 것이기는 하지만, 그 질곡이 제거될 때는 민족경제의 정상적 발전과 함께 적극적 발전의 방향으로 나아갈 수 있다.

3. 조선민족의 실천적 혁명임무와 민족혁명당

세계발전의 현 과정에 대한 천명과 이런 각도에서 본 조선민족의 현실적 특

수사정에 대한 분석은 그 필연적 결론으로서 조선민족의 실천적 정치임무를 명백히 규정한다. 그것은 즉,

① 조선민족은 인류사회 발전의 법칙에 의한 발전을 급속히 추진시키기 위해, 몇억만이 넘는 세계의 식민지민족을 죄악의 착취로부터 해방시키기 위해, 민족 자신을 영원한 멸망으로부터 구출하기 위해 먼저 동방 유일의 제국주의국가로서 세계제국주의의 거대한 고리의 한 부분인 일본제국주의로부터 해방되어 민족적 독립국가를 건설하지 않으면 안된다. 조선민족이 일본제국주의로부터 해방되어 민족독립국가를 가지는 일은 일본제국주의를 몰락시키고 또 세계제국주의를 붕괴시켜 인류사회의 발전을 새로운 방향으로 추진시키는 유일한 방법이다.

② 그러나 조선민족의 발전을 세계적 발전과 구원(久遠)의 보조로써 하기 위해서는, 또 만인평등과 만국평화를 지표로 하고 있는 세계적 신발전의 방향에 명예로운 추동력이 되기 위해서는, 또 그 민족 내부의 죄악적 모순을 영원히 방지하기 위해서는 민족경제의 모순 제거를 전제로 하는 국가를 건설하지 않으면 안된다. 그렇다면 조선민족의 이러한 정치임무는 어떠한 방법으로 실천되지 않으면 안되는가?

일본제국주의로부터 조선을 해방시키기 위해서는 먼저 조선민족은 최대 강도의 민족적 역량을 주출(鑄出)하지 않으면 안된다. 어떻게 해서 최대 강도의 민족적 역량을 주출할 것인가? 조선민족 전체는 환경 여하를 불문하고, 또 지역적 분포 여하를 불문하고 하나의 고리로 조직되지 않으면 안된다. 이리하여 이 총역량이 일본제국주의와 대치하고 있는 일체의 세력과 긴밀한 연결을 가지지 않으면 안된다. 그리고 이러한 총역량이 일본제국주의의 가장 취약한 고리를 충파(衝破)할 때 일본제국주의는 붕락(崩落)하지 않을 수 없다.

다음 조선민족이 민족경제의 평등을 원칙으로 하는 진정한 민족주의 국가를 건설하기 위해서는 조선민족의 혁명역량이 경제평등의 구체적 설계를 위한 정치적 강령으로 훈련 통일되어 실천하지 않으면 안된다.

우리는 이상의 논술 전부에 의해 우리 운동의 이론적 기초 및 그 실천방법까지를 대체적으로 비판 구명했다고 본다. 그러나 우리의 이러한 이론적 인식은 다만 관념적 자각에서뿐만 아니라 이미 우리 운동의 구체적 출발에서 실천되고 있는 것이다. 즉 민족혁명당의 창립이 그것이다. 민족혁명당은 종래 분립되어 있던 제혁명단체의 총합적 단결에서 창립된 것이므로 이 창립은 동시에 우리 운동의 획기적 출발을 의미하지 않을 수 없게 했다. 종래 분립되어 있던 제단체의 이같은 총합적 단결은 민족적 총단결의 역량집중과 또 그 역량의 우군(友軍)과의 긴밀한 합작에 의해 일본제국주의 타도와 민족독립국가의 건설을 목표로 이루어진 것이므로 그것의 본질적 의의는 조선민족 당면 임무의 가장 정확한 실천에 입각하고 있는 것이다.

그러나 이같은 당면 실천은 결코 세계적 발전척도에서 본 합목적에서 탈리(脫離)되어 있는 것도 아니고, 또 낙오되어 있는 것도 아니다. 이것은 민족혁명의 정치적 강령 및 그 정책이 민족경제 내부적 모순발전의 제거에 의한 만민평등과 만국평등의 구체적 계획원칙을 정확히 보지(保持)하고 있기 때문이다.

민족혁명당의 창립은 이러한 조선민족의 영구한 발전 방칙(方則)과 현실적 실천방법에 정확히 입각하여 우리 운동의 새출발을 이루고 있음과 동시에 민족혁명당에 내포되어 있는 과거 혁명 제단체의 혁명정신 및 현재 민족혁명당에 주어진 환경적 중요성은 이러한 새 출발의 결정적 승리를 한층 보장하고 있다.

본당의 기본강령과 현단계의 중심 임무

1. 조선혁명에 대한 두 가지 근본적 방법 문제

조선혁명 이론에는 두 가지 근본적 방법 문제가 제기되어 있다. 하나는 "어떻게 하면 조선민족이 일본제국주의의 노예정치로부터 해방되어 자주적으로 발전할 수 있을 것인가"하는 것이며, 다른 하나는 "어떻게 하면 자주적 발전이 민족 전체의 평등한 행복과 세계 인류의 평등한 행복과 부합될 수 있을 것인가"에 있다. 이 두 가지 문제는 조선혁명의 파괴와 건설 양 방면의 구체적 투쟁방침을 결정하는 지도원리를 의미하는 것이며 동시에 조선혁명의 역사적 성질을 결정하는 것이다. 과거 조선혁명의 행진이 침체했다면 그것은 이 두 가지 문제에 대한 해답이 중심적으로 확립해 있지 않았기 때문이며, 금후 이 운동의 과감한 전진을 보기 위해서는 또 이 두 가지 문제에 대한 개개 지도자의 명확한 파악과 자신력이 선결조건이 되지 않을 수 없다. 그러나 적어도 현단계 조선혁명의 성과

---

* 이 글은 『민족혁명』 제3호(1936년 7월 1일 간행, 민족혁명당 창립 제1주년 기념호)에 실렸던 것을 일본 정보기관이 입수 번역한 것을 다시 번역했다. 일본어문은 『사상정세시찰보고집』3, 332~44면에 실려 있다. 필자가 밝혀져 있지 않지만 문장체로 보아 윤세주 (尹世胄)가 아닌가 생각된다.

578

는 이 두 가지 문제에 대한 의의를 관념의 비판에 맡겨두어서는 안된다. 문제의 의의는 이미 그 비판을 초월하고 있다. 이것은 조선혁명의 역사적 성과로써 창립된 본당의 강령이 이 문제에 대한 명확한 해답을 이미 내리고 있기 때문이다.

2. 제1문제에 대한 본당의 제안

제1문제에 대한 당의 강령은, 어떻게 하면 조선민족이 일본제국주의의 노예적 정치로부터 해방되어 정당한 발전을 할 수 있을 것인가에 대해 본당의 제안은 그 노예적 정치로 인해 공동 파괴에 연쇄되어 있는 조선민족 전체의 일치된 결합에 기초한 투쟁으로써 일본제국주의를 타도하는 것이 그것이다. 다만 이 길로 출발하는 조선민족의 일체 생존의 이념과 노력은, 또 나아가서 세계적 진행에 대해서도 목적에 부합한 발전을 이루어 그 결과에는 허망의 파멸 외에 가져다주는 것이 없다는 사실을 당은 엄절(嚴切)하게 시사하고 있다.

이것은 과거 조선민족의 정치적 생존운동이 의미한 국제연맹의 원조를 목표로 하며 독립운동 또는 일본제국주의 산하에서의 개량발전을 위한 합법운동, 계급투쟁에 의한 세계운동과의 횡적 결합운동 등 모든 역사적 총결산인 이상과 엄숙히 대립하는 새로운 출발이다. 또 이딸리아 제국주의의 침략에 대한 에티오피아 민족의 공동방위의 임무, 일본제국주의의 침략에 대한 전체 중국민족의 통일·결합의 사명, 영국 노동정당의 배신행위에 대한 인도민족의 자기단결 필요 등 세계 식민지·반식민지 민족의 구상성(具像性)의 추상(抽象)으로서 조선민족의 일반성에 완전히 공통되는 것이다. 다시 이 객관적 기초를 분석하기 위해서는 두 가지 국내 기본사정과 다른 두 가지 조선민족의 국제적 연관 성과를 지적할 필요가 있다.

① 식민지란 특수한 낙인이 찍혀 있는 조선은 절대다수의 근로군중이 노예적 임금, 광범한 실업, 국외추방 선언에 의해 남김없는 파멸에 빠져 있을 뿐만 아니라 중소상공 및 지주계급이 또 급속한 보조(步調)로 몰락해가고 있다. 극소수의

자본가, 대지주계급도 일본제국주의의 독점자본 및 민족정책에 의해 그 발전이 불가능해지고 있다.

또 (운동의) 지도부 자신이 먼저 대립에 의한 혼란을 야기하고 있었기 때문에 그 운동에는 하등의 중심도 계획도 있을 리가 없었다. 운동의 국면이 이미 침체와 무중심에 의해 말살되어 있었으므로 사이비혁명이 횡행하지 않을 수 없었으며, 진정한 혁명자의 정열이 분산되지 않을 수 없어서 광범위한 군중은 낙담하지 않을 수 없었다. 멸망한 조선민족이 다시 생존하기 위하여 침체한 조선혁명운동을 신속히 발전시키기 위하여 조선민족은 무엇보다도 먼저 그 지도부의 통일을 기하지 않으면 안된다. 이렇게 하기 위해서는 현재 각 혁명집단의 단일적 결합이 이루어지지 않으면 안된다. 그러지 않는 한 조선민족이 아무리 식민지적 노예생활을 견디지 못하는 고도의 불만을 가지고 있고, 또 세계의 정세가 아무리 조선민족의 해방에 대해 유리한 계기를 결정하고 있다고 해도 조선민족은 그 노예적 고통을 탈출할 수 없는 것이다.

그러므로 일찍부터 조선혁명운동에는 민족적 단결과 일치를 요구하는 이념이 수차 획기적 노력을 통해 발휘되었으나(국민대표회의 개최, 단일독립당의 촉성운동 등), 그 이념이 아직 능히 그 현실적 모순을 승리로써 초월할 수 있게 훈련 조장하지 못하여 그 실현이 불가능했던 것이다. 조선민족의 생존이념이 그 자신의 투쟁적 성과로써 일정한 훈련수준에 도달했을 때 비로소 그 모순을 극복 초월할 수 있는 것이다. 그러므로 현재 있는 혁명적 지도 제집단의 단일적 결합에 의한 본당의 창립이 가능했던 것이며, 따라서 조선혁명에 대한 그 위대한 역사적 의의를 수행할 수 있게 된 것이다. 여기서 본당 창립의 역사적 의의가 혹 외래의 정세에 의해 우연적으로 결정된 것이 아니라 조선혁명 자신의 발전성과였음을 발견할 수 있다.

과거 1년간 본당의 활동임무는 조선혁명운동에 대한 본당의 역사적 의의를 과감히 확충 발전시키는 데 있었고, 급속히 핍박해오고 있는 객관적 정세에 대응하여 급속한 민족적 독립전쟁을 준비하는 데 있었다. 전세계의 우군과 긴밀한 연락을 취하는 데 있었고, 또 그렇게 하기 위해 무엇보다 먼저 본당 대오의 공고한 단결과 희생적 각오의 충일이 필요했다.

그러나 1년을 경과한 오늘에 와서 본당의 활동을 회고하면 그 임무의 중대함에 비해 실제적 수확이 과소했음을 자각하지 않을 수 없다. 국내외 전민족이 본당에 대한 혁명적 희망을 정열적으로 지지하고 있음을 표현하고 있으며, 국제적 우군의 본당에 대한 정신적 향응은 이미 구체적으로 연결의 단서를 열기에 이르렀고, 이와 같은 모든 사실의 경험과 수확에 의한 본당의 용기와 자신력은 백배 강화되고 있는 것이다.

그러나 본당은 아직 전체 대오로 하여금 철과 같은 단결정신과 실제적 능력을 갖춘 부대로써 훈련하지 못했다. 전통적 결함이 많은 조선혁명운동 선상에 청신발랄한 새로운 전투적 조류를 조출하지 않으면 안되는 임무를 완성하지 못했고, 전민족적 혁명의 정세를 아직 본당의 기치 아래 유감없이 조직하는 일을 실천하지 못하고 있는 것이다. 이것은 확실히 거대한 사업이다. 그러므로 1년의 단기간 안에 완성하기는 곤란하다.

그러나 조선민족의 영원한 생멸(生滅)의 분기를 결정하고 있는 목전의 정세는, 또 이런 정세 아래서 조선민족의 역사적 운명을 혼자 부담하고 있는 본당의 임무는 그 초인적 분투를 요구하고 있어서 아무래도 과거 1년간의 활동이 수욕(羞辱)과 비분(悲憤)의 기념일 이외에 가질 것이라고 없었던 우리에게 있어 본당의 창립일은 유일하게 위로받을 만한 기념일이다. 우리는 모두 이 귀중한 기념일을 축하하고 있다.

합병 후 지금까지 조선의 대·중·소 지주계급의 몰락으로 인해 수탈된 토지는 국내 경작지 전체 면적의 7할을 초과하고 있지만, 그 전부가 일본인 개인지주 또는 농척기관(農拓機關)에 집중되어 있다. 또 합방 당시 조선의 광범한 가내공업 및 공장수공업은 그동안 남김없이 괴멸(壞滅)의 과정에 빠져들고 있지만, 이것은 그 자체가 근대적 자본주의 생산으로 이행한 것은 아니며, 다만 일본제국주의 외래자본의 희생이 되고 만 것이다. 이와 같이 현재 조선의 경제문제는 계급적 모순에 기초한 자본주의적 발전과정에 있는 것이 아니라 민족적 억압에 의한 발전의 근본적 질식에 그 특징을 두고 있다. 그러므로 조선해방을 위한 민족적 결합의 요구는 단순한 역사적 공동의식에서뿐만 아니라 현실적 생활내용에 기초한 필연적 요구이다.

② 조선경제가 일개 민족적 운동단위체에서 일본제국주의의 상대적 반면(反面)을 이루고 있음은 조선의 식민지적 특수지위가 이를 결정하고 있다. 즉 조선은 단지 일본제국주의에 대한 상품소비시장, 식량공급지, 원료 및 저렴한 노동력공급지로서만 가치가 부여되어 있음에 불과할 뿐이며, 그 자체의 발전의식은 상실되어 있다. 그러므로 조선경제의 근본적 개선은 일본제국주의로부터 조선을 해방시키지 않고서는 불가능하다. 그러나 이것은 식민지 조선의 가치가 일본제국주의의 가장 유력한 경제적 지주(支柱)로써 정치적 권력으로써 방비되어 있기 때문에 일본제국주의에 대한 조선민족의 혁명적 투쟁의 승리로써 해결하지 않으면 안된다.

③ 제국주의국가의 국제적 모순은 조선민족의 해방을 위한 민족적 투쟁의 승리를 약속하고 있다. 그것은 식민지 영토분할을 위한 제국주의 시대의 필연법칙인 세계제국주의의 일환 중 가장 열악한 자본주의적 조건에 구축되어 있는 일본제국주의 발전에 의한 철(鐵)과 같은 운명이다. 그리하여 일본제국주의의 국제적 전쟁은 조선민족의 해방에 대해 두 방면에서 승리의 가능성을 주고 있다. 하나는 일본제국주의 자체의 고리의 취약화이며, 다른 하나는 타 제국주의국가의 힘을 운용할 수 있게 되기 때문이다. 이런 경우 조선민족 역량의 주체적 역할이 최선결조건이 되지 않으면 안된다. 이것이 공허할 때는 가령 일본제국주의 자체의 고리가 취약해졌다 해도 조선민족과의 관계를 절단할 수 없을 것이다. 또 다른 제국주의국가의 힘이 일본제국주의와 교전하고 있다 해도 조선민족으로서는 그 운용이 불가능할 것이다.

④ 조선민족에게는 전세계 피압박민족과 피압박군중의 해방을 위한 공동임무의 수행 또 그 공동전선과의 직접 연결을 위한 민족적 결합이 요구되고 있다.

조선민족이 일개 투쟁단위로서 역량을 구축할 수 없을 때는 또 이것이 능히 스스로의 의의와 영역을 가질 수 없을 때는 이같은 세계적 공동임무의 수행이 불가능하며, 따라서 그 공동 연합전선의 결성 연락이 불가능하게 되는 것이다. 공동의 임무와 공동의 전선은 먼저 개개 단위체의 자기 사명에 대한 자각과 실천 위에서 비로소 그 의의가 구성되며, 그러지 않는 경우 공허한 내용 외에 아무것도 발견할 수 없다.

3. 제2문제에 대한 본당의 정책

그렇다면 그다음의 문제는 어떻게 하면 조선민족의 자주적 발전이 민족 전체의 행복, 나아가 세계 인류의 행복에 부합할 수 있게 될 것인가 하는 두번째 문제이다. 조선민족의 자주적 발전은, 그리고 그것의 세계적 관련은 조선민족의 자주적 건설에 의한 독립국가 경제정책에 의해 결정될 것임은 또한 더 말할 나위도 없는 일이다. 그러므로 당의 강령은 이에 대한 중요한 구체적 방침을 지시하고 있다. 그러나 당의 이같은 구체적 정책을 이해하기 위해서는 먼저 조선경제의 현재 정세에 대한 원칙적 지식이 필요하다.

현재 조선민족의 경제생활은 총인구의 8할 이상을 포함하는 봉건적 구형태의 농업 외에 극히 영세한 봉건적 생산방법의 가내공업이 잔존해 있을 뿐, 근대적 기업은 총자본금 2100만 원(元)에 지나지 않는 미미한 형태로써 극히 중요하지 않은 부문에 한해 분산적으로 경영되고 있다. 그 반면에는 8억만 원이 넘는 거대한 일본제국주의의 공사(公私) 독점자본에 의해 각종 중요 부문의 산업조직이 전체 경제의 중심적 지배권을 점령하고 있다. 그리하여 후자는 그 절대적인 경제적·정치적 세력에 의해 전자의 자연적 발달을 질식시켜 급속한 파멸로 유치하고 있는 것이다.

그러므로 현재 조선경제 당면 개조의 근본임무는 어떻게 하면 전민족 경제생활의 기초를 구성하고 있는 낙오된 농촌 및 수공업적 경제를 식민지적 봉건적 방향으로부터 전환시켜, 가능한 한 그 생산력을 민주주의적 자유발전의 길로 촉성시킴으로써 대중의 생활수준을 향상시키느냐에 있다. 동시에 어떻게 하면 외래자본의 독점적 지배세력을 제국주의적 착취로부터 분리시켜 전자의 발전과 재건을 위한 지도적 역할을 하게 이용할 수 있을 것인가에 있다.

그러나 조선경제의 이같은 당면임무 중에는 장래 조선경제의 발전이 조선혁명의 근본목적에 대한 임무를 완전히 수행할 수 있게 하기 위한 비자본주의적 궤도로 도입하는 유효적절한 최초의 제전제적 입안(立案)이 준비되어 있지 않으면 안된다는 사실을 잊어서는 안된다. 그러나 이같은 경우에도 현재의 생산력 발전과 대중의 직접적 생활수준의 향상을 무시해서는 안된다. 이것은 평등 풍부한 장래의 경제발전은 현재 기초의 속행에 의한 재건과 발전이 없으면 불가능하기 때문이다.

그렇다면 이런 조선경제의 현정세와 장래 전망에 대해 당의 강령은 어떤 정책을 표명하고 있는가. 대규모의 생산기관 및 독점적 기업은 국영으로 하고, 토지는 국유로 하여 농민에 분급하며, 노동운동의 자유를 보장하는 등 3개 정책은 당 강령이 조선경제에 대한 당면 이행의 원칙적 임무로 규정되어 있기 때문에 그 정책들의 의의를 각각 설명하면 다음과 같다.

첫째, 대규모 생산수단이 국영화하지 않으면 안되는 근본이유는 두 가지 방면에서 그 의의가 부여되어 있다. 하나는 절대 광범한 대중적 소생산기초를 독점자본주의적 억압에서 해방시켜 자유로운 민주주의적 발전을 하게 하는 것이며, 다른 하나는 이런 대기업의 지배적 지위를 이용하여 전자의 현재 적극적 발전과 장래 비자본주의적 발전을 위한 지도조직이 되게 하는 것이다.

현재 조선에는 이상에서 논급한 바와 같이 총자본 8억 원이 넘는 일본제국주의의 거대한 여러 독점적 대기업이 각종 중요 산업부문에서 지배적 지위를 확립하고 있고, 또 그 억압에 의해 민족적 제생산의 기초가 봉건적 형태로부터 탈리(脫離)하여 발전하지 못하고 파멸 퇴축하고 있기 때문에, 만일 이들 대기업이 민족 전체 의사에 의한 국가의 의식적 지도 아래 소속될 때는 조선경제의 민주주의적 발전은 급속히, 그리고 순조롭게 촉성될 것이다. 동시에 이것은 장래의 합리적 생산관계에 도입하는 보장이 될 것이다.

현재 조선에서 대기업은 당연히 국영화되어야 하며, 그것은 이상의 두 가지 방면 외에서도 중요한 의의가 발견된다. 현재 조선인의 대기업은 그 전부가 일본제국주의 자본에 속한 것이며. 우리 민족에 대한 수십 년의 노예적 착취에 의해 축적된 것이다. 이 때문에 우리 민족 자신의 공동행복을 위해 우리 국가에 환원되지 않으면 안되는 것이다.

둘째, 토지를 국유화하여 농민에게 분급하는 정책은 인구 8할 이상을 포함하는 현재 조선경제의 가장 기본원천인 농촌의 현상과 장래의 합리적 지도로 그 근본의의가 부여되어 있다. 현재 조선의 토지는 7할 이상이 일본제국주의의 농업금융자본 또는 개인적 지주에 집중되어 있고, 그외 3할이 조선인의 대·중·소지주에 세분되어 있어 절대다수의 근로농민은 촌토도 소유하지 못하고 노예적 착취에 의한 극도의 빈궁상태로 파멸하고 있다.

이와 같은 농촌파멸의 근본적 개조방법은 일체의 토지를 국유로 하고 경작지를 자유로이 공급함으로써 농민대중을 지주의 봉건적 착취에서 해방시키고 그 재생산능력을 풍부히 하여 생활수준을 향상시키고 소비력을 윤택하게 함으로써 농촌의 발달이 급속히 진행되게 하는 것이다. 여기서 비로소 전국적 생산력의 발전이 가능할 뿐만 아니라 토지국유는 농촌의 장래 합리적 발전의 전제로, 또 절대 중요한 의의를 갖는 것이다. 왜냐하면 개인적 토지소유에 의한 근로농민의 생산수단으로부터의 분리는 농업의 기술적 발달을 저해하고 생산의 대규모적 집체화를 불가능하게 하고 있기 때문이다.

셋째, 노동운동의 자유를 보장하는 일은 국가의 기초를 절대다수 노동민중의 이익 위에 확립하고 국가 제정책에 대한 그들의 수시 비판과 감독의 역할을 보장하는 것이다. 현재 조선의 정세는 제국주의적 억압과 봉건요소 배제에 의한 상품경제 민주주의적 자유 발전이 장래의 풍부 평등한 발전의 전제로서 필요하므로 그 정치적 성질에서도 민주주의에 기초한 중앙집권제가 성립되지 않으면 안된다.

그러나 이같은 민주주의적 권력이 다만 형식적 민주권력으로 타락하지 않고 전체 민족의 진정한 권력으로서 의의를 발휘하기 위해서는 경제정책 입안에서도 민족경제의 근본적 지도지위를 점하고 있는 대기업 및 토지가 국유로 되어 공동의 행복을 위해 조직되어 있지 않으면 안될 뿐만 아니라 광범한 직접생산자의 정치적 제운동이 절대 보장되어 있지 않으면 안된다.

조선혁명운동은 자체의 장구한 투쟁의 성과로써 조선혁명운동에 가로놓여 있는 이상 두 가지 근본문제에 대한 정확한 이념의 파악이 가능했다. 그러나 이것은 가장 적절한 실천적 투쟁의 일반적 전제원리로 귀중한 가치가 부여되어 있는 데 지나지 않는다. 만약 이것에 실천적 투쟁이 접결(接結)되지 않았다면 이것은 그림의 떡과 같이 무의미한 것에 지나지 않을 것이다.

4. 현단계의 중심 임무

조선혁명의 투쟁을 승리로써 진전시키기 위해서는 복잡하게 변화하는 내외 정세의 필연적 추향을 파악하여 그 근본적 지도원리에 대조하여 수시로 적확한 당면 임무가 확립되지 않으면 안된다. 그렇다면 현하 내외의 정세는 조선혁명운동에 대해 어떠한 당면 임무를 지시하고 있는가. 현재 세계의 정세는 식민지 재분할을 위한 제국주의 전쟁의 시대이다. 그리하여 일본제국주의는 이 전쟁에서 내부에 농후한 혁명적 위기를 안고 있으며 동아에서 선봉적 전쟁분담자로 결정되어 있다. 일본제국주의는 중국을 무력으로 완전히 독점하고 소련을 공격할 것을 임무로 정해놓고 있다.

이로 인해 일본제국주의는 중국 4억 5천만 민족과 소련 2억 국민의 결사적 투쟁의 대상물로 결정되었음과 동시에, 중국에 있는 영·미 제국주의자와도 대립하고 있다. 이런 정세는 조선혁명의 절대적 승리의 계기를 약속하는 것이다. 그러나 이것은 급속한 조선민족의 무장적 독립전쟁의 조직과 그 우군의 확고한 유기적 연합전선 구성의 전제 아래에서만 가능하다. 그러나 조선민족의 무장적 조직은 먼저 그 정치적 중심조직이 확립한 후가 아니면 불가능하므로 세계정세에 대조되는 현하 조선혁명의 가장 급한 필수임무는 정치적 중심조직의 확고가 아니면 안된다.

다시 국내정세는 무엇을 지시하고 있는지 보자. 1928년 이후 세계자본주의 경제공황은 가장 심각한 영향을 식민지적 농업경제에 기초해 있는 조선민족에게 입혔다. 일본제국주의의 참혹한 착취에 의해 파괴된 조선민족의 경제생활은 미증유의 공황과 그후 계속해서 발생한 천재(天災)와 최근 일본금융기관의 적극적 대규모 진출에 의해 남김없이 최후의 파멸이 선고되고 말았다. 그리하여 절대다수 대중이야말로 노예가 되어 살려고 해도 살 수 없고, 다만 허용된 길은 혁명적 투쟁의 길이 있을 뿐이다. 이것을 증명해주는 사실은 현재 국내에서 격증해가고 있는 파업, 항조(抗租) 등의 수적 증가와 수시로 발각되고 있는 정치적 결사음모가 그것이다.

이런 정세의 다른 한편에는 총독부의 이에 대한 야만적 탄압과 일본제국주의 전쟁에 조선민족을 몰아넣어 도살하려는 반동적 정책이 그 특징을 보여주고 있다. 총독부는 국내에서의 이상과 같은 빈곤대중의 폭동방지를 위해, 또 만주에서의 그들이 전시(戰時) 구사(驅使)를 위해 농민에 대한 대규모의 국외추방을 실시하고 있다. 이 정책에 의해 만주로 추방된 농민은 9·18사변 후 6년간 통계숫자만으로도 30만 이상을 초과하고 있을 뿐만 아니라, 총독부는 방대한 규모의 대(對)중·소 침략전에 조선민족을 구사도살(驅使屠殺)하기 위한 준비로 각 공·사립 학교 생도, 기타 관제(官製) 청년단 소속 인원, 소방대원 등에게 군사적 하급사관 훈련을 실시하고 있다.

이런 각종의 국내 정세는 조선혁명의 당면적 최급선임무로 조선민족의 혁명적 중심조직 확립을 요구하고 있다. 왜냐하면 이런 중심적 조직이 확립되지 못하는 한 혁명의 조류에 동요하고 있는 군중을 이끌어 정확한 승리의 길로 나아갈 수 없기 때문이다. 반동적 정책에 납치되어있는 일체의 세력을 혁명의 공구

(工具)로 환용(還用)할 수 없기 때문이다.

현단계의 내외정세는 이같이 가장 엄중한 혁명적 계기에 있다. 조선민족 최후의 혁명적 승리를 위해 먼저 무엇보다 민족적 결합의 중심적 고리로서, 결심적 민족독립전쟁 최고사령부로서, 세계 피압박민족 연합전선의 교환수로서 정치적 중심조직의 확립을 급수(急須)히 요구하고 있다.

그러나 현재 조선민족에게 이것이 준비되어 있는 것일까. 또 준비되어 있다고 하면 어느 정도까지 준비되어 있는 것일까. 과거의 조선혁명운동은 그 투쟁분량의 많음에서나 질의 격렬성에서 결코 과소평가할 수 없는 위대성을 가지고 있었다. 그런데도 불구하고 조직적 임무에서는 그 최초의 기초조차 조성되어 있지 않았던 것이다. 이것은 물론 조선민족이 처한 종종의 환경이 일시성적 또는 부분성적 행동의 가능성은 있었다 해도 계속적 지구전과 조직적 교통동작(交通動作)은 극히 곤란했던 객관적 사정에도 원인이 있는 것이지만, 이보다 더 중요한 원인은 조선민족의 주관적 근본약점인,

1) 봉건 단계에서 아직 벗어나지 못한 민족적 문화수준은 광범한 군중의 거의 전부가 문맹(文盲)으로서 정치적 자동능력이 유치한 점.

2) 이로 인해 운동이 주로 지식계급의 지사(志士), 청년, 학생 등에 의해 지도되며, 이들 지도자는 과거 봉건적 지배계급사회의 습관, 도덕의 전통 그대로의 자연계승에 의한 사상 습관의 제결함, 즉 ①지식이 과학화되지 않은 점, ②깊고 오랜 분파적 습관에 의한 단결력 결핍, ③사대의타 사상에 의한 자기책임 박약, ④공리(空理)를 숭상하고 실학(實學)을 멸시하는 여류(餘流)로서 추상적 이론만 좋아하고 실천에 불충실한 점. 방랑불기(放浪不羈)의 오유(敖遊)를 고상한 것으로 생각하여 세무(世務)의 번요(煩擾)를 싫어하는 폐풍(幣風)에 의해 규율에 대한 복종심과 내구(耐久) 지구력(持久力)이 부족한 점 등이다.

이 주관적 결함이 극복되지 않는 이상 조선민족의 조직문제는 결코 해결되지 않을 것이다. 그러나 장구한 시간을 통한 운동의 성과는 끝내 그 서광을 가져온 것이다. 조선민족 일반의 정치적 각성의 고도화와 혁명적 지도자의 어느정도 자

각적 훈련화가 그것이다. 조선혁명운동에서 가장 투쟁의 역사가 오래이고 또 그 방법이 열렬했던 5개 단체 합동에 의해 창립된 본당은 조선혁명운동에 모습을 나타낸 이 역사적 서광을 지적하고 있는 것이다.

본당 창립에 의해 조선민족의 혁명적 중심조직은 확실히 그 최초의 기초만은 형성되었다고 볼 수 있다. 조선민족의 영역이 아닌 해외에 위치해 있는 본당이 어떻게 조선민족의 중심조직이 될 수 있는가 하는 것은 조선민족의 실정에 눈 어두운 기계주의자의 희언(戲言)이다. 조선민족의 중심적 조직의의가 반드시 조선중앙에 위치하지 않으면 안된다고 하는 지역적 의미를 갖는 것은 아니다.

이상의 문제는 능히 그 조직이 조선민족을 정확한 혁명의 길로 지도하고 조직하여 그 최후의 승리를 전취할 수 있게 하고, 또 세계적 원조의 역량을 파취(把取)하고, 이를 조선민족의 혁명에 능히 결착시킬 수 있는가 하는 데 있지만, 현재는 아직 국내 환경이 이렇게 하기 위한 지도부의 근거적 활동을 불가능하게 하고 있으나 해외에서는 가능하다. 또 그것이 해외에 위치함으로써 국내와의 유기적 고리의 구성이 불가능하지 않은 이상 당 지도부가 해외에 위치하고 있다는 조건만으로 혁명의 중심적 임무 이행에 방해가 되지 않을 뿐 아니라, 현재 조선혁명의 결정적 무장투쟁의 지점은 국내보다 해외인 중국에서 오히려 더 큰 의의가 발견되는 것이다.

그러나 본당이 조선민족의 혁명적 중심체로서 위대한 임무를 담당할 수 있는 확고한 기초 조성은 그 지도부의 위치 문제가 아니며 기타 문제에서도 긴급한 제임무를 신속히 수행한 후가 아니면 안된다. 본당이 조선민족혁명의 중심체로서 기초를 확고히 하기 위해서는 무엇보다 먼저 혁명의 전개를 지도하기 위해 광범한 군중의 내면에서 강고한 조직의 기초를 갖지 않으면 안된다. 지도자를 민중 속에 광범위하게 배치함과 동시에 민중 안에서 지도자를 획득하여 각지에 세포를 조직하는 일은 본당의 새 기초 건설을 위해 가장 중요한 임무이다. 이런 실제적 조직기초를 가질 수 없을 때는 설령 어떤 명목으로 하더라도 결코 완전한 혁명적 중심당이 될 수 없다. 이런 조직이 확립됨으로써 비로소 당은 민족에 대한 지도가 확립되는 것이며 그 투쟁능력이 풍부해짐으로써 근본적 임무 수행이 가능한 것이다.

조직 없는 지도부는 신체 없는 두뇌와 같다. 종래의 조선혁명운동은 지도자의 공중누각이었다. 그러므로 그때의 유일한 요구는 보기에 그럴듯한 간판과 수신인이 없는 공문(公文)을 발송하는 일이었다. 이러한 전통은 아직 우리들의 대오(隊伍) 안에서 확실히 청산되었다고 할 수 없다. 그러므로 이러한 어느정도 부패한 의식은 혁명적 활동의 최대 적으로 선언하지 않으면 안된다. 그러나 이 기초 조성의 중요한 전제조건은 지도자의 혁명적 수준의 제고와 행동기술의 훈련이다. 결함만 많았던 과거 조선혁명운동자의 전통은 현재도 아직 광범하게 전승되어 있는 이런 전통이 철두철미 청산되지 않으면 결코 운동의 비약적 발전은 불가능하다.

현재 조선혁명운동 진행상의 통심사(痛心事)인 최대 결핍의 곤란은 자금보다 무기보다 훈련된 지도자이다. 이 지도자는 영웅주의적 분파성, 무책임한 공식주의 등 전통의 유전병을 제거하고 진실로 위대한 결사적 민족전(民族戰)에서 그 지위와 본분을 자각하여 광범한 군중을 지도할 수 있고, 또 삼엄한 혁명적 규율에 복종해야 함을 알아야 한다. 항상 혁명적 이념에 굳건히 근거하여 개인적 감정에 동요되지 않고 혁명의 비밀을 자기 생명보다 중하게 간직해야 함을 알며 혁명의 원리를 알고 그 전술을 종횡으로 활용할 줄 알아야 한다.

전투적 신조류의 조출(造出)은 당의 중심기초 조성을 위해 조선혁명의 비약적 발전을 이루어야 할 현단계의 가장 중요한 임무가 되지 않으면 안된다. 이런 신조류가 조출될 수 있을 때 당은 조선민족의 견실한 중심적 투쟁주체로서 능히 전민족과 함께 최후의 승리를 전취할 수 있게 되는 것이다.

우리 운동의 통일문제에 관하여

1) 우주간의 일체 사물은 모두 자체 모순의 대립적 통일에 의해 역사적 발전을 수행하고 있다. 자연이나 인류가 모두 대립적 모순의 발전과정에서 급격한 또는 완만한 통일에 의해 진화과정을 경과한다는 것은 생생한 실제 사실이 증명해주고 있는 부정하지 못할 천칙(天則)이다.

단체, 국가, 사회의 어느 것을 막론하고 그것이 역사적 발전법칙에 위반하여 자체 모순이 그 통일과정에서 종합 극복되지 않을 때는 전체적 역사법칙의 필연적 강제적 통일에 의해 도태, 쇠멸하는 것이다. 그러므로 모순운동이 진화의 법칙에 적합할 때는 단체, 국가, 사회가 모두 발전하고 반대로 역사법칙의 지향에 위반되거나 혹은 역사법칙을 인식, 지배할 만한 역량이 결여될 때는 발전을 저지, 정체하게 하는 것이다.

우리가 인류사를 통해 성쇠의 변천을 소고(遡考)할 때 우수한 식자(識者)와 위정자 등의 선도 아래 자체 내 모순, 대립의 격발을 피하고 통일과 단결로 역사 진행의 궤도에 올라 전진할 때 국가, 민족은 강성해지고, 그렇지 못한 민족과 국

---

* 이 글도 『민족혁명』 제3호에 실려 있으며(『사상정세시찰보고집』 3, 355~63면), 일본문으로 번역된 것을 다시 번역한 것이다. 이 글의 필자는 '櫓'로 표시되어 있는데 그는 진의로(陳義櫓)란 가명을 쓴 이영준(李英俊)이다(『사상정세시찰보고집』 9, 17면 참조).

가는 멸망한 사실을 발견한다. 이조가 멸망한 원인도 그것이 이조 500년의 전제 악정 아래서 우리 민족의 문화적 생활이 점차 퇴보하던 중에서도 소극적 경지에 있던 식자나 위정자들이 우리 내부적 모순을 역사적 발전과정에 통일시켜 극복하는 방법과 역량을 가지지 못하고, 다만 역사의 지향에 등을 돌린 채 폐관자수(閉關自守)의 고성(孤城)에서 지리멸렬 자격자상(自擊自傷)의 내부투쟁을 연장 확대함으로써 끝내는 일본제국주의의 중압에 의해 통제적으로 통일된 것이다.

우리 민족이 독립운동을 개시한 후에도 20여 년의 전적을 가지지만, 우리 운동은 강력한 통일체제 아래 혁명역량이 집중되지 못하여 아직 해방의 승리를 전취하지 못했을 뿐만 아니라 전취역량이 지금까지 준비되지 않은 원인도 우리 운동의 내부적 분파대립이 민족해방의 전면적 운동에 통일 극복되지 못한 데 있다. 전면 운동의 통일 극복을 위한 역사의 진행법칙을 명확히 인식하고 세계의 일반적 보편운동의 척도로써 우리의 특수운동을 계측하여 반일독립운동에 대한 전면적 단결을 조직하고 확대 강화하려는 성의와 열의보다도 지력(智力)과 능력이 일반 혁명운동자들 사이에 보편적으로 결여되어 있었기 때문이다.

즉 한편으로 자본주의 자체가 내포하고 있는 대립물인 반자본주의 사상은 자본주의의 성장 발전에 따라 이 또한 성장 발육해서 자본주의가 제국주의로 전환된 후에도 그 반발작용이 점점 강화되어 제국주의 제1차 세계대전이 종료됨에 따라 '콤미니즘', '아나키즘' 등의 사회주의 사상은 풍기운용(風起雲湧)의 세(勢)로 세계를 풍미하게 되어 식민지 민족이란 낙인이 찍힌 조선민족의 일부 혁명운동자들의 심장에도 또한 그 격동이 파급하여 혈압을 높였다.

그리하여 이 격동은 기미운동 실패 후 일부의 조선혁명운동자로 하여금 자본주의 발전의 최고 단계인 제국주의국가 내의 활동양식을 일본제국주의의 식민지로 제약된 특수적 정치 경제상황과 활동양식을 가지는 조선의 혁명운동에 그대로 직역(直譯) 수입하여 경제투쟁의 직접적 표현형태인 계급혁명을 고조시킴으로써 민족해방운동을 부차적으로 계급운동에 예속 내지 해소시키려 하는 본말전도한 좌익병자의 기계적 사상 및 활동이 우리 독립운동의 민족적 통일전선 결성을 파괴 분열시켰다.

다른 한편으로 사회주의 배격에 대한 극단적 반발작용은 일부의 혁명운동자 등으로 하여금 그들의 사상을 완전히 주관적 관념영역에 가두어두게 하여 세계의 일반적 역사법칙에 대해 무지할 뿐만 아니라 실제적 현실문제에 대해서도 맹목적이 되도록 했다. 세계의 일반 보편문제로서 조선을 세계적 일반문제와 관련하여 이해할 수 없었던 것이다. 조선이 일본제국주의의 식민지인 이상 일본제국주의의 정치·경제기구의 일부분임은 부정할 수 없으며, 일본제국주의가 전세계 제국주의의 강한 일환인 이상 조선의 정치, 경제도 역시 전세계 제국주의의 정치·경제기구에 연계되어 있는 연쇄의 하나임을 부인할 수 없다.

그러므로 아무리 조선의 특수성을 고조시킨다 해도 그것을 세계 보편성과의 연계에서 완전히 분리시킬 수는 없는 것인데도 불구하고 조선의 특수문제를 완전히 세계의 보편문제와 분리하여 이를 다만 독선적 고립적인 것으로 관찰하는 우익적 과오를 범하게 되었으므로, 이것이 또한 우리 운동의 진정한 통일전선 결성을 거부하는 일인 것이다.

2) 이와 같은 우리 운동의 과거 양대 오류사상에 의한 활동의 극치는 그 결과 우리 운동의 1분기 대립을 형성하여 심한 경우 5인 1파, 10인 1당의 우스꽝스러운 혁명의 유희적 현상을 가져왔다. 이런 복잡불순한 분산집합 때문에 세력소장(勢力消長)에 의한 상호 마찰은 우리의 혁명역량을 남김없이 분산, 소비한 것이다.

우리의 운동전선이 강고하게 통일되고 조직되지 않으면 우리 혁명역량이 집중되지 않으며, 우리 혁명역량이 집중되지 않으면 혁명운동의 활발한 전개를 희망할 수 없다. 현재의 우리 운동이 아직 혼란한 국면 중에 있어서 해내외의 일체 혁명역량 총단결의 결성과정으로 강력히 돌진할 수 없다. 이때의 당면문제는 종래의 오류사상을 완전히 극복 청산하고 내부의 모순과 대립을 종합 통일하여 신 단계로 약진함으로써 우리 혁명전선을 강화하는 일이다.

그러나 통일운동은 무원칙하게 다만 '통일하자'는 구호를 외친다고 해서 실현되는 것은 아니다. 무원칙한 통일은 존재할 수 없는 것이다. 진정한 통일은 반드시 공통된 정치의식 아래 견해와 주장의 동일에 의해 실현되는 것이다. 그러나 통일의 운동발전 방향이 역사적 지향에 역행할 때는 통일운동의 실제적 성과를 올릴 수 없을 뿐만 아니라 그 운동은 즉시 정체함과 동시에 분산 와해되는 것이다.

제국주의자들은 그 자국 내의 혁명위기가 격화할 때는 그 모순의 위기를 모순 자체의 통일에 의해 해소되는 것이 아니며, 또 해소될 수 없는 것임을 알기 때문에 다만 대외 침략정책 강화에 의해 국내의 시선을 대외로 향하게 하여 모순과 대립을 잠시 미봉하려 하는 것이다. 그러므로 이런 통일은 제국주의자 자체 범주의 일정한 한계 안에 국한된 미봉적 현상적 통일이므로 그 내부의 모순은 조금도 해소되지 않고 표현적 형태에서는 가령 해소된 것 같이 보인다 해도 잠재적으로는 모순의 대립정도가 점점 확대되어가기 때문에 대외침략에 의한 국내의 대립적 모순 충돌의 위기를 일시적으로 완화하는 현상적 통일은 그것이 대외 침략정책이 외적 대립물에 봉착하여 저해될 때는 파괴 분열된다. 결코 제국주의 자체 기구를 초월하여 새로운 발전적 역사적 단계로 추진될 수 없는 것이다.

결국 자체 모순의 종국적 폭발에 의해 제국주의자의 수명이 반드시 종언을 고하게 되는 것이다. 우리 혁명운동의 통일전망에서 보면 조선은 일본제국주의 식민지 아래 있으므로 우리 혁명의 중심적 목표는 반일 민족해방운동이다. 내부적 모순관계와 그 표현적 형태 내지 양적 질적 부분에서의 정도와 제국주의자들의 그것과는 막대한 차이를 가지고 있다. 그러나 그렇다고 해서 조선사회가 내포하는 모순이 민족적 적개심의 엄숙한 위력 아래 완전히 해소되지 않으면 안되며, 또 해소될 것이라 생각하는 것은 특수적 조선사회의 실상에 대한 너무도 맹목적이고 추상적인 범론(汎論)이다. 이것은 제국주의자가 역사적 진행법칙에 반동하여 강제적으로 실천하고 있는 통일방법과 동일한 범주에 속하는 대동소이한 것이지, 결코 진정한 조선의 역사적 운동이 요구하는 반일 해방운동의 조

594

직적이고 강력한 통일을 가져오는 것은 아니다. 식민지이건 제국주의자이건, 또 어떤 미개민족이건 문명민족이건 그 내부적 모순이 형태에서나 정도에서 차이의 부동이 있다 해도 그 근본적 모순의 존재에서는 같은 것이다.

사유재산제도 발생 이후 인간사회의 모순은 현저하게 발전했지만, 이것은 원래 물적 요소인 자연, 토지와 인적 요소인 활동, 즉 노동이 대립되어 있었다. 그후 노동의 축적에 의해 자본이 산출되고 자본주의 경제조직을 구성했다. 또 자본주의 경제조직은 내포해 있는 3개 요소인 토지, 자본, 노동의 대립적 모순을 확대 격화했다. 이상 3요소의 대립적 모순을 세계 어떤 사회를 막론하고 공통적이다.

그러므로 현대 인간사회에서 예외가 될 수 없는 조선사회에서도 이상의 모순에 대한 대립관계가, 가령 식민지적 특수성에 의해 차이는 있다 해도 엄연하게 존재한다는 사실을 부인할 수 없다. 또 부인할 수 없을 뿐만 아니라 필수적 해결 문제로서 제기되어 있다. 특히 오늘의 조선사회는 10년 혹은 20년 전의 사회와 크게 다르다. 이미 조선은 일본제국주의 상품판매시장의 지위에서 자본수출의 지위로 전환되고 있다. 이것은 조선공업화를 의미함과 동시에 일본제국주의의 조선에 대한 종래의 착취관계가 한층 격화해가고 있음을 의미한다.

일본제국주의는 조선을 대륙침략의 일대 가교로 생각하고 있을 뿐만 아니라 내일의 대륙침략전쟁의 경제적·군사적 전투단위로 생각하고 있다. 그리하여 조선을 하나의 큰 군수공업지구로 획정하여 조선에 대한 자본수출이 급속도로 증가하고 있다. 일본제국주의의 조선에 대한 자본수출이 격증함에 따라 조선농촌은 급격히 붕괴하고 있다. 이 붕괴와 몰락은 일본제국주의의 조선농민에 대한 토지약탈 과정의 급속화를 의미한다.

이미 반수 이상의 토지가 일본제국주의의 국유지가 되거나 개인 소유가 되어 있으며, 그밖에 공업 및 상업에 대한 이권피탈은 더 말할 필요가 없다. 이같은 일본제국주의의 토지약탈과 기타 각종 산업방면에 대한 일본독점자본의 폭위(暴威) 아래 조선의 농민과 노동자생활은 극도로 저하되었다. 빈농(貧農)의 총계가

400여만이며 작년 1년간 자작농에서 소작농으로 떨어진 농가가 59만 6000호가 되며 소작쟁의 건수가 전라북도의 5000건을 최고로 하여 전국 총합계 2만 7000건이며 참가인원수가 100여 만이었다. 그리고 농민의 항조운동 및 노동자의 파업운동 건수와 인원수의 총계는 재작년에 비해 4배 이상 증가했다.

물론 파공(罷工)과 항조의 투쟁대상은 주로 일본제국주의 자본가와 지주이다. 그러나 동시에 일본제국주의자에 의해 부식(扶殖)된 조선인 자본가와 지주가 홀시(忽視)할 수 없는 세력으로 존재하고 있기 때문에 노동자 농민 투쟁목표의 3분의 1이 조선인 토착자본가와 지주에게 향하고 있다. 조선인 토착자본가와 지주 중 비교적 많은 자본과 토지를 소유한 자는 일본제국주의의 양성과 보호 아래 있는 매국적과 친일분자이며, 그밖의 대부분은 과거 이조의 전제악정 아래서의 귀족대관 등으로 문벌과 관작의 폭위로써 농민의 토지를 무상으로 약탈한 자들이다.

또 조선의 자본이란 것도 대부분 이들 지주의 화신(化身)이므로 지주가 자본가임과 동시에 자본가가 지주이다. 그들 대부분은 모두 일본제국주의의 비식적(鼻息的) 보호 아래 농민과 노동자에 대한 학대와 착취를 일본제국주의자 이상으로 맹렬히 감행하고 있는 것이다. 그러므로 우리 운동이 반일본제국주의적 민족해방운동이라 해도 민족적 계선(界線)을 기계적으로 획정하여 조선인은 모두 일시동인(一視同仁)으로 보아 사회 내부모순을 부정하려 하는 것은 실로 극단적인 관념적 몽상이다.

지금 조선의 실사회상(實社會相)은 매일매일 수십만, 수백만의 노동자 농민이 극히 비참한 기아선상에 방황하고 있으며, 적과 적의 정치를 지지하는 자본가와 지주를 향해 끊임없이 항쟁하고 있다. 이들은 적의 삼엄한 경계 중에서도 적의 법률과 감옥과 총검 아래서도 조금도 두려워하지 않고 초근목피의 기근과 가정보다 감옥을 유일한 위안장소로 생각하고 있다.

이같은 조선의 실사회가 내포하고 있는 생생한 사실을 부인하려 하는 것은 혁명을 관념화하려는 것이며 전적으로 혁명을 거부하는 것이다. 또 이같은 실제적 사실을 부정하면서 투쟁의 협조를 운운하는 것은 적의 농민에 대한 토지약탈을 감수하려는 것이며, 노동자에게 적의 채찍질과 착취에 대해 항거하지 말라고 하는 것이며, 학생을 노예교육에 마춰시키려 하는 것이다.

그러므로 현단계 우리 운동은 결코 대중투쟁의 실재적 사실을 부정하려 하거나 혹은 그것을 긍정하면서도 협조이론을 운운하는 공상적 관념에 의거하는 조선민족 대 일본제국주의의 투쟁이라 말하는 내용없는 공허한 직선적 운동형태로 표현될 것은 아니다. 이것은 정확하게 우리 대중의 일상투쟁(식민지 운동에서 일상투쟁은 발생 당초부터 반제(反帝)의 정치적 성질을 가지는 것)을 민족독립정신에 침투 해소시키는, 내용없이 조선민족 대 일본제국주의의 투쟁이라 말하는 곡선적 운동의 통일형태로써 표시되는 것이다.

3) 이와 같이 우리 조선사회에 내부적 모순의 덩어리가 횡재(橫在)하고 있음에도 불구하고 이들 생생하게 발생한 문제를 거부하려는 주장은 역사의 법칙에 배치하고 종래의 오류를 반복하여 우리의 통일운동을 저애하고 혁명역량을 분산하려 하는 일이다. 그 반면에 사회주의 이론의 공식을 조선의 식민지적 특수정세에 직역(直譯)하여 민족해방운동을 계급투쟁에 예속시키려 고집하는 것은 그 운동의 본질 여하는 차치하고 이미 혁명운동의 전략과 전술에서까지 무지함을 폭로하는 일이다.

이것은 현단계의 역사진행에 대해 완전히 맹목적이란 점에서 종래의 착오를 다시 답습하여 우리 운동의 분해 대립을 점점 격화시키는 일이다. 객관적으로는 그들의 목적의식인 반일반제운동과 배치되는 것으로써 결국 적의 세력을 조장하는 결과를 초래하는 것이다.

그러므로 현단계에서 우리들의 진정한 통일운동의 실현은 결코 우리 내부적 모순의 부정이나 혹은 이와 반대로 운동의 본말을 전도한 방법에 의해 성취되는 것은 아니며, 이것은 조선의 현실적 특수정세가 규정하는 명확한 지시에 의해 우리 대중의 일상투쟁정신을 우리 민족독립정신으로 향상 훈련하고, 이것이 강력한 투쟁의 세포체가 되어 반일 민족독립운동의 전면적 운동에 유기적 구성부분으로서 통일됨으로써 성취되는 것이다. 이와 같은 진정한 전면적 통일운동 강화에 의해 비로소 민족독립의 최후의 승리를 획득할 수 있는 것이다.

왜 전민족적 통일전선을 건립해야 하는가

1. 우리들의 주장

우리는 과거 우리 민족해방투쟁의 귀중한 경험과 목전의 국제 및 국내적 정
치정세에 의거하여 간결히 주장한다. 현단계 조선혁명의 유일한 임무는 전민족
의 통일전선을 결성하여 일본제국주의를 타도하고 진정한 민주독립국가를 건
설하는 데 있다.

2. 민족해방투쟁의 역사적 경험

과거 30년간 조선민족은 횡포한 일본제국주의의 통치 아래서 참혹한 노예생
활을 해왔다. 전체 민족이 정치적 자유와 경제적 생존권을 잃었을 뿐만 아니라 4
천여 년의 유구한 역사를 지니고 있는 민족문화와 민족의식이 극도의 억압을 받
고 있다. 이와 같은 민족의 피압박 사실은 조선민족과 일본제국주의가 결단코

---

* 이 글은 김규광(金奎光, 金星淑)이 쓴 것으로 조선민족전선연맹이 간행한 기관지『조선
 민족전선』창간호(1938년 4월 10일)에 실려 있으며,『조선민족전선』은 한국독립운동사
 연구소 편『한국독립운동사자료총서』II에 실려 있다. 원문은 중국문이다.

병존할 수 없다는 역사적 및 현실적 근거를 제시하고 있다.

우리 민족해방투쟁은 나라가 망한 후부터 지금까지 일본제국주의의 폭압과 도살이 아무리 악랄해도 부단히 진전되고 확대되었다. 나라가 망할 당시의 전국적 의병 봉기에서부터 시작하여 만주지역 조선독립군의 끊임없는 유격전쟁, 1919년 3·1운동의 전민족적 총궐기, 암살 파괴운동의 전면적 전개, 사회운동의 급격하고 보편적인 발전, 6·10운동의 대중시위, 전국적 노동자·농민·청년학생의 반일결사(노동총동맹, 농민총동맹, 청년총동맹 등)와 그들의 파업쟁의, 소작쟁의, 노예교육 반대 등 계속적인 투쟁과 폭동, 만주의 반일대폭동, 특히 최근에 와서 날로 확대 강화되고 있는 동북인민혁명군 중 조선인 부대의 항일유격전쟁 등의 끊임없는 혁명투쟁은 일본제국주의 통치자들에게 강력한 타격을 줄 뿐만 아니라 조선민족의 독립자존 정신과 능력을 충분히 발휘하였으며, 또 우리 해방운동의 전도를 명확히 지시, 개척하고 있다.

다만, 이 일체의 혁명투쟁이 당시는 성숙되지 못한 주관적 객관적 조건 아래서 번번이 일시적 혹은 부분적 실패를 당하지 않을 수 없었다.

첫째, 주관적으로는 과거 우리 해방운동은 거의 전부가 당시의 국제정세와 국내 각 사회계급의 현실적 요구를 정확하게 파악한 권위있는 혁명적 지도이론을 수립하지 못했고, 이 때문에 굳건한 혁명적 전위부대를 건립하지 못했을 뿐 아니라 대중을 충분히 교육하지도 조직하지도 못했다. 혁명역량도 통일적으로 집중되고 확대될 수 없었다.

둘째, 객관적으로는 우리의 원수 일본제국주의 침략기구가 과거 수십 년간에 공전의 확대와 강화를 가져왔다. 반면 제1차 세계대전 후 폭발했던 동방 피압박 민족의 해방운동, 특히 중국 국민혁명운동이 일시적으로 좌절했고 각국 무산계급혁명운동도 일시적으로 진압되었다. 이같은 객관적 정세가 우리 해방운동에 대해 대단히 중대한 억압적 영향을 주었다.

그러나 이같은 혁명의 침체상태가 절대로 조선 민족혁명의 전면적 실패와 일본제국주의의 영원한 승리를 의미하는 것은 아니었다. 이같은 실패는 단지 표면적 일시적인 것이었을 뿐 본질적 영구적인 것은 아니었다. 우리 해방투쟁은 이 같은 간고한 투쟁경험 중에서 부단히 새로운 전투이론과 새로운 실천역량을 준비하고 발전시켰다. 이것이 바로 지금 우리 운동전선의 각 방면에서 바야흐로 성장 발전하고 있는 전민족의 통일전선운동이다. 바꾸어 말하면 지금 우리가 적극 주장하고 추진하는 민족통일전선운동은 결코 추상적이고 공동적(空洞的)인 것이 아니라 과거 일체 혁명투쟁 경험 중에서 성장 발전하고 진일보한 전투이론과 전투행동이다.

3. 민족전선의 사회적 의의

첫째로, 현단계 조선혁명의 성질이 민족통일전선운동의 사회적 및 역사적 의의를 결정한다. 현단계 조선혁명은 그 자체의 반(半)봉건적 식민지적 사회성질에 근거하여 가장 광범한 민주주의적 전민족 해방운동으로 규정되어 있다. 상세히 말하면, 현단계 조선혁명은 조선이 일본식민지가 되고 전민족이 이민족에 의해 극도의 압박을 받고 있다는 역사적 사실에 연유하며, 또 조선사회의 반봉건적 성질에 연유하여 반드시 민주주의적 민족해방운동이 되지 사회혁명은 아니다. 이 때문에 현재의 조선혁명은 결코 어느 한 계급 혹은 어느 한 정당이 단독으로 부담할 임무가 아니다. 실제로 전체 민족이 똑같이 해방의 요구를 가지고 있으며 반일의 임무를 가지고 있다.

물론 우리는 조선 공농노고대중(工農勞苦大衆)의 가장 믿을 만한 혁명역량을 확인한다. 그러나 동시에 우리는 광대한 중소자산계급, 민족상공업가 내지 지주 등 역시 반일적 혁명성을 상당히 가지고 있어서 전민족 해방투쟁의 상당히 중요한 세력을 구성한다는 것을 인정하지 않을 수 없다. 그뿐만 아니라 조선사회의 각 계급, 각 정당·정파는 일본제국주의의 폭압 통치 아래서 필연적으로 그 내부모순을 청산하고 민족전선의 깃발 아래 통일하여 다 함께 일본제국주의 통치를 전복할 것이다.

4. 민족전선의 국제적 의의

두번째로, 최근 수년간 부단히 변화 발전하는 국제정세는 객관적으로 우리 통일전선을 촉진하는 동시에 국제적 연합전선의 중요한 의의를 제시하고 있다.

목전의 세계 정치정세는 두 개 진영으로 선명히 구분되어 있는데, 하나는 침략주의적 파쇼진영이며, 다른 하나는 민주주의적 화평진영이다. 전자는 일본·독일·이딸리아를 중심으로 하는 국제적 침략집단이며, 후자는 프랑스·소련을 중심으로 하는 반침략적 화평진영이다. 이같은 국제형세는 필연적으로 세계 피압박민족과 국가로 하여금 반침략진영에 참가하게 하고 있다. 이런 형세는 이딸리아·에티오피아전쟁과 스페인내전에서, 특히 목전의 중일전쟁에서 현저하게 드러나고 있다. 바꾸어 말하면 전세계 식민지 및 반식민지 민족의 해방투쟁은 국제 반침략전선과 긴밀히 연계되어 있는 것이다.

특히 동아시아에서 우리의 적 일본제국주의는 9·18('만주'사변 – 역자)이래 미친 듯이 중국영토를 침략함과 동시에 중국 안의 열강세력을 몰아냄으로써 열강과의 대립이 날로 심해지고 있다. 더욱이 '8·13' 이후 중일전쟁이 전면적으로 전개되어 중국 안의 열강세력이 더욱 크게 침해되었고, 이 때문에 국제상 영국·미국·프랑스·소련과의 대립이 다시 첨예화했다. 동시에 중국 4억 5천만 민족의 항일투쟁은 전에 없이 확대 긴장되고 있다. 특히 주목할 만한 것은 중국의 국공양당이 민족적 멸망을 구하기 위해 과거의 개운치 않았던 감정을 일체 버리고 단결 합작하여 민족적 통일전선을 건립하고 통일된 깃발 아래서 전민족적 항일 총동원을 실행하고 있는 것이다. 이 전쟁의 발전에 따라 발전한 소련의 원동정책(遠東政策) — 원동군비의 강화·소몽협정(蘇蒙協定)·중소불가침조약 등 — 이 더욱 일본제국주의의 파멸을 촉진하고 있다.

일본제국주의의 이같은 광란적 대륙침략은 중국민족의 대동단결을 촉진할 뿐만 아니라 조선과 대만의 민족적 일치단결을 촉성하고 수천만 일본 인민대중의 반파쇼 인민전선을 촉성하였다. 일본제국주의는 한편으로 중국에 대한 침략과 소련에 대한 진공을 위해, 다른 한편으로 영국과 미국의 간섭에 대처하기 위해 적극적으로 방대한 군사역량을 준비하지 않을 수 없으며, 동시에 이 준비를 위해 부득이 일본 인민대중과 조선, 대만민족의 땀과 피를 더욱더 착취하지 않을 수 없으며, 또 그들의 자유를 더욱더 박탈하지 않을 수 없다. 그 결과 필연적으로 일본인민과 조선, 대만민족의 반항운동을 가속적으로 불러일으키며 또 격화시킬 것이다.

이상에서 말한 것과 같이 목전의 일본제국주의 세력의 광란적 팽창은 결코 조선민족해방운동을 불가능하게 하지 못할 뿐만 아니라 오히려 우리 운동으로 하여금 가속적인 확대와 발전을 가져오게 할 것이다. 사실상 일본제국주의의 침략기염이 높아지면 질수록 그 국제적 지위는 고립 악화하고 그것에 대한 반항세력은 더욱 높아질 것이다.

이상과 같이 국제정세 아래서 우리 민족해방운동은 내부적 모순이 더욱 완화되고 일치단결된 각성이 더욱 보편화되었을 뿐만 아니라 한 걸음 더 나아가서 우리는 동일한 목표를 향해 제휴하고 병진하는 전에 없이 광범위한 동맹세력을 획득하였다. 다시 말해서 중국 4억 5천만 민족의 항일세력, 대만의 민족전선, 프랑스와 소련을 중심으로 하는 국제평화전선, 영국·미국 등의 반일세력, 심지어 적국 내의 반침략적 혁명대중 등을 모두 우리 민족통일전선의 동맹군 혹은 우군으로 볼 수 있는 것이다.

5. 민족전선의 현실적 투쟁의의

셋째로, 최근 국내와 국외에서 급격히 발전하고 있는 우리 해방투쟁은 민족통일전선의 실천적이고 혁명적인 의의를 사실상 증명하고 있다. 최근 수년래, 특히 '9·18'사변 이후 한편으로는 일본제국주의가 침략전쟁을 준비하기 위해 경제 및 정치상의 압박과 착취를 강화하고, 다른 한편으로는 중국민족의 항일투쟁과 소련혁명세력이 날로 증강됨에 따라 조선의 국내외 혁명운동은 한 단계 높게 추진되고 또 합리적 발전을 얻어냈다.

일본제국주의자들은 중국에 대한 침략전쟁을 추진하기 위해 전쟁의 후방 근거지인 조선에 대한 통치를 특히 강화하여 공전의 가혹한 법률을 시행하여 조선민족의 일체 정치적·사회적 활동을 엄중히 진압하고 있다. 저들은 수십만의 조직대중을 가지고 있는 노동총동맹, 농민총동맹과 청년총동맹을 강압적으로 해산시키고 3만여 명의 전위부대를 가지고 있는 신간회 활동을 진압했으며, 나아가서 일체의 집회·언론·출판·결사 등의 자유를 박탈했다. 그러나 우리의 투쟁은 결코 이로 인해 정지되지 않을 것이며 오히려 적의 억압이 더해질수록 혁명투쟁은 더욱 심도있게 발전해오고 있다. 다시 말해 이같은 극단적 폭압적 국면 아래서 일체 민족반역자 자치운동파 청산파 등은 공공연히 적의 주구적 임무를 집행하지 않을 수 없다.

반대로 일체 반혁명대중은 어떤 사회계급이나 어떤 당파에 소속되었음을 막론하고 모두 민족통일전선의 깃발 아래로 집결하지 않을 수 없다. 전국의 노동자, 농민 및 학생대중 속에서 혁명적 비밀결사는 급속히 발전하고 있으며, 각종 종교 및 문화기관 안에서 반일적 정치조직이 급격히 증대되고 있다. 이처럼 전국 도처에서 노동파업·소작쟁의·동맹휴학 등의 혁명투쟁도 계속 폭발하고 있다. 그들은 이미 반일투쟁의 실천과정에서 필연적으로 그들 자신 중의 소위 사회운동과 민족운동의 종래 대립된 진선을 통일하고 전민족 통일전선의 정치노선을 향해 매진하고 있다.

특히 해외에서는 중일전쟁의 확대와 일소대립의 첨예화로 말미암아 중국과 소련 각지에서 활동하고 있는 조선혁명단체 및 개인이 모두 공전의 활발한 투쟁을 개시했다. 소련에 있는 수십만 조선민족은 소련정부와 공산당의 영도 아래 이미 강력한 전투대오를 결성했고, 만주에 있는 수만 동포는 직접 동북인민혁명군에 가입하여 항일연군 깃발 아래 영용한 유격전쟁을 실행하고 있으며, 중국 관내의 각 혁명단체와 개인은 직접으로 혹은 간접으로 중국의 항일전선에 참가하고 있다. 이같은 실천적 투쟁에는 다른 것은 없고, 다만 적을 공격하는 혈전과 각당, 각파의 동지적 합작만이 있을 뿐이다.

6. 결론

이상에서 논급한 여러가지 사실로 볼 때 우리가 견결히 주장하는 전민족통일 전선은 의심할 것 없이 현단계 조선혁명의 유일한 실천적 임무이다. 우리는 이 위대한 역사적 사명을 집행하기 위해 먼저 해외의 사회적 입장과 주의적 신앙이 서로 다른 3개의 혁명단체(조선민족혁명당, 조선혁명자연맹, 조선민족해방운 동자동맹)를 결합하여 조선민족전선연맹을 조직하였다.

조선민족전선연맹은 물론 전민족의 완전한 통일전선기구는 아니다. 다시 말해 그것은 전체 민족의 의사를 실제로 대표하는 통일전선단체가 아니다. 왜 그런가. 이 연맹은 3개 혁명단체의 연합에 불과하며 전민족의 각 사회계층, 각 정당 정파, 각 종교 및 민중단체의 대표로 조직된 것이 아니기 때문이다. 그러나 이 연맹은 주의가 같지 않은 정치단체를 결합한다는 의미에서 특히 민족통일전선 을 정확하게 주장한다는 점에서 적어도 전민족통일전선의 하나의 출발점, 하나의 초보적 형태로 간주할 수 있다. 우리는 물론 이 연맹을 전조선의 혁명대중 위에 군림하는 총지휘기관으로 간주하지 않지만, 동시에 우리는 오로지 이 연맹만이 전민족통일전선의 주요한 지렛대의 임무를 정확히 집행 추진할 수 있다고 믿는다.

조선민족전선연맹의 당면 임무는 한편으로 전민족적 의사를 완전히 대표하는 민족전선 총지휘기관을 적극적으로 촉성하는 일이며, 다른 한편으로 중국 항일전쟁 과정 중 중한민족의 연합전선을 적극적으로 촉성함과 동시에 기타 일체 반일세력과 긴밀한 연계를 취하는 일이다. 이렇게 해야만이 우리의 전투역량을 증강할 수 있고 우리의 최후 승리를 확보할 수 있을 것이다.

최후로 조선민족전선연맹은 이미 창립선언과 민족통일전선의 기본강령과 투쟁강령을 발표했다. 우리는 응당 이들 강령과 선언에 근거해서 최후의 승리를 얻을 때까지 분투하여야 한다.

전민족적 반일통일전선을 어떻게 건립할 것인가

1. 전선의 통일문제

중일전쟁 폭발 이후 조선민족해방전선에 대단히 중요하며 시급히 해결해야 할 하나의 문제가 일어났으니, 그것은 전민족적 반일통일전선의 문제이다.

중일전쟁이 폭발했을 때 모든 조선혁명자는 민족주의자와 공산주의자 혹은 무정부주의자를 물론하고 이 전쟁이 조선민족해방운동에 중대한 결정적 관계를 가진다는 생각을 다같이 갖게 되었다. 즉 다시 말해 중국이 승리하면 중국민족이 해방될 수 있는 것만이 아니라 조선민족도 해방될 희망이 있으며, 중국이 실패하면 중국민족 국가가 멸망의 처지에 빠질 뿐만 아니라 조선민족해방의 전도도 암흑 속에 빠져 묘연하게 될 것이다. 이 때문에 전조선혁명운동자는 이와 같은 새로운 투쟁환경과 새로운 투쟁시기 속에서 전민족적 반일혁명투쟁을 적극적으로 발동하여 중국의 항쟁에 호응하고 지지하여 조선민족 자신의 해방을 쟁취해야 한다. 그러나 전민족적 반일총동원을 실행하기 위해 우선 가장 긴요한

---

* 이 글은 김규광(金奎光, 金星淑)이 쓴 것으로, 1938년 4월 25일자에 발간된 『조선민족전선』 제2호에 실려 있다. 원문은 역시 중국문으로 되어 있다.

것은 조선민족 해방전선 자체의 통일을 확립하는 일이다.

　가령 우리 해방전선이 통일되지 못하고 종래의 종파주의적인 혹은 주의 사상적인 분열과 대립상태를 그대로 지속한다면 우리는 중일전쟁이 우리에게 준 새로운 환경과 새로운 시기의 투쟁임무를 원만히 집행하지 못할 뿐만 아니라, 중국이 일본에 승리해도 우리의 해방운동은 순리적인 성공을 이루지 못할 것이다. 이것은 명약관화한 일이다. 이와 같은 정세 아래서 일체 조선혁명자는 열렬히 "전조선민족은 반일제일주의 아래 단결하라"는 구호를 부르짖었다. 이 구호가 현단계 조선혁명대중의 공동요구를 대표함은 더 말할 나위 없다. 또 이와 같은 민족의 통일단결은 목전의 필요한 일일 뿐만 아니라 가능한 일이다. 그러나 지금까지 이것은 아직도 구호뿐이지, 결코 그것을 원만하고 구체적으로 실시하지는 못했다.

　본래 전민족적 반일전선통일 문제는 조선에서 결코 지금에 와서야 처음 제출된 문제가 아니다. 조선이 일본의 독점적 식민지가 되고 일본제국주의가 바로 조선민족의 유일한 공동의 원수이므로 조선에서 전민족적 반일통일전선의 수립은 역사적으로 결정된 조선민족해방운동의 주요한 정치 임무이다. 바로 이 때문에 종래 조선에서 어떤 혁명단체도 민족전선의 통일을 공공연하게 반대할 수는 없었다. 편견이 가장 심한 종파주의적 단체나 어떤 계급적 정당 정파도 표면상으로는 전민족의 통일 단결을 주장하지 않을 수 없었다. 이처럼 전선의 통일은 조선에서 이미 역사적 구호가 되었으며, 또 과거 해방운동의 각 시기 중에 각종 다른 방법으로 통일전선운동이 진행되었다.

　조선에서 전선통일운동의 주요 대상은 민족주의운동과 사회주의운동의 통일문제이다. 비록 조선에는 국내외를 막론하고 여러가지 형식의 분열과 대립을 보이고 있는 많은 혁명단체들이 존재하고 있어서 표면상으로 볼 때는 분명 복잡한 느낌을 면할 수 없으나, 내용상으로 검토해보면 이 많은 단체들이 모두 사회적 계급적 배경을 가지고 있음을 알 수 있다. 그것들은 민족주의운동에 속하지 않으면 사회주의운동에 속해 있다. 따라서 조선에서 전선의 분열과 대립은 중요하게는 이 두 가지 운동의 분열과 대립이다. 현재 우리가 견결히 주장하고 적극적으로 진행하는 전민족적 반일 통일전선운동도 바로 이 두 가지 운동의 통일전선을 수립하는 것을 그 중요한 목적으로 한다. 각종 민족운동단체들 사이의 통일 또는 각종 사회운동단체들 사이의 통일은 당연히 필요하지만, 이는 전민족의 통일이 될 수 없다. 따라서 우리가 목적하는 통일전선은 아니다.

요컨대 중국민족의 항일전쟁이 바야흐로 맹렬히 진행되고 동아시아 각 피압박민족의 반일투쟁이 전에 없이 긴장되고 고도로 백열화한 오늘, 조선민족 반일전선의 통일문제는 특별히 중대한 의의를 가지고 있으며, 급속히 또 정확히 이 문제를 해결하지 않으면 안된다. 이 문제를 신속히 그리고 정확히 해결하느냐 못하느냐에 따라 조선민족해방의 앞길에 광명과 암흑이 결정될 것은 의심할 여지가 없다. 그러나 우리가 어떻게 해야 이 문제를 정확히 해결할 수 있는가, 다시 말해 우리가 어떻게 해야 전민족적 반일통일전선을 원만히 건립할 수 있는가, 이 문제에 관해서 아래에서 상세히 토론하여 정확한 결론을 얻고자 한다.

2. 인식의 통일

현재 조선혁명자의 어떤 사람이라도 그가 무슨 주의를 선봉하는가, 어떤 당파에 속하는가를 불문하고 모두 전선의 통일에 반대하지 않으며, 소극적으로 반대하지 않을 뿐만 아니라 적극적으로 주장할 것이다. 그러나 이것은 다만 반대하지 않거나 주장하는 것일 뿐이어서 어떻게 통일할 것인가 하는 구체적 방법과 의견에서는 각자 같지 않은 관점을 가지고 있다. 각 당파 역시 각각 다른 관점을 가지고 있는 것이다. 이 때문에 구두상·표어상으로 통일은 있지만 구체적 실제적 통일은 없다.

우리는 민족전선의 실제적 통일을 건립하기 위해서는 반드시 민족전선에 대한 인식의 통일을 먼저 수립해야 한다고 생각한다. 인식상, 이론상의 통일이 없으면 실제상·행동상의 통일을 이룰 수 없다.

조선의 민족통일전선운동이 아직 시작하여 촉진하는 시기에 처해 있음은 더 말할 것 없다. 1935년 중국에서 통일전선운동이 개시된 이래 중국에 있는 극소수의 조선혁명자들 사이에 이 운동에 관한 열렬한 토론이 있었고, 현재까지 몇 개의 주의가 같지 않는 혁명단체가 '조선민족전선연맹'을 조직하여 전민족통일전선을 수립하는 기초로 삼았지만, 이것은 아직 초기적 운동형태에 불과하며 이 운동에 대한 정확한 통일적 지도이론을 확립하지 못했다. 그러나 최근 중국에서 발행되는 조선문 잡지 『민족혁명(民族革命)』 『민족전선(民族戰線)』 『한청(韓青)』 등에 민족통일전선 문제에 관한 허다한 글들이 발표되어 이 문제에 관한 이론적 심토(深討)가 적극적으로 전개되고 있다. 이것은 당연히 대단히 좋은 현상이다. 이같은 이론적 심토와 투쟁 중에서만이 전선통일 문제를 정확히 인식할 수 있으며 통일의 지도이론을 정확히 수립할 수 있을 것이다.

현재 우리가 민족전선통일의 지도이론을 확립하기 위해서는 먼저 각 조선혁명자들이 아래와 같은 몇 개의 기본적인 문제에 대해 정확한 인식을 가져야 할 것이다.

첫째, 우리가 명확히 인식해야 할 것은 우리 민족전선이 서구의 인민전선과 구별된다는 점이다. 인민전선은 고도로 발전한 자본주의국가 내에서 인민대중이 파쇼를 반대 혹은 방지하고 민주와 화평을 쟁취하고자 일정한 정치강령 아래 결합한 일종의 정치투쟁기구이지만, 우리의 민족전선은 그렇지 않다. 즉 전체민족이 어떤 사회계급 또는 정치적 당파에 소속되었는가를 불문하고 모두 유일 공동의 적인 일본제국주의를 타도하여 전민족의 자유, 해방을 쟁취하고자 일정한 정치강령 아래 단결된 일종의 정치투쟁기구이다.

이 두 가지 전선의 같고 다른 문제에 대해 중국에서는 초기 민족통일전선운동시대에 역시 각종 이론적 심토(深討)가 있었고, 현재 이미 통일된 인식을 얻어냈다. 그러나 조선의 경우 이 문제에 대한 토론이 바야흐로 개시되었을 뿐 아직 일정한 결론을 얻어내지 못했다.

둘째, 우리가 명백히 인식해야 할 것은 우리 민족전선과 중국 민족전선이 서로 같지 않다는 점이다. 이 두 개 전선은 내용상·본질상으론 서로 같지만, 표현형식상으론 서로 다른 점이 있다. 조선은 일본의 독점식민지가 되고 이미 국가기구가 없어져서 민족전선의 형태가 부득이 각종 혁명집단의 결합형식으로 표현될 수밖에 없다. 그러나 중국은 반독립국가로서 광대한 인민과 토지가 있어서 통일된 정권 아래 민족전선의 인적·물적 기초가 성립되었고, 또 그 정권 자체가 민족전선의 중심기구로 되어 있다.

셋째, 우리가 명백히 인식해야 할 것은 민족전선은 전민족 사회 각 계층의 공동이해를 대표하는 통일된 최고정치투쟁기구이지 정당이 아니라는 점이다. 바꾸어 말하면 민족전선은 한 민족 안의 서로 같지 않은 사회계급 혹은 집단이 자신들의 입장과 각자 공동의 요구를 근거로 하여 참가함으로써 형성된 것이다. 이 공동적 요구는 곧 민족적 요구이므로, 이 요구를 만족시키기 위해 각자 같지 않은 입장이지만 공동의 정치강령 아래에서 공동으로 행동하는 것이다.

넷째, 우리가 명백히 인식해야 할 것은 민족전선은 나름대로 일정한 정치목적을 갖고 있어 정치수단이나 정책뿐만이 아니라는 점이다. 어떤 사람들은 우리 민족전선의 주요한 목적이 일본제국주의 타도에 있지 타도한 후 어떻게 건설할 것인가 하는 문제는 민족전선이 부담할 수 없는 임무라고 인식한다. 왜 그런가 하면 그때가 되면 혹시 사회주의국가 또는 파쇼주의국가를 건설할지도 모르기 때문이라는 것이다. 이런 견해는 잘못이다. 우리 민족전선의 정치목적은 진정한 민주공화국을 건설하는 데 있다. 그리고 일본제국주의 타도는 이 정치목적에 도달하기 위한 정책이요 혹은 수단이다. 일본통치의 타도는 파괴적인 것이고 민주공화국의 건립은 건설적인 것이다. 건설은 목적이고 파괴는 수단이다. 목적이 없는 수단은 맹동적 행위이다. 우리는 반드시 전민족 공동요구에 바탕을 둔 건설강령을 가져야 하고 동시에 일정한 반일공동투쟁 강령을 가져야 한다. 최근 중국국민당 임시대표대회에서도 항적건국강령(抗敵建國綱領)을 발표했으니 우리 견해가 결코 독단적인 것이 아님을 알 수 있다.

다섯째, 우리가 명백히 인식해야 할 것은 우리 민족전선 내부의 모순은 피면

(避免)할 수 있다는 점이다. 조선민족 중에 각종 이해가 상반되어 대립된 사회계급이 있으나, 이 계급적 대립은 민족적 대립과 비교하면 극히 부차적이다. 조선 전국 경작지면적의 60%와 전국 자본의 95%, 전국 교통 및 주요 산업기관의 거의 대부분이 모두 일본인의 공·사(公私) 소유가 되었다. 이렇게 보면 조선에서 정치적 압박자만 일본인이 아니라 대지주와 대자본가도 일본인이다. 그러므로 조선 노동자·농민대중의 주요 투쟁대상은 조선민족이 아니라 일본인이다. 이런 정세 아래서 민족전선으로 하여금 가장 광범위하고 철저한 민주제도를 채택하게 하면 내부의 상호대립과 모순은 피면할 수 있을 것이다. 설사 이를 피면하지 못한다 하더라도 분열의 지경에까지 이르지는 않을 것이다.

여섯째, 우리가 명백히 인식해야 할 것은 민족전선의 투쟁대상이 외부에만 한정되는 것이 아니라 내부에서도 각종 투쟁대상이 발생한다는 점이다. 물론 우리의 주요 투쟁대상은 일본제국주의이지만 내부의 각종 좌경 혹은 우경적 반민족전선 경향에 대해서도 무정한 투쟁을 실행해야 한다. 특히 민족반역자 친일파 및 그 주구에 대한 투쟁은 조금도 늦출 수 없다.

일곱째, 우리가 명백히 인식해야 할 것은 우리 민족전선이 종래 좌익의 반제국주의동맹 및 우익의 민족주의단체의 연합체와 완전히 다른 것이라는 점이다. 혹 '좌'적 입장에 있는 사람은 조선의 반제동맹과 민족전선은 본질상 같은 것이며 다만 명칭상 다를 뿐이라 주장한다. 또 '우'적 입장에 있는 사람은 '광복운동단체연합회'가 곧 민족전선이라 주장한다. 이 두 가지 주장은 모두 옳지 않다. 종래의 반제동맹은 원래 각국에서 공산당의 외위적(外圍的) 군중단체이며, 그 형식상 내용은 물론이고 현재의 민족전선과도 공통점이 전혀 없다. 마찬가지로 순수하게 민족주의 단체가 연합하여 성립된 '광복운동단체연합회' 역시 본질상 민족전선은 아니다.

이상에서 제시한 일곱 가지 문제는 조선민족전선 결성과정에서 정확히 인식하지 않으면 안되는 가장 기본적인 것이다. 만약 우리가 이 몇 가지 문제에 대해서 정확한 통일적 인식을 얻어낸다면 우리의 반일 통일전선은 구체적으로 원만히 건립될 수 있을 것이다.

3. 조직의 통일

만약 우리가 전민족적 반일전선통일 문제에 대해 인식상·이론상의 통일공작을 해놓는다면 조직적 및 행동적 통일공작으로 나아가야 할 것이다. 의심할 것 없이 전선의 조직문제 역시 인식문제와 마찬가지로 중요하며 급히 해결해야 할 문제이다. 이 문제에 대한 토론은 '조선민족전선연맹' 성립 이후 비교적 구체화되어 점차 조직이론의 체계를 형성하였다.

조선민족전선의 조직문제는 표면상으로 보면 대단히 간단하고 쉽게 해결될 것 같지만, 그 내용상으로 말하면 대단히 복잡하고 처리하기 어렵다. 상세히 말하면 조선에서 민족전선의 주요 조직대상은 민족주의운동과 사회주의운동의 통일이다. 이것은 중국의 국·공 양당이 중국 민족전선의 가장 기본적 조직대상이 된 것처럼 이 두 운동의 통일된 조직을 수립하면 된다. 그러나 이는 표면상의 관점이며 실제상으로는 그렇게 간단하지 않다. 조선에는 중국의 국·공 양당과 같이 사회운동과 민족운동을 지도하는 통일된 양대 정당이 아직 없기 때문이다. 조선공산당은 과거 여러 번 건립되었으나 적에 의해 여러 번 파괴된 후 현재까지 건립되어 있지 않았고, 그 결과 사회주의운동은 중심의 조직적 지도와 통제를 잃었다. 민족주의운동도 사정이 같아서 크고 작은 각각의 정치단체만 있고 중국국민당과 같은 큰 통일된 민족주의 정당이 없다. 이같이 소위 사회주의운동과 민족주의 정당이 없다. 이같이 소위 사회주의운동과 민족주의운동은 다만 사상계통상의 구별일 뿐 조직계통상의 구별은 아니다. 이 두 운동 모두가 자신의 조직적 계통을 가지고 있지 않기 때문이다. 이런 정세 아래서 전선의 조직공작을 진행하는 것은 대단히 곤란한 일이다.

우리가 조직의 통일공작을 진행함에 있어서는 조직이론상으로 개인 본위냐 단체 본위냐 하는 문제가 발생한다. 개인 본위를 주장하는 사람은 조선민족운동이 중국의 그것과 다른 특수한 사정이 있어서 사회운동 쪽이나 민족운동 쪽을 막론하고 통일된 조직계통이 없을 뿐 아니라 각종 종파주의적으로 분열된 정치단체가 있어 이러한 분열대립의 상태로서는 단체 본위로써 민족전선을 조직하는 것이 대단히 곤란하며 불가능한 일이므로, 민족통일전선에 찬성하는 사람이라면 어떤 단체에 소속해 있었는가를 불문하고 모두 개인 자격으로 참가하여 전선의 조직을 확대시켜야 한다고 주장한다.

물론 이같은 주장은 나름대로 근거가 있다. 사실상 1927년에 성립된 국내 민족협동전선단체 '신간회'(3만 명 이상 회원과 수백 개 지회가 있었다)와 당시 해외의 '대독립당' 조직운동은 모두 개인 본위적 조직원칙을 채택하였다. 그러나 이같은 조직은 분명 많은 결점이 있다. 그 중요한 것은 이것은 조직의 통일이 아니라 조직의 분산과 복잡화였다. 각종 단체에 소속한 많은 사람들이 개별적으로, 또 다른 조직 속에 혼합된 결과 그 조직은 각당 각파가 서로 영도권을 쟁취하는 장소가 되지 못하거나 제3의 정치단체가 되어버렸다. 현재 우리 민족전선은 이와 같은 조직원칙을 채택할 수 없다. 왜냐하면 민족전선은 결코 일종의 정당 형식의 단체가 아니라 각종 정치단체가 일정한 공동강령 아래서 공동의 행동을 조절하는 일종의 정치적 투쟁기구이기 때문이다. 그 때문에 민족전선은 반드시 단체 본위의 조직원칙을 채택해야 한다.

그다음에는 민족전선의 민주집권제 문제이다. 민족전선은 각당 각파가 어떤 공동의 요구 아래 연합된 조직으로서 원칙상 반드시 가장 광범위한 민주제도를 채택해야 한다.

이와 같이 단체 본위와 민주제도는 조선민족전선의 두 가지 기본적 조직원칙이다. 이 원칙 아래서 우리는 조직의 통일공작을 진행해야 한다.

현재 '조선민족전선연맹'은 이미 전체 민족을 향해 민족전선 공동의 정치강령을 제기하고, 아울러 전선의 통일조직 공작을 적극적으로 진행하고 있다. 본래 이 연맹은 주의가 서로 다른 3개의 혁명단체로 조직된 민족전선단체이지만 전체 민족통일전선의 총지도기관이 되지 못하고, 다만 통일전선의 발기형태 또는 시초형태에 지나지 않는다. 이 때문에 이 연맹은 반드시 가장 완전한 전민족 반일전선의 총기구를 건립하기 위해 계속 노력해야 한다. 이 점에서 연맹이 짊어진 책임은 대단히 중대하다.

그렇다면 어떻게 해야 전체 민족의 의사를 완전히 대표할 수 있는 통일된 최고지도기관을 건립할 수 있을 것인가. 그것을 위해서는 먼저 반드시 전민족의 대표대회를 소집해야 할 것이다. 이 대회는 국내 각 혁명단체 및 무장대오와 반일성을 가지고 있는 일체의 사회대중단체에서 선출된 대표로 구성되어야 할 것이다. 그리고 이 대회에서 선출된 약간 권위있는 민족대표로 민족전선의 총기구를 조직해야 할 것이다.

그러나 우리가 이 공작을 진행하면서 가장 먼저 부딪칠 곤란은 각 단체의 종파주의적 관념과 각 영수들의 영웅주의적 심리이다. 이같은 관념과 심리가 있으면 각 단체 사이의 대립관계를 극복하기 매우 어려울 뿐만 아니라 반민족전선적 경향을 낳기 쉽다. 그다음으로 부차적인 곤란은 중일전쟁 발발 이래로 국내와 국외의 교통이 완전 두절되어 각 단체 사이에 직접적인 담판과 접촉이 불가능하게 된 점이다. 더욱 우리와 동북지방 및 시베리아의 혁명단체 및 무장대오 사이에 연락이 단절된 점이다. 그러나 우리의 반일통일전선을 신속히 건립하기 위해서 이같은 모든 곤란을 노력하여 극복하지 않으면 안된다. 우리는 어떤 곤란도 시대가 요구하는 전선통일 동작을 저지하지 못할 것이라 굳게 믿는다.

4. 결어

총괄해서 말하면, 우리가 전민족적 반일통일전선을 건립하려면 먼저 반드시 민족전선에 관한 정확한 통일된 지도이론을 수립할 것이며, 다음으로 반드시 정확한 조직원칙과 방안을 채택하여 민족전선의 총지도기관을 건립할 것이다. 만일 우리가 이 공작을 달성하지 못하면 조선민족은 저 위대한 중국 항일전쟁이 우리에게 가져다준 새로운 환경과 새로운 시대 속에서도 스스로 해방투쟁을 활발히 전개하지 못할 것이고, 더욱이 중국항전에 호응하고 지지하지 못하게 될 것이다. 전체 조선혁명자들이여! 우리가 멸망 중에서 고개를 돌려 다시 회생할 수 있는 시기가 도래했다. 자신의 자각적 단결과 자각적 분투가 있어야만 우리는 노예적 처지의 오늘에서 해방의 내일로 나아갈 수 있을 것이다.

민족혁명당의 당기와 당가

1. 당기(黨旗)의 의의

1) 홍색(紅色)은 심장의 혈색이다. 열렬(熱烈) 능동(能動)의 뜻을 취하여 자유를 의미한다.

2) 청색(靑色)은 대공(大空)의 색이다. 보편(普遍) 공정(公正)의 뜻을 취하여 평등을 의미한다.

3) 백색(白色)은 일광(日光)의 색이다. 방사광명(放射光明)의 뜻을 취하여 발전을 의미한다.

이상의 의미를 총괄하면 우리 당은 자유·평등의 신국가를 건립하여 그 부단한 향상 발전을 도모함을 의미한다.

2. 당기의 촌법(寸法) 비례

종(縱) 5, 횡(橫) 7, 일광백도(日光白道) 5.5로 한다.

---

* 이 내용은 『사상정세시찰보고집』 3, 328면에 일역문으로 실려 있다.

3. 민족혁명당가

1) 일심일의(一心一義) / 굳은 단결 / 민족혁명당 /

우리 당은 / 우리 민족의 전위 / 희생(犧牲) 분투(奮鬪) 유혈(流血)은

우리들의 각오 / 나가자 혁명전선으로

2) 우리 동지 높이 드는 깃발 아래 / 전진하는 역사에 발맞추어라 /

강도 일본을 타도하여 땅을 되찾고 / 세우자 자유의 신국가를

'분단극복사론'에 한 걸음 더 다가선
실천적 · 실증적 성과

변은진 전주대 한국고전학연구소 연구교수

1991년에 출판된 『조선민족혁명당과 통일전선』(화평사)은 1930년대 중국 관내의 대표적인 조선인 항일운동 조직인 민족혁명당에 대해 본격적으로 분석한 최초의 연구서이다. 민족혁명당은 1930년대 우리 민족해방운동전선의 주·객관적 요구에 의해 좌우합작으로 성립된 통일전선 정당이다. 이 책은 일제강점기의 항일운동을 정파나 노선을 달리하며 진행된 개별적 흐름을 중심으로 바라보는 관점을 지양하고 통일된 민족국가 수립을 향한 좌우익의 민족통일전선운동을 중심에 놓고봐야 한다는, 저자가 일관되게 주장해온 새로운 관점에 입각하여 서술되었다. 분단상황의 극복과 민족통일의 과제를 염두에 둔 미래지향적인 역사인식이 투영된 학술서적인 것이다.

저자는 "1970년대와 1980년대를 살면서 우리 역사학의 어느 한 부분에서라도 '분단극복사론'을 수립하고 그것을 뒷받침하는 실증작업이 추진되어야 한다는 생각"에서 10여 년에 걸쳐 '민족혁명당'이란 주제에 매달렸고(「책을 내면서」 참조), 『조선민족혁명당과 통일전선』은 그 결과물이다. 이 책은 처음 출판되고 12년이 지난 2003년에 저자에 의해 증보판 『조선민족혁명당과 통일전선』(역사비평사)으로 다시 출판되었다. 증보판에는 '조선민족혁명당 성립의 이론적 근거'를 담고 있는 논문「1930년대 중국 관내 민족해방운동의 통일전선론」(『한국사연구』 90호, 1995)과 민족혁명당 결성을 주도했던 우사 김규식에 대한 글이 추가되었다.

저자가 김원봉·김규식 등을 중심으로 한 민족혁명당에 처음 관심을 가진 것은 1978년「독립운동의 역사적 성격」이란 논문을 쓸 때부터였고, 이 민족해방운동 정당의 활동과 노선을 중심으로 전모를 밝혀야겠다고 생각한 것은 1982년「독립운동과정의 민족국가건설론」을 쓰면서였다. 이 논문들을 통해 그는 통일민족국가 수립과정으로서 1920년대 민족유일당운동과 1930년대 민족연합전선운동의 형성과정에 주목했고, 1930년대 전반기는 '협동전선 와해기'로, 중반 이후는 '연합전선 지향기'로 구분하여 그 국가건설론 등을 분석하였다. 이후 저자는 '민족통일전선운동, 통일전선체(한국대일전선통일동맹·한국광복운동단체연합회·조선민족전선연맹·전국연합진선협회), 통일전선정당(조선민족혁명당), 통일전선정부(1944년 이후의 임시정부)' 등을 기본개념으로 사용하면서 민족통일전선운동사의 시각에서 중국 관내 민족해방운동을 재정리하였다(『고쳐 쓴 한국현대사』, 1994, 92~93면 참조). 이러한 맥락은 훗날 자서전을 쓰면서 『조선민족혁명당과 통일전선』을 집필하게 된 배경을 서술한 부분에서도 드러난다.

전체 국사학계가 개설서나 시대사에서 국내에서 활동한 신간회운동만 다루었던 상황에서 국외의 좌우합작운동으로서의 민족유일당운동을 다룬 것은 1984년에 간행된 『한국현대사』가 처음이 아닌가 한다. 그리고 이후 민족해방운동전선에서 좌우익통일전선운동이 발전해간 사실에 대해 실증적 연

620

구를 더한 저서가 1991년에 출판된 『조선민족혁명당과 통일전선』이다.

이 책에서는 민족해방운동의 통일전선이 신간회가 해소된 다음해에 국외의 중국전선에서 세번째의 좌우익 통일전선체라 할 한국대일전선통일동맹의 결성으로 이어진 사실을 실증했다. 그리고 그것이 더 발전해서 좌우익 통일전선정당인 조선민족혁명당의 성립으로 이어지고, 다음에는 충칭임시정부가 좌우합작정부로 되고, 또 그 임시정부와 중국공산군 지역에 있던 조선독립동맹의 통일전선 기도로 발전해가는 과정을 실증적으로 밝혔다.(『역사가의 시간』, 2010, 313면)

1960~70년대에 걸쳐 식민사학의 정체성론·타율성론 극복을 위해 조선후기 상공업사 연구를 통한 자본주의 맹아의 실증에 몰두해온 저자가 근현대 민족통일전선운동사라는 주제로 연구의 방향을 선회한 데에는, 유신체제를 겪은 지식인으로서의 시대적 양심과 역사학자로서의 정치사회적 책임의식이 자리잡고 있었다. 역사학의 현재성과 대중성이라는 화두를 누구보다 앞서 강조해온 그가 '분단시대'를 발견한 게 우연이 아니듯이, 이승만·박정희·전두환 정권을 거치면서 강고해진 분단체제적 역사인식을 극복하기 위해서는 어떠한 연구가 시급하고 그 방향이 어떻게 되어야 하는지를 고민하는 과정에서 '민족혁명당'이라는 통일전선정당을 발견하고 매력을 느낀 것 역시 우연은 아니었다. 이는 분단극복과 통일지향의 역사인식을 만들어나가려는 과정에서 나온 실천적 결과였다.

일찍이 저자는 분단시대 극복을 위한 국사학의 방법론으로 "첫째, 통일민족국가의 수립에 공헌할 수 있는 사실(史實)을 연구 개발하고, 둘째, 보다 높은 차원에서의 통일지향적 민족주의론을 정립"해야 한다고 주장했으며(『분단시대의 역사인식』, 1978, 22면), "우리 근현대사는 민족분열적인 요인만 있었던 것이 아니라 통일된 민족국가를 건설하기 위한 생각과 행동도 역사적 맥락을 이루었다는 사실을 실증해야 하며, 그것이 분단시대 역사학이 해놓아야 할 과제 중의 하나"라고 명시하였다(『한국 민족운동사론』, 1985, 3면). 여기서 말한 '통일민족국가의 수립에 공헌할 수 있는 사실(史實)'로서, 그리고 '통일지향적 민족주의론을 정립'하는 데 기여할 수 있는 구체적인 연구주제로 선택한 것이 바로 민족혁명당을 중심으로 한 1930년대 중국 관내의 민족통일전선운동 연구였다. 저자는 '분단극복 역사학' 연구의 출발점을 일제강점기 민족해방운동전선에서의 좌우익 통일전선운동을 실증하는 데서 찾아, 이를 8·15 이후의 통일민족국가 수립운동 및 평화통일운동과 같은 맥락에 위치시키고자 했던 것이다.

저자가 이 연구를 추진하게 된 배경에는 분단시대라는 시대적 상황을 극복하기 위한 학문적 과제뿐만 아니라, 이러한 시대 속에서 잉태되어온 우리 역사학계 자체의 편향적 역사인식을 비판 극복해야 한다는 문제의식도 깔려 있었다. 이 책의 「서설: 민족해방운동사 이해의 새로운 방향과 조선민족혁명당」을 보면, 1990년대 초반의 시점에서 우리 민족해방운동사를 연구하고 이해하는 학계의 인식상의 한계를 명확히 지적하고 있다. 첫째는 보수학계의 인식으로서 좌익전선의 운동을 철저히 배제한 채 우익전선의 운동만으로 '독립운동사'나 '광복운동사'를 고집함으로써 우리 민족해방운동을 왜소화하는 경향, 둘째는 진보학계의 인식으로서 민족해방운동의 영역에 좌익전선의 운동을 포함시키지만 이를 적극적으로 용해시키지 못하고 이중구조를 이루고 있거나 각각을 시기상으로 구분하여 봄으로써 또다른 방식으로 왜소화하는 경향, 셋째는 북쪽 역사학계의 인식으로서 조국광복회와 '조선인민혁명군'의 활동만을 중심에 놓고 봄으로써 좌우익전선의 운동을 모두 왜소화하는 경향이 바로 그것이다. 이렇게 분단을 고착화하는 역사인식에 대해 경종을 울리면서 역사학의 현재성에 걸맞은 또다른 제3의 이해방식으로 우리 민족해방운동사를 정리하고자 하는 실증적인 노력의 결과물이 바로『조선민족혁명당과 통일전선』이라고 할 수 있다.

이 책의 출판은 당대 역사학계에 신선한 충격을 주었다. 책이 출판되고 최초로 나온 서평에서는 "저자의 민족해방운동사에 대한 구상은 매우 유니크한 것이고, 현실적으로도 상당한 의미를 갖고 있다"는 평가와 함께(박찬승「한국현대사연구와 통일전선문제」,『창작과비평』1991년 가을호, 253면), 저자의 '나이브한 통일전선론'에 대한 비판도 제기되었다. 그 초점은 저자의 통일전선론은 상층 지도자들만의 연합전선적 성격이 강하며 헤게모니 즉 주도성의 관점을 배제한 통일전선론이라서 지나치게 이상적이고 이것이 지향하는 국가건설론의 전망 역시 애매해진다는 것이었다. 최근에 또다른 평자는 "그의 저서는 민족운동사 인식에 대한 새로운 비틀기였다는 점에서 한 획을 긋는 역작"이라는 평가와 함께, 코민테른의 '반파쇼 인민전선론'보다 조금 앞서 등장한 중국 관내 민족운동의 특성에 주목하면서 민족혁명당이 결코 상층연합만을 지향한 것은 아니라고 분석했다(신주백「'분단극복사론'의 첫 성과『조선민족혁명당과 통일전선』」,『한국사연구』149호, 2010, 361~62면). 유럽과 달리 일본제국주의의 완전 식민지로서 민족해방이 최우선 선결과제였던 조선에서의 통일전선은 계급전선보다는 '민족전선적 성격'이 앞선다고 본 저자의 '독특한 통일전선론'을 이해하는 입장에서 평가한 것이라고 할 수 있겠다.

사실 다소 나이브한 듯해 보이는 저자의 통일전선에 대한 이해는 나름의 연구방법이나 태도와 관련이 있다고 생각한다. 평소 늘 강조해온 '식민지를 겪은 민족의 역사서술'은 서구의 역사서술과 다를 수밖에 없다는 점에 기초해보면, 먼저 당대의 역사적 상황을 토대로 민족연합전선을 발견하고 이를 통일전선론과 같은 서구 이론에 접맥시키는 방식으로 연구되었다고 생각된다. 통일전선론에 대한 이해에서 '헤게모니를 배제한 좌우연합'이 성립될 수 있는가라는 문제는 차치해두더라도, 그렇다고 해서 이러한 통일전선론의 국가건설 전망에 '애매성'이 있다고 볼 수는 없다. 왜냐하면 일제의 침략전쟁과 세계대전에 대비하여 "민족해방운동전선에서의 정치력 통일과 함께 군사력 통일을 이루고, 그 정치적 통일전선체가 일본을 패망시킬 연합국의 승인을 획득해야 하며, 그 군사력의 통일전선체가 일본제국주의의 군사력과 교전함으로써 일본의 항복조인에 스스로 참가해야만 일제패망 후 민족국가건설 과정이 주체적으로 이루어질 것이라 전망한"(본서 30면) 것이 1930년대 후반 이후 우리 민족해방운동전선 전체의 판단이며, 현실의 운동전선이 좌우로 나뉘어 있다고 해도 독립 이후 건설될 새로운 국가를 좌우로 나누어 구상하고 준비한 운동세력은 어디에도 없었기 때문이다.

『조선민족혁명당과 통일전선』이 출판된 후 좌우의 운동을 아우르는 민족통일전선의 관점으로 중국 관내의 항일운동과 임시정부의 운동을 바라보고 재정리하는 것은 우리 학계 내외에 상당히 설득력 있게 다가왔다. 오늘날에는 일제강점기 독립운동 과정에서 등장한 이념 대립이 8·15 이후 정치세력들 사이에 정견의 차이나 국가건설론을 둘러싼 방법론 등의 차이를 낳긴 했지만, 이보다 더 중요한 것은 독립운동 세력들 사이에서 끊임없이 통합의 시도와 노력이 있어왔고 특히 8·15 해방을 맞는 시점에서 어느정도 합일점에 도달하여 공통의 지향점을 갖게 되었다고 보는 게 일반화되어 있다(김인식 『광복 전후의 국가건설론』, 2008, 11면; 김용달 「광복 전후 좌·우파 독립운동세력의 국가건설론」, 『한국독립운동사연구』 46호, 2013, 259면). 이 책을 통한 저자의 문제제기는 1980년대까지만 해도 '임시정부 법통론'을 중심으로 바라보던 민족운동사 연구의 관점을 '비

틀면서' 그 외연을 넓히고, 동시에 1980년대 이후 민중사학의 관점에서
민족해방운동사를 연구해온 소장 연구자들에게 방패막이가 되어주는,
두 가지 역할을 동시에 해왔다고 볼 수 있다.

강만길 저작집 간행위원
조광 윤경로 지수걸 신용옥

강만길 저작집 07
조선민족혁명당과 통일전선

초판 1쇄 발행 / 2018년 12월 5일
초판 2쇄 발행 / 2020년 6월 20일

지은이 / 강만길
펴낸이 / 강일우
책임편집 / 부수영 신채용
조판 / 정운정
펴낸곳 / (주)창비
등록 / 1986년 8월 5일 제85호
주소 / 10881 경기도 파주시 회동길 184
전화 / 031-955-3333
팩시밀리 / 영업 031-955-3399 편집 031-955-3400
홈페이지 / www.changbi.com
전자우편 / human@changbi.com

ⓒ 강만길 2018
ISBN 978-89-364-6060-0 93910
      978-89-364-6984-9 (세트)